KB063721

한말 일제초기 국유지 조사와 토지조사사업

The Survey Projects of the National Lands and the Lands in the Late Great Han Empire and Early Japanese Colonization

Choe, Won-Kyu

이 저서는 2011년 대한민국 교육부와 한국학중앙연구원(한국학진흥사업단)의
한국학총서사업(모던코리아 학술총서)의 지원을 받아 수행된 연구임(AKS-2011-DAE-3104)

This work was supported by Korea Studies Series through the Ministry of Education of the Republic of Korea and Korean Studies Promotion Service of the Academy of Korean Studies (AKS-2011-DAE-3104)

한국 근대의 토지와 농민 총서 3

한말 일제초기
국유지 조사와 토지조사사업

최 원 규 지음

혜안

한국역사의 사회성격을 규명하는 데 토지와 농민은 가장 핵심적인 주제이다. 전근대사회에서 농업은 가장 중요한 산업이고, 대부분의 인구가 농민이거나 농업과 관련된 일에 종사하고 있었기 때문에 토지와 농민, 그리고 농업문제는 한국역사의 사회성격을 규명하는 핵심적인 고리였다. 이에 '토지'와 '농민'이라는 키워드를 통하여 한국의 근대를 탐구한 것이 바로 <한국 근대의 토지와 농민>(총5책)이다.

이 총서는 5명의 연구자들이 각기 저술한 5권의 연구서를 묶은 것으로, 연구에 참여한 5명은 모두 한국역사연구회의 토지대장연구반에서 함께 활동하고 있다. 토지대장연구반 반원들은 조선의 근대 이행기에 농업과 토지소유제도를 연구함으로써 한국 근대사회의 성격을 규명하고자 노력해왔다.

한국사에서 역대 왕조의 정부는 체제를 유지하기 위해 세금을 징수하고, 그 부세원을 파악하기 위해서 토지를 조사하고 그 소유와 경작관계를 파악하였다. 양안(量案) 및 토지대장 등의 자료들은 그 결과물로 생산되었다. 정부는 이 장부들을 바탕으로 지세를 징수하고, 토지소유권을 확인해주는 일을 행하였다. 연구반은 국가운영의 기초가 된 양안 장부들을 바탕으로 당시의 사회상을 재구성하기 위하여 연구해왔다. 또한 한국사회가 중세에서 근대로 이행해갈 때 토지의 소유권 및 조세 등의 토지문제와 생산 농민의 사회적 지위를 밝힘으로서 당해 사회의 성격을 규명하고자 노력해왔다.

지난 30년의 기간 동안 연구반은 여러 공동 연구업적을 제출하였다. 대한제

국의 광무양전사업과 광무양안에 대한 공동 연구 결과물인 『대한제국의 토지
조사사업』(민음사, 1995)을 시작으로 『대한제국의 토지제도와 근대』(혜안,
2010), 경자양전을 통하여 조선후기 토지제도를 살핀 『조선후기 경자양전
연구』(혜안, 2008), 자료 발굴을 통하여 창원군 일대를 대상으로 일제의 토지조
사사업을 연구한 『일제의 창원군 토지조사와 장부』(선인, 2011)와 『일제의
창원군 토지조사사업』(선인, 2013) 등이 대표적이다.

　이로써 연구반의 연구활동은 토지와 농민, 그리고 사회경제적 측면에서
근대성에 대한 학계의 논의에서 항상 중심에 서 있었다. 대한제국기 양전사업
의 목적과 평가를 비롯하여 대한제국의 성격에 대한 포괄적인 논쟁을 다루었
으며, 동시에 일제의 토지조사사업(1910~1918)에 대한 논쟁에도 '수탈론'이
나 '식민지근대화론'에서 제기한 연구 성과를 재검증하는 작업을 수행하기도
하였다. 이처럼 총서는 조선후기-대한제국-일제강점기에 이르는 토지조사
와 토지제도에 대한 주제들에 대하여 다양한 자료의 발굴과 연구방법을
통하여 토지와 농민을 중심으로 하는 한국의 근대와 그 대안을 모색하고자
하였다.

　'한국 근대의 토지와 농민'의 각 권은 아래와 같은 문제의식을 가지고
있다.

　최윤오의 『조선후기 토지개혁론과 양전제』는 조선후기 유자들의 전제개혁
론을 복원하여 그 특징을 추적하고, 그것이 체제유지와 개혁에 이르기까지
다양한 층위로 나타나고 있음을 확인하고자 하였다. 특히 1720년 경자양전
사업을 전후한 시기의 양전제와 유형원 공전법과 유집일 방전법 등을 비교하
여 조선후기 체제위기 타개책의 특징과 그 역사적 성격이 지향하는 바를
밝히고자 하였다.

　왕현종의 『대한제국의 토지조사와 토지법제』에서는 개항 이후 조선사회의

토지문제 해결과 외국인의 토지침탈 대책 속에서 광무양전 관계발급사업이 행해지고 토지법제화가 진행되는 일련의 과정을 살펴보았다. 이는 대한제국의 토지법제에 대한 이론적 배경과 근대 토지제도의 수립 방향을 밝히려는 시도였다. 따라서 19세기말 한국인의 주체적인 토지제도 수립 노력을 검토함으로써 대한제국이 전통에서 근대로의 독자적인 이행의 길을 지향했음을 알 수 있다.

최원규의『한말 일제초기 국유지 조사와 토지조사사업』은 일제가 토지조사사업에서 생산한 자료를 조사 분석하여 그 실상과 속내를 밝힌 것이다. 특히 공토의 '수조권'이 국유지의 '소유권'으로 전환되어 가는 모습과 민유지환급론의 실상을 해명하였다. 이것은 기존 연구의 소유권 중심적 분석틀에서 벗어나 중답주 도지권 등의 물권도 시야에 넣고 분석하여 추출한 결과물이다. 일제는 구래의 토지권을 배타적 소유권으로 재편해간 것이다.

이영학의『근대 전환기의 농업정책과 농정론』에서는 19세기 중엽부터 1920년대까지 정부의 농업정책을 두 단계로 나누어 고찰하였다. 먼저 조선정부는 농업의 근대화를 위해 어떠한 노력을 기울였는가를 살펴보고, 다음으로 통감부 시기 이후 일본제국주의가 조선의 자주적 근대화의 노력을 좌절시키고 식민지화해 간 과정을 농업정책을 통하여 살펴보고자 하였다.

허원영은『한국 근대 양반지주가의 경제활동』을 통하여 두 양반지주가문의 농업경영과 경제생활을 추적하였다. 이 연구는 두 가문에서 생산하여 전해온 수천여 점의 고문서를 촘촘하게 배치하고 다양하게 분석한 실증적 연구이다. 조선후기로부터 일제강점기에 걸친 근대이행기를 배경으로, 지주라는 경제적 배경을 지닌 전통적 지배엘리트의 경제활동을 재구성하였다.

마지막으로 '한국 근대의 토지와 농민' 총서를 발간할 수 있도록 지원해 준 한국학중앙연구원 한국학진흥사업단에 감사의 말씀을 드린다. 또한 어려운 출판여건 속에서 흔쾌히 본 총서의 발간을 맡아 주신 도서출판 혜안에게 깊은 감사의 마음을 전한다.

이 총서가 한국 근대 역사상의 규명에 조그마한 도움이 되었으면 하는 바람이다. 앞으로도 토지대장 연구반은 공동연구를 통하여 한국 근대 토지제도의 역사상을 규명하는 데 노력할 것이다.

2017년 1월
'한국 근대의 토지와 농민 총서' 필자 일동

본 책은 필자가 공저를 벗어나 처음 단독으로 뒤늦게 출간하는 저서이다. 한국사를 공부하려고 마음을 먹은 지 올해가 꼭 40년, 정년을 맞이하여 그동안의 연구를 한번 정리하자는 의미도 있다. 문헌고증, 근대화론, 문화론 등의 역사 인식과 '반공적 애국주의'에 강요당하는 한국사회의 현실을 마주대하며 국민학교, 중학교, 고등학교 시절을 보냈다. 당시 필자는 한국사회의 장래에 별 기대를 갖지 못했다. 흔히 꿈꾸듯이 구세주나 영웅이 도래하기를 기다리는 마음, 스스로 가꾸어가겠다는 용기와 희망도 있었지만 10대의 나에게는 먼 미래이며, 꿈속의 일이었다. 일제 식민지기, 미군정기, 6.25전쟁을 거치면서 파괴될 대로 파괴된 현실, 주변거리에는 세계 최빈국의 가난에 찌든 굶주린 군상, 거지, 퇴역한 상이군인, 정신이상을 보이며 구걸하며 떠도는 여인들만 눈에 보였다. 반면 '헬로우'라는 어린이의 호기심어린 외침에 껌·초콜릿 등을 던져주던 차량 속의 미군들, 집에 가끔 배달되던 극동미군이 발간한 『자유의 벗』이라는 잡지 속 미국은 풍요와 희망의 상징으로 비쳤다.

정치 현실은 냉전과 남북분단체제, 독재정치와 유신체제의 연속이었다. 나에게 "어쩔 수 없다"는 비관적 한국사회의 현실인식 속에서, 박정희정권으로부터 다른 세계로의 탈출 욕망이 늘 머리 한구석에 자리 잡고 있었다. 더구나 1972년 자주·평화·민족대단결의 3대 통일원칙을 내용으로 한 7.4남북공동성명을 발표하자마자 반민주적인 '유신헌법'을 공포하고 '유신체제'를 본격적으로 가동하기 시작하였다. 이때 '유신의 군대'에 입대하였으며, 7.4공동성명에 완전히 반하는 반공전사로 훈련받았다. "때려잡자 김일성! 쳐부수자 공산당! 무찌르자 북괴군! 이룩하자 유신과업!"이라는 구호를 외쳐대며, 매일 매일 쉴 틈 없는 군사훈련을 반복하였다. 바깥세상도 마찬가지였다. 젊은이들에게 무조건적인 굴종을 강요하는 유신체제의 어두운 그림자가 짓누르고 있었다. 어둠으로부터의 탈출을 모색하는 '고난의 민주화 운동' 시기였지만, 이 시기 이를 주체적이며 적극적으로 벗어날 생각을 하지 못하였다. 흔히들 말하는, 말없는 보통사람의 수동적 삶으로 일관하였다. 한국사회와 한국사도 나에게 별다른 흥미를 끌지 못했다. 민주화를 부르짖던 학생운동과 일정하게 거리를 둔 '방관자적' 평범한 복학생이었다. 때로는 나도 모르게 유신체제에 물들어가는 모습을 느끼기도 했다. 주변사람들도 민주사회를 갈망하면서도 유신체제의 상명하복적 질서에 자신도 모르게 순응하고 익숙해져 가는 모습을 보이기도 했다. 식민지 말 전시체제기 일제의 '황국신민화' 정책을 강요당한 한국인의 피동적 삶의 모습도 이와 유사했으리라.

1979년 10월 26일 갑자기 다가온 박정희 대통령의 죽음과 함께 유신체제가 드디어 끝날 것이라고 착각하는 순간, '서울의 봄'과 함께 나의 한국사 연구는 시작되었다. 당시 대부분 대학생들은 '자유' '평등' 등에 대한 열망으로 민주화 운동의 흐름에 '나름대로' 동참했다. 1980년 봄 '민주혁명'의 열기, 광주민주화 운동이 유신의 후예인 신군부의 무자비한 폭력 앞에 좌절되었지만, 그 열기 속에서 희망의 빛을 보면서 그동안 관심을 두었던 외국사 공부를 뒤로 하고 한국사를 전공하기로 마음을 바꾸었다. 이때 김용섭 선생님의 지도를 받으면서 본격적으로 한국사 공부와 연구를 시작하였다. 뒤늦게 시작한 한국사 공부로 비록 낮은 수준이었지만 민주화운동에 걸맞다는 생각으로 '1862년 임술농민항쟁'을 주제로 학부졸업논문을 제출하기도 했다.

제5공화국의 1980년대라는 어둠 속에서도 민주화와 통일에 대한 빛과 희망을 그리며 대학원 시절을 보냈다. 한국근대사의 냉엄한 분단의 현실 속에, 근현대사 전공을 만류하는 선배 동료들도 있었지만, 1984년 여름 「한말·

일제하 해남 윤씨가의 농업경영에 관한 연구」로 석사학위논문을 제출했다. 자료수집에는 박천우 교수의 도움이 컸다. 박사과정시절에도 한국 근대 농업사, 특히 한말 일제하 지주와 농민에 관심을 두고 공부를 했다.

　박사학위논문은 30년간 학문의 동반자가 되어온 한국역사연구회 토지대장 연구반의 연구 활동에서 비롯되었다. 연구반의 첫 작업의 성과가 『대한제국의 토지조사사업』(민음사, 1995)이었으며, 필자는 「대한제국기 양전과 관계발급 사업」 부분을 집필했다. 이 글을 쓰면서 그간 몰두하던 일제시기 농촌사회와 지주제 연구를 잠시 접고, 한국 근대 토지제도사 관련 연구를 본격적으로 시작했다. 그 연장에서 「한말 일제초기 토지조사와 토지법 연구」(1994)라는 제목으로 박사학위를 받았다. 당시 책으로 출간하자는 제의가 있었다. 부족하고 미진한 부분이 마음에 걸려 이를 보완한 다음 출간하기로 계획을 세웠다. 하지만 지독한 게으름과 준비부족으로 여태까지 출간하지 못했다. 시간은 지나간 다음에 뒤돌아보면 무척이나 빠르게 지나가는 듯싶다.

　1995년 3월 당시로는 뒤늦게 부산대학교 사학과에 자리 잡고, 종전 관심분야인 지주제 연구를 진행하는 와중에, 김동철 교수와 함께 경남지역 자치단체 소장 자료를 조사할 기회가 주어졌다. 2000년 봄 마산 합포구청에서 그동안 마음 속으로 갈구하던, 일제가 토지조사사업을 추진하면서 생산한 자료를 발굴하게 되었다. 자료 발굴에 흥분하면서 창원군 토지조사사업 연구에 매달리게 되었다. 자료의 양이 방대하여 2003년부터 토지대장 연구반의 팀 작업으로 본격 시작했다. 그 결과물이 한국역사연구회 토지대장반 이름으로 출간한 『일제의 창원군 토지조사와 장부』(선인, 2011)와 『일제의 창원군 토지조사사업』(선인, 2013)이다. 연구 작업과 더불어 이 자료를 데이터베이스화하는 작업도 병행하여 2011년 완료하였다. 입력 결과물을 활용하여 구체적인 분석을 하는 일이 앞으로의 과제로 남았다.

　2011년 때 맞추어 한국학중앙연구원 한국학진흥사업단의 모던코리아 학술 총서 작업에 토지대장반 5명이 '한국 근대의 토지와 농민'이란 제목으로 응모하여 선정되었다. 필자가 담당한 주제는 '일제의 토지조사와 토지관리시스템'이었다. 이때 분석대상으로 주목한 분야는 국·민유지의 소유권 확정과 분쟁지 처리문제였다. 이에 대한 관심은 '식민지근대화론' 계열이 일제의 토지조사를 한국의 역사적 발전에 조응한 결과물로 보면서 토지소유권 사정작업과 소유권 분쟁의 처리, 이와 관련한 국유지창출론의 강한 부정 등을 주장하는 성과물(『조선토지조사사업의 연구』, 민음사, 1997)을 출간한 일과 무관하지 않았다. 새로운 자료 이용과 해석으로 기존 연구사를 적극 비판하여 이를 다시 돌아보게 했다는 점에서 시사점과 연구사적 의의가 적지 않았다. 이들 연구는 필자의 견해와 상당한 차이를 보였다. 때마침 필자가 마산시청과 국사편찬위원회의 협조를 받아 창원군 토지조사사업 생산자료를 수집하게 되면서 '사업'을 재검토하게 하는 연구의욕을 솟게 했다.

필자는 창원군 토지조사사업을 대상으로 공동연구를 진행하면서 여러 편의 글을 발표하였다. 이러한 일련의 연구에 힘입어 본 책과 관련된 국유지 문제를 둘러싼 두 편의 글을 작성했다. 첫째, 「한말 일제초기 공토정책과 국유민유 분쟁」(『한국민족문화』 45, 2012. 11)으로 국·민유 분쟁이 제기된 원인을 추적했다. 갑오·광무정권의 공토정책과 일제의 국유지정책은 성격이 달랐으며, 여기서 국·민유 분쟁이 발생했다고 분석했다. 다음은 「일제의 토지조사사업에서 국유지 통지와 국·민유 분쟁-창원군과 김해군 사례」(『역사문화연구』 49, 한국외국어대학교 역사문화연구소, 2014. 2)였다. 1909년 국유지실지조사와 토지조사사업에서 국유지 통지의 상관관계를 분석하고, 국·민유 분쟁 가운데 김해군과 창원군 사례를 분석했다.

세 번째 글은 일제의 토지조사사업을 실무 총책임자로 분쟁지심사위원장을 지낸 和田一郎이 조선토지제도를 보는 시각과 국·민유지 분쟁을 처리하는 시각을 분석한 것이다. 「和田一郎의 조선토지제도론과 국·민유지 구분-조선토지·지세제도조사보고서를 중심으로」(『중앙사론』 44, 중앙사학연구소, 2016. 12)이 그것이다. 마지막으로 쓴 글이 「일제초기 고등토지조사위원회의 재결통계와 사례분석」(『한국민족문화』65, 2017. 11)이다. 이 글은 박사학위논문 중 일부를 수정하여 제출한 「일제 토지조사사업에서의 소유권 사정과 재결」(『한국근현대사연구』, 2003) 가운데 재결과정 부분을 전면 확대하여 분석한 글이다.

본 책은 위의 글 외에 박사학위논문의 한 부분을 실증과 논점을 보완하여 작성한 「일제초기 토지조사 법규정비와 토지신고서」(『역사문화연구』 17, 2002. 12)와 김용섭 선생님의 정년논총에 수록한 「한말 일제초기 일제의 토지권 인식과 그 정리방향」(『한국근현대의 민족문제와 신국가건설』, 지식산업사, 1997)을 포함시켰다. 논지를 더 분명하게 하기 위하여 일부를 수정하여 실었다. 위에 소개한 글로 책을 내기로 하고 틀을 짰는데, 출판 진행과정에서 19세기 후반이래 전남 나주군 궁삼면민들이 줄기차게 추진한 '토지탈환운동'을 검토하다 임시제실유급국유재산조사국 관제에 대한 고등법원판결문을 접하였다. 이때 그동안 전혀 생각지 못한 법리해석과 마주하였다. 당시 일제가 국유지 조사를 하면서 그 소유권에 토지조사령 제15조와 같은 법리를 적용한 것이다. 출간이 늦었지만 책의 완결성을 높이기 위해 이 문제를 다룬 「융희년간 국유지 조사과정과 국유지의 법률적 성격 – 임시제실유급 국유재산조사국 관제를 중심으로」(『한국민족문화』 67, 2018)를 집필하여 함께 수록하였다.

이 책은 3부로 구성하였다. 차례에서 보듯, 서장, 제1부 한말 토지정책과 국유지 조사, 제2부 일제의 토지조사사업과 소유권 분쟁, 제3부 和田一郎과 토지조사사업, 총결로 구성하고, 마지막으로 부록을 실었다. 책 출간을 앞두고 되돌아보니 미흡한 점들이 눈에 밟히면서 두려움이 더 커졌다. 하지만 힘이 부치고 출판 계약상 더 이상 출간을 미룰 수 없어 부족한 부분은 후일, 후학들의 활약에 기대를 하며 일단 매듭을 짓기로 했다.

이 책을 내면서 뒤돌아보니 여러 분들의 도움이 없었다면 이러한 성과를 내기 힘이 들었을 것으로 생각되었다. 개인적 역량의 한계를 느끼니 더욱 더 주변 분들의 도움에 고마움을 느낀다. 너무 늦었지만 감사의 말씀을 전하려

한다. 김용섭 선생님께는 학은에 보답하려는 마음으로 늘 애를 썼지만, 역량 부족을 느꼈다. 게으름 탓에 찾아뵙지도 못하고 죄송한 마음뿐이다. 40년의 세월이 흐르다 보니 가르침을 주신 여러 선생님들이 고인이 되셨다. 이종영, 이재룡, 하현강, 원유한, 정창렬 선생님을 비롯하여 김준석 선배님, 동료 방기중 선생이 떠오른다. 애달픈 마음으로 생전에 주신 가르침을 되새겨 본다. 그리고 학문적 배움을 주신 이경식 선생님, 함께 공부해 온 홍성찬·백승철 교수를 비롯한 고전강독회 회원들, 한국역사연구회 토지대장 연구반의 이세영, 이영학, 이영호, 박진태, 최윤오, 왕현종, 김건태 교수 등 초창기 멤버들과 반원들, 대학원 시절 연남동에서 함께한 공부방원들, 부산대학교 사학과에 같이 몸담고 학교생활과 연구활동에 많은 도움을 주신 동료 교수들에게도 감사의 말씀을 드린다. 그리고 학문의 길을 같이 걷고 있는 제자들에게도 고맙다는 말을 전한다.

늘 뒤처지고 모자란 삶으로 기쁨을 드리지 못하고 걱정만 끼쳐 드렸지만, 지원을 아끼지 않으시다 세상을 달리하신 아버님과 연로하신 어머님, 그리고 서울과 부산으로 떨어져 사느라 집안 살림을 도맡아 필자가 편안히 연구할 수 있도록 여건을 마련해 준 아내 공석란, 어려서부터 함께 하지 못하여 아버지로서의 역할을 다하지 못해 미안했지만 어느새 성장하여 자기 영역에서 활발히 활동을 하고 있는 아들 용준과 딸 수연에게 사랑과 고마움을 전한다.

마지막으로 어려운 경제여건 속에서 기꺼이 출판을 맡아주신 혜안출판사의 오일주 사장님, 편집과 교정에 힘써주신 김태규·김현숙 님에게도 감사를 드린다.

2019년 11월
지은이 씀

제2부 일제의 토지조사사업과 소유권 분쟁

서 장

    근대국가는 영토 주권을 확보하고, 영역 내 모든 토지에 대한 국가관리시스템을 수립하기 위해 토지조사를 시행했다. 이는 구체적으로 국가가 구래의 관습을 조사하여 이를 토대로 토지법을 제정하고, 토지소유권을 비롯한 각종 물권의 내용과 한계를 정하는 일, 각 필지의 생김새와 경계·지목·지가 그리고 소유권 등을 조사하여 토지대장과 지적도에 등록하는 일, 토지소유자에게 지세를 부과하기 위한 지세장부를 마련하는 일, 소유권을 비롯한 각종 물권을 관리하기 위한 등기부를 마련하고 소유권과 물권을 등록·관리하는 일 등이다. 국가는 토지조사를 근거로 토지장부를 마련하여 부동산거래의 안정성과 부동산담보 금융제도의 기반을 구축하는 한편, 국가의 각종 기반시설에 대한 사업계획을 수립하고 토지를 수용하여 이를 추진하였다.

    한국에서는 근대국가 수립기 전국 단위의 토지조사가 두 차례 시도되었다. 하나는 대한제국이 근대적 토지제도 수립을 목표로 추진한 양전·관계발급사업이고, 다른 하나는 일제가 대한제국에 대한 지배권을 확보한 뒤 한국을 식민지로 지배하기에 적합한 토지제도를 수립하기 위해 실시한 토지조사사업(이하 '사업'으로 약칭함)이다. 대한제국과 일본제국주의가 각각 시차를 두고 전자는 자주적인 입장에서, 후자는 식민지 지배자의 입장에서 잇달아 이 작업을 추진하였다. 성격이 다른 두 주체가 시행한 토지조사는 자본주의국가의 토지제도 수립이라는 큰 틀에서 볼 때 같은 선상에 있다고 이해하기도 한다. 양자는 한국사회에 대한 이해도, 현실적으로 해결해야 할 당면과제, 그리고 궁극적으로 지향하는 목적이 서로 달라 사업의 방법과 내용에서 상당한 차이를 보였다.

현재 한국의 토지제도는 일제가 세워놓은 틀을 기반으로 작동되고 있지만, 두 사업을 보는 시각은 다양했다.[1] 크게 계승적 발전설, 선택적 계승설, 단절적 수탈설, 단절적 발전설 등으로 분류할 수 있으며, 동일한 시각이라도 내부에 적지 않은 견해차가 존재하기도 하였다. 이러한 관점 차이를 감안하면서 본 책에서는 일제 식민지기 이전의 토지조사 과정을 다음과 같이 정리하고 '사업'을 논하려고 한다.

19세기 한국사회는 농민항쟁, 나아가 농민전쟁이 격발하는 등 크게 격동하면서 각종 개혁안이 대두되었다. 그 일환으로 양전사업과 지권 발행을 논의하는 가운데 지역적으로 부분 양전을 실시하기도 했다. 조선국가가 '근대국가'로의 개혁을 목표로 전국을 단위로 실시한 첫 번째 작업은 공토정리사업이었다. 갑오정권의 갑오승총과 을미사판, 광무정권의 광무사검이 그것이다.[2] 이 사업의 핵심은 공토를 조사하는 동시에, 작인과 도조를 확정하고 작인납세제를 실시하는 것이었다. 작인납세제는 기존 경작권이 갖고 있던 관습물권을

---

1) 한국근대 토지제도 연구로는 ① 김용섭, 『한국근대농업사연구(증보판)』(하), 일조각, 1988, ② 한국역사연구회 토지대장반, 『대한제국의 토지조사사업』, 민음사, 1995, ③ 배영순, 『한말 일제초기의 토지조사와 지세 개정』, 영남대학교 출판부, 2002, ④ 김홍식 외, 『대한제국의 토지제도』, 민음사, 1990, ⑤ 宮嶋博史, 『朝鮮土地調査事業史の研究』, 東京大學 東洋文化硏究所, 1991, ⑥ 김홍식 외, 『조선토지조사사업』, 민음사, 1997, ⑦ 조석곤, 『한국근대 토지제도의 형성』, 해남, 2003, ⑧ 한국역사연구회 토지대장반, 『일제의 창원군 토지조사와 장부』, 선인, 2011과 『일제의 창원군 토지조사사업』, 선인, 2013, ⑨ 왕현종, 『대한제국의 토지조사와 토지법제』, 혜안, 2017, 그리고 ⑩ 최원규, 「한말 일제초기 토지조사와 토지법 연구」, 연세대학교 박사학위논문, 1994 등이 있다.

2) 배영순, 앞 책, 영남대학교 출판부, 2002 ; 박진태, 「한말 역둔토조사의 역사적 성격 연구」, 성균관대학교 박사학위논문, 1995 ; 宮嶋博史, 앞 책, 東京大學 東洋文化硏究所, 1991 등이 참고된다.

인정하고 창출하는 가운데 시행해야 하는 정책이었다. 갑오정권은 이 원칙을 민전에도 적용하는 지조개정을 계획하고 지주경영과 농민경제의 안정화, 지주자본의 산업자본화를 동시에 꾀할 계획을 세웠다.[3] 갑오정권이 실시한 공토정책의 특징은 공토에서 도조와 결세를 작인으로부터 모두 거두도록 했다는 점이다. 공토·사토를 막론하고 모두 결세 징수대상으로 삼은 것은 갑오·광무정권이 공통적으로 실시한 정책이며 후일 분쟁의 씨앗이 되기도 하였다. 이는 결세를 탁지부에서 일괄 거두려고 조치한 것이지만, 중앙관청과 지방관청, 사궁·영아문 등 각 기관이 따로따로 토지를 마련하여 도조를 거두어 재정을 확보하고 개별·자립적으로 운영해 가도록 한 국가체제라는 점은 변함이 없었다.

갑오정권의 정책적 기조는 대한제국의 토지정책에서 더 명확해졌다. 광무정권은 갑오개혁의 실패를 반성하며 황제 주도아래 근대국가로 탈바꿈하기 위한 전반적 개혁작업에 착수했다.[4] 광무사검과 양전·관계발급사업이 대표적인 토지정책이었다. 광무사검은 내장원 주도아래 실시되었으며, 주목적은 공토확장 정책이었다.[5] 갑오·광무정권의 공토정책은 무토는 사토로 환급하고, 아문과 궁이 소유한 유토를 비롯한 각종 공공 토지를 조사하여 공토로 삼는다는 점에서 공통적이었다. '관수관급'하던 무토면세전은 폐지하여 사토로 하고, 유토면세전은 승총하여 모두 탁지부에서 결세를 수세하여 국가재정으로 사용하도록 했다. 유토가 공토였다. 작인은 기존에 납세하던 수조액에서 結과 賭를 나누어 결은 탁지부에, 도는 각 기관에 납부하도록 하였다.

---

3) 갑오개혁에서 정치 경제문제는 ① 김용섭, 「갑신 갑오개혁기 개화파의 농업론」, 『한국근대농업사연구(증보판)』(하), 일조각, 1988, ② 왕현종, 『한국 근대국가의 형성과 갑오개혁』, 역사비평사, 2003 등을 참고하였다.

4) 광무개혁은 ① 김용섭, 「광무개혁의 농업정책」, 『한국근대농업사연구(증보판)』(하), 1988, ② 주진오, 「19세기 후반 개화개혁론의 구조와 전개」, 연세대학교 박사학위논문, 1995, ③ 서영희, 『대한제국 정치사 연구』, 서울대학교출판부, 2003, ④ 도면회, 『한국 근대 형사재판제도사』, 푸른역사, 2014 등이 참고된다.

5) 공토 확장 정책에서 조사대상 토지는 본서, 58~60쪽에 설명되어 있다.

그런데 실제 조사과정에서 문제가 발생하였다. 구래의 법규대로 무토와 유토를 구분하려고 했지만, 이들을 구분하여 확정하기가 쉽지 않았다고 관계자들이 고백하였다. 이런 문제 때문에 제1종 유토와 제2종 유토(=민유지)라는 개념을 결호화법세칙에 마련하기도 하였지만, 이를 구분하기 어려워 실제 적용한 적은 없었던 것으로 추정된다.[6] 공토조사 결과 장부상의 수조 실재전이 종전보다 15~16% 정도 증가하였다고도 했다.[7] 이것은 종래 민전이 공토로 편입되면서 결세는 물론, 도조까지 부담하게 되었다는 것을 의미하였다. 이로 말미암아 납세의무자들은 '一土兩稅'나 '一土三稅'를 강요당했다고 주장하며 거납운동을 전개하기도 했다.[8] 공토에서 면세 조치를 해제하고 결세를 탁지부에 납부하게 되면서 영·아문과 사궁은 수입 감소가 현실화되자 결세 감소분을 작인에 전가하기도 하였다. 작인이 이의를 제기하며 저항한 것이다. 물론 국가가 작인납세제를 국가제도로 채택한 것은 작인에게 결세를 더 부담시킬 의도아래 실시한 것은 아니었던 것으로 보인다. 이미 관행화된 작인납세제를 활용하여 아문과 궁에 제공한 면세 특권을 중앙정부가 회수하여 재정수입을 확대한 조치였다. 총액제적 조세체계가 와해되는 가운데, 작인납세제를 실시하기 위해서는 작인의 경작권에 물권적 권리를 부여하여 납세를 책임지도록 하는 조치가 필요했지만, 아직 법적으로 실현되지는 않았다.

광무정권의 공토정책은 국가가 공토에 배타적 소유권을 부여하기 위한 조사는 아니었다. 관행적으로 존재하던 각 기관과 작인의 권리를 그대로 인정하면서 취한 작업이었다. 따라서 공토에서 양자 사이에서 발생한 분쟁은 소유권보다는 대체로 수조액의 수준을 둘러싼 문제로 보였다. 이들은 이를 타협 조정하는 방향에서 분쟁 해결을 기도하였다.[9] 국가가 공토내의 경작권을

---

6) 『結戸貨法細則』.

7) 박진태, 앞 글, 『대한제국의 토지조사사업』, 민음사, 1995, 487쪽.

8) 박찬승, 「한말 역토 둔토에서의 지주경영의 강화와 항조」 『한국사론』 9, 1983.

9) 조석곤, 「토지조사사업에서의 분쟁지 처리」 『조선토지조사사업의 연구』, 민음사, 1997, 315쪽.

기존 관행대로 중층적 권리로 인정하는 가운데 취한 조치였다. 그 결과 광무사 검에서 공토가 양적으로는 증가했지만, 두락당 수조액은 감소하는 것으로 나타나기도 했다.[10)

대한제국은 '舊本新參'이라는 개혁이념아래, 공토는 물론 사토까지 포함한 전토지를 대상으로 양전·관계발급사업을 실시했다.[11) 양전사업의 내용은 다음과 같다. 첫째, 시주와 시작을 조사하여 양안에 등록하였다. 국가가 시주의 소유권을 '法認'하고 관계를 발급해주기 위한 사전 조사작업이었다. 둘째, 공토의 작인납세제와 작인납세의 민간관행을 국가제도 속에 편입시켜 공·사 토 모두에 작인납세제를 전면적으로 실시하기 위한 작업이었다.[12) 셋째, 절대 면적제와 전답도형도를 도입하여 필지의 면적과 모습을 객관적으로 파악하려 고 시도했다. 이는 토지를 생산 중심의 결부단위로 파악하던 구래의 양전과 달리 절대면적 단위로 파악하려는 시도였다. 구래의 양전과 달리 무주지를 포함한 전 토지를 파악할 의도아래 추진한 사업이었다. 넷째, 외국인의 토지소 유금지를 반영한 토지조사로 외국인의 잠매를 일소하기 위한 조사였다.[13)

---

10) 일반적으로 광무사검은 국유지의 확대와 지대강화를 정책적으로 추진한 것으로 보고 있으나, 실제 지대는 감소되는 경향을 보였다. 역둔토 총도세의 증가는 두락당 도조액의 상승이라기보다 목장토·역토 및 각종 둔토의 사검 은루결 확보, 무토둔토의 공토화정책 의 결과였다. 박진태, 앞 글,『대한제국의 토지조사사업』, 민음사, 1995, 528~531쪽.

11) 대한제국의 토지조사사업에 대한 연구성과는 이영학,「대한제국기 토지조사사업의 의의」,『대한제국의 토지조사사업』, 민음사, 1995에 정리되어 있다. 이와 다른 견해로는 김홍식 외, 앞 책, 민음사, 1990이 있다. 그리고 최근의 연구로는 왕현종, 앞 책, 혜안, 2017 ; 이영호,『근대전환기 토지정책과 토지조사』, 서울대학교 출판문화원, 2018 ; 김 건태,『대한제국의 양전』, 경인문화사, 2018 등이 있다. 본 글과 관련해서는 최원규, 「대한제국기 양전과 관계발급사업」『대한제국의 토지조사사업』, 민음사, 1995가 참고 된다.

12) 총액제하의 작인납세제와 개별 부과체제 아래의 작인납세제는 의미가 다르다. 일제가 지세령에서 영소작권이나 20년 이상의 지상권자를 납세의무자로 정한 것은(『조선총독 부관보』1914. 3. 16. 호외,「제령 제1호 지세령」) 개별지주 직납세제 아래 물권에 소득이 있으면 당연히 세금을 부과한다는 원칙론에 따라 정한 조치라 판단된다. 그리고 일제가 작인납세제를 폐지하고 지주납세제를 채택한 것은 관습물권의 폐기와 소작권=임차권의 채권화와 짝하는 일이었다.

다음 작업은 양안을 근거로 시주에게 관계를 발급하는 일이었다. 관계는 한국 역사에서 처음으로 관에서 발급한 등기 성격을 가진 토지소유권 증명서였다. 발급 원칙은 다음과 같다.[14] 첫째, 1인 1성명제를 채택하여 성명을 법인화하려는 원칙아래 시행한 것으로 보인다. 둘째, 한 필지당 한 장의 관계를 발급하는 원칙을 채택하였다. 구래의 매매문기는 사람 중심으로 작성되었기 때문에 여러 필지를 하나의 문기에 한꺼번에 표기했지만, 관계는 양안에 파악한 하나의 필지를 한장의 관계에 표기한 토지 중심의 증명서였다. 토지장부가 사람에서 토지 중심의 장부체계로 전환되어가는 것을 의미하였다. 셋째, 모든 공토·사토가 관계발급 대상이었으며, 국가가 시주에게 강제로 발급받도록 하였다. 그리고 공토의 경우 각 기관별로 따로따로 관계를 발급한 점이 근대국가의 국유지 관리체계와의 차이점이다. 넷째, 발급비용으로 국가 재정에 충당하려고 시도했다. 다섯째, 관계발급은 양안을 근거문서로 활용하였지만, 발급할 때 매매문기와 교환하여 시주를 재확인하고 그 문기를 강제로 수거하는 독특한 사정절차를 밟았다. 여섯째, 관계는 지계아문과 부·군청에서 이중으로 관리하여 도매·투매·잠매 등을 방지하도록 하였다. 일곱째, 관계발급 대상자는 대한제국 인민만을 대상으로 하고 외국인은 제외했다.

관계는 시주에게 소유권을 부여한 증서이지만, 대한제국 정부는 소유권의 권리와 한계를 명확히 정한 법은 아직 마련하지 않았다. 소유권과 그 이외의 물권을 인정한 구래의 관행을 그대로 제도 속에 포함한 것으로 보인다. 광무정권은 지주제를 강화하여 지대 수입을 확대하여 재정수입의 증대를 기도하는

---

13) 잠매는 ① 김용섭, 「고종조 왕실의 균전수도문제」, 「광무연간의 양전지계사업」『한국근대농업사연구(하)』, 일조각, 1988, ② 최원규, 「1900년대 일제의 토지권 침탈과 그 관리기구」『부대사학』19, 1995,. 그리고 부산 경남지역의 사례로는 ③ 최원규, 「19세기 후반 20세기초 경남지역 일본인 지주의 형성과정과 투자사례」『한국민족문화』14, 1999가 참고된다.

14) 관계에 대한 연구는 최원규, 앞 글,『대한제국의 토지조사사업』, 민음사, 1995가 참고된다. 이와 다른 견해로는 김홍식 외, 『조선토지조사사업』, 민음사, 1997이 있다. 최근 왕현종, 앞 책, 혜안, 2017이 제출되었다.

한편, 중답주와의 갈등을 해소하기 위해 이들을 제거하려는 정책적 의지를 표명하기도 하였다. 그러나 정책적 의도와 달리 실제로는 '舊本新參'의 이념대로 기존 질서를 그대로 유지하는 방향에서 기존 권리에 대한 변동 없이 대체로 '무리없이' 사업을 추진하려고 했던 것으로 보인다. 광무개혁의 기본입장은 내용은 구래의 양전제도의 틀을 어느 정도 유지하면서도, 토지관리의 형식적 틀은 가능한 한도 내에서 토지 중심적 파악방식, 즉 근대적 방향으로 제도화하자는 것이었다. 대한제국의 토지조사는 추진과정과 방법에서는 미숙한 점이 적지 않았지만, 소유권과 물권적 경작권(관습물권)을 수용하는 가운데 추진한 미완결된 '근대적' 토지조사사업이라고 할 수 있을 것이다.

대한제국의 토지조사는 러일전쟁과 일제의 간섭으로 중단되었다. 광무정권은 일제가 통감부를 설치하고 간섭을 강화해 가는 가운데서도 기존의 입장을 고수하면서 종전 양전사업에 걸맞는 '부동산권소관법'을 기안하였다. 이 법은 등기제도를 도입하여 부동산에 대한 권리를 보호하기 위한 것이었다. 소유권자가 권리를 변경할 경우 '지권'에 해당 사항을 기입하여 관리의 증인과 인허를 받아 청원서를 제출하여 등기하도록 했다. 등기대상 물권은 소유권이었지만, 경작권을 의미하는 '임조권'도 포함한 점, 외국인의 토지소유금지를 전제로 한 점이 주목된다. 대한제국은 기본적으로 토지조사를 하고 위의 사항을 법률로 정하여 부동산권에 대한 국가관리제도를 수립하려 하였다.[15] 이 점이 일제가 식민지지주제를 근간으로 한국의 농촌사회를 지배할 목표로 추진한 一地一主의 배타적 소유권 중심의 토지조사 방침과는 부합하지 않았다.

일제는 자기의 이해에 반하는 법제정 작업을 중단시키고 식민지 토지정책을 마련하여 시행에 옮겼다. 원칙적으로는 한국의 토지관습을 조사하고 이를 바탕으로 토지를 조사하고 토지법을 제정하여 식민지 통치를 위한 토지관리시스템을 마련하는 것이었다. 이 작업에는 많은 시간과 비용이 요구되어 실천

---

15) 최원규, 「대한제국과 일제의 토지권법 제정과정과 그 지향」, 『동방학지』 94, 1996.

가능한 수준에 맞추어 시행하기로 하고 두 단계로 추진하였다. 첫 단계는 대한제국 정부가 관할하던, 그리하여 일제가 직접 관리권을 인계받은 공토를 조사하여 국유지로 확보하는 작업이었다. 다음 단계는 민유지를 조사하고 소유권의 국가관리 체계를 완성하는 일이었다. 물론 외국인에게도 한국인과 동등하게 토지소유를 허용하는 것이었다.

일제는 한국의 토지관습을 조사하여 이를 토대로 독자적 민법을 제정하는 대신, 효율적인 식민통치를 고려하여 한국의 토지소유권을 일본민법적 소유권, 즉 일지일주의 배타적 소유권으로 법제화한다는 원칙을 세웠다. 대한제국과 달리 소유권 이외의 다른 관습물권은 인정하지 않는다는 기본원칙을 세우고 토지정책을 순차적으로 추진해 갔다. 본 책에서는 이러한 인식 아래 다음 사항을 검토하려고 한다.

첫째, 조선 구래의 토지소유권과 일제가 '사업'에서 법적으로 확정한 토지소유권의 실체를 검토하는 일이다. 공토의 경우 수조권을 배타적 소유권으로 정리한 것인지, 구래의 소유권을 그대로 추인한 것인지, 그리고 경작권의 성격, 특히 물권적 경작권의 존재여부와 그 변동 등이다. 구래 법전에서는 소유권의 권리와 한계를 분명히 규정하지 않았다. 예를 들면, 『經國大典』戶典 전택조에서 "전택소송은 5년을 넘으면 심리하지 않는다. … 幷耕永執者 … 不限年" 규정은 병경자가 소유권을 차지할 수 없다는 표현이지만, 이것이 병경권을 물권으로 인정하지 않는다고 규정한 것은 아니었다는 해석도 가능하다.[16] 병경 등 경작권의 법적 내용과 사례가 검토대상이다.

둘째, 구래에는 토지소유권을 관리하는 국가의 공적인 장부체계가 마련되어 있지 않아 권리관계를 이해하는 방식이 다양하였다는 점이다. 당시 물권은 국가가 관리한 것이 아니라 향촌공동체의 구성원이 관습에 근거하여 관리 운영해갔다. 소유권 거래는 물론이며, 총액제적 조세체계 아래 결세 부담도

---

16) 한국법제연구원, 『대전회통연구-호전 예전편-』, 1994, 38쪽.

향촌민이 자립적으로 관리·운영해 갔는데, 당사자들의 권리관계를 조사하여 구별하는 일이 필요했다. 그리고 공토정책에서 추진한 탈경이작 금지와 '定作 人 定額賭租'라는 조항에 대한 해석도 문제였다. 일반적으로 지주 입장에서 해석하고 있지만 작인 입장에서 적극적으로 해석할 필요도 있을 것이다. 작인납세제의 도입과 함께 경작자가 경영의 주체로 자리 잡아가는 또 하나의 모습을 반영하는 것으로 보인다. 갑오·광무정권은 구래의 관습에 따라 기본적 으로 소유권 중심으로 토지를 조사했지만, 경작권의 존재도 인정하면서 토지 정책을 추진해 가는 모습을 보였다. 이와 관련하여 소유권과 경작권의 다양한 내용을 더 구체적으로 검토할 필요가 있다.

셋째, 조선국가에서 토지소유권을 이전할 때 매매문기에 표기된 명의자가 소유주체로서 얼마나 자립성 또는 법적 독립성을 갖고 소유권을 행사할 수 있는지도 살펴볼 필요가 있다. 이와 관련하여 다음의 예가 주목된다. 구래의 매매문기의 표현 가운데 "가족 중 이의를 제기하는 자가 있으면 관에 고하여 이것으로 증명하라."는 구절이 늘 표기되고 있다는 점,[17] '부동산 권소관법'에서는 "가족의 別有 부동산을 거래할 때 호주가 서명 날인한 허가장 을 소지해야 한다."고 규정한 점,[18] 조선총독부가 일본인 관리 주도로 조사한 관습조사서에서도 호주의 허가를 얻어야 한다고 보고한 점 등이다.[19] 그리고 '사업' 당시 호주가 집안의 소유를 한꺼번에 파악하여 소유자별로 신고하는 모습을 보인 것도 그러한 예의 한 모습일 것이다.[20]

광무년간에 발급한 관계는 구래의 매매문기처럼 사람 중심이 아니라 토지

---

17) 이수건 편, 『경북지방고문서집성』, 영남대학교 출판부, 1982와 조선후기 각종 매매문기 참조.
18) 金正明 編, 『日韓外交資料集成(6 上)』, 342~345쪽. 부동산권소관법 제9조.
19) 법전조사국, 『관습조사보고서』, 1913. 292~293쪽.
20) 해남 윤씨가의 토지신고서. 수원 조씨가의 경우도 형제의 토지를 종가에서 함께 신고하는 모습을 보였다. 최원규, 「한말·일제하의 농업경영에 관한 연구─해남 윤씨가 의 사례」 『韓國史硏究』 50·51, 1985 ; 「일제시기 수원 조씨가의 지주경영 분석」 『역사문 화연구』 46, 2013. 5 등이 참고된다.

중심으로 작성하도록 양식이 바뀌었다는 점도 주목된다. 방매 이유란의 삭제, 절대면적제의 속성을 지닌 두락제의 도입, 매득자 명의란 기입의 필수화, 1필지 1문서주의의 채택, 이의를 제기할 때 관에 고하라는 등의 문구 삭제 같은 변화를 보였다. 광무정권은 관계에 필지별로 토지 내용을 기록하고 시주에게 소유권 증명서로 관에서 발급하도록 법제화하였다. 구래의 입안이나 매매문기와 분명히 성격이 달랐다. 관계를 '근대적' 토지소유권 증명서로 적극 평가할 필요가 있을 것이다.

넷째, 대한제국의 토지조사에서 가장 시급한 과제로 중점을 둔 것은 당면한 일본인의 토지 침탈을 막는 일이었다. 대한제국은 외국인 토지소유금지법을 반영하여 잠매토지를 인정하지 않는 방향에서 토지조사를 실시하였다. 그러나 일제는 통감부를 설치하면서 그 방향을 전면적으로 전환하였다. 구래의 관행을 식민지 지배체제에 적합하도록 개편하는 방향으로 법을 제정하고 토지를 조사하여 제도화할 것을 계획했다. 우선 현실적 임시방편으로 증명제도를 제정 시행하였다.[21] 일본인에 대한 토지소유의 금지제한을 해제하고, 개별 소유주체가 자유롭게 소유권을 행사할 수 있도록 한 제도이다. 이때 관에서 거래 사실을 증명하여 소유권의 불안정성을 해소하기 위해 제정한 법이다. 그렇지만 이 제도는 토지조사를 하지 않고 제3자 대항권을 보장하지 않았다는 점에서 한계를 보였다. 이 점이 토지소유권 분쟁에서 어떻게 작동하는지도 검토대상이다.

다섯째, 일제가 민유지 이외의 무주지를 국유지로 선언하는 법령을 발포하였는데, 그 내용을 검토하는 일이다. 민유 이외의 미간지를 국유로 선언하고 그 처리를 위해 국유미간지이용법을 제정하였다.[22] 그리고 민유림은 지주가

---

21) 증명제도는 ① 신용하, 『조선토지조사사업연구』, 지식산업사, 1982, ② 조석곤, 「토지조사사업과 식민지지주제」『한국사』13, 한길사, 1994, ③ 宮嶋博史, 『朝鮮土地調査事業史の研究』, 東京大學 東洋文化硏究所, 1991, ④ 최원규, 「대한제국과 일제의 토지권법 제정과정과 그 지향」『동방학지』94, 1996 등이 참고된다.
22) 이영호, 「일제의 식민지 토지정책과 미간지 문제」『역사와 현실』37, 2000.

신고하도록 하고, 그 이외의 삼림은 모두 국유로 선언한 삼림법을 공포하였다.[23] 이들은 일제가 무주지 등 민유 이외의 토지를 국유로 선언한 강권적 조치였다. 민 주도의 관행적 토지질서와는 상당히 거리가 있기 때문에 많은 반발과 부작용이 뒤따랐다. 일제는 토지조사사업과 임야조사사업을 시행할 때 이를 근거로 국유지를 조사하여 소유권을 확정하는 조치를 취했다. 특히 국유미간지이용법은 기존 농민적 개간권을 박탈하고, 구래의 개간 허가권인 입안과 절수제도를 근대적 허가제도로 전환한 것이라고 볼 수 있다. 이러한 법적 조치는 토지소유권이 민이 행한 '起耕者爲主'라는 개간권만으로 성립하는 것이 아니라 오히려 개간권이 국가의 허가권, 즉 입안권이나 절수권에 종속된다는 인식에서 연유한 것이라 생각된다. 국유지 조사와 '사업'을 시행할 때 절수사여지에서 발생한 국·민유 분쟁에서 소유권을 판정할 경우 입안이나 절수에 더 유리하게 작용했을 것으로 예상된다.

일제는 토지법 제정 작업과 아울러 여건이 허락하는 한도 내에서 토지제도 정비작업에 착수했다. 먼저 국유지를 조사 정리한 다음, 민유지를 조사 정리한다는 원칙을 세웠다. 전자의 작업으로 대한제국의 공토를 기반으로 역둔토대장을 정비하고, 다음과 같은 절차를 밟아 국유지로 확정하였다. 일제는 관습조사를 하면서 광무사검의 공토를 제실유와 국유지로 분류하고, 이 가운데 혼·탈입지와 투탁지는 민유로 환급하기로 하였다. 그리고 제실유 가운데 황실사유지를 최소화시켜 사유로 제외하고, 그 나머지 제실유와 국유지를 합하여 '근대적' 국유지로 탄생시켰다.

국유지는 법적으로는 1907년 '임시제실유급국유재산조사국'(이하 조사국으로 약칭함)을 설립하여 제실유와 국유지 조사를 구분 조사하도록 한 '행정처분'에서 비롯되었다. 이때 민이 이의를 제기할 수 있도록 청원권도 부여했다.

23) 강정원, 「일제의 산림법과 임야조사연구-경남지역 사례」, 부산대학교 박사학위논문, 2014 ; 최병택, 『일제하 조선임야조사사업과 산림 정책』, 푸른역사, 2009 ; 이우연, 『한국의 산림 소유제도와 정책의 역사 1600~1987』, 일조각, 2010.

그러나 민유라는 확실한 증거를 제시하지 않으면 환급하지 않았다. 국가가 '행정처분'으로 확정한 국유지와 제실재산에는 배타적 소유권과 '원시취득'의 법적 효력을 부여하였다. 그리고 '제실재산정리국'을 설립하여 조사 정리한 제실재산은 1908년 '궁내부 소관급 경선궁 소속재산의 이속과 제실채무의 정리에 관한 건'을 공포하여 국유로 선언하였다. 이 조치로 일제는 광무사검의 공토를 국유지로 확정하였다.[24] 임시재산정리국은 조사국의 사업을 이어받아 이때 확정된 국유지를 조사하여 역둔토대장을 작성하였다. 탁지부에서는 이를 근거로 '탁지부 소관 국유지실지조사'(이하 '실지조사'로 약칭함)를 실시하여 국유지대장과 국유지도를 작성하였다. 그리고 '사업'에서는 이 장부를 근거로 국유지통지서를 작성하고 그 소유권을 그대로 추인하였다.

일제의 국유지 조사는 전국의 토지를 국유지와 사유지로 구분하고 조사하여 국유지로 확정하는 과정이었으며, 이때 분쟁이 발생하기도 하였다. 기존 중층적 소유관계를 국유라는 배타적 소유권으로 일원화하면서 여기서 배제된 물권적 권리자, 중답주가 반발한 것이다. 공토 내에서 국가의 수조권적 권리와 사실상 소유권자인 농민의 대립 갈등이다. 한편에서 유토(특히 제2종 유토)를 국유로 주장하자, 다른 한편에서는 민유라고 주장하면서 종전의 수조액 분쟁이 소유권 분쟁으로 비화한 것이다. 대체로 절수사여지가 분쟁의 직접적 대상물이었다고 판단된다.

국유지 조사의 결과 농민은 무권리한 소작인으로 전락하였으며, 소작료는 대폭 인상되었다. 일제는 '실지조사'에서 민간의 소작료 수준에 맞추어 도지를 인상하고 결세도 포함하여 소작료액을 결정하였다. 소작권은 채권으로 규정하였다. 그리고 원칙적으로 결세 납부여부를 소유권의 증거로 삼지 않았으며, 삼을 수도 없었다. 이렇게 국유지가 확정되면서 소작인으로부터 지세를 받는 관행은 법적으로는 폐기되었다. 그러나 작인납세제 관행은 일제시기 지주가

---

24) 최원규, 「융희년간 일제의 국유지 조사와 법률적 성격 - 전남 나주군 궁삼면 고등법원 판결문을 중심으로」 『한국민족문화』 69, 2018. 11.

불법적으로 계속 소작농민에게 강제하는 방식으로 유지되기도 하였다.

그런데 공토에서 수조액만으로 결세인지 결도인지 구분하기 어려운 경우가 적지 않았다. 이리하여 수조의 성격이 불분명하여 공토의 토지권을 둘러싸고 납부자와 수납자 사이에 국·민유 분쟁이 빈발했다. 양자의 법적 지위를 규명하는 일이 쉽지 않았다. 국·민유 분쟁은 일제가 '국유지소작인허증'을 발급하면서 본격화되었지만, 법률적으로는 조사국의 '행정처분' 단계에서 이미 국유로 확정된 것이다. '행정처분'은 사법재판소의 재판대상이 아니었다. 이는 임시제실유급국유재산조사국 관제를 어떻게 해석할 것인가의 문제, 즉 일제의 국유지 조사의 성격파악과 직결된 문제이다. 이 점은 향후 검토대상이다.

국유지 조사를 시행한 다음 작업은 민유지의 소유권을 조사 확정하는 일이었다. 일제는 1910년 토지조사법을 제정하고 '사업'을 시행하였다.[25] 이때 국유지 조사는 국유지실지조사의 결과를 추인하는 방향에서 실시되었다. 그러나 준비 부족과 한국인의 저항과 비협조 등 여러 요인으로 당초의 사업계획이 차질을 빚게 되자 일제는 계획을 전면 재검토하였다. 그 후 토지조사령, 조선민사령, 조선부동산등기령을 비롯한 각종 토지관계법을 새로 제정 공포하는 한편, 결수연명부·과세지견취도 등의 장부를 정비하고, 부군면동리 등 행정구역을 전면 개편하는 등 시행방식을 전면 수정 보완하여 1918년 '사업'을 완료했다.

일제가 토지조사와 토지법 제정을 추진하면서 일관되게 견지한 원칙은

---

25) 일제의 토지조사사업에 대한 연구는 ① 和田一郎, 『朝鮮土地地稅制度調査報告書』, 宗高書房, 1920, ② 김용섭, 「수탈을 위한 측량-토지조사」 『한국현대사』 4, 신구문화사, 1969, ③ 신용하, 『조선토지조사사업연구』, 지식산업사, 1982, ④ 宮嶋博史, 앞 책, 東京大學 東洋文化硏究所, 1991. ⑤ 배영순, 앞 책, 영남대학교 출판부, 2002, ⑥ 최원규, 「한말 일제초기 토지조사와 토지법 연구」, 연세대학교 박사학위논문, 1994, ⑦ 조석곤, 「조선 토지조사사업에 있어서의 근대적 토지소유제도와 지세제도의 확립」, 서울대학교 박사학위논문, 1995, ⑧ 김홍식 외, 앞 책, 민음사, 1997 등이 참고가 된다. 근래의 사례연구로는 ⑨ 한국역사연구회 토지대장연구반, 앞 책, 선인, 2011, ⑩ 한국역사연구회 토지대장연구반, 앞 책, 선인, 2013 등이 있다.

일본인이 조선에서 토지를 매개로 경제활동을 하는데 아무런 장애가 없도록 일본민법적 질서를 한국에 제도화시키는 일이었다. 이는 관습적으로 토지에 존재한 여러 물권 가운데 소유권적 권리를 조사하여 일지일주의 배타적 소유권으로 '법인'하는 일이었다. 따라서 '사업'의 핵심은 소유권 확정작업(사정, 재결)이라 할 수 있을 것이다. 이 때문에 기존의 '사업' 연구에서는 예외 없이 다음 문제를 검토하였다.

첫째, 경작권 등 다른 물권을 제외하고 소유권만 유일한 조사대상으로 정하고 조사 사정한 이유는 무엇인가. 한국에서 배타적 소유권이 국·민유지를 포함한 전토지에 예외없이 성립했는지, 그것이 언제 어떠한 종류의 토지부터 성립했는지, 그 성격은 무엇인지 등이다. 둘째, 소유권을 확정하는 과정은 순조롭게 진행되었는가. 그렇지 않다면 일제는 어떠한 법적 행정적 강제력을 동원하여 이 일을 추진했으며, 이때 발생한 반발을 어떠한 방식으로 해결해갔는가 등이다. 이러한 문제를 해명하는 일은 '사업'의 성격을 밝히는 작업인 동시에, 한국의 토지권 발전과정을 체계화하여 이해하는 과정이기도 했다.

이 문제와 관련하여 근래 연구에서는 구래의 소유권이 배타적 소유권으로 이미 성립했으며, 일제는 '사업'에서 이를 조사하여 '근대법'으로 법인하고 관리했다고 대체로 이해하고 있다. 수탈론이든 식민지근대화론이든 관점과 내용에서 차이는 있지만, 소유권을 조사하여 추인하는 방식으로 '법인'하는 작업이 '사업'이라고 정리하고 있는 것으로 보인다.[26] 이 소유권에 '원시취득'이라는 법적 효력을 부여하여[27] 그간 제기된 소유권 분쟁도 일소했다고

---

26) 토지조사사업에 대한 비판과 전망은 다음 글들이 참고가 된다. ① 조석곤, 「수탈론과 근대화론을 넘어서」『창작과 비평』96, 1997, ② 정태헌, 「수탈론의 속류화 속에 사라진 식민지」『창작과 비평』97, 1997, ③ 정연태, 「'식민지근대화'논쟁의 비판과 신근대사론의 모색」『창작과 비평』103, 1999, ④ 최원규, 「'일제의 창원군 토지조사사업'의 연구 성과와 과제」『일제의 창원군 토지조사사업』, 선인, 2013, ⑤ 정연태, 『식민권력과 한국농업-일제 식민농정의 동역학』, 서울대학교 출판문화원, 2014 등.
27) '원시취득'의 법률적 성격에 대하여는 早川保次, 『朝鮮不動産登記ノ沿革』, 大成印刷出版部, 1921과 최원규, 앞 글, 연세대학교 박사학위논문, 1994가 참고된다. 최근 남기현,

언급하고 있다.

물론 이들 연구에서도 당시 한국에는 소유권 이외에 물권적 성질을 갖는 토지권, 특히 매매·상속·전대 등이 가능한 도지권(관습물권)이 조선사회에 일정 정도 성립되어 있었다는 사실은 인정하고 있다.[28] 다만 한쪽에서는 일제가 이를 부정하고 압살했다고 이해하고, 다른 한쪽에서는 이것을 '사업'에서는 조사 대상으로 삼지 않았다는 것이다. 그리고 그것이 소멸된 원인은 강제로 소멸시킨 것이 아니라 경제원리에 따라 지주권에 흡수되었다고 정리하였다.[29] 이러한 두 견해는 일정하게 타당성을 인정할 수 있는 부분도 있지만, 모두 역사적 현상의 한 면만을 부각시켜 설명하는 인상을 준다.

일제는 처음에는 조선민사령에서 구래의 관습법을 인정하고 판례에서 도지권 등 관습물권을 인정하기도 했지만, 일본민법과 충돌하자 점차 이를 부정하는 수순을 밟아 갔다.[30] 일본민법 체계를 기본틀로 삼고 구래의 관습도 그 틀 안에서 해석하여 판결하는 모습을 보여주었다. 대부분 물권적 경작권의 존재를 인정하면서도 특수 부분적인 예외적 현상이라고 보았다. 경작권은 당연히 물권이 아닌 채권적 존재로 간주했다. 그리고 '사업'은 이러한 원칙아래 소유권만을 조사하여 '법인'했다는 것이다. 그리고 '사업' 당시 한국에 존재한 소유권과 경작권은 물권이 아니며 일부 특수소작밖에 존재하지 않는다고 주장하기도 하였다.[31]

「일제하 토지소유권의 원시취득 연구」, 성균관대학교 박사학위논문, 2019가 제출되어 그 성격을 더 분명히 밝히고 있다.

28) 도지권에 대하여는 ① 허종호, 『조선 봉건말기의 소작제 연구』, 사회과학출판사, 1965(한마당, 1989 재출간), ② 신용하, 「이조말기의 도지권과 일제하의 영소작의 관계」 『경제논총』 6-1, 1967, ③ 김용섭, 「한말에 있어서의 중답주와 역둔토지주제」, 앞 책(하), 일조각, 1988, ④ 이영훈, 「토지조사사업의 수탈성 재검토」 『역사비평』 22, 1993, ⑤ 최원규, 「한말 일제초기 일제의 토지권 인식과 그 정리방향」 『한국근현대의 민족문제와 신국가건설』, 지식산업사, 1997 등이 참고된다.

29) ① 이영훈, 「토지조사사업의 수탈성 검토」 『조선토지조사사업의 연구』, 민음사, 1997. 532~538쪽, ② 정연태, 앞 책, 서울대학교 출판문화원, 2014, 169~172, 474~479쪽.

30) 최원규, 앞 글, 『한국 근현대의 민족문제와 신국가건설』, 지식산업사, 1997, 320~334쪽.

일반적으로 이러한 이해를 통설로 당연하게 받아들이는 경향이 있다. 하지만 한국역사 전반에 소급하여 이해하기에는 재검토할 여지가 충분하다고 생각된다. 경작권의 범위와 강도는 지역에 따라, 시기에 따라, 지주경영 방식에 따라 다양하게 존재했다. 그중에는 지주의 소유권에서 벗어나 물권적 수준까지 도달한 경우도 적지 않았다. 이러한 사례는 국유지에 많았으며, 민유지에도 적지 않았던 것 같다.[32] 관점에 따라 해석차는 있겠지만, 갑오·광무정권은 이러한 물권적 경작권(관습물권)을 인정하면서 토지정책을 폈다고 생각된다.

'사업'에 대한 평가는 '사업' 자체에 대한 실증적 분석도 중요하지만, 일제시기 이전 한국사회의 각종 토지권의 발전수준을 실증적으로 점검하는 일이 전제되어야 한다. 특히 근대화 개혁을 추진해간 갑오·광무정권의 토지정책이 중요하다. 구체적으로 이 시기 소유권을 포함한 모든 토지권이 어떻게 존재했으며, 각 정권은 이를 어떻게 이해하고 처리하려고 했는가를 해명하는 작업이 필요하다. 이 문제는 우선 공토정책을 통해 그 일단에 접근할 수 있을 것이다. 일제의 국유지정책을 둘러싼 수탈성 논쟁은 사업 자체에 대한 이해방식의 차이도 있지만, 전 단계 역사상에 대한 견해 차이에서 오는 것이기도 하다. 따라서 '사업'을 바로 이해하기 위해서는 이를 파악하는 것이 일차적 과제가 될 것이다. 물론 공토정책은 공토에만 한정된 것이 아니다. 사토를 운영해간 민간관행도 염두에 두고 공토정책을 입안하였을 것이고, 이 원칙을 사토에도 적용하려고 했을 것이다. 양자는 상호 구조적 연관관계에 있다고 보아야 할 것이다.[33]

---

31) 일제는 식민지 초기 관습조사서에서 이를 특종소작으로 분류하였다. 조선총독부 법전조사국, 「특종소작」『관습조사보고서』, 1913.

32) 여기에도 이해방식에 차이가 있다. ① 김용섭, 『조선후기농업사연구(증보판)』(Ⅰ), 지식산업사, 1995, ② 김용섭, 『조선후기농업사연구(증보판)』(Ⅱ), 일조각, 1990, ③ 배영순, 앞 책, 영남대학교 출판부, 2002, ④ 허종호, 앞 책, 1965의 연구와 이들과 대별된 이영훈, 『조선후기사회경제사』, 한길사, 1988이 있다.

33) 한국역사에서 사적 토지소유는 고대이래 발전해왔지만, 배타적 소유권의 성립에 대하여는 조선후기, 갑오개혁기, 토지조사사업 등 다양한 견해가 제시되었다. 소유권의

앞의 문제와 관련하여 견해차이가 있겠지만, 객관적으로 '사업' 진행과정에서 분쟁이 더욱 더 확대되었다는 점이다. 소유권을 조사 추인하는 차원에서 '사업'이 진행되었다면 왜 사정하기 전에 발생한 분쟁과 사정에 불복하여 재결하는 과정에서 적지 않게, 지역에 따라서는 '조사가 분쟁'일 정도로 발생했을까. 그 중에서도 국유지에서, 그것도 소유권 분쟁이 왜 집중적으로 발생했을까. 이것은 '사업' 전체와 관련된 문제지만, 국유지가 민유지와는 다른 모습이 존재하거나 접근방식에 문제가 있었기 때문일 것이다.

국유지처럼 심하지는 않았지만 민유지에서도 토지를 둘러싼 다양한 권리관계가 존재하여 분쟁이 발생했다. '사업'은 소유권만 조사하는 방식이라 국·민유분쟁과 달리 민유지에서는 관습물권의 저항이 적었다. 소유권 '法認'과정에서는 내부에 잠재되었지만, 그후 지주가 자기 권리를 침탈할 때는 분쟁을 일으키기도 했다. 민유지 분쟁은 조선인들 사이에도 발생했지만, 일본인과 조선인 사이에 주로 발생하였다. 분쟁의 결과 조선인 토지가 감소한 반면, 국유지와 일본인 소유지가 대폭 증가한 점이 주목된다.

본서에는 이러한 문제에 초점을 두면서 일제가 주도한 '사업'을 시행과정에 따라 순차적으로 살펴볼 것이다. 우선 '사업'은 일제가 통감부를 설치한 이래 실시한 토지정책의 연장선에서 실시한 것이지만, 대한제국에서 실시한 각종 토지정책을 계승한 측면과 부정한 측면이 동시에 존재하는 가운데 추진된 것이라고 판단된다. 각 시기마다 상호 연관성과 특징을 살펴볼 것이다. 특히 1910년 토지조사법을 공포한 이래 시행한 '사업'과 그 이전에 실시한 국유지조사와의 연관성과 관련된 문제이기도 하다. 같은 일제 식민지 지배정권이지만, 통감부와 조선총독부의 정책이 서로 어떠한 연관성을 갖고 수행되었는지를 검토하는 일은 식민성의 본질을 밝히는 데 더없이 중요한 일이었다. 두 시기를 단절적으로 보면서 갑오개혁의 토지정책과의 연결성을 강조하면서

개념, 단계별 성격차이, 지역성 등을 고려한 세심한 검토가 필요해 보인다.

'사업'의 합리성을 주장하는 연구도 등장하였기 때문이다.[34]

이와 관련하여 통감부와 조선총독부가 시행한 일련의 토지정책을 갑오·광무정권이 실시한 토지정책과 비교 검토할 것이다. 일제가 시행한 '사업'의 역사적 성격을 부여하기 위해서는 구래의 한국 토지제도 발전과 비교하여 그 동질성과 차이점을 추출하는 일이 필수적이기 때문이다. 특히 국유지문제는 공토→ 역둔토→ 국유지라는 직접 연관성을 갖는 것이라는 점에서 세 시기를 통일적으로 검토하되 주요 초점을 다음사항에 두고 분석하려고 한다.

첫째, 국유지문제이다. 국유지는 갑오승총, 광무사검, 역둔토대장 정리작업, 국유지실지조사를 거쳐 '사업'으로 최종 확정되었다. 여기서 주로 검토할 문제는 유토와 무토의 구분, 갑오승총과 광무사검의 내용과 성격, 그리고 일제의 국유지 조사와 '사업'의 상호연관성, 국유지분쟁에서 국유지로 확정하는 기준과 민유로 환급된 토지의 성격 문제로 요약할 수 있다. 이것은 국가가 소유권·도장권·중답주·경작권 등의 내용과 성격을 어떻게 규정하는가의 문제이기도 하다.

특히 주목한 점은 융희년간에 실시된 국유지 조사의 법적 성격이다. 이 조사가 단순한 장부조사인지, 아니면 '사업'에서 토지조사령 제15조 와 같은 법적 효력을 이때 조사된 국유지에도 부여했는지의 문제이다. 조사국 관제와 국유지조사에서 국유지로 조사한 토지에 부여한 권리의 성격이다. 종래에는 국유지 조사를 단순한 절차로만 취급하고 법적 효력은 '사업'에서 토지조사령 제15조로 확정되는 것으로 취급했다. 따라서 국유지조사의 국유지가 '사업'에서 다시 재조정과정을 거쳐 많은 민유지가 환급되었다고 언급하기도 했다. 민유지로의 환급이 없었던 것은 아니나 어떠한 성격의 국유지가 민유지로 환급되었는지 구체적 사례와 국유지 조사국 관제에 대한 법리해석을 한 고등법원 판례를 검토할 것이다.

---

34) 宮嶋博史, 앞 책, 東京大學 東洋文化研究所, 1991과 조석곤, 앞 책, 해남, 2003이 그러한 경향을 보인다.

일제는 국유지실지조사에서 역둔토를 조사 측량하고 여기에 배타적 소유권과 '원시취득'의 효력을 부여했다. 그리고 이때 조사한 소작인에게 국유지소작인허가증을 발급했다. 소작인을 단순 임차권자에 불과한 존재로 처리한 것이었다. 이를 계기로 자기의 위치를 확인한 작인의 소유권 투쟁이 본격화되었다. 이때 일제는 일반 민전처럼 지주경영을 시행하면서 다른 지주경영의 모범이 되도록 '국유지소작인 심득'도 마련하였다. 동양척식주식회사의 지주경영도 이와 동일했다. 왕실 토지가 동척 관할로 이전되면서 동척은 정부출자지에 대한 배타적 소유자로 자기 위치를 확정하는 동시에 농민을 임차권자로 규정하고 지주경영을 해갔다는 점에 유의하여 국유지를 분석해야할 것이다.[35] 특히 국유지실지조사와 국유지통지의 관계를 김해군 토지조사사업 자료를 통해 그 상관성과 의미를 검토할 것이다. 국유지도와 국유지통지서, 실지조사부 등이 주 자료인데, 김해군 분석에는 실지조사부를 동원했다. 실지조사부는 토지조사부 보다 분쟁 당사자들이 모두 표기되어 있다는 점이 특징적이었다. 따라서 이 자료로 분쟁의 유형을 양적으로 살펴보는 데 활용이 가능했으며, 다른 자료와의 비교 분석을 통해 분쟁의 질적 성격도 가늠해 볼 수 있을 것이다.

둘째, 국유지 분석에서 주목한 점은 유·무토의 구분 문제였다. 유토=국유지, 무토=민유지라는 전제아래 和田一郎은 '사업'을 실시하였으며, 그 후 여러 연구자들은 유·무토의 속성에 주목하여 연구한 결과를 토대로 和田一郎을 수탈론의 실행자라 평가했다. 그런데 근래 이러한 평가에 이의를 제기하고 반대로 평가하기도 하였다. 이들은 유토 안에 제2종 유토=민유지가 존재한다고 보고 토지조사에서 이들을 민유로 사정하였을 것이라고 언급하기도 했다. 본 장에서도 유·무토의 내용과 관련하여 분쟁의 초점인 절수사여지의 성격과 和田一郎이 제시한 각종 분쟁사례와 그의 저서인 『朝鮮土地地稅制度調査報告書』

---

35) 김용섭, 「재령 동척 농장의 성립과 지주경영 강화」 『한국근현대농업사연구』, 일조각, 1992, 315~326쪽의 동척농장 소작계약서 참조.

를 분석하여 '사업'의 성격을 분석하고자 한다. 이와 함께 일제가 확정한 일지일주의 배타적 소유권의 성격도 검토하려고 한다.

셋째, 토지조사법을 비롯한 여러 토지법의 내용과 성격을 밝히려 한다. 일본민법과 조선민사령과의 관계, 여기에 규정한 소유권을 비롯한 물권의 속성, 그리고 토지법과 토지조사령의 비교분석 등이다. 다음은 여기서 정한 소유권의 성격을 염두에 두고 토지신고서의 작성과정과 내용을 분석했다. 토지신고서의 작성원칙과 조사절차, 신고대상 토지와 신고내용, 토지신고자의 자격과 의미 등이 주 분석대상이다. 종전 연구에서는 토지신고서는 소유자의 신고로 작성한 토지조사의 기초장부이며, 토지소유권이 신고에 별다른 이상이 없으면 그대로 확정되었다는 점에 주목하여 '사업'의 성격을 이해하는 척도로 삼기도 했다. 신고주의를 일제 수탈론의 대명사로 이해하였다가 근래에는 토지신고서와 신고절차를 분석하여 구래의 소유권이 '합리적'인 신고절차에 따라 일본민법이 정한 소유권으로 '법인'되었다고 분석하면서 앞의 논리를 부정하기도 했다.

여기서는 신고서 작성과 수정의 전 과정을 살펴보되 소유권 분쟁과 관련하여 소유권 사정의 실질적 내용을 살펴볼 것이다. 신고서의 각 항목을 구래의 양안의 작성기준과 비교하여 그것이 갖는 식민성과 근대성을 동시에 확인해 보려고 한다. 그리고 소유주체로 인정한 자연인이 아닌 '법인'의 유형과 성격, 특히 계, 면동리, 종중 등의 전근대 공동체를 재산권 행사의 주체로 인정했는지의 여부와 그것이 갖는 의미를 살펴볼 것이다.

넷째, 토지소유권의 사정과 재결, 그리고 이때 제기된 분쟁을 분석하여 그것이 갖는 성격과 특징을 추출할 것이다. 앞의 분쟁에서는 주로 국·민유 분쟁에 한정해서 다루었지만, 여기서는 민유 분쟁까지 포함하여 한국인과 일본인, 조선총독부와 동양척식주식회사 등이 소유권 분쟁에서 얼마나 적극적으로 대처했는지, 그 원인이 무엇인지를 재결서의 검토를 통해 살펴볼 것이다. 재미있는 점은 불복신청이 신고서와 통지서의 미제출로 대부분 발생하였으며, 대체로 불복신청자의 의도대로 재결되었다는 점이다. 그 결과 조선인의 토지 감소를 바탕으로 국유지와 일본인 토지가 증가된 것으로 귀결되었다. 이것이 행정절차의 난맥상인지 아니면, 소유권 확정기준의 문제인지 두 측면에서 검토할 예정이다.

마지막으로 일제가 시도한 토지조사와 법제정, 그리고 판례에서 소유권과 물권적 경작권(관습물권)이 어떻게 존재하고 소멸되어 갔는지를 검토할 것이다. 여기서 전제 작업으로 사업 이전 일제가 시도한 관습조사의 내용, 일본민법의 소유권과 한국 소유권의 법률적 성격, 이를 적용한 토지조사에서 조사한 소유권과 물권적 경작권의 관계, 이후 소유권과 경작권 분쟁, 물권적 경작권(관습물권)이 '사업' 이후 소멸되는 과정을 살펴볼 것이다. 이상의 분석에서 가장 핵심적인 분석 사항은 '사업'에서 확정한 토지소유권과 국·민유 분쟁이 갖는 역사적 의미, '사업'이 한국사회 전반에 끼친 영향 등이다.

제1부

—

한말 토지정책과 국유지 조사

제1장 한말 토지정책과 국유지 조사과정

1. 머리말

한말 일제초기는 중세 한국의 토지제도를 근대적 토지제도로 바꾸는 개혁을 시도하던 시기였다. 갑오·광무개혁기에 갑오승총, 광무사검, 광무양전·관계발급사업, 그리고 일제의 역둔토조사, 국유지 실지조사, 토지조사사업(이하 '사업'으로 약칭함) 등이 잇달아 시행되었다. 이 시기 토지조사의 주안점은 전체 토지와 구래의 토지권을 조사하여 장부에 등록하고 국가의 토지관리체계를 수립하는 일이었다. 광무양전·관계발급사업은 조선국가의 마지막 제도개혁 작업이었다. 이 사업의 특징은 각 필지를 조사할 때 절대면적제와 지적도제를 도입했다는 점, 시주와 시작을 조사하고 양안에 등록하여 작인 납세제 시행의 근거를 마련했다는 점, 그리고 새로운 호적표 제도를 도입하여 1인1성명을 '법인'하는 제도적 근거를 마련한 점, 호적의 이름을 시주의 명으로 하고 그에게 법적 토지소유권을 부여하기 위한 방법으로 관계를 발급하는 등의 방식으로 토지를 국가가 관리하는 '근대적' 토지관리시스템을 도입하려한 점 등이다.[1]

---

[1] 최원규, 「대한제국기의 양전과 관계발급사업」 『대한제국의 토지조사사업』, 민음사, 1995 ; 본서 서장, 25~27쪽.

광무정권은 토지제도의 근대화를 전망하면서 토지조사를 시행했지만, 제도 자체의 완결성으로 볼 때 과도적 단계라는 한계를 지니고 있었다. 국가가 지가를 파악하여 지가제를 도입할 수 있는 토대를 마련하려고 시도하였지만, 결가제를 그대로 유지하고 있다는 점, 구래의 측량방식과 四標보다 진일보한 전답도형도제를 도입하였는데, 근대의 지적도에 비하면 토지파악에서 완성도와 활용도가 떨어진다는 점, 1인1성명제와 성명의 법인화가 미비하여 양안에 호명이 다수 존재하였으며, 이 때문에 관계발급 과정에서 시주명을 다시 확인하지 않으면 안 되었다는 점 등이다. 그러나 러일전쟁과 더불어 사업은 중단되었으며, 게다가 일제는 통감부를 설치한 뒤 광무양전·관계발급사업의 결과물을 부정적으로 평가하면서 거의 활용하지 않았다. 그후 연구자들이 이를 바라보는 시각은 긍정적인 인식과 부정적 인식으로 갈렸다. 미완성품이기 때문에 더욱 그러하였을 것이다.[2]

대한제국의 토지제도 개혁작업 가운데 본 장에서 가장 주안을 둔 부분은 구래의 제도와 관습을 근거로 광무양안에 등장한 시주와 결세담당자인 시작이 갖는 권리 성격을 규명하는 일이다. 일반적으로는 대한제국의 토지조사는 시주='근대적' 토지소유권자이며 그 권리는 배타적 소유권이라는 전제아래 시행한 사업이라고 보고, 이때 전례 없이 조사하여 양안에 기록한 시작은 단순한 결세담당자로 파악하는 경향이 있다.[3]

일제는 1905년 이래 일본의 민법적 관념아래 한국의 토지를 가장 손쉽게

---

2) 광무년간의 양전·관계발급사업에 대한 주요논저는 다음과 같다. ① 김용섭, 『한국근대농업사연구(증보판)』(하), 일조각, 1988, ② 宮嶋博史, 『朝鮮土地調査事業史の硏究』, 東京大學 東洋文化硏究所, 1991, ③ 김홍식외, 『대한제국기의 토지제도』, 민음사, 1990, ④ 한국역사연구회 토지대장 연구반, 『대한제국의 토지조사사업』, 민음사, 1995, ⑤ 同, 『대한제국의 토지제도와 근대』, 혜안, 2010 등이다.

3) 작인을 전과 다를 바 없는 단순 결세담당자라고 법적 지위를 부여한다면 국가에서 구태여 이때 시작을 파악할 필요가 있을까. 총액제 해체 이후 작인에게 납부 책임을 지게 하려면 이들이 납부하지 않을 경우 대비책이 강구되어야 한다. 이때 지주에게 책임을 물을 수밖에 없는데, 왜 노력과 비용을 들여 시작을 파악했을까 설명이 필요하다.

장악할 것을 목표로 소유권을 중심으로 토지정책을 추진했다. 당시 배타적 소유권을 체현한 토지가 사토에 광범위하게 존재했지만, 물권적 경작권(사실상의 소유권)이 성립된 토지도 적지 않게 존재한 것 역시 역사적 사실이다. 민전에서는 이들이 도지권 등의 이름 아래 드물지 않게 분포했으며, 역둔토에서는 중답주 또는 도지권이라는 형태로 보편적으로 성립되어 있었다. 당시 이러한 경작권의 권리내용이 소유권과 구별되어 법으로 성문화된 것은 아니지만, 현실적으로 경작권은 임차권적 성격을 지닌 것과 물권적 성격을 지닌 것이 동시에 존재하고 있었다.

대부분의 연구자들은 대한제국의 토지조사가 광무양안에 등록된 시작은 물론이고, 공토에 존재하는 시작의 경작권도 물권 아닌 단순 임차권으로 보고 조사 등록한 것으로 이해하는 경향을 보였다. 나아가 '근대적 토지소유제도'는 경작권에 존재한 물권적 권리가 점차 제거되고 배타적 소유권만이 유일한 물권으로 성립되는 것을 당연한 과정으로 보기도 했다. 이에 짝하여 배타적 소유권이 이미 성립되어 있다고 본 것이다. 이에 따라 광무정권이 시작을 양안에 조사 등록한 목적이 결세의 안정적 확보를 위한 것에 불과한 것이라고 보는 것이 통념적 견해이다. 결세를 작인에게 전가하는 불법적 관습을 국가가 제도적으로 포섭했다는 것이다.

그러나 신분제 해체와 함께 총액제적 조세체계가 해체되어가는 당시 현실에서 시작을 임차권 또는 채권적 존재로 규정할 때 작인납세제가 제도적으로 가능할까 의문이 제기된다. 18·19세기 지주제의 발전과정에서 발생한 지주 농민 간의 갈등문제의 한 원인이 여기에도 있을 것으로 생각된다. 배타적 소유권을 기반으로 한 지세제도는 당연히 지주납세제를 국가정책으로 채택해야 한다. 그런데 일반적 연구동향은 배타적 소유권제 아래 작인납세제가 실시되었다는 것을 당연한 전제로 이 시기 토지제도와 지세제도를 설명하고 있다.[4] 물론 총액제적 조세체계 아래에서는 작인납세제가 실현 가능하였으며, 실제 실시되기도 했다.

각도를 달리하여 설명하면, 갑오정권은 갑오승총으로 공토도 결세 징수대상으로 확정하고 탁지부에서 작인으로부터 이를 징수하도록 했다. 이같이 제도화된 작인납세제는 작인의 납세의무를 규정한 것이고, 중답주나 도지권 등을 비롯한 물권적 경작권의 존재를 인정하면서 수립한 세제라고 설명할 수 있을 것이다. 갑오승총의 특이한 점은 공토를 결세 납부대상으로 설정했다는 점이다. 지대는 해당 사궁이나 아문에, 지세는 탁지부에 납부하도록 했다.

이상에서 보듯, 갑오·광무개혁기 공토에서 국가가 일지일주의 배타적 소유권을 법과 제도로 확립했다고 말하기는 어려워 보인다. 광무정권도 갑오승총처럼 시작의 물권적 권리를 인정하는 가운데 광무사검이라는 공토정책을 추진한 것으로 보인다.5) 광무양전·관계발급사업도 이러한 이해를 전제로 시주와 시작을 조사한 것으로 보인다.6) 양지아문 양안과 달리 지계아문 양안은 관계발급이 일차적 목적이었기 때문에 시주만 조사했다. 하지만 공토에서는 공토의 소속기관과 아울러 시작도 조사했다. 이 점은 대한제국이 공토에 존재하는 시작의 경작권을 물권으로 인정하고 결세납부의 의무를 부여했기 때문이라고 생각된다. 다만 시작의 권리를 물권으로 법제화하는 단계에는 이르지 못한 것이 당시의 한계였다.

갑오·광무년간 국가의 일관된 방침은 시주와 시작을 함께 파악하는 것이었다. 물권적 권리자의 하나인 중답주를 제거하려는 시도가 없었던 것은 아니나 중답주를 모두 제거대상으로 삼은 것이 아니었다. 주 제거대상은 불법적으로 중답주가 되어 중간에서 작인을 수탈하고 궁방의 도조 수입을 감소시킨 경우였을 것으로 판단된다.7) 대한제국의 토지조사 방침은 기본적으로 현존

---

4) 김용섭, 『조선후기농업사연구(증보판)』 1·2, 일조각, 1988 ; 배영순, 앞 책, 영남대학교 출판부, 2002 ; 이영호, 『한국근대 지세제도와 농민운동』, 서울대학교출판부, 2001 등이 대표적 연구이다.
5) 최원규, 「한말 일제초기 공토정책과 국유 민유분쟁」『한국민족문화』 45, 2012.
6) 최원규, 「대한제국기 양전과 관계발급 사업」『대한제국의 토지조사사업』, 민음사, 1995.

질서를 그대로 인정하고 유지하는 것이었다. 이리하여 실지 조사에서 감조론적 여론, 시주·시작의 역학관계, 재정의 안정적 확보, 외세의 토지침탈 등을 고려한 때문인지 시주와 함께 시작도 조사 기록하였다.

반면 일제는 통감부를 설치한 이후 실시한 토지정책에서 경작권은 전혀 고려대상으로 삼지 않았다. 증명제도의 증명대상도 소유권에 한정하였다. 역둔토대장을 정리할 때나 국유지 실지조사(이하 '실지조사'로 약칭함)를 실시할 때도 국유지에 배타적 소유권이 성립한 것을 전제로, '경작권=임차권'을 전제로 소유권만 조사했다. 토지조사의 최종 결정판인 '사업'에서도 일본민법상의 배타적 소유권을 전제로 소유권만 조사했다.

'사업'의 조사과정에서 국·민유 분쟁이 광범하게 발생했는데, 일제는 이것을 광무정권이 폭력적으로 과도하게 국유지를 확대한 결과로 발생했다고 설명하였으며, 적지 않은 연구자들이 여기에 동의하며 연구를 진행하였다.[8] 갑오정권의 개혁조치 이래 공토에서 발생한 분쟁을 국가가 민의 소유권을 박탈하면서 발생한 소유권 분쟁으로 파악하는 것도 이러한 이해가 전제된 것이라 하겠다.[9]

필자는 이러한 견해와 일부 견해를 달리하였다. 갑오개혁 이래 광무년간에 일어난 분쟁은 수조액의 수준을 둘러싼 분쟁으로 보고, 통감부 설치 후 일제가 실시한 역둔토조사를 계기로 소유권 분쟁으로 이행되어갔다고 파악하였다. 일제는 공토 내에 존재한 기존의 권리관계를 무시하고 국가가 공토에서 행사한 권리를 배타적 소유권으로 파악하고 토지소유제도를 조사 정리했으며, 이때 중답주 등 물권적 경작권자가 소유권 분쟁을 일으켰다고 본 것이다.

---

7) 주 2) ① 김용섭 책의 「한말에 있어서의 중답주와 역둔토지주제」가 참고된다.

8) 이러한 견해로는 ① 和田一郎,『朝鮮土地地税制度調査報告書』, 1920, ② 宮嶋博史,『朝鮮土地調査事業史の研究』, 東京大學 東洋文化研究所, 1991, ③ 조석곤, 「조선토지조사사업에 있어서의 근대적 토지소유제도와 지세제도의 확립」, 서울대학교 박사학위논문, 1995 등이 있다.

9) ① 김용섭, 「한말에 있어서의 중답주와 역둔토지주제」, 앞 책(하), 일조각, 1988, ② 김양식,『근대권력과 토지-역둔토조사에서 불하까지』, 해남, 1999, ③ 배영순, 앞 책, 2002, ④ 조석곤, 앞 책, 해남, 2003 등에서 소유권 분쟁으로 다루고 있다.

일제가 수조권적 권리를 배타적 소유권으로 정리하는 정책을 실시하면서 경작권자(사실상의 소유자)는 자기 권리에 대해 아무런 대가도 받지 못한 채 무권리 상태에 빠지게 되자 이에 반발한 것으로 보인다.

본 장에서는 이 점에 유의하여 먼저 갑오·광무정권의 토지정책과 일제의 토지정책을 정리하고 '실지조사'와 국유지통지의 상호관계를 분석했다. 근래 '강력하게' 대두된 민유지 환급설, 즉 국·민유 분쟁이 격화됨에 따라 일제는 광무사검으로 탄생한 많은 분쟁지 가운데 적지 않은 토지를 '사업'에서 민유지로 환급했다는 견해가 제시되기도 했다. 광무정권이 강권적으로 확보한 국유지를 돌려주고 조선의 토지소유권 발전에 조응한 근대적 토지소유제도의 수립을 위해 '사업'을 실시했다는 것이다.[10] 일면 타당한 측면도 있지만 여기서는 이를 감안하면서도 다음의 점들에 주목하여 검토하려고 한다.

첫째, 이러한 주장의 타당성 여부를 검토하기 위하여 갑오·광무정권, 그리고 일제 통감부의 토지정책과 토지조사의 성격, 특히 작인납세제와 공토의 성격, 이 과정에서 발생한 분쟁의 특질을 검토하려고 한다. 여기서 주목한 바는 각 단계별 토지정책의 공통점과 차별성이다.

둘째, 광무사검에서 확보한 공토를 국유지화하기 위한 역둔토조사와 이에 근거하여 실시한 '실지조사', 그리고 그 성과를 반영한 국유지통지서에 이르는 일련의 상관관계를 분석하여 국유지창출론과 이를 비판적으로 검토한 민유환급론의 타당성 여부를 다음과 같은 내용으로 실증하려 한다. 우선 역둔토대장 제조작업의 성과와 '실지조사'에서의 역할, '실지조사' 과정의 내용과 성격 등을 검토할 것이다. 다음은 '실지조사'와 '사업'과의 연관성을 검토하기 위하여 이 조사의 결과물 가운데 하나인 국유지도와 국유지통지서와의 상관관계를 분석할 것이다. 마지막으로 '사업'에서 발생한 분쟁 가운데 '실지조사'와 일정한 관련을 가진 분쟁사례를 검토하려고 한다.

---

10) ① 宮嶋博史, 앞 책, 東京大學 東洋文化硏究所, 1991, ② 김홍식 외, 앞 책, 민음사, 1997, ③ 조석곤, 앞 책, 해남, 2003 등이 이러한 관점을 보이고 있다.

2. 갑오·광무정권의 토지정책과 토지조사

1) 갑오정권의 공토정책과 작인납세제

19세기 한국사회는 농민항쟁의 시대였고, 항쟁을 통해 표출된 문제를 해결하기 위해 다양한 개혁안이 제출되었다. 경제개혁은 주로 토지제도와 조세제도를 둘러싸고 전개되었으며, 이것은 지주제 개혁론과 지주제 유지·조세제도 개혁론으로 나누어 볼 수 있다. 양자는 대립적 입장에 있었으며, 마침내 농민전쟁으로까지 비화되었다.

사회 불안이 격심해져가는 가운데 지주와 농민 사이의 대립관계를 타협적으로 조정하여 농업문제를 해결하려는 여론이 제기되었다. 개화 지식인인 유길준의 減租論과 토지의 평균분작을 제기한 농민군의 폐정개혁안, 이기의 감조론, '常定作人'과 '恒定賭租'를 근간으로 한 김성규의 역둔토개혁론 등이 그것이다. 궁극적 지향점에서 유길준은 지주제의 유지, 그 이외의 다른 논자는 지주제 해체라는 상반된 입장을 보였지만, 지세제도 개혁은 작인납세제 또는 지주·작인 공동납세제를 내용으로 하는 방안이었다. 작인납세제는 총액제적 조세체계가 해체되는 상황에서는 경작권의 물권화가 제도적으로 이루어질 때 비로소 정상적 시행이 가능한 방안이었다고 생각된다.[11] 갑오정권과 광무정권은 이러한 개혁여론과 작인납세제의 관행 등을 활용하여 농업문제를 해결하려고 했으며, 우선적으로 이를 국가 관리아래 있는 공토에 곧바로 적용하였다.[12]

---

11) 갑오·광무정권기의 토지개혁론은 ① 김용섭, 『한국근대농업사연구(증보판)』(하), 일조각, 1988, ② 최원규, 「19세기 양전론의 추이와 성격」 『중산 정덕기 박사 화갑기념 한국사학논총』, 경인문화사, 1996, ③ 왕현종, 『대한제국의 토지조사와 토지법제』, 혜안, 2017 등에서 다루고 있다.

12) 갑오개혁 이후의 국유지 정책은 ① 신용하, 앞 책, 지식산업사, 1982, ② 김양식, 앞 책, 해남, 2000, ③ 배영순, 앞 책, 영남대학교 출판부, 2002, ④ 조석곤, 앞 책, 해남, 2003 등을 참고하였다.

갑오정권이 공토에 시행한 갑오승총이 대표적인 예이다.[13] 궁방전과 역둔토에 부과한 결세를 종전에는 면세하거나 해당 기관에서 거두었지만, 탁지부에서 징세권을 회수하여 일괄 거둔 조치였다. 종전 궁토·역토·둔토에 대해 면세해 준 결세(유토·면세결)를 해체하여 작인이나 馬戶가 탁지부에 납부하도록 출세 조치를 단행한 것이다.[14] 이로써 탁지부가 법적으로 전국 토지에 대한 수세권을 확보하여 결세를 거두게 되었다.

무토는 민전이 되어 결세를 탁지부에 납부하고, 유토는 작인이 탁지부에 결세를, 해당 기관에 賭錢을 납부하도록 하였다.[15] 유토의 작인은 결세와 도전을 부담하는 법적 부담자가 되었다. '유토=공토'는 결세를 부담한다는 측면에서는 무토와 구별되는 존재는 아니었다. 결세를 부담하지 않는 공·사토는 존재하지 않았다. 국유지='지세를 납부하지 않는 토지'라는 근대적 의미의 국유지 개념은 아직 성립되지 않았다.

갑오승총으로 유토에서 작인이 납세의무자로 확정되면서 두 가지 문제가 현안으로 대두되었다. 하나는 무토와 유토를 구분하는 일이다. 무토는 사토로 확정되어 민이 결세만 부담하는 토지이고, 유토는 공토로 확정하여 작인이 결세와 도전을 납부하는 토지였다. 또 하나는 경작인이 납부하는 결세 또는 結賭 등 수조액의 수준과 내용을 기준으로 그 권리의 성격을 채권 또는 물권으로 구분하여 경작인이 공토에서 차지하는 법적 지위를 확정하는 일이었다. 먼저 갑오개혁 당시 세제개혁을 위해 유토와 무토를 설명한 결호화법세칙의 규정을 살펴보기로 하자.

一. 유토면세결에 2종이 있는데, 구별은 다음과 같다. 단 이 두 종류의 결수는

---

13) 갑오승총은 배영순, 앞 책, 영남대학교 출판부, 2002 ; 박진태, 「갑오개혁기 국유지조사의 성격」『성대사림』 12·13, 1997 등에 잘 정리되어 있다.

14) "各宮所有田土收穫等節 如前歸各宮所管 但地稅依新式准出 如有各驛之從前薄稅者 各屯土之賭租而不出稅者 皆依新式 出於作人及馬戶"(『고종실록』 32, 고종 31. 8. 26).

15) 임시재산정리국 편, 「제4류 수입」『임시재산정리국 집무제요』, 1908, 44쪽.

호조에서도 판명하지 못한다. 제1종은 각 궁의 재산으로 매입한 토지에 그 조세를 면제하여 유래한 것을 말한다. 단 각 궁은 대개 소작인으로부터 매년 수확의 一半을 징수하는 예가 있다. 제2종은 관이 혹 민유지를 한하여 세금을 받아 주는 것을 말한다.

一. 무토면세결이라 함은 관이 혹 민유지를 한하여 세금을 주는 자를 말한다. 앞의 유토면세 제2종과의 차이는 다음과 같다. ① 유토는 그 토지를 영구히 변치 아니하나 무토는 대개 3, 4년에 그 토지를 변환한다. ② 무토는 반드시 관에서 징세하여 각궁에 주나, 유토는 그렇지 않다. 각궁이 직접 징수하거나 각 읍이 각 궁에 납부하도록 하거나 둘 중의 하나이다.

一. 인민소유의 토지로서 이름을 황족의 유토에 藉托하야 탈세를 꾀하는 폐습이 종래 황해도에 많이 있다. 그러나 작년부터 유토면세도 징세함으로 이 폐가 장차 없어질 것이다. 단 제1종에 속한 有土地에서는 각 궁이 직접 소작인에게 수확의 一半을 依然 징수함.[16]

갑오승총 조치를 명확히 수행하기 위해서는 종전에 납부하던 租의 성격을 판별하여 유토와 무토를 구분해야 했다. 그리고 각 기관에 부여한 유토면세권을 회수하여 공토를 일반 사토와 다를 바 없이 탁지부에 결세를 납부하도록 해야 했다. 공토는 사토와 다를 바 없는 동일한 법적 지위를 갖게 된 것이다. 공토에서도 해당 기관이 일반 민전 지주제와 같이 지주경영을 하여 작인으로부터 도전을 징수하고 탁지부에 결세를 납부하도록 한 것이다. 국가와 개별 토지의 관계는 공·사토 구별 없이 모두 동일한 위치에 놓이게 되었다. 국가가 작인으로부터 지대만 받고 지세는 받지 않는 근대의 국유지와는 달랐다. 공토와 국유지는 내용면에서 차이가 있었다.

그런데 갑오승총 당시 직면한 문제는 유토와 무토를 구별하기가 쉽지 않았다는 점이다. 종전에는 결세와 도전을 구분하지 않고 총액으로 해당

---

16) 『結戶貨法細則』.

기관에 납부했으며, 수조액도 다양하여 유·무토를 구분하는 일이 쉽지 않았다. 따라서 이를 구분하여 결세를 거두도록 한 갑오승총은 새로운 권리분쟁의 시작을 의미했다. 갑오정권은 이를 분별하기 위해 결호화법세칙을 마련했지만, 호조에서도 판명하지 못한다고 스스로 언급할 만큼 구별이 쉽지 않았다.

유토와 무토를 구분하기 위해 각 법전에 제시한 유형과 결호화법세칙의 유형을 비교하면, 후자에서는 절수사여지에 대한 언급이 없다는 특징이 있다.[17] 절수를 매득과 같은 유형의 토지로 해석하여 제1종 유토로 취급한 것인지, 아니면 제1종 유토나 무토가 아니라 징세권(수조권)을 부여한 수세지, 즉 제2종유토로 분류한 것인지, 결호화법세칙에서는 분명한 언급이 없었다. 배타적 소유권의 관점에서 절수사여지에서 받는 租(수조액)를 지대나 결세 가운데 하나로 양자택일하여 구분하기는 쉽지 않았으며, 구분될 수 있는 성질도 아닌 것으로 보인다.

속대전의 규정에 따라 결세=미 23두를 납부하는 토지는 민전으로 보아도 문제가 없겠지만,[18] 그 이상의 액수를 납부한 토지는 공토로 정리될 가능성이 늘 존재하여 분쟁이 발생할 소지가 있었다. 절수사여지는 법전에서 조 200두만 통상 언급하고 있지만 현실적으로 조 100두도 상당수 존재하였다. 두 경우를 구분하여 그 특징을 살펴보기로 하자.

첫째, 납세액 기준으로 조 200두형과 조 100두형으로 구분하여 전자를 공토, 후자를 사토로 구분하는 경우이다.[19] 이때 조 200두형은 수조권자에게, 조 100두형은 납조자에게 배타적 소유권을 부여한다면, 상대방은 무권리 상태에 빠지기 때문에 필연적으로 반발할 수밖에 없을 것이다. 둘째, 결호화법세칙에서 제1종 유토=궁의 매득지, 제2종 유토=민유지라고 구분하고 있다.

---

17) 본서 제2부 제2장, 2, 1) 무토·유토의 법적 규정 참조.
18) 한국법제연구원, 『대전회통-호전 예전편-』, 宮房田, 續, 1994, 36쪽.
19) 이러한 구분은 ① 박준성, 「17.18세기 궁방전의 확대와 소유형태의 변화」『한국사론』 11, 1984, ② 이영호, 「한말-일제초 근대적 토지소유권의 확정과 국유민유의 분기-경기도 안산 석장둔의 사례」『역사와 현실』 77, 2010이 참고된다.

이 분류를 액면 그대로 받아들일 경우 개간으로 성립한 절수사여지는 조 100두와 조 200두를 납부하는 토지, 모두 제2종 유토로 분류되어 민유지라고 해석하게 된다. 이같이 절수사여지는 판정기준을 어떻게 설정하는가에 따라 공토와 사토를 넘나들기 때문에 분쟁이 일어날 소지가 상존하였다. 앞에 제시한 절수사여지는 중층적 권리의 강도를 숫자로 보여주는 것에 다름 아닐 것이다. 이러한 기준아래 조 200두형과 조100두형을 비교하면, 후자가 민의 소유의식이 더 강했을 것이다. 이 경우도 단순히 액수만의 문제는 아니었다. 관과 민 사이에 권리인식이 크게 차이를 보였으며, 수조액에 관계없이 일제의 국유지 조사과정에서 이것이 소유권 갈등으로 비화되기도 하였다.[20]

전근대국가에서 토지의 성격에 대한 판단은 관과 민의 입장 차이, 또는 관계기관들 사이의 이해관계에 따라 판정 기준이 달랐던 것으로 보인다. 탁지부에서는 대체로 公須位 등 토지의 명목을 기준으로, 농상공부나 군부 등은 결세액을 기준으로 판별한 것으로 보인다. 탁지부는 결세 징수기관이고, 군부는 도조 징수기관이라는 점과 관련하여 판정 기준에서 차이를 보인 것이 아닌가 한다. 갑오승총 초기, 탁지부(농상공부)에서는 민결면세지라고 주장하며 환급해 달라는 민의 주장을 받아주는 방향에서 판정하는 경향을 보였지만, 도조수입과 직결된 군부나 내장원에서는 공토화 정책을 적극적으로 추진하는 입장에서 결도액의 수준을 정하는 모습을 보였다.[21]

공토는 국가에서 통일적 기준을 마련하지 않아 해당 기관별로 판정 기준이 달랐으며, 판정 과정에서도 적지 않은 분쟁이 발생하였다. 하지만 당시 판정은 배타적 소유권을 전제로 취한 조치는 아니었기 때문에 극한적 대립으로 확산되지는 않았다. 물론 계속 대립적인 모습을 보인 곳도 있었지만, 대체로

---

20) 임시재산정리국,「제4류 지도군 일토양세의 건」『임시재산정리국 집무제요』, 1908, 39~50쪽.

21) 김양식, 앞 책, 해남, 2000, 50~80쪽. 각 토지의 담당관청을 보면 역토는 공무아문(1894) 농상공부(1895 : 26,847결) 군부(1897) 탁지부(1898) 궁내부 내장원(1900)이고, 둔토는 탁지아문(1894) 탁지부(1,655결) 궁내부(7,623결) (1895) 궁내부 내장원(1899) 등이었다.

갑오승총 이전의 수조액을 기준으로 양자가 타협 조정하는 선에서 수조액을 다시 정하여 분쟁을 마무리하려고 시도한 것으로 보인다.[22]

갑오정권은 유·무토를 구분 조사하여 공토로 확보하는 작업을 추진하는 한편, 지주경영 시스템을 확정하고 실천하는 일에도 착수했다. 1895년 을미사판이 그것이다.[23] 1895년 9월 농상공부령 제8호로 역전답을 조사하도록 훈령을 내리고,[24] 이를 위해 '농상공부 역토 사판규례'를 정하였다.[25] 갑오정권은 역제를 폐지하는 동시에 역토를 조사하여 공토화하는 한편, 지주경영 시스템 구축을 시도한 것이다.

조사대상 토지는 각역의 원래 결수와 탁지부에서 승총한 결수, 그외에 은토, 진전, 환간된 것은 물론, 그동안 공용을 빙자하여 완문을 주어 永賣, 權賣, 擅賣하거나 川反과 열등하고 척박한 민전으로 品土를 속여 모입한 것 등이었다. 그리고 두락과 일경의 실수 파악, 작인조사와 교체금지, 정액 도전제 등을 채택하였다. 관리는 마름이 담당하도록 하였다. 역토의 경영구조는 국가가 '定作人'과 '定額賭錢'을 전제로 작인을 경영 주체로 인정한 가운데 토지를 경영하는 시스템이었다. 이 정책은 삼남지방의 민전 지주제에서 관행화된 작인납세제를 공토에 적용한 것으로 보인다. 경작권에 대한 물권적 권리(관습물권)를 일정 정도 인정한 가운데 지주경영의 안정화를 도모한 정책이라 할 수 있을 것이다.

역토를 조사할 때 근거로 삼은 장부는 군과 역이 소장한 양안이었다. 이를 근거로 전답의 실상을 파악하여 유토와 무토를 구분하려고 하자 분쟁이

---

22) 김양식, 앞 책, 해남, 2000. 여기에 각 시기별 다양한 분쟁사례가 제시되어 있다.
23) 을미사판에 대하여는 배영순, 앞 책, 영남대학교출판부, 2002, 67~71쪽. "도전 정액은 兩南의 토품이 比他 稍沃하니 畓賭는 매 100두락에 200량이요 田賭는 매 백두락에 50량식이며 이외의 다른 각 부군의 답도는 매 100두락에 100량식이요 錢賭는 매 백두락에 40량식으로 정하니 이를 照하며 永式케홈"(「농상공부 역토 사판규례」(1895. 9. 28), 『驛土所關文牒去案』.
24) 국회도서관, 「역전답조사에 관한 건」『한국근대법령자료집』1, 1970, 585쪽.
25) 『去案』1, 개국 504년 9월 28일.

발생한 것이다. 민들은 역토에서 공수위전 등을 무토=민전이라 주장하며 환급을 요구하는 경우가 많았다. 이때 이들이 제시한 근거문서는 매매문기가 일반적이었다. 이들은 이 토지가 대대로 매득 경작해 온 사유지로 역에는 결세만 납부했다고 주장했다. 이에 관에서는 양안과 매매문기 등을 비교하여 정당하다고 인정되면 환급해주기도 했지만, 양자의 주장은 차이가 매우 컸으며, 유무토의 구분도 쉽지 않았다.

이러한 와중에 절수사여지 같이 낮은 수준의 수조액이 실현된 공토에 중답주가 대거 등장하기도 했다.26) 역둔토에서 중답주는 작인이 차경지를 다시 전대하거나, 부농이나 향반토호 등이 공토에 출자 개간하여 그 대가로 일정한 권리를 확보한 다음 이를 차경시키면서 발생했다. 그리고 작인이 지주에 항조운동을 일으켜 지대가 대폭 인하할 때도 등장했다. 중답주는 작인의 성장과 지주권의 후퇴를 전제로 성립한 18~19세기 농촌관행이었다.27)

갑오개혁이후 역둔토에서 전과 다른 형태의 중답주가 대량 발생하였다. 무토적 성격을 지닌 역둔토의 공토화, 공토로 강제로 편입된 公有地, 그리고 신구 관속들의 역둔토의 매매와 임의 전매, 신구 관속들의 기생적 중답주화 등의 요인이 강하게 작용한 결과였다. 역둔토에서 낮은 수준의 정액도전제와 작인납세제를 시행하면서 더욱 확대되었다. 역둔토에 성립한 중답주의 권리는 매매 상속이 가능한 물권적 존재였다. 당시는 이것이 일반 관행이라고 해도 과언이 아닐 정도로 폭넓게 성립해 있었다.28) 중답주는 갑오개혁 이전에는 경제적 요인으로, 그 이후에는 정치적 요인으로 주로 발생하였다. 이러한 관행은 대한제국기에도 별다른 변동없이 지속적으로 유지되었다. 대한제국이 갑오개혁의 연장선에서 토지정책을 추진했기 때문이다.

---

26) 다음의 글이 참고된다. 김용섭, 「한말에 있어서의 중답주와 역둔토지주제」, 앞 책, 일조각, 1988 ; 최원규, 「한말 일제초기 일제의 토지권 인식과 그 정리방향」, 앞 책, 지식산업사, 1997.
27) 도진순, 「19세기 궁장토에서의 중답주와 항조」『한국사론』13, 1986.
28) 김용섭, 「한말에 있어서의 중답주와 역둔토지주제」, 앞 책(하), 일조각, 1988.

2) 광무정권의 공토조사 원칙

광무정권은 고종(황제)의 주도 아래 대한제국을 '근대적' 국가로 전환하기 위해 전면적인 제도개혁에 착수했다.[29] 대한제국 정부는 제도개혁에 필요한 자금을 조달하기 위해 내장원을 설치하고 1899년 광무사검을 추진했다.[30] 이는 역토·둔토·공유지 등을 조사하여 공토로 확보하고,[31] 국가에서 일원적으로 관리하는 중앙관리체제를 수립하기 위한 것이었다. 광무사검의 내용은 다음과 같다.[32]

첫째, 도 단위로 사검위원을 파견하여 지방관의 협조 아래 내장원 소속의 토지를 조사하는 일이었다. 구체적으로는 내장원 소속을 확인하는 동시에, 은결과 還墾田을 확인하고 수조 실재전을 파악하는 일이었다.

〈표 1〉 경상남도 동래군 공토의 종류

면명	공토의 종류					
읍내면	營倉	補軍倉	通事廳	休山驛	官屯	補役屯
	山城屯	官廳屯	水營屯	砲屯	鍊士屯	
북면	內藏院	官機察	雇馬屯	官廳屯	營屯	蘇山驛屯
서상면	水營屯					

---

29) 광무정권의 제도개혁과 여론의 동향에 대하여는 ① 김용섭,『한국근대농업사연구(증보판)』(하), 일조각, 1988, ② 김도형,『대한제국기의 정치사상연구』, 지식산업사, 1994, ③ 주진오,「19세기 후반 개화개혁론의 구조와 전개」, 연세대학교 박사학위논문, 1995, ④ 서영희,『대한제국 정치사 연구』, 서울대학교출판부, 2003, ⑤ 한국역사연구회 토지대장연구반,『대한제국의 토지제도와 근대』, 혜안, 2010, ⑥ 도면회,『한국 근대 형사재판제도사』, 푸른역사, 2014 등이 참고된다.

30) 김양식, 앞 책, 해남, 2000 ; 배영순, 앞 책, 영남대학교 출판부, 2002 ; 박진태,「한말 역토조사를 둘러싼 분쟁사례-경기도 양주군을 중심으로-」『사림』14, 2000.

31) 조사대상 토지는 아문둔토·역토 지방의 진영 소관의 둔토, 지방의 관둔전 등 궁장토를 제외한 국·관유지, 그리고 제언전답·서원·樂育田畓·공유지로서의 군근전·이청답·향청답·장교청답 등 각청 전답·민고전·고마답·봉산·松田·楮田·竹田·薑田·栗田·橘田·柚子田·노전·초평·시장·염전 등이었다. 박진태,「대한제국 초기의 국유지 조사」『대한제국의 토지조사사업』, 민음사, 1995, 459~460쪽.

32)『內藏院各牧場驛土各屯土各樣稅額捧稅官章程』(광무 4년 9월).

서하면	營軍倉屯	海弊屯	水營屯	補役屯	山城屯	練士屯
	教鍊廳屯	教鍊屯	豆毛屯	蘇山驛屯	豆毛屯鎮	釜屯
사상면	牧場屯					
사하면	牧場屯	內藏院	影島屯	鎭撫廳屯	水營屯	
동평면	內藏院	官廳屯	接賓屯	監理屯	防役屯	釜屯
	官屯	防禦屯	牧場屯			
남하면	水營屯					
남상면	水營屯	別技畓	官屯	衙祿位	山城屯	軍倉屯
	官基田					
동하면	休山驛土	水營屯				
동상면	營軍倉	補軍倉	通事廳	休山驛田	官屯田	補役屯
	山城屯	官廳屯	水營屯	砲屯	鍊士屯	內藏院
	官機察	雇馬屯	官廳屯	營屯	蘇山驛	海弊屯
	教鍊廳	教鍊	豆毛畓	豆毛鎮	釜屯田	牧場田
	影島屯	鎭撫廳屯	接賓屯	監理屯	防役屯	防禦屯
	衙祿田	軍倉田				

출전 : 『경상남도 동래군 공토책』(광무8년 10월)

〈표 2〉 경상남도 창원군 공토의 종류

면명	공토의 종류					
부내면	官屯	統屯	宣惠宮	社倉	明安宮	社庫屯
부이면	明安宮	統屯	訓屯	明禮宮		
하이면	統右廳	統屯	統軍器所	明安宮	統別武廳	統左廳
	統軍房	兵屯				
상삼면	龍洞宮	內藏院	安民驛			
상이면	統屯田	統左廳	統右廳	內藏院	自如驛	通士庫
	龍洞宮					
남상일면	明禮宮	統左廳	統右廳	統山城屯	統屯	龍洞宮
	兵屯					
동일면	新豊驛	自如驛	社倉屯	統屯	砲屯	
동이면	倉屯	內藏院	統屯			
북일면	統屯	自如驛				
북이면	統屯					
북삼면	統屯	守禦屯	明禮宮			
서일면	宣惠宮	內藏院	近珠驛	包屯		
서이면	統屯					
서삼면	砲屯畓	統屯	統左廳	統右廳	宮內府	兵屯

출전 : 『경상남도 창원군 공토성책』(상)(하), 광무 8년 음 9월

조사대상 토지는 <표 1>과 <표 2>에서 보는 바와 같이 궁장토를 비롯한

목장, 역토, 둔토와 종래 납세하던 각종 전답, 초평, 시장 등은 물론,33) 여기에 公有전답, 共有 私契畓, 개간지 등도 파악하여 공토에 편입시켰다.34) 유토 명목의 모든 민결 절수지도 대상이었다. 사패전도 대상으로 삼기도 했다.35) 이때 앞서 민에 환급했던 역둔토나36) 사토로 매매되었던 토지를 다시 조사 환수하는 조치를 취하기도 했다.37) 조사장부는 군이나 목·역둔의 양안이었으며, 양안이 없으면 답험하여 결정하도록 했다. 양안상의 민전을 제외한 모든 유토를 공토로 흡수한 것으로 보인다. 물론 조사과정에서 확실한 민전으로 확인된 무토는 환급하기도 했다.38) 사검 결과 공토는 15~16%가량 증가한 것으로 조사되었다.39)

둘째, 지주경영을 위한 기초조사를 실시하였다. 두락과 일경의 조사, 결부등급과 시작조사, 도조책정과 실작인으로부터 징수하는 일 등이었다. 지주경영의 초점을 안정적 지대확보와 보관에 둔, 정액도전을 골격으로 한 마름제였다. 마름에게 작인교체권은 주지 않았다. 을미사판처럼 조사 확정한 작인에 대한 교체는 지대를 납부하지 않은 경우에 한하였다.40)

셋째, 내장원은 공토 명목으로 확보한 토지를 대상으로 결세와 도조를 책정하여 수조하는 작업에 착수했다.41) 이때 자기 토지를 강제로 公土로

---

33) 『內藏院各牧場驛土各屯土各樣稅額捧稅官章程』 제1조.

34) 배영순, 앞 책, 영남대학교 출판부, 2002, 110~134쪽.

35) 하의삼도에 선조 때 하사한 정명공주방의 토지도 내장원 소속으로 편입되었다가 국유지 조사에서 다시 홍씨가로 하급되기도 했다. 박찬승, 「조선후기 일제하 하의 삼도의 농지탈환운동」 『지방사와 지방문화』 2, 2002. 2.

36) 『각도 각군소장』 4책, 건양 2년 1월 ; 『충청도소장』 9. 370, 381, 396쪽.

37) 배영순, 앞 책, 영남대학교 출판부, 2002, 134~137쪽.

38) 최원규, 「일제의 토지조사사업에서 경남 창원지역의 토지소유권 분쟁-자여역 창둔 사례」 『지역과 역사』 21, 부경역사연구소, 2007. 당시 토지는 私土→ 公土→ 私土 등을 반복하는 분쟁지이다.

39) 박진태, 「대한제국 초기의 국유지조사」 『대한제국의 토지조사사업』, 민음사, 1995, 487쪽.

40) 『內藏院各牧場驛土各屯土各樣稅額捧稅官章程』(광무 4년 9월).

41) 갑오개혁에서는 지세를 금납화하고 그 액수를 최고 결당 30량으로 정했다. 이는

편입당한 민인들이 '일토양세'로 부담이 증가하자, 呈訴·拒納·폭동 등 여러 방법으로 私土로 반환을 요구하며 저항했다. 이들은 자기 토지를 민결을 획급한 무토면세결＝사토라고 주장하며 반환을 요구한 것이다.[42] 내장원은 명백한 私土임이 증명되면 환급해주기도 했지만, 대체로 불허한 것으로 판단된다.[43]

광무사검에서 토지분쟁은 주로 절수사여지에서 발생한 것으로 보인다. 이 토지를 공토로 편입시키면서 수조액이 증가하자 반발한 것이었다. 이에 내장원은 "감히 사토라고 하면서 이같이 완강히 거납하니 어찌 된 민습인가 도지가 연체된 자는 일일이 체포 구속하고 그동안의 미납분은 각별히 독려하여 납부하게 하라"[44]라는 자세로 대처했다. 내장원은 환급을 강력히 거부하며, 이들을 잡아가두거나 납부를 독촉하면서 수조액을 조정하는 타협방안을 제시한 것이다. 대체로 민이 가진 기존 권리(경작권)를 박탈하는 것이 아니라 수조액의 납부수준이 갈등의 주 대상이었다. '일토양세'의 경우 해당 기관이 기존 수준의 수조액만 받고 결세는 자기가 부담하는 방식으로 처리하기도 하였다.[45]

공토화 정책은 유토를 공토로 정하고 구래의 수조액을 結賭로 나누어 작인이 납부하도록 한 조치였다. 이는 민간관행인 작인납세제를 공토에 적용한 조치로 궁극적으로 경작권의 물권화를 전제할 때 시행 가능한 정책이라고 하겠다.

1900년 50량 1902년 80량으로 인상되었다. 이곳은 갑오개혁 이전과 마찬가지로 결당조 82.5두를 납부하였다. 임시토지조사국, 『창원군 분쟁지 심사조서』 16-3, 1916.

42) 창원 이청답의 경우 농민들은 "공토는 照載於量案하고 又有畓案이온데 지금 소위 각청답은 원래 이것은 私土之故로 初無量案之所載하고 又無畓案之可據하니 此豈非公私之確證乎잇가"라고 주장하고 있다. 임시토지조사국, 『창원군 분쟁지심사조서』 16-3, 1916.

43) 김양식, 앞 책, 해남, 2000 ; 배영순, 앞 책, 영남대학교 출판부, 2002.

44) 내장원 "旣係公土하여 由來收賭 今不可變通 一入本院之土는 初無還給之事하니 勿煩退去" 김해군수의 지시 등이 있다.(임시토지조사국, 위 책 16-3, 1916)

45) 이영호, 『한국근대 지세제도와 농민운동』, 서울대학교출판부, 2001과 김양식, 앞 책, 해남, 2000.

지주는 단지 지대수납자에 불과했다. 수조액은 소유자인 지주와 경작자인 작인의 타협물이었지만, 이 과정에서 작인의 부담을 둘러싸고 '일토양세'의 현상이 발생하여 이중부담이라고 반발하는 민원이 제기되기도 하였다. 대한 제국 정부는 결세와 소작료는 다른 것이라고 설득하는 한편, 종전 면세분을 탁지부에 납부하는 것이기 때문에 부담정도도 문제가 될 일은 아니라고 반론을 제기하기도 했다.[46] 때로는 절수사여지에서 지세와 지대를 탁지부와 국가기관에 분리 납부하는 結賭制를 시행하면서 오히려 낮은 수준의 정액지대 가 책정되는 경우도 있었다. 이것이 중답주가 존속하고 새로 발생하는 근거가 되기도 했다.

광무사검에서 공토확대의 목적이 황실수입의 증대에 있었지만,[47] 이것이 곧 지대수입의 증가로 연결되어 작인의 부담이 더 커지는 결과로 이어지지는 않았다.[48] 총수입은 전과 비슷했으며 필지별 실질 지대율은 30%정도였다.[49] 이러한 도조제를 기반으로 작인납세제가 가능하였으며, 작인납세제는 중답주 를 비롯한 물권적 경작권(관습물권)의 존재로 성립된 것이다. 향후 이들이 보편적으로 성립될 정치·경제적 기초조건이 형성되고 있다고 할 수 있을 것이다. 하지만 일제가 역둔토를 조사하여 국유지로 확정하고, '탁지부 소관 국유지실지조사'를 시행하면서 사태는 급변했다. 이때 수조액=결도를 납부 하던 공토를 배타적 소유권의 국유지로 확정하면서 관습물권(중답주나 도지 권 등)을 해체하고 지대를 대폭 올린 것이다. 이것이 국·민유 소유권 분쟁의 원인으로 작용했다.

대한제국은 양전·관계발급사업에서도 공토확보책과 함께[50] 공·사토를

---

46) 임시재산정리국 편, 「제4 수입」『임시재산정리국 집무제요』, 1908, 40쪽.
47) 『完北隨錄』(上), 지계감리응행사목. "각 공토도 사토예에 따라 定等執結홀事".
48) 박진태, 앞 글, 『대한제국의 토지조사사업』, 민음사, 1995, 528~531쪽.
49) 김양식, 앞 책, 해남, 2000, 78쪽. 봉세관장정에서 도전에서 도지로 전환하여 현물 또는 시가로 납부하도록 했지만, 총수입은 증가하지 않았다.
50) 『完北隨錄』(上), 지계감리응행사목. "각 공토 중에 年久禾賣ᄒ야 仍作私土者ᄂ 這這查覈

막론하고 시주와 시작을 조사하여 양안에 기록했다. 경작자인 작인을 지세납부자로 등록한 것이다.[51] 광무정권이 삼남지방의 농촌관행과 국유지에서 시행한 작인납세제를 국가제도로 전면 도입하였다. 이 제도는 경작권의 물권화, 적어도 작인의 '탈경이작' 금지와 농민경제의 안정화를 전제로 시행할 때 가능한 것으로 보인다.[52] 이것이 제도로 정착되면 지대는 당연히 낮은 수준에서 결정될 것으로 예상된다.[53] 이 조사원칙이 광무양안에 어떻게 표기되었는지 확인해 보기로 하자.

〈표 3〉 광무양안의 시주 · 시작 표기 유형

구분	양지아문 양안(중초)		양지아문 양안(정서)		지계아문 양안	
1형-1	시주,전(답·대)주 수진궁(관둔)	시작, 작인 (가주)			수진궁 (관둔전+대)	작000
1형-2	운현궁답	시작000	운현궁	시작000		
2형-1	둔결	전주000 작인000			훈둔	작000
2형-2	석장둔	시주000 시작000				
3형	운현궁답	결명 00 작인000	운현궁+답	시작000		
기본형			시주000 00궁+전	시작000 시작000	000궁	작000

출전 : 『용인군 양안 抄(상동촌면 중초)』(상)(하) 광무 4년, (상)(하) 광무 7년, 『용인군 양안(초산면 중초)』(하), 『온양군(일북면 중초)』(하), 『온양군 양안 單(읍내면 중초)』

　　광무양안의 공토 표기 양식은 크게 3유형으로 분류할 수 있다. 첫째, <표 3>의 1형-1,2로 공토 기입방식이 사토와 동일한 시주· 시작의 형태이다. 1형-1은 '시주 ○○궁+시작 ○○○'의 형태이다.[54] 시주·시작 용어가 아닌 '전(답·대)주 관둔+작인(가주) ○○○'의 형태도 같은 유형으로 분류할 수

　　ㅎ야 從實懸錄事."

51) 최윤오·이세영, 「광무양안과 시주의 실상-충청남도 온양군 양안을 중심으로」『대한제국의 토지조사』, 민음사, 1995, 341쪽.

52) 일제가 지세령에서 영소작권이나 20년 이상의 지상권자를 납세의무자로 정한 것도 (『조선총독부관보』 호외, 1914. 3. 16. 제령 제1호 지세령) 물권에 소득이 있으면 당연히 세금을 부과한다는 원칙론에 따라 정한 것이라 판단된다.

53) 한국역사연구회 토지대장연구반, 앞 책, 민음사, 1995.

54) 『온양군 양안 단(읍내면 중초)』 광무 4년, 『온양군 양안 일북면 중초(상)』 광무 4년.

〈그림 1〉 안산군 초산면 양안(중초, 하)

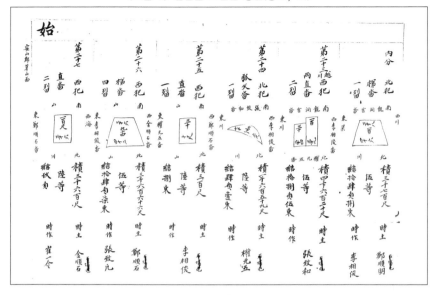

있을 것이다(<그림 2>).[55] 1형-2는 공토의 경우로 시주라는 용어는 제외하고, '운현궁 답+시작 ○○○'으로 기재한 형태이다. 이 유형은 양지아문 정서책에 통일적으로 적용되었다.[56]

둘째, <표 3>의 2형-1,2이다. 2형-1은 <그림 3> 용인군 상동촌면의 경우로 전(답)주+작인을 조사 기록한 다음, 그 앞에 屯結이나 훈둔을 표기한 둔결(훈둔)+전(답)주+작인의 형태이다.[57] 양지아문에서 작인으로부터 공토기구가 직접 수조하는 토지라는 의미로 전(답)주 앞에 屯結을 표기한 것으로 보인다. 지계아문 양안에는 둔결 표기는 삭제하고 訓屯이라는 공토로, 전(답)주는 作으로 표기하였다. 양지아문 양안의 작인이 그대로 作으로 기록된 경우도 있다(<그림 4>).[58] 광무정권의 공토강화책에 따라 수조권이 작동되던 사토

---

55) 『용인군 양안(상동촌면 중초)』(상) (하) 광무 4년.
56) 『온양군 양안(일북면 중초 상)』 광무 4년.
57) 『용인군 양안(상동촌면 중초)』(상)(하) 광무 4년.

〈그림 2〉 용인군 상동촌면 양안(중초, 상 : 星字)

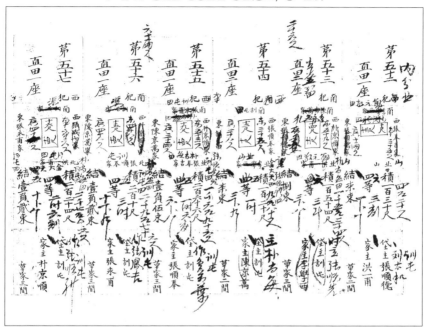

를 공토로 전화시킨 것으로 보인다.[59] 또 다른 경우는 <표 3>의 2형-2이다.
양지아문에서 시주와 시작을 조사 기입한 후 검토과정에서 장토명을 앞에
기록했다가 다시 지운 형태이다. '石場屯+시주○○○+시작○○○'(<그림
1>)이다. 석장둔을 지운 것은 2형-1과 달리 수조액 등을 조사한 결과 결세
수준의 액(조 100두형)을 납부하는 사토로 판정하였기 때문에 다시 사토로
환원시킨 것이라고 생각된다.[60]

---

58) 용인군 상동촌면의 양지아문 양안과 지계아문 양안은 이영호의 「대한제국시기 토지제
    도와 농민층 분해양상」『한국사연구』 69, 1990과 「대한제국시기 국유지의 소유구조와
    중답주」『대한제국의 토지제도와 근대』, 혜안, 2010에서 치밀하게 분석한 바 있다.
    본고는 여러 부문에서 이 논문에 의지하여 작성하였다.

59) 창원군 창둔은 行審에서는 起主 驛吏 00으로 기록되었지만, 지계아문 양안에서 倉屯
    시작 000으로 기록되었다. 후에 분쟁지 심사위원회에서 행심을 근거로 민유로 판정하였
    다.(주42의 자료)

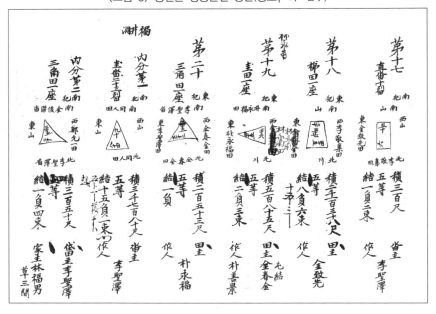

셋째, <표 3>의 3형으로 ○○궁 답+結名○○○+시작○○○의 형태이다. 궁명 앞에 시주라는 표기 없이 '운현궁 답'과 '시작 ○○○'사이에 결세납부자의 장부상 명칭인 결명을 기록한 경우이다. 정서책에는 결명은 삭제하고 운현궁+시작으로 기록했다.(<그림 5>) 사토도 중초책에는 전(답)주+結名+작인 형태였는데, 정서책에는 결명은 삭제하고 시주+시작의 형태로 통일하여 정리했다.[61]

양지아문 양안의 기본적 특징은 소유자를 시주로 기록하고, 갑오승총의

---

60) 둔결이나 석장둔은 관리기관에서 직접 수조권을 행사하여 전주 앞에 석장둔이나 둔결을 기입했다. 석장둔은 이를 결세로 판단하여 지운 것으로 보인다. 같은 양안에 지우지 않은 석장둔 필지와 다른 공토 필지가 있었다. 지계아문 양안이 존재하면 전자는 사토로 후자는 공토로 기입했을 것으로 판단된다. 석장둔은 이영호, 앞 글, 『역사와 현실』, 2010에 잘 분석되어 있다.

61) 『온양군 양안(일북면)』 하, 광무 4년. 『충청남도 온양군 양안 5』(일북면) 광무 7년.

작인납세제를 반영하여 결세부담자인 시작을 조사 기록하였다는 점이다. 양지아문 정서책은 사토의 경우 시주(대주)+시작(가주)을, 공토는 ○○궁전+시작을 기본형으로 양식을 통일하였다(<표 3>의 기본형). 그런데 양지아문 중초책 단계에는 누구를 시주와 시작으로 조사하여 어떤 방식으로 표기할 것인지 등에 대한 원칙을 양지아문 차원에서 정하지는 않은 것으로 보인다.[62] 중초책 단계는 지역적 사정, 즉 읍의 魚鱗成冊, 동의 指審民人, 頭民과 洞長의 보고[63] 등을 기초로 양전관리들이 다양한 형태로 작성한 것으로 보였다. 충청남도나 경기도의 경우 토지에 관련된 권리자를 가능한 한 모두 조사하여 <표 3>처럼 다양하게 양안에 표기한 것으로 보인다. 그러나 정서책 단계에는 공토는 ○○궁+시작의 형태, 사토는 시주=소유주+시작=경작인=결세납부자의 형태로 등록하도록 원칙을 정하였다.

지계아문의 경우 사토는 관계발급 대상자라는 의미로 소유자에게 시주의 자격을 부여하고 양안에 등록했다. 이때 작인은 제외했다. 공토는 시주란에 사토와 달리 수조권자인 기관명을 표기하면서 시주라는 명칭은 표기하지 않았다. 이는 민전과 같은 소유자라기보다 수조권자로서의 위치를 표현한 것으로 보인다. 지계아문 양안은 공토를 관계 발급대상자로 확정하지 않은 것으로 추정된다. 그리고 작인은 양지아문과 지계아문에서 모두 경영의 주체이며 결세부담자로 파악하여 作으로 등록하였다. 이들 가운데는 물권적 권리를 가진 작인이나 중답주 등도 적지 않게 존재하였을 것이다.

다음에는 용인군 상동촌면의 양지아문 중초 양안(<그림 2>·<그림 3>)과 지계아문 양안(<그림 4>)을 통해 두 양안에서 공·사토가 변화해 가는 모습을 살펴보자. 먼저 양지아문 양안의 사토가 지계아문에 공토로 표기된 주요한 두 형태를 <표 4>에서 보기로 하자. 하나는 전(답)주·垈主+작인·家主의

---

62) 같은 군이라도 양전관리가 지역을 나누어 양전하고 양안을 정리했는데, 각기 용어와 방식에서 차이가 있었다. 온양군 일북면 양안과 용인군 상동촌면 양안이 그러하였다.
63) 『사법품보』을, 광무 8년 6월 15일(원문은 이영호, 앞 글, 『한국사연구』 69, 1990, 93쪽 참조).

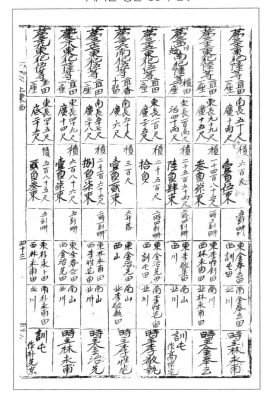

〈그림 4〉용인군 양안(上東村面 下)
지계아문 양안 86쪽 杏字

형태(b2,d1,e1)였다. 전형적인 사토가 지계아문 양안에 공토로 기재된 경우이다. 또 하나는 둔결(훈둔)이라는 명칭이 전(답)주명 앞에 표기된 사토(a1,c1)가 지계아문 양안에 공토로 기재된 경우이다. 공토는 시주라는 표기없이 訓屯(院屯) 등 관할기관명과 作을 기록하였다.[64]

<표 4>는 이 이외에도 두 양안 사이에 다양하게 변화된 공·사토의 모습을 보여주고 있다. 그 변화를 통해 공·사토의 실상과 성격을 살펴보기로 하자. 지계아문 양안에서 공토는 훈둔 318필, 원둔 41필, 경영둔 4필, 합 363

필로 지계아문 총 2808필 가운데 13%가량 차지하였다. 지계아문 양안의 훈둔 318필은 양지아문 양안에서는 시주가 훈둔인 경우가 18필이고 300필은 사토였다. 사토 300필의 구성은 순수 민전 127필과 전(답)주 앞에 훈둔이라 표기된 3필, 둔결이라 표기된 170필 등 173필이었다. 훈둔과 둔결이 표기된 토지는 사토이면서 전(답)주가 결세(또는 결도)를 앞에 표기한 관할기구에

---

64) 양지아문 양안의 대주는 지계아문에서는 대를 전으로 지목 변경한 다음 대주는 시주라는 표기없이 공토관리기구명만 시주란에, 가주란은 제외하고 대신 作으로 표기하고 작인을 기록하였다.(『용인군 양안(상동촌면 상)』 광무 7년)

<표 4> 양지아문 양안과 지계아문 양안의 공토 변화

형태	둔결	양지아문 양안				지계아문 양안			전체 필수
		전답대주표기	작인표기	필수	%	시주란	필수	공사토	
a1	훈둔	000	000	3	0.9	훈둔+작	훈둔합318 (88%)	공토 363필 (13%)	
b1		훈둔	000	18	5.7	훈둔+작			
b2		000	000	23		훈둔+작			
c1	둔결	000	000	170	53.5	훈둔+작	사토합 33필		
c2	둔결	000	000	10		시주000			
d1		000	000	127	39.9	훈둔+작			2808
e1		000	000	14	34.1		41필 (추가1) (11%)	사토 45필 (1.6%)	
f1		전주 원둔	000	1	2.4	원둔+작			
f2		대주 원둔	000	25	61				
f3		대주 원둔	000	12		사토	사토12		
f4	둔결	경영둔	000	4		경영둔+작	4(1%)		

출전 : 『용인군양안(상동촌면)』(상)(하) 광무 4년, 『용인군양안(상동촌면)』(상)(하) 광무 7년

직납한 경우로 판단된다. 지계아문 양안의 훈둔 300필 (127+3+170)은 전체 훈둔의 약 94%이며, 사토가 공토로 전화된 토지였다.

원둔은 총 41필인데, 26필(63%)은 원래 공토이고, 14필(약 34%)은 양지아문 양안에서는 사토였지만, 지계아문 양안에서는 원둔으로 표기되었다. 공토로 전화된 것이었다. 1필은 지계아문에서 새로 조사하여 편입한 것이다. 지계아문과 양지아문의 두 양안을 비교하면, 양지아문 양안에서 공토였던 훈둔 18필, 원둔 26필, 경영둔 4필은 지계아문에서도 변동이 없었다. 반면 지계아문 양안의 훈둔 가운데 300필과 원둔 가운데 14필 합 314필의 토지는 양지아문 단계에는 사토였다가 지계아문 단계에는 공토로 전화된 것이었다. 이와 반대로 양지아문 양안의 훈둔(23필)+둔결(10필)+원둔(12필)은 공토였지만, 지계아문 양안에는 사토로 전화된 모습을 보였다. 양지아문 양안의 경영둔 4필은 지계아문 양안에서도 그대로 표기되었다. 용인군 상동촌면은 공토의 사토화 모습과 사토의 공토화의 모습 등 두 측면의 변화를 동시에 보여주고 있다. 양적으로는 후자의 필지가 훨씬 많았다. 광무정권의 공토확장정책은 지계아문 단계에 더 강력하게 추진된 것으로 보인다.

〈그림 5〉 온양군 일북면 양안 (중초 下)

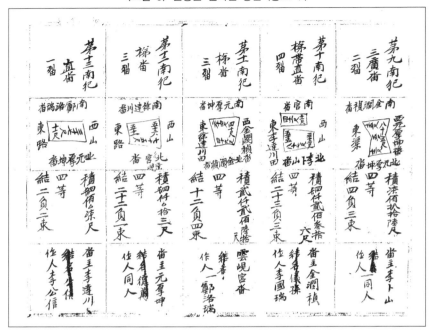

　　그러나 용인군 양전에서 사회적으로 첨예하게 드러난 문제는 시주의 변화가
아니라 결총의 증가에 있었다. 양지아문이 양전한 결과 수조결이 급속히
증가되어 부담이 가중되자 농민이 항쟁을 일으킨 것이다.[65] 이를 수습하기
위해 광무정권은 지계아문에 재 양전을 지시하였다. 지계아문에서는 전체
등급을 하향 조절하는 방향에서 양전을 실시하였다. 그 결과 용인군의 전체
결수는 크게 감소되었다. 지계아문 양안과 양지아문 양안을 대조한 결과
양자는 수조결수 감소 이외에 여러 면에서 차이를 보였다.

───────────────

65) 용인농민항쟁은 이영호, 앞 글, 『한국사연구』 69, 1990, 79~86쪽에 분석되어있다.
　　이 글은 양지아문과 지계아문 양안을 비교하면서 후자는 전자에 비해 결수의 감소,
　　면적의 증가, 필지수의 감소 등을 밝히고 있다. 본 분석과는 필지 수에서 차이를
　　보였다. 용인군 상동촌면 양지아문 양안은 본문 같은 변화 이외에 많은 필지가 중복
　　작성되었으며, 지계아문에서는 이를 제외하고 양안을 작성하였다.

먼저 두 양안은 전체 토지 필수 변동이 심한 편이었다. 변동내용을 보면 첫째, 지계아문 양안에서는 무주진전을 파악하여 기록했다(19필). 둘째, 지계아문에서는 양지아문양전 당시 조사 기록이 누락된 필지(6필지)와 새로 조사한 필지(28필지)를 발견하여 양안에 새로 등록했다. 셋째, 분할로 3필이 증가했지만, 153필지를 합필하여 37필지가 되었다. 무려 116필지나 감소된 것이다. 지계아문에서는 家중심으로 대를 파악했던 양지아문과 달리 家를 파악 대상에서 제외하면서 대를 전으로 지목 변경하고 필지를 합필하였다. 합필은 소유주가 동일하고 연속된 대지(전)를 대상으로 실시하였다. 지계아문 양안은 전답에 관계를 발급하기 위해 작성한 것으로 보인다. 이때 家舍는 양안에서 제외하여 토지와 구분한 다음, 별도로 가사안을 만들고 이에 근거하여 가사관계를 발급하기로 결정한 것으로 판단된다. 두 양안에서 합필한 대지를 비교해 보면, 시주나 면적은 변함이 없고 합필로 필지수만 감소하였다. 전체적으로 지계아문은 새로 양전하면서 누락 필지와 새로 조사한 필지, 무주진전 등을 등록하여 양지아문보다 53필을 더 파악한 것으로 나타났다.

무엇보다 두 양안의 가장 큰 차이는 시주의 변화가 빈번했다는 점이다. 특히 상당한 필지가 사토에서 공토로 전화되었다. 양안 상 민전이 공토로 변화되어 많은 전답주가 소유권을 박탈당하였음에도 불구하고 불만의 소리는 듣기 어려웠다. 둔결로 표기된 필지의 전(답)주는 지계아문 양안에 작으로 표기되어 중답주로서의 자격을 인정받았다는 해석도 가능하지만, 이들은 아예 소유권을 박탈당한 것이다. 더구나 순수 민전이 훈둔으로 전화된 필지의 전(답)주는 지계아문에서는 작인의 지위도 인정받지 못하였다. 이같은 공·사토의 빈번한 전화는 두 차례 양전마다 시주의 조사기준이 달랐기 때문에 나타난 현상일 것이다. 그리고 당시 양안은 근대의 토지대장과 달리 당사자에 영향력을 직접 미치지 않는 단계의 장부였기 때문에 양안상 시주의 변화가 곧바로 소유권 분쟁으로까지 비화되지 않았다고 생각된다.

광무양전사업은 시주·시작을 조사하여 시주에게는 관계를 발급하고, 시작에게는 납세책임을 부여하기 위해 실시한 것이다. 그런데 양전의 효력은 양안 작성단계에는 당사자에 직접 영향을 미치지는 않았을 것으로 판단된다. 시주의 효력은 관계를 발급받은 다음에 실현되었을 것이다.[66] 공토는 지계아문 양안 단계에서도 시주로 인정받지 못했다. 관계를 발급할 때 재 확인과정을 거쳐 시주 자격을 부여한 것으로 보인다. 광무양전사업 당시 농민의 앞에 놓인 현실적 과제는 소유권 문제가 아니라 수조액이 문제였다. 소유권 문제는 일제가 한국을 식민지로 지배하기 위해 일본민법의 배타적 소유권으로 토지조사와 법제화 작업을 추진하면서 본격적으로 제기되었다.

이상과 같이 갑오·광무정권의 일관된 토지정책은 공토의 유지 또는 확대책, 작인납세제, 정액도전제 등이었다. 대한제국은 이를 제도화하기 위해 시주·시작을 양안에 등록하는 작업을 했지만, 러일전쟁과 일제의 강압적 간섭정치 등의 사정으로 사업을 완결하지 못하고 중단했다. 이러한 정책적 시도는 1906년 '부동산권소관법'으로 나타났다. 임조권(경작권 포함)에 물권의 자격을 부여하여 경작권을 물권으로 등기할 수 있도록 법을 제정한 것이다.[67] 광무정권의 공토정책은 일지일주의 배타적 소유권이 아니라 물권적 경작권의 존재를 향촌 관행대로 인정하는 것을 전제로 추진되었다. 그리고 갑오·광무년 간에 일어난 토지분쟁은 대부분 수조액의 부담 정도를 둘러싼 분쟁이었다. 그러나 대한제국의 토지정책은 통감부의 '식민지적' 토지정책으로 커다란 변화의 전기를 맞이했다.

---

66) 관계는 서장의 주)14의 글들이 참고된다. 김홍식 외, 『조선토지조사사업의 연구』, 민음사, 1997는 관계와 시주의 의미에 대해 본고와 견해차가 있다.
67) 최원규, 「대한제국과 일제의 토지권법 제정과정과 그 지향」 『동방학지』 94, 1996. 이때 기안한 '부동산권소관법'에서 경작권을 강제 등기하도록 정한 것은 아니지만, 임차권으로 정한 일본민법과 달리 물권의 등기사항으로 정했다는 점에 의미가 있다.

3. 통감부의 토지정책과 역둔토 조사

1) 통감부의 토지정책

일제는 통감부를 설치한 후 갑오·광무정권과는 다른 방향에서 토지정책을 추진했다. 일제의 목표는 일본의 지주제를 한국에 이식시켜 이를 토대로 농업지배의 기반을 마련하기 위한 것이었다. 즉 대한제국의 토지제도를 일본 민법이 정한 일지일주의 배타적 소유권을 기반으로 재편하기 위한 정책을 단계적으로 추진했다. 이 작업은 크게 공토조사와 법률제정 작업의 두 갈래로 진행되었다.

일제는 공토조사에 앞서 먼저 법률제정 작업의 일환으로 민유지를 대상으로 한 증명제도를 실시하였다. 이것은 일제가 대한제국이 계획하고 시행에 옮기려 하였던 양전사업과 토지법 제정 시도를 중단시키고, 잠정적으로 실시한 토지정책이었다. 소유권의 거래와 이전을 증명해주는 토지가옥증명규칙, 부동산 전당과 관련된 토지가옥전당집행규칙, 그리고 자기토지의 소유권을 증명해 주는 토지가옥소유권증명규칙 등이 그것이다. 증명제도의 가장 큰 특징은 토지거래와 전당의 안정성을 기도하기 위한 것이지만, 무엇보다 외국인 특히 일본인들도 한국인과 같은 자격으로 토지를 확보할 수 있도록 합법화한 조치라는 점이었다. 이때 소유권 이외의 물권은 증명대상이 아니었다는 점을 유념할 필요가 있다.[68]

다음은 국유지 확보를 위한 법률제정 작업에 착수하였다. 사유가 아닌 미간지와 삼림을 국유로 선언하고, 그 이용허가권도 국가가 독점한다고 선언한 것이다. 종전에는 왕토라는 관념아래 존재한 무주지를 개간과 경작을 전제로 사적 소유를 제한 없이 허용하던 체제였다. 이때 개간권자(입안권자)와

---

68) 최원규, 「대한제국과 일제의 토지권법 제정과정과 그 지향」 『동방학지』 94, 1996.

실제 개간자(경작권자)가 서로 자기 소유자라고 주장하는 일이 적지 않게 발생하였다. 양자 사이에 권리분쟁이 제기되거나 제기될 우려가 항상 존재했다. 일제는 통감부를 설치하자마자 미간지를 장악하기 위해 민인의 개간을 금지하기 시작했다. 첫 조치가 1906년 7월 27일에 내린 '토지개간에 관한 건'이었다.[69] 황실이 궁내부 소속의 황무지에 대한 개간권을 민에게 인허하는 것을 금지한 조치였다. 통감부가 미간지 관리권을 장악하기 위해 우선 황실의 개간허가를 금한 것이다. 곧이어 국유미간지이용법(1907년)과 삼림법(1908년)을 공포하여 전국의 무주지를 국유로 선언하고 민인의 이용에 대한 국가의 허가제를 도입하였다. 민들의 자유로운 개간을 제한한 것이다.[70]

국유미간지이용법은 양안 외 미간지를 국가가 완전히 장악하기 위한 법제였다.[71] 여기서 국유미간지의 범위를 "민유가 아닌 원야, 황무지, 초생지, 소택지, 干潟地"라 정하고, 그 소유권자를 국가라고 선언하였다(제1조). 민인이 이를 소유하기 위해서는 국가로부터 개간을 조건으로 대부허가를 받고 개간이 성공할 경우 불하해 주도록 한 조치였다. 국가의 허가권을 근간으로 한 법제였다. 다만 제14조에 3정보이내의 국유미간지의 이용에 대하여는 당분간 구관에 따르고 본법의 규정을 적용하지 않는다고 규정하여 관습적 개간권을 일부 인정하기도 했다. 이것은 잠정적 조치였으며 1911년 폐기되었다.[72] 일본인 자본가·지주를 비롯한 조선인 지주들을 식민지 지배의 근간으로 삼으려

---

69) 임시재산정리국 편, 「제2류 토지」『임시재산정리국 집무제요』, 1908, 19~20쪽.

70) 국유미간지이용법은 지주 자본가들의 토지개간을 위한 법이며, 민인들의 이용도 관습법에 따라 허용했다. 하지만 대면적 이용자들의 이용에 방해가 된다고 법을 개정하여 모든 미간지 이용을 허가제로 했다(『매일신보』 1911. 7. 2. 「국유미간지이용법 개정요지」).

71) 국회도서관, 『한말 근대법령 자료집』 5, 1971, 574쪽. 법률 제4호 국유미간지이용법 (1907. 7. 4).

72) 국유미간지이용법은 ① 송규진, 「구한말 일제초(1904~1918) 일제의 미간지정책연구」 『사총』 39, 1991, ② 김재훈, 「한말 일제의 토지점탈에 관한 연구−국유미간지이용법을 중심으로」, 한국정신문화연구원 석사학위논문, 1983, ③ 이영호, 「일제의 식민지토지 정책과 미간지문제」『역사와 현실』 37, 2000 등이 참고된다.

한 조치였다.

삼림법은 국유미간지이용법에서 제외된 삼림 산야에 대한 규정이었다.[73] 여기서 삼림 산야를 帝室林·國有林·公有林·私有林 등으로 소유권을 분류 정리하고(제1조), 농상공부 대신에게 개간허가권을 부여하였다(제12조). 이 때 가장 중요한 조치는 민유라고 주장하는 사람은 이날부터 3년 이내에 농상공부 대신에게 신고하고, 기간 내에 신고하지 않으면, 국유로 간주한다고 정한 조치였다(제19조). 신고주의의 폭력성이 가장 강력하게 적용된 경우였다.[74] 양안 등 국가의 증빙자료가 존재한 기경지와 달리, 양안 외 무주지는 장부가 존재하지 않아 권리를 증명하기가 쉽지 않았다. 신고제는 구래의 '무주지(無主空山 포함)'를 국유로 장부에 표기하여 국가의 소유권을 확실히 하기 위해 채택한 것이기도 했다.

이상의 법은 국가가 왕토사상 아래 왕토이면서 무주로 존재한 토지를 배타적 소유권을 가진 국유지로 법적 지위를 부여한다고 선언한 법체제였다. 이것으로 '起耕者爲主' 원칙아래 시행된 민의 개간권과 산림 이용권을 전면 박탈한 것이다. 이를 위해 도입한 제도가 신고제인데, 신고자가 증거를 갖추어 신고하면 이를 심사하여 소유권 인정여부를 결정하는 제도였다. 이 토지가 사유가 아닐 경우, '행정처분' 방식으로 국유로 확정하여 배타적 소유권과 '원시취득'의 자격을 부여한다는 것이 전제된 것이었다. 일제는 통치 목적에 맞게 토지를 이용 관리할 수 있도록 신속하게 조사 정리할 것을 목표로 신고제라는 행정 편의적 방법을 채택하였다.

그리고 허가제는 입안권의 연장선에서 마련한 것이지만, 구래의 입안권은 절수와 더불어 실질적 개간권과 분리된 채 별도로 권리를 행사하기도 하였다는 점에서 차이가 있었다. 이리하여 하나의 토지에 입안권과 개간권 등 두

---

73) 국회도서관, 『한말 근대법령 자료집』6, 1971, 231~234쪽. 법률 제1호 삼림법(1908. 1. 21).

74) 권영욱, 「朝鮮における日本帝國主義の植民的山林政策」『歷史學研究』2, 1965 ; 강정원, 「일제의 산림법과 임야조사연구」, 부산대학교 박사학위논문, 2014.

권리가 각각 별개로 작동하여 분쟁이 발생하는 경우가 적지 않았다. 일제는 이 같은 구래의 관습법이 일본민법과 서로 괴리된다는 점을 인식하고, 개간을 전제로 대부허가를 내주고 불하하도록 하였다. 이것은 입안이나 절수라는 법적 조치로 성립한 명목적 소유권과 개간으로 성립한 물권적 권리가 소유권을 둘러싸고 서로 분쟁을 일으키는 사태를 원천적으로 차단하고 식민지 지배체제를 확립할 수 있도록 법을 제정한 것이라고 할 수 있다.

다음은 각 기관이 독립적으로 관리 운영하던 공토를 국유지로 확보하고 정리하는 일이었다.[75] 이때 일제가 가장 먼저 시도한 일은 황실재산에 대한 통제였다. 첫 번째 조치가 1907년 2월 24일 '궁내부 소관 각궁 사무관리에 관한 건'이었다.[76] 내수사·용동궁·어의궁·수진궁에서 일하던 직원과 下屬을 폐지하는 한편, 1사7궁에 관한 宮庄 처리와 宮穀 상납 등 사무를 각궁사무정리소에서 관리하도록 하였다. 1907년 6월 5일 '내수사 및 각궁 소속 장토 도장을 폐지하는 건'을 공포하였다.[77] 모든 문적을 각궁사무정리소에 환납하고, 導掌 대신 監官·舍音이 근무하도록 하였다. 관리는 궁내부가 직접 담당하였다. 8월 5일에는 '각궁사무정리소 소관 宮庄監官규칙'을 공포하였다.[78] 장토의 監官·舍音을 개칭하여 궁장감관이라 하고(제1조), 이들은 각궁사무정리소에 예속되어 담당 구역 내 宮庄의 보호·감시, 垌洑의 유지·수축, 궁곡 기타 제수입의 징수·보관, 결세납부에 관한 사무를 담당하도록 하였다(제2조). 이들에게는 전과 달리 장토에서의 작인黜陟權(제4조)과 소작료의 징수·보관·처분권(제5, 8조), 舍音·垌直·監考 등의 감독권(제13조) 등 관리에 관한 전권을 주었다.

---

75) 공토정책은 ① 배영순, 앞 책, 영남대학교 출판부, 2002, ② 宮嶋博史, 앞 책, 東京大學 東洋文化硏究所, 1991, ③ 조석곤, 「토지조사사업에서의 분쟁지 처리」, 앞 책, 민음사, 1997, ④ 이영호, 「한말 일제초 근대적 토지소유권의 확정과 국유 민유 분기 - 경기도 안산 석장둔의 사례」, 『역사와 현실』 77, 2010 등이 참고된다.
76) 국회도서관, 『한말근대법령자료집』 5, 1971, 430쪽.
77) 국회도서관, 『한말근대법령자료집』 6, 1971, 513~514쪽.
78) 국회도서관, 『한말근대법령자료집』 6, 1971, 1~4쪽.

이것은 정부가 민유지처럼 직접 지주경영을 가능하게 한 조치였다.[79] 급기야 그해 11월 5일 '경리원 수조관을 폐지하고 역둔토 각궁(1사7궁·경선궁·순화궁) 전답 園林을 派員 조사하고 금년도 收租를 탁지부에 위탁하는 건'을 공포하였다.[80] 궁방전을 포함한 전 공토의 관리를 정부의 부서인 탁지부에서 관장하도록 한 것이다. 황실로부터 제실재산관리권을 회수한 것이다.

일제의 다음 작업은 공토를 국유재산과 제실재산으로 구분 조사하고 민유는 환급하는 조치를 단행하기 위해 임시제실유급국유재산조사국(이하 조사국으로 칭함)을 설치한 일이었다. 그리고 一司七宮의 궁장토 가운데 황실재산을 정리하기 위해 제실재산정리국을 설치하였다.[81] 정리작업의 결과로 일제는 1908년 6월 25일 '궁내부 소관과 경선궁 소속 재산의 이속과 제실채무의 정리에 관한 건'을 공포하여 이들 토지를 국유로 편입시키는 조치를 취하였다. 이것은 국유지실지조사에서 조사대상이 될 국유지를 확정한 조치였다.[82] 이때 확정된 국유지는 광무사검에서 파악된 역둔토와 1908년 편입된 제실유(궁장토·一司七宮·경선궁·영친왕궁) 릉원·묘위전, 기타 국유부동산(牧位田·竹田·封山·堤堰畓·廢寺田畓·楮田·漆田·果木田·公廨基址田·烽臺·桑田)[83] 무주한 광처, 무주공산 등이었다. 왕실 소유지와 공유지를 국유지에 대거 포함시켰다는 점이 특징적이다.

1908년 7월 23일에는 임시재산정리국을 설치하여 이렇게 확정한 국유지를 통합 정리하면서 혼탈입지는 환급하고, 도장권을 해체하는 작업을 단행했다.[84] 그리고 이 국유지는 새로 역둔토대장을 조제하여 등록하였다. 다음

---

79) 임시재산정리국, 「제1류 관규」『임시재산정리국 집무제요』, 1908, 8~15쪽.

80) 국회도서관,『한말근대법령자료집』6, 1971, 68쪽.

81) 김양식, 앞 책, 해남, 2000 ; 박진태, 「통감부시기 황실재산의 국유화와 역둔토 정리」『사림』18, 2002.

82) 조석곤, 앞 글,『조선토지조사사업의 연구』, 민음사, 1997, 324쪽.

83) 임시재산정리국, 「제2류 토지」『임시재산정리국 집무제요』, 1908, 81쪽.

84) 도장권은 ① 신용하, 앞 책, 지식사업사, 1982, ② 배영순, 앞 책, 영남대학교 출판부, 2002, ③ 김용섭,『朝鮮後期農業史硏究 I : 農村經濟·社會變動(증보판)』, 지식산업사,

작업은 이를 근거로 국유지 실지조사를 실시하는 일이었다.

　조사국 관제에 따라 '행정처분'으로 확정된 제실유와 국유지에는 법적으로 원시취득의 절대성이 부여되었다. '사업'의 사정과 차이가 없었다. '행정처분'에 대한 사법재판은 허용하지 않았다. 다음의 '실지조사'는 이렇게 확정된 소유권을 대상으로 각 필지를 조사하여 측량한 결과를 국유지대장과 국유지도에 등록하는 과정이었다. 이에 대하여 민인의 이의신청을 받아들였지만, 판정결과는 역둔토대장을 거의 그대로 추인한 것으로 보인다.

2) 역둔토조사와 역둔토대장 조제작업

　일제가 토지조사사업에서 국유지 통지의 자료로 이용한 국유지대장은 역둔토대장을 계승한 것이었다. 역둔토대장 작성 작업은 1908년 4월 1일 '역둔토대장 조제규정'을 제정하면서 시작되었다. 이 작업은 실지에서 조사한 것이 아니라 구래의 장부를 근거로 조사 정리하여 장부에 기록하는 방식이었다. 제1조에 "1907년 11월 21일의 驛屯土及各宮田畓園林租 徵收內規 제25조에 의하여 조사한 사항을 … 역둔토대장에 등록"하도록 정했다.[85] 제25조의 내용은 "관찰사, 도마름, 동마름 등이 제시한 장부에 기초하여 가능한 토지의 소재·면적·수확고·소작인의 성명 등을 정밀히 조사하고 장래 국유재산의 보존과 정리를 하도록 하라"는 것이었다.[86] 경리원과 각궁 사무정리소가 조사한 전년분 수조원부와 납·미납의 성책이 아니라 동마름이 소지한 장부를 수집하여 역둔토대장을 제조하도록 하였다.[87]

　역둔토를 제실유와 국유지로 구분 조사하여 소유권을 확정하는 작업은

　　　2005 등이 참고된다.

85) 임시재산정리국, 「제2류 역둔토대장 조제규정(1908. 4. 1), 토지」, 위 책, 1908, 31쪽.
86) 임시재산정리국, 「제4류 수입 역둔토 등 징세내규의 건(1907. 11.21)」, 위 책, 1908, 8쪽.
87) 임시재산정리국, 「제4류 역둔토 등 징세내규의 건(1907. 11.21)」, 위 책, 1908, 12쪽.

1907년 설립된 조사국에서 했지만, 역둔토대장 작성은 조사의 편리성과 실제 결도징수 등의 사무취급을 고려하여 재무서에서 추진하도록 했다. 조사는 기한 내에 정밀하게 하여 지적대장을 조제하고, 빠진 것은 기회를 보아 완벽히 하도록 했다.[88] 조사기간은 5월말까지, 보고는 7월 15일까지 하도록 정하였다. 조사국의 조사방식은 이때 마련된 역둔토대장을 근거로 구분 조사를 실시하고 민의 이의 신청을 받는 청원제도도 도입하였다. 후술하겠지만, 조사국의 결정은 민의 청원을 받아 심사하여 국유지로 확정한 것으로, 이는 사법재판소 의 재판으로도 되돌릴 수 없는 '행정처분'이었다.[89]

다음 사례는 전남 도서지방민의 청원에 대한 탁지부의 답신이고, 이 과정을 거쳐 국유로 확정된 것으로 보인다. 1908년 4월 22일(사세 갑721) '지도군 일토양세의 건'에서 이러한 사례를 볼 수 있다. 이 건은 탁지부 차관이 전주재무 국장에게 보낸 공문이고, 여기에는 납세 문제에 관한 관과 민 사이의 견해를 보여주는 부속서류들이 첨부되어 있었다. 탁지부 장관은 이 내용을 검토하고 "지도군 목둔토와 궁장 도세는 一土兩稅라고 하나 결세와 도세는 원래 성질이 서로 달라 兩稅라 칭할 수 없으니 전년 예에 따라 도조와 결세를 속히 깨끗이 납부하도록 하라."라고 지시하고, 여기에 따르도록 하라고 통지하였다. 이 지시는 도민의 진정에 따라 전주재무국장이 탁지부 차관에 보낸 공문에 대한 답신이었다. 그 내용은 다음과 같다.

첫째, 민이 원래 민유지인데, 結賭 등 두 가지 세를 납부하는 것은 억울하다고 주장하자 관리가 출장 조사한 후 다음과 같이 지시하였다. "賭稅는 멀리 司僕寺에서도 징수했으며, 이 토지가 민유인지는 지금 갑자기 결정하기는 불가능하다. 본도의 도세와 관계가 같은 완도, 돌산, 흥양, 해남, 진도 등은 납입을 마쳤으며, 이곳 도세를 면제해 주면 다른 군에서 소요가 일어날 우려가

---

88) 임시재산정리국, 「제4류 수입 역둔토 등 징세방 내방의 건 제25조」, 위 책, 1908, 25쪽.
89) 임시제실유급 국유재산조사국 관제에 대하여는 본서 제2장에 자세히 다루었음.

있으니 속히 납부하라."고 하였다.

둘째, '둔토연혁조사서'에서는 둔민은 "목둔토는 본래 호조가 牧馬官에게 결부를 획급하고 이를 수세하여 牧馬人에게 分料하고 잔여액은 사복시에 수납하게 하고 結稅는 탕감했는데, 갑오승총에서 疊稅가 되었다."고 주장했다. 그런데 사복시 폐지 후 내장사→ 내장원→ 경리원으로 옮겼는데, 징세율은 답 1결에 대하여 징수율은 30량에서 70량으로 계속 증가하였다. 갑오승총부터 국세를 징수하여 도전과 양세를 부담하니 일토양세라 하나 국세와 도전 부담만으로는 일토양세라 말하기 어렵다고 했다. 이에 주민들은 토지는 민유이기 때문에 소작인은 지주에게 소작료를 납부하는 것이라 하고, 圖表에 지주는 결세를, 소작인은 도전을 납부하니 일토양세가 된다고 적시하였다. 그리고 호조에서 징수하던 것을 사복시→ 내장사→ 내장원→ 경리원을 거쳤다가 지금은 탁지부에서 승총하는 것이니 賭錢은 폐지하는 것이 지당하다는 주민의 의견을 담은 보고서를 제출하였다.[90]

셋째, '궁장토연혁조사서'에는 "이 토지는 민이 개간한 다음 궁이 절수한 절수사여지로, 宮租로 1결에 벼 100두씩(17량 5전) 宮租감수가 징수하였다. … 갑오승총으로 납조액 내에서 결세를 납부하기로 하였는데, 벼 100두로는 宮에 이익이 없으니 인민과 백미 50두와 벼 50두를 납부하기로 정약하였다."고 하였다. 그 후 15년 전 수조감과 교섭하여 이 대금으로 1석 평균 26량의 비율로 130량을 납부하기로 하였지만, "宮租를 부담함은 온당치 아니하고, 이로 말미암아 일토양세가 되니 탁지부에 승총한 이상은 궁조를 전부 폐지하고 국세만 징수하라."는 청원을 민이 제기하였다는 내용이다.[91]

위의 조사서는 지도군 면민들이 올린 다음의 세 청원서에 근거하여 조사한 것인데, 그 내용은 다음과 같다.[92] 먼저 임자 등의 면민이 올린 청원서의

---

90) 임시재산정리국, 위 글, 『임시재산정리국 집무제요』, 1908, 42~45쪽.
91) 임시재산정리국, 위 글, 『임시재산정리국 집무제요』, 1908, 45~47쪽.
92) 임시재산정리국, 위 글, 『임시재산정리국 집무제요』, 1908, 47~50쪽.

내용을 보기로 하자. "이곳은 민이 개간한 민유지로 호조에서 사복시에 절수하여 '면부출세'한 토지이다. 갑오개혁 때 사복시의 세는 혁파하고 결세를 탁지부에서 승총하였는데, 을미년 이후 궁내부 내장원 등에서 봉세관을 파견하여 결세와 도세로 매년 답은 1결 70량, 전은 1결 40량의 일토양세를 거두어 갔다."는 것이다. 다음 압해, 자은, 장산 등은 사복시에서 절수하여 면부출세하다가 명례궁에 이속하여 궁감이 수세하였는데, 갑오승총이후 임자와 같이 결도를 납부하였다는 것이다. 마지막은 지도, 완도, 돌산 3군의 궁장과 각둔토의 경우이다. 이곳은 민이 경작하여 도조와 결세를 바쳤는데, 을미년에 탁지부에서 宮屯結을 모두 승총하면서 별도로 결세를 받지 말라고 했는데, 그 후 궁과 경리원이 舊例에 따라 결세를 그대로 독봉하였다는 것이다. 이리하여 탁지부에 正供을 납부하고 궁원에 賭와 세를 납부하여 일토양세를 납부하게 되었다는 것이다.

목장토와 궁장토를 경작하던 도민은 이상과 같이 모두 동일한 주장을 하였다. 이곳 토지는 민유지를 절수사여한 면부출세지로 조 100두를 납부하던 토지이며, 여기에는 결세와 궁도가 포함되어 있다고 했다. 그런데 갑오승총으로 결세를 탁지부에서 거두었는데도 불구하고 결세를 감한 것이 아니라 일토양세로 세를 더 징수했다고 주장했다. 갑오승총 이후 결세를 100두 안에서 지불해야 했지만, 각궁에서 자기 몫이 적어진다는 이유를 들어 액수를 상승조정하여 납부하도록 하였다는 것이다. 이에 민이 일토양세라 주장하며, 結賭를 모두 납부하는 것은 억울하니 궁조는 폐지하고 국세만 징수하라고 청원하였다.

재무감독국에서는 탁지부와 함께 민의 청원에 동의할 뜻도 없지 않으나 다른 지역과의 형평성, 소요가 일어날 가능성 등을 우려하여 일토양세를 계속 유지하기로 결정한 것으로 보인다. 조 100두형 토지를 둘러싸고 갑오승총 이후 궁과 주민은 수조액을 둘러싸고 계속 갈등하면서도 結賭를 모두 거두어 갔다.

종래 이곳 이외의 다른 섬에서 징수한 내역도 조사했는데, 지역에 따라 두 경향을 보였다. 암태도(선희궁), 기좌도·안창도(내수사), 비금도(명례궁)의 경우는 1결=조 100두형의 궁토로 여기에는 국세와 궁조가 포함되어 있었다. 그리고 매화도, 송이도, 안마도, 탄도(선희궁)의 경우는 1결당 답전 모두 30량을 궁조로 납부하고, 국세는 인민이 별도로 부담한다고 했다. 이같이 이곳은 모두 조 100두형의 면부출세지였는데, 탁지부에서 갑오년에 승총하였음에도 불구하고 결도를 동시에 거두자 일토양세로 첩징한다고 1908년 문제를 제기한 것이다. 전에도 민이 억울하여 읍과 부에 한두 번 호소한 적이 있는데, 1904년 궁감과 봉세관이 도민을 위협하여 소장을 빼앗아 불사르고 납세를 독촉하여 오늘에 이르렀다는 것이다.[93] 민과 궁은 1908년까지는 소유권 문제가 아니라 눈앞에 닥친 수조액의 수준을 둘러싼 문제로 대립하다가 1908년 청원할 때는 민유지라고 주장하며 궁도를 폐지할 것을 청원하였다. 당시 청원은 1907년 12월 20일부터 1908년 4월 22일에 이루어졌으며, 조사국에서 역둔토를 국유지로 확정하려고 구분 조사한 바로 그때로 보인다. 조사국을 폐지하고 설치한 임시재산정리국에서는 이 결과를 토대로 국유지를 조사하는 한편, 역둔토관리규정(1908. 7. 29)과 역둔토관리규정에 관한 건에 따라 역둔토대장을 재정비했다.[94]

　역둔토대장은 군별로 재무서에서 작성했다. 대장의 양식은 <표 5>와 같이 구성되었다.[95] 등록사항은 토지소재지·명칭(○○屯)·번호 또는 부호·사표·지목·면적(두락 일경)·賭料 등급과 총대인 주소성명·소작료 종류·소작인의 주소 성명 등이었다.[96] 지목은 전·답·대·산림·초생지·과수림·노전·목장·지소·진폐지·잡종(진폐지 이상의 지목에 넣기 어려운 것) 등 11종이었다.

---

93) 임시재산정리국, 「제4류 지도군 일토양세의 건」『임시재산정리국 집무제요』, 1908, 39~50쪽.
94) 임시재산정리국, 「제2류 토지」, 위 책, 1908, 115~118쪽.
95) 임시재산정리국, 「제2류 토지 제7조 제1호양식」, 위 책, 1908, 32쪽.
96) 임시재산정리국, 「제2류 토지 역둔토대장조제규정 제1조」, 위 책, 1908, 32~33쪽.

〈표 5〉 역둔토대장

賭料等級	所在	賭料等級	所在	賭料等級	所在	三	賭料等級	所在 何面 何동 (리)
小作人住所姓名	名稱	小作人住所姓名	名稱	小作人住所姓名	名稱	何郡 何面 何洞 (何里) 某	小作人住所姓名	名稱 何驛(屯) 符又番 號□號
納料總代人住所姓名	四標 地目	納料總代人住所姓名	四標 地目	納料總代人住所姓名	四標 地目	何郡 何面 何洞 (何里) 某	納料總代人住所姓名	四標 地目 田(畓) (何)
備考	面積	備考	面積	備考	面積		備考	面積 何 斗落 (日耕)(坪)

각 필지의 측량단위는 답은 두락, 전은 일경이라는 구래의 단위를 사용했으며, 경지 이외의 지목은 평수로 기록했다. 소작인은 소작인이라고 신고한 자를 실소작인으로 기록하도록 했다. 이와 동시에 1908년 6월 25일 '궁내부 소관과 경선궁 소속의 부동산을 국유로 이속하는 건'을 공포하여 역둔토를 국유로 하고 관리체계도 마름체제에서 재무서-면장체제로 변경하는 조치를 취했다. 구래의 궁의 사적 관리체계를 관의 공적 관리체계로 이행한 것이다.

다음 조치는 역둔토를 관리하고 징수하기 위해 역둔토관리규정(1908. 7. 29)을 제정한 것이다. 주요내용은 소작권의 내용에 관한 사항이었다. ① 소작계약 기간(5년) 제정, ② 소작을 타인에 양도, 매매, 전당, 전대하는 행위 금지, ③ 소작 박탈 조건으로 소작료 체납, 토지형질 변경과 황폐화, 규정위반, 부정행위 등을 규정했다. ④ 소작료액은 부근의 유사 전답 수준으로 정하도록 했으며, ⑤ 소작료징수절차는 지세징수절차에 준하여 처리할 것 등이었다.[97] 소작계약은 역둔토에서 작인이 행사하던 모든 관습물권을 포기하게 하는 동시에, 국유지에 배타적 소유권을 부여한다는 내용이었다. 이것은 일본 지주제의 소작내용을 식민지지주제에 적용하기 위한 표준안이며, 이 내용을 인쇄하여 소작인과 계약하는 문서계약제도를 도입하였다.

그리고 역둔토를 소작하는 자는 1908년 8월 말까지 재무국장에 신고하도록 했다. 신고자를 소작인으로 우선 선정한다는 조건도 붙었다. 이와 동시에 '지세에 관한 건'을 공포하여 작인납세제를 폐지하고 지주납세제로의 전환을 선언했다.[98] 그런데 이때 도조만 수납한 것이 아니라 도조에 결세를 더하여 국고에 충당하도록 조치하였다. 이렇게 소작료＝결세＋도조로 거두는 것이 국유지이외의 토지소작인과 균형이 맞는다고 취한 조치였다.[99] 그리고 소작료는 원소작인이 소작인으로부터 징수하던 액수로 정했다.[100] 원소작인을 제거하려는 의도였다. 일제의 역둔토관리규정은 중간소작(중답주 등)뿐만 아니라 도지권 같은 관습물권을 강제로 해체시킬 목적도 동시에 내포하고 있었다. 특히 중간소작은 소작농민의 성장과 지주권의 일정한 후퇴를 전제로 농촌의 한 관행으로 자리 잡고 있었다. 물론 갑오개혁 이후 민유지와 공용지의 역둔토로의 편입, 그리고 지방제도와 역참제를 개혁하는 과정에서 국가의 관리체제가 이완된 틈을 타 역둔토 내에 대거 발생한 비정상적 관리체계이기도 했다.[101] 국가−중답주−경작인이라는 경영구조였다. 중답주의 권리는 일종의 관습물권이었지만 지주경영 강화를 계획한 일제는 이를 무상으로

---

97) 임시재산정리국, 「제2류 토지」, 위 책, 1908, 84~85쪽.
98) 임시재산정리국, 「제2류 토지」, 위 책, 1908, 61쪽.
99) 임시재산정리국, 「제2류 토지」, 위 책, 1908, 81~83쪽. 결세를 소작료에 가징하는 것은 국유 이외의 토지소작인과의 균형상 상당하다는 이유를 들었다.
100) 임시재산정리국, 「제4류 수입 역둔토 등 징세방 내훈의 건(1907. 11. 26)」, 위 책, 1908, 18쪽. 여기서는 수조를 조세가 아니라 소작료라 정리했다.
101) 김용섭, 「한말에 있어서의 중답주와 역둔토 지주제」, 앞 책(하), 1988.

몰수하는 절차에 착수했다. 소작료 징수절차와 방법은 1908년 8월 6일 발표한 '역둔토소작료 징수규정'에서 구체적으로 정했다. 소작료 징수체계는 새로 마련한 궁장감관 체제를 폐지하고 탁지부-재무감독국-재무서-면장(세무원)이라는 국가의 관료기구로 전환시켰다.[102]

이상의 역둔토 조사에서 확정한 내용을 정리하면 다음과 같다. 역둔토=국유지, 작인=소작인, 수조=소작료, 원소작인(중답주 : 필자) 제거, 결세폐지와 소작료 인상, 사매지의 회수, 소작권의 임차권화 등 국유지를 배타적 소유지로 하는 여러 원칙을 정했다. 1908년 단계의 역둔토조사는 구래의 장부에 근거한 조사이고, 이 조사로 역둔토를 법적으로 국유지로 확정했다. 하지만, 이는 아직 근대적 측량을 거쳐 실지경영에 사용할 수 있도록 장부체계를 완성한 것은 아니었다. 이 문제는 1909년 탁지부소관 국유지 실지조사에서 처리하고자 했다.[103]

일제는 무상이라는 강권적 방법으로 관습물권을 소멸시키는[104] 동시에 작인납세제를 해체하고 지주납세제로의 방향 전환을 시도했다. 국유지에서 작인이 지세를 부담하는 규정도 없앴다. 그리고 이어서 민유지에서 지주납세제를 실현하기 위한 후속작업으로 지주와 결세 등을 조사 기록한 결수연명부 작성을 시도했다.[105]

---

102) 조선총독부, 「역둔토소작료징수규정(1908. 8. 6)」 『역둔토실지조사개요』, 1911.
103) 국유지 실지조사는 박진태, 「일제 통감부시기의 역둔토 실지조사」 『대동문화연구』 32, 1997에 잘 정리되어 있다.
104) 宮嶋博史, 앞 책, 東京大學 東洋文化硏究所, 1991, 345쪽.
105) 이 시기 지세제도는 宮嶋博史, 앞 책, 東京大學 東洋文化硏究所, 1991 ; 이영호, 『한국근대 지세개혁과 농민운동』, 서울대학교 출판부, 2001 등이 참고된다.

4. 국유지 실지조사와 국유지통지

1) 국유지 실지조사와 장부

일제는 국유지로 확정한 역둔토를 조사 측량하여 장부를 제작하기 위하여 1909년 5월 '탁지부 소관 국유지 실지조사 절차'를 공포하고 작업을 시작하였다.[106] 조사대상은 역둔토, 각 궁장토, 능원묘의 부속토지와 기타 국유지 등이며, 이를 역둔토라고 불렀다. 이들 각 필지의 조사사항은 소재·지번·지목·면적·사표·구 명칭·실납소작료·등급과 詮定소작료·소작인의 주소 성명 등이었다.[107] 조사원은 토지의 조사와 경계의 사정, 소작료 표준지의 선정과 측량, 등급과 소작료의 전정, 은토의 조사, 소작인의 당부, 토지 이외의 권리에 관한 사항을 조사하여 기록하였다.[108]

'실지조사'는 준비사무, 소작료 전정, 측량 토지도의 작성, 필지의 내용조사 등의 순으로 진행되었다. 준비사무는 역둔토대장과 소작신고서 등 참고장부의 수집 작업, 관계인 교육, 소작인의 표목건설 작업 등이었다. 국유지 조사는 역둔토대장을 기본대장으로 삼아 실시했다. 그리고 대장의 미비점을 보완하기 위해 역둔토관리규정 제12조에 이미 소작우선권 제공을 미끼로 한 소작신고제를 도입하여 실시한 바 있었다.[109]

재무서는 준비사무를 위해 파견한 조사원이 도착할 때, 소작인이 소작하는 토지에 표목을 세우도록 규정했다. 표목에는 소작인의 주소와 성명을 기재하도록 했으며, 조사 후에도 뽑지 말도록 했다. 실지를 조사할 때 소작인이

---

106) 『탁지부공보』 제65호, 1909. 5. 28.(아세아문화사편, 『탁지부공보』 2책, 232~252쪽).
　　 이후 규칙을 계속 보완 개정했는데, 이에 대하여는 박진태, 앞 글, 『대동문화연구』
　　 32, 1997이 참고된다. 본 책 뒤의 부록에 번역문을 실어놓았다.
107) 탁지부 소관 국유지 실지조사 절차 제2조.
108) 탁지부 소관 국유지 실지조사 절차 제17조.
109) 임시재산정리국, 「제2류 토지」, 위 책, 1908, 85~86쪽.

현장에 입회하도록 정했으며, 입회할 수 없을 때는 가족 또는 대리인이 대신할 수 있도록 했다.110) 舊마름·면장·동리장도 입회하도록 했다.111) 소유권 분쟁이 발생했을 때, 입회규정을 근거로 이의 제기에 반론을 제기하기도 했다. 소작인이 신고하고 입회하여 결정한 사항은 소작인이 '동의'한 것으로 간주한 것이다.112)

신고의 목적은 소작인의 권리 보전과 분쟁해결, 소작료의 공평징수, 은토발견 등에 두었다. 소작인이 제출한 신고서는 역둔토대장과 대조하도록 지시했다. 소작료 미납자는 소작료를 납부한 후에 신고하도록 했다.113) 소작신고는 소작인이 신고 토지를 국유로 인정하는 것을 조건으로 신고자에게 소작권을 부여하는 것을 의미했다. 조사에서 확정된 소작인은 역둔토관리규정에 따른 소작계약을 체결하도록 했다. 소작료액은 민간 표준지의 소작료를 비준하여 상당하다고 인정되는 액에서 1/10을 공제하는 방식으로 정했다. 그리고 여기에 종전에 납부하던 지세도 가산하여 정액으로 하도록 했다.

다음은 토지경계에 대한 사정과 측량작업이다. 측량은 축척 1/1200의 圖解法에 의하여 시행하도록 했다. 지도에는 소재·지번·지목·등급·소작인의 주소성명·면적·사표·각 구역마다의 나침방향·조사연월일과 측량원의 관직과 성명을 기록하고 날인하도록 했다. <그림 6>은 이때 작성된 하동군 청암면 국유지도이다.114) 필지의 경계는 지목과 소작인을 기준으로 정하고 측량했다.

지압조사는 조사원이 측량 지도를 휴대하고 실지에서 필지별 지목의 적부, 토지등급, 소작인 조사, 소작료 詮定, 은토 등을 조사하는 일이었다. 조사가

---

110) 조선총독부, 앞 책, 1911, 부록 23쪽. 탁지부소관 국유지 실지조사절차 제28조.
111) 조선총독부, 앞 책, 1911, 부록 23쪽. 탁지부소관 국유지 실지조사절차 제29조.
112) 최원규, 「창원군 토지조사사업에서 소유권분쟁의 유형과 성격」 『한국학연구』 24, 2011.
113) 임시재산정리국, 「제2류 토지」, 위 책, 1908, 115~119쪽.
114) 국유지도는 ① 이영학, 「1910년대 경상남도 김해군 국유지실측도와 과세지견취도의 비교」 『한국학연구』 24, 2011, ② 최원규, 「일제초기 창원군 과세지견취도의 내용과 성격」 『한국민족문화』 40, 2011이 참고된다.

<그림 6> 하동군 청암면 국유지도

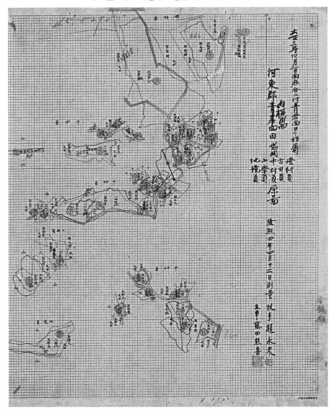

소장처 : 경상남도 하동군청 지적과

완결되면 그 내용을 국유지대장에 등록했으며, 등록 소작인에게는 '국유지소작인허증'을 발급하도록 했다.[115] 토지소유권에 이의를 제기하는 자가 있으면, 조사원이 신청서에 소재·지번·지목·면적·이의신청 사유·증빙·의견 등을 기록하여 재무감독국장에 보고하도록 했다.

<hr>

115) 조선총독부 임시토지조사국, 『국보』 1, 470~471쪽, 『국보』 7호, 132~133쪽(국학자료원 영인본). '국유지소작인허증' 뒷면에 '국유지 소작인 심득'을 실었는데, 그 내용은 역둔토관리규정과 같다. 다만 정부 권농의 취지에 따라 성실히 농사에 정려할 것을 강조하고 있다.

'실지조사'는 1910년 9월 종료되었으나 미조사지와 분쟁지가 적지 않았다. 총조사 필수는 634,271필지이고, 미조사 필지수는 167,798필지였다.[116] 평안남도와 전라남도의 목둔과 각 궁토 등에서 소유권 분쟁으로 조사를 거부하거나 의병활동으로 조사를 중지하였기 때문이다. 실제 조사결과 장부보다 국유지가 확대된 것으로 나타났다.[117] 추산 총면적이 10만 379정보인데, 2할에 해당하는 2만 3천정보가 증가했다. 은토의 발견이 주 요인이었다. 조사결과 지대수입도 크게 증가했다.[118] 이러한 성과는 밀고제적 성격을 띤 신고주의에 힘입은 바가 컸던 것으로 보인다.[119] 일제는 소작인을 매개로 조선농촌의 내부 분열을 조장하여 이러한 성과를 쟁취한 것이다.

　'실지조사'에서 가장 역점을 둔 일은 소작인 조사였다. 표면적으로 '실지조사'는 은토의 발견, 소작품등을 정하는 것도 중요했지만,[120] 내부적으로는 배타적 소유권이 관철되는 국유지를 확보하기 위해 이와 표리관계에 있는 소작인 조사에 심혈을 기울였다. 이를 위해 실경작자를 소작인으로 삼는다는 원칙아래 표목을 세우고 입회하는 것을 이들의 의무사항으로 규정했다. 이 결과 중간소작인이나 은토, 부정사실 등을 적지 않게 발견했다고 했다. 중간소작인인 원소작인은 제거대상으로 정했다. 원래 중간소작은 중답주, 間畓主, 私畓主, 實畓主, 民畓主, 中賭支畓主, 畓主 등이라고 부르는 어의에서 보듯, 관습물권을 가진 존재였다.[121] 일제는 이들을 지방의 권세자나 舊향리들로 중간에서 소작권을 사적으로 매매하며 불법적으로 이득을 차지하는 자로 보았다. 이들은 경작에 힘쓰지 않고 차액의 이득을 취하며 소작인을 마음대로 변경하는

116) 조선총독부, 『역둔토실지조사개요』, 1911, 17~18쪽.
117) 조선총독부, 앞 책, 1911, 10쪽 ; 임시재산정리국, 『임시재산정리국 사무요강』, 1911, 13쪽.
118) 조선총독부, 앞 책, 1911, 32쪽. 1906~1911년 사이에 수입이 4배나 증가하였다.
119) 『탁지부 공보』 3책, 554쪽. 국유지조사반장회의 전말.
120) 조선총독부, 앞 책, 1911, 8쪽.
121) 조선총독부, 『조선의 소작관행(상)』, 1932, 707, 794쪽과 동 (하), 참고편, 1932, 381~382쪽.

등 각종 폐해를 끼치는 존재라고 인식한 것이다.[122] 일제는 이들을 암적 존재로 파악하고 강제로 제거하는 작업에 나섰다.

그러나 원소작인 가운데는 이같이 '기생적' 존재로 무임승차한 경우도 있지만, 노동과 자본 투자의 대가로 확보한 권리에 근거하여 성립된 경우가 대종을 이루었다. 일제는 이들을 구별하지 않고 모두 제거할 방침을 세웠다. 중답주의 몫을 재정수입으로 확보하는 데 목적이 있었다. 이 작업과정을 거쳐 실소작인을 조사하여 국유지대장에 등록하고, '국유지소작인허증'을 발급했다. 조선총독부는 『역둔토실지조사개요』(1911)에서 소작인은 "중간소작 기타의 구폐를 배제하고 소작권을 확인하여 영구히 소작권을 부여받은 것에 기뻐한다."고 보고했다.[123] 그러나 실경작자의 지위는 임대차 관계에 불과했다. 소작권은 영구가 아니라 5년이고, 그것도 사정이 있으면 변경할 수 있다고 규정하였다. 이들은 경영권을 박탈당하고 경영조건은 오히려 악화되었다. 국유지대장에 근거하여 '국유지소작인허증'과 국유지통지서가 발급되는 순간, 경작권자들은 국유지의 소작인이라는 자기 실체를 깨닫고 국·민유 분쟁을 본격적으로 전개하였다.

일제는 '실지조사'를 하는 와중에 이 작업과 별도로 민유지조사에 착수하기로 하고, 1910년 8월 토지조사법을 발표하였다. 토지조사법에는 국유지 조사에 관한 언급은 아예 없었다. 진행중인 '실지조사'는 의병전쟁과 소유권 분쟁이 빈발하면서 쉽게 완결되기 어려웠다. 일제는 미완결 된 조사는 '사업'에서 마무리하기로 방침을 결정하고 1910년 9월 실지조사를 종결했다.[124] 못 다한 국유지 조사는 이후에도 탁지부가 장부조사 차원에서 계속 실시한 것으로 보인다. 작업의 성과는 '사업'의 국유지 조사에서 그대로 활용되었다.

---

122) 조선총독부, 앞 책, 1911, 8쪽.

123) 조선총독부, 앞 책, 1911, 16쪽.

124) 국유지 실지조사는 이때 종결되었지만, 이후에도 탁지부 차원에서 미실시 지역에 대해 계속 조사한 것으로 보인다. 이영훈, 「토지조사사업의 수탈성 재검토」『조선토지 조사사업의 연구』, 1997, 518쪽의 주26 참조.

일제는 '실지조사'의 성과인 국유지대장과 지도를 국유지통지의 근거로 삼은 것이다. 따라서 '실지조사'는 '사업'의 출발점이라고도 할 수 있다. 두 사업의 연관관계를 이들 장부를 통해 검토해 보기로 하자.

국유지도의 작성원칙과 기록 내용은 다음과 같다. 국유지도는 필지마다 測板 측량하여 축척 1/1,200의 도해법에 의거 작성하도록 하였다. 일필지 측량은 지형에 따라 편의상 交叉法, 道線法, 射出法, 枝距法에 의하여 실시하였다. 지도에는 소재·지번·지목·등급·소작인의 주소 성명·면적·사표·나침방위 등을 기록하고, 여백에는 조사 연월일·관 성명을 기재 날인하였다. 국유지에 접속된 토지는 눈으로 본대로 지도에 기재하는 방식이었다. 마지막으로 완성된 지도는 동리 또는 지번 순으로 면별로 편철하였다.[125)]

현재 국유지도는 김해시청과 하동군청 등에 일부 남아있다.[126)] <그림 6>은 하동군청에 있는 청암면의 국유지도이다. 이는 각 필지를 측량하여 모눈종이에 연필로 그린 다음, 묵을 입히는 방식으로 작성되었다. 각 필지에는 지번과 등급을 새로 부여하고 소작인을 기록했으며, 면적은 일본의 평으로 계산했다. 이때 부여한 지번은 '사업'에서 전체 필지를 측량하고 필지마다 새로 지번을 부여한 다음 폐기되었다. 국유지도에는 국유지 번호와 '사업'에서 부여한 지번이 함께 기록되어 두 조사의 연관성을 확인할 수 있었다.

다음으로 두 조사의 연관성을 확인하기 위하여 국유지도와 짝을 이루며 작성된 국유지대장의 구성을 보기로 하자. <그림 7>에서 보듯, 소재·지번·지목·면적·사표·구 명칭·등급·전정 소작료·소작인의 주소와 성명 등으로 구성되었다.[127)] 지목은 답·전·화전·대·노전·지소·산림·목장·노전·초평(草坪)·

---

125) 조선총독부, 『역둔토실지조사 개요보고』, 1911, 부록 19~27쪽.
126) 김해군 지도는 대부분 김해군 하동면 조눌리(廣屯)과 같이 소재지와 둔명이 제목으로 표기되었다. 그런데 "김해군 하동면 德山洞 大明堂員(德山驛) 국유지도 2枚之內 1호"에서 보듯, '국유지도'라는 용어도 사용했다. 이를 근거로 앞으로 지도는 국유지도로 표기하기로 한다.
127) 조선총독부, 『토지 사정 불복 신립사건 재결관계』, 1919, 143쪽.

<그림 7> 탁지부 소관 국유지대장

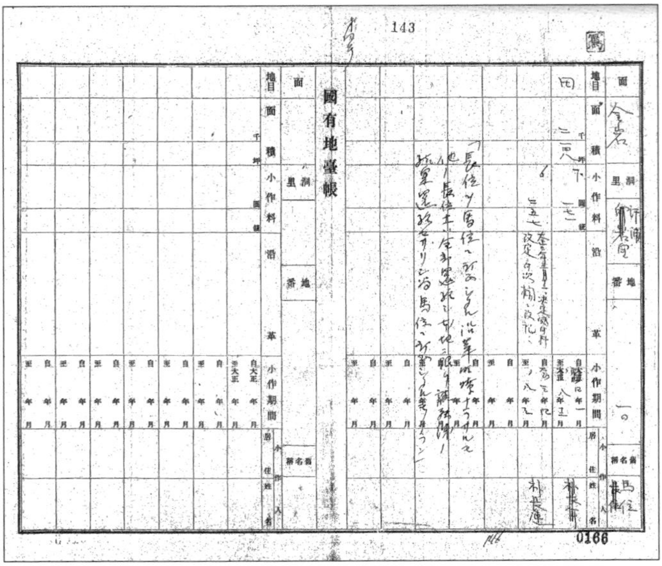

출전 : 조선총독부, 『토지사정불복신립사건재결관계』, 1919.

시장·진황지·잡종지(황진지 이상의 지목에 해당하지 않는 것)로 종전과 다를
바 없었다. 구래의 토지장부와는 구성방식이 완전히 달랐다.

국유지대장은 면을 단위로 하되, 한 장에 여러 필지를 자번호 순으로 기록한
구래의 장부(양안)와 달리 동리를 단위로 지번 순으로 한 장씩 작성하여
편철하는 방식이었다. 구성은 다음과 같다. ① 필지 구획은 지목 또는 소작인이
다를 때마다 별 필로 하고, 지번은 동리 단위로 부여했다. 국유지에서의
소작경영을 고려한 방식으로, 소유자 중심으로 필지를 구획한 '사업'과는
차이가 있었다. 여기서 필지의 번호는 구래의 자번호가 아니라 새로 부여한
것이었다. '사업'에서 조제한 토지대장과 같이 리별로 구획한 다음 지번을
부여한 장부체계였다. 장부의 담당자는 군의 재무서였다. ② 면적은 결부제를
폐지하고 절대면적의 평으로 측량하여 기록했다. ③ 국유지의 연원을 알
수 있도록 '○○둔'과 같이 구 명칭도 기록했다. ④ 지목·면적·소작료 등이

변동되었을 경우 연혁란에 사유를 기재하도록 했다. 특히 소작관계를 명확히 알 수 있도록 소작인의 주소·성명·소작료·소작기간 등을 기록하는 난을 두었다. ⑤ 역둔토에서 지세의 작인납세제는 폐기하고 소작료를 새로 정했다. 소작료는 표준지의 소작인이 납부한 지세 상당액을 소작료에 가산하는 방식이었다.[128] 원소작인이 있는 경우는 실소작인이 원소작인 또는 私食者에게 납부한 실소작료를 조사하여 등급을 정하고 민간관행의 소작료와 비교하여 정했다.[129] 지도에는 상·중·하·등외 등의 토지등급을, 국유지대장에는 환산한 소작료를 기록했다. 소작인은 실소작인을 파악하여 기록하였다.

'실지조사'에서 국유로 확정한 소유권은 '사업'에서 사정이나 재결로 확정한 소유권과 법적 효력에는 차이가 없었다. 이에 대한 이의 제기는 사법재판도 허용하지 않은 '행정처분'이었다.[130] '사업'에서 적지 않은 국민유 분쟁이 발생했지만, '실지조사'에서 결정한 소유권을 번복하여 민유지로 환급한 사례는 김해군과 창원군에서는 보지 못했다.[131] 통감부의 '실지조사'와 조선총독부의 '사업'은 결과적으로 연장선에 있었다고 할 수 있다. 탁지부소관 국유지실지조사는 임시제실유급국유재산조사국이 '행정처분'으로 국유지로 확정 등록한 역둔토대장을 근거로 시행한 것이다. 그리고 '실지조사'는 역둔토대장에 기록된 토지와 은토를 조사 측량하여 국유지대장과 국유지도를 제조하는 과정이었다. 이때 역둔토대장을 거의 그대로 추인한 것으로 보인다. 역둔토대장에 등록된 국유지는 조사국 관제에 따른 '행정처분'으로 소유권의 절대성이 확정된 상태였다.

---

128) 조선총독부, 『역둔토실지조사개요보고』, 1911, 부록 24쪽. 탁지부 소관 국유지 실지조사절차 제36조. 이는 역둔토징수대장을 조제할 때 이미 결정한 사항이었다. 여기서 결세를 소작료에 포함했다는 것은 결세를 소유자가 납부해야하는 근대적 세의 의미가 아니라 수조권의 한 실현 형태로 취급한 것이다.
129) 조선총독부, 앞 책, 1911, 부록 24쪽. 소작료는 타조 정조를 구분하고 소작료의 종류와 평년수량을 조사한다.
130) 본서 제1부 제2장 참조.
131) 조선총독부, 앞 책, 1911, 19~20쪽.

조선총독부가 '사업'을 시작하면서 '실지조사'를 종료했지만, 다음과 같은 과제가 남았다. 소유권원에 의심이 생겨 조사를 시도했지만 관계자가 허락하지 않아 하지 못한 곳과 위험하여 미조사한 곳은 '사업'을 할 때 통지서 작성에 앞서 다시 조사한 것으로 보인다.[132] <표 6>은 '실지조사'의 결과이다. 조사면적은 총 11만 8천9백 47정보였다. 이 면적은 동척 출자지와 임대지, 그리고 분쟁지로 실사하지 못하고 보류한 것을 제외한 것이다.[133] 종래 역둔토 추산면적 10,319정보보다 대략 22%인 23,253정보 증가했다.

〈표 6〉 국유지 실지조사 결과표(단위 : 정보)

구분	답	전	대	기타	합	구분	출자지	임대지	합
역둔토	44,631	45,778	3,183	25,353	118,947	동척	2436	7485	126,432

출전 : 조선총독부, 앞 책, 1911, 6쪽.

〈표 7〉 국유지 실지조사 미시행지의 필수와 면적조사

도명	필수	평	두락	일경	결	도명	필수	평	두락	일경	결
경기	18,611	245,842	6,659	693	606,507	황해	3,979			285	1,154
충북						강원	17,700				175,804
충남						평남	660		21	660	14,260
전북						평북	19,869		2,353	7,852	
전남	88,660		260,296			함남					
경북						함북					
경남	18,319		31,699			합계	167,798	245,842	301,313	10,359	796,571

비고 : 두락 일경 결수를 평수로 환산하면 미시행면적은 2만 353정보이다.
출전 : 조선총독부, 앞 책, 1911, 17~18쪽.

<표 7>에서 각 지역별 조사 실태를 보면, 충남북·전북·경북·함남북은 조사를 완료하고, 경남·경기·강원·평북은 일부를 완료하지 못했다. '남한대토벌작전'이 수행되던 전남은 매우 부진했다. 그렇지만 일제는 '실지조사'의 결과물을 '사업'에서 시행한 국유지 조사의 기초자료로 삼았다. 이와 관련하여 국유지는 다음과 같은 유형으로 분류할 수 있다. 먼저 탁지부 소관으로 '실지조

---

132) 조선총독부, 앞 책, 1911, 17쪽.
133) 조선총독부, 앞 책, 1911, 6쪽. 동척 토지가 제외된 점이 주목된다.

사' 대상이었던 역둔토와 탁지부 관리에서 제외되어 결세 부과대상에서 제외되었던 비조사 대상토지로 구분된다.[134] 전자는 다시 조사를 완료한 토지와 조사를 하지 못한 토지이고,[135] 후자는 관청에 등록되지 않은 은토 및 국유미간지와 임야 등과 같이 새로 국유로 편입한 토지 등이다. 그리고 도로·구거·시장부지 등 민유지라는 확실한 증거가 없는 공공적 성격의 토지이다. '사업'은 이런 유형의 토지를 조사하여 국유지로 확정하는 한편, 민유지와 함께 통일적인 장부를 만드는 작업이라고 할 수 있다.

여기서 '실지조사'와 '사업'의 연관성을 확인하기 위해 국유지대장과 국유지도를 검토할 필요가 있지만, 전자는 아직 존재를 확인하지 못했기 때문에 후자를 통해 이를 살펴보기로 하자. <그림 8>은『김해군 하동면 월촌리(덕산동) 월당원(덕산역) 국유지도 5매지 내 제1호』라 표기된 국유지도이다. 이 토지는 본래 덕산역 소속 토지로 실지조사 당시의 지명은 하동면 덕산동 월당원이었는데, 행정구역 개편으로 월촌리로 바뀌었다. 이곳의 국유지도는 총 5매였으며, 이것은 제1호로 1910년 4월 25일에 작성되었다. 측량원은 기수 1명, 주사 1명이었다. 주사는 일본인이었다.[136]

국유지도는 규정에 따라 소재·지번·지목·등급·소작인의 주소 성명·면적·사표·나침방위 등을 표기했다. <그림 8-1>에서 필지 주위가 국유지가 아닐 경우에는 인접 지형의 경계와 민전의 소유자를 표기했다. 소작인은 성명만 기재했다. 국유지통지서는 이에 근거하여 작성하도록 양식이 마련되었다.

---

134) 역둔토는 본래적 의미의 역둔토와 국유 임야를 개간한 토지, 또는 특정한 이용을 폐한 전·답·대로, 대부료 또는 사용료를 역둔토 수입으로 납부하는 토지 가운데 총독부 사무분장규정에서 탁지부에 속한 것을 말한다. 조선총독부 임시토지조사국, 『국보』57, 1915. 1. 20. 세부측도시행에 관한 심득중 의의의 건 ; 동, 『국보』37, 1914. 3. 5. 국유지통지서에 관한 건 ;『조선총독부관보』제561호, 1914. 4. 22, 국유지를 임시토지조사국에 통지방의 건.

135) 조선총독부, 앞 책, 1911, 부록 24~25쪽. 탁지부소관 국유지실지조사절차 제48조. 지도에 지번과 등급을 기록하도록 했다. 이 점이 이때 조사한 역둔토와 조사되지 않은 국유지와 기록상 다른 점이다.

136) 조선총독부, 앞 책, 1911, 부록 24~25쪽. 김해군 국유지도 참조.

〈그림 8〉 김해군 하동면 월촌리(덕산동) 월당원(덕산역) 국유지도

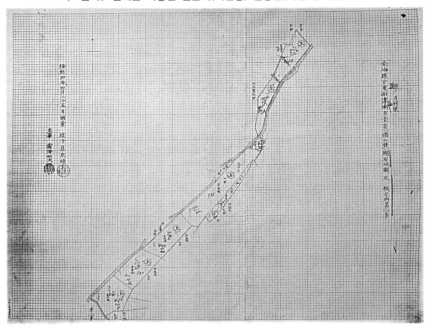

〈그림 8-1〉 〈그림 8〉의 일부 필지 확대도

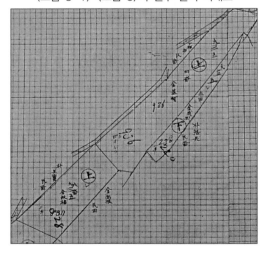

국유지통지서에 번호와 등급이 표기된 토지가 '실지조사'에서 조사를 완료한 토지였다. '사업'에는 그 결과를 그대로 통지하도록 하고, 별도의 조사 절차는 마련하지 않았다. 분쟁지나 역둔토가 아닌 토지는 '실지조사'를 하지 않아 번호를 부여받지 못했다.

2) 국유지 실지조사와 국유지통지의 관계

(1) 국유지 실지조사와 국유지통지서

'사업'에서 국유지 조사는 민유지처럼 신고가 아니라 관할 관청이 임시토지조사국에 통지하는 방식이었다. 토지조사법에는 통지 규정이 없었으며, 국유지를 조사대상으로 정하지 않았다. 다만 외업사무처리규정에 소관청에서 통지를 받아 처리하도록 한 정도였다. 하지만 일제는 '실지조사'의 중단, 분쟁의 발생 등으로 중단된 미조사지의 조사와 민유지를 통일적으로 조사할 필요를 느껴 1912년 토지조사령을 제정하고 제4조에 "국유지는 보관관청에서 임시토지조사국장에 통지해야 한다."[137]고 규정하였다. 그런데 통지 방식은 '실지조사' 여부와 토지의 성격에 따라 차이를 둘 수밖에 없었다.

첫째, 역둔토는 국유지대장(역둔토대장)이나 국유지도를, 다른 국가기관은 자기 장부를 통지의 근거로 삼아 토지조사를 수행했다.[138] 군수가 서명 날인한 역둔토대장(국유지대장)등본을 출장원에게 제출하여 국유지통지서를 대신하기도 했지만,[139] 역둔토대장에 등록된 내용을 지역별로 일괄 혹은 필지별로 국유지통지서에 기록하여 제출하는 방식이었다.[140] 통지를 취소할 때는 토지소재·지목·면적·소작료·소작인 성명과 취소사유를 총독부에 보고하도록 했다.[141] 그리고 소관청의 통지가 없는 국유지는 소관청의 장부에 등록되어

---

137) 탁지부는 국유지 실지조사가 不備하다고 판단하고, 자체적으로 그 이후에도 계속 조사를 해 간 것으로 보인다. 이를 근거로 국유지 통지를 시행했다. 국유지통지 절차를 토지조사령에 넣은 것은 통지가 토지조사사업에 제도로 확립되었다는 법적 표현이 아닐까 생각된다.
138) 이때의 역둔토대장은 국유지 실지조사에서 작성한 탁지부 소관 국유지대장을 종전대로 역둔토대장으로 부르는 경우와 탁지부에서 1908년 4월에 작성한 역둔토대장을 실지와 비교 검토하여 수정한 역둔토대장 모두를 지칭한 것으로 보인다.
139) 조선총독부 임시토지조사국, 『국보』40, 1914. 4. 20. 주의사항 추가의 건.
140) 조선총독부 임시토지조사국, 『국보』2, 1910. 12. 15. 토지조사에 관한 통지의 건.
141) 『조선총독부관보』제752호, 1915. 2. 6. 임시토지조사국에 통지를 취소한 역둔토에

있는 것이 분명하더라도 통지 없는 것으로 취조서를 작성하도록 했다.[142)

둘째, 소관청에 등록되지 않은 은토, 국유미간지, 임야 등은 국유지통지서를 송부할 수 없었다. 이리하여 임시토지조사국 외업원이 취조서를 작성하여 보관청인 부군청을 거쳐 통지하도록 하고,[143) 감사원이 이를 임시토지조사국과 도에 보고하도록 하였다.[144) 이때 국유가 확실한 토지는 국유지통지서를 '편의작성'하거나[145) '통지 없는 국유지조서', '국유지 조사 누지 발견보고서' 등을 작성하여 첨부하도록 했다(<그림 10>).[146) 이같이 국유지는 임시토지조사국에서 해당 토지를 관할하는 국가기관과의 연락관계를 중시하면서 장부를 작성했다.[147)

이때 분쟁이 제기되면 심사하여 소유권을 확정하는 방식이었다. 국유지통지서의 양식은 <그림 9>와 같다. 앞 줄에는 통지일·보관관청명·관직·성명·토지소재지 등을, 다음 줄에는 地貌·사용세목·번호 자번호와 사표·등급·면적·소작인 등을 기록하도록 작성되었다. 그 내용은 국유지대장과 같이 관청에 비치한 장부에 근거하여 작성했다.[148) 창원군 국유지통지서에는 다음과 같은

관한 건.

142) 조선총독부 임시토지조사국, 『국보』 1, 1910. 11. 25. 22~23쪽. 제44문.

143) 조선총독부 임시토지조사국, 『국보』 66, 1915. 5. 5. 통지없는 국유지의 통지방에 관한 건. 토지조사를 할 때 발견한 국유지 은토의 통지방법은 1910년 11월 세발 제214호 조회에 대하여 1910년 12월 토조발 제42호로 회답하였다.

144) 조선총독부 임시토지조사국, 『국보』 1, 1910. 11. 25. 조사사항(1910년 11월 17일 局의 결정) ; 『국보』 2, 1910. 12. 15. 임시토지조사국 총대전 발견한 은토통지방의 건.

145) 조선총독부 임시토지조사국, 『국보』 66, 1915. 5. 5. 임시토지조사국 훈령 제11호 세부측도실시 규정 개정. 이때 상부란 외에 "편의작성"이라 기재하고 당무자가 도장을 찍도록 지시했다.

146) 조선총독부 임시토지조사국, 『국보』 1, 1910. 11. 25. 22~24쪽. 제44, 45문. 여기에는 "소작인 주소 씨명, 토지소재 조사 지번, 자번호와 사표, 지목, 두락수 또는 일경수, 소작료액 감사원" 등을 기록하도록 했다. 이외에 소유권에 의심이 있는 토지도 조사하여 국유로 정하는 경우도 있었다. 이때 조서를 작성했다.

147) 조선총독부 임시토지조사국, 『국보』 2, 1910. 12. 15. 토지조사에 관한 통지의 건. 토지조사에 관한 건 ; 『조선총독부관보』 제550호, 1914. 6. 3. 국유화한 토지의 통지에 관한 건.

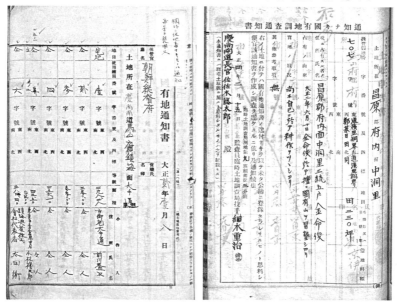

〈그림 9〉국유지통지서   〈그림 10〉통지없는 국유지통지서

주의사항이 인쇄되어 있다.

　① 사용세목은 ○○도청부지, ○○군청부지 ○○관청관사부지, ○○정거장
부지, ○○농장 등 현재의 용도에 따라 기재한다. ② 번호는 보관관청에서
부여한 지번을 기재한다. 자번호와 사표는 이 번호를 기재할 경우에 한하여
생략해도 무방하다. ③ 등급과 면적은 관부에 등록된 것을 기재한다. ④
번호이하 각란의 사항에 명료하지 않은 것은 기재하지 않아도 무방하다.

　여기서 ②의 번호는 '실지조사' 당시에 부여된 국유지의 지번이다. 국유지대
장은 필지를 측량하여 그린 도면인 국유지도와 짝을 이루며 작성되었기

<hr />

148) 국유지 통지 절차는 이영호, 「창원군 토지조사사업에서 국유지조사와 활용」 『역사와
　　현실』 65, 2007이 참고된다.

<표 8> 국유지도와 원도 비교(김해군 하동면 조눌리의 광둔)

면	동	번호	지목	등급	소작인	신지번	분쟁제기자	미분쟁지
하동	조눌	1	답	등외	유진선	32.1		
하동	조눌	2	답	등외	서상매	32.2	서석용	
하동	조눌	3	전	하	서도선	36.7		국
하동	조눌	4	답	등외	서석언	32.3	서전환	
하동	조눌	5	전	상	서상매	32.3	서전환	
하동	조눌	6	대	상	조윤칠	32.3	서전환	
하동	조눌	7	답	등외	박만생	30.1		국
하동	조눌	8	전	하	박만생	30.1		국
하동	조눌	9	전	하	서재권	30.2	서재권	
하동	조눌	10	전	하	서도찬	30.3	국	
하동	조눌	11	전	하	서도찬	30.4	서석곤	
하동	조눌	12	전	하	서도찬	44.3	서석곤	
하동	조눌	13	전	하	서재권	44.2	서재권	
하동	조눌	14	답	등외	서도찬	44.3	서석곤	
하동	조눌	15	전	상	김명줄	42.2	김민권	
하동	조눌	16	대	상	이원방	43		국
하동	조눌	17	전	#	서대윤	43		국
하동	조눌	18	전	상	이구성	42.1	김지곤	
하동	조눌	19	전		이구성	42.1	김지곤	
하동	조눌	20	답	등외	서만원	41	서만원	
하동	조눌	21	전	상	이구상	40.1		국
하동	조눌	22	대	상	이영래	40.2	서석곤	
하동	조눌	23	대	상	이구상	40.1		국
하동	조눌	24	대	상	서재권	40.1		국
하동	조눌	25	대	상	이구상	40.1		국
하동	조눌	26	대	상	배재원	40.1		국
하동	조눌	27	대	상	배홍길	40.1		국
하동	조눌	28	대	상	김종대	40.1		국
하동	조눌	29	대	상	이#홍	40.1		국

출전 : 김해군 하동면 조눌리 조눌원(廣屯) 제1, 2호, 동 실지조사부에서 작성
비고 : 회색 부분처럼 신지번이 같은 필지는 '사업'에서 합필한 것이다.

때문에 구래의 자번호와 사표는 생략했다. 국유지통지서 가운데 번호와 등급, 소작인 등의 항목은 국유지대장에 등록된 것을 그대로 이기한 것이다. 국유지 통지서의 필지는 국유지대장의 작성 방식에 따라 소작인 별로 작성되었지만, '사업'에서는 토지조사의 원칙에 따라 소작인과 관계없이 소유자별로 여러

〈표 9〉 창원군 동면 단계리 국유지통지서의 내용

통지일 년	통지일 월	통지일 일	보관 관청	토지소재 면	토지소재 리	가지번	지목	번호	자	번호	등급	면적	주소	이름	비고
2	11	4	馬山府廳	동	단계	46	畓	27			下	35	동면 봉산리	鄭五連	
2	11	4	馬山府廳	동	단계		荒陳	28				292			조사 구역외
2	11	4	馬山府廳	동	단계	45	田	29			中	57	동면 봉산리	鄭五連	
2	11	4	馬山府廳	동	단계	45	畓	30			下	61	동면 용정리	片守用	
2	11	4	馬山府廳	동	단계	45	田	31			中	50	동면 용정리	陳允伊	
2	11	4	馬山府廳	동	단계	45	畓	32			下	54	동면 용정리	片日俊	
2	11	4	馬山府廳	동	단계	45	田	33				20	동면 용정리	片日俊	
2	11	4	馬山府廳	동	단계	53	田	34				94	동면 단계리	具億伊	
2	11	4	馬山府廳	동	단계	128	田	35				9	동면 용정리	楊致根	
2	11	4	馬山府廳	동	단계	280	田	36				55	동면 용정리	宋化旭	
3	2	5	馬山府廳	동	단계	52	田	7				6	소작인	미결정	
3	2	5	馬山府廳	동	단계	52	田	7.1				1	소작인	미결정	
3	7	1	農商工部	동	단계	717	林					12.5			편의작성
2	11	11	馬山府廳	동	단계	603.2	畓		楚	33		3	부산 변천정	大池忠助	분쟁지
2	11	13	馬山府廳	동	단계	271	坐		寒	23		0.1	부산 변천정	大池忠助	분쟁지
2	11	13	馬山府廳	동	단계	650	畓		更	65		2	부산 변천정	大池忠助	분쟁지
2	11	13	馬山府廳	동	단계	172	畓		魏	47		1.8	부산 변천정	大池忠助	분쟁지
2	11	13	馬山府廳	동	단계	151	畓		魏	42		2	부산 변천정	大池忠助	분쟁지
2	11	13	馬山府廳	동	단계	598	畓		楚	24		3	부산 변천정	大池忠助	분쟁지
2	11	13	馬山府廳	동	단계	414	畓		覇	59		4	부산 변천정	大池忠助	분쟁지
2	11	13	馬山府廳	동	단계	525	畓		晋	73		2	부산 변천정	大池忠助	분쟁지

비고 : 사용세목란과 관청씨명란은 생략했다.

필지를 합필하는 것을 원칙으로 정했기 때문에 양자의 필지구성은 달랐다.

<표 9>는 창원군 동면 단계리 국유지통지서의 내용 일부이다. 토지조사 대상이 아닌 토지는 '조사지역 외 ○'로 표기하였다. 이 필지를 제외한 모든 국유지 필지에 가지번을 기록하였다. '실지조사'에서 부여한 번호는 '사업'에 서 새로 필지를 구획하면서 폐기하고, 민유지와 함께 통일적으로 가지번과 지번을 부여했다.

국유지의 관할관은 토지의 성격에 따라 달랐다. '실지조사' 당시 창원군은 행정구역이 마산부에 속하였다. 역둔토의 관할관은 마산부윤이었다. 국유지 통지서를 작성할 때는 창원군이 마산부에서 분리 독립되었기 때문에 역둔토가 아닌 토지의 관할관은 창원군수로 기록되었다. 그리고 김해군은 보관자가

소장처 : 국가기록원

경상남도청이고, 관직 성명은 김해군수로 기록되었다. 국유미간지·임야 등은
농상공부였다.

분쟁지의 경우 김해군은 <표 8>에서 보듯, 분쟁지도 번호와 등급이 빠짐없
이 기록되었다. 반면 <표 9>의 창원군 분쟁지는 구래의 자번호만 표기되고
새로 부여된 번호와 등급에 대한 기록은 없었다. '실지조사' 당시 주민의
반발 등의 이유로 조사를 하지 못했기 때문이라고 생각된다. 김해군의 역둔토
는 '실지조사' 후 '사업'에서 분쟁이 제기된 사례였다. 따라서 분쟁필지에도
'실지조사'에서 부여된 번호와 등급이 기록되어 있었다. 국유지통지서의
기재 내용은 '실지조사' 여부에 따라 차이가 있었다(<그림 11>). 국유지통지
서는 '실지조사'에서 부여한 번호·면적·소작인 등을 그대로 이기하는 방식이
었다. 국유지대장이 토지소유권의 기초장부였다.

<그림 12>는 김해군 하동면 조눌리 조눌원(광둔) 17매 중 2호인 국유지도

金海郡 下東面 鳥訥里 鳥訥員 廣屯

소장처 : 경상남도 김해시청 지적과

이다. 지도의 빈 부분에 "작성 연월일과 기수 具然璪, 주사 霜降松次郎"이 기록되어 있다. 면적이 적은 필지는 甲·乙·丙·丁 등의 기호를 부여하여 해당 필지에 기록한 다음, 지도의 여백에 甲·○○田·면적·등급·소작인 등의 구체적 내용을 기록했다. 그리고 지적도 작성 이후 지도의 각 필지에 새 지번을 추가 기록했다. 면적이 적은 필지는 イ·ロ·ハ 등의 기호 아래 '지적도 ○○番'이 라고 기록했다.[149]

<그림 13>은 '<그림 12> 지역을 사업'에서 측량하여 작성한 原圖이다. 김해군 원도의 각 필지에는 지번·지목·소유주와 분쟁지 여부를 표기했다. 여기에는 '실지조사'에서 부여한 번호도 지번과 함께 표기했다. 이 두 도면은

---

149) 김해군 하동면 조눌리 원도. 23매 가운데 6호 7호.

〈그림 13〉 김해군 하동면 조눌리 원도(23매중 6호, 7호)

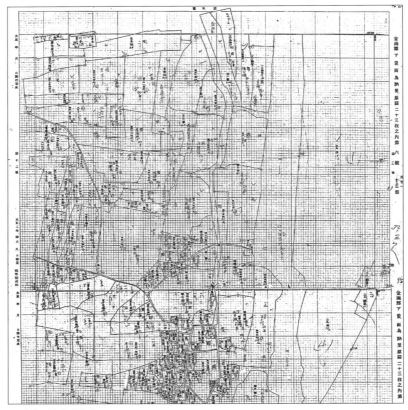

소장처 : 국가기록원

필지 구분방식이 서로 달랐다. '실지조사'에서는 지목과 소작인별로 필지를
별도로 정했지만, '사업'에서는 소작인이 아니라 지목과 분쟁 여부를 기준으로
필지를 구분했다. 국유지도의 필지가 원도에서는 합필되는 경우가 적지 않았
다. <그림 12>와 <그림 13>의 필지를 비교하여 작성한 것이 <표 8>인데,
여기서 국유지도에서 번호가 다른 여러 필지가 원도에서는 하나의 지번으로
합필하여 새 지번을 부여한 것을 볼 수 있다.

  국유지통지서는 토지신고서와 여러 점에서 차이가 있었다. 첫째, 국유지는 지세 부과대상이 아니기 때문에 토지신고서의 근거장부인 결수연명부에 기록하지 않았다. 따라서 '실지조사'에서 작성한 국유지대장이나 국유지도를 국유지통지서의 근거장부로 삼았다. 둘째, 국유지통지서는 민유지와 달리 지주총대가 아니라 관청 주도로 작성하였다. 셋째, 국유지는 소작인별로 필지를 달리하였으며, 소작인의 주소 성명을 파악하여 기록했다. 경작자가 국유지의 소작인이라는 것을 명확히 하려는 의도였다. 넷째, 국유지통지서는 보관 관청에서 동리 단위가 아니라 면 단위로 작성하여 제출하는 경우가 많았다.150) 이 경우 임시토지조사국에서는 이를 다시 동리별로 작성하여 토지신고서철에 편철하기도 했다. 양자는 공통적으로 지번은 기록하지 않고 실지조사에서 부여한 가지번만 기록했다.

다음은 국유지통지서를 통해 통지내용의 구체적 실체를 살펴보자. 국유지 통지서에는 국유지대장에 기록한 내용 가운데 번호·등급·평·소작인 등을 이기했다. 탁지부 이외의 다른 관청에 근거서류가 있는 토지도 이 서류에 근거하여 국유지통지서를 작성했다. 근거자료가 없는 국유미간지와 은토 등은 임시토지조사국원이 실지를 조사하면서 확인과정을 거쳐 국유지통지서 를 편의작성했다. 국유미간지 가운데 대부받아 개간 중인 토지는 관할청인 농상공부에서 국유로 통지했으며, 소작인란에는 대부허가를 받은 자를 표기 했다.151)

근거가 없는 개간지는 <그림 10>과 같이 '통지없는 국유지조서'에 그 연원을 기록했다. 1911년을 기점으로 허가 받지 않은 개간지는 冒墾地로 파악하여 국유로 편입시켰다.152) 개간 중이더라도 간사지는 '조사지역 외

---

150) 국유지통지서 상단에 "이곳 통지서는 ○○리에 있다"고 부기하는 경우가 있다.
151) 『내서면 회성리 토지신고서』내의 국유지통지서에 국유 초생지 1필지에 대한 국유지통 지서가 있었다. 여기에 국유지의 보관자는 농상공부장관이고, 소작인란에는 개간허가 를 받은 百木惠一이 기록되어 있었다. 통지서 상단에는 전 5필지 임 1필지라 기록하고 한인 3명 일본인 1명과의 분쟁지라는 기록이 있다. 개간지중인 국유지냐 개간이 완료되어 불하된 민유지인지가 문제였다.
152) 『부내면 봉암리 토지신고서』. 여기에는 편의작성한 "통지 없는 국유지조사통지서"가

海'로 분류하여 토지조사에서 제외했다.153) 국유임야는 국유지통지서만 '편의작성'했다(<표 9>). 이같이 적지 않은 토지가 국유지통지서 작성 단계에서 임시토지조사국에 통지되었다. '실지조사'를 거쳐 통지된 토지도 '사업'에서 분쟁이 제기되면 분쟁지 심사절차를 밟았다. 대체로 거의 그대로 국유로 추인된 것으로 보인다.154)

(2) 국유지 실지조사와 국민유 분쟁

국유지 실지조사는 구래의 관습물권을 폐기하고 국가를 배타적 소유권자로 전면 개편하는 것을 전제로 시행되었다. '실지조사'는 전술한 바와 같이 국유지의 확보와 지주경영으로 지대수입을 확보하는 데 있었다. 전자는 역둔토·각궁장토·능원·묘·부속토지·기타 공토를 조사 측량하여 혼탈입지나 투탁지 등을 제외한 토지를 국유지로 선언하고 여기에 배타적 소유권을 부여하는 일이었다.155) 그리고 후자는 전자의 작업과 맞물린 문제였다. 역둔토에 존재한 물권적 권리를 보유한 자들을 제거하는 동시에, 실소작인과 소작(임차)계약을 체결하고 지주경영을 하는 일이었다.156) 이를 위해 국가(수조권자)를 소유권

실려 있다. 그 내용은 하천 부지(1913. 9)를 개간한 답으로 가지번, 지목, 사표, 면적(두락), 소작인(연필)이 기록되어 있다.

153) 『부내면 봉암리 토지신고서』. 조사 지역 외 海, 지목 간사, 부영말태랑 외 1명(소작인)과 대부기간, 대부인, 피허가인 등이 기록되어 있다.

154) 창원군 분쟁지심사서철에는 국유지 실지조사에서 국유로 결정된 토지에 분쟁을 제기한 경우와 국유지 실지조사에서 분쟁이 제기되었지만 결론을 내리지 못하고 '사업'으로 사무가 이관된 경우가 각각 한 건이 있었다. 전자는 임시토지조사국 조사원이 민유라고 소견을 밝혔지만 국유지 실지조사의 절차를 근거로 국유로, 후자는 민유로 확정한 경우였다.

155) 환급 대상지는 본래 민전인데, 공전으로 취급되던 토지이다. 환급 토지는 조선총독부, 『임시재산정리국 사무개요』, 128~143쪽에 작성되어 있다.

156) 조선총독부, 『역둔토실지조사 개요보고』, 1911. 부록, 6쪽. 역둔토관리규정 제2호 양식이다. 면 동리 지번(4번) 구명칭(○○둔) 지목 면적(평) 소작료(원전) 연혁 소작기간, 소작인 등을 기록했다. 면적은 평수를 기록하고 … 필지 구분은 지목 또는 소작인이

자로 확정하고, 여기에 존재한 다른 물권은 모두 제거한 것이다. 구체적으로 도조 수납을 담당하던 도장에게는 일정한 대가를 지급하고 그 권리를 회수했으며, 중답주나 도지권자의 권리는 아무런 대가도 주지 않고 폭력적으로 완전히 제거했다.[157]

　종전 일토양세 등의 징수방법으로 수조액을 과다 징수하자 이에 항의하여 분쟁을 일으켰던 중답주나 도지권자와 같은 사실상의 소유자들은 일제가 이같이 물권적 권리를 박탈하고 높은 소작료를 강요하자 소유권 분쟁으로 투쟁수위를 높였다.[158] 종전 분쟁은 주로 갑오승총에서 비롯된 일토양세의 부담액＝수조액의 수준을 둘러싼 분쟁으로 대체로 수조액을 조정하는 선에서 분쟁이 마무리되기도 하였다. 하지만 '실지조사'는 국가를 배타적 소유권자, 농민을 무권리의 임차권자로 확정하는 근본적 변화를 초래하는 작업이기 때문에 소유권 분쟁이 필연적으로 발생할 수밖에 없었다.

　국·민유 분쟁은 대체로 내부에 여러 권리가 존재하는 절수사여지에서 일어난 것으로 보이며, 역둔토대장에 등록된 토지는 국유지로 조사되고 '사업'에서도 그대로 추인된 것으로 보인다. 和田一郎이 저술한『조선 토지·지세제도 조사보고서』(1920)에 '실지조사'와 관련한 '사업'의 분쟁사례가 제시되어 있다. 이를 분석하여 분쟁 원인을 살펴보자.

　　사례 ① 용동궁 장토 : 김해군에서 민유를 주장하는 자는 인민이 스스로
　　　　개간하고 고래 전전매매하고 보통 민유지와 다를 바 없음에도 불구하고
　　　　1911년 국유지 조사 이후 소작료를 강징하여 어쩔 수 없이 금일에 이르렀

　　다른 경우는 별필로 했다.
157)　배영순,「한말 사궁장토에 있어서의 도장의 존재형태」『한국사연구』30, 1980과 宮嶋博史, 앞 책, 東京大學 東洋文化硏究所, 1991, 335쪽.
158)　박찬승,「역토 둔토에서의 지주경영의 강화와 항조」『한국사론』9, 1983 ; 김양식,『근대권력과 토지』, 1999 ; 배영순, 앞 책, 영남대학교 출판부, 2002 ; 조석곤, 앞 책, 해남, 2003.

다. 국유론을 주장하는 자는 원래 용둥궁 소속의 둔토로 … 궁감을 파견하여 둔세를 징수하여 왔다. … 갑오 이전은 1결에 대하여 도전으로 금 1전 2분 5리를 납부하고 갑오년 이래 1결에 대하여 엽전 80량 외 벼 100두의 도전을 증징하였다.[159)

사례 ② 수진궁 장토 : 구례군 … 민유를 주장하는 자는 … 원래 민유지로 옛부터 왕실에서 결세를 수진궁에 준 屯結로 매번 환급 청원하여 왔는데 아직 해결되지 않았다. 국유를 주장하는 자는 수진궁 장토인 것은 구양안에 기재되어 있고 계속 소작료를 징수하여 왔다. … 명치 44년(1911) 이래 국유지소작계약을 하고, 현재까지 계속 소작료를 징수하여 왔다.[160)

사례 ③ 총리영둔 : 장연군 소재 민유를 주장하는 자는 … 궁둔 … 궁토로 칭하나 … 본지 민유로 … 200여 년 전 인민 스스로 이를 개간하여 금일 경지를 이루었는데, 광무 5년 종래의 민결 이외에 30원을 더 징수하였다. 그 부담을 견딜 수 없어 당시 내장원에 加結을 면제해줄 것을 청원하였는데, 1910년 국유지 조사의 다음해부터 돌연 香炭屯이라는 명칭 아래 국유지소작인허증을 교부하였다. 그런데 본지는 실지의 상황에 비추어 火田의 성질로 고래 結負를 설치하지 않고 화전이라 기재하였다. … 한광지를 개간한 화전은 그 기간자를 지주로 정하는 조선 고래의 관습으로 민유지인 것이 분명하다.[161)

사례 ④ 양향둔(糧餉屯) : 민유론을 주장하는 자는 고래 輾轉賣買하던 민전으로 … 선조대왕의 시대에 … 훈련도감을 설치하고 … 징세권을 동청에

159) 和田一郎, 『朝鮮土地地稅制度調查報告書』, 1920, 589~590쪽(宗高書房 영인본, 1967에 의거함).
160) 和田一郎, 앞 책, 宗高書房, 1920, 590~591쪽.
161) 和田一郎, 앞 책, 宗高書房, 1920, 615~616쪽.

부여한 것에 지나지 않는다. … 광무 4년(1900) 내장원이 불법으로 訓屯이라는 이유로 結負에 소액의 도조를 부가 징수하였다. 그 후 융희 3년(1909) 국유지 조사를 할 때 개성부 재무서는 토지의 조사측량은 행정상 보통의 사례로서 결코 本地를 국유에 편입할 의도가 아니라는 懇諭를 하였음에도 불구하고, 명치 44년(1911) 이를 국유로 하여 … 경작자에 대하여 돌연 국유지소작인허증을 교부함으로 극력 이에 대하여 항의하였다. 국유론은 지금부터 322년 전 훈련도감을 설치하고 … 한광지를 절수하여 이를 훈둔이라 하였다. 강희 원년 작성한 양안에는 훈둔이다. 또 옛날 賭錢賦課率은 불명이어도 광무 5년 이래 1결당 지세 8원 도전 15원을 부과하여 하등 이의가 없었다. 고래 賣買輾轉한 것은 본디 사실이나 이는 소작권의 매매에 불과한 것이라 주장했다.162)

위의 사례를 정리하면 다음과 같다. 첫째, 용동궁둔은 절수개간지인데, 민유론자와 국유론자들은 모두 처음부터 자기 소유였다고 주장했다. 갑오 이후 民結과 벼 100두의 도조, 즉 일토양세를 부담했으며, '실지조사' 이후 소작료를 강징하자 분쟁을 제기한 경우이다. 둘째, 수진궁 장토에서 국유소작 계약을 체결하고 소작료 납부를 강요받으면서 일어난 분쟁이다. 민유론자는 둔결=결세로, 국유론자는 소작료라 주장했다. 셋째, 총리영둔에서 광무사검 이후 민이 일토양세를 납부한 것을 이유로 '실지조사'에서 국유지로 편입하고, 소작인허증을 교부하자 발생한 분쟁이다. 넷째, 양향둔의 경우이다. 국유론자는 한광지를 절수 개간한 훈둔이며, 민은 소작권을 매매한 것이라고 주장한 반면, 민유론자는 징세권을 부여한 민전이라고 주장했다. 내장원 시절 도조를 더 징수하여 일토양세를 납부했으며, 재무서의 꼬임에 넘어가 국유지 조사 이후 국유지로 편입되었다고 주장했다.163)

---

162) 和田一郎, 앞 책, 宗高書房, 1920, 610~611쪽.
163) 和田一郎, 위 책, 宗高書房, 1920, 610~611쪽.

이상의 사례는 다음과 같은 특징이 있다. 첫째, '실지조사'를 거쳐 국유지로 등록되어 소작인허증을 교부받으면서 분쟁을 제기하여 '사업'에서 분쟁지 심사대상이 된 경우였다. 둘째, 절수로 성립한 유토로 일토양세를 납부하여 국유로 편입된 토지로 보인다. 셋째, 이 분쟁은 절수자인 사궁의 수조권과 개간자인 민의 소유권이 충돌한 경우이다. 넷째, 매매문기를 소유권매매로 보거나 소작권 매매로 보며 서로 충돌하면서도 민유가 아니라 결도를 납부한 국유지라고 주장한 경우이다.164)

국·민유 분쟁에서 일토양세를 이유로 발생한 토지의 비중이 높은 편이었다. 이 경우 수조액의 비중으로 소유권을 판단하면 민유라고 간주하는 편이 합리적이라고 보이지만, 이와 무관하게 궁둔과 민이 서로 팽팽하게 대립한 것이다. 1909년 1월 25일 사세국장이 전주재무감독국장 앞으로 보낸 '국·민유 토지에 관한 건'의 공문에 나타난 이와 같은 경우를 검토해 보기로 하자.165)

一土兩稅라 칭하는 역둔토의 처분방법에 관하여 귀내 申한 취지는 接准이온 바, 본부에서는 **인민의 소유지된 확실한 증거가 있는 것을 힘으로 국유로 이속한 것과 같은 가혹한 조치를 하지 않을 방침**인 것을 이미 귀관도 다 알고 있는 것이다. 그러나 **종래 역둔토라 하야 賭稅와 結稅를 납부하든 자로서 정무를 혁신하는 틈을 타서 혹 사유라 칭하며 혹 一土兩稅라 칭하야 함부로 분쟁을 일으켜 연혁상 국유의 성질이 될 만한 토지에 대하여도 이때 사유지라 칭하고** 부당한 사리를 탐하고자 하는 자에 대하여는 엄중한 방침으로 이에 임할 것이다. 盖현금 국유토지중 그 권을 紏하면 혹 冤抑한 자 없지 않으나 기왕에 이미 국유에 편입되야 그 처리로서 永年 경과하든 토지에 대하여는 금일 이 정리를 위하야 旣往을 遡考하야 權原을 釐正함과 같은 처지가 아니오 인민도 역시 古昔

---

164) 분쟁지 심사결과는 알 수 없지만 一土兩稅를 근거로 국유로 판정되었을 것으로 생각된다. 내장원 시절 가징하여 납부한 것이 강압에 의한 불법이라고 인정했을까하는 것이 관건이다.

165) 『탁지부공보』 2책, 52~54쪽.

기왕에 속한 事柄을 금일에 지하야 탁지부나 혹은 본부 소관청에 云云한 청원을 제출할 이유도 無하겟스니 귀관은 이 趣意를 능히 解諒하시와 토지의 소속에 대하여는 종래와 같이 탁지부에서 처리함이 정당하난 소이를 명시하고 장래 정부가 관리함에 대하여 另可히 인민의 편익을 기도할 意를 인민에게 간유하야 원활한 조치를 務圖하며 尙且 부득이 한 자에 대하여는 좌기 의하야 처리하심이 可하와 이에 依命通牒함

재 본문의 趣意는 일본인 기타에서 역둔토를 私賣하야 사유지라 칭하는 자에 대하여 동일히 처리하는 趣意는 아닌즉 以此添佈함

국·민유 분쟁에서 일토양세를 수취한 역둔토를 어떻게 처리할 것인가가 문제였다. 이 토지는 도세와 결세를 납부하던 토지인데, 강압으로 국유로 이속된 토지와 국유의 성질인 토지를 사유지라 칭하는 두 경우가 있다는 것이다. 이에 대한 대책은 현실을 그대로 인정하는 방향에서 탁지부에서 소속을 처리하여, 인민의 편익을 기도해야겠지만, 배타적 소유권을 부여한다는 원칙 아래 다음과 같은 사항을 조사하여 처리하도록 하였다.

조사사항은 사유지 증빙과 연혁조사, 강압으로 편입된 증거조사, 사유지의 매매상태, 사유지 증거와 아울러 국유지된 증거, 청원자의 신용정도 등 11개 조항을 조사하도록 했다. 특히 7항에는 兩稅인 結賭의 비중을 조사하도록 했다. "兩稅 즉 도세와 결세의 합계액과 보통의 결세액(一道를 達觀하야 청원에 의한 토지에 적당으로 思量될 결세액)과 보통의 소작료액(보통 일반의 소작료액)의 대비, 즉 청원토지의 실부담액을 다른 동등한 토지와 비교하여 그 경중을 案할 事"라고 한 것이다. 이러한 조사를 하여 확인한 다음 의견을 기록하여 보고하여 본부의 지휘를 받도록 했다.[166] 일토양세는 역둔토 분쟁의 최대과제였으며, 이러한 이유로 토지 환급을 청원하는 자가 속출했다.

1909년 7월 28일 한성재무감독국에서는 이에 대한 처리 방침을 결정하고

---

166) 『탁지부공보』 47호, 157~158쪽.

탁지부에 보고하였다. 여기서 인민은 광무사검 당시 이용익이 궁내부 세입증가를 위해 억지로 민의 토지를 빼앗아 갔기 때문에 이러한 사태가 발생했다며 복귀시켜 줄 것을 주장하였다. 이에 대한 당국자들의 견해는 다음과 같다.

> 근시 국유지 중 원래 사토라는 연고로서 환급을 청원하는 자 속출하온 바 그중 광무 2년 이용익이 궁내부 내장원경의 職에 재한 시 관유에 편입한 자 最多하오며 청원자의 주장하는 바는 내장원경이 궁내부 세입의 증가를 도모하기 위하야 하등 재가를 支撥치 안코 강력으로서 민토를 奪去한 자인데 인민의 호소 無處이기 현시에 至한 자이오나 시정개선과 백사귀정하는 금일을 당하야 특히 민토를 부귀케하라 하오니 당시 정황을 추찰하건데 혹은 청원자 등의 말과 같은 사정이 不無할 듯 하오나 연이나 일단 公力으로서 관유로 편입한 10여년 이래 아무런 거리낌 없이 수조하였는데, 지금 그 기원을 추고하고 연혁을 살펴 還否를 결정하는 것은 처리상 곤란할 뿐만 아니라 만약 이와 같이 하면 **10중 7, 8은 다 환급하지 않을 수 없게 될 것이다.** 그리고 국고수입에도 영향을 미쳐 실질상 적당하다고 인정하기 어렵다. 이들은 **사정 연혁의 여하를 불문하고 일절 환급하지 않기로 처리할 작정**이니 일의 일반에 관하여 참고 차 이에 보고함.

즉 10여 년 동안 아무 지장 없이 수조해왔고, 환급할 경우 국고수입에 영향이 미치기 때문에 일체 환급하지 않겠다고 보고하였다. 이에 대해 1909년 8월 7일 탁지부 차관은 한성재무감독국장에게 "적확한 민유 증빙을 첨부 청원하는 자에 대하여는 상당한 조사를 하여 환부의 처분을 취함이 지당함으로 認하오니 右 취지에 의하여 처리하심을 要하와 이에 통첩"한다고 하였다.[167] 이같이 국유지를 조사하여 일부 민에 환급하기도 했지만, 반대로 공토로 확인한 것도 적지 않았다. 역둔토대장에 근거하여 조사하였지만, 조사이전

---

167) 『탁지부공보』 87호, 4쪽.

보다 국유지를 더 많이 확보한 것으로 드러났다. 이때 해결하지 못한 분쟁은 '사업'으로 이행되었다.

'사업'은 '실지조사'를 전제로 시작되었다.[168] 민유지 조사는 신고제로 실시했지만, 국유지는 통지제를 채택하였다. '실지조사'에서 이미 소작인을 대상으로 신고제를 시행하고 국유지를 확정했기 때문이었다고 판단된다. 이때 작성한 대장과 지도는 생김새는 달랐지만, 서로 짝을 이루는 도부로 등록 항목과 내용은 동일했다. '사업'에서 국유지는 국유지도를 등사하여 통지로 대체하고, 1912년 토지조사령에서 통지제도를 도입하고 1913년부터 는 토지대장과의 연락관계를 고려하여 국유지대장도 사용하도록 했다.[169]

일제는 국유지대장에 등록된 국유지의 소유권에 대한 법적 한계를 이미 명확히 언급한 바 있었다. 그리고 토지조사법에서 국유지는 신고대상이 아니었으며, 토지조사령에서도 신고가 아니라 통지라는 형식을 취했다는 점에서 국유지는 '실지조사'에서 측량까지 실시하여 작성한 국유지대장으로 조사가 일단락되었다고 정리한 것으로 보인다. 이때 이미 임시제실유급국유재산조사국 관제에서 '행정처분'으로 '원시취득'의 절대성을 부여하였던 것이다. 국·민유 분쟁에서 이의를 제기하지 않고 소작인허증을 교부한 토지는 국유로 확정된 것으로 간주한 것으로 보인다. 국유지대장의 토지도 이의신청을 허용하고, 분쟁지 심사대상 또는 불복신청의 대상으로 삼기도 하였지만, 1915년 사정장부로 확정하여 더 이상 분쟁은 허용하지 않은 것으로 보인다.

여기서 광무사검과 '실지조사'는 조사기준에서 차이가 있었다는 점을 다시 언급한다. 광무사검은 광무정권이 기존의 토지 관행으로 존재하던 물권적 경작권 같은 중층적 권리를 인정한 위에 공토를 조사한 사업이다. 대한제국의 양전사업도 경작권의 물권화를 전제로 할 때 시행 가능한 작인납세제를 전제로 추진한 것이지 일지일주의 배타적 소유권의 원칙아래 시행된 것은

---

168) 宮嶋博史, 앞 책, 東京大學 東洋文化研究所, 1991, 470~471쪽.
169) 『조선총독부관보』 제157호, 1913. 2. 10. 역둔토 통지에 관한 건.

아니었다.[170]

당시 문제가 된 토지는 갑오승총 당시 민유로 환급되었다가 다시 공토로 편입된 경우였다. 이 경우 결세 이외에 도조가 부가되어 '일토양세'로 부담이 증가하자 분쟁을 일으킨 것이다. 하지만 이 분쟁은 수조액의 증대로 제기되었으며, 분쟁 해결도 부담 수준의 조정문제였다. 광무사검으로 확정된 공토 내의 권리관계에서 그 이전과 다른 새로운 변화는 일어나지 않았다.

반면 '실지조사'는 광무사검의 공토강화책의 성과를 기반으로 추진된 것이지만, 국유지에서 소유권 이외의 모든 물권은 제거하고 일지일주의 배타적 소유권을 확정하기 위해 실시한 작업이었다. '사업'도 '실지조사'를 계승하여 소유권만 조사 대상으로 삼았다. 일제는 '사업'에서 국·민유 분쟁지를 심사하여 민유로 환급하기도 했다.[171] 즉 조 100두=결세로 보아 민전으로 환급한 경우도 있지만, 조 100두에 미치지 못하더라도 그것이 일토양세이며 결세이상의 수조액이라고 판단된 토지는 국유지로 처리되었을 가능성이 높았다. 이러한 궁둔은 그 수조액에 지대가 포함되어 있다고 보고 이를 배타적 소유권으로 사정하였다. 이때 유토에 존재한 소유권 이외의 물권은 제거대상이었다.

이러한 연장에서 민전은 관습물권이 존재하더라도 '사업'에서는 조사대상으로 삼지 않았다. 이로써 국가(지주)-소작인이라는 식민지지주제가 성립되었지만, 종전과의 차이점은 소작권을 단순 임차권으로 규정하고 지주경영을 해 갔다는 점이다.

---

170) 최원규, 「대한제국기 양전과 관계발급사업」『대한제국의 토지조사사업』, 민음사, 1995.
171) 宮嶋博史, 앞 책, 東京大學 東洋文化硏究所, 1991, 486쪽. 역둔토의 면적이 통계상으로 감소한 것은 그 반영이라고 할 수 있지만, 통계자료와 기준에 대한 검토가 필요하다. 그 내용도 순수 국유지를 민유지로 환원시킨 것이 아니라 분쟁지를 민유지화한 조치였다고 보인다.

5. 맺음말

광무사검은 광무정권의 공토 확대책으로 갑오승총 당시 사토로 환급한 토지를 공토로 흡수하기도 하였다. 분쟁이 곳곳에서 발생했다. 이 분쟁은 수조액의 다과와 그 부담의 성격(結賭 또는 結) 때문에 제기된 것이지 소유권을 둘러싼 분쟁이라고 보기는 어려웠다. 분쟁은 일반적으로 수조액의 수준을 조정하는 선에서 타협적으로 처리한 것으로 보인다. 광무정권은 공토내에 존재한 중층적 권리를 비롯한 여러 관습물권을 제거할 의도가 없었던 것은 아니지만, 현실적으로 그 존재를 인정하는 수준에서 양전사업을 전개하였다.

공토와 사토는 이론적으로는 작인납세제를 시행하면서 결세 이외에 도조도 납부하는지의 여부에 따라 구분할 수 있었지만, 탁지부도 명확하게 구분할 수는 없는 상태였다. 이때 사토에서 공토로 전환된 토지는 미 23두와 조 200두의 중간형태인 조 100두형일 가능성이 컸다. 하지만 사토의 공토화도 당연히 배타적 소유권을 둘러싼 것이 아니라 둔민의 관습물권을 인정하는 선에서 이루어졌을 것으로 판단된다.

이러한 원칙은 민전에서도 시행되었다. 광무양전사업에서 시주와 시작을 조사하여 양안에 등록한 것은 공토에서 시행한 작인납세제를 민전에도 시행하기 위한 것이었다. 작인납세제는 경작권을 경영주체로 인정하고 그 권리를 물권화하지 않으면 시행되기 어려운 것이었다. 총액제적 조세체계가 무너져 가는 가운데 작인납세제를 실현하기 위해서는 경작권의 물권화가 전제되어야 했지만, 광무정권 당시는 민간관행을 국가제도 속에 편입한 수준이었으며, 법제화는 다음 단계를 기다려야 했다.

일제는 1908년 이래 역둔토대장 작성과 이를 기반으로 한 '실지조사'에서 국유지조사의 원칙에 획기적으로 일대 전환을 꾀하였다. 이 조사는 광무사검과 제실 정리로 확보한 역둔토, 즉, 공토를 조사 측량하여 국유지로 확보하기 위한 작업이었다. 그 조사의 결과물이 국유지도와 국유지대장이었다. 궁극적으로 이 조사는 국유지를 확보하여 지주경영으로 국가재정 수입을 확충하기 위한 것이었다. 이때 적용한 조사기준이 일본민법에서 정한 일지일주의 배타적 소유권이었다. 이를 기준으로 국유지에서 소유권 이외의 물권은 모두 해체시켰다. 소작신고제를 도입하여 실경작자를 소작인으로 정하고 중답주를 비롯한 물권적 경작권을 제거했다. 이 과정은 공토를 배타적 소유권을 부여한 국유지로 확정하는 것이었으며, 그 결과 국유지내 소작인은 전과 달리 무권리한 임차권자로 전락했다. 이때 지대의 수취책임은 면장이 담당했다. 민전지주제 수준의 정액지대 아래 지주경영이 시도되었다.

그리고 역둔토 단계와 국유지 단계의 결정적 차이중의 하나는 국가에 대한 결세 납부여부였다. 전자는 작인이 결세를 납부하고, 후자는 국유지를 지세 납부대상에서 제외했다는 점이다. 이러한 이유 때문인지 일제는 결세 납부여부를 기준으로 소유권을 구분하지 않았다. 결세 수준의 조를 납부하더라도 공토라 판정하여 국유지로 전환될 가능성이 있었다. 경지로 조성될 당시의 기원을 판단하여 소유권을 판정하는 모습을 보였다.

'실지조사' 결과 국유지는 확대되고 지대가 증가하자 격렬한 소유권 분쟁이 일어났다. 이 분쟁은 절수사여지에서 주로 발생하였다. 조 100두형은 물론이고 때로는 조 200두형에서도 발생한 것으로 보인다. 국유지로 확정된다는 것은 곧 둔민의 소유권적 권리가 상실된다는 것을 의미하기 때문이다. 이때의 국·민유 분쟁은 '사업'의 분쟁지 심사에서 최종적으로 소유권이 확정되었다.

일제의 토지조사는 국유지 조사와 민유지 조사로 나누어 실시되었다. 국유지조사의 시작은 '사업'이전 광무정권의 공토정책의 성과를 정리 계승한 역둔토대장을 작성한 시점으로 소급된다. 일제는 1907년 '임시제실유급국유재산조사국'을 설립하고, 그 관제에 따라 공토를 조사하여 '행정처분'으로 근대적 의미의 국유지를 확정하고 역둔토대장을 작성한 것이다. 이때 일제는 국유지에 배타적 소유권으로서의 절대적 효력을 부여하였다.[172) 탁지부에서는 이 역둔토대장을 근거로 '탁지부 소관 국유지 실지조사'를 시행하여 국유지대장과 국유지도를 작성하였다. 은결과 조사가 미완결된 부분도 있었지만, 국유지 조사는 이것으로 일단락되고 '사업'으로 이관되었다. '사업'에서는 이를 근거로 국유지통지서를 작성하여 국유지 조사를 진행했으며, 이 과정에서 국·민유 분쟁이 광범위하게 발생했다. 민이 이에 대하여 이의제기나 불복신청을 하여 분쟁지심사위원회나 고등토지조사위원회에서 심사대상으로 삼았지만, '행정처분'이나 '실지조사'의 결정이 뒤바뀐 경우는 드물었다. 민유로 환급된 경우는 기준작용이 잘못되어 수정한 정도였다.[173]

이러한 역사적 흐름에 대한 내용과 이해방식을 둘러싼 논쟁도 격렬했다. 크게 분쟁의 주범을 무리하게 국유지 확보정책을 실시한 광무사검에서 찾고 이를 '사업'에서 바로잡았다는 식민지근대화론과, 광무사검에 대해서는 이들의 관점에 동의하는 한편, 일제의 신고주의로 대변되는 국유지 창출을 강조한 수탈론으로 대별되었다. 이들은 갑오승총 이래, 늦어도 역둔토 조사 단계이래는 국유지에 배타적 소유권이 성립되어 있었다는 인식아래, 국유지분쟁을 다루었다는 점에서 공통점이 있다. 하지만 이 시기 역둔토의 성격은 이와 다른 특질이 있다고 생각된다.

첫째, 도지권이나 중답주 같은 물권이 광범하게 존재했으며, 광무사검 단계의 공토에는 배타적 소유권이 성립되지 않은 토지가 적지 않았다. 그런데 일제는 '실지조사'에서 이들을 불법적인 존재로 보고 제거한다는 방침아래 조사를 실시했으며, 이것은 '사업'으로 계승되었다.

둘째, 역둔토는 수조액이 100두 혹은 200두 등인 다양한 절수사여지가 존재했다는 점이다. 이들은 수조액의 수준으로 보면 민전적 성격이 강한 토지였지만, 일제는 투탁이나 혼탈입지에 해당하는 미 23두를 납부하는 결세 납세형 토지와 조 100두형 토지 가운데 민유적 성격이 강한 일부만 환급대상으

---

172) 최원규, 「융희년간 일제의 국유지 조사와 법률적 성격」 『한국민족문화』 65, 2017. 11, 279~283쪽.
173) 최원규, 「일제초기 고등토지조사위원회의 재결 통계와 사례분석」 『한국민족문화』 65, 2017. 11, 277~281쪽.

로 삼고, 나머지는 국유로 조사 확정한 것으로 판단된다. 대부분의 절수사여지가 여기에 해당되었을 것으로 보인다.

셋째, 이를 위해 '실지조사'에서 수조권 이외의 물권(사실상의 소유권 포함)을 제거하고 실소작인과 임차계약을 체결했다. 도지권자나 중답주와 같은 사실상의 소유자들이 여기에 격렬하게 저항했지만 역부족이었다.

일제는 '실지조사'의 성과인 국유지대장이나 국유지도를 근거로 '사업'에서 국유지 조사를 실시했다. 이 과정에서 국·민유 분쟁이 격심하게 일어났지만, 민유로 환급된 토지가 그리 많아 보이지는 않았다. 원칙적으로 융희년간 국유지 조사과정에서 결정된 국유지는 '사업'에서도 번복하지 않은 것으로 보인다.

제2장 융희년간 일제의 국유지 조사와 법률적 성격
─전남 나주군 궁삼면 토지분쟁의 고등법원 판결문을 중심으로─

1. 머리말

　일제는 토지의 각 필지를 조사 측량하여 소유권과 경계를 사정이나 재결로 확정하여 토지대장에 기록하는 토지조사사업(이하 '사업'이라 칭함)을 시행하였다. 토지소유자의 권리는 사정 또는 재결에 의하여 확정한다고 정한 토지조사령 제15조에 따라 확정된 것이다.[1] 이 토지소유권에는 일본민법의 일지일주의 배타적 소유권과 '원시취득'이라는 법적 효력을 부여하였다.[2] 그리고 토지소유권을 기록한 토지대장이나 토지등기부는 제3자 대항권을 갖는 장부였다.[3] '사업'으로 그 이전의 토지를 둘러싼 모든 권리는 해체되고, 새로운 소유권의 역사가 시작된다고 일제가 '법적'으로 선언한 것이다.

　'사업' 이전 한국에는 일제의 토지조사사업이나 토지대장과 같은 법률적 성격을 갖는 토지조사나 장부를 시행한 적은 없다. 전근대 한국에서도 토지를 측량하고 소유권자에 해당하는 기주(경자양안)나 시주(광무양안)를 조사하는

---

1) 『조선총독부관보』 제12호, 1912. 8. 13, 제령 제2호 토지조사령.
2) 早川保次, 『朝鮮不動産登記ノ沿革』, 大成印刷社出版部, 1921, 56~62쪽.
3) 최원규, 「일제초기 토지조사 법규정비와 토지신고서」, 『역사문화연구』 17, 2002, 114~124쪽.

양전사업을 실시하고, 그 결과를 양안에 기록하였다. 기주와 시주는 공통점과 차이점이 있었다. 기주는 舊主명을 함께 기록하여 각 필지 소유권의 법적 계승성을, 시주란에는 조사시점의 시주만 기록하여 그 이전 소유권과의 법적 단절성을 보여주었다.[4] 시주와 기주를 보는 시각은 '사업'에서 사정으로 확정한 토지대장의 소유권자처럼 절대성을 부여한 존재라고 보는 견해와[5] 그렇지 않다고 보는 견해로 갈리지만,[6] 그 성격은 대체로 다음과 같이 정리할 수 있을 것이다.

첫째, 경자양안의 기주는 양전 시점에 파악한 토지소유자이지만, 기주명에는 토지소유자의 노비나 친족 등 관계인을 기록한 대록, 분록, 합록 등의 현상이 보인다는 점이다.[7] 물론 향촌사회의 구성원은 각 필지의 소유자를 쉽게 확인할 수 있었겠지만, 장부의 기주명과 실제 소유자는 차이가 있었다. 양안의 양식도 기주명을 변경할 수 없도록 구성되어 있었기 때문에 본래 소유자를 조사하여 양안에 기록했다하더라도 거래 등으로 소유자가 바뀔 경우 기주명을 수정할 수 없었다.

둘째, 기주에는 '사업'의 토지소유권과 달리 '원시취득'의 법적 효력과 제3자 대항권이 부여되지 않았다. 양안상의 기주는 소유권 분쟁이 제기되었을 경우 재판 결과에 따라 바뀔 수도 있다는 것을 전제한 존재였다.[8] 양안은

---

4) 지계아문양안에는 공토에만 시작이 기재되었다. 한국역사연구회 토지대장연구반, 『대한제국의 토지조사사업』, 민음사, 1995.

5) 이러한 견해로는 김용섭, 『한국근대농업사연구(증보판)』(하), 일조각, 1988 ; 김용섭, 『조선후기농업사연구(증보판)』(II), 일조각, 1990 ; 김용섭, 『조선후기농업사연구(증보판)』(I), 지식산업사, 1995 ; 박병호, 『한국법제사고』, 법문사, 그리고 한국역사연구회 토지대장연구반, 『대한제국의 토지조사사업』, 민음사, 1995 등이 있다.

6) 이영훈, 『조선후기 사회경제사』, 한길사, 1988과 宮嶋博史, 『朝鮮土地調査事業史の研究』, 東京大學 東洋文化硏究所, 1991이 대표적인 예이다.

7) 이것은 균분상속(宮嶋博史, 위 책, 東京大學 東洋文化硏究所, 1991, 62쪽)이라는 지적과 아울러 당시 소유가 기본적으로는 개별 소유이면서도 호주를 정점으로 한 家라는 가족공동체의 관리아래 존재하고 있다는 표현으로도 보인다.

8) 대전회통의 양전조에 "모든 전지는 사표와 기주명을 양안에 기록하여 둔다. 서로 소송 중인 토지가 판결이 난 경우에는 승소자로서 기주(전주)를 삼으나 판결이 나지

조선국가가 총액제적 조세체계 아래 수조를 위하여 필지 내용과 납부책임자를 조사 기록한 장부이지, 토지거래나 부동산담보금융제도를 위하여 마련한 장부는 아니었다. 소유권 장부로서 여러 한계를 지니고 있었다.

그런데 광무양안의 시주는 기주와 조사목적과 법적 성격이 서로 달랐다. 시주는 관에서 토지소유권자임을 증명해 주는 관계 발급 대상자였다. 양안은 수조장부이면서 관계발급을 전제로 작성한 것이다. 광무양안에서도 대록, 분록, 합록 등이 보이지만, 이 문제는 관계 발급과정에서 해결할 것을 계획했던 것으로 보인다. 관계 발급을 위한 전제조건은 1인 1성명제이고, 구권과의 교환을 전제로 하였다. 그리고 公·私土 모두에 강제로 발급하는 강제발급주의를 채택하였다. 근대의 토지대장의 정합성에는 미치지 못하지만, 토지소유권자와 지세부담자를 확정하여 토지의 국가관리제도를 마련한다는 지향점에서는 별 차이가 없어 보였다. 관계의 시주는 국가가 토지소유권자를 조사하여 법적 효력을 부여한 존재라고 해석할 수 있을 것이다.9) 그리고 시작은 구래의 농촌 관행인 작인납세제를 국가제도로 도입 시행하기 위해 양안에 조사 기록한 존재였다.10) 결총제를 폐지한 가운데 작인납세제를 시행하려면, 시작의 경작권에 물권적 효력을 법으로 부여해야 시행 가능한 것이었다. 그러나 당시는 관습수준에 머물고 아직 법적 장치는 마련하지 못했다.

일제는 통감부를 설치한 후 한국의 토지제도를 식민통치에 맞도록 강력한 식민지지주제로 재편하기 위하여 이에 반하는 광무 양전사업을 완전히 중단시키고 새로 토지법을 제정하고 토지를 조사할 계획을 세웠다.11) 초기에는

않은 경우에는 임시로 경작인(점유자)를 기주로 기록한 후에 조사하여 변별하되 양안의 기주 이름에 구애되지 않는다." 한국법제연구원, 『대전회통 연구-호전 예전편』, 1994, 20~21쪽.

9) 관계를 발급받은 시주에 이의를 제기할 경우 사법재판을 거쳐 시주가 바뀔 가능성이 존재한다. 그러나 '사업'에서 '행정처분', 즉 사정과 재결로 확정된 소유권은 사법재판의 대상이 될 수 없다는 점이 다르다.

10) 최원규, 「대한제국기 양전과 관계발급사업」 『대한제국의 토지조사사업』, 민음사, 1995, 269~280쪽.

완전한 통치권을 확보하지 못한 단계라는 점을 감안하여 사토는 뒤로 돌리고, 일단 공토부터 조사하기로 결정하였다.[12] 일제는 광무양안의 성과를 무시하고 공적 장부로 채택하지 않았다. 그런데 공토 장부는 그대로 활용하기로 결정하였고 이를 근거로 국유지를 확보하기 위한 조사 작업에 나섰다. 우선 공토와 사토로 분류한 대한제국의 토지분류 방식을 철폐하고, 이를 국유지와 사유지로 분류하여 조사하기로 결정하였다. 사토는 민유로, 공토는 관유지로 명명한 뒤 다음과 같은 절차를 밟아 국유지를 확정했다. 관유지를 국유지와 제실유로 나누고, 제실유 가운데 황실 사유지를 극히 제한적으로 설정한 다음, 이를 제외한 전체 제실유와 기존 국유지를 합하여 새로 국유지를 확정하는 절차를 진행한 것이다.

일제는 1907년 임시제실유급국유재산조사국(이하 조사국으로 약칭함)을 설치, 제실유와 국유재산을 구분 조사할 임무를 부여하고, 본격적으로 국유지 조사에 착수하였다. 제실유는 제실재산정리국을 설치하여 조사하면서 이 토지도 국유지로 취급하기로 결정하였다. 임시재산정리국(이하 정리국으로 약칭함)은 두 기구에서 확정한 새 국유지를 정리하여 역둔토대장을 정비하였으며, 탁지부에서는 이를 근거로 국유지를 조사 측량하여 국유지대장과 국유지도를 작성하였다.[13] 이 조사로 국유지가 법적 제도적으로 확정되었다.[14] 의병전쟁 등으로 미조사지와 분쟁지는 조사하지 못했지만, 일제는 '실지조사'

---

11) 최원규, 「대한제국과 일제의 토지권법 제정과정과 그 지향」 『동방학지』, 1996. 12, 115~128쪽.

12) 최원규, 「한말일제초기 공토정책과 국유민유분쟁」 『한국민족문화』 45, 2012. 11, 145~150쪽.

13) 대한제국 말기 국유지조사는 宮嶋博史, 『朝鮮土地調査事業史の研究』, 東京大學 東洋文化研究所, 1991 ; 김양식, 『근대권력과 토지-역둔토조사에서 불하까지』, 해남, 1999 ; 박진태, 「통감부시기 황실재산의 국유화와 역둔토정리」 『사림』 18, 2002 ; 조석곤, 『한국근대 토지제도의 형성』, 해남, 2003 등이 참고된다.

14) 김재호, 「'보호국기'(1904~1910)의 황실재정정리-제도적 변화를 중심으로」 『경제사학』 16, 1992 ; 김양식, 앞 책, 해남, 1999 ; 조석곤, 『한국근대 토지제도의 형성』, 해남, 2003 ; 宮嶋博史, 앞 책, 東京大學 東洋文化研究所, 1991, 334~336쪽.

를 일단 중단하고 '사업'에서 완결하기로 결정했다.

대한제국의 국유지 조사는 갑오승총→ 광무사검→ 임시제실유급국유재산
조사국(↔제실재산정리국)→ 임시재산정리국→ 탁지부 소관 국유지 실지조
사로 이어지는 일련의 작업으로 진행되었다. 흔히 이 과정을 광무사검의
공토가 국유지로 조사 등록되어 가는 과정이라고 정리하였다. 그런데 문제는
대한제국의 공토강화책에 따라 광무사검이 진행되어 분쟁이 발생했지만,
일제는 이렇게 작성된 역둔토대장을 근거로 공토를 국유지로 조사 확정하는
작업을 했다는 점이다. 이때 유의해야할 점은 일제가 공토를 국유지로 조사
확정하면서 여기에 부여한 법적 효력과 성격이다. 구래의 양전처럼 현존
관행에 준거하여 단순히 공토를 조사하여 장부에 등록한 것에 불과한 것인지.
아니면 공토(시주)에 배타적 소유권과 '원시취득'의 법적 효력을 부여했는지,
만일 부여했다면 그 근거·일시·작인의 대응 등을 검토해야 할 것이다.

일제의 국유지 조사에 관한 종래의 연구를 보면 다음과 같다. 첫째, 일반적으
로 국·민유 분쟁의 원인을 광무사검에서 찾고 있다. 이때 많은 민유지가
공토로 강제 편입되어 분쟁이 발생했지만, 내장원의 강압적 자세 때문에
해결되지 못하고 역둔토대장에 그대로 편입되었다는 것이다. 일제는 이를
근거로 국유지 실지조사를 실시하고, 국유지대장을 작성했으며, 이것이 국유
지통지서 작성의 기준장부가 되었다는 것이다.[15] 둘째, 국유지 조사과정에서
혼탈입지와 투탁지가 민유로 환급되기도 하였지만, 당시 국유지에 대한 인식
수준의 저위성, 국유지 소작료 수입과 재정상의 이유로 민유지로의 환부는
부분적이었으며, 따라서 국·민유 분쟁은 해결되지 못하고 '사업'에서 지속되
었다고 했다.[16] 셋째, 광무사검의 공토가 국유지 조사과정에서 국유지로
확정되었으며,[17] 이때 강압적으로 처리된 국유지가 '사업'의 분쟁지 처리과정

---

15) 조석곤, 앞 책, 해남, 2003.

16) 宮嶋博史, 앞 책, 東京大學 東洋文化硏究所, 1991, 334~336쪽.

17) 여기에 더하여 신고주의에 따른 사실상 민유지의 국유지화, 경작권과 같은 관습상의

에서 민유로 환급되었다고 하면서,[18] 이를 실제사례와 조선총독부 통계로 증명하기도 하였다.[19] 넷째, 이러한 경향의 연구자들은 광무양전사업과 일제의 '사업'이 토지파악과 토지소유권 측면에서 연속성이 있으며, '사업'도 수탈적이 아니라 조선사회의 발전과정에 조응하여 '합리적'으로 추진되었다고 이해하였다.[20]

이상의 연구에서는 융희년간 국유지 조사는 광무사검의 공토를 단순 조사한 것이고, 이때 조사 등록한 국유지대장이 '사업'에서 통지서 작성의 기초자료가 되었다고 지적하였을 뿐, 그 국유지의 법적 효력과 그것이 '사업'에 미친 영향에 대한 언급이나 연구는 없었다. 한국의 토지소유권은 '사업'에 의거하여 구래의 분쟁과 모든 권리관계를 종결하고, 새로 역사가 시작되었다고 일반적으로 이해한다. 이 점은 대부분의 연구가 동의하고 있는 것으로 보인다.

그런데 여기서 제기된 의문은 융희년간의 국유지 조사에서 확정한 국유지와 '사업'에서 확정한 국유지의 상호관계였다. 전자가 단순한 조사에 불과하고 '사업'에서 이 장부에 근거하여 국유지를 조사 사정한 다음 배타적 소유권으로 법적 효력을 부여한 것인지, 아니면 국유지 조사의 결정을 '사업'에서 그대로 추인한 것인지 등이 의문이 들었다. 이 문제는 특히 임시제실유급국유재산조사국 관제와 이에 따라 구분 조사한 '행정처분'이 어떠한 법적 성격을 갖는지와 불가분의 관계에 있다고 할 수 있을 것이다. 이제까지의 연구에서는 조사국이 제실유와 국유재산을 구분 조사하고, 이 과정에서 일부 민유지가 환급되었다

권리철폐, 분쟁지 심사의 폭력성 등으로 광범한 국유지가 창출되었다는 견해를 보인 신용하의 『조선 토지조사사업 연구』, 지식산업사, 1982가 대표적이다.

18) 민유지 환급은 배영순이 『한말 일제초기의 토지조사와 지세개정』, 영남대학교 출판부, 2002(박사학위논문, 1989)에서 지적한 바 있다. 이후 ① 宮嶋博史, 앞 책, 東京大學 東洋文化硏究所, 1991, ② 김홍식 외, 『조선 토지조사사업의 연구』, 민음사, 1997, ③ 조석곤, 앞 책, 해남, 2003 등도 이같이 주장하였다.

19) 김홍식 외, 『조선 토지조사사업의 연구』, 민음사, 1997에 실린 이영훈과 조석곤의 글이 참고된다.

20) 김홍식, 「조선토지조사사업의 역사적 의의」『조선 토지조사사업의 연구』, 민음사, 1997 글에 주제별로 이를 설명하고 있다.

는 정도였다. 그리고 일반적으로 이때 조사 등록한 국유지는 단순 조사결과에 불과하여 '사업'의 분쟁지 심사나 법원의 판결로 바뀔 수 있는 존재로 파악하고, 이 과정에서 적지 않은 국유지가 민유로 환급되었다고 설명하고 있다.

그러나 필자는 국유지에 일지일주의 배타적 소유권과 '원시취득'의 자격을 부여한 최초의 조치는 토지조사령 제15조가 아니라 국유지 구분 조사과정이었으며, '사업'은 이를 추인한 것에 불과하다고 보았다. 지난 논고에서는 국유지 실지조사라고 이 문제를 다룬 바 있는데, 당시는 법적 규정이 아니라 '사업'시행 자료를 근거로 양자의 관계를 추론한 정도였다.21) 이번에는 임시제실유급국유 재산조사국 관제에 주목하였다. 일제는 관제를 제정하여 조사국에 제실유지· 국유지와 민유지의 구분에 관하여 조사하고 처분하는 권한을 부여하였는데, 이 '행정처분'으로 확정된 제실유와 국유지가 갖는 법률적 효력에 대하여 검토하고자 한다. 조사국 관제는 토지조사령처럼 '행정처분'에 대한 법률적 효력에 대하여 명확하게 규정하지 않았기 때문에 현재까지 이에 대하여 주목하지 않았던 것으로 보인다.

필자가 이 문제에 주목하게 된 계기는 전남 나주군 궁삼면에서 동양척식주식회사와 주민들 사이에 벌어진 '토지소유권 확인 및 인도청구 소송'에 따라 조선총독부 고등법원에서 열린 두 차례 재판의 판결문을 검토하면서였다.22) 두 재판은 법리 적용에서 차이를 보였지만, 고등법원은 조사국의 관제에 대한 법리 해석을 내리면서 이를 근거로 동척 소유로 판결하고 소송을 종결하였다. 조사국 위원회의 '행정처분'은 제실유와 국유재산에 관한 한, 토지조사령 제15조의 규정과 다를 바 없는 성격을 갖고 있다고 해석하였다. 이럴 경우 그 효력은 융희년간 국유지 조사로 확정된 국유지 전반에 미치게 될 것이고, '사업'에서도 이를 그대로 인정했다고 이해할 수밖에 없다. 본 장에서

---

21) 최원규, 앞 글, 『한국민족문화』 45, 2012. 11, 145~156쪽.
22) 「大正2年 民上第80號 판결(1913. 5. 30)」(법원도서관 소장)과 고등법원 서기과 편, 「大正3 年 民上第自445號至449號(1915. 2. 23)」『朝鮮高等法院 判決錄 3』, 1916.

는 이를 분석하기 위해 융희년간의 국유지 조사과정과 관계 법원의 판결문을 검토하여 이때 확정된 국유지의 소유권적 성격과 그것이 미친 영향 등을 규명하고자 한다. 특히 고등법원의 판결은 1908년 1월에 개정 공포하고 시행한 조사국 관제에 대한 법리해석을 8년이나 늦은 1915년에 재확인했다는 점도 유념하였다.

2. 융희년간 국유지 조사와 법적 효력

1) 제실유·국유의 구분과 국유지의 범위

일제는 통감부를 설치한 이후 토지조사를 계획하였는데, 먼저 국유지를 조사한 다음, 민유지를 조사한다는 것이었다. 그리고 그 전제 작업으로 토지 관습조사를 실시했다. 이때 조사에 앞서 토지소유의 유형을 분류했는데, 구래의 분류방식과 달랐다.[23] 대한제국은 토지를 공토와 사토로 분류하고, 공토를 조사하는 광무사검을 시행하고 공토성책을 작성하였다. 공토성책에는 역토·둔토·제언답·원토·각청각고 전답·군전답·죽전·노전·초평·粟田·염전 ·궁토·軍土·雇馬屯土 등을 조사 등록하였다.[24] 공토는 토지 유형에 따라 탁지부·내장원·궁방 등에서 각각 관리하였다.

반면 伊藤博文의 초청으로 한국에 온 梅謙次郎이 회장으로 취임한 부동산법 조사회는 조선의 토지관습을 조사할 때 일본의 예를 적용하여 토지의 유형을 구분했다.[25] 당시 『조사사항설명서』에 적시한 관·민유 구분의 증거항목에서

---

23) 이영호,『근대전환기 토지정책과 토지조사』, 서울대학교 출판문화원, 2018, 22~25쪽.

24) 『內藏院各牧場驛土各屯土各樣稅額捧稅官章程』,『경상남도 창원군 공토성책』(상)·(하), 『경상남도 동래군 공토책』.

25) 伊藤博文은 한국 황실의 재정정리에 임하여 明治초년의 幕府재산을 국가에 이속시킨 후 그 소속을 제실유, 국유, 민유로 확정하고, 이 제실유를 국유로 편입하기로 결정하였

토지에는 관유지 민유지의 구별이 있다. 관유지라는 것은 국가 또는 제실의 소유에 속하는 토지를 말하고, 민유지라는 것은 사인 또는 지방단체의 소유에 속하는 토지를 말한다. 양자의 구분은 왕왕 명확하지 않다. 한국에서도 진실로 인민의 토지소유권을 인정하는 이상은 토지의 관유 민유를 구별해야 하는데, 그 관유와 민유가 되는 증거는 무엇이 있는가.26)

라고 설명하며, 토지를 공·사토 대신 관유지와 민유지로 구분하였다. 그리고 다음은 관유지를 다시 국유와 제실유로 구분하고,

근래 공법 관념이 발달함에 따라 군주국에서는 국의 경제와 제실의 경제를 분명히 구별하는 것을 예로 한다. 따라서 토지도 관유지를 다시 국유와 제실유로 나눈다. 한국에서는 이 구별을 인정하지 않는지, 만약 이를 인정하면 무엇으로 양자를 구별하는지, 표준을 알려고 한다.27)

라고 정리하고, 이 구분 방식에 따라 관습조사를 시작하였다. 일제의 토지분류의 특징은 공·사토 대신 관유와 민유로, 다시 관유를 제실유와 국유지로 분류한 점이다. 대한제국에서 공식적으로 사용한 바 없는 용어를 도입하여 관습조사를 시도한 것이다.28)

　　법전조사국의『부동산법조사보고요록』에서도 이러한 분류기준에 따라 조사를 실시하고 다음과 같이 정리하였다. 제2항 관민유 구분의 증거 항목에서,

---

다. 이에 대하여는 김재호,「보호국기(1904~1910)의 황실재정정리」『경제사학』16, 1992에 잘 정리되어 있다.

26) 부동산법조사회,『조사사항설명서』, 1906. 12쪽.

27) 부동산법조사회, 위 책, 1906. 13쪽.

28) 부동산법조사회에서는 각지를 조사한 다음,『·부동산법에 관한 조사』(1906)와『한국부동산에 관한 조사기록』(1907), 그리고『한국부동산에 관한 관례』제1철과 제2철(1907) 등을 출간했다.

관유지와 민유지의 구별은 보통 문기의 존부 또는 납세의 유무에 의거하여 이를 정할 수 있다. 즉 관유지에는 문기 존재하지 않고 또 납세 없는 것을 통례로 한다. 민유지에는 대저 문기가 있고 또 납세하는 것을 상례로 한다. … 관유지에도 문기가 있는 경우 납세를 하는 토지가 있고, 민유지도 개간지처럼 문기가 없는 경우, 은결처럼 납세하지 않는 토지가 적지 않다.

라고 하면서 결국 실지에 나아가 판별하는 수밖에 없다고 하였다.[29] 그리고 국유와 제실유의 구별을 보면, 국유지는 탁지부에서 관리하는 토지이고, 제실유는 궁내부에서 관리하는 토지라고 정리하였다. 제실유는 궁전, 역전, 둔토 등이고, 규장각, 耆老所 등에 속하는 토지, 관의 부지, 교전, 기타 국유의 임야 등이 국유지의 가장 좋은 예라고 하였다. 그렇지만, 양자를 구별하는 확실한 표준은 없다고 하였다.[30] 여기서 제실유가 주목되었다.

제실유는 궁내부에서 관리하던 토지로 역둔토와 각궁에서 직접 관리하는 궁전을 포함하고 있다. 황실재산을 관유의 범주에 포함시켜 정리하고 있다는 점이 주목된다. 일제는 '宮中과 府中의 混淆'가 국가재정의 폐해를 낳아 황실재정을 정리해야 한다고 하였다.[31] 이들은 제실유를 국유와 사유가 혼재된 토지로 보고 있으며, 이를 조사 구별하는 일이 토지조사 전에 해결해야 할 일차적 과제의 하나로 삼고 있었다. 문제는 이들을 구별할 확실한 표준이 없기 때문에 조사 작업을 통해 이들을 구별하는 일이 현안과제라고 하였다.

일제가 제실유를 국유와 사유로 구분하려할 때, 일제와 대한제국 황실은 이에 대한 대응자세가 서로 달랐다. 일제는 황실의 세력을 최소화하려고 한 반면, 황실에서는 황실의 영역을 현재의 상태대로 확정하기를 원했다. 황실의 독자적인 기반을 확보하여 일제가 간섭하는 것을 배제하기 위해

---

29) 법전조사국, 『부동산법조사보고요록』, 21~22쪽.
30) 법전조사국, 위 책, 22~23쪽.
31) 탁지부, 『임시재산정리국사무요강』, 1911. 2, 1쪽.

종래의 황실관할지를 그대로 남겨두기를 원했던 것이다.[32] 1905년 11월 17일 '한일협상조약'인 을사조약을 체결하자마자 11월 29일 궁내부 대신이 伊藤博文에게 韓國皇帝御希望趣意書를 보냈다. 모두 5개 항인데 이 가운데 다음 두 개항이 주목된다.

> 2. 황실 소유재산, 즉 황실소속의 광산, 홍삼, 驛田, 屯土와 各 宮陵園 소속의 전토 등은 모두 종전과 같이 황실에서 소유 관리할 것. 단 이에 관한 일반의 國稅는 종전과 같이 國庫에 납부할 것.
> 3. 황실재정과 소유재산에는 정부 재무고문의 간섭 없이 황실 스스로 이를 처리할 것[33]

그러나 일제는 대한제국 황실을 국정에서 제외하는 방향에서 조사 작업을 시행하고 법령을 제정하는 것을 기본원칙으로 삼았다. 이때 제정한 대표적인 법령이 1906년 3월 21일에 공포한 광산법, 7월 27일의 토지개간에 관한 건, 1907년의 국유미간지이용법, 1908년의 삼림법 등이다. 그 내용은 다음과 같다. 첫째, 구래에 황실이 갖고 있는 개간허가권을 비롯한 입안권 등을 완전히 박탈하였다. 둘째, 재산권에서 현재의 제실유는 인정하였지만, 민유가 아닌 것은 모두 국유에 포함시킨다고 명문화하여 황실을 배제하였다. 셋째, 국유재산에 대한 민의 이용허가권을 황실은 배제하고 정부만 갖도록 법제화하였다.

국유재산관리규정(7월 19일)에서 보듯, 일단 국유와 제실유를 구분하고, 국유는 정부의 소유로 규정하고 국유의 영역을 제실유까지 확대해가는 방식을 택하였다.[34] 대표적인 예가 궁내부내에 각궁사무정리소(1906. 12. 28~1907.

---

32) 金正明 編, 『日韓外交資料集成(6上)』, 1964, 84~85쪽.
33) 金正明 編, 위 책, 84~85쪽.
34) 김재호, 앞 글, 『경제사학』 16, 1992, 27쪽.

11. 27)를 설치하고, 1907년 2월 24일 궁내부 소관 각궁 사무관리에 관한 건을 공포하여 1사 7궁에 관한 궁장처리와 궁곡상납 사무는 각궁사무정리소에서 관리하도록 한 것이다.[35] 황실 私莊을 폐지하고 궁내부의 제실재산을 통합하여 직접 관리하도록 조치하였다.

1907년 6월 헤이그밀사사건이 발생하면서 대한제국 황실은 일제의 강압에 크게 시달렸다. 일제는 이를 계기로 7월 19일 고종황제에게 순종에 양위하도록 강요하고, 7월 24일에는 제3차 한일협약을 강제하였다. 식민통치에 저항하는 대한제국 황실의 영향력을 약화시키고, 자기의 영향력을 크게 확대한 조치였다. 이와 아울러 일제는 막대한 제실재산을 정리하여 국유화시킬 필요가 있었다. 이를 위해 먼저 1907년 11월 5일 역둔토와 궁장토의 收租를 탁지부로 옮기고, 황실의 수세권을 전면 폐지하였다. 11월 27일에는 경리원, 제도국, 각궁사무정리소, 공진소 등을 폐지하고 제실재산정리국(1907. 11. 27~1908. 8. 28)을 설치하였다.

제실재산정리국은 1907년 12월 1일부터 업무를 시행하였다.[36] 주 임무는 제실소유 재산의 정리 유지와 경영에 관한 일체 사무를 관장하는 것이었다.[37] 구체적으로 황제와 황족의 개인재산과 제실재산 구분에 관한 사항, 제실유 토지, 산림원야에 관하여 그 要存·不要存을 결정하는 일과 처리에 관한 사항, 제실유 영조물, 집기 재료 등 관리와 처리에 관한 사항, 능원 묘 등 소속지 정리와 처리에 관한 사항, 제실유토지 감관 收租吏員 등 진퇴에 관한 사항 등 제실재산을 정리하는 한편, 제실유 재산과 황실·황족의 개인재산을 분리하는 일이었다.

---

35) 和田一郎, 『朝鮮土地地稅制度調査報告書』, 1920, 576~577쪽(宗高書房 영인본, 1967) ; 宮嶋博史, 앞 책, 1991, 333쪽 ; 김양식, 앞 책, 297쪽 등이 참고된다.

36) 임시재산정리국, 『임시재산정리국 집무제요』, 1909, 제1류 관규, 17~19쪽. 제실재산정리국 분과규정.

37) 국회도서관, 『한말근대법령자료집』 6, 86~87쪽. 포달 제162호 제실재산정리국 관제 (1907. 11. 27).

제실재산정리국은 이를 처리하기 위해 두 가지 과제에 직면했다. 하나는 재산원부가 부실하다는 점이다. 이를 해결하기 위하여 편의적인 방법으로 관보나 신문에 광고를 하여 인민의 신청을 받아 국유지를 확보하는 방식을 채택하기도 하였다.[38] 광고의 목적은 일반 인민에게 국유재산의 이용을 허용하면서 그 출원에 따라 부동산의 소재를 파악하기 위한 것이었다. 轉貸, 허가 후 이용하지 않거나 이용상의 문제가 있을 때, 소유권의 오인 등이 생길 경우에는 임대차 계약을 해제한다는 조건으로 허가하였다. 청원자 수가 적지 않았다고 하였다.[39]

다른 하나는 이 기구의 최대 과제인 제실유와 황실재산의 분리문제를 해결하는 일이었다. 어떤 기준으로 제실유와 황실과 황족의 개인재산을 구분할 것인가 하는 것이 문제였다. 대한제국 황실의 바람대로 궁내부 관할 재산을 그대로 제실유로 하면 되었지만, 황실을 무력화시키려고 계획한 일제로서는 이를 받아들일 수 없었다. 구래에 국유지적 성격을 갖고 있던 역둔토를 제외하고 궁방전 등을 황실 소유로 그대로 둘 것인가 등을 고민하였다. 결국 일제는 황실재산을 모두 국유로 몰수하는 방향으로 논의를 전개했다. 논의과정을 보기로 하자.

1908년 6월 9일 통감 관사에서 열린 제41회 한국시정 개선에 관한 협의회에서 이 문제를 논의하였다. 통감 伊藤博文, 내각총리대신 이완용을 비롯하여 각부대신과 차관이 참가하였다.[40] 이 회의에서 황실재산 처리문제는 농상공부 차관 대리 澤田牛鷹이 주 발언자였으며, 내부대신 송병준, 탁지부 차관 荒井賢太郎 등이 지지발언을 하였다. 발언 내용은 다음과 같다.

---

38) 임시재산정리국,「제2류 토지」『임시재산정리국 집무제요』, 1908, 21쪽. 광고내용은 "궁내부 소관 부동산의 이용을 원하는 자는 그 목적물과 이용방법을 표시하고 측량도형을 첨부하여 제실재산정리국 장관에 신청할 것"이었다.

39) 탁지부,『임시재산정리국사무요강』, 1911, 34~35쪽. 그 수 70건으로 미결대로 본국에 인수한 청원 수는 실로 540건의 다수에 달하였다.

40) 金正明 編, 앞 책, 6中, 887~888쪽.

송병준은 제실유의 삼림 황무지 등을 농상공부의 소관으로 옮기는 것이
타당하다고 인정하는데, 이에 관한 의견을 들으려고 한다고 제안하면서 황실
재산 논의가 시작되었다. 농상공부 차관 대리 澤田은 한국에서는 제실유재산과
국유재산의 구별이 명확하지 않기 때문에 삼림법, 국유미간지이용법도 충분
히 적용할 수 없다고 하였다. 그러므로 일본이 維新 당시에 한 것 같이 제실유
재산을 전부 일단 국유로 옮겨 정리하자고 제안하였다. 이어서 제실유의
증거가 확연한 것은 宮殿과 陵墓뿐이고, 기타는 증명할 문서가 없다고 하였다.
송병준은 앞장서서 제실유재산은 다 국유로 하여도 무방하다는 의견을 제출하
였다. 驛田·屯土와 宮의 재산 같은 것도 원래는 국유인 것을 궁에서 압수한
것이라고 하였다. 荒井賢太郎도 역둔토는 원래 탁지부 소관이었던 것을 궁내부
로 옮긴 것이기 때문에 역사상 타당하다고 발언하였다.[41] 전술한 바와 같이
일제는 "제실유는 궁내부 관리의 토지로 궁전, 역전, 둔토 등이다."라고 언급했
음에도 불구하고, 궁중과 부중의 혼효, 구별 불가. 증거 불문명 등의 이유를
들고 구분이 어렵다는 방향으로 논의를 진행하고 있었다.

통감 伊藤博文은 논의 끝에 대한제국 황실재산도 일본에서 단행한 것 같이
일단 다 국유로 옮겨 정리하는 것이 좋겠다고 의사를 표시했다. 그렇지 않으면
제실유와 국유의 구별이 판연하지 않기 때문에 쟁의 등으로 충분히 정리를
할 수 없으니, 궁내부 재산 전부를 국유로 옮겨 조사 정리하라고 지시하였다.
황실에는 일정한 帝室費를 國에서 지출하고 일체의 재산을 국유로 옮겨 정리하
고, "장래 토지를 정리할 때는 民有와 主權者가 있다는 것을 구별하면 된다.
제실유와 국유라는 것은 지권을 교부할 때는 구별할 필요가 없다. 이 방법으로
정리를 마친 후 황실에 부동산을 소유하게 할 것인가 아닌지는 다른 날
연구하고 시행하라."고 지시하였다.[42]

일제는 제실유를 국유로 일단 이속하고 문제가 제기되면 그 때 해결하기로

---

41) 金正明 編, 앞 책, 6中, 906쪽.
42) 金正明 編, 위 책, 907~908쪽.

하고 칙령 제39호(1908년 6월 25일)를 공포하였다. 궁내부 소관과 경선궁 소속의 부동산은 국유로 이속하고, 다만 宮殿, 太廟의 基址와 본조의 陵, 園, 墓의 內 垓字內는 황실의 사유재산으로 인정하기로 한 것이다.[43]

그런데 1908년 2월 27일 탁지부 사세국 내에 토지에 관한 구관제도를 조사하기 위해 설치한 토지조사위원회의 위원이었던 유흥세는 구 각사 등 소속토지와 도세조사에서 소속 토지와 그 성격을 다음과 같이 정리하였다. 첫째, 내수사와 각 궁토(내수사·수진궁·명례궁·어의궁·용동궁·육상궁·선희궁·경우궁·경선궁(영친왕궁 토부)이고, 각전·묘·능원·묘위토 등 88곳이었다. 이 토지의 내용을 보면, "내수사는 황제 소용의 帑需로 하고 수진·명례·어의·용동 4궁은 황후의 소용의 帑需이고, 육상·선희·경우 3궁은 각 귀비의 사유로 사후 그대로 제사를 봉행하는 享需요, 경선궁은 皇 귀비의 사유재산이오 各殿과 陵園 墓에는 각 수호군의 급료와 守直官 供饌과 기타 경비에 충용을 위함이라."고 하였다. 그리고 수진궁은 未出閣한 공주·옹주와 후사가 없는 후궁의 제사를 봉행하였다고 정리하였다. 이들 토지의 설정방법도 다음과 같이 정리하고 있다. ① 각궁으로서 매수, ② 황후 本宮으로 屬付, ③ 국유지로 이속, ④ 한광지로 절수, ⑤ 국사범자로부터 沒入과 기타 自願付, ⑥ 각 궁방의 폐지를 이속한 것, ⑦ 민유지의 투탁 등이었다. 여기서 조사자 유흥세는 궁방전을 사유로 취급하고 있었다.[44] 이때 문제가 되는 토지는 ③과 ⑥의 일부 토지가 국유라는 점에서 국유로 처리할 수 있지만, ⑦의 토지는 민에게 돌려주어야 했을 것이다. 그러나 일제는 대부분을 국유로 처리하기로 원칙을 세웠다.[45] 이렇게 제실유가 국유로 이속되고 제실재산정리국은 폐지되었다.

---

43) 국회도서관, 앞 책 6, 492쪽.

44) 임시재산정리국, 앞 책, 1909, 제6류 잡부, 30~34쪽. 이와 아울러 "前 經理院 소관 東西籍田과 輜重馬隊 加立馬隊 東西驛田畓과 同院種牧課 所管 各菜田及箭串坪牧場田 拜峯鎭田畓과 宗正司所管 宗親屯은 幷히 帝室有에 속하얏스나 이미 各驛屯牧土部에 편입하얏기로 차에 再揭치 아니함."이라고 하였다.

45) 황실사유지는 후일 경선궁의 일부 토지와 창덕궁과 덕수궁 명의의 토지였다. 조석곤, 「토지조사사업에 있어서 분쟁지처리」『조선토지조사사업의 연구』, 민음사, 1997,

2) 국유지의 조사·정리와 실지조사

일제의 국유지 조사는 1907년 7월 4일 칙령 제44호로 '임시제실유급국유재산조사국 관제'를 공포하면서 본격화되었다.[46] 이 기구는 제실유와 국유재산을 구분 조사하는 것이었지만, 제실유도 국유로 할 목적이 내재되어 있었다. 조사국은 내각의 감독을 받도록 했으며, 사무는 위원회의 심의에 부치도록 했다. 위원회는 위원장 1인, 위원 6인으로 구성했다. 위원회의 결의는 내각총리에게 보고하고, 총리는 필요하다고 인정할 경우 내각회의에 부치고 상주하여 재가를 받도록 했다. 조사는 원칙적으로 서류조사 방식을 택했다. 관제에는 관계 관아의 관원의 출석과 자문, 서류 검열권 이외에 실지조사에 관한 항목은 없었다. 하지만 조사를 진행하는 가운데 실지조사의 필요성을 느끼면서 지방에서 조사를 담당할 관원을 파견하는 방안도 마련하였다.

위원회는 1907년 10월 9일 경리원 소관 역둔토와 각궁(1사7궁, 경선궁, 순화궁)전토의 조사와 수조에 관한 건을 결의하며 조사위원을 파견하기로 결정하고, 내각회의를 거쳐 11월 5일 실천에 옮겼다. 이때 收租도 경리원과 각궁사무정리소에서 탁지부에 위탁 징수도록 결정하였다.[47] 11월 30일에는 지방조사위원에 관한 내규를 정하였다.[48] 장부조사와 함께 실지조사를 병행하기로 결정한 것이다. 지방조사위원은 각도에 2명(총 26명)씩 파견하고 그중 1명은 재무관으로 촉탁하도록 하였다. 조사 보조원인 派員도 두도록 하였는데, 85명에 달하기도 하였다. 조사는 6개월 내 완료하고 장부를 위원장에 제출하도록 하였다.[49] 이는 위원회에서 결의하고 내각에서 결정하였다.[50]

323~324쪽.

46) 국회도서관, 앞 책 5, 576~577쪽, 칙령 제44호, 1907. 7. 4.

47) 국회도서관, 앞 책 6, 68쪽.

48) 『調査局去來案』 제11회 결의안(1907. 11. 29).

49) 『調査局去來案』 보고 제33호, 제13회 결의안(1908. 1. 30).

50) 국회도서관, 앞 책 6, 175쪽 : 『調査局去來案』(奎17827). 위원회 보고 제2호 ,제9호,

조사국의 조사과정에서 제기된 문제는 제실유와 국유지를 구분하기 위하여 민유지의 혼탈입, 투탁토지, 은토 등 인민의 이해와 상충되어 발생하는 분쟁을 해결하는 일이었다. 일제는 이를 위해 1908년 1월 18일 칙령 제2호로 임시제실유급국유재산조사국 관제를 개정하였다.[51] 개정령은 전문 16개조로 구성되었다. 원래 규정과의 차이점은 다음과 같다. 위원회의 조직에서 위원을 10명으로 늘리고, 위원장은 각부 대신과 서로 공문서로 알리도록 하였다. 조사국의 임무는 종전에는 제실유와 국유재산을 조사 정리한다고 했지만, 이번에는 여기에 소속을 판정한다는 조항을 추가하였다(제1조 제1항). 소유권 판정 기능도 부여하였다.

개정령의 핵심사항은 조사국의 조사가 인민의 이해와 충돌할 때 처리과정을 정했다는 점이다. 제1조 제1항에 민유재산에 관계가 있을 때는 이를 조사하며 또 그 처분을 할 수 있다는 조항을 추가하였다. 조사국에서 국유 제실유와 구분하여 민유라고 처리할 수 있도록 한 것이다. 이 처분은 내각 총리대신의 지휘를 받아 위원회에서 실행하도록 했다(제10조). 그리고 제11조에 위원회의 처분에 대하여 인민이 청원했을 때는 위원회에서 이를 심사 결정하도록 하였다. 인민에게는 조사국이 제실유나 국유라고 처리했을 때 민유라고 이의를 제기할 수 있는 청원권을 주었으며, 위원회에는 이에 대한 심사결정권을 부여하였다.

인민에게 부여한 청원권에는 다음과 같은 법적 의미를 내포하고 있었다. 민유를 국유나 제실유로 처리했더라도 인민이 청원하지 않으면 제실유나 국유로 결정한 그대로 처리된다는 의미이고, 청원은 법이 정한 기간 내에 이루어져야 한다고 했다. 그리고 위원회에는 이를 처리하는 최고기구로 실지조사권도 부여하였다. 실지를 조사할 때는 지방조사위원과 파원을 보내도록

제17호 등에서 투탁전답의 환급, 균전세의 폐지, 도장의 폐지와 투탁도장토지의 환급 등을 결의하고 실천하였다.

51) 국회도서관, 앞 책 6, 229~231쪽, 칙령 제2호.

한다(제8조)는 규정을 개정령에 포함시켰다.

여기서 명확히 하지 않으면 안 될 사항은 위원회가 결정한 '행정처분'이 갖는 법적 효력이었다. 이 처분에 대하여 인민이 사법재판소에 재판을 청구했을 때 그 결정이 사법심판의 대상이 되는지의 여부이다. 칙령에서는 이에 대하여 명문으로 명확히 정한 바 없기 때문에, '행정처분'에 대하여 서로 다른 해석이 제기되었다. '행정처분'의 결과도 소송대상으로 보는 경우와 토지조사령 제15조와 같이 해석하여 소송대상이 될 수 없다고 하는 경우 등 혼선을 보였다. 뒤에서 자세히 서술하겠지만, 고등법원에서는 다음과 같이 관제의 법적 효력을 정리하였다.

첫째, 조사국의 행정처분은 제실유와 국유를 확정하는 일이며, 여기에 이의가 있는 인민에게 청원권을 부여하였으며, 청원이 없는 경우 그대로 확정된다. 둘째, 청원으로 조사국은 민유인지 아닌지만 결정하고, 그 소유권자까지 결정하는 것은 아니다. 이는 사법심판의 대상이다. 셋째, 조사국의 '행정처분'은 제실유와 국유에 관한 한 토지조사령 제15조와 같은 절대성을 가진다는 것 등이다.

여기서 또 하나 일제는 조사국에서 조사 결정한 소유권에 대하여 일본민법에 정한 배타적 소유권을 적용한 것이다. 소유권 이외의 다른 물권은 아예 논의대상으로 삼지 않았다. 경작권은 소작권, 즉 임차권이라고 역둔토관리규정에 명확히 하였다. 따라서 조사국에서는 입안권과 경작권 가운데 어느 권리를 소유권으로 정할 것인지를 검토해야 했지만, 입안권과 같은 유형으로 성립된 권리를 소유권으로 간주하였다. 환급대상은 투탁지나 혼탈입지로 한정하였다.

개정령을 공포한 뒤 1월 22일 "제실유와 국유재산을 조사하여 公私有를 구별하는 일"을 추진하고, 2월 18일에는 "각궁 경리원 소관 토지문부 중에 혼탈입된 사토를 조사하여 하급하는 건"을 발하였다.[52] 곧 이어 사토 환급조치가 이루어졌지만, 협잡과 청원서에 위조문권을 첨부하는 등의 부작용이 속출하였다. 조사국에서는 도장과 청원한 자는 협잡배에 절대로 속지 말고 이러한 행위가 발각되면 현행 형법에 비추어 고발 처리하도록 했다.[53] 범법자를 징계한다는 공고를 내기도 하였다.[54] 조사국에서는 사토로의 청원이 빈발하자 5월 12일 회의에서 혼탈입지의 신고기간을 연말까지 연장하기로 결정하였다. 처분의 결과 투탁된 전답을 조사하여 39명에게 환급하는 조치를 취하기도 하였다.[55]

국유재산과 제실유를 구분 정리하는 작업은 민유로의 환급 청원과 황실의 개인재산을 사유로 분리하고, 그 이외의 제실유를 국유로 이속하는 것을 전제로 한 것이었다.[56] 6월 13일 제18회 조사국 위원회에서 조사국을 폐지하고 임시재산정리국을 설립할 것을 결정하였다. 이와 함께 제실유의 국유지로의 이속, 제실 징수권의 국고 귀속, 제실 채무의 탁지부이관, 도장의 폐지와 혼탈입지 건을 탁지부로 이관하는 것 등을 결정하였다.[57] 일제는 이 결정에

---

52) 국회도서관, 앞 책 6, 266~262쪽. 2월 12일에는 혼·탈입된 토지를 조사하여 하급하라는 총리가 황제의 재가를 받았다(『관보(대한제국)』 제4012호, 1908. 3. 3).

53) 『관보(대한제국)』 제3984호, 1908. 1. 30.

54) 『관보(대한제국)』 제4085호, 1908. 5. 22. 국회도서관, 앞 책 6, 423쪽. 임시제실유급 국유재산조사국은 전 각궁사원 사유재산에 대한 청원서를 처리에 관한 건을 5월 22일자로 공고하기도 하였다.

55) 『調査局去來案』(奎17827). 위원회 보고 제2호.

56) 탁지부 사세국 내에 1908년 2월 27일 토지조사위원회를 설립하였는데, 이때 토지의 유형을 국유토지, 제실토지, 공유토지, 민유지로 구분하였다. 전과 달리 제실유지에 앞서 국유토지를 설정하고 있다. 임시재산정리국, 「제2류 토지」『임시재산정리국 집무제요』, 1908, 86~88쪽.

57) 『調査局去來案』(奎17827) 위원회 보고 제170호. 제18회 위원회(1908. 6. 13)의 결의사항은 ① 종래 궁내부 소관 급 경선궁 소속의 일절 부동산(능원묘 소속한 중 삼림급 토지를 포함함)은 국유로 이속하야 탁지부 소관으로 속히 관리하게 하되 내부 혹 농상공부의 소관에 속함이 가한 자는 隨卽 당해 관청과 이를 협정함. 漁磯 洑稅 기타 궁내부의 제세의 징수권을 일절 국고에 귀속함. ③ 각도 소재 前鎭·堡·山城·烽臺·察訪 牧官 등의 폐지한 遺址와 그 부속된 전답 삼림에 관하여는 제1항 제1절을 準用함. ④ 各宮司 前導掌에 대하여 배상 건과 投托도장의 토지와 민유로 奪入 混入된 토지 하급 건에 관한 사항은 並탁지부에서 이를 맡아 처리함. ⑥ 융희 2년 1월 칙령 제2호 임시제실급 국유재산조사국 관제의 폐지는 내각결의로 함 등이었다.

따라 1908년 6월 20일 칙령 제38호로 임시제실유급국유재산조사국 관제 폐지의 건[58]을 공포하고, 1908년 7월 23일 칙령 제55호로 임시재산정리국 관제를 제정하여 조사국의 임무를 계승하도록 했다.

임시재산정리국은 6월 25일에 공포된 칙령 제39호 '궁내부 소관급 경선궁 소속의 부동산을 국유에 이속의 건'의 국유지를 관리하기 위해 설립되었다.[59] 그 사무는 다음과 같았다. ① 재산(국유)의 조사와 정리에 관한 사항 ② 토지측량에 관한 사항 ③ 부동산상의 권리에 관한 이의신청의 심리 ④ 제실채 무정리에 관한 사항 등이었다(제2조). 이 기구는 탁지부 대신의 관리하에 있었으며, 장관은 탁지부 차관인 荒井賢太郎이 겸직하였다. 주 임무는 국유재산 정리와 그 보관에 관한 사항, 토지와 건물대장 조제에 관한 사항, 부동산상 권리에 관한 이의 신청의 심리 등이었다.

정리국 관제 공포와 동시에 국유지의 실제 관리권은 탁지부로 넘어갔다. 같은 날 '역둔토관리에 관한 건'을 공포하여 궁내부에서 담당하던 역둔토의 관리와 수입을 국고로 옮기도록 하였다.[60] 7월 29일에는 칙령 제39호로 국유로 이속된 장토를,[61] 10월 23일에는 역둔토 이외 국유전답의 관리에 관한 규정[62]을 공포하여 이들 토지에 '역둔토관리규정'을 준용하도록 하였다. 일제는 제실유와 국유지를 역둔토로 일원화시켜 탁지부에서 관리하도록 조치한 것이다. 이에 따라 모든 토지가 사유지와 국유지로 구분되었으며, 일제는 이에 맞도록 관리체계를 정비해 갔다.

---

58) 국회도서관, 앞 책 6, 492쪽. 칙령 제38호(1908. 6. 25).
59) 국회도서관, 앞 책 6, 492쪽. 칙령 제39호(1908. 6. 25). 칙령의 내용은 제1조 궁내부 소관급 경선궁 소속의 부동산은 이를 국유로 이속함. 단 宮殿 太廟의 基址 및 본조의 陵 園 墓의 內垓字內는 황실의 사유재산으로 인정했다. 제2 漁磯 洑稅 기타 궁내부에서 종래 징수하는 제세는 이를 국유로 이속하고, 제3 제실채무의 정리에 관한 사무는 탁지부대신이 이를 掌理한다는 것이었다.
60) 국회도서관, 앞 책 6, 492쪽. 칙령 제40호(1908. 6. 25).
61) 국회도서관, 앞 책 7, 124~125쪽. 탁지부령 제28호(1908. 7. 29).
62) 국회도서관, 앞 책 7, 465~466쪽. 탁지부령 제43호(1908. 10. 23).

<표 1> 임시재산정리국의 재산정리 방침

구분	내용
1. 역둔토	① 역둔토리규정을 제정할 것. ② 토지의 소재 면적 수확 등을 조사하여 대장에 등록할 것. ③ 역둔토에 대하여 결세를 면제할 것. ④ 역둔토소작료 징수규정을 제정할 것.
2. 1사7궁과 경선 궁장토	본 장토의 수조에 관한 사무는 역둔토소작료에 준하여 취급할 것.
	토지의 소재 면적 등을 조사하고 대장을 조제하기 위하여 이때 궁내부에서 인계받은 서류를 등사하여 재무서에 인계하고 재무서는 구사음 등이 소지한 장부 등을 대조하여 지급 조사할 뜻 각재무서에 명령할 것.
	대장의 양식과 수속은 역둔토대장 조제규정에 준할 것.
	구장토중 투탁에 계한 토지 또는 탈입지의 류는 양안 혹은 문기 등에 조사하고 그 권리가 분명한 것은 환부의 수속을 할 것.
	전항 私土의 환부, 기타 개개의 토지에 대하여 판정 또는 처분을 하려면 충분한 精査를 수행하고, 또 실지조사를 필요로 할 경우가 많음으로 당사자의 청원을 기다려 조사를 할 방침을 채택할 것.
	폐지시킬 도장에 대하여는 토지의 환급 또는 배당금을 지급할 것.
3. 大廟 基址와 本朝陵園墓墓 기타	① 칙령 제39호 제1조 단서의 토지의 범위와 경계를 조사 결정할 것. ② 본조 이전의 陵園 墓位土를 조사하고 소속을 결정할 것.
4. 전 각항이외의 궁장토	① 본항에 속한 토지는 다음과 같다. (堤堰畓·廢寺田畓과 寺刹基址·封山·竹田·楮田·漆田·果木田·公廨基址田) ② 대장을 조제하고 토지의 소재 면적 등을 기록할 것. ③ 收租에 관한 사무는 驛屯土小作料에 준하여 취급할 것.
5. 산림 원야와 국유 미간지 이용법에 의하여 출원할 수 있는 토지	① 본항에 속한 토지는 농상공부에 인계할 것. 단 조사가 끝나기 전이라도 출원자가 있을 때는 상당 조건을 부쳐 허가하는 것으로 하여 교섭할 것. ② 전호의 토지에 대하여 이미 山稅·蘆田稅·기타의 징수를 하는 것이 있다. 이 토지는 탁지부에 관리하고 또 그 징수를 계속할 것.
6. 건물 기타 토지의 부대 물건	
9. 漁磯 洑稅 기타의 제세	洑稅는 대개 역둔토 또는 궁장토와 관련된 것이기 때문에 水利組合의 설립을 권유하고 이에 맡기는 것이 편리하지만 당분간 종래대로 징수할 것.
10. 제실채무	각 채무의 원인 효력과 정리방법 등을 조사하고 위원회 조직 소송제기 등

출전 : 탁지부, 『임시재산정리국 사무요강』, 1911, 15~20쪽.

사유지는 1908년 6월 25일 '지세에 관한 건'을 공포하여 지주납세제의 원칙과 결가제를 채택하였으며,[63] 국유지는 '역둔토관리에 관한 건'[64]에서 재무감독국에서 역둔토를 관리하고 지세는 면제한다고 했다. 그러나 이때

---

63) 국회도서관, 앞 책 6, 489~490쪽. 법률 제10호(1908. 6. 25).
64) 국회도서관, 앞 책 6, 492쪽. 칙령 제40호(1908. 6. 25).

국가가 받은 도조는 결세를 제외한 것이 아니라 結과 賭를 합친 것으로 납부액은 전과 다름없었다. 그리고 점차 민간의 지대수준으로 올리는 조치를 취했다. 이 조치와 함께 다른 국유지도 역둔토관리규정[65]에 따라 처리하도록 하였으며,[66] 이를 위해 역둔토대장도 작성하였다.[67]

정리국에서는 <표 1>과 같이 조사국에 이어 국유지 정리와 관련하여 도장의 정리와 혼탈입지를 환급하는 일도 취급하였다. 투탁 혼탈입지는 양안 혹은 문기 등을 조사하여 그 권리가 분명한 것은 환부의 소속을 밝도록 하였다. 판정과정을 보면 "私土의 還付, 기타 개개의 토지에 취하여 판정 또는 처분을 하려면 충분히 정밀 조사하고, 또 실지조사를 필요로 할 경우가 많음으로 당사자의 청원을 기다려 조사하는 방침을 채택"했다.[68] 그리고 부동산상의 권리(혼탈입지 등)에 관한 청원은 재무감독국장에 조회하고 혹은 국원을 실지에 파견하여 정밀 조사를 한 다음 처분하도록 하였다.

정리국은 조사국을 계승하여 여기서 해결하지 못한 국유지 문제를 처리하였다. 조사 방식도 전 국유지를 대상으로 한 것이 아니라 조사국처럼 이의제기에 따른 처리, 즉 청원→ 장부조사→ 실지조사→ 판정 과정을 밟았다. 조사국과 정리국의 국유지 조사는 기존 장부를 토대로 조사하는 가운데 투탁이나 혼탈입지를 가려내어 환급해주는 한편, 은토나 사매지를 찾아내어 장부에 등록하는 방식이었다. 이를 위해 채택한 방안이 청원제였다.

청원제는 전수 조사가 아니라 청원에 따른 수동적 방식이라 은토를 찾아내는데 한계를 보였다. 일제는 이 문제를 해결하기 위해 신고제를 도입했다. 신고제는 삼림법에서 처음 도입했지만,[69] 국유지에서는 역둔토대장을 제조

---

65) 국회도서관, 앞 책 7, 123~124쪽. 탁지부령 제27호(1908. 7. 29).
66) 국회도서관, 앞 책 7, 124~125쪽. 1908. 7. 29. 탁지부령 제28호 국유로 이속된 장토를 역둔토관리규정에 의해 처리하는 건. 국회도서관, 앞 책 7, 465~466쪽, 1908. 10. 23. 탁지부령 제43호 역둔토이외 국유전답의 관리 관한 규정.
67) 국회도서관, 앞 책 7, 105~107쪽. 칙령 제55호 임시재산정리국 관제.
68) 탁지부, 『임시재산정리국 사무요강』, 1911, 16쪽.

할 때 소작인이 자진 신고하도록 하였다. 조선 국가는 공토 전체장부를 마련하여 통일적으로 관리하지 않고, 각 관청이나 궁이 독자적으로 관리하였다. 반면 근대국가는 통치나 재정적 필요에서 전 토지를 조사하여 체계적으로 관리할 필요가 있었다. 일제가 이를 위해 마련한 장부가 1908년 4월 1일 공포된 '역둔토대장조제규정'에 따라 조제한 역둔토대장이었다.[70] 대장에 등록할 내용은 제1조에 "역둔토급 각궁전답 원림 수조 내규' 제25조에 의하여 조사한 사항"이라고 규정하였다.[71] 항목은 주소·사표·지목·면적·賭料등급·소작인의 주소 성명·納料·총대인의 주소 성명 등이었다.

탁지부에서는 다시 그해 7월 29일 '역둔토관리규정'을 공포하여 실지를 조사 하여 역둔토대장을 정비하기 시작했다.[72] 이 대장은 역둔토대장조제규정에 따른 역둔토대장을 기본장부로 조사한 것이었지만, 내용에는 차이가 있었다. 賭料등급 대신 소작료를 기입하고, 納料·총대인의 주소 성명을 제외하였다. 후자의 역둔토대장은 탁지부에서 역둔토를 직접 관리하도록 장부체계를 구성한 것이다. 소작인은 1908년 8월까지 재무감독국장에 신고하도록 하고,[73] 신고자를 우선적으로 소작인으로 배정한다는 원칙을 세우고 신고를 유도하였다. 소작인의 신고에 따라 작성한 역둔토대장을 '실지조사'에서 기본대장으로 삼았다.

---

69) 국회도서관, 앞 책 6, 삼림법 1908년 1월21일 제19조. 신고기간을 정하여 민이 자기 임야를 신고하고 증명하도록 하는 신고자 증명주의를 채택하였다. 신고하지 않은 임야는 국유로 확정하는 강제 신고주의였다.

70) 임시재산정리국,「제2류 토지」『임시재산정리국 집무제요』, 1908, 31쪽. 탁훈령 제103호(1908. 4. 1).

71) 임시재산정리국,「제2류 수입 驛屯土 등 징세내규의 건」『임시재산정리국 집무제요』, 1908, 1쪽. 1907년 11월 5일 경리원 소관 역둔토와 각궁 전답 園林의 수조를 탁지부에 위탁하면서 양자를 포괄하는 장부를 제조하기 시작하였다. 驛屯土及各宮田畓園林租徵收內規에서 수조원부와 납·미납성책과 관찰사·도사음·동사음이 제출한 장부에 기초하여 토지의 소재·면적·수확고·소작인 성명 등을 기록하였다.

72) 국회도서관, 앞 책 7, 123~125쪽. 탁지부령 제27호 제10조, 1908년 7월 29일.

73) 임시재산정리국,「제2류 토지」『임시재산정리국 집무제요』, 1908, 118쪽.

다음 과제는 역둔토대장을 근거로 역둔토를 조사 측량하여 장부를 제조하는 일이었다. 조사원을 파견하여 필지를 조사 측량하여 경계를 확정하고, 소유권을 확실히 하는 작업이었다. 작업은 1909년 5월 28일 탁지부령 제59호로 '탁지부 소관 국유지 실지조사 절차'를 마련하고 실천에 옮겼다.[74] 탁지부 소관 국유지는 역둔토, 각궁장토, 능원묘 부속토지와 기타의 국유지를 말한다고 정의하였다(제1조). 주요 조사사항은 ① 토지의 조사와 경계의 사정 ② 소작료 표준지의 선정과 그 측량 ③ 등급과 소작료의 詮定 ④ 은토의 조사 ⑤ 소작인의 당부 ⑥ 토지 이외의 권리(狀稅 등과 같은 것)에 관한 조사 ⑦ 기타의 정리(제17조) 등이다.

조사방법은 소작인에게 표목을 세우고 주소 성명 등 필지의 내용을 기록하고 신고하도록 했다. 중간소작은 배제하고 현재 경작자를 소작 권리자로 정하였다.[75] 소작신고제는 신고 토지가 국유지라는 것을 소작인이 인정한다는 의미였다. 이때 발생한 국민유 분쟁은 다음과 같이 처리하였다. 국유지 중에 사유지가 혼입되었다고 주장할 경우에는 그 증빙을 조사하여 양안 또는 作夫에 기재가 없고, 또 다른 증거가 없는 경우는 국유로 조사하라고 하였다(제57조).[76] 그리고 토지소유권에 이의를 신청한 자가 있을 때는 조사원은 소재 지번·지목·면적·이의신청의 사유·증빙·의견 등이 기입된 신청서를 징수하여 재무감독국장에 보고하도록 했다(제58조). 이 조사의 결과물이 국유지대장과 국유지도였다.

다음 작업은 국유지소작인허증을 작제하는 일이었다(제68조). 이는 국가가 배타적 소유권자이고, 소작인이 단순 임차권자라는 것을 확인하는 과정이었다. 이 점이 앞의 국유지 조사와 달랐다. 이때도 일제는 배타적 소유권을

---

74) 감사부, 『탁지부공보』 65(아세아문화사 영인본 2책), 1909. 5. 28. 233~251쪽. 부록 5에 전문을 번역하여 실었다.

75) 국회도서관, 앞 책 8, 361~365쪽. 탁지부령 제20호(1909. 7. 15).

76) 민유라고 주장하는 필지는 증거가 충분하지 않으면 모두 조사하고, 그 다툼은 재무감독장에게 보고하여 지휘를 받도록 하였다.

전제로 국유지를 조사하였지만, 서류상의 조사에 그쳤기 때문에 경작권자에게 부여된 관습물권을 그대로 인정하는 것처럼 보였다. 소작인은 자신의 법적 지위가 임차권자라는 것을 실감하지 못하였던 것 같다. 소유권 분쟁은 소작인이 '국유지소작인허증'을 발급받고 그것에 기록된 실제 지위를 스스로 실감하면서부터 적극 제기한 것으로 보인다.[77] 공토 분쟁이 수조를 둘러싼 분쟁에서 소유권 분쟁으로 이행한 것도 그러한 이유 때문이었다.

'실지조사'의 결과 역둔토 면적은 22%가량 증가하였다. 은토 발견의 결과였으며, 여기에는 미해결 분쟁지와 미조사지는 포함되지 않았다.[78] 일제의 국유지 조사과정은 광무사검의 공토를 국유지로 확보해 가는 과정이었다. 일제는 이때 제조한 국유지대장을 국유지통지서의 기본 장부로 삼았다. 여기서 제기된 문제는 이것이 국유로 확정되는 과정과 소유권의 법률적 성격이다. 일제가 '사업'에서 확정한 소유권은 일지일주의 배타적 소유권이었는데, 국유지대장의 소유권은 그 성격이 이와 다를까. 다르지 않다면 '사업'에서 그 국유지가 민유로 환급될 가능성이 존재할까. 존재한다면 어느 정도일까 등이다. 이때의 판정은 조사국 관제로 행한 소유권의 법률적 해석과 밀접하게 관련된다.

관제의 규정은 다음과 같은 문제가 있었다. 첫째, 제실유와 국유재산을 조사 구분하도록 했지만, 토지조사령 제15조와 같이 토지소유권과 경계는 사정과 재결로 확정한다는 명문규정은 존재하지 않았다. 둘째, 민유와 관계있을 때는 인민의 청원에 따라 심사한다고 하였다. 셋째, 조사대상 토지의 관계자에게 신고나 입회, 처분사항을 당사자에 통지하는 절차가 보이지 않았다. '사업'에 비해 소유권 조사절차가 대단히 소략하여 관계 민인이 적극 대처할 수 없게 한 한계도 있었다. 조사국의 관제는 종래에는 연구대상으로 특별히 주목하지 않았다. 다음 장에서 조사국이 행한 '행정처분'에 대한

---

77) 和田一郎, 앞 책, 宗高書房, 590~591, 615~616쪽.
78) 조선총독부, 『역둔토실지조사개요』, 1911, 6쪽.

법적 효력을 다루려한다. 고등법원은 국·민유 분쟁을 다루면서 판례로 이것이 갖는 법적 성격을 명확히 설정하고 있다.

3. 궁삼면 토지분쟁과 제1차 고등법원 판결

1) 궁삼면 토지분쟁과 소송의 개요

조사국에서는 제실유와 국유재산을 조사 정리하면서 청원을 받아 민유로 환급하기도 했지만, 받아들이지 않는 경우도 적지 않았다. 이때 조사국이 내린 결정은 '사업'에서처럼 재결이나 재심 등의 절차가 마련되지 않아 그대로 확정되었다. 이 결정에 반발한 민인이 다음에 선택할 수 있는 방안은 '結賭' 납부를 거부하며 투쟁하거나 합법적 방식으로 법원에 소송을 제기하는 정도였다.

민인이 법원에 제기한 소송은 두 경우가 있었다. 하나는 조사국이 조사하기 이전에 소송을 제기한 경우이다. 이때는 조사국이 아니라 민사재판으로 소송을 계속 진행하였다. 다른 하나는 조사국의 '행정처분'에 대해 민이 조사국에 청원하였으나 받아들이지 않아 법원에 소송을 제기한 경우였다. 이때는 조사국의 '행정처분'이 절대적인 효력을 갖느냐, 아니면 사법재판으로 이를 번복할 수 있는 것인지의 문제가 대두되었다. 이는 조사국의 관제에 따라 위원회가 내린 '행정처분'의 효력을 둘러싼 법리 해석의 문제였다. 조사국 관제에는 토지조사령 제15조와 같이 소유권에 관한 명문규정이 마련되지 않았기 때문에, 이 관제를 여기에 준하여 해석할 것인가 여부를 둘러싸고 치열한 법리논쟁이 벌어졌다.

전라남도 면민과 동양척식주식회사(이하 '동척'으로 함)가 궁삼면 토지를 둘러싸고 벌인 재판과정에 이 문제가 잘 드러났다. 먼저 사건개요를 통해 실상을 살펴보고, 이에 따른 고등법원의 법리 해석을 살펴보기로 하자. 이를 흔히 궁삼면민의 토지탈환운동으로 부르는데, 사건개요는 다음과 같다.[79] <표 2>에서 보듯, 사건은 나주군 지죽, 욱곡, 상곡, 등 삼면이 1888년 한해를 당하면서 시작되었다. 경저리 전성창이 세금을 대납하고 이산한 면민들의 진전을 개간하는 비용 등을 제공하는 대가로 면민으로부터 유망민의 토지 1,400두락과 일부 면민들 토지에 대한 매매문기를 받으면서 면민과의 갈등이 시작되었다.[80] 이후 전성창이 매매할 때 내건 조건을 이행하지 않았다고

〈표 2〉 전남 나주군 궁삼면 토지분쟁 사건 일지

	사건발생일	사건개요
1	1888~1890	한해발생과 조세부담으로 면민 이산. 나주 군민은 조세대납을 조건으로 이산자 소유의 진전 1400두락과 일부 면민소유지를 전성창에게 넘기기로 함. 미납조 1만4천원. 이외에 경우와 양곡 제공조건으로 유망민 귀환시켜 토지회복을 기도함.
2	1891~1894	전성창은 이 토지를 경우궁에 투탁하고 주민들로부터 계속 가징하였다. 경우궁에서도 연공을 독촉하였다. 군수는 전성창의 늑탈을 주민이 호소하자, 경우궁과 협의하여 면민에게 토지를 반환하고 미납결세를 직접 상납하기로 결정함.
3	1895~1896	전성창이 미납액 등의 명목으로 수확벼 1300석을 빼앗음. 면민을 속여 삼면의 전답문기를 위조, 궁에 자기 토지라고 품신.
4	1896. 1. 22.	나주군민 이용백이 전성창을 대상으로 소송 제기, 전성창 승소.
5	1896. 6. 23.	전성창이 나주군민 이용백을 대상으로 소송 제기, 전성창 승소.
6	1897. 5. 18.	면민이 내부와 법부에 소송 제기하고 고등재판소에서 전성창을 징계하고 답전은 면민에 인도하고 경작하도록 판결.
7	1898. 9. 22.	전성창이 삼면토지를 완화궁에 투탁하고 면민에게 벼 7천석을 징수. 면민 내부에 호소, 전성창의 위조문적 빼앗을 것을 결정.
8	1898. 10. 29.	전성창이 경선궁에 매각. 연공을 거두기 위하여 궁감을 파견. 면민이 저항하자 순검을 동원하고 구타하고 구속함.
9	1899. 2.	면민이 소송 제기하러 서울로 갔다가 궁내부 경무관에게 투옥당하고 판결서류를 탈취당함.
10	1900~1907	경선궁에서 2천원 하사하고 궁감을 파견하여 평온하게 수취함. 궁삼면이라 호칭함. 불망비 건설.
11	1907. 7.	삼면대표자 임시제실유급 국유재산조사국에 민유라 청원.

---

79) 한말 일제초기 궁삼면민의 토지탈환운동은 이규수,『近代朝鮮における植民地地主制と農民運動』, 信山社, 1996 ; 이규수,「전남 나주군 궁삼면 토지회수운동」『궁삼면 토지회수투쟁자료집』, 2000 ; 박이준,『한국근현대시기 토지탈환운동연구』, 선인, 2007 등이 참고된다. 이에 관한 자료는 나주문화원,『궁삼면 토지회수투쟁자료집』, 2000에 수집 정리되어 있다.

12	1908. 1. 19.	조사국장 서리 유성준이 조사를 거쳐 면민소유로 판정.
13	1908. 2. 15.	경선궁에서 청원서를 제출하여 경선궁 소유로 판정. (을제1호증 결정서)
14	1908. 6. 29.	칙령 제39호로 국유로 이속함.
15	1909. 8. 10.	임시재산정리국장 경선궁에 환급(을제2호증 하급서)
16	1909. 7.	면민 경선궁에 반환 청원하자 경선궁에서 3개년 매년 천석 상납을 조건으로 반환 제안. 농민 거절.
17	1909. 12. 10. 1910. 9. 23.	경선궁이 동양척식주식회사에 매도함. 나주군수의 증명과 목포이사청의 사증을 받음.
18	1910년 가을	소작료불납동맹 동척이민 배척 등.
19	1912. 3.	광주지방법원 토지소유권확인과 인도소송.

출전 : 나주문화원, 『궁삼면 토지회수투쟁자료집』, 2000 ; 박이준, 『한국근현대시기 토지탈환운동연구』, 선인, 2007, 55~78쪽.

하면서 주민이 지대납부를 거부하는 등 반발한 것이다. 궁삼면 전체가 분쟁에 휘말렸다. 전성창은 면민의 반발을 피하기 위해 이 토지를 경우궁에 투탁하기도 하였다.

이때 문제가 된 것은 면민과 전성창 사이에 이루어진 토지매매가 법적으로 어떠한 효력을 갖는지의 여부였다. 양자 사이에 매매문기가 작성되어 거래가 성립되었지만, 면민은 전성창이 매매조건을 이행하지 않았다고 주장하고 이를 무효라고 주장한 것이다. 이 사건은 양측이 각각 별도로 소송을 제기하여 고등법원에서 전성창에 승소한 경우도 있고, 패소한 경우도 있었다. 면민이 승소한 경우 전성창이 궁내부를 동원하여 이를 좌절시켰다. 그 결과 면민은 소유권을 행사하지 못했으며, 오히려 전성창이 강제로 지대를 징수했다고 호소하는 상황이었다.

궁삼면의 토지분쟁에서 결정적인 사태는 전성창이 면민과의 갈등을 피해 경선궁에 매매한 이후에 발생했다. 경선궁은 면민이 계속 반발하자 별도로 면민에게 2천원을 하사하고, 그 후 8년 정도 '평온하게' 지대를 수취하였다고

---

80) 면민이 유망민의 토지를 주인 허락 없이 경저리 전성창에게 매매한 것에 대한 불법성 여부에 대한 문제 제기는 보이지 않았다. 추후 검토대상이다. 전북의 균전수도와 같은 문제인데, 아무런 이의제기가 없었다는 점은 의문이 든다. 김용섭, 「고종조 왕실의 균전수도문제」『한국근대농업사연구(증보판)』(하), 일조각, 1993이 참고된다.

한다. 그리고 면민이 파견된 궁감에 감사의 뜻으로 不忘碑를 건설하였다고
했다. 이러한 상황아래 1907년 조사국의 소유권 조사가 시작되어 면민이
민유라고 청원하자 조사국장 서리 유성준이 이를 받아들였다가 경선궁이
이의를 제기하여 조사 심의하여 제실유로 변경 확정했다. 그 뒤 이 토지가
국유로 이속되었다가 경선궁이 정리국에 엄비의 사유라는 이유로 반환을
요구하자 경선궁에 돌려주는 조취를 취했다. 그뒤 면민이 경선궁에 환급을
청원하고 협상을 개시했지만 결렬되고, 경선궁이 동척에 이를 매도하였다.
이에 대해 면민이 이의를 제기하여 <표 3>과 같이 동척과 줄기찬 소송전이
벌어졌다.

〈표 3〉 동척과 궁삼면민의 토지분쟁 재판 일지

	판결일	사건번호	해당법원	원고 상고인	사건명
1	1912. 6. 28.	민10	광주지방법원	1,434명	토지소유권확인 및 인도청구소송
2	1912. 12. 22.	민147	대구복심법원	동척	토지소유권확인 및 인도청구소송
3	1913. 5. 30.	민상80	고등법원	동척	토지소유권확인 및 인도청구소송
4	1913. 10. 13.	민476	광주지방법원	276명	토지소유권확인 및 인도청구소송
5	1913. 10. 13.	민293	광주지방법원	202명	토지인도청구소송
6	1913. 10. 13.	민412	광주지방법원	16명	토지소유권확인 및 인도청구소송
7	1913. 10. 13.	민292	광주지방법원	644명	토지소유권확인 및 인도청구소송
8	1913. 10. 13.	민127	광주지방법원	302명	토지소유권확인 및 인도청구소송
9	1915. 2. 23.	민상제445 제449호	고등법원	이병규외 1,384명	토지소유권확인 및 인도청구에 관한 건

출전 : 나주문화원, 『궁삼면 토지회수투쟁자료집』, 2000.

당시 경선궁은 동척이 말썽 많은 궁삼면 토지를 구입하려고 하자 심사숙고
하라고 충고하였으며, 그래도 동척이 구입하려고 하자 경선궁은 만일 잘못되
더라도 책임질 수 없다고 합의한 뒤 헐값에 계쟁지를 팔아 넘겼다고 한다.[81]
동척이 위험을 무릅쓰고 이를 매입한 것은 두 가지 점에서 승소할 것이라고
확신한 것으로 보인다. 하나는 칙령의 결정사항은 '행정처분'으로 절대성을
갖는다는 법리에 대한 확신이며, 또 하나는 전성창과 면민이 계속 소유권

---

81) 박이준, 『한국 근현대 시기 토지탈환운동 연구』, 선인, 2007, 82~84쪽.

분쟁을 해 왔지만, 경선궁이 전성창으로부터 매득한 후 면민이 반발하자 이들에게 2천원을 하사하고, 그 후 '평온하게' 지대를 수취하였다고 판단한 점이다. 동척은

> (경선궁이) 1900년 9월 정당하게 매수한 이래 궁감을 파견하여 1907년까지 평온 무사히 추수를 하였다. 이때 면민은 궁감을 표창하기 위하여 不忘碑를 세웠으며, 일반적으로 궁삼면이라 불러왔다는 등의 사적에 비추어 경선궁의 소유인 것은 의심할 바 없다.[82]

라고 판단하고 1909년 12월 10일 매수하였다. 다음 작업은 "각 면장과 리장의 인증을 거쳐 1910년 7월 30일 토지가옥증명규칙에 따라 나주군수의 증명을 받고 동년 9월 23일 목포이사관의 사증을 받는 일"을 추진하였다. 동척은 '적법'한 절차를 밟아 자기 소유라는 증거를 확보해 간 것이다. 이리하여 면민은 1912년이래 동척을 대상으로 '토지소유권확인 및 인도청구소송'을 계속 제기하였다.

면민은 동척에 두 방식으로 대처하였다. 하나는 동척에 소작료 불납동맹과 동척이민배척운동, 토지탈환운동을 전개하는 일이고, 다른 하나는 법원에 소송을 제기하는 일이었다. 광주지방법원에 동척을 상대로 토지소유권 확인 및 인도청구소송을 6차례나 제기하였다. 그리고 그 연장에서 대구복심법원과 고등법원에 각각 2차례의 2심 판결과 3심 판결이 진행되었다. 소송의 결과 동척이 승소하여 동척 소유로 확정되었다. 그 이후에도. 면민은 동척에 계속 저항하면서 토지탈환운동을 전개하였지만, 일제 권력의 지원아래 동척의 지주경영은 식민통치 기간 내내 계속되었다. 결국 해방 후 식민지지주제의 청산 과정에서 이 토지는 무상이 아닌 농지개혁법의 테두리 내에서 상환금을

---

82) 나주문화원, 「토지 인도 청구 소송(민476, 광주지방법원)」, 『궁삼면 토지회수투쟁자료집』, 2000, 93쪽.

지불하고 나서야 면민의 소유로 확정되었다.[83]

여기서는 면민의 기나긴 투쟁 가운데, 조사국과 정리국에서 경선궁의 소유로 확정하고, 동척 소유로 확정 판결되기까지의 과정을 다루려고 한다. 그 이유는 일제의 법원은 조사국이 결정하기 이전의 소유관계는 무시하고 조사국과 정리국 단계의 결정과정 이후의 일에 한정하여 소송 대상으로 삼았다. 그리고 최종적으로 고등법원에서 제실유와 국유지를 대상으로 토지조사령 제15조와 같은 법해석을 하여 동척의 소유로 확정하였기 때문이다.

면민의 토지소유권에 대한 소송과정은 두 차례 제기되었다. 하나는 조사국의 '행정처분'이 사법재판소에서 다룰 수 있는 사안인지의 여부를 둘러싼 재판이고, 또 하나는 이 결정에 따라 법원에서 궁삼면의 토지의 실제 소유자를 확정하는 재판이었다.

먼저 고등법원의 첫 번째 판결인 1913년의 민상 제80호와 관련된 제1차 재판과정을 살펴보자. 제1심에서 원고(면민)가 피고(동척)를 대상으로 소송을 제기한 이유는 다음과 같은 3가지였다.[84] 첫째, 계쟁지는 융희 2년 조사국에서 경선궁의 소유라 결정하고 국유로 편입했는데, 그 후 임시재산정리국에서 이를 다시 경선궁에 환부한 것은 사실과 다름없지만, 이 조치를 '행정처분'으로 취급해서는 안 된다고 하였다. 둘째, '행정처분'이라고 하더라도 이 소송은 그 개폐를 구하는 것이 아니고, 단지 토지소유권의 확인과 인도를 청구하는 소송이니 당연히 사법재판소에서 재판해야 할 사안이라고 주장하였다. 셋째, 원고의 주장과 사실에 비추어 보면, 피고가 항변하는 것 같이 본 소송이 개국 503년의 의안과 대전회통으로 볼 때, 출소기한을 경과한 것이 아니라고 하였다. 이 건은 사법재판소에서 소송을 담당해야 한다고 주장한 것이다.

반면 피고인 동척은 '妨訴抗辯'을 거론하며 다음과 같은 법리로 대응했다.[85]

---

83) 함한희, 「해방이후 농지개혁과 궁삼면 농민의 사회경제적 지위와 그 변화」『궁삼면 토지회수 투쟁자료집』, 2000, 60~80쪽.

84) 나주문화원, 「토지소유권 확인 및 인도 청구소송 (민10 광주지방법원)」『궁삼면 토지회수투쟁자료집』, 2000, 98쪽.

첫째 계쟁지는 조사국이 '職權'상 적법하게 심리하여 1908년 2월 15일 경선궁의 소유라고 결정을 하고, 6월 칙령 제39호로 국유로 귀속하였다. 그리고 1909년 8월 임시재산정리국장이 다시 경선궁의 요구에 따라 경선궁에 환부한 것을 동척이 매수하였다는 것이다. 따라서 원고의 주장은 이는 '행정처분'에 개폐를 시도한 부적법한 소송이라고 주장하였다. 둘째 원고가 주장한 사실에 의하면, 1890년 계쟁 토지를 소외 전성창이 사기한 것이라면 당시의 聽訟기한은 大典會通의 戶典이나 개국 503년(1894년)의 의안에 의하여도 1905년 刑法大全 시행 전에 이미 出訴權을 상실한 것이라고 주장하였다.

원고와 피고의 주장이 서로 대립되는 가운데 제1심 법원에서는 피고가 주장한 '妨訴抗辯'에 대하여 다음과 같이 판결을 내렸다.[86] 첫째, 피고는 원고가 조사국과 정리국이 내린 '행정처분'의 개폐를 시도하는 부적법한 소송을 제기했다고 주장하지만, 원고는 답토의 소유권의 확인과 인도를 구하는 소송을 제기하였다. 그 청구의 원인은 계쟁지 답토는 옛부터 원고가 소유하여 왔고, 1897년 고등재판소에 출소하여 원고의 소유지라는 판결을 받은 바 있다. 그런데 다음 해 전성창이 답토를 冒認하여 경선궁에 매도하고, 1908년 조사국에서는 경선궁의 소유라고 결정하였다는 것이다. 이것이 궁장토라는 이유로 국유로 편입하였으며, 정리국에서는 다시 경선궁의 요구에 따라 사유로 하부하는 결정을 하였다고 했다. 그런데 동척이 이 토지를 경선궁에서 매수하자 원고가 소유권을 침해당했다고 주장한 것이다.

이에 대해 제1심에서는 경선궁의 소유라는 것은 조사국의 결정으로 분명하고 이것은 '행정처분'에 속하는 것이지만, 원고의 소송이 직접 그 결정의 변경이나 개폐를 구하는 것이 아니기 때문에 원고의 소유가 사법재판소의 심리를 허하지 않는 '無訴權'의 사항이라고 할 수 없다고 하였다. 원고의 소송이 민사사건으로 사법재판소에 구제를 구할 수 있는 사항이라는 것이

---

85) 나주문화원, 『궁삼면 토지회수투쟁자료집』 2000, 99쪽.
86) 나주문화원, 『궁삼면 토지회수투쟁자료집』 2000, 104~106쪽.

명백하고, 피고가 이에 대해 '妨訴抗辯'이라고 주장할 이유가 없다고 했다.

둘째, 원고가 제기한 소송은 개국 503년의 의안 또는 대전회통의 호전조의 청송기한을 경과하여 부적법하다고 피고가 주장하고 있지만, 민사소송법 제206조 제2호에 따라 이 항변은 이유가 없다는 것이 명료하다고 하였다. 대전회통 호전조의 출소기한의 규정은 이 기한을 경과하면 권리자가 그 청구권을 상실한다는 뜻을 규정한 것이라는 것이다. 출소기한 경과의 사안을 사법재판소의 권한에서 제외하고 심리를 허용하지 않는 無訴權의 사항으로 하는 것은 法意가 아니라고 하였다. 따라서 출소기한의 경과 여부는 본안에서 심리할 사항이고 이것으로 '방소항변'할 이유는 없다고 하였다.

제1심 판결에서는 조사국의 결정을 인정하면서도 면민이 제기한 이 사안은 사법재판소의 심리를 허용해야한다는 것이다. 그리고 청송기한이 넘은 것인지 넘지 않은 것인지를 여기서는 조선의 법제에 따라 논의하고 있지만 이것은 민사소송법에 따라 본안에서 논의할 문제라고 하였다. 제1심에서는 '행정처분'이라도 민사문제는 사법재판소의 심리 사안이라고 판결하고 있다. 당시 판결에서 주요한 결정사안은 대한제국의 법제와 판결사항을 결정적 요건으로 보는 것이 아니라 이때 제정한 법과 일본법에 따라 판단하고 있었다.

2) 제1차 고등법원 판결

궁삼면의 토지분쟁은 1883년 이래 계속되어 왔지만, 소송이 본격화 된 것은 1908년 정리국이 계쟁지를 경선궁에 환급하면서 본격화되었다. 동척은 이때 법리를 검토한 다음, 경선궁의 사유지로 된 이 토지를 매득하여 지주경영과 이민사업을 추진하였다. 면민은 경작권까지 위협을 받게 되자 동척을 대상으로 소송을 제기하여 1915년까지 긴 법정투쟁이 시작되었다. 최종심인 고등법원 판결은 1913년과 1915년 두 차례 있었다.

면민이 소송을 제기한 이유는 두 가지였다. 하나는 조상대대로 상속받았거나 매득한 토지인데, 전성창이 불법적으로 방매한 토지를 경선궁이 매득하였다고 주장한 것이다. 다른 하나는 조사국이 경선궁과 면민 쌍방의 청원에 의하여 '職權'으로 경선궁의 제실유로 결정하고 칙령으로 국유로 결정했다가 정리국이 경선궁에 돌려주었다. 이에 대하여 동척과 면민의 해석이 달랐다. 동척은 조사국과 정리국의 처분은 '행정처분'으로 사법재판의 대상이 아니라고 한 반면, 면민과 사법재판소에서는 민사사건으로 사법재판의 대상이라고 주장하였다.

먼저 1913년 고등법원의 첫 번째 판결인 민상 제80호를 검토하기로 하자. 이때 동척이 상고한 이유는 면민이 동척을 대상으로 제기한 '토지소유권 확인과 인도청구 소송'을 복심법원에서는 사법재판소에 재판권이 있다고 판결하였기 때문이다. 그런데 고등법원에서도 원심과 같이 사법재판소의 판결대상이라고 판시하고 동척의 상고를 기각하였다. 동척의 상고이유와 고등법원의 판결내용을 보기로 하자.[87]

갈등의 기점은 조사국이 1908년 2월 15일 궁삼면 계쟁지를 경선궁의 소유로 결정한 시점부터였다. 그리고 1909년 동척이 경선궁으로부터 이를 매입하여 지주경영과 이민사업을 전개하면서 본격화되기 시작되었다. 전에는 경선궁이 면민의 경작권을 인정하는 가운데 조를 징수해갔으며, 조사국이 경선궁의 소유로 결정한 이후에도 경영내용이 다르지 않았다. 이리하여 면민이 적극 소유권 회복운동에 나서지 않았던 것으로 보인다. 제실유나 국유로 결정되었을 때도 별로 이의를 제기하지 않았다. 그런데 동척이 배타적 소유권자의 입장에서 지주권을 행사하자 생존권까지 위협받게 된 면민이 '소유권 탈환운동'에 적극 나섰다. 조사국이 경선궁의 소유로 결정하기 전부터 자기 소유였다고 주장하며 소송을 제기한 것이다.

동척은 이 소송에 대해 조사국이 1908년 경선궁의 소유로 귀속하게 한

---

87) 「대정 2년 민상 제80호 판결서」(법원도서관 소장), 266丁쪽.

결정은 '행정재판'의 효력이 있고 사법재판소에는 판정 권한이 없다고 주장하였다. 제1심과 복심법원에서 이를 기각하자 동척은 이는 법리를 어긴 판결이라고 주장하면서 고등법원에 상고하였다.[88] 고등법원에서 다룬 핵심문제는 조사국의 결정이 '행정처분'으로 소유권이 확정된 것인지, 그리고 이것이 민사사건으로 사법재판소의 재판대상에 해당되는지 등의 법리해석이었다.[89]

고등법원은 판결서에 동척의 주장을 다음과 같이 비판하고 이를 기각하였다. 첫째, 동척과 법원은 조사국의 관제와 판정과정을 보는 법률적 시각이 서로 달랐다. 법원은 이 토지는 면민이 조상으로부터 승계 소유한 것으로 소유권의 확인과 토지인도를 구하는 민사사건이라고 정리하였다. 반면 동척은 조사국에서 국유와 궁유, 국유와 민유, 궁유와 민유를 구별을 할 때 쌍방의 청원에 기초하여 1908년 2월 15일 경선궁의 소유로 결정하고, 이후 국유지로 전환했다가 경선궁의 사유로 환급한 것은 조사국의 '행정처분'에 따른 것이라는 논리로 이에 대응했다. 즉 동척은 면민이 소유권을 침해받았다고 주장하며 소송을 제기하였지만, 이는 조사국이 상당 권한으로 조사 결정한 '행정처분'이라는 것이다. 따라서 피상고인인 면민이 자기소유권을 부정당했다고 정반대의 주장을 하며 그 행위의 당부를 다투는 소송을 제기한 것은 부적법한 소송이라고 주장하며 상고한 것이다.[90]

둘째, 복심법원과 제1심 재판에서는 조사국의 결정은 '행정처분'이 아니며, '행정처분'이라고 하여도 이 소송이 '행정처분'의 개폐를 구하는 것이 아니라 단지 소유권 확인 혹은 인도를 청구하는 것이기 때문에 당연히 사법재판소의 재판을 받을 만한 것이라고 해석했다. 즉, 私法상의 원인에 기초한 청구이고, 國에 대하여 법령의 효력 또는 행정행위의 개폐를 구하는 것이 아니라는 것이다.[91] 따라서 소송사건은 민사사건이고 성질상 사법재판소의 관할에

---

88) 「대정 2년 민상 제80호 판결서」, 267丁쪽.
89) 「대정 2년 민상 제80호 판결서」, 273~276丁쪽.
90) 「대정 2년 민상 제80호 판결서」, 271~272丁쪽.

속한다는 것이다.

반면 동척은 이 결정은 법령의 효력에 의한 '행정처분'이기 때문에, 처분 이전부터 면민이 소유권을 갖고 있었다는 이유로 소송을 제기한 것은 사법재판의 효력으로 '행정처분'과 결정의 효력을 개폐하려는 것이므로 이 소송은 사법재판의 관할에 속하지 않는다는 뜻으로 '妨訴抗辯'을 주장하였다. 원심에서는 이 소송은 경선궁으로부터 계쟁지를 매득하였다고 주장하는 동척에 대하여 면민이 조선 전래 소유권을 가지고 있다는 이유로 人에 대하여 '토지소유권 확인과 인도를 구하는 소송'은 私法상의 원인에 기초한 청구이고, 國에 대하여 법령의 효력이나 행정행위의 개폐를 구하는 것이 아니기 때문에 이 법령의 효력 또는 행정처분의 당부를 논하는 결과로 돌아가더라도 민사사건이라는 성질을 잃지 아니한다고 하였다.

그러나 동척은 경선궁이 계쟁토지의 소유권을 확보한 것은 법령의 효력 또는 행정행위에 의한 것인데, 피공소인의 주장대로 민사사건이 되게 되면 결국 법령의 효력 또는 행정행위의 당부를 논쟁하는 결과로 돌아간다는 것이다. 소유권을 주장하는 사법상 원인에 기초한 청구라도 직접 간접으로 '행정처분'의 당부를 논쟁하게 되면 그 소송은 성질상 민사사건이 아니라고 동척은 주장하였다.[92] 즉 행정처분으로 귀속을 정한 토지에 대하여 조상 전래의 소유권을 가지고 있다는 이유로 사법재판소에 소송을 제기하여 '행정처분'과 일치하지 않은 정반대의 판결을 얻으려고 하는 소송은 "사법적 권리의 구제라는 이름을 빙자하여 '행정처분'의 당부를 논쟁하고, 사법재판소의 효력을 빌어 '행정처분'의 효력을 개폐하려는 것이다."[93]라고 주장하였다. 따라서 동척은 "사건은 이름은 민사사건 같으나 그 사실은 '행정처분'의 당부를 논쟁하는 소송이고, 그 성질은 민사사건이 아니다."라고 항변하였

---

91) 「대정 2년 민상 제80호 판결서」, 278丁쪽.
92) 「대정 2년 민상 제80호 판결서」, 277丁쪽.
93) 「대정 2년 민상 제80호 판결서」, 280丁쪽.

다.[94] 소송의 성질이 민사사건인지 아닌지를 판단할 때는 '명칭이나 용어 등의 형식'에 구애되지 말고 '사실의 실체'에 근거해야 한다고 주장했다.[95]

그리고 면민이 소송의 목적을 관철하려면 먼저 행정청의 처분이 부당하다고 주장하고, '행정처분'을 무효로 돌아가게 해야 하다는 것이다. 그런데 만약 재판소에서 원고의 주장을 허용하고 피고의 패소를 선고할 경우 '행정처분'은 완전히 무효로 돌아가게 되어 결국 사법재판소가 '행정처분'을 개폐하게 하는 결과를 낳기에 이른다고 했다. 따라서 사법재판소의 관할에 속하지 않는 것으로 보아야 한다고 했다.[96] 법리상 無訴權에 해당하는 경우가 없게 되기 때문에 사법재판소의 관할에 속한 것이 아니라고 상고하였다.[97]

셋째, 동척은 소송사건이 사법재판소에 속하지 않아 각하할 경우는 '職權'으로 해야 한다고 주장하였다.[98] 조사국이 경선궁의 소유라고 결정하고 이를 당사자 쌍방에 하급을 한 것인데, 이에 대한 피상고인의 소송이 각하할 만한 것일 때는 審級에 관계없이 각하해야 한다고 했다. 피상고인의 소송은 곧바로 각하될만한 것이고, 無訴權의 항변이유로 하는 것을 할 수 없다고 판결하는 것은 사법재판소에서 수리해서는 안 되는 것을 재판하는 것으로 이는 심하게 법을 위반하는 것이라고 주장하였다.[99]

넷째, 피상고인은 민사사건, 동척은 '행정처분'이라고 주장하는 등 사건을 보는 시각이 달랐다. 피상고인은 이 토지는 자기 소유로 '을 제1호 증'[100]

94) 「대정 2년 민상 제80호 판결서」, 281丁쪽.
95) 「대정 2년 민상 제80호 판결서」, 282丁쪽. 원고가 청구한 원인이 조상으로부터 계승된 것이라고 소유권을 주장하는 것은 문자와 형식에서는 민사사건이라고 할 수 있지만, 이럴 경우 법률에 소위 '無訴權의 소송'에 해당하는 것이 없게 되어 결코 정당한 해결이라 말할 수 없다고 주장하였다.
96) 「대정 2년 민상 제80호 판결서」, 282~284丁쪽.
97) 「대정 2년 민상 제80호 판결서」, 284丁쪽.
98) 「대정 2년 민상 제80호 판결서」, 285丁쪽.
99) 「대정 2년 민상 제80호 판결서」, 287~288丁쪽.
100) 부록 3. 【을 제1호증】 결정서 참조.

이전에 조사국이 '갑 제10호 증'으로 면민의 소유라 결정하였음에도 불구하고, 다시 경선궁 명의로 이전하고 그해 7월 국유로 편입한 뒤, 다시 경선궁에 하급한, 잘못된 결정에 대하여 소유권의 확인과 인도를 구하는 민사사건이라고 하였다.101)

동척은 경선궁의 소유라는 조사국의 결정은 조사국의 관제와 그 광고에 의하여 정당한 권한을 갖는 행정관청이 쌍방의 청원에 의하여 조사 판별한 '행정처분'이라고 주장하였다. 그리고 이것은 보통 민사판결과 다름이 없지만, 국가가 필요에 따라 법령을 제정하여 행정관청에서 취급하도록 한 것인데, 피상고인이 이 결정과 반대의 주장을 하며 행정처분의 당부를 다투는 것은 부적법하다고 주장하였다.102) 이 사건을 민사사항으로 볼 경우는 "사실 자체의 실질이 법률상 통상 행정사항인 경우도 사법재판소에 매달려 사실상 동일한 안건을 사법·행정 양 재판소에 매달리는 일이 발생하게 된다."고 주장하며, 복심법원의 판결을 비판하고 상고하였다.103)

다섯째, 동척은 조사국에서 쌍방 청원에 근거하여 경선궁의 소유로 결정한 것은 조사국이 관제 제1조의 권한 내에서 한 일종의 '행정처분'이라는 것이다.104) 따라서 원고가 이 처분과 일치하지 않은 정반대의 판결을 구하기 위하여 사법재판소에 다시 소송을 제기할 수 없다고 주장했다. 복심법원에서 사법재판소의 관할에 속하는 민사라고 해석한 것은 잘못이라는 것이다. 하지만 동척은 조사국의 '행정처분'을 토지조사령의 사정과 재결과 같은 것이라고 주장하였다.105)

---

101) 「대정 2년 민상 제80호 판결서」, 289~290丁쪽.
102) 「대정 2년 민상 제80호 판결서」, 290~291丁쪽.
103) 「대정 2년 민상 제80호 판결서」, 292~294丁쪽. 동척은 "당사자가 주장한 형식이 민사사항과 같이 보이는 경우라도 그 실질에서 직접 또는 간접으로 행정행위의 당부를 다툴 때는 민사사건이 아니며, 사법재판소에서 재판권을 갖지 않는 것이 명백하다."고 주장하였다.
104) 「대정 2년 민상 제80호 판결서」, 295丁쪽.
105) 「대정 2년 민상 제80호 판결서」, 297丁쪽. 이 사건이 성질상 민사라고 하더라도 사법재판

토지조사령의 사정 혹은 재결에 따라 토지소유권을 부정당한 자가 소유권의 확인과 인도의 소송을 사법재판소에 제기하고 … 그 사정 혹은 재결과 정반대의 판결을 구할 경우는 직접 조사회(임시토지조사국의 오류)의 사정 혹은 재결의 폐기를 청구하지 않더라도 재판소는 그 사건은 사법재판소의 관할에 속하지 않는다는 뜻으로 이를 각하해야 한다.106)

라고 동척은 주장하였다. 원고의 청구가 조사국에서 한 결정과 상반되는 판결을 하여 사법재판소의 효력으로 이를 개폐하려고 할 경우는 訴를 각하해야 한다고 동척은 주장하였다. 원고의 청구가 직접이든 간접이든 '행정처분'을 개폐하는 결과를 낳게 할 때는 國에 대하여 직접 그 개폐를 요구하지 않은 경우라도 그 소송은 사법재판의 효력으로 '행정처분'의 효력을 없애려고 하는 부적법한 것이라고 해석했다.107)

그러나 고등법원에서는 원심과 같이 이 소송은 私法관계로 구제를 구하는 것으로 그 성질이 민사소송에 속한다고 하였다. 특히 사법재판소의 권한을 제외한다고 한 법규가 존재하지 않는 이상은 이를 사법재판소에서 수리 심판하는 것은 당연하다고 판단하였다.108) 그리고

조사국에서 계쟁지를 경선궁의 소유로 결정하였는데, 조사국의 사장사무가 제실유재산과 국유재산을 조사 정리하는데 그친다면, 그 결정 자체는 다시 私法관계에 대하여 사법재판소에 출소함을 방해하는 효력을 갖고 있지 않다. 이 같은 경우 다른 사법재판소에 출소하는 것을 금지하는 법규가 존재하지

소의 관할에 속한 것이 아니고 행정관청의 관할에 속한 일이라고 하였다. "특별한 법령으로 민사에 관한 사항을 행정관청에서 처리하게 한 경우로 토지조사령에서 토지소유자와 경계에 대한 사정 재결과 같은 것이 그 적절한 예"라고 하였다.
106) 「대정 2년 민상 제80호 판결서」, 298丁쪽.
107) 「대정 2년 민상 제80호 판결서」, 300丁쪽.
108) 「대정 2년 민상 제80호 판결서」, 300~301丁쪽.

않으면 피상고인이 이 같은 소송을 사법재판소에 제기하여도 사법재판소의
관할에 속하지 않은 것이라고 논할 수 없다.[109]

라고 해석한 뒤 본 상고를 이유 없다고 기각하였다.

고등법원의 판결요지를 정리하면 다음과 같다. 첫째, 조사국의 사장사무는
제실유재산과 국유재산을 조사 정리하는 데 그치는 것이다. 둘째, 조사국의
'행정처분'을 토지조사령에 부여된 입법정신과 달리 私法관계는 사법재판소
의 민사재판 대상으로 본 것이다. 즉 다른 사법재판소에 출소하는 것을 금지하
는 법규가 존재하지 않으면 사법재판소의 관할에 속하지 않는 것이라고
논할 수 없다고 하였다.

고등법원에서는 제실유와 국유재산을 제외한 사법관계, 즉 민사소송은
조사국의 '행정처분'이 아니라 사법재판소의 소관이라고 판시하였다. 면민들
은 제1심과 복심법원, 고등법원에서 자기 소유로 인정받지 못했지만, 사법재판
소의 대상이라고 판결한 민상 제80호를 근거로 이후 민사소송을 계속 추진하
였다. 이리하여 이 재판은 사법재판소의 관할로 넘겨지고 소유권 판정을
위한 재판과정에 돌입했다.

4. 제2차 고등법원 판결과 법적 효력

동척의 예상과 달리 고등법원이 동척의 주장을 받아들이지 않고 기각하자,
면민이 판결 결과에 따라 민사소송을 제기하여 제2차 재판이 시작되었다.
제2차 재판은 제1차 재판의 결과에 따라 사법재판소에서 궁삼면의 토지의
소유자를 가리는 민사재판이었다. 그런데 제2차 제1심 재판에서 동척의 주장
에 따라 조사국이 경선궁의 소유라 내린 '행정처분'을 절대적 증거로 채택했다.

---

109)「대정 2년 민상 제80호 판결서」, 302~303丁쪽.

제1심 재판에서 이 소송은 "본소 청구의 토지가 1908년 1월 구한국 임시제실유급국유재산조사국의 결정에 의하여 당시 경선궁의 소유로 귀속된 것인지 아닌지의 점에 변론을 제한한다."[110]고 하고, 재판의 증거물로 조사국과 정리국의 문서만을 채택하고, 그 이전의 재판이나 각종 증거는 채택하지 않았다.

첫 번째 증거는 조사국이 1908년 2월 15일 궁삼면 전답의 소유권을 경선궁에 속한다고 한 결정서였다. 그리고 이 결정은 1908년 1월 18일 칙령 제2호로 공포된 조사국 관제 제1조에서 제실유와 국유재산의 정리에 관하여 민유재산이 관계가 있을 때는 이를 조사하고 그 처분을 행할 수 있다는 규정에 따라 한 '적법한 행정처분'이라고 언급하였다. 이 처분에 대하여 인민의 청원이 있을 때는 조사국이 심사 결정하는 직권을 갖고 있다는 것은 칙령 제11조의 규정에 비추어 분명하다고 했다.[111]

그리고 처분에 이의가 있는 자는 규정에 따라 변경을 청원하고 수속을 하지 않으면 이 처분은 당연히 확정되고 변경을 구할 수 없다고 했다. 그 결과 이 토지는 경선궁 소유라는 사실은 움직일 수 없었으며, 이 결정 이전에 이 토지에 대한 소유권을 갖고 있다는 사유로 소유권을 다툴 수 없다고 하였다. 이리하여 제1심 재판에서는 원고가 계쟁지의 소유권을 갖고 있다는 것을 전제로 한 소송은 "다른 쟁점의 심판을 기다리지 않고 그 이유가 없는 것으로 인정하고" 기각하였다.[112]

원심 판결도 제1심 판결의 관점에서 소송을 진행하였다. 고등법원도 판결에서 원심 판결을 일부 수정하였지만, 조사국에서 제실유나 국유로 결정한 것은 절대성을 갖는다는 것을 전제로 법리를 확정하였다. 면민은 민상 제80호

---

110) 나주문화원, 「토지 인도 청구 소송(민127, 광주지방법원)」 『궁삼면 토지회수투쟁자료집』, 2000, 172~173쪽.

111) 나주문화원, 『궁삼면 토지회수투쟁자료집』, 2000, 173쪽.

112) 나주문화원, 『궁삼면 토지회수투쟁자료집』, 2000, 145, 174쪽.

에 따라 민사소송을 제기하였지만, 고등법원은 민상 제445호내지 제449호의 판결로 면민의 상고를 기각하였다. 고등법원은 민상 제80호의 판결을 대단히 협소하게 해석하여 다시 상고한 것은 적절하지 않다고 하면서 고등법원은 판결서 후반부에

> 조사국 위원회에서 제실유 또는 국유로 결정된 지소에 관하여 일개인 상호간에 그 소유권의 확인을 구하는 소송은 私法재판소의 관할에 속한다는 취지를 판시한 것에 그치고, 당해 결정의 효력이 결정 당시에 일 개인의 권리에 어떠한 영향을 미치는 것인지에 관하여 판정한 것은 아니다.[113]

라고 민상 제80호를 정리하였다. 사실 경선궁의 토지를 정리국처럼 사유지, 즉 민유지라고 간주하면 국유나 제실유가 아니기 때문에 사법재판소의 관할에 속하여 그 소유권을 민사소송에 따라 판정할 수 있다는 것이다. 하지만 제2차 판결에서 고등법원은 면민의 의도에 반하여 이 토지를 "제실의 일원인 경선궁의 소유"이기 때문에 사법재판소의 판결대상이 아니라는 입장을 표명하였다.

일제는 '사업'에서 국·민유 분쟁이 급격히 증가하고 있는 사정 때문인지 조사국 관제를 재검토하여 민상 제445호내지 제449호에서 다음과 같이 정리하여 법적 효력을 명확히 하였다. 판결과정을 보기로 하자. 민상 제445호내지 449호는 면민이 동척을 대상으로 광주지방법원과 대구복심법원에 소송을 제기하여 패소 판결을 내리자 이병규외 1,384명이 상고하여 고등법원이 1915년 2월 23일 내린 최종 판결서였다.[114] 고등법원이 면민의 상고를 기각하면서 내린 법리해석을 보면 다음과 같다. 본 소송사건은 면민이 상속과 매득으로 확보한 자기 소유지(계쟁지)인데, 동척이 경선궁으로부터 매득한 자기 소유지라고 주장하며 권리를 침해하여 이를 구하기 위해 제기한 것이라고

---

113) 고등법원 서기과편, 『조선고등법원민사형사판결록』 3, 1916, 72쪽.
114) 고등법원 서기과편, 『조선고등법원민사형사판결록』 3, 1916, 54쪽.

하였다.

원심(복심법원)판결에서 이 계쟁지는 1908년 2월 15일 조사국 위원회가 경선궁의 소유로 결정하여 그 처분이 확정되었는데, 그렇게 된 이유는 이 결정에 대하여 아무도 구제 신청을 하지 않았기 때문이며, 상고인들도 이 처분에 의하여 확정된 경선궁의 권리를 침해할 수 없는 구속력이 있다는 것이다. 이 토지는 칙령 제39호로 국유로 귀속되었는데, 정리국이 경선궁의 청원을 받아들여 다시 경선궁에 하급한 것이라고 했다. 경선궁이 바로 이 토지를 동척에 매도한 것이기 때문에, 상고인은 현재 그 소유권을 갖고 있지 않다고 면민의 소유를 부정하였다.

그러나 면민은 이는 잘못 판시한 것이라고 그 문제점을 일일이 지적하면서 고등법원에 상고하였다. 고등법원은 이를 검토한 다음 원심 판결의 문제점도 동시에 지적하면서 상고 판결서를 작성하였다. 면민은 복심 판결에 대해 다음과 같이 이의를 제기하였다.[115]

첫째, 조사국의 관장사무가 제실유와 국유재산을 조사 정리하는데 그치는 것이라면, 그 결정 자체는 私法관계에 관하여 권리의 존부를 확정하거나 권리의 득상변경을 초래하는 효력을 갖는 것이 아니다. 둘째, 조사국이 경선궁의 소유라고 결정했지만, 이 결정은 상고인에게 인지시킬 상당한 방법이 없었을 뿐만 아니라 이를 알고 이의를 제기하지 않았더라도 이 때문에 상고인 등의 소유권을 상실할 이유가 없다. 셋째, 실질적으로 아직 상고인의 소유로 존재하고 있으며, 1908년 칙령 제39호 제1조에 의하여 국유로 귀속할 수 없으며, 또한 국가가 설령 자기의 것이라고 믿고 타인에게 증여했다 하더라도 상고인 등의 소유권에는 아무런 영향을 끼치지 않는다. 넷째, 원심은 조사국이 결정하기 이전에 상고인에게 소유권이 있었는지의 여부, 그리고 현재까지 그 권리의 이동과정을 조사한 다음 심판해야 함에도 불구하고, 조사국의

---

115) 고등법원 서기과편, 『조선고등법원민사형사판결록』 3, 1916, 55쪽.

결정에 의하여 경선궁의 소유로 귀속하는가의 여부에만 변론을 제한하고 상고인의 청구를 배척하였다는 것이다. 즉 원심판결은 이상과 같이 법률을 부당하게 적용한 불법이라고 주장하였다.

고등법원의 판결서는 원심이 내린 판결에 대한 법리상의 오류를 지적하고 있지만, 기본적으로는 원심 판결의 골격을 그대로 유지하면서 상고인의 주장을 각하하였다. 그것은 조사국 위원회가 계쟁지를 경선궁의 토지로 결정한 이후부터 정리국이 경선궁의 사유로 하급할 때까지의 전 과정을 고등법원이 법리해석으로 합법화시키고 있었다. 이 법리는 조사국이 계쟁지를 경선궁의 소유로 결정한 한 사례에만 국한되는 것이 아니라 조사국이 한 '행정처분'에 절대성을 부여한 모든 것에 대하여 확정하는 판례였다.

고등법원이 주로 적용한 규정은 1908년 칙령 제2호 조사국 관제의 제1조 제1항과 제2항, 그리고 제11조였다.[116] 이에 근거하여 위원회에서 2월 15일 경선궁의 소유지로 결정하고 칙령 39호에 의하여 국유로 옮겼다. 그리고 1909년 8월 10일 정리국 장관이 경선궁에 다시 하급하고 경선궁이 동척에 매도한 것이다. 고등법원은 이 같은 조사국 위원회의 결정의 효력에 절대성을 부여하는 판결을 내렸다.[117]

기존 연구에서는 광무사검에서 무리하게 확정한 공토를 융희년간 국유지로 판정하면서 국민유 분쟁이 발생하였으며, 한걸음 더 나아가 때로는 일제가 '사업'을 하면서 광무사검에서 강편된 국유지를 민유지로 환급해주었다고 이해하였다. 민의 입장을 반영하는 가운데 '사업'이 추진되었다는 견해였다. 조사국의 결정이 갖는 법적 효력에 대한 검토 없이 '사업'이 종전 오류를

---

116) 부록 [자료 1]. 칙령 2호 참조.
117) 고등법원 서기과편, 『조선고등법원민사형사판결록』 3, 1916, 57쪽. 위원회의 결정에 따라 융희2년 2월 25일 계쟁지는 경선궁의 소속, 즉 제실유재산으로 확정되었으므로 이 토지가 설령 상고인의 주장과 같이 위 결정이전에 상고인 등의 소유라고 하여도 위 결정의 효력으로서 이 토지는 경선궁의 소유로 귀속하고 … 이를 피상고인에게 매도한 것이라면 상고인은 위 … 조사국 위원회가 결정하기 이전의 사실에 근거하여 그 소유권을 주장할 수 없다고 하였다.

바로 잡았다고 해석한 것이다.

다음에는 고등법원이 조사국의 '행정처분'에 대한 원심의 법리해석을 비판하면서도 기본적으로는 이를 수용하는 방식으로 법리를 해석해 가는 과정을 살펴보기로 하자. 원심판결의 첫 머리의 주장을 요약하면 다음과 같다.[118] ① 조사국이 계쟁지를 경선궁 소유라고 판정한 것은 '을 제1호 증'에 의하여 인정할 수 있는 사실이다.[119] ② 면민의 주장과 달리 원심 판결에서는 이 결정서는 처분의 효과를 받는 자가 인지할 수 있는 '적절한 방법'으로 시행되었으며, 이 처분에 대하여 같은 령 제11조에 의거하여 항소인 등이 아무런 청원을 하지 아니하였기 때문에 계쟁지의 소유권이 경선궁의 소유권은 확정되고, 지금 아무도 그 소유권의 귀속에 대하여 다툴 수 없다. ③ 제11조의 규정에서 위원회의 처분에 대하여 인민에게 청원권을 허용하여 부당한 처분에 대한 구제의 길을 열어 놓았다. 그런데 일반 인민이 아무런 청원이 없을 때는 그 처분이 그대로 확정되며, 확정된 권리는 누구도 침해할 수 없는 구속력이 부여되었다고 하였다.

원심에서 경선궁의 소유로 확정되었다고 판결한 점은 고등법원도 동의하였지만, 고등법원이 원심 판결문에서 문제를 삼은 것은 칙령 제2호에 따른 "당해 처분의 확정력은 절대적이다."라고 해석한 부분이다. 원심은 칙령 제2호에는 토지조사령 제15조에 규정된 것과 같은 명문이 없음에도 불구하고 위원회가 내린 결정을 토지조사령 제15조와 같은 명문이 존재하는 경우와 동일한 효력을 갖는 것이라고 해석한 것이다.

고등법원에서는 이 해석의 불합리성을 지적하면서 "위원회의 결정과 같은 특수한 행정행위의 효력은 널리 對世的 효과를 갖는 것이 아니며, 토지조사령 제15조와 같은 명문의 규정이 있어야 비로소 대세적 효과를 발생한다."라고 해석하였다. 그리고 법령은 법에 명확히 정한대로 판정해야 하고 명문이

118) 고등법원 서기과편, 『조선고등법원민사형사판결록』 3, 1916, 58쪽.
119) 부록 [자료 3] 참조.

없을 경우 행정행위에 대한 효력은 대세적으로 확정될 구속력이 없다고 하는 해석을 덧붙였다.

고등법원은 조사국 관제는 오로지 제실유 및 국유재산을 조사 정리하는 것을 관장하도록 정했다고 제한적으로 해석하였다.[120] 따라서 이 법령은 私法관계에 관하여 권리의 존부를 확정하거나 권리를 창설, 소멸, 그 밖의 권리의 득상과 변경을 가져오는 효력은 없다고 정리하였다. 그리고 같은 조 2항에 "전항의 정리에 관하여 민유재산과 관계가 있을 때는 이를 조사하고 또한 그 처분을 할 수 있다."고 규정하였는데, 이 처분이 인민의 權義, 즉 私法上의 권리 의무에 어떤 영향을 주는 것은 아니라고 하였다.[121]

원심과 고등법원은 칙령 제2호에 대한 해석을 달리하였다. 원심에서는 칙령에 토지조사령 제15조와 같은 명문은 없지만, 조사회의 결정은 토지조사령 제15조와 같은 명문이 있는 경우와 동일한 효력을 갖는 것이라고 해석하였다. 이에 대해 고등법원에서는 위원회의 결정과 같은 특수한 행정행위의 효력은 반드시 명문의 규정을 두어야 비로소 대세적 효과가 발생한다고 해석하였다. 따라서 원심에서 칙령 제2호를 토지조사령 제15조와 동일한 효과를 갖는다고 판시한 것은 법칙을 부당하게 적용한 위법한 해석이라고 정정 판결했다.[122]

고등법원은 위원회가 계쟁지를 제실유 또는 국유라고 결정한 경우와 민유라고 결정한 경우는 서로 그 효력이 미치는 범위가 다르다고 해석하였다. 전자의 경우는 설령 그 재산이 실제 민유에 속하는 것이라도 그 부분에 관한 일 개인의 소유권은 소멸하고, 그리고 제실유 또는 국유로 귀속되면 누구도

---

120) 고등법원 서기과편, 『조선고등법원민사형사판결록』 3, 1916, 59쪽.
121) 고등법원 서기과편, 『조선고등법원민사형사판결록』 3, 1916, 60쪽. "이 처분에 따라 민유라고 결정되었을 때는 제실유及국유재산 소관관청이 제실유 또는 국유라고 주장할 수 없으며, 제실유 또는 국유라고 결정되었을 때는 민유는 민유로서 여전히 그 권리를 상실하지 아니하고 단지 제실유 또는 국유재산 소관 관청이 위 결정과 반대되는 주장을 할 수 없을 뿐이다."
122) 고등법원 서기과편, 『조선고등법원민사형사판결록』 3, 1916, 61~62쪽.

결정 이전의 사실에 기초하여 소유권을 주장할 수 없다고 하였다. 이어서 고등법원은 조사국 위원회가 권한에 근거하여 조사 결정할 경우 그 결정 자체가 무효로 되거나 취소되지 않는 한 유효하다고 해석하였다.[123]

결론적으로 고등법원은 조사국 관제에서 정한 위원회의 직무권한을 다음과 해석하였다. 조사국은 단순히 제실유와 국유재산을 구분 처리함에 그치는 것이 아니라, 이를 정리할 때 민유재산의 관계가 있을 경우에는 이를 조사하여 제실유, 국유, 민유 등을 판별하여 소속을 확정하는 데 있다고 하였다.[124] 이 과정에서 권리를 침해당한 일개인은 제11조에 의하여 청원할 수 있지만, 만일 청원하지 않거나 청원하여도 앞의 결정이 취소되거나 변경되지 않는 한 이 결정의 효력으로 제실유 또는 국유재산으로 확정되면 다시 민유재산이라고 주장하며 이를 다툴 여지는 없다고 해석하였다. 그리고 개인 소유재산으로 결정한 경우는 민유재산이라는 확정력을 갖지만, 그것이 어떤 사람의 소유라는 확정력을 갖는 것은 아니라고 하였다.[125] 따라서 민유재산이라고 결정하였을 때는 개인 상호간에 다시 소유권의 귀속을 다툴 여지가 있다고 하였다.

고등법원은 칙령과 토지조사령은 법률적 성격이 다르다고 해석하였다. 조사국 위원회의 결정은 단지 제실유·국유와 민유를 구분하여 그 소속을 확정하는 데 그치고, 토지조사령은 토지를 조사하여 소유자를 확정함을 목적으로 한다고 하였다. 토지조사령 제15조에서 토지소유자의 권리는 사정의 확정 또는 재결에 의하여 확정된다고 규정하고, 사정 또는 재결로 소유자가 확정되면 개인 상호간에 다시 소유권을 다툴 여지가 없다고 해석하였다.[126] 두 법령이 이같이 차이가 있음에도 불구하고 원심에서 조사국 위원회가

---

123) 고등법원 서기과편, 『조선고등법원민사형사판결록』 3, 1916, 62쪽.
124) 고등법원 서기과편, 『조선고등법원민사형사판결록』 3, 1916, 62쪽.
125) 고등법원 서기과편, 『조선고등법원민사형사판결록』 3, 1916, 63쪽.
126) 고등법원 서기과편, 『조선고등법원민사형사판결록』 3, 1916, 63쪽.

내린 결정의 효력을 토지조사령 제15조와 동일하게 취급해야 한다고 해석한 것은 칙령의 입법정신을 몰각한, 타당하지 않은 것이라고 고등법원은 지적하였다.127)

그리고 위원회에서 계쟁지를 경선궁의 소유, 제실유로 결정한 것이기 때문에 설령 결정하기 이전에 계쟁지가 개인의 소유라고 해도 이 결정의 효력으로 계쟁지에 대한 개인의 소유권은 소멸되고 제실유로 귀속된다고 하였다. 따라서 원심은 "당해 결정과 함께 계쟁지에 대한 경선궁의 소유권은 확정되고 더 이상 누구도 소유권의 귀속에 관하여 다툴 수 없다."고 판시하고 상고인의 청구를 배척하였다.128)

원심과 고등법원은 법리해석은 달랐지만, 계쟁지가 경선궁의 소유라고 판시한 점은 동일하였다. 원심 판결의 문제점은 조사국의 승계관청인 정리국의 장관인 荒井賢太郎이 "계쟁지를 경선궁의 사유지로 인정하고 이를 환부한 것"은 을 제2호 증의 기재로부터 명백하고,129) 또한 당사자 간에 다툼이 없는 바라고 한 점이었다.130) 여기서 사유지로 인정하고 이를 환부한다고 한 언급이 문제였다.

면민은 계쟁지가 사유지, 즉 민유지라고 결정되면 이것이 누구의 소유인지는 다시 사법재판소의 판단에 따라 실질상 그 소유권을 갖고 있는 자들에 귀속되어야 하는데, 원심에서는 칙령을 토지조사령과 같이 해석하여 법률에 위배하여 사실을 확정하고 법칙을 부당하게 적용하였다고 이의를 제기한 것이다.131)

---

127) 고등법원 서기과편, 『조선고등법원민사형사판결록』 3, 1916, 64쪽.
128) 고등법원 서기과편, 『조선고등법원민사형사판결록』 3, 1916, 64쪽.
129) 을 제2호는 융희 3년 8월 10일 임시재산정리국장관 荒井賢太郎이 慶善宮 監務 엄주익에게 준 공문이다. 그 내용은 "貴宮 所管으로 件 國有에 移屬한 土地 內에 左記 田畓을 慶善堂 私有地로 認하옵기 이를 還付照亮함을 爲要"한다는 것이다.(부록 [자료 4] 참조)
130) 고등법원 서기과편, 『조선고등법원민사형사판결록』 3, 1916, 64~65쪽.
131) 고등법원 서기과편, 『조선고등법원민사형사판결록』 3, 1916, 65쪽.

이 부분에 대한 조사국의 판정에 따른 법적 효력을 살펴보기로 하자. 조사국에서 계쟁지를 제실유 또는 국유라고 판정할 때와 아니라고 판정할 때는 처리방향과 파급효과가 다르게 전개되었다. 원심에서는 조사국의 처분에 따라 경선궁의 소유라고 결정된 계쟁지는 당연히 국유로 귀속되었으며, 이와 동시에 私人의 소유권은 전적으로 소멸된다고 하였다. 을 제2호 증에 의하면 경선궁 소관이고, 앞서 국유로 이전된 국유지를 경선궁의 사유로 인정하여 1909년 8월 10일 정리국 장관이 경선궁에 돌려준 것이다. 제실유→ 국유→ 사유로 소속이 달라졌다고 해석한 것이다. 이때 경선궁의 전신인 慶善堂이 慶善宮으로 개칭되면서 신분 변경을 초래함과 동시에 종래 경선당에 속한 재산(사유)은 모두 경선궁(제실유)으로 귀속되었으며, 경선궁으로 개칭된 후에는 경선당이라는 것이 없고, 따라서 경성당의 사유재산도 없다고 해석한 것이다. 그리고 이 제실유가 국유로 되었다가 경선궁의 사유로 이속한 것으로 해석하였다.[132]

그러나 고등법원에서는 원심과 달리 경선궁 소속의 재산은 경선궁 자격으로 공급받은 재산과 엄비 사인의 소유재산으로 구성되었다고 구분하였다. 1908년 칙령 제39호에 의하여 경선궁 소관 재산을 국유로 이속시킨 것은 빈궁의 재산이고 엄비의 사유재산은 포함되지 않는다고 본 것이다. 하급서에 표기된 사유지는 엄귀비의 사유재산이고, 하급지는 원심 판결처럼 국유로 귀속된 권리를 새로 취득한 것이 아니라 원래부터 존재한 권리를 회복한 것이라고 본 것이다. 국유지라고 해석하면 정리국 장관이 국유재산을 함부로 처분하여 경선궁에 하급한 것으로 된다고 지적하고 있다.[133]

이리하여 고등법원에서는 "조사국에서 조사의 결과 職權 내에서 이것은

---

132) 고등법원 서기과편, 『조선고등법원민사형사판결록』 3, 1916, 66쪽. 을 제2호 증의 하급처분은 경선궁에 대하여 내려진 것으로 … 하급 처분의 효과에 관하여는 경선궁은 당해 처분에 의하여 계쟁지의 소유권을 회복한 것이 아니라 일단 국유에 귀속된 권리를 새로 취득한 것으로 해석하여야 한다.

133) 고등법원 서기과편, 『조선고등법원민사형사판결록』 3, 1916, 68쪽.

제실유가 아니고 경선궁 엄비의 사유라고 판단하여 하급하는 절차를 밟았음에
도 불구하고, 그 후 경선궁 소관 재산으로 국유로 혼입하였다가 이후 이를
발견하여 정리국 장관이 다시 원래의 소유자에게 반환한 것이라고 해석하지
않을 수 없다."라고 법리에 맞추어 해석하였다. 고등법원에서는 정리국 장관의
처분은 권한 내에서 행정사무의 착오를 정리한 것에 불과하고 결코 국가의
소유재산을 처분한 것이 아니라고 판단하였다.[134]

　　그리고 원심에서는 경선궁으로 개정된 후에는 경선당은 존재하지 않고,
경선당의 사유재산도 없는 이치라고 단정하였지만, 고등법원에서는 경선궁으
로 개칭된 후에도 경선당으로서의 사유재산을 보유할 수 있다는 것은 국가기
관의 명문에 의하여 명백하다고 해석하였다. 경선궁은 경선당으로서의 사유
재산을 보유할 수 있고, 이를 경선궁에 환부하였다는 것이다. 따라서 원심
판결은 위법한 것이라고 해석하였다.[135]

　　고등법원은 경선궁이 사유재산을 제실유나 국유라는 명칭아래 소유할
수 있다고 해석하였다. 사적 존재인 경선궁이 소유한 사유지를 제실유라고
판정하여 민사소송 대상에서 제외하도록 해석한 것이다. 이는 일제가 제실이
나 국이 토지를 확보하기 위한 방안으로 이같이 해석하였다는 비판을 피할
수 없을 것이다. 처음부터 경선궁의 제실유와 엄비의 사유재산을 분리하여
처리했어야 했고, 후자의 토지는 처음부터 사법재판소에서 다툴 수 있는
사유지로 분류했어야 할 것이다. 고등법원에서는 조사국의 결정에 의하여
경선궁의 소유에 속하게 되고, 그 후 국유로 귀속된 계쟁지를 제실의 일원인

----

134) 고등법원 서기과편, 『조선고등법원민사형사판결록』 3, 1916, 68쪽. 원심은 "경선궁
　　소관으로 이미 국유로 이속된 국유지를 경선당의 사유로 인정하고 임시재산정리국
　　장관이 경선궁에 환부한다."는 을 제2호증(하급서)의 취지대로 해석하고 판시한 것이
　　다. 그런데 고등법원에서는 경선당의 사유지라는 것은 1908년 이전에 이미 경선당이라
　　는 私人의 사유지이고, 조사국의 관장사무가 제실유재산과 국유재산을 조사 정리하는
　　것이라고 하면, 조사국이 전적으로 사인의 사유지인 이 계쟁지를 처분하는 것은
　　그 관제상의 직무를 위법한 결정이라고 해석했다.
135) 고등법원 서기과편, 『조선고등법원민사형사판결록』 3, 1916.

경선궁의 소유재산으로 하급 처분한 것에 불과하다고 하였다.

그리고 을 제2호증에 '慶善堂의 私有地'라는 문자는 마치 민유지라고 인정하여 이를 민유재산으로서 환급하는 것과 같은 모습을 띠고 있지만, 사유지라는 문구는 조사국 위원회의 결정 이전의 내력을 보여주는 것에 불과하다고 해석했다. 이 호증의 처분은 계쟁지를 민유지로 하여 환급한 것이 아니라 '제실의 일원인 경선궁의 소유'로 하급한 것이라고 해석할 수 있다는 것이다.[136] 사유지인데도 제실의 일원인 경선궁이 소유한 것이라 사법재판의 대상이 되지 않는다고 해석하였다.

고등법원은 사유지를 두 종류로 분류한 것 같다. 일반 민인의 사유지뿐만 아니라 제실유도 이같이 사유지라고 해석한 것이다. 후자는 정치적 관점에서 법을 해석한 것으로 이해된다. 고등법원의 판결은 조사국 위원회에서 조사한 다음 계쟁지를 경선궁의 소유, 즉 제실재산이라고 결정한 이상은 이 결정의 효력으로 실제로 민유인 지소도 제실유에 귀속된다는 논리를 당연한 것으로 받아들이고 있다. 따라서 조사국 위원회의 결정 이전에 계쟁지가 慶善堂인 한 私人에 속하였는지도 구태여 물을 필요가 없다고 하였다.

고등법원의 판결은 조사국 위원회의 결정사항을 합리화시켜주는 방향에서 이루어졌다. 이 결정으로 경선궁이 관할한 모든 토지는 제실유가 되었다가 국유로 이속되었으며, 하급한 토지도 사유 즉 민유가 아니라 제실유로 돌려준 것으로 해석한 것이다.[137]

이때 문제는 을 제2호 증에 경선당의 사유지라고 기록되어 있는 환급한 토지를 원심이나 고등법원에서 판결한 것처럼, 국유 또는 제실유로 볼 수 있는지의 여부이다. 경선당의 사유지를 경선궁으로 신분이 변했다는 사실만으로 사법심판에서 제외한 것도 문제이다. 제실유와 국유지를 판정하는 과정

---

136) 고등법원 서기과편, 『조선고등법원민사형사판결록』 3, 1916, 71쪽.
137) 1909년에도 경선궁은 존재하지만 국가기관이 아닌 제실, 즉 사기구로 보아야 할 것이다. 그리고 제실유는 1908년에 법적으로 국유에 포함되어 이미 사라져버린 토지 유형이었다. 이때 다시 제실유라고 해석하는 것은 시대적 착오라고 해야 할 것이다.

은 민의 청원에 따라 조사하여 판정하는 과정을 거쳤지만 한번의 판정에 그쳤으며, 그것도 기한 내에 이의를 제기하지 않으면 민이 그대로 수용하도록 한 폭력적 조처라고 할 수 있을 것이다. 그런데 계쟁지를 사유지로 환급하게 되면 칙령에서는 다시 사법재판소에서 그 소유권을 다투어야 할 것이다. 이를 피할 수 있는 방법은 국유를 인정하며 사유로 하급한 것으로 취급하거나, 제실유로 분류하는 것이 최선이었다고 판단한 것으로 보인다. 따라서 원심에 서는 국유로, 고등법원에서는 제실유로 해석한 것으로 보인다.[138] 어느 쪽이든 동척의 입장에서 해석했다는 점에는 변함이 없다.

다음은 조사국의 임무와 결정사항에 대한 법리 해석이다. 조사국의 관장사 무는 제실유 및 국유재산을 조사하고 이를 정리함에 그치고, 職掌내에 속하는 행정행위를 하는 것뿐이므로 일 개인의 사법상의 권리관계에 관하여는 이 '행정처분'으로 권리의 득상 변경의 결과가 발생할 이유가 없다는 것이다.[139] 이 칙령은 일반적으로 준수하여야 할 법률명령이 아니라 단지 일개 관청의 직원 및 관장 직무를 규정한 관제이므로 이것으로 일반 사법상의 권리관계에 대하여 구속력이 발생할 이유가 없다는 것이다.

칙령 제1조 제2항에 '처분을 할 수 있다.'는 규정은 제실유와 국유는 제실유 와 국유로 조사 정리하는 데 그치고 그 이외의 것은 민유로서 제실유 또는 국유로 혼입된 것은 이를 인민에 환부하는 처분을 할 수 있다는 규정이라는 것이다. 하지만 민유 중 누구의 소유인지를 하나하나 확정할 권한은 없다고 해석했다.[140]

제11조의 규정도 '행정처분'에 대하여 청원을 하지 아니하면 그 결정은 확정의 효력이 발생하며, 일단 민유로 환부한다는 처분을 한 이상은 그 환부를 받은 一私人과 다른 一私人과의 사이에 벌어진 私權상의 다툼에 관하여는

---

138) 고등법원 서기과편, 『조선고등법원민사형사판결록』 3, 1916, 72쪽.
139) 고등법원 서기과편, 『조선고등법원민사형사판결록』 3, 1916, 75쪽.
140) 고등법원 서기과편, 『조선고등법원민사형사판결록』 3, 1916, 75쪽.

170   제1부 한말 토지정책과 국유지 조사

이 칙령이 아무런 영향도 미치지 아니한다고 했다. 즉 위원회의 결정은 제실유 및 국유, 민유를 구별한 것이고, 일 개인의 사법상의 권리관계를 확정한 것은 아니라고 하였다.[141]

위원회의 결정에 대한 법적효력을 고등법원은 다음과 같이 해석했다. 첫째, 그 결정이 무효로 되거나 취소되지 않는 한, 일 개인의 권리를 침해하는 결과가 발생하여도 유효하다. 둘째, 위원회에서 민유라고 결정한 재산에 관하여는 일 개인 누구의 소유라고 확정하는 효력은 없기 때문에 일 개인 상호간에 소유권을 다툴 여지가 있다. 셋째, 본 계쟁지는 위원회에서 제실의 일원인 경선궁의 소유라고 결정한 것이므로 일 개인이 당해 결정 이전의 사실에 근거하여 소유권을 주장할 수 없다는 것이다.[142]

마지막은 경선궁의 법적 지위의 문제이다.[143] 고등법원에서는 경선궁은 엄비의 칭호로 엄비는 이왕가의 일원임은 현저한 사실이라고 했다. 이 토지는 조사국 위원회의 결정에 의하여 경선궁의 소유에 속한 다음 국유로 옮겨서 그 후 정리국 장관의 하급처분에 의하여 다시 경선궁의 소유로 귀속된 것으로, 이 토지는 일 개인의 소유가 아니라 제실의 일원인 경선궁의 소속, 즉 민유가 아닌 제실유 재산이라는 것이다. 그리고 '병합' 후에는 구한국제실의 일원인 경선궁의 재산은 이왕가의 재산이므로 경선궁이 당해 지소를 매각함으로 발생하는 매도인의 담보책임은 이왕가가 이를 부담하여야 함은 두말할 필요가 없다고 하였다.

고등법원의 판결에서 보듯, 경선당의 사유지를 제실유로 보는 것이 합리적인지가 문제였다. 경선당이 경선궁으로 변경되었을 경우 그 재산은 경선당

---

141) 고등법원 서기과편, 『조선고등법원민사형사판결록』 3, 1916, 75~76쪽. 경선궁이 제실의 일부라고 한다면, 계쟁지를 제실유라고 판정한 취지이고, 만일 경선궁이 일사인이라고 한다면 계쟁지를 민유, 즉 제실유 및 국유재산이 아니라고 판정한 것이 된다고 했다.
142) 고등법원 서기과편, 『조선고등법원민사형사판결록』 3, 1916, 76~77쪽.
143) 고등법원 서기과편, 『조선고등법원민사형사판결록』 3, 1916, 77~78쪽.

시절의 사유지와 경선궁의 자격으로 받은 제실유지로 구분될 것이다. 제실유는 칙령에 따라 국유지로 변경되었는데, 정리국에서는 경선궁의 요구에 따라 경선당 시절의 토지를 가려내어 경선궁에 환급하였다. 이는 사유지를 사유지로 환급한 것이지 제실유지로 돌려준 것은 아닐 것이다. 그리고 이때는 제실유라는 범주도 존재하지 않았다. 국유지와 사유지가 있을 뿐이다. 1911년 임시재산정리국 사무요강에도 경선궁 토지를 이같이 분류하였다.

> 경선궁 전답 중 사유에 속하는 것은 환부해 달라는 뜻의 청구가 있으므로 소유권 발생의 원인을 심사한 후 그 사유를 인정하고 1909년 8월 이를 해궁에 환부하였다.[144]

라고 하였다. 정리국에서 경선궁에 환부한 것은 경선당의 사유라고 인정하여 돌려준 것인데, 사법재판소에서는 분쟁 발생을 우려하여 국유 또는 제실유로 판정한 것으로 보인다. 조사국이 제실유나 국유로 결정한 것은 어떤 이유로도 되돌릴 수 없는 절대성을 갖는 것으로 해석하였다. 그런데 이때 경선궁의 신분은 이제 국가기관이 아니라 이왕가 소속으로 법적으로는 개인이고 그 토지는 사유지일 것이다. 국유지로 된 경선궁토 가운데 일부를 때내어 경선궁에 돌려준 것은 제실유나 국유가 아니라 사유이고, 임시재산정리국도 경선궁의 토지를 국유와 사유라는 이분법으로 분류하여 다음과 같이 정리하고 있다.[145]

일제는 정치적 판단 아래 왕가의 재산을 일정 정도 보전해준다는 측면에서 경선궁의 토지를 두 차례에 걸쳐 경선궁의 사유로 결정하고 환부하였다. 하나는 1909년 8월 <표 4>와 같이 69%를 사유로 환급하였다. 이 토지는 1908년 국유로 이속되었다가 경선궁이 경선궁으로 되기 전에 경선당이 소유

---

144) 임시재산정리국, 『임시재산정리국 사무요강』, 1911, 39~40쪽.
145) 임시재산정리국, 『임시재산정리국 사무요강』, 1911, 39쪽.

<표 4> 경선궁 소속 전답의 정리 (단위 : 단보)

구분	답		전		합계	
국유로 된 것 (31%)	567	8,700	52	6,700	620	5,400
사유로 인정한 것 (69%)	892	5,700	488	3,400	1,380	9,100
합	1,460	4,400	541	100	2,001	4,500

출전 : 임시재산정리국, 『임시재산정리국 사무요강』, 1911, 39쪽.

했던 토지라는 점을 인정하여 사유로 환급한 것이다. 궁삼면 토지도 여기에 속했는데, 경선궁이 동척에 방매한 것이다. 이에 궁삼면 주민이 자기 소유였다고 주장하며 전술한 바와 같이 소송을 제기하였다. 고등법원에서는 동척이 면민의 소유가 아니라 제실유를 매입한 것이라고 인정하고 동척소유로 판결한 것이다.

<표 4>의 국유지(31%)는 재무감독국에 인계되었다가 1910년 9월 경선궁에 사유로 환급한 토지였다. 환급해준 이유는 알 수 없지만, 일제가 강점한 시점으로 보아 황실 회유책의 일환으로 돌려준 것으로 보인다. 그 결과 경선궁의 토지는 모두 제실유에서 국유로 이속되었다가 경선궁의 사유가 된 것이다. 이같이 공토는 '사업'전에 이미 동척의 정부출자나 황실 사유지로 이속하여 이미 국유가 아닌 사유로 귀결된 토지가 상당히 많았다. 따라서 민이 국유지 확정과정에서 이의를 제기하더라도 이같이 이미 사유로 된 토지와의 기준문제, 형평성의 문제 등으로 다시 환급받을 가능성은 대단히 적었다고 할 수 있을 것이다.

경선궁의 사유로 환급된 토지 가운데 다른 토지의 행방은 알 수 없으나,[146] 궁삼면의 토지는 이미 동척에 매매되었다는 측면이 고려되어 제실유로 판결한 것으로 보인다. 그리고 이같이 조사국 위원회의 '행정처분'을 절대성의 원칙으로 적극적으로 해석한 결과, 일제는 이미 '실지조사' 단계에서 국유로 판정된 토지는 다시 재판과정을 거치지 않고서도 안정적으로 국유지를 확보할 수 있었다. 식민지를 대상으로 한 강권적인 법리 해석이라고 하겠다.

---

146) 경선궁의 사유로 인정한 토지의 실태는 부록 [자료 4] 을 제2호 정발 제48호 참조.

5. 맺음말

1908년 임시제실유급국유재산조사국 관제의 법적 효력, 특히 '행정처분'으로 결정한 국유지와 제실유지, 그리고 환급한 민유지에 대한 법적 효력은 1915년 고등법원의 판결로 재확인되었다. 그 과정은 다음과 같다.

제1차 사법재판에서 판결의 주 요점은 동척의 의도와 달리 조사국 위원회에서 결정한 법적 효력을 제실유와 국유를 구분하는 것에 한정하였다는 점이다. 따라서 경선궁의 토지를 매득한 동척과 면민 사이에 벌어진 소송은 민사관계로 사법재판소의 관할로 판결하고 제1심 재판소로 회부하였다. 그리고 사법재판소의 관할이 아니라고 주장한 동척의 상고는 기각하는 한편, 조사국 위원회의 결정과 정리국의 결정에 대한 법적 효력, 여기서 결정한 소유권에 대한 확정 판결은 하지 않았다.

제2차 사법재판소의 민사소송에서는 경선궁의 토지에 대한 조사국의 결정을 절대적 증거로 채택하고 이를 합리화시키는 방향에서 법리를 해석하고 소송을 진행하였다. 그 내용은 각급 법원과 고등법원에서 면민의 소송을 기각하고 동척 소유로 판결하는 것이었다. 일제는 이때의 고등법원 판결문을 『조선고등법원 민사형사 판결록』에 전문을 게재하고, 판결문 머리에 판결요지를 정리하여 이후 판결의 지침으로 삼도록 했다. 판결요지의 내용은 다음과 같다.

첫째, 행정기관이 법규에 근거하여 한 '행정처분'의 법적 효력에 관한 것이다. '행정처분'은 그 처분이 무효로 돌아가거나 취소되지 않는 한 그 효력이 상실되지 않으며, 설령 그 처분으로 개인의 권리가 침해받는 일이 있어도 그대로 효력을 갖는다는 것이다.[147] 그런데 행정관청이 스스로 취하한

---

147) 고등법원 서기과편, 『조선고등법원민사형사판결록』 3, 1916, 53쪽. "행정처분은 그 법규가 법률인지 칙령인지를 묻지 않고 그 처분 자체가 무효로 돌아가거나 … 취소되지 않는 한 효력이 상실되지 않는다. 따라서 그 처분에 의하여 일개인이 권리를 침해받는 결과가 발생할 때는 請願 訴願 그 밖의 방법에 의하여, 특히 그 구제를 구할 수 있는

사례는 지금까지 연구 성과에서는 거의 보이지 않았다. 다만 민인의 청원에도 불구하고 행정기관이 민인에 통지하지 않고 불법적·일방적 '행정처분'으로 민인의 소유권을 부정한 경우에는 돌려주기도 하였다.[148]

둘째, 조사국 관제 제1조 제1항에서 조사국은 "제실유와 국유재산을 조사하여 그 소속을 판정하거나 정리에 관한 사무를 관장한다."고 하고 제2항에는 "전항의 정리에 관하여 민유재산의 관계가 있는 때에는 이를 조사하거나 그 처분을 할 수 있다."고 규정하였다. 조사국이 職權으로 개인의 소유를 제실유 또는 국유로 결정하여 개인의 권리를 침해했어도 행정기관이 법규에 근거하여 적법하게 내린 처분은 그 처분이 무효로 돌아가거나 취소되지 않는 한 유효하다고 정리하였다.[149]

경선궁 궁삼면 토지에 관한 소송은 면민이 조사국 위원회가 한 결정 이전에 이 토지가 자기 소유였기 때문에 '행정처분'을 적용해서는 안 된다고 소장을 내면서 시작되었다. 반면 동척과 법원에서는 이 결정은 행정기관이 법규에 근거하여 적법하게 내린 처분이기 때문에, 면민이 이 결정 이전의 사실에 근거하여 소유권을 주장할 수 없다고 하였다. 서로 해석이 상반되었지만, 일제는 식민지를 통치하기 위하여 행정기관의 '행정처분'이 모든 것에 우선하도록 강한 힘을 부여한 법제를 마련하고, 이에 따라 신속하게 일을 처리하도록

규정이 있는 경우에는 그 규정에 의하여 구제를 구할 수 있지만, 그렇지 않은 경우에는 설령 일개인의 권리가 침해받는 일이 있어도 이 처분은 효력을 갖는다."

148) 토지조사사업의 분쟁사례에서 그 예를 볼 수 있었다. 최원규, 「일제초기 고등토지조사위원회의 재결통계와 사례분석」『한국민족문화』65, 2017. 11, 248쪽.

149) 고등법원 서기과편,『조선고등법원민사형사판결록』3, 1916, 53~54쪽. "조사국 위원회는 관제의 규정에 근거하여 제실유와 국유재산을 조사 판정하고, 그 정리를 위해 職權을 가질 뿐 아니라 그 정리에 관하여 일개인의 재산에 관계가 있는 때에는 이를 조사하여 그 처분을 할 職權도 있다는 것이 실로 명백하다. 따라서 어떤 재산이 제실유인지, 국유인지 또는 일개인의 소유인지가 불명인 경우에는 이를 조사하여 그 소속을 결정할 수 있다. 실제로 일개인의 소유에 속하는 것을 제실유 또는 국유재산이라고 결정하였을 때는 그 결과가 일개인의 권리를 침해하였다고 하더라도 국가행정기관이 법규에 근거하여 적법하게 내린 처분으로서 그 처분 자체가 무효로 돌아가거나 취소되지 않는 한 그 처분은 유효하다."

하고, 고등법원에서 이를 재확인하였다.

융희년간의 국유지 조사는 광무사검의 공토를 국가의 소유지로 확정하는 과정이었다. 첫 번째 조치가 조사국의 제실유와 국유지 조사였다. 이때 제실유 가운데 일부 황실사유지를 제외하고 역둔토는 물론 1사7궁의 궁토까지 국유지로 확정하였다. 공토의 대부분을 국유지로 확정하였다. 이 과정에서 민이 청원하여 환급하는 경우도 있었지만, 오히려 은토를 조사하여 국유로 확보한 경우가 더 많았다. 국유지 조사의 결과 구래의 공토보다 더 많은 양적 확대가 이루어졌다. 그리고 국유지가 확정되었다는 것은 자연스레 민유지도 확정되었다고 할 수 있을 것이다.

궁삼면 토지는 경선궁 소유로 조사국에서 판정하여 국유지가 되어 정리국 관리로 넘어갔다가 경선궁의 사유로 다시 환급했는데, 경선궁이 이를 동척에 매각하면서 동척과 면민의 소유권분쟁이 시작되었다. 고등법원에서는 조사국 관제를 국유나 제실유에 관한 한 토지조사령 제15조의 규정처럼 해석하였다. 따라서 조사국이 경선궁의 토지를 제실유라 판정한 것을 적법한 판결로 보고, 면민이 그 이전에 자기 소유였다고 한 주장은 받아들이지 않았다. 그리고 정리국에서 경선궁에 환급한 것은 사유로 환급한 것이었지만, 사유일 경우 민과의 분쟁을 우려하여 고등법원에서는 제실유라고 판결한 것으로 보인다. 결국 동척의 주장을 받아들여 조사국 관제를 국유지외 제실유에 관한 한 토지조사령 제15조에 준하여 법리를 마련한 것이다.

고등법원 판결은 1915년에 확정되었다. 이것으로 조사국이 경선궁에 내린 제실유나 국유로 결정한 것은 법적 정당성을 획득하였다. 적어도 광무사검의 공토는 관이 스스로 소유를 포기하지 않는 한 국유지로서 확정되었다고 할 수 있을 것이다. 다만 조사국에서 결정하기 전에 국·민유 분쟁이 제기되어 사법재판소에 소송이 제기된 것, 공토대장에 등록되지 않고 토지조사 과정에서 새로 발견된 은토나 국유미간지이용법과 관련한 개간지 등이 '사업'에서 주 국·민유 분쟁의 대상이었을 것으로 보인다.

여기서 민의 대응도 주목이 된다. 구래의 공토조사는 수조권자(명목적 소유권자)인 각 기구와 경작자 사이에 수조액을 둘러싼 분쟁인 경우가 대부분이었다. 후자의 경우 수조권자의 허락 없이 자기 권리를 매매 상속하는 것이 관습적으로 허용되기도 하였다. 이러한 관습법에 익숙한 농민이 조사국의 관제에 따른 국유지 조사, 즉 일지일주의 배타적 소유권을 부여하고, 여기에 '원시취득'의 법적 효력을 부여하여 다시는 소송을 제기할 수 없다는 일제의 법리해석을 숙지하는 가운데, 농민이 조사에 임한 것으로는 보이지 않는다. 농민은 구래의 조사처럼 관습법적 인식아래 조사에 임했을 것이다.

반면 일제는 일본민법의 법의식아래 시행하고 조사국 관제를 마련하고 위원회의 구분조사도 실시하였다. 일제의 고등재판소도 동척의 주장을 받아들여 조사국의 결정을 '행정처분'이란 명분 아래, 그 결정이 개인의 권리를 침해했어도 절대적 불변의 것으로 정리하고 사법재판소의 판결 대상으로 보지도 않았다. 궁삼면의 사례는 일제가 국유지 조사를 시행하면서 '행정처분' 이라는 방식으로, 식민지 국가의 법적 폭력성을 가장 잘 행사한 사례라고 판단된다.

일제가 다음 작업으로 실시한 '탁지부소관 국유지 실지조사'는 정리국에서 정리한 역둔토대장을 기본대장으로 삼아 실시한 것이다. 이 대장에 기록된 국유지의 소유권은 이미 확정된 것으로 보고 사업을 시행하였다. 이 조사는 국유지의 실 모습을 근대적 측량방식으로 측량하여 지도에 표기하고, 소작인의 신고를 바탕으로 국유지의 소유권을 재확인하여 국유지대장에 등록하는 조사였다. 이 조사에서는 분쟁지 심사절차가 제도적으로 명확히 마련되지 않았다. 국유지의 소유권이 조사국과 정리국 단계에 이미 확정되었기 때문이라고 생각된다. 분쟁지가 발생되면 재무감독국장에게 보고하도록 규정하였는데, 이때 민유라는 명확한 근거를 제시하지 못하면 국유지로 확정하도록 하였다.[150] 대체로 이때 분쟁은 역둔토대장에 등록되지 않은 은토나 분쟁이 해결되지 못한 토지 등에서 주로 발생한 것으로 보인다.

그리고 농민과 일제의 법의식의 차이가 '사업'에서 분쟁을 양산했을 것으로 보인다. 또 한편으로 和田一郎의 분쟁사례에서 보듯, 국유지 실지조사 당시에 발생하지 않은 분쟁이 국유지소작인허증에 근거하여 증액된 소작료를 요구받으면서 발생한 경우가 적지 않았던 것으로 보인다.[151] 이 경우 법적으로 소유권 환급은 불가능하였다. 대체로 혼탈입지나 투탁지 이외에 민유로 환급한 기록은 찾기 어려웠다.

일제는 국유지 조사를 완결한 다음 원칙적으로 민유지를 조사한다는 원칙을 세워 '사업'을 실시하였다. 임시토지조사국에서 국유지에 대하여 신고 아닌 통지제도를 채택한 것은 국유지가 이미 확정되었다는 표현이기도 했다. 토지조사법은 민유지의 소유권을 확정하기 위해 제정한 것으로 보인다. 그리고 '사업'에서 분쟁은 국유지 조사과정에서 한 결정과 관계없이 모든 토지에서 제기할 수 있도록 허용하였지만, 실제로 역둔토대장을 근거로 국유지통지서를 제출한 경우 분쟁에서 민의 승리로 이어지는 경우는 거의 보이지 않았다. '사업'에서 국·민유 분쟁이 제기했을 경우도 역둔토 조사에서 확정한 기준을 변경하여 판정을 번복할 가능성은 거의 없었다. 일제는 오히려 토지조사령의 사정과 재결의 법 정신을 조사국의 관제에도 적용하려는 법 해석을 보였다.

그리고 일제는 토지소유권에 '원시취득'의 효력과 일지일주의 배타적 소유권을 동시에 부여하였다. 민유지와 국유지 등 모든 토지의 소유권에 부여한 법적 효력은 최종적으로 토지조사령에서 부여하였다. 하지만, 1915년 고등법원은 조사국 관제를 해석하면서 위원회의 '행정처분'으로 역둔토대장에 등록된 국유지의 소유권에 절대성이 부여되었다고 최종적으로 확인하였다. 이것으로 광무사검의 공토가 일제의 국유지로 거의 그대로 흡수되었다고 추론할

---

150) 부록 [자료 5] 탁지부 훈령 제59호 제57조 제58조.
151) 최원규, 「和田一郎의 조선토지제도론과 국민유지 구분」 『중앙사론』 44, 2016. 12, 36~37쪽.

수 있다. 물론 이 추론을 확정하기 위해서는 더 많은 실증작업이 뒤따라야 한다는 과제도 동시에 부여되었다.

제3장 일제의 토지권 관습조사와 그 정리 방향

1. 머리말

조선후기 농촌사회의 변동과 더불어 농민경제 문제를 해결하기 위한 방안으로 크게 토지소유를 통한 해결방안과 경영권을 통한 해결방식이 제론되고 있었다. 전자로는 井田論·均田論·限田論·閭田論이 있고, 후자로는 경영권의 규모를 제한하여 해결하려는 均耕論·限耕論·均耕均作論과 지대를 감하고 경작규모의 상한을 정하는 減租論이 있다. 이들 개혁론은 개항이후에도 그대로 계승되었다. 기존의 토지소유권을 현실적으로 인정하되 다만 지대를 낮추고 균경하자는 제안과 이를 철폐하고 경자유전을 실현하는 가운데 균분경작하자는 제안이 그것이다.[1]

이들은 지주적 토지소유의 인정 여부와 지대 수준에서는 차이가 있었지만, 사적 소유권의 강화에 대한 반발과 농민경제의 균산화를 지향하는 점에서

---

1) 조선후기 한말의 토지개혁론은 ① 송찬식,「조선후기 농업에 있어서의 광작운동」『이해남박사 화갑기념사학논총』, 1970, ② 이윤갑,「18세기 말의 균병작론」『한국사론』9, 1983, ③ 박찬승,「한말 역토 둔토에서의 지주경영의 강화와 항조」『한국사론』9, 1983, ④ 박찬승,「활빈당의 활동과 그 성격」『한국학보』35, 1984, ⑤ 김용섭,『한국근대농업사연구(증보판)』(하), 일조각, 1988, ⑥ 김용섭,『한국근현대농업사연구』, 일조각, 1992, ⑦ 최원규,「19세기 양전론의 추이와 성격」『중산 정덕기 박사 화갑기념 한국사학논총』, 경인문화사, 1996 등이 참고된다.

공통점을 가지고 있다. 이중 후자는 동학농민전쟁 당시의 폐정개혁안에서 "토지는 평균으로 분작케할 사"라는 주장처럼 타협적 방안으로 제론된 것이었다. 당시 정부 지배층도 수준에서는 차이가 있었지만, 지주의 소유권을 전제로 하면서도 농민의 경작권을 일정 정도 안정화시켜 주는 방향에서 정책을 마련하려고 하였다.

갑오정권과 대한제국정부는 이러한 방향에서 근대적 토지제도를 확립하기 위해 토지조사를 계획하고 실시하였다. 1894년의 갑오승총과 광무사검, 그리고 1898년부터 시행되었으나 1904년 일제의 간섭으로 중단된 양전·관계발급 사업이 그것이다.[2] 이 사업의 특징은 첫째, 국가에서 공토와 사토를 모두 조사하여 기존 소유권을 근대법적으로 추인하고 관리하려고 했다는 것,[3] 둘째, 민족문제와 계급문제가 부각되는 현실에서 경작권의 안정화, 궁극적으로는 물권화를 겨냥하는 방향에서 시작을 조사한 것,[4] 셋째, 이는 동시에 작인납세의 농촌관행을 국가제도 속에 포섭하기 위한 조사였다.[5]

이 점은 광무정권이 당시 농촌사회에서 벌어지고 있던 경제불균에서 비롯된 갈등을 해결하는 한편, 국가가 안정적으로 지주경영을 수행하기 위해 취한 공토정책, 광무사검에서 그 일단을 살펴볼 수 있다. 平均分作의 원칙아래 "定賭稅 立作人"으로 경작권을 안정화시켜 그 대가로 작인에게 지세를 부담시키려 한 것과 맥을 같이하는 것이었다.[6] 이 과정에서 거세게 일어났던 항조운

---

2) 『구한국관보』개국 503년 12월 27일, 1책(아세아문화사 영인본), 897~898쪽. 이에 대한 연구는 ① 김용섭, 「광무년간의 양전사업」, 앞 책(下), 일조각, 1988, ② 김홍식 외, 『대한제국기의 토지제도』, 민음사, 1990, ③ 宮嶋博史, 『朝鮮土地調査事業史の硏究』, 東京大學 東洋文化硏究所, 1991, ④ 한국역사연구회 토지대장반, 『대한제국의 토지조사 사업』, 민음사, 1995 등이 있다.

3) 「지계감리응행사목」제11조(국사편찬위원회, 『各司謄錄』53, 208~210쪽, 489~491쪽).

4) 이영호, 「대한제국기 토지제도와 농민층 분화의 양상」『한국사연구』69, 1990, 96~102 쪽.

5) 최원규, 「대한제국기의 양전과 관계발급사업」『대한제국의 토지조사사업』, 민음사, 1995.

6) 박찬승, 앞 글, 『한국사론』9, 1983 ; 김용섭, 「한말에 있어서의 중답주와 역둔토지주제」,

동은 직접적으로는 수조액(지대)의 증징을 반대한 것이었지만, 근본적으로는 사토 이외의 다양한 성격의 토지를 공토로 흡수 정리하여 역둔토지주제를 수립하려는 과정에서 발생한 문제이기도 했다.[7]

광무사검은 대한제국이 구래의 수조권적 권리를 가진 토지 가운데 유토를 조사하여 공토로 확보하려는 것이었지만, 공토에 존재하는 개간권으로 성립된 도지권이나[8] 중답주 등[9]의 관습물권은 그대로 인정하는 가운데 이루어진 것이다. 당시 기본적으로 작인의 경작권이 물권으로 법제화가 실현된 것은 아니었지만, 장래 항구적으로 작인납세제가 실현되기 위해서는 경작권의 물권화가 법적으로 실현되어야 가능한 것이다.[10] 1906년 '부동산권소관법'을 입법하는 과정에서 임조권의 물권화 논의가 이루어지고, 이 법안에 임조권의 등기사항으로 입안되기도 하였다.[11]

을사조약 이후 일제가 통감부를 설치하면서 사태는 반전되었다. 대한제국과 일제는 토지권 처리원칙이 서로 달랐기 때문이었다. 전자는 소유권 위주로

앞 책(下), 일조각, 1988 ; 배영순, 「한말 역둔토조사에 있어서의 소유권 분쟁」, 『한국사연구』 25, 1979 ; 박진태, 「한말 역둔토 조사의 역사적 성격 연구」, 성균관대학교 사학과 박사학위논문, 1997.

7) 당시에는 역둔토 총도세가 증가하였는데 이는 지주경영의 강화 보다는 둔토조사에 의한 수조실재전의 확보에서 연유한 것이었다는 박진태, 앞 글, 1997이 있다.

8) 중답주는 김용섭, 주6의 글 ; 도진순, 「19세기 궁장토에서의 중답주와 항조」, 『한국사론』 13, 1985 참조.

9) 허종호, 『조선봉건말기의 소작제연구』, 사회과학출판사, 1965(한마당에서 재출간) ; 김용섭, 「수탈을 위한 측량」, 『한국현대사 4』, 신구문화사, 1969 ; 신용하, 「조선왕조말기의 도지권과 일제하 영소작의 관계」, 『한국근대사회사연구』, 일지사, 1987.

10) 한말·일제시기 지주경영에서 경영권의 확대를 볼 수 있는 연구로는 ① 김용섭, 「나주 이씨가의 지주경영의 성장과 변동」, 『한국근현대농업사연구』, 1992, ② 이영호, 「18.19 세기 지대형태의 변화와 농업경영의 변동」, 『한국사론』 11, 1984, ③ 최원규, 「한말 일제하의 농업경영에 관한 연구」, 『한국사연구』 50·51, 1985, ④ 이세영, 「18.19세기 양반 토호의 지주경영」, 『한국문화』 6, 1985 등이 참고된다.

11) 최원규, 「대한제국과 일제의 토지권법 제정과정과 그 지향」, 『동방학지』 94, 1996 참고가 된다. 이와 달리 경작권의 물권적 성격을 부정하는 견해도 있다(정연태, 『식민권력과 한국농업』, 서울대학교 출판문화원, 2014).

처리하되 경작권을 일종의 물권적 존재로 인정하는 가운데 농촌경제의 안정화를 기도한 반면, 후자는 경작권의 채권화와 소유권 위주로 문제를 처리하였다. 따라서 광무년간 국가가 기존의 권리관계를 인정하는 방향에서 경작자 농민과 타협적으로 마련한 생산관계가 1905년 이후 일제가 역둔토를 정리하고 국유지화하는 과정에서 토지소유권 분쟁으로 비화될 수밖에 없었다. 일제는 관습물권을 박탈하여 역둔토지주제를 민전 지주제하의 임대차관계로 전환하려 하였다. 당시의 현안과제였던 중답주 문제와 균전수도 문제를 배타적 소유권의 입장에서 전자는 국유로, 후자는 민유로 처리한 것도 그 일환이었다.[12]

이상과 같은 한말 토지권의 발전과정에 대한 연구는 종래 두 방향으로 연구되어왔다. 하나는 일제가 '사업'에서 '법인'한 배타적 소유권을 근대적 토지소유권의 최종점으로 설정하고 그 이전시기를 배타적 소유권의 성립·발전 과정으로 설명하는 견해와, 수조권 분급제의 소멸과 더불어 성립된 조선후기의 소유권을 배타적 소유권으로 설정하고 그것이 근대법으로 조사 확정되어 가는 과정을 대한제국의 토지조사사업에서 찾으려는 견해가 있다.[13] 양자는 토지조사의 주체설정에는 차이를 보이고 있지만, 소유권 중심으로 본다는 점에서는 공통점을 보이고 있다. 본 장은 이러한 연구동향에 기초하면서도 소유권과 상호 규정관계를 갖는 경작권, 즉 용익권을 아울러 고찰함으로써 소유권 발전의 질적 내용을 살피려 한다. 이것은 결국 한말에 물권적으로 자기 위치를 확립한 경작권의 성격과 소멸과정을 살펴보는 일이기도 하다.

---

12) 김용섭, 「고종조 왕실의 균전수도문제」·「주6의 글」, 『한국근대농업사연구(하)』, 일조각, 1988 참조.

13) 전자의 연구로는 ① 이영훈, 「토지조사사업의 수탈성 재검토」, 『역사비평』 22, 1993, ② 宮嶋博史, 앞 책, 東京大學 東洋文化硏究所, 1991, ③ 조석곤, 『조선토지조사사업에 있어서의 근대적 토지소유제도와 지세제도의 확립』, 서울대학교 경제학과 박사학위논문, 1995가 있고 후자로는 주9의 글이 있다. 후자로는 주2의 ①, ④의 글이 여기에 속한다.

2. 통감부의 토지권 조사와 인식

1) 부동산법조사회의 토지권 조사와 인식

(1) 소유권 조사와 인식

일제는 통감부를 설치한 후 통감 伊藤博文 주도 아래 1906년 7월 부동산법조사회를 발족하고 동경제국대학 법과대학 교수 梅謙次郎을 회장으로 임명하고, 일본인들을 촉탁으로 임명하여 부동산법 정비작업에 착수하였다. 당시 일본 내에서는 한국을 식민지로 통치하기 위한 법 체제 마련에 두 입장이 대립하고 있었다. 일본민법 적용론과 조선민법 제정론이다.[14] 이들은 기본적으로 후자의 입장을 취했지만 토지제도만은 국적차별이나 일본제도와 질적 차이가 없도록 해야 한다는 원칙 아래 작업에 착수하였다.[15]

부동산법조사회는 한국정부의 후원 아래 각지에 조사원을 파견하여 조사에 착수하였다.[16] 이 조사활동은 한국지배를 위한 민법 제정에 필요한 자료를 조사 수집하기 위한 목적의식적 과정이기에 그들의 주관이 크게 영향을 미친 것으로 보인다.[17] 이들이 구래의 한국법에 대하여 가진 기본적 인식태도는 다음과 같다. 첫째, 한국인은 권리관념이 유치하고 법제가 불분명하며,

---

14) 某君談, 「朝鮮の法典調査」『東京經濟雜誌』 1346, 1906. 7, 15쪽과 梅謙次郎, 「韓國の合邦論と立法事業」『國際法雜誌』 8-9, 1910, 34~35쪽. 그리고 조선총독부, 『조선총독부시정연보』, 1912, 65쪽.

15) 梅謙次郎, 「韓國の法律制度に就て(上)」『東京經濟雜誌』 1512, 1909. 10, 9~10쪽 ; 金正明 編, 『日韓外交資料集成 6(上)』, 巖南堂書店, 1964, 326~327쪽.

16) 외사국, 『부동산법조사회안』「부동산법조사회 조회 제15호 본회조사용무」, 「의정부훈령, 의정부 참정대신의 군수에 대한 지시사항」.

17) 이 시기 일인들의 조선 토지소유론에 대한 연구로는 ① 이영호, 「조선시기 토지소유관계 연구 현황」『한국중세사회 해체기의 제문제』(하), 근대사연구회, 한울, 1987, ② 宮嶋博史, 「朝鮮史研究と所有論」『人文學報』 167, 1984, ③ 同, 앞 책, 東京大學 東洋文化研究所, 1991 등이 있다.

대체로 덕의적 관계로 이를 처리한다고 하였다. 또한 권리는 있으나 보호장치가 없다고 하였다. 둘째, 관의 법률행위는 절대적으로 관철되었다는 국가적 입장을 강조하고 있다. 인민은 불복신청권이 없었으며, 여기서 관리의 전단과 부패가 극심하게 되었다고 하였다. 셋째, 인민 상호간에는 사리에 따른 정당한 이익범위는 있지만, 불안정한 것일 수밖에 없다고 하였다.

이 같은 평가는 기본적으로 한국을 식민지로 지배할 목적아래, 그들 스스로 일본을 '근세 문명국가'로 보고 일본 법제를 기준으로 한국의 관습법을 재단한 것에 원인이 있지만, 극히 짧은 시간동안 제한적인 지역만을 선택적으로 표본 추출하여 조사한 방식에도 연유하였다.[18] 조사대상자는 관찰사·군수·부윤·군주사·면장·서기 혹은 이사관·세무주사·은행임원 등 한국인 관리나 일본인 관리 그리고 은행 관계자들이었다. 농민의 의견은 조사 대상이 아니었으며, 일제의 입장에서 관이나 지주의 의견을 수렴하여 소유권을 중심으로 조사를 진척시킨 것이다.[19]

조사자들은 토지의 여러 권리 가운데 소유권이 가장 우월하고 완전하게 토지를 지배하는 권리라는 인식아래 소유권 발달 정도를 평가하였다. 즉 재산권이 인류의 생명재산을 지지하는 기초이고 국가의 안녕질서를 유지하는 유일한 원동력이기 때문에 재산권의 안전은 소유권의 보장에 있으며, 소유권 이외의 다른 권리는 소유권에 따라 발생 변경 소멸하는 존재라 정의하였다.

그런데 한국에서는 인민에게 소유권을 부여하고 보호하는 관념 보다 국고수입을 증가시키기 위한 방편으로 법규를 제정하였으며, 소유권 보호제도가 미발달하였다는 것이다. 이리하여 부호 권세가의 탐횡, 축재관념의 결핍, 생산력 감퇴, 유리민의 증가, 식산사업의 유치성이 나타났다고 하였다. 일본인

---

18) 조사항목은 7월 24일 배부하고, 각 지역 이사청과 관찰부를 돌며 7월 23일부터 8월 5일까지 조사하였다(부동산법조사회, 『韓國不動産ニ關スル調査記錄』, 1906, 1쪽).

19) 부동산법조사회의 조사항목은 각종 토지권의 지방별 관습이었지만, 소유권 조사가 주류를 이루었다. 그 결과는 곧 정리되어 책으로 편찬되었다(조선총독부 중추원, 『조선구관제도조사사업개요』, 1938, 4~13쪽).

들은 한국경제의 낙후성을 재산권 보호 장치의 결여와 정치적 요인에서 원인을 찾았다. 소유권을 보호해야 한국경제 발전의 토대가 설 수 있다고 분석한 것이다.[20]

일본인 조사자인 中山成太郎은 권리 관념을 명확히 하기 위해서는 법규와 관례를 분명히 해야 하는데, 이에 앞서 그 연혁을 연구하는 것이 순서라고 하고『한국에서 토지에 관한 권리일반』을 저술하였다. 그는 한국 토지제도의 발전을 네 단계로 구분하고 다음과 같이 설명하였다. 제1기는 자유재화 단계로 국유도 사유도 아닌 단계, 제2기는 경제적 재화이나 영토주권의 관념과 토지지배 사권의 관념이 명확히 구별되지 않고 거의 혼동된 단계, 제3기는 토지국유로 분배 사용이 허용되었으나 토지사유 사상이 미발달되고 금압된 단계, 제4기는 사유관념이 발달한 단계로 개인이 독립하여 토지사유를 인식하기에 이른 단계로 구분하고 있다.[21]

당시 조사자들이 설정한 단계와 시기는 차이가 있었지만,[22] 위의 발전단계는 '근세문명국'에서 공통된 것이라 정리하고 이것과 비교하여 한국의 발전단계를 설명하였다. 箕子井田단계를 토지국유의 단계로 공통적으로 이해하면서도 가장 큰 차이는 조선왕조의 단계설정에 있었다. 인민의 소유권을 인정하는 견해와[23] 법제의 연혁상 애매한 지위에 있어 논단할 수 없다는 견해[24]로 대별되었다. 후자는 인민이 관습적으로 점유한 상태에서 사용·수익·처분하는 법률적 행위를 하였지만, 토지소유권이라 단정하기에는 몇 가지 의문이 있다고 하였다.[25]

---

20) 中山成太郎, 『韓國ニ於ケル土地ニ關スル權利一般』(부동산법조사회 편), 1907 ; 平木勘太郎, 『韓國土地所有權ノ沿革オ論ス』(부동산법조사회 편), 1907.

21) 中山成太郎, 위 책, 1907, 21~27쪽.

22) 平木勘太郎, 앞 책, 1907, 59~66쪽.

23) 中山成太郎, 앞 책, 1907.

24) 平木勘太郎, 앞 책, 1907, 59~66쪽.

25) 平木勘太郎, 『韓國不動産ニ關スル慣例 第二綴』, 1907, 27~32쪽. 소유권이란 말도 개항이후 사용되었다고 하였다.

첫째, 인민의 토지소유권에 관한 법규가 없다는 점이다. 소유권으로서의 사법상의 권리는 법률규정에 따라 발생하며 그 존재를 인정할 수 있다는 성문법을 기준으로 그 유무를 판단해야 하며, 인민은 토지소유권이 아니라 점유권만 갖고 있을 뿐이라고 하였다. 따라서 국가는 언제라도 점유를 해방할 수 있지만, 존재할 필요성이 있기 때문에 하지 않을 뿐이라고 하였다.

둘째, 근대적 조세체계에서는 지주납세제 원칙을 적용하여 납세사실을 소유권의 증거로 들기도 하지만, 조세부담 여부가 소유권의 유무를 증명해 주는 것은 아니라고 했다. 한국의 징세표준은 井田九一制에서 연유한 토지 수확을 표준으로 하고 지가로 하지 않았으며, 이것은 일본의 봉건시대 무사가 영민으로부터 징수하는 일종의 소작료와 유사하다는 것이다. 토지는 국유라 언급하기도 하였다.

셋째, 관청에 비치한 양안을 토지대장으로 간주하고 소유권을 인민에 공인한 유일한 근거로 삼았지만, 양안은 소유권을 공인할 목적으로 제조한 것이 아니고 조세징수의 필요에서 제조한 장부라고 하였다. 여기에는 작성 당시의 조세 부담자만 표시하고 그 후에는 개정하지 않아 양안에 표시된 부담자와 현재의 부담자, 즉 양안과 토지점유자와는 관계가 없다고 양안의 성격을 논하였다.

그러나 국유론적 접근방식은 민유지에서 소유권 발달이 전면화되어 가고 있는 한국의 현실에 반하는 것일 뿐만 아니라 일제의 입장에서도 그것이 유리한 것만은 아니었다. 일제는 민의 토지소유권을 인정하여 토지침탈을 자유롭게 하려는 방향에서 문제에 접근하였다. 한국인 조사위원들도 소유권을 인정하는 의견을 제출하였다. 이들은 소유권이 인민에 있고, 사용·수익·처분권도 인민에 있다는 것을 인식하고 있었다. 관은 소유권을 증명해주는 역할만을 담당하였으며, 관 양안도 소유권을 증명해 주는 증거라고 언급하였다.26)

조사 작업에서 일본인 조사자들은 한국인들이 제시한 바, 箕子井田에서

맹아를 보이고 量案 작성으로 민유 토지가 분명해졌다거나,[27] 개벽 이래 조세를 납부한 사실[28] 등을 들어 조사 후에는 인민에게 토지소유권이 있다는 것을 의심할 여지가 없다고 하였다.[29] 그러면서도 소유권에는 많은 한계가 있다는 점을 부각시키면서 조사작업을 마무리 하였다.

조사자들은 인민의 사유를 인정하면서도 미발달된 단계로 이해하였다. 형식적 측면에서도 표시의 곤란성, 면적의 불분명성 등으로 권리자가 점유함으로써 증명하고 혼란을 방지하는 수준이라 하였다. 따라서 소유권을 분명히 하려면 지적법이나 등기제도 등을 확립해야 한다고 제시하고 있다.[30]

이러한 인식 아래 이론적 측면에서 소유권의 총괄적 지배권을 인정한 통일주의, 즉 로마법 체계를 '근대법적 관념'이라 정의하고, 그중에서도 지주의 자유로운 토지개발을 유도 장려할 목적아래 정리한 일본법 체계에 비추어 한국법제를 설명하였다.[31] 한국도 소유권만큼은 다른 문명국가와 마찬가지로 일관되게 총괄적 지배권을 획득해왔다는 전제아래 인민의 토지권의 한계를 정리했다.

첫째, 소유권의 취득과 상실을 논하였다. 취득은 원시적 취득과 승계적 취득으로 나누고, 전자 가운데 起耕을 주 대상으로 설명하고 있다.[32] 기경 대상을 무주지와 진전으로 구분하여 설명하였다. 무주지 개간은 관청의 입지를 구하면 관에서 충분히 조사하여 소유권을 인정해 주는 절차를 거쳤으며,[33] 진전은 일정기간 동안 본주가 돌보지 않은 경우 소유권을 취득할 수 있는데,

---

26) 中山成太郎, 앞 책, 1907, 21~33쪽.

27) 平木勘太郎, 앞 책, 1907, 15~18쪽.

28) 부동산법조사회의 보고서에서 조사자들은 대부분 소유권을 인정하면서 기원은 불명이라고 의견을 제시하였다.

29) 법전조사국, 『부동산법조사보고요록』, 1908, 2쪽.

30) 中山成太郎, 앞 책, 1907, 3쪽.

31) 中山成太郎, 앞 책, 1907, 16~18쪽 ; 平木勘太郎, 앞 책, 1907, 59~66쪽.

32) 中山成太郎, 앞 책, 1907, 46~47쪽. 起耕 時效 添附 등을 예로 들고 있다.

33) 부동산법조사회, 앞 책, 1906의 각 지역별 항목을 참조.

기존 소유권자가 나타날 경우에는 돌려주는 것이 원칙이라 했다.

토지소유권의 상실은 소유주가 소유권을 스스로 포기하여 발생한 무주지의 경우이다. 포기는 소유권의 전제조건인 조세부담이 과중하여 이를 부담할 수 없는 경우에 발생한다고 하였다.[34] 조세부담은 소유권을 증명하는 장치이면서 상실의 원인이었으며, 권리자를 확정하는 가장 현저한 표준은 납세의 계속성과 현재의 경작여부였다고 하였다.[35] 인민의 소유권을 인정하면서도 한계성을 지적한 것이다.

둘째, 국가 권력으로 소유권 행사를 제한하는 경우였다.[36] 특히 공법상의 제한은 국가가 소유권 행사의 한계를 공익이라는 명분아래 설치한 것이고, 근세문명국도 인정하고 한국도 공통된 현상이라면서 그 내용을 설명하였다.[37] 일반적으로 공익은 법령과 관습에 따라 정하는데, 한국에서는 법규가 불비하여 종류가 명확하지 않다고 하면서 그 성격을 정리하였다. 인민은 국권의 행위에 대해 대항권이 없을 뿐만 아니라, 국가는 필요한 경우 언제라도 어떠한 제한을 가할 수 있다고 하였다.[38]

이같이 국가의 토지징수권을 절대시하면서 민에 대한 반대급부인 보상가 문제도 논하였다. 토지수용은 무상도 없지 않으나 보상가는 지급하는 것이 원칙이었다고 하였다.[39] 일반적으로 시가보다 저렴했으며,[40] 이것은 지방관이 촌장이나 거간의 의견에 따르거나 관에서 결정하였다고 하였다.[41] 그리고

---

34) 부동산법조사회, 앞 책, 1906, 48쪽. 포기한 것은 관유로 되는 것은 아니라고 수원관찰부에서는 언급하고 있다.
35) 부동산법조사회, 앞 책, 1906, 12쪽.
36) 中山成太郎, 앞 책, 1907, 33~45쪽.
37) 中山成太郎, 앞 책, 1907, 35~37쪽.
38) 中山成太郎, 앞 책, 1907, 37쪽.
39) 경인선 경부선 부설 공도개설이나 풍경궁 병영 관아 건축 등의 예를 제시하고 있다(부동산법조사회, 앞 책, 각 지역 보고). 그런데 경부철도건설시 처음에는 지급하지 않았다는 보고도 있다(법전조사국, 앞 책, 1908, 6~7쪽).
40) 부동산법조사회, 앞 책, 1906, 40·53·75쪽.
41) 부동산법조사회, 앞 책, 1906. 개성·대구관찰부 조사기록. 그리고 목적물의 크기에

피수용자에게는 수용 때문에 사용할 수 없게 된 부분에 대한 피해보상 청구권을, 수용이 해제되었을 때는 선매권을 주었다고 하였다.[42]

셋째, 소유권은 민유·국유지·제실유지로 구분하고, 그 구별은 문기나 양안에 근거하였다.[43] 공유지는 관행적으로 촌이 마련한 촌유의 산과 전답이라고 보고하였다.[44] 조사자들은 이 부분에 관한 종합적 조사를 하지 못했으면서 공유지 성격의 토지를 국유지로 인식하는 경향을 보였다. 和田一郎도 이 같은 전제아래 토지조사사업을 추진했다.[45]

일제는 소유권을 인정하면서도 국유지의 범위를 확대 해석하는 모습을 보여주는 동시에, 일제가 한국지배의 기초조사와 기반구축작업에 필요한 토지를 확보하기 위해 수용권을 강조하고 있었다. 당시 토지소유자들이 일제의 토지수용에 쉽게 응하지 않아 어려움에 직면하자 수용령 제정을 현안으로 제기하기도 하였다.[46] 여기에 가장 적합한 방식이 토지소유권을 인정하면서 국가가 이를 강력히 통제 제한할 수 있는 소유권 인식과 법질서를 구축하는 일이었다.[47] 이리하여 이들은 바로 전 대한제국이 시도했던 양전사업에 대해서는 언급도 하지 않고, 일본인의 토지확보라는 당면 과제를 해결하기 위해 우선 소유권 거래방식을 정한 토지가옥증명규칙을 제정하였다.[48]

따라 결정담당자가 달랐다고 하였다(平木勘太郎, 앞 책, 1907, 49~54쪽).

42) 부동산법조사회, 앞 책, 1906과 平木勘太郎, 앞 책, 1907 참조.

43) 平木勘太郎, 앞 책, 1907, 112~118쪽.

44) 부동산법조사회, 앞 책, 1906, 78쪽.

45) 和田一郎, 『朝鮮土地地稅制度調査報告書』, 1920. 和田은 '사업'의 실무책임자였으며, 이 책은 그의 박사학위논문이다. 여기에서 그는 한국토지제도와 지세제도를 '사업'과 관련하여 다루고 있다.

46) 金正明 編, 『日韓外交資料集成(6中)』, 763쪽.

47) 일본민법 제235조, 제237조를 예로 들면서 이 규정을 설명하고 있다(부동산법조사회, 앞 책, 1906, 73쪽).

48) 최원규, 앞 글, 『동방학지』 94, 1996, 128~137쪽.

(2) 용익권 조사와 인식

일본인 조사자들은 토지용익권은 토지를 총괄적으로 지배하는 소유권내에서 이를 사용 수익하는 권리, 소유권과는 대항적 관계를 갖는 권리라 규정하고 조사에 착수하였다. 이들은 토지용익권을 물권과 채권으로 구분하고 물권은 용익물권과 담보물권으로 분류하였다. 용익물권은 타인이 소유한 토지를 대상으로 사용가치를 목적으로 하는 권리로, 지역권·지상권·영소작권·입회권 등이고, 담보물권은 교환가치를 목적으로 하는 권리이며, 전당권 즉 질권과 저당권 등이었다.[49) 여기서는 토지용익권인 채권적 차지권과 용익물권에 대한 일본인들의 인식을 보기로 하자.

이들은 용익권은 인정하였지만, 일본과 구미 문명국에 비하여 종류와 범위가 대단히 적다고 정리하였다. 대부분을 채권적 차지권으로 규정하고 용익물권은 지역권·지상권만 인정하였다. 지역권은 급수와 인용수, 운반과 통행, 삼림원야의 입회권 등에서 약간 볼 수 있으며, 덕의적으로 관용된 관습으로 그 형체는 불충분하다고 하였다.[50) 타인의 소유권 위에 설정한 지상권은 다른 사람의 토지 위에 가옥을 건축한 경우를 대표적인 예로 들었다.[51) 이들은 토지와 건물의 권리관계를 두 유형으로 분류하였다. 건물을 토지의 일부로 간주하는 구주대륙과 양자를 독립된 것으로 보는 일본이 그 유형이었다. 한국은 구주대륙과 동일한 관념을 갖고 있으면서도 오히려 건물에 중점을 두는 경향이 있다고 하였다. 그것은 토지에 비하여 가옥이 적고, 도시로의 이주장려정책의 필요에서 조세를 면제해 주거나 타인의 토지라도 빈터일 때는 자유로 사용하도록 하는 관습이 형성되었다는 것이다. 지방에서도 마찬가지였다고 했다.[52) 토지소유주가 거부하면 형률로 다스리기도 하였으며,

---

49) 中山成太郎, 앞 책, 1907, 19~21쪽.
50) 中山成太郎, 앞 책, 1907, 52~53쪽.
51) 中山成太郎, 앞 책, 1907, 6~9쪽, 50~52쪽.

이 터를 오래 사용하면 소유주가 되기도 하였다고 언급하였다.[53]

사용자의 의무는 소작료에 준하는 사용료를 지불하며, 권리는 가옥이 있는 한, 그리고 가옥을 재건축하는 한 계속 보장되었다고 했다. 가옥을 매매할 때 대지와 가옥의 소유권자가 같을 경우에는 대지도 같이 이전되었다. 소유자가 다를 경우에는 소유권은 각각 별도였지만, 토지의 차지권은 가옥과 같이 이전된다고 하였다.[54] 건물이 主, 토지가 從인 관계로 파악하였다.[55]

그러나 조사 당시에는 지가가 등귀하면서 토지 위주로 권리의식이 변화하여 사유지에 일단 승낙을 얻어 집을 지었을 경우라도 나가라고 할 정도로 사정이 바뀌고 있다고 하였다.[56] 지가의 등귀는 곡가상승의 결과이지만, 곡가 등귀가 지가 상승으로 귀결된 것은 지주권이 강화되면서 이용권이 약화되는 현상을 반영한 것이기도 하다. 이것을 더욱 부추긴 것은 토지와 가옥을 별도 재산으로 구분한 토지가옥증명규칙이었다.

여기서 가장 중요하게 취급한 것은 농민의 경제생활과 직결된 경작권 문제였다. 조사자들은 임차권의 강약은 제3자 대항권, 임차기간, 임차권의 양도와 전대여부를 기준으로 삼았으며, 한국 지주제의 경영제도인 도지와 병작의 성격을 판가름하였다. 병작은 수확을 평등분작하는 일종의 공용경작이고, 도지는 정액소작료로 경작권을 계약기간 동안 도지권자가 행사하는 임차관계라고 정의하고, 이들을 채권적 차지권이라고 규정하였다.[57]

소작권은 극히 박약하여 지주가 마음대로 옮길 수 있다고 하였다.[58] 도지에서 차지권자가 제3자와 병작계약을 할 경우도 지주의 승낙을 얻어야 하며,

---

52) 中山成太郎, 앞 책, 1907, 6~9쪽.
53) 부동산법조사회, 앞 책, 각 지역 조사에서 조사항목 제1항 세목7 참조.
54) 平木勘太郎, 앞 책, 1907, 35~36쪽.
55) 부동산법조사회, 앞 책, 1906, 8쪽.
56) 中山成太郎, 앞 책, 1907, 9쪽.
57) 中山成太郎, 앞 책, 1907, 53~68쪽.
58) 법전조사국, 앞 책, 1908, 12~14쪽.

그렇지 않을 경우 지주는 차지계약을 해제할 수 있으며, 여기서 발생한 손해는 차지권자에게 배상을 청구할 수 있다고 하였다.[59] 차지기간은 3년 내지 5년 기간으로 계약하는 경우도 있지만, 보통 매년 갱신을 원칙으로 한다고 하였다.[60] 일정한 금액을 제공하고 10년 기한의 소작권을 확보한 퇴도지 매매도 이러한 유형으로 분류하였다.[61]

일제는 조사가 불비한 점을 인정하면서도 물권적 경작권을 인정하지 않았다.[62] 일본민법의 영소작권 같은 종류의 물권은 존재하지 않으며, 지상권·지역권만 볼 수 있고[63] 그나마 발달정도가 유치한 단계라고 하였다.[64] 거류지에 외국인이 외국법의 관념으로 설정한 물권이 있을 뿐이라고 보고하였다.[65] 이러한 인식은 농민의 입장이 아니라 지주적 입장에서, 그리고 일본민법에 따라 조사기준을 소유권 위주로 설정하고 조사한 결과라고 할 수 있을 것이다.

전당권도 이러한 인식 아래 설명하였다. 전당은 채권의 담보로 채무자 또는 제3자가 제공한 부동산을 채권자에 일정한 기간 내 혹은 조건부로 처분권을 맡긴 것이라고 했다. 따라서 다른 채권자에 우선하여 자기 채권을 변제받을 수 있고, 담보권은 토지의 교환가격을 이용하여 채권의 변제를 담보하는 것이라 정리하였다. 한국에서는 등기제도가 결여되어 있지만, 근대 국가와 취지에서 동일하다고 하였다.[66] 따라서 전당 대상물도 소유권에 한하고 경작권은 전당이나 전대 양도할 수 있는 권리는 아니라고 파악하였다.

---

59) 平木勘太郎, 앞 책, 1907, (附言) 82쪽.
60) 平木勘太郎, 앞 책, 1907, 73~85쪽.
61) 中山成太郎, 앞 책, 1907, 54쪽.
62) 平木勘太郎, 앞 책, 1907, 86쪽.
63) 平木勘太郎, 앞 책, 1907, 89~92쪽.
64) 中山成太郎, 앞 책, 1907, 58쪽.
65) 中山成太郎, 앞 책, 1907, 20·50쪽.
66) 中山成太郎, 앞 책, 1907, 60쪽.

2) 탁지부의 토지권 인식

일제는 한국의 실권을 장악하고 토지조사사업을 계획하면서 토지에 관한 舊慣조사에 착수하였다.[67] 이를 통해 종전보다 한국 실정을 더 잘 파악할 수 있었지만, 지주제를 중심으로 한 식민지 지배체제 구축이라는 기본방향을 세우고, 이를 무리 없이 수행하기 위한 것이었다는 점을 더욱 분명히 하였다.

토지가옥증명규칙 등 각종 증명규칙이 제도로서 자리 잡아 가는 시점에서 사적 토지소유권은 의심할 여지없이 받아들여졌다. 따라서 구관조사에서는 이를 전제로 소유권을 증명하는 방법과 소유권자의 실체에 대해 관심이 집중되었다.[68] 소유권자는 크게 국유과 사인, 다시 국·공공단체·제실·개인·조합과 계·공익법인·회사 등으로 분류하였다. 이 분류에서 주 관심은 관습적으로 소유의 주체였던 것 중에서 사인 아닌 존재를 어떻게 규정할 것인가 하는 문제였다. 이들은 일본민법적 관점에서 문제를 제기하였다.

첫째, 도·부·군·면·동 등의 재산에 대한 처리였다. 여기서는 도·부·군은 행정관청으로 분류하고, 면·동은 지방 자치단체적 성격을 갖는 것이지만 완전한 인격을 갖는 공공단체로 간주해야 할지는 연구가 필요하다고 하였다.[69] 이 문제는 한국에 대한 지배질서를 구축하는 문제와 관련된 것이었지만, 아직 관심은 낮은 편이었다. 동민이 갹출하여 조성한 동의 재산은 국유 아닌 동유로 보아야 하지 않을까라는 견해를 제출하는 정도였다.[70] 현실적으로는

---

67) 탁지부 임시재산정리국에서 각지의 토지관계 구관을 조사하기 위하여 1909년 5월에서 8월에 걸쳐 촉탁 尾石剛毅을 공주 한성 평양, 鹽田與助를 전주 대구 원산 등 각 財務監督局 관내에 보내 조사한 뒤, 1909년 10월 전자는 『토지조사참고서』 2, 후자는 『토지조사참고서』 3으로 각각 보고하고 있다. 당시 탁지부 사세국에서는 『소작관례조사』를 발행하였다. 양자의 조사주체는 각 지역의 재무감독국이었다.
68) 증명문서의 종류로는 신양안, 구양안, 구양안의 발췌, 또는 사본, 衿記와 사본, 馬上草, 결수신고서 등을 들고 있다(탁지부 임시재산정리국, 앞 책 3, 17~21쪽).
69) 탁지부 임시재산정리국, 앞 책 2, 48쪽. 앞 책 3, 48쪽에는 도·군·면을 공공단체로 분류하였다.
70) 탁지부 임시재산정리국, 앞 책 3, 53쪽.

생산물의 사용용도에 따라 소유주체를 결정한 것으로 보였다. 조세부담을 위해 마을에서 마련한 군역전 등은 국유로 간주하였다.[71]

둘째, 자연인 이외에 인격을 갖고 私權의 주체로 될 수 있는 법인을 규정하는 문제였다. 이 문제는 관습상 종래 법인을 인정했는지의 여부에 대해 의문을 제기하는 것에서 출발하였다. 그러면서 우선 사익 법인은 존재하지 않지만, 사원·학교 같은 경우는 공익적 재단법인으로 인정해야 하지 않을까라는 의견을 조심스럽게 제시하였다.

셋째, 법률로 회사를 법인으로 인정한 경우는 드물었다. 척식회사, 한국은행, 각지의 농공은행, 공동창고회사, 각 은행 등은 개별 법률에 따라 법인이라 간주할 수 있다고 하였다. 그리고 한국의 대부분 회사는 한국인의 관념이고 일본민법에서는 조합에 해당하니 조합원의 공유로 분류해야 한다고 하였다. 契도 이러한 해석에 따랐다. 계가 소유한 토지의 또 하나의 특징은 영속적인 공유가 아니라 분할되어 개인 소유로 돌아가는 것이 일반적 관례라 보았다.[72] 종중소유는 공유로 보았다.[73]

다음은 소유권을 증명하기 어려운 토지를 국유지라고 간주하는 원칙을 세웠다. 국유지는 국가가 스스로 사용 수익하는 것과 사인에게 사용하게 하여 일정 수익을 얻는 것이라 정의하였다. 이것 외에 민유 또는 공공단체의 소유가 아닌 무주지에 주목하였다. 이는 토지의 취득방법 중 '先占取得'과 관련된 문제였다.[74] 한국에서는 근래까지 한광지나 무주지는 개간하여 소유권을 선점취득할 수 있었는데, 이것은 한국에서 국토주권의 법이 명확하지 않고 무주지를 국고에 귀속하는 제도가 아직 행해지지 않았기 때문이라고 하였다. 그리고 장래 이 제도를 정돈하여 토지의 귀속을 분명히 해야 하는데,

---

71) 본서 제3부 제2장, 2, 2) (2) 국유지 범주의 확대 참조.

72) 탁지부 임시재산정리국, 앞 책 3, 52~55쪽 ; 69~72쪽.

73) 최원규, 「일제초기 조선부동산 등기제도의 시행과 그 성격」『한국민족문화』56, 2015. 8.

74) 탁지부 임시재산정리국, 앞 책 2, 57~59쪽 ; 앞 책 3, 66~69쪽.

기존 무주지는 모두 국유로 간주해야 한다고 하였다. 이것은 종전 개간 장려책에서 나온 '起耕者爲主' 방침이 아니라 '국유미간지이용법'에서의 무주지 처리 방침과 같은 맥락이었다.[75]

이러한 소유권 문제는 집과 대지의 관계에서도 등장하였다. 종래 대지는 집의 부속물이고 집을 짓는 동시에 소유권을 획득한다는 통상 인식에 대한 재검토 입장에서 조사에 착수하였다. 조사 결과 이러한 관습은 발견할 수 없으며, 이는 국유·민유·공유 마찬가지였다고 하였다. 다만 貰稅 지불을 조건으로 한 차지는 거부할 수 없다는 것이었다.[76] 이것은 인구가 희박하고 토지가 여유 있을 때 행한 국유지 급여 장려책이 잘못 전달된 것이라는 결론을 내렸다. 소위 "普天之下 莫非王土"라는 관념과 달리 국유지를 무주지라 생각하고 마음대로 집을 짓고 빼앗는 방식으로 소유권을 얻는 관례가 형성되었다는 것이다.[77] 특히 시가지의 관유지가 대표적인 예였다. 개인 소유지에서도 보통 허락하는 것이 관례였다고 하였다. 일단 집을 지은 이상 집이 존재하는 기간은 물론 소실되거나 파괴되어도 다시 지을 의사를 표시할 경우에는 토지소유자가 반환을 청구할 수 없었다고 하였다. 차지인은 차지료를 지불해야 했지만, 끝내는 집 소유자의 소유로 돌아가기도 했다고 보고했다.[78]

그런데 토지가격이 등귀하면서 이러한 관습이 점차 폐멸되어 조사 당시에는 이러한 관습이 존재하지 않는다고 하였다. 자기 소유가 아닌 땅에 집을 지을 때는 관허나 협의양도 또는 차지절차를 거쳐야 했지만, 소유권을 우선적으로 인정하더라도 이용하지 않는 토지를 타인이 이용할 경우 상당히 자유로운 것으로 보였으며, 가옥만이 아니라 전답의 경우도 마찬가지였다고 하였다.[79]

---

75) 탁지부 임시재산정리국, 앞 책 2, 57쪽 ; 앞 책 3, 67쪽.
76) 탁지부 임시재산정리국, 앞 책 2, 53쪽.
77) 탁지부 임시재산정리국, 앞 책 2, 54쪽.
78) 탁지부 임시재산정리국, 앞 책 2, 55쪽 ; 위 책 3, 62쪽.
79) 탁지부 임시재산정리국, 앞 책 3, 63~64쪽. 일본인들이 한국인들의 기습을 말한 것 가운데 소유와 경영에 대한 한국인들의 자세를 엿볼 수 있다.

일본인 조사자들은 이렇게 거의 영구차지적 성격을 갖는 대지에 대한 권리가 일본민법의 영소작권적 성격을 갖기는 하나 경작 차지가 아니라 거주가 목적이라는 점에 주목하여 지상권으로 분류하였다.[80] 일본민법상 지상권이 영구가 아니라는 점에서 볼 때 이용권 위주가 아니라 소유권적 입장에서 대지문제를 처리하였다고 할 수 있을 것이다.

경작권 문제도 소유권과 마찬가지로 한국의 관습에 대한 심화된 인식을 보여주었다. 이들은 한국의 소작제를 타작법, 도조법, 검견법 등으로 분류하였다. 이 가운데 소작료가 상대적으로 저렴한 도지법의 비중이 상당하였으며, 영대경작권을 전대하거나 매매하는 관습도 보고하였다. 물권적 권리가 주어진 대구의 永賭法, 평북 선천의 豫賭地, 의주의 私賭地, 전주의 禾利 등을 조사 보고한 것이다.[81]

그러나 전반적인 농촌사정은 지주와 소작인과의 관계가 친밀하지 않고 근래에는 도지법이 감소되고 소작료가 증가할 뿐만 아니라 대지주의 겸병, 자작자의 몰락, 소작인의 급증이 두드러지게 증가한다고 하였다. 특히 러일전쟁 이후 이주자가 증가하면서 이러한 현상은 급속히 진척되었다고 하였다.[82] 일제는 이 점을 중시하여 한국의 소작에는 일본민법 제정 전 구관에 보이는 것 같은 영대소작과 有期소작이 없었으며,[83] 통상 소작기간을 정하지 않았다고 했다. 그런데 이것은 물권적 권리를 인정해서가 아니라 관례상 언제라도 해제할 수 있다는 의미라고 해석하였다. 즉 한국의 소작계약은 일본민법의 임대차에 상당하고 영소작은 전혀 존재하지 않는다고 결론을 내리고 있다. 지주권이 강하고 소작인에게는 물권적 권리가 없다고 하였다.[84]

---

80) 탁지부 사세국, 앞 책 2, 56쪽.

81) 탁지부 사세국, 『소작관례조사』, 1909, 5쪽 ; 탁지부 임시재산정리국, 앞 책 2, 74~77 쪽 ; 앞 책 3, 82~88쪽.

82) 탁지부 사세국, 『소작관례조사』, 1909, 참조.

83) 탁지부 임시재산정리국, 앞 책 2, 73쪽.

84) 탁지부 임시재산정리국, 앞 책 3, 81~82쪽.

반면 물권적 권리를 갖는 소작관계는 특별한 예이고, 이 경우 소작인의 전횡이 심하다고 하였다. 소작료 납부를 게을리 하여 소작료가 감소할 뿐만 아니라 지주가 관리하지 못하여 토지가 척박해졌으며, 지주가 권리 회수를 희망해도 응하지 않는 것이 현실이라고 하였다.[85]

또 하나의 문제는 자작자가 오히려 소작자가 되고 소작권을 매매하며 부유한 소작자는 소유권 취득에 중점을 두지 않고 소작권 매수에 열중한다는 것이다.[86] 이리하여 경작 한도를 넘게 소작권을 매수하여 관리를 잘하지 못하여 경지가 황폐되는 폐해가 발생하는 등 지주와 소작인이 서로 불이익을 보고 있다는 견해를 제시하였다.[87] 이것은 토지소유권의 관념이 희박한 데서 오는 것이며,[88] 이러한 인식은 압제 정치의 소산이며, 부는 재앙의 기초라는 인식이 배태되었다고 했다. 이리하여 기업가의 토지 매수에 쉽게 응하는 자가 속출하고 낭비하는 생활양식이 출현하였다고 하였다. 결국 이러한 폐해 때문에 일본민법에서도 영소작의 연한을 50년으로 한정하였으며, 국가경제 상 개혁의 필요가 있다고 주장하였다.[89] 그리고 이러한 소작은 법적 규정을 내리기 어려우나 한국의 일반 관습에서 영소작권은 인정하지 않는다고 결론을 내렸다.[90] 물권적 소작권은 악습이고 개혁대상으로 간주했다.

일제는 이러한 법의식아래 농촌사회 개선방향을 다음과 같이 정리하였다.[91] 첫째, 결세의 의무자를 지주로 할 것, 둘째, 도지법을 채택할 것, 셋째, 소작기간을 정할 것, 넷째, 지주와 소작인과의 관계를 친밀히 할 것, 다섯째, 소작권 매매관습을 인정하지 말 것 등을 제안하였다.[92] 이것은 소유권을

---

85) 탁지부 임시재산정리국, 앞 책 2, 77쪽.
86) 탁지부 사세국, 앞 책, 48쪽.
87) 탁지부 사세국, 앞 책, 56~57쪽.
88) 탁지부 사세국, 앞 책, 48쪽.
89) 탁지부 임시재산정리국, 앞 책 2, 78쪽.
90) 탁지부 임시재산정리국, 앞 책 3, 83쪽.
91) 탁지부 사세국, 앞 책, 53~61쪽.
92) 탁지부 사세국, 앞 책, 56~57쪽.

강화하여 지주제를 농촌사회의 기본골격으로 삼되, 지주 소작인간의 대립이 발생하지 않도록 하자는 것이었다.

3. 소유권의 법률적 성격

일제시기 토지소유권은 일본민법에서 통용되는 소유권 개념을 근간으로 구래의 토지권을 강점통치에 적당하도록 조정하여 확정한 것이었다. 일제의 소유권은 대일본제국헌법(1899)과 일본민법에 표현되어 있었다. 헌법 전문에서 천황은 "신민의 권리와 재산의 안전을 귀중히 하고 이를 보호하고 헌법과 법률의 범위 내에서 완전히 향유할 것을 선언한다." 하고, 제27조에 "일본신민은 그 소유권을 침해받지 않고 공익을 위해 필요한 처분은 법률이 정하는 바에 의한다"고 하였다.[93]

여기서 재산 중 소유권을 불가침의 대상으로 정하고, 그 제한은 필요불가결한 때에만 최소한도로 제한해야 한다는 사상이 전제되고 있었다. 즉 공권력에 의한 소유권 징수는 가능한 제한하도록 법률이 정하는 바에 의한다고 규정하였다. 그러나 여기에는 소유권은 기본적으로 국가로부터 주어진 것이며, 국가의 공권력 아래 존립하는 것이기 때문에 국권에 복종하고 법률의 제한을 받지 않으면 안 된다는 의미도 동시에 내포하였다.[94]

이러한 소유권 사상은 명치민법에 반영되었다. 소유권의 사용·수익·처분의 자유를 보장하면서 임차권을 대단히 약하게 규정한 것이다. 독일 민법전을 계수한 명치민법에서는 소유권 절대성의 원칙 아래 임차권을 여기에 완전히 종속된 것으로 처리하였다. 임차권은 제3자 대항권이 인정되지 않았으며,

---

93) 조선총독부, 『조선법령집람 상1』(제1집), 1940, 1쪽.
94) 伊藤博文, 『憲法義解』, 1889, 49~51쪽(水本浩, 『土地問題と所有權(改訂版)』, 有斐閣, 1980, 196~197쪽 재인용).

존속기간도 짧고 양도·전대도 할 수 없었다. 지극히 효력이 약한 이용권이었
다.[95] 조선총독부는 일제초기에는 일본민법을 기본 전제로 하면서 한국의
관습도 일부 채용하는 방식으로 운용의 틀을 마련했다.

첫째, 종래 증거가 불충분하다고 여긴 토지와 무주지의 소유권 귀속문제를
확정하였다. 관습조사를 빌미로 이러한 토지를 모두 국유라 볼 수밖에 없다고
판정하였다. 이 문제는 국유미간지이용법과 삼림법에서 그 방침의 일단을
볼 수 있었다. 이는 국토주권 관념을 적용한 것이며, 국유지의 확대를 목표로
한 것이다. 이 결과 종래 무주지를 개간 등의 방법으로 선점 취득하는 관습도
사라지게 되었다.

둘째, 일본민법에서 사권의 주체인 자연인과 법인 가운데 어떤 존재를
법인으로 정할까하는 문제였다. 조선총독부는 기본적으로 일본민법에 따르되
토지조사의 편의를 고려하여 예외조항을 두었다.[96] 단체는 조선민사령 기타
의 법령으로 법인의 자격을 구비했는지를 조사하여 법인 자격이 있는 단체,
공공단체, 특별단체로 분류한 뒤 성격에 따라 개인 또는 공유명의로 처리하였
다. 1913년 임시토지조사국 조사규정에서는 이를 더 구체화시켰다.[97] 단체명
의는 법인에 한하여 인정하였다. 종교단체같이 법인으로 인정하지 않는 경우
라도 자기 명의로 토지를 소유하는 관행이 있는 경우는 법인에 준하여 처리하
도록 하였지만, 종중·계·사립학교·서원 등의 토지는 법인소유로 인정하지
않았다. 동리 소유는 면 중심의 행정체제를 개편하여 인정하되 조선총독부의
지침아래 운용되도록 하는 방식이었다. 동리나 종중 등 구래의 공동체는
해체해 가는 방향이었다.[98]

그러나 최종 단계인 조선등기령에서는 관습법에 속한다고 인정했던 것을

---

95) 星野通, 『明治民法編纂史研究』, 1943 ; 鄭鍾休, 『韓國民法典の比較法的研究』, 東京, 倉文社,
1989.
96) 조선총독부 임시토지조사국, 『국보』 19, 1911. 11. 25.
97) 조선총독부, 『조선총독부관보』 제255호, 1913. 6. 7.
98) 최원규, 제2부 제1장의 글 참조.

제외하였으며, 일본민법에 정한 자연인이나 법인만 토지소유의 주체로 인정하였다. 특히 법인이나 특별법에 의한 법인 즉 회사·학교·수리조합·수산조합·신사 등은 소유주체로 인정하였지만, 미인가 학교나 교회는 인정하지 않았다. 법인이 아니라도 부군임시은사금이나 지방비같이 특별한 경우는 인정하였다.[99]

셋째, 조선총독부가 필요에 따라 토지소유권을 제한할 수 있도록 정했다. 일제는 1911년 4월 17일 제령 제3호로 토지수용령을 공포하였다.[100] 소유권 중심으로 한국의 토지법제를 재편하면서도 국가의 목적에 따라 토지를 수용하여 이용할 수 있도록 한 것이다. 따라서 이 법령은 제1조에 공공의 이익이 될 사업을 위하여 필요한 토지를 수용 또는 사용할 수 있다고 정하고 있다. 그리고 제2조에는 토지를 수용 또는 사용할 수 있는 사업을 정하였다.

<표 1>에서 보듯, 토지수용은 국방·관청·일반 공용을 목적으로 하는

〈표 1〉 토지수용령의 사업 내용

조항	1911년 수용령에서 주요 사업	개정 내용	개정
제1	국방 기타 군사에 관한 사업	1항의 장소에서 1년 3만5천佛噸이상의 製銑능력 또는 製鋼능력을 갖는 제철사업 추가	1918
		'1년 3만5천佛噸이상의 製銑능력 또는 製鋼능력'을 '1년 3만5천瓲이상의 製銑능력과 1년 3만5천瓲이상의 製鋼능력'으로 개정	1926
		'3만5천돈을 10만瓲으로 개정하고, 製鐵사업 또는 朝鮮總督이 정한 鐵鑛의 製鍊'을 목적으로 하는 특수한 설비로 영업하는 제철사업을 추가	1938
제2	관청 또는 公署건설	神祉 神祠 官公署 건설	1933
제3	교육 학계 慈善	사회사업 교육 학예	1933
제4	鐵道 軌道 道路 橋梁 河川 堤防 砂防 運河 用惡水路 溜池 船渠 港灣 埠頭 水道 下水 電氣 瓦斯 火葬場	索道 專用自動車道 市場 추가	1933
제5	衛生 測候 航路標識 防風 防		

---

99) 최원규, 「일제초기 조선 부동산 등기제도의 시행과 그 성격」 『한국민족문화』 56, 2015. 8.
100) 조선총독부, 『조선총독부관보』 제186호, 1911. 4. 17.

	水 水害豫防 기타 공용의 목적으로 國 또는 공공단체가 시설하는 사업		
제7		인조석유제조사업	1938
제8		항공기제조사업	1938
제9		경금속제조사업	1939

출전 :『조선총독부관보』제186호, 1911. 4. 17 ; 제1644호, 1918. 1. 31 ; 제4168호, 1926. 7. 12 ; 제2000호, 1933. 9. 7 ; 제3305호, 1938. 1. 25 ; 제3545호, 1938. 11. 11 ; 제3802호, 1939. 9. 20.

사업에 적용되었다. 그런데 공공사업의 경우도 실제 사업에서는 일본인 기업가나 시가지 시설 개선을 위해 주로 이용되었음을 짐작할 수 있겠다. 이 가운데서도 특히 주목되는 바는 국방관계 사업이 개정의 주 내용이었다는 점이다. 제철 부분은 갈수록 확대되어 갔으며, 전시체제에 들어가면서 석유, 항공기, 경금속 분야로 확대되었다. 일본제국주의의 본질, 즉 민족적·계급적 이해관계가 그대로 표현된 것이었다. 토지수용도 주로 소유권만을 대상으로 하고 용익권자의 이해관계는 거의 고려대상이 아니었다. 토지수용령 대상 지구는 1910년대에 이미 전국을 해당 지역으로 고시하였다.[101]

4. 소유권과 경작권의 법적 지위

1) 소유권과 경작권의 분쟁

민유지에서의 소유권 분쟁은 조선인 개인 또는 집단이 조선인 또는 일본 측과 분쟁하는 등 다양한 권리분쟁의 모습을 보였다.[102] 대부분 이중 소유권 문제로 제기되었지만, 사기나 투매 등에서 연유한 권리다툼은 아니었다. 그 내면을 보면 실질적 권리를 행사하지 못한 구래의 소유권자와 실효적

---

101) 朝鮮總督府,『朝鮮法令輯覽』上2, 2쪽.
102) 조선총독부 임시토지조사국, 앞 책, 2-2, 제4호, 1916.

지배를 하고 있는 현재의 점유자(경작자)사이의 소유권 다툼이었다.

19세기 말 20세기 초 농촌사회는 격동하고 지역에 따라 변동의 편차가 심했다. 개항장 부근에서는 지주경영이 강화되어 갔지만, 농민운동 나아가 농민전쟁이 격발되는 가운데 지주경영이 위협을 받으면서 농민의 경작권이 강화되어 가는 지역도 적지 않았다. 이러한 가운데 평균분작의 주장, 유길준의 1/4지대론, 급기야 대한제국에서는 양전사업에서 시주와 함께 시작을 조사하여 양안에 기록하는 조치를 취했다. 지주경영이 쉽지 않았고 따라서 원격지 지주의 경우 사실상 지주경영을 포기하는 경우도 적지 않았다. 궁방전이나 역둔토, 부재지주의 경영지에서 경작권이 소유권적 지위까지 성장하여 물권처럼 거래되고 있는 것도 또 하나의 사회적 현상이었다.

그러나 일제는 한국을 점령하자마자 한국의 농촌사회를 지주제로 재편 강화하여 지배하기 위해 각종 증명제도와 같이 소유권 위주로 법제를 마련하고 운영해 갔다. 경작권의 물권적 성격을 배제하는 방향이었다. 조선총독부는 '사업'을 추진하면서도 이러한 원칙을 더욱 확실히 했다. 始原的 입장에서 구래의 소유권자로 정한다는 방침 아래, 그에게 '원시취득'의 자격을 부여하는 토지조사를 추진했다. 임시토지조사국에서는 지주의 신고를 독려하면서, 특히 먼 곳에 땅을 소유한 지주들에게 다음과 같은 주의사항을 하달했다.

> 경성은 자본의 소재지로 군·부의 토지에 放資한 자가 번다함으로써 자기 소유한 지구에 대하여 조사 집행시에 선량한 소작인 또는 관리인은 그 일을 지주에게 통고하여 신고서 제출 기타의 수속을 밟도록 주의할 지로되, 그중에는 왕왕 악의로 자기 명으로 신고하는 불령의 무리가 있으며, 일면 이를 선의로 해석하여 원격에 거주하는 지주의 손을 煩치 안이함을 本旨로 하야 전과 같은 수단에 出하는 자 등이 有하여 徒히 분의를 야기하여 당국자의 손을 煩할 뿐 아니라 지주의 불이익이 또한 불소한 즉 원격한 지에 거주하는 자는 … 신고에 不怠함이 필요하다."[103]

여기에는 악의 또는 선의에서 소작인이 신고하는 경우에 주의하라고 표현했지만, 지주가 소작인이라 주장하는 현지의 점유자를 지주의 소작인이라고 보기에 어려운 경우가 적지 않았다. 이들은 지주와 계약을 맺은 소작인이 아니라 제3자로부터 매득한 토지를 경작한다고 주장하는 자였다. 소작인의 신고로 토지조사를 진행하다 지주가 불복신청하는 사례가 적지 않다고 추정된다.[104] 분쟁은 조선인 지주나 일본측 지주들이 제기했다. 이들은 '사업'을 계기로 현실적으로 무기력해진 자기 소유권을 회복하려 시도한 것이다. 몇 사례를 보자.

첫 번째 예는 경기도 경성부 관철동에 거주하던 오형근이 점유자(경작자)들에 제기한 분쟁이었다. 그는 230여 년 전 분쟁 토지가 7대 祖姑 명안공주가 하사받은 賜牌田이라는 근거를 제시하며 소유권을 주장했다. 1915년 9월 21일 설덕명이 패소하면서 제출한 사유신립서를 검토하자.

> 본인의 소유토지 … 오형근과 아무 관계가 없거늘 오형근이 무슨 증거와 무슨 마음으로 재판을 일으켰는지 … 오형근은 不準義理하고 약육강식자야라 … (오형근)은 자기 소유라 주장하나, 수십 년 전부터 이 토지에는 1두의 수세도 없었을 뿐 아니라, 본인(설덕명) 소유로 된 8년 동안에도 아무 말이 없다가 지금에서야 자기 땅이라 주장하고 있다. 斗大員 전토 幾千斗落을 다 자기 소유라 하니 극히 한심한 일이다. 임시토지조사국에서 오형근에게 상세히 물으면 그 거짓을 알 것이다.[105]

---

103) 『매일신보』 1912. 3. 27. 경성시가에 관한 주의 원지에 재한 지주의 주의.
104) 『매일신보』 1914. 2. 10. 토지조사현황. 소작인이 소작지를 자기 소유로 신고하고, 지주가 알지 못하였다가 조사 도중에 다시 신청하는 예가 적지 않다고 보도하고 있다.
105) 조선총독부 임시토지조사국, 『창원군 분쟁지심사서류(취하)』 2-1, 제3호, 事由申立書, 1916.

이 사례는 재판부가 사패지를 소유권 증거로 채택하고, 제3자로부터 소유권을 매득하여 실질적으로 권리를 행사해 오던 설덕명의 권리를 박탈한 경우이다. 임시토지조사국에서도 이를 추인했다. 재판부가 현재 실질적인 소유권 행사여부에 관계없이 사패지로 대대로 지주경영을 해왔다는 증언을 받아들여, 이미 형해화되어 버린 오형근의 소유권을 일본민법으로 인정한 것이다. 지주의 소유권이 기사회생한 것이다.

다음 사례는 오형근이 창원군 부내면 봉암리에 거주하는 권태구와 웅남면 두대리의 10두락의 답을 둘러싸고 벌인 소송이다.[106) 이 토지도 사패전으로 230여 년간 대대로 상속받아 소작료를 징수하여 왔는데, 권태구가 수년간 소작료를 납부하지 않고 자기 소유라고 주장하자 소송을 제기한 것이다. 반면 권태구는 24년 전 권태구의 아버지(亡父 중택)가 이선달로부터 600량(120円) 주고 구입한 20두락 가운데 일부로, 지금까지 상속받아 평온하게 소유하여 왔다고 주장한 것이다. 사패지가 아니라는 주장이다. 사건의 주요쟁점은 첫째 이 토지가 사패지인지의 여부, 둘째 사패지일 경우라도 이선달로부터 매수하여 소유의 의사로 24년간 평온하게 점유해 왔고, 처음부터 '선의의 무과실'이었음으로 일본민법에 따라 그 소유권을 취득한 것으로 인정할 것인지의 여부였다.

재판부는 피고측 증인이 24년 전 토지를 매득했다고 증언했지만 피고가 그동안 점유해 왔다는 사실을 인정하기 어렵다고 판결했다. 설사 점유했다고 하더라도 구한국시대에는 소유권 취득의 시효에 관한 규정이 없다고 언급하고, 오형근의 소유로 판결했다.[107) 여기서 판사는 권태구의 점유 사실 자체를 부정하였지만, 그가 10여 년간 점유했다고 가정하고 조선의 법규를 적용하더라도 피고에게 패소판결을 내릴 수밖에 없다고 했다. 판사는 『대전회통』에 "전택의 권리분쟁은 5년을 넘으면 심리하지 않는다. … 并耕永執者는 연한을

---

106) 조선총독부 임시토지조사국, 앞 책 2-1, 제6호, 1916.
107) 조선총독부 임시토지조사국, 앞 책 2-1, 제6호, 1913년 민제347호 판결, 1916.

정하지 않는다."는 규정을 적용한 것으로 보인다. 하지만 "無主田移給他人" 조항에 따라 해석하면 피고의 소유로 볼 수도 있었으리라 판단된다. 피고는 10여 년 전 원고가 소유권을 방기한 이 토지를 제3자로부터 구입하여 경작해 왔으며, 그동안 소작료는 지불하지 않고 지세만 납부했다고 주장했다. 반면 원고는 분쟁 당시까지 소유권을 주장하지 않고 이를 방치한 상태였다. 따라서 幷耕永執者 조항은 물론, 5년 내에 돌아오면 환급하도록 한 규정도 이 경우에는 적용하기 어렵다고 생각되기 때문에 피고의 소유로 판정하는 것이 합리적이었 다고 판단된다.[108] 하지만 일본인 판사는 지주의 입장에서 조선의 법규를 해석하고 판결하였다.[109]

이러한 민유지 분쟁은 대부분 나름대로 '합법'적인 증거를 제시하는 경우가 많았다. 이때 가장 우선되는 증거방식은 무엇일까. 첫째, 증거문서의 토지와 분쟁토지가 동일한 토지인지의 여부였다. 둘째, 토지취득과정의 합법성, 셋째, 합법적인 문서일 경우 始原이 오래된 증거를 채택했다. 넷째, 지세대장, 결수연 명부, 과세지견취도 등은 참고사항에 불과했다.[110]

'사업'에서 이같이 문서상의 지주와 실질적 소유자였던 경작인 사이에 소유권 분쟁이 적지 않게 일어나고 있었다. 현실적으로 부재지주나 궁방전 등에서 후자가 전자의 토지권을 형해화시켜 가는 모습을 곳곳에서 볼 수 있었다. 하지만 일제는 '사업'을 계기로 지주의 토지권을 일본민법상의 소유권 으로 강화시키는 작업을 수행했다. 이곳 토지는 실지조사 과정에서 명안궁의 사패지로 조사되었으며, 이를 근거로 오형근은 소유자의 권리를 다시 행사할 수 있게 된 것이다.[111] 경작권을 근거로 성립한 사실상의 소유권이 형해화

108) 한국법제연구원, 『대전회통연구(2)』, 1994, 28~29쪽.
109) 『한성순보』제7호, 내아문포시, 1883. 12. 1. 농과규칙의 농무규칙에 진황지를 개간한 자에 소유권을 부여하는 조치를 내리고 있다. 이에 의거하면 피고의 소유로 보는 편이 옳을 것이다.
110) 조선총독부 임시토지조사국, 앞 책 2-2, 제7호, 진술서(김용원), 1916.
111) 이러한 예는 문중공유지에서도 발생했다. 문중이 11년 동안 소유권자로서의 권리를

되어가는 명목적 소유권에 패소한 것이다.

다음의 사례는 일본측 대지주와 조선인 사이의 분쟁이었다. 하나는 일본 三重縣에 거주하는 石樽乘光이 부내면 북동리에 거주하는 일본인 古谷堅一을 대리인으로 삼아 북면 마산리와 신촌리 주민, 그리고 북계리와 분쟁한 사례였다.112) 이 사례는 모두 石樽乘光과 주민이 분쟁과정에서 서로 화해하여 후자가 신고를 취소하고 전자가 새로 신고를 한 경우였다. 1914년 12월 19일 임시토지조사국에 제출한 진술서에 저간의 사정이 기술되어 있다. 먼저 북계리민 대표인 북면 면장 황희수가 제출한 진술서를 통해 토지의 연혁을 살펴보자.113)

수백 년 동안 북계리가 소유권을 행사하며 지세 등을 납부해 온 곳이다. … 1909년 지세대장을 만들 때 주민의 협의를 거쳐 토지소유자명을 가명의 김경원으로 신고하여 지세대장에 등재했다. … 1912년 과세지견취도와 결수 연명부를 만들 때 이 명의를 지주란에 기재했다. … 1914년 2월 2일 일본인 古谷堅一이 나타나 石樽所有地라 기재한 표항을 세우며, 1906년 김윤집으로부터 매수했다고 했다.

石樽가 1906년 매수한 후 8년이 지난 1914년에 나타나 소유권을 주장한 경우였다. 이에 소유권을 뺏길 것을 우려한 면장과 북계리민 60명이 연서한 진술서를 임시토지조사국에 제출하였다. 여기서 문제는 石樽가 분쟁 당사자인 동리민이 아닌 제3자인 김윤집으로부터 매득했다는 점이다. 여기서는 김윤집의 대표성을 인정할 것인가가 문제의 핵심이었다. 리유지나 문중 토지 같은 공유지의 경우 당시는 누구를 대표자로 인정할 것인가 하는 것이 문제로

행사하지 않았지만, 문중을 소유권자로 추인한 것이다. (조선총독부 임시토지조사국, 앞 책 2-1, 제4호. 1916)
112) 조선총독부 임시토지조사국, 앞 책 2-2, 제5호, 제6호, 제7호. 1916.
113) 조선총독부 임시토지조사국, 앞 책 2-2, 제6호. 진술서(황희수), 1916.

대두되었다. 현재 밝혀진 사례에서는 다른 한편이 거래당사자의 대표성에 이의를 제기했지만, 판결에서는 일본인과 거래한 자의 대표성을 인정하는 경우가 드물지 않았다.

이러한 예는 村井吉兵衛의 토지에서도 발생했다.[114] 이곳은 낙동강 유역으로 지리적 환경은 石槫의 토지와 거의 비슷한 창원군 동면에서 발생했다. 동면 석산리 김상정이 상속받았다고 주장하는 동면 일대의 땅을 임시토지조사국에서 村井吉兵衛의 소유로 사정하자 불복신청한 경우이다. 재결서와 판결문을 통해 실상을 보기로 하자.

> **[재결서]** 이 땅은 대대로 상속된 땅이 아니라 道光 20년부터 光緖 16년, 즉 금일부터 76년 내지 26년 이전 사이에 타인으로부터 매득한 토지이고 상속지가 아니라는 것이다. 둘째 증거 문기에 기재된 토지가 본 건 토지라고 인정하기 어렵다는 것이다. 지세영수증에 의하면 1909, 10년 중에 3회납부한 사실은 인정하여도 그 이전은 입증이 어렵다고 했다. 따라서 김상정의 소유로 인정하기 어렵다고 했다. 반면 村井吉兵衛는 1905년 金晟允 명의로 매수하고 1909년 國枝仁三郞 명의로 변경하였다가 다시 사정명의인으로 이전하여 금일에 이르렀으며, 개간사업에 막대한 자금을 투자했다. … 國枝仁三郞 嶋雄潛 金允行 金仁淑의 신문조서에 비추어 사정명의인의 소유로 인정하는 것이 족하다.(1917년 9월 6일 조선총독부 고등토지조사위원회)

1913년 소송에서도 이미 村井吉兵衛의 소유로 판결한 바 있는데, 그 이유는 다음과 같다.

> **[판결문]** 公簿상 이미 피고의 소유로 명의가 이루어지고 피고가 계쟁지를 현실 점유하고 있다는 것이 인정되기 때문에 계쟁 토지는 피고가 정당하게

---

114) 고등토지조사위원회, 『불복사건심사서류』 2책, 경상남도 창원군, 1917.

소유한 것이라 추정된다. 원고가 주장한 사실은 이를 시인할 이유가 없다고 했다.(부산지방법원 마산지청 합의부 : 1913년 5월 21일 판결)

이 판결의 요점은 村井이 농장을 설치하기 위해 확보한 땅은 김성윤이라는 자가 村井의 관리인에 판 토지이고, 이것을 村井이 구입하여 증명을 받아 신고하여 사정받은 것이다. 이에 김상정이 자기 상속지라고 주장하며 불복하여 분쟁이 발생한 것이다. 김상정이 고래로부터 매매문기 등 증빙서류가 있고 토지경영을 하며 지세도 납부했지만, 조선총독부에서는 증거력 부족을 들어 소유권을 인정하지 않았다. 오히려 김상정이 사기꾼이라 주장한 김성윤의 토지로 인정하고 村井 소유로 재결한 것이다. 村井의 소유라는 증거는 國枝仁三郞과 거래 후 부청에 한 증명과 강권으로 확보한 현재 점유하고 있다는 사실 뿐이었다. 그리고 재결에서는 村井이 개간에 막대한 자금이 들었다는 점을 특히 강조하고 있다. 이러한 여러 점을 고려할 때 村井의 힘이 작용하여 김상정의 소유라고 인정하지 않은 것으로 보인다. 식민지적 폭압이 때로는 결정적으로 작용하기도 했다.[115]

2) 물권적 경작권의 운명

일반적으로 경작권은 임차권으로 처리되었으며, '사업'에서 조사대상도 아니었다. 다만 일제는 1912년 조선민사령을 제정하면서 예외규정을 두었다.[116] 조선민사령 제12조에 "물권의 종류와 효력은 일본민법 등에 준거하되 조선의 특수한 관습이 있는 것은 여기에 따른다."고 정한 것이다.[117] 그리고

---

115) 이영학, 「한말 일제하 식민지주의 형성과 그 특질-村井 진영농장을 중심으로」, 『지역과 역사』 21, 2007.

116) 조선총독부에서는 법전조사국과 취조국이 민법편찬을 위해 조사한 자료를 『관습조사 보고서』(1913)로, 농정 재정당국의 참고자료로 『소작농민에 관한 조사』(1912)로 간행하였다.

제10조에는 조선인 상호간의 법률 행위는 法令 중 公의 질서에 관계없는 규정으로, 다른 관습이 있는 경우에만 그 관습에 따르도록 하였다. 제13조에는 물권의 획득과 변경은 등기 또는 증명을 하지 않으면 제3자에 대항할 수 없다고 했다. 일제는 일본민법을 기본법으로 하고 여기서 발생하는 마찰을 줄이기 위해 조선관습도 채용하는 등 적용법을 이원화시킨 것이다. 이리하여 일제는 소작을 채권적 성질을 갖는 임차권으로 규정하고, 일부만 예외적으로 물권적 성질을 갖는 영소작으로 처리했다.[118] 일본민법상의 영소작이 아니라 도지권이 그것이다.[119]

도지권은 보통 법적으로 소유권과 분리된 독립된 재산권으로 인정되었다. 그 내용은 無期永代로, 사용권·수익권·처분권과 전당권을 갖는 것이었다. 따라서 지주도 이를 매수하지 않으면 소멸이나 이동시킬 수가 없었다. 도지권은 강력한 물권적 권리로 지주는 물론 제3자 대항권도 있었다.[120] 도지권은 도지료가 보통 소작료보다 저렴한 정액지대였기 때문에 도지료보다 고율로 소작지를 전대하고 중간에서 이득을 챙기는 轉賭地權者, 즉 중답주도 발생하였다.[121] 이러한 관행은 궁방전에서 주로 발생하였으나 민전에서도 발생하였다. 도지는 평남, 평북, 황해도, 전북, 경남 등에서 집중 발생했다.[122] 전국 각지에 다양한 명칭으로 고루 분포했다.[123] 19세기 농촌사회에서 관행화되는 조짐을 보였다.[124]

---

117) 조선총독부, 『조선총독부관보』 호외, 1912. 3.18.
118) 조선총독부, 『조선의 소작관행(하)』, 1932, 367쪽.
119) 조선총독부, 『조선법령집람(하1)』 제15집 제1관, 1940, 13~14쪽. 영소작 ; 조선총독부, 『조선의 소작관행(상)』, 1932, 703~704쪽.
120) 조선총독부, 『조선의 소작관행(상)』, 1932, 733~734쪽.
121) 조선총독부, 앞 책(상), 1932, 755쪽.
122) 조선총독부, 앞 책(하), 1932의 참고편, 종래 조선의 소작관행 자료 참고. 조선총독부, 앞 책(하), 참고편, 1932, 403~404쪽. 평남에서는 도지관행이 보편화 되었다.
123) 조선총독부, 앞 책(상), 1932, 800~806쪽.
124) 花島得二, 『小作權』, 1942, 127~146쪽.

도지는 크게 두 종류로 구분되었다. 토지에 일정한 대가를 투여하고 소유권자로부터 획득한 原賭地, 轉賭地, 賭地, 中賭地, 永稅, 禾利付田畓, 병경 등과[125] 일반 전답에서 작인들이 지주와 특정한 계약없이 사적으로 경작권을 매매하는 데서 발생한 水賭地, 私賭地, 假賭地, 小賣賭地 등이 그것이다.[126] 가장 전형적인 예는 작인이 노자를 투여한 개간 간척지, 그중에서도 원격지에서 보상과 관리라는 측면을 고려하여 도지권을 제공한 경우였다.[127] 대체로 작인이 일정한 대가를 지불하고 획득한 권리였다.

반면 후자는 지주들이 관행적 수준의 지대수취에 차질이 없는 한 경작권 변동을 일일이 파악할 필요가 없어 발생한 관행이었다. 이 경우도 오래 계속되면 지주도 묵시적으로 인정하지 않으면 안 될 정도로 권리가 성장하고 있다. 도지관행이 보편적으로 성립해가는 시대적 추이의 반영이라고 할 수 있을 것이다. 지대수취의 편리성과 경작권 강화라는 두 측면이 상호작용한 결과였다. 지주가 소유권의 절대성을 확보하지 못한 가운데 작인의 경작권, 즉 용익권이 별도의 배타적 권리로 발전하면서 도지가도 상승해갔다.[128] 토지구입자는 도지가격을 제외한 가격으로 매득했으며, 도지권을 함께 구입해야 완전한 소유권을 행사할 수 있었다.[129]

도지는 자기 노력만큼 수익을 증대시킬 수 있는 구조였다. 도지권(병경권)을 집중 매득하여 광작하는 농민도 등장하였다. 경영권의 집중화현상이 발생한 것이다.[130] 일본인 소작관들도 이들이 부근 농민에 비하여 월등히 생산에 노력하는 경향이 있으며, 도지료가 저렴하여 감면이나 태납의 예가 거의

---

125) 조선총독부, 앞 책(하), 참고편, 1932, 381~382쪽.
126) 조선총독부, 앞 책(상), 1932, 707, 794쪽.
127) 일제시기 개간 간척은 소작인이 勞資를 부담하여도 도지권을 설정하는 예가 거의 없었다. 홍성찬, 「일제하 금융자본의 농기업지배」『동방학지』65, 1990, 205~212쪽.
128) 허종호, 『조선봉건말기의 소작제연구』, 1965, 189·155쪽.
129) 조선총독부, 앞 책(상), 1932, 742쪽.
130) 조선총독부, 앞 책(상), 1932, 794쪽. 영오면 관계농민의 진정.

없고 지도하는데도 유리하다고 평가하였다.[131] 이들 지역에는 소작분쟁도 없다고 했다.[132] 지주도 소자본으로 비교적 광대한 토지를 소유하면서도 경영비를 지출하지 않는 장점이 있었다. 그러나 도지는 보통 소작과 달리 지주가 소작권을 마음대로 박탈할 수 없기 때문에 생산력의 증식을 작인에게 기대할 수는 없다는 평가도 있다.[133] 지주적 농업경영에 적당하지 않다는 것이다.

도지권은 일제 시기에 크게 변화되었다. 특히 '사업' 이전에는 비교적 자유롭고 빈번하게 거래가 행해지면서 도지가는 상승 경향을 보이나 이후에는 저락했다. 도지권이 쇠락해 간 것이다.[134] 도지권의 매수인도 변했다. 앞 시기에는 소작 희망자가 주류였으나 이후에는 지주가 많아지며 소멸 경향을 보였다.[135] 도지관행은 지주제의 성장을 제약하기 때문에 일제는 이를 인정하지 않는 방향으로 정책을 취했다. 일제는 조선의 소작관행을 조사하면서 도지권이 조사 당시에는 면적과 작인수가 격감하고, 남아있는 도지도 보통 소작지로 변환되는 실정이라고 하였다.[136] 일제가 지주의 소유권에 배타적 권리를 부여하는 정책을 취한 결과였다.

국유지에서는 1908년, 1909년 각종 칙령과 훈령을 내려 국유지를 조사 정리하고, 경작인의 권리를 부정하고 국유지 경영을 민전지주제처럼 강화하는 조치를 취했다. 일반 사유지에서의 도지권은 조선민사령에서 관습물권으로 보고 허용하기도 했지만, 이것은 잠정적인 조치였다. 재판관들은 관습은 조사자의 의지와 조사방식에 따라 다양했으며, 조사된 관습을 하나의 기준으로 정리하여 판결에 적용하기가 쉽지 않다는 견해를 보였다. 그리고 실제

---

131) 조선총독부, 앞 책(상), 1932, 735쪽, 759~761쪽.
132) 조선총독부, 앞 책(상), 1932, 794쪽.
133) 조선총독부, 앞 책(상), 1932, 758쪽.
134) 조선총독부, 앞 책(상), 1932, 741, 761~764쪽.
135) 조선총독부, 앞 책(상), 1932, 750쪽.
136) 조선총독부, 앞 책(상), 1932, 710쪽.

판결에서 일본민법과의 융합을 고려하여 관습을 인정하지 않는다는 방침아래 관습 채택에 대단히 신중했다.[137] 관습적용 절차는 법원에서 정무총감에 문의하고 정무총감은 중추원에 조사를 의뢰한 뒤 통고하는 방식이었다. 이때 통고한 물권적 관습은 상당히 제한된 범위였다.[138] 일본민법과 다른 관습은 원칙적으로 인정하지 않는 모습을 보였다. 관습이 존재하더라도 판결에 그대로 적용하는 것이 아니라 별개의 문제로 취급하였다.[139] 일본과 조선의 통일된 법질서 구축을 원칙으로 점차 일본민법에 종속시켜간 것이다.

도지권이나 화리권도 초기와 달리 일제는 일본민법에 의거하여 그 권리를 부정해 갔다.[140] 도지권을 관습물권이 아니라 일본민법상의 영소작권으로 보았다. 물권적 경작권은 농지개량에 불리하고 중간소작인의 폐해를 유발하니 영구존속은 바람직하지 않다는 입장에서 해석한 것이다. 따라서 영소작인은 등기를 통해 권리를 확보해 주어야 하지만, 민법에 따라 존속기간을 50년으로 한정해야 한다는 것이었다. 화리를 채권으로 보는 견해도 제시되었다.[141]

이러한 견해는 재판에도 적용되었다. 법원은 도지권 소송에서 "경작 전용을 위한 영구 존속의 차지권은 영소작권으로 조선민사령 시행 후에는 민법의 규정에 따라 그 기간을 50년으로 해야 한다."거나,[142] "민사령 시행 후 1년 내에 그 득실 변경에 대하여 등기하지 않으면 토지를 매수한 제3자에 대항할 수 없다."는 판결을 내린 것이다.[143]

법원의 인식이 변화하자, 도지권을 둘러싼 소송이 속출했다. 도지권의

---

137) 鄭鍾休, 『韓國民法典の比較法的 硏究』, 東京 : 倉文社, 1989, 103~117쪽.
138) 조선총독부 중추원, 『민사관습회답휘집』, 1933, 203쪽.
139) 조선총독부, 앞 책(하), 참고편, 1932, 446~447쪽 ; 조선총독부중추원, 앞 책, 1933, 184~185, 202~203, 258~260쪽.
140) 軸原壽雄, 「所謂 禾利賣買と不法原因給付について」『司法協會雜誌』20-9, 1941, 6쪽.
141) 野村調太郞, 「朝鮮における小作の法律關係」『朝鮮司法協會雜誌』8-11, 1929, 246쪽.
142) 조선총독부, 앞 책(하), 참고편, 1932, 381쪽 ; 軸原壽雄, 앞 글, 『司法協會雜誌』20-9, 1941, 351쪽.
143) 조선총독부, 앞 책(상), 1932, 778~779쪽, 1923년 평양지방법원 판결예.

주 분포지역인 압록강 연안과 대동강 연안에서 주로 발생했으며, 주로 1915년 경에 속출했다. 대부분 도지권의 인정여부를 둘러싼 소송인데, 지주가 도지권을 부정하고 지주권을 강화하기 위해 제기한 것이었다. 법원은 초기에는 대체로 도지권을 관습물권으로 인정하는 경향을 보였다.[144] 그러나 도지관습을 인정할 때도 소유권자와 도지권자가 약정한 것을 명확히 판별할 수 없을 경우에는 이를 인정하지 않았다.[145] 그리고 1915년 무렵부터는 일본민법의 영소작 규정을 반영하여 이를 부정하는 모습을 보였다.

재판에서 지주가 패소하는 경우도 있었으나 도지권자가 불리했다. 그 요인은 다음과 같다. 첫째, 소유권에 절대성을 부여한 일본의 법체계 아래 벌어진 소송에서 지주는 유리한 위치에 있을 수밖에 없었다. 정책은 물론 판결에서도 경작권의 물권적 효력을 부정하는 방향으로 바꾸어 갔다.[146] 지주가 분쟁을 유도하여 도지권을 부정하는 사태도 발생했다.[147] 도지권을 민법상의 영소작권으로 해석하여 등기를 요구했으며,[148] 소작료 불납으로 도지권 박탈을 노리기도 했다.

둘째, 소송에서 증거채택 방식도 도지권자에 불리하였다. 관습법을 인정한다고 하면서도 주로 문서에 근거하여 판결했다. 소위 '原始賭地'의 경우 일반적으로 증서를 만들지 않았다. 도지라는 명칭아래 구두로 인정해 온 경우가 일반적이었다. 또 수해나 해일 등의 피해로 유실된 경우도 많았다. 따라서 賭地放賣文記를 주 근거로 판결한다면 패소하기 쉬웠다.[149]

---

144) 조선총독부, 앞 책(상), 제18장 특수소작과 앞 책(하), 참고편, 제15장 소작의 개념과 특수소작관행.

145) 평남 강서군 사례에서 그러한 사실을 잘 엿볼 수 있다. 조선총독부, 앞 책(하), 참고편, 1932, 411~412쪽 ; 조선총독부, 앞 책(상), 1932, 767~768쪽 ; 조선총독부, 『소작에 관한 관습조사서』, 1930, 95~100쪽.

146) 조선총독부, 앞 책(하), 참고편, 1932, 435쪽.

147) 多田吉鍾, 「平南中和の賭地權に就て」 『朝鮮司法協會雜誌』 2-12, 1923, 192쪽.

148) 조선총독부, 앞 책(상), 1행, 1932, 778~779쪽.

149) 조선총독부, 앞 책(상), 1932, 764쪽.

셋째, 도지권에 대한 해석에서 지주가 매득하려고 할 때 정당한 이유없이 거부할 수 없다는 것이 관습이라고 언급하기도 했다. 지주권과 도지권은 엄격히 구분된 권리인 것이다.[150] 이러한 조건아래 1915~1916년 이래 도지는 가속적으로 소멸해 갔다. 특히 水田은 지주경영에 적합하여 지주가 빈번히 교체되었으며, 이를 계기로 상실되어 간 것이 적지 않았다고 했다.[151] 지주권이 강화되면서 도지가는 토지가의 3, 4할이나 되었지만, 지주는 별 어려움없이 이를 확보해갔다.[152] 1930년 전국의 소작관행을 조사할 때는 거의 소멸되어 흔적만이 남아있는 실정이었다.[153]

5. 맺음말

한말 정부지배층은 소유권을 전제로 하면서도 경작권을 관습대로 인정해 주는 방향에서 토지법을 마련하고자 하였다. 그러나 일제는 한국을 식민지 지주제로 재편하려는 목적의식 아래 이를 재편하는 방향에서 작업을 추진해 갔다. 일본민법을 기준으로 舊慣을 조사하면서 조정해가는 방식이었다.

토지에 관한 관습조사는 부동산법조사회와 탁지부 사세국이 주도하였으며, 조사기준은 일본민법적 관념이었다. 전자의 조사 결과 첫째, 소유권의 존재는 인정하였지만, 한국인은 권리 관념과 법제가 미약하다는 한계성을 지적하면서 토지조사와 등기제도를 통해 이를 철저히 보장해야 한다고 했다. 둘째, 국가의 토지수용권을 절대시하고 인민은 국권에 대한 대항권이 없다고 정리하였다. 그리고 공유지도 국유지에 포함시켰다. 용익물권은 지역권과 지상권만

---

150) 조선총독부 중추원, 앞 책, 1930, 41~42쪽.
151) 조선총독부, 앞 책(상), 1932, 763~764쪽.
152) 조선총독부, 앞 책(상), 1932, 791쪽.
153) 조선총독부, 앞 책(상), 1932, 764쪽.

인정하였다. 이 가운데 지상권은 다른 사람의 토지 위에 가옥을 건축한 경우인데, 가옥을 主로 대지를 從으로 하는 관계였으나, 지가가 등귀하면서 대지 위주로 권리의식이 변화하고 있다고 하였다. 경작권은 처음부터 모두 채권적 차지권으로 분류하고 물권적 권리로 인정하지 않았다.

탁지부 사세국에서는 토지권 조사를 더욱 심화시키면서 식민지 통치체제로의 재편과 지주제 중심의 지배질서 구축이라는 방향도 더욱 확고히 잡아갔다. 이것은 소유권의 내용과 주체를 분명히 하는 일이었다. 소유권의 주체로 종래 통치 질서의 일익을 담당했던 각종 단체와 자치조직 등에 법인 자격을 부여할 것인지 여부에 대한 검토 필요성을 제기한 점과, 사유라는 증거가 분명하지 않은 토지와 무주지를 국유로 해야 한다는 원칙을 제시한 점을 들 수 있다. 그리고 한국의 소작계약은 일본민법의 임대차에 상당하고, 영소작은 전혀 존재하지 않는다고 결론을 내렸다. 물권적 성격을 갖는 소작관계는 특별한 예이고, 농업발전에 장해가 되는 존재이니, 일본민법의 영소작과 같은 방법으로 해체시켜야 한다고 하였다. 집과 대지의 관계도 일본민법상 지상권으로 분류하여 이용권 위주가 아니라 소유권적 입장에서 처리하였다. 이것은 소유권을 강화하여 지주제를 식민지 지배체제의 골격으로 삼자는 것이었다.

일제는 조선을 식민지화하면서 이러한 관점을 더욱 강화시켜 나갔다. 일본민법을 근간으로 하되 관습법은 사정이 허락하는 대로 재편 혹은 소멸시켜나가는 방향이었다. 일본 지주제의 법적 기초이기도 한 일본민법의 소유권은 두 가지 특징을 지니고 있었다. 하나는 불가침의 대상이면서도 국권에 복종하고 법률의 제한을 받지 않으면 안 된다는 점, 다른 하나는 소유권자는 사용권·수익권·처분권이 있으며, 임차권은 소유권에 종속된 것으로 규정한 점이다.

일제는 일본민법적 소유권제를 기준으로 삼고, 구래의 관습을 일부 채용하는 선에서 운용의 틀을 마련해 갔다. 첫째, 소유권자만 신고대상으로 삼고 경작권자의 물권적 권리는 조사하지 않았다. 둘째, 부재지주나 궁방전 등

형해화되어 가던 지주의 소유권을 되살렸으며, 구래의 단체 소유적 성격의 토지를 개별화시켜 장악함으로써 식민지적 지배를 용이하게 했다. 셋째, 종래 증거가 불충분하다고 여긴 토지와 무주지를 모두 국유라 정의하였다. 국유지의 확대와 더불어 농민의 무주지 선점취득권이 사라지게 된 것이다. 넷째, 법인의 내용을 확정하였다. '사업'에서는 일본민법과 관습법을 절충한 선에서 타협적으로 마련하였지만, 조선증명령과 조선등기령에서는 원칙적으로 일본민법에 따르도록 하였다. 다섯째, 국가의 토지수용권을 극대화하였다. 토지수용령을 공포하여 군사 통치적 목적과 독점자본의 자유로운 이용이 가능하도록 한 것이다. 민족적·계급적 이해관계의 극단적 표출이었다.

결국 일제는 경작권을 채권적 성질을 갖는 임차권으로 규정하였다. 여기서 관습적 영소작권, 즉 도지권이 문제가 되었다. 도지권은 강력한 물권적 권리로 지주는 물론 제3자 대항권을 갖는 것이었다. 보통 노자 제공의 대가로 경작자가 획득한 권리였지만, 이것이 관행화되면서 사적으로 경작권을 매매하는데서 발생한 수도지도 있었다. 소유권과 용익권이 별도의 배타적 권리로 성립 발전해 가는 모습을 보여준 것이다. 이 과정에서 광작농민이 등장하는 등 소유와 경영이 분리되는 동시에 집중화 현상도 일어나고 있었다. 그러나 도지는 지주경영에는 적당하지 않았다. 일제는 물권적 위치로 성장하던 경작 권을 부정하고 지주제로 재편하기 위한 작업을 추진해 갔다.

도지권이 소멸된 것은 일제가 국유지조사사업, 토지조사사업을 계기로 지주권 위주로 소유권을 확정하고 이를 지원하는 방향으로 각종 후속조치를 취한 결과였다. 문제는 조선민사령에서 비롯되었다. 여기서 하나는 일본민법 의 영소작권으로 해석하는 경우와 조선민사령 제12조의 관습상의 물권으로 보는 등 처음부터 대립된 두 견해가 제출된 것이다. 1910년대는 개간으로 획득한 관습물권은 영구적인 물권적 권리로 인정하였지만, 일본민법에 정한 영소작권 등과 성격이 달라 앞으로 계속 인정할 수는 없었다. 장기적인 측면에 서 학설과 판례로 부정하는 방식으로 대책을 강구하였다. 학설에서 도지권은 일본민법상의 영소작권으로, 화리는 보통소작이라 보아야 한다는 견해를 보인 것이다. 이러한 학설은 실제 판례에도 적용되었다. 법원은 초기에는 도지권을 물권으로 인정하였지만, 1920년대에는 일본민법의 영소작권을 적용하는 등 부정하는 쪽으로 방향을 바꾸었다. 증거채택이나 해석방식도 도지권자에 불리하였다. 여기에 힘입어 지주는 도지권 분쟁을 유도하여 소작인에 싼값으로 팔거나 포기하도록 강요하였다. 1930년대 초에 도지권은 거의 소멸되어 흔적만이 남아있는 실정이었다.

일제의 법 체제 아래서 도지권자는 일제와 지주에 대항하는 길밖에 택할 수가 없었으며, 농촌사회의 불안은 가속화된 것이다. 이에 일제도 타협적 재편정책을 취하지 않을 수 없었다. 일단 농촌사회의 불안의 책임소재를 지주에 돌리고, 지주권에 일정한 제한을 가하는 정책을 취하였다. 조선농지령이 대표적인 예였지만, 이것도 채권적 차지권의 수준에서 마련된 임시방편적인 것이었다.

제2부

—

일제의 토지조사사업과 소유권 분쟁

제1장 토지조사 관계법과 토지신고

1. 머리말

일제는 러일전쟁 직전부터 대한제국 정부에 대한 정치적 영향력을 확보한 뒤 대한제국의 개혁사업을 저지하고 식민지 건설을 위한 기초조사와 제도 마련 작업에 나섰다. 토지제도 분야에서는 대한제국의 토지조사와 토지법 제정을 저지하고 임시 대응 조치로 증명제도를 제정했다. 그것은 관이 거래사실을 증명해 주는 제도인데, 거래 대상자를 외국인까지 허용했다는 점이 주목된다. 일본인 지주 자본가들이 우세한 자본력을 바탕으로 한국에서 토지 소유를 확대할 수 있도록 한 조치이기도 했다.

그러나 증명제도는 향촌을 단위로 한 전통적 민간관행의 거래방식을 기반으로 관이 거래사실만을 증명하는 수준에 그쳤다. 그 이상은 아니었다. 거래증명 조치만으로는 국지성을 벗어난 자본주의적 유통망에는 미흡하여 거래의 불안성을 떨칠 수는 없었다.[1] 이러한 한계를 극복하기 위해서는 '근대적' 부동산권 관리제도를 마련해야 했다. 대한제국도 근대국가로의 체제 변신을 위한 기초로서 양전과 관계발급사업을 주 내용으로 하는 토지조사를 실시하고

---

[1] 川上常郎, 「土地調査綱要」, 1919, 1쪽. "鄕黨의 매매에는 폐가 적더라도 異鄕의 人 특히 외국인에 대한 매매에 왕왕 사기수단이 행해지고 있다."는 일제 당국자의 언급은 이를 잘 대변해주고 있다.

토지법 개혁을 시도한 바 있었다.

일본제국주의도 한국을 식민지로 지배하기 위해서는 '근대적' 방식으로 대한제국의 토지제도를 정비해야 했지만, 이에 더하여 식민통치의 목적에 부합하도록 이 문제를 처리해야 했다. 일제는 한국을 식민지로 직접 지배하기로 방침을 결정하면서 토지제도를 개편할 계획을 세웠으나, 여건이 성숙하지 못해 가능한 범위 내에서 단계적으로 추진하기로 방침을 세웠다. 전장에 서술한 역둔토조사, 국유지실지조사(이하 '실지조사'로 약칭함)가 본격적 조사의 첫 단계였다. 이 조사는 1907년에 시작하여 1910년에 종료하였지만, 의병전쟁 등 격렬하게 반일 저항운동이 전개되는 한편, 비협조와 소유권 분쟁이 빈발하여 사업이 완결된 것은 아니었다. 이리하여 일제는 한국을 강점하자마자 모든 토지를 전면적으로 조사하기로 방침을 결정하였다. 토지조사사업이 그것이다.[2] 처음에는 '실지조사'가 시행 중이어서 이와 별도로 민유지만 조사하기로 계획하였으나 양자를 별도로 조사해야 하는 불합리성이 제기되었다. 일제는 '실지조사'를 중단하고, 이를 계승하는 방향에서 국·민유지를 통일적으로 조사한다는 방침을 세웠다.

일제의 토지조사사업(이하 '사업'이라 약칭함)의 주 내용은 일본민법 체계에 맞추어 각 필지의 토지소유권과 경계를 조사 사정하고 토지대장을 조제하는 일이었다. 그리고 여기에 기초하여 토지소유권과 부동산 담보내용 등을 기록하여 제3자 대항권을 보장하도록 한 등기제도를 도입하였다. 이는 조선총독부의 '국책'사업을 위한 토지수용과 지주 자본가들의 투자활동이 가능하도록 제도적 장치를 마련하는 일인 동시에, 결부제에 근거한 총액제적 조세체계를 폐지하고 지가에 근거한 지주 직납의 지세제도를 마련하여 재정수입을 확보하는 일이기도 했다. 종래 향촌을 단위로 사적으로 운용되던 관행적 토지권 관리제도와 총액제를 근간으로 한 조세제도가 일본 제국주의 국가의

---

2) 김용섭, 「수탈을 위한 측량−토지조사」『한국현대사』4, 신구문화사, 1969.

근대법적 식민지 관리체계 안에 흡수된 것이다.[3]

　'사업'은 일찍부터 한국 토지제도사 연구에서 주요한 연구 대상이 되어 왔으며, 근래에 이르러 비교적 많은 연구 성과가 도출되었다. 초기 연구는 제도사적 측면에서 전체적인 윤곽을 그리는 작업이었다. 이 연구의 결론은 정체성론적 입장이든 내재적 발전론적 입장이든 '사업'이 폭력적이며 수탈을 목적으로 수행되었다는 점에서 일치하는 경향성을 보였다.[4]

　'사업'에 대한 연구는 1980년대 중반 일제가 '사업'에서 생산한 자료가 김해군청에서 일괄 발굴되면서 본격화되었다.[5] 전과 달리 추상적 차원이 아니라 '사업'의 구체적인 자료를 동원한 실증 연구였으며, 연구의 깊이가 더해가면서 기존 연구 성과에 대한 비판도 적극화되었다. 우선 광무정권의 양전사업을 내용과 역량면에서 실패한 사업으로 규정하는 한편, '사업'을 폭력적 수탈이라고 정리한 종전의 연구를 '사업' 시행 자료를 동원하여 전면 비판하기에 이르렀다. 심지어 "조선토지조사사업에 의한 근대적 소유권의 형성과 근대적 지세제도의 확립은 구한국정부가 수행하려 한 지주적 개혁의 지형과 배치되는 것이 아니었다. 차라리 구한국정부가 완결하지 못한 개혁사업을 완결하는 의미를 지니기도 한 것이었다."라고 평가하기도 하였다.

　이러한 식민지근대화론 입장의 연구는 그 이후 일제시기 연구에 '충격적' 영향을 주기도 하였다. 이들은 토지소유권과 경작권 문제, 지세 문제, 국유지 창출과 분쟁지 처리문제, 장부의 성격 등 각 부문별로 '사업'에서 생산한

---

3) 18·9세기 지세제도는 김용섭, 『한국근대농업사연구(상)』, 일조각, 1988이 참고가 되고, 한말 일제초기 지세제도 개혁에 대하여는 ① 배영순, 『한말 일제초기의 토지조사와 지세개정에 관한 연구』, 서울대학교 박사학위논문, 1988, ② 조석곤, 『조선토지조사사업에 있어서의 근대적 토지소유제도와 지세제도의 확립』, 서울대학교 박사학위논문, 1995, ③ 이영호, 『한국근대 지세제도와 농민운동』, 서울대학교출판부, 2001 등이 참고된다.

4) 이재무, 「朝鮮における'土地調査事業の實體'」『社會科學研究』7-5, 1955 ; 신용하, 앞 책, 지식산업사, 1982 ; 김용섭, 앞 글, 『한국현대사』 4, 신구문화사, 1969 등이 그것이다.

5) 배영순, 『한말 일제초기의 토지조사와 지세개정』, 영남대학교 출판부, 2002, 310~316쪽.

자료를 근거로 기존 견해에 비판적인 연구 성과를 계속 제출하였다. 이들은 개별적으로 약간씩 차이는 있지만, '순' 경제적 측면에서 볼 때 '사업'은 한국사의 역사적 발전에 조응하면서 진행된 것이라고 보는 공통된 시각 아래 연구된 것이라고 할 수 있을 것이다.[6]

한편 이들의 입장과 달리 대한제국과 일제의 '사업'이 형식적 제도적 측면에서 일정하게 연속성이 있다고 인정하면서도 '사업'의 식민지적 속성과 관련하여 양자의 질적 차별성을 강조하는 입장의 연구자들이 있다. 이들은 경남 창원군에서 시행한 '사업' 자료를 마산시청에서 일괄 발굴하여 이를 토대로 전자와 차별적 연구 성과를 계속 생산해 내고 있다.[7]

이들은 서로 견해와 논점이 달라 치열하게 논쟁을 전개하기도 했다.[8] 논쟁은 각자의 견해를 확인하는 수준에 그치고 서로 유기적 관계 속에 생산적 차원으로까지 발전시키지는 못하였다. 그렇지만 서로의 차이점을 확인한 바탕 위에 각자 '사업'에 대한 각론별 연구 성과를 실증적 차원에서 다양하고 심도 있게 쌓아가는 과정에 있다. 이들 연구 성과가 앞으로 계속 정리되고 제출되어 더욱 심층적이고 생산적인 논쟁이 제기될 것을 기대한다.

본 글에서는 이러한 점에 유념하면서 토지조사 법규와 신고제도의 정비과정

---

6) 이러한 경향의 연구로는 ① 宮嶋博史, 앞 책, 東京大學 東洋文化硏究所, 1991, ② 이영훈, 「토지조사사업의 수탈성 재검토」『역사비평』22, 1993, 가을, ③ 조석곤, 앞 글, 1995, ④ 김홍식 외, 「조선 토지조사사업의 연구」, 민음사, 1997 등이 참고된다. 이러한 부류의 연구자들은 식민지배의 폭력성을 '부정'하는 발언을 종종 하기도 했다.

7) 창원군 토지조사사업연구는 한국역사연구회 토지대장 연구반에서 연구가 계속 진행 중에 있다. 현재까지의 연구성과는 ①『일제의 창원군 토지조사와 장부』, 선인, 2011, ②『일제의 창원군 토지조사사업』, 선인, 2013이 있다.

8) 일제의 토지조사사업에 대한 연구와 연구사 검토는 ① 박명규, 「낡은 논리의 새로운 형태 宮嶋博史의 '朝鮮土地調査事業史の硏究' 비판」『한국사연구』75, 1991, ② 이영훈, 「토지조사사업의 수탈성 재검토」『역사비평』22, 1993 가을, ③ 최원규, 「한말 일제초기 토지조사와 토지법 연구」, 연세대학교 박사학위논문, 1994, ④ 조석곤, 앞 글, 1995, ⑤ 김홍식 외, 앞 책, 민음사, 1997, ⑥ 최원규, 「한말 일제초기의 토지조사사업 연구와 문제점」『역사와 현실』31, 1999, ⑦ 최원규, 「일제의 창원군 토지조사사업의 연구 성과와 과제」『일제의 창원군 토지조사사업』, 선인, 2013 등이 참고가 된다.

과 성격을 실증적으로 검토하려 한다. 구체적으로 토지조사법과 토지조사령의 제정과정과 내용변화가 갖는 의미와 성격, 그리고 '사업'에서 가장 중요한 작업으로 기존 연구에서도 주요 논점의 하나로 주목받던 신고주의의 실체, 토지신고와 관련한 제도정비의 전 과정, 토지신고서의 각 항목별 내용 등의 분석을 통해 실 모습을 그려내고자 한다. 이 분석에서 '사업'과 그 이전의 양전과 비교하여 그것이 갖는 역사의 단절성과 계승성, 그리고 식민성의 추출에 초점을 두려고 한다.

2. 토지조사 관계법의 내용과 성격

1) 토지조사의 목적과 토지조사법

일본제국주의는 일본 본국에서는 물론, 식민지를 확보할 때마다 '행정편의적'인 식민통치를 목적으로 토지조사를 실시했다. 조선에서도 대만 등의 경험을 살려 이를 추진했다.[9] '사업' 이전부터 토지 전반에 관한 관습조사와 국유지조사를 시행하는 한편, 경기도 부평군을 대상으로 시험적으로 토지조사를 시행하기도 하였다.[10] '사업'은 토지소유권 조사, 지형지모 조사, 지세제도 확립 등 3부분으로 구성되었다. 각 필지의 소유자와 지세부과의 기초가 되는 지가를 조사하여 기록한 토지대장, 형상과 위치를 그린 지적도를 작성하고, 이를 근거로 소유권자에게 지권을 발급해 주기로 계획한 것이다.[11]

---

9) 총독 寺內正毅나 토지조사국 부총재 俵孫一은 대전회통을 인용하여 구래의 소유권을 조사한다고 했으며(『매일신보』 1910. 12. 9, 1. 토지조사사업방침), 일본의 경험 중에서 대만같이 재래의 소유권을 인정하고 대장을 제작하여 등록한다는 점에서 조선에서의 토지조사는 대만과 궤를 같이 한다고 했다(『매일신보』 1910. 12. 11. 토지조사사업방침).

10) 탁지부, 『토지조사참고서』(1911. 7) ; 이영호, 「일제의 조선식민지 토지조사의 기원, 부평군 토지시험조사」『한국학연구』 18, 2008.

11) 『매일신보』 1910. 12. 11. 토지조사의 방침.

'사업'의 핵심은 각 필지의 소유권을 확정하는 일이었다. 이때 일제는 일본민법의 물권과 채권 규정을 도입하여 한국의 토지권을 정리했다. 여러 물권 가운데 오직 소유권만 조사대상으로 정하고, 농민의 이해와 직결된 경작과 관련된 권리일체를 채권으로 규정하고 조사대상에서 제외했다. 심지어 도지권이나 화리권과 같은 관습물권도 조사대상에서 제외했다.[12] 일제는 '사업'에서 조사한 소유권에 일지일주의 배타적 권리라는 절대성을 부여하였다.[13] 이것은 한국의 토지제도를 일본과 통일시켜 '국책' 사업 수행을 용이하게 하고 일본인 지주 자본가, 조선인 지주 자본가를 추동시켜 통치기반으로 삼기 위한 조치이기도 했다.[14]

　임시토지조사국에서는 각지에 배포한 '토지조사사업 설명서'에서 사업이 가져올 이익을 국가·지방공공단체 그리고 지주·기업가로 나누어 설명하고 있다. 첫째, 지주는 토지소재, 지번, 지목, 성명 등을 토지대장에 등록하고 지권을 발급받아 토지소유권을 보호받을 수 있을 뿐만 아니라 토지의 경계와

---

12) 일제의 토지조사는 물권으로서의 소유권 조사에 목적이 있었기 때문에 도지권, 화리권 등과 같은 일종의 관습물권은 조사대상으로 하지 않았다. 도지권, 화리권 등의 관습물권은 보유기간의 제한이 없고 매매가 가능한 농민이 가진 사실상 소유권과 다를 바 없는 물권이었다. 그러나 일제는 농민적 권리를 물권으로 규정하지 않고, 일본민법의 영소작권과 같은 유형으로 규정했다. 일본민법의 영대소작권은 50년이었지만 조선에서는 20년으로 제한했다. 이를 넘기면 자동적으로 그 권리가 지주에 귀속되었다. 나아가 일제는 고등법원의 판례, 학설을 통해서 물권으로서의 의미를 부정해 갔다(鄭鍾休,『韓國民法典의比較法的 硏究』, 創文社, 1989, 126~131쪽).

13) 일본의 토지측량 방식은 지주가 필지를 측량하여 지도와 장부를 만들어 정부에 제출하고, 정부에서는 이를 토대로 실지를 검열하여 가부를 판정하는 방식이었다. 이때 소요된 총경비는 3,700만원 정도였다. 이 중 800여 만원은 정부가 지출하고, 나머지 2,900만원은 지주가 부담했다. 일제는 조선의 경우 지주가 소유지의 신고 기타의 의무를 이행하는 외에 하등 부담이 없다는 이유를 들어 조선인이 혜택을 받고 있다는 점을 강조했다(『매일신보』 1910. 12. 23. 토지조사사업 설명서).

14)『매일신보』 1910. 12. 22. 총독부는 비용과 노력을 감당하기 어려워 처음부터 사업의 동반자로서 지주와 지방공공단체를 선정했다. 그리고 지주 자본가들은 각종 단체를 조직하여 일제를 후원했다. 지주회는 堀和生,「日本帝國主義의朝鮮におげる植民地農業政策」『日本史硏究』171, 1976 ; 이기훈,「1912~1926년 일제 농정수행과 지주회」, 서울대학교 석사학위논문, 1993이 참고가 된다.

면적을 산정하고 도면을 제작하여 소유권 분쟁을 해결하고 막을 수 있다고
했다. 그리고 토지소유권이 확립되면 토지이용을 촉진시켜 지가가 등귀하고,
토지를 이용할 때도 측량비가 들지 않는 이익이 있다고 하였다.

둘째, 토목·광산·운수에 종사하는 기업가는 지도를 보고 하천이나 도로
등의 공사를 할 수 있으며, 지주를 용이하게 파악하여 사업을 원활하게 수행할
수 있다고 하였다.

셋째, 국가는 도·부·군·면·동리 등의 행정구획의 경계, 사람 중심의 행정구
획인 면·동·리를 토지 중심으로 경계를 구획하여 지방공공단체의 행정을
편리하게 하는 이익이 있다고 했다. 그리고 형상, 면적, 지목의 통일을 기도하여
권업과 토목 등의 시설자료에 제공하고, 각지의 풍속·습관·도량형 등을 파악
하여 통치 자료로 제공한다고 하였다. 조사 과정에서 각지의 인민과 접촉함으
로써 관민이 서로 의사소통을 할 수 있게 하는 이익이 있다고 하였다.[15]

넷째, 일반 경제적 측면에서는 토지소유권 증명을 확실히 하여 금리를
저하시켜 부동산 금융을 원활하게 한다는 것이다. 기존에는 지주가 典執하고자
할 때 토지 이외의 담보물이 없는데, 토지도 다음과 같은 문제를 안고 있다고
하였다. 토지의 소재, 면적, 소유권이 명백하지 않아 확인하는데 시일과 경비가
많이 들 뿐만 아니라 분쟁발생의 가능성도 높기 때문에 저액 대부에 높은
이자를 부담한다고 했다. 토지조사는 이러한 사정을 해소할 수 있는 사업이라
는 것이다. 그리고 인부들에게 임금을 지급하여 자금을 각지에 풀어 지방경제
를 윤택하게 하는 이익도 있다고 언급하였다.[16]

---

15) 『매일신보』1910. 12. 28. 토지조사사업 설명서. 임시토지조사국에서는 실제 사업을
시행하면서 군별로 지방 실태 조사에 착수했다. 지방경제는 각 군에서 면별로 ①
토지 ② 인구 ③ 산업 ④ 경작 방법과 그 難易 ⑤ 노임 ⑥ 수확물가격 ⑦ 토지매매가격과
이윤 ⑧ 각 면의 품등 ⑨ 토지전당 대금과 이윤율 ⑩ 전당 이외 대금의 이윤율 등을
조사했다. 관습으로는 ① 토지매매에 관한 관습 ② 토지양여에 관한 관습 ③ 토지상속에
관한 관습 ④ 토지전당에 관한 관습 ⑤ 임야에 관한 관습 ⑥ 지주와 소작인간의
관계 ⑦ 분묘지 ⑧ 共同井 ⑨ 도량형기 ⑩ 화폐 ⑪ 토지의 면적 등을 조사 항목으로
정했다. 『조선총독부관보』 제62호, 1910. 11. 11.

그러나 한국인 가운데는 반대의견도 적지 않았다. 많은 경비를 들여 토지소유권을 조사할 필요가 있는가, 결세를 증가시킬 목적은 아닌가, 사유지를 관유지로 만들려는 것은 아닌가, 토지를 약탈하려는 것은 아닌가 등 다양한 측면에서 의문을 제기했다.

임시토지조사국 부총재 俵孫―은 다음과 같이 토지조사의 당위성 차원에서 해명성 발언을 했다. 첫째, 토지조사는 각인의 소유지를 관청의 장부에 등록하고 정당한 지주를 인증하여 지주가 토지를 안전하게 이용 수익할 수 있도록 하기 위한 것이다. 그리고 토지권리를 확보하는 일은 토지를 이용 개발하려는 국가 경제적 측면에서도 크게 필요한 일이다.[17] 둘째, 조세 증징에 대한 답변에서 조세는 국가가 통치상 국민의 부담력을 고려하여 결정할 일이며, 토지조사는 공평하게 과세하기 위한 것이라고 했다. 셋째, 사유지를 관유지로 하는데 목적이 있는 것이 아니며, 국유지는 1909년 재무감독국에서 국유지조사반을 설치하여 이미 조사를 종료했다고 언급했다. 토지조사는 개인의 토지소유권을 확인하여 지력을 배향하고 국부의 증진에 노력하는데 있다고 했다.[18]

조선총독 寺内正毅가 "토지제도는 실로 통치의 기본이오 정치를 하는 근간이다."라고 언급했듯이, '사업'의 목적은 식민통치의 기반을 조성하는 데 있었다. 그리고 "지주의 보호와 국민경제의 발전을 위해 시급한 일이니, 이해관계자는 의무를 다하라"고 하듯이,[19] 실 내용은 식민지 조선의 국가경제와 지주, 자본가, 금융자본의 투자기반을 조성하는 데 있었다.[20] 한마디로 '사업'의 목적은 조선총독부가 주체가 되어 한국의 토지시장을 일본의 경제권으로 확대시켜 지주·금융자본이 자유롭고 안정적인 투자활동으로 토지겸병

16) 『매일신보』 1910. 12. 24. 토지조사사업 설명서, 임시토지조사국.
17) 『매일신보』 1911. 1. 1. 토지조사사업 설명서, 임시토지조사국.
18) 『매일신보』 1911. 1. 1. 토지조사사업설명서.
19) 『매일신보』 1911. 1. 1. 토지조사사업설명서.
20) 『매일신보』 1911. 11. 2.

을 확대하고, '국책'사업을 효과적으로 수행할 수 있도록 하는 데 있었다.

일제는 1910년 8월 강점 직전 토지조사국을 설치하였다. 토지조사국은 토지조사와 측량에 관한 사무를 담당하며, 직원으로 총재(탁지부 대신), 부총재, 부장, 서기관, 사무관, 기사, 주사를 두었다. 토지조사국에는 총재관방과 조사부, 측량부를 설치하고, 지방에는 필요에 따라 토지조사 지국과 출장소를 설치하도록 했다.[21] 그리고 사정 자문기관으로 지방토지조사위원회,[22] 재결기구로 고등토지조사위원회를 설치하도록 했다.[23] 이어서 토지조사법과 시행세칙을 발포하여 토지조사의 기본틀을 마련하였다.[24] 토지조사법은 <표 1>과 같이 町·坪 등 일본식 도량형 단위의 도입,[25] 토지소유자의 신고서 제출과 표항 설치, 지주총대의 설치, 사정일 규정, 소유자 이동 신고규정, 고등토지조사위원회 설치와 재결신청, 지시사항 불이행에 대한 제재 조치 등 '사업'의 기본원칙을 담고 있었다.

토지조사법에는 국유지 조사에 관한 항목이 없었다는 점이 특징이 있었다. 국유지는 국유지 실지조사로 시행하고 있는 중이라 민유지만을 대상으로

---

21) 『구한국관보』제4627호, 1910. 3. 15. 칙령 제23호 토지조사국관제 제2조.

22) 『구한국관보』제4765호. 1910. 8. 23. 칙령 제44호 지방토지조사위원회규칙. 지방위원회는 한성부와 각도에 설치했다. 조직구성은 다음과 같다. 위원장(한성부윤 관찰사), 상임위원(한성부 사무관 또는 도서기관, 재무감독국장, 명망가), 임시위원(부윤 군수, 재무서장, 부군 명망가), 간사 1인, 서기 2인을 두었다. 그리고 통감부 이사청의 이사관이나 부이사관을 상임위원으로 촉탁했다. 구성원은 대체로 관리와 지주로 구성된 명망가들로 일본인이 주요한 위치를 차지했다. 조사위원회는 1913년 7월말 시가지부터 개회되었으며, 다른 지역은 1914년 하반기부터 열렸다.『매일신보』1913. 6. 3. 토지조사위원임명 ; 1913. 10. 25. 토지조사위원회.

23) 『구한국관보』제4765호, 1910. 8. 24. 칙령 제43호 고등토지조사위원회규칙. 위원장은 탁지부 대신이며, 위원은 탁지부, 농상공부, 토지조사국 칙·주임관 2인, 통감부 사법청 고등관, 재판소 판사·검사 3인, 간사, 서기 등이었다.

24) 『구한국관보』제4765호, 1910. 8. 24. 법률 제7호 토지조사법 ; 탁지부령 제26호 토지조사법시행규칙.

25) 『구한국관보』제4485호, 1909. 9. 21. 법률 제26호 도량형법에서 尺·升·貫은 일본 도량형법대로 할 것을 정했다. 이로써 광무 9년의 법률 제1호의 도량형법은 폐지되고, 지적의 척도로 勺·合·步·畝·段·町이 공식적으로 사용되게 되었다.

제정한 것으로 보인다. 1910년 4월 28일 시행한 부평군의 시범조사에서도 국유지는 민유지와 달리했다. "국유지에 관해서는 따로 신고책임자가 없으니 출장원이 일정한 신고서식에 준하여 '편의작성'하라고 주문했다.26) 부총재인 俵孫一도 국유지 조사는 끝났고 이번 조사는 민유지를 조사하여 토지소유권을 부여하는 것이라고 다음과 같이 언급하였다.

> 토지조사의 목적은 사유지를 관유지로 함에 있다는 근거 없는 말을 함부로 퍼뜨리는 자가 있다. 그 거짓이 매우 심하다고 말할 수 있을 것이다. 구한국정부가 전에 궁내부 소유의 토지를 국유에 이속한 결과 **각 도에 산재한 역둔토와 기타의 국유지를 조사하여 관민유지의 구분을 명확히 하기 위하여 작년 이래로 각 재무감독국에 국유지조사반을 설치하고 답사에 착수하여 이미 대략 조사를 종료하였다.** 여기에 다소 인민의 오해가 있다. 민유지를 국유지로 양입한 것 같은 생각을 가진 자가 있다. 이리하여 지금 토지조사국에서 시행하는 조사도 혹 민유지를 관유지로 삼는 것이 아닌가 하는 잘못된 생각을 하는 자가 있는 것 같다. 그러나 토지조사국의 조사는 국유지의 조사와는 완전히 그 목적을 달리하는 것으로써 전에 이미 누차 서술함과 같이 각 개인의 토지소유권을 확인하야 그 토지의 개량이용을 완전 원만하게 하는 데 있다. 그러니 장래 각 토지는 토지조사의 완성으로 인하여 안연히 자기의 토지를 보존하여 그 지력을 배양하여 한뜻으로 국부의 증진에 노력하도록 하라.27)

그러나 초기에는 '사업'이 제대로 진척되지 못했다. 토지조사 원칙과 방법, 강점 직후 한국 통치에 대한 제반원칙이 확정되지 못하였을 뿐만 아니라,28)

---

26) 탁지부, 『토지조사참고서』제4호, 토지조사시행보고, 10쪽. 1910년 4월 28일 임시재산 정리국장 荒井賢太郎이 탁지부 대신 고영희에게 올린 보고서.

27) 『매일신보』1911. 1. 1. 토지조사사업설명서.

28) 조선총독부 임시토지조사국, 『국보』18, 1911. 9. 26. 토지조사결료 보고 인천부. 여기서 지적한 행정상의 문제로는 주소 불명확자, 원격지 거주, 공유지의 경우 각기 소유주의

조선인이 크게 반발하는 등 정세 또한 상당히 불안정했기 때문이다. 조선인은 토지조사를 환영하지 않았으며, 비협조적이었다. 조사원을 멸시하고 숙소도 대여해 주지 않는 경우도 적지 않았다.[29) 조선인과 일본인은 사업에 대한 이해관계가 확연히 달랐다.[30)

'사업'이 토지소유권을 보장해주는 동시에, 투자의 안정성을 보장해주는 일이라는 점에서 양자는 동일한 입장이었지만, 현실적 처지에서 일본인은 겸병자이고 조선인은 겸병대상자라는 점에서 차이를 보였다. 그리고 그 결과 조선인은 일본인들이 불법적으로, 또는 강제로 계약을 강요하며 차지한 토지를 회수할 수 있는 기회를 영구히 상실하게 되는 것이다.[31) 반면 일본인들은 소유권의 안전성을 보장받아 영주 기반을 확보하게 되어 대단히 협조적이었다.[32) 이 점을 고려하여 토지조사국에서는 일본인들이 집중 거주하는 지역과 교통이 편리하고 안정성이 높은 지역부터 사업에 착수하기로 원칙을 세웠다.[33)

일제는 한국인들의 반발을 선무공작과 관권을 동원하여 사업을 추진했지만, 예정대로 진척되지는 못했다. 지주의 의무 사항인 토지신고는 물론 표항 설치, 지주총대 선정, 조사 입회 등 시작부터 문제가 발생했다. 토지신고서를 제출하지 않거나,[34) 소작인명의나 형제명의 등 타인 토지를 자기명의로 제출

날인을 받기가 용이하지 않았다.
29) 조선총독부 임시토지조사국, 『국보』 9, 1911. 6. 25. 토지조사 결료 보고 안산군.
30) 조선총독부 임시토지조사국, 『국보』 8, 1911. 3. 29. 토지조사 결료 보고.
31) 토지잠매는 최원규, 「1900년대 일제의 토지권 침탈과 그 관리기구」, 『부대사학』 19, 1995 ; 최원규, 「19세기 후반 20세기 초 경남지역 일본인 지주의 형성과정과 투자사례」, 『한국민족문화』 14, 1999 등이 참고된다.
32) 조선총독부 임시토지조사국, 『국보』 8, 1911. 9. 28. 토지조사결료 보고 인천부. 인천의 경우에는 특히 일본의 경쟁사회에서 패배한 자들이 건너와 투기를 무기로 재력을 확보한 자들이 영주의 발판을 삼기 위한 조치로 토지조사사업을 통하여 소유권을 안정시킬 필요가 있다고 했다.
33) 조선총독부 임시토지조사국, 『국보』 9, 1911. 6. 25. 토지조사상황보고 발췌 부평군 남부.
34) 조선총독부 임시토지조사국, 『국보』 9, 1911. 6. 25. 토지조사상황보고 양천군.

하는 일, 측량을 위해 세워둔 표목을 훼손하는 일, 국유지와 민유지의 단절적 파악, 미조사지의 속출 등 문제점 등이 계속 발생하였다.[35] 대책이 필요했다.

2) 토지조사령의 내용과 의미

조선총독부는 한국의 상황변화와 토지조사법의 문제점 등을 지적하며 때때로 국유지통지, 지주총대의 활용 강화, 소유권 심사제도의 강화, 관권 강화를 대안으로 제시했다.[36] 그리고 이 방안과 지권제도의 삭제 등을 보강하여 1912년 8월 13일 토지조사령을 공포했다.

<표 1>은 토지토사법과 토지조사령을 대조하여 그 차이점을 비교한 것이다. 첫째, 국유지를 민유지와 함께 통일적으로 조사하도록 필요항목을 법령에 추가하였다. 국유지는 신고 대신 통지와 표항 설치를 의무로 규정했다. 전에는 외업사무 처리규정으로 정했으나,[37] 이때 법령에 포함시켰다. '실지조사'에서 처리하지 못한 미조사지와 분쟁지 해결이 그만큼 중요한 해결과제였다. 사정일은 민유지는 신고일, 국유지는 통지일로 정했다.[38]

둘째, 지방민의 민원대상이었던 측량부분을 보강했다.[39] 측량표 설치, 측량 장애물 제거권을 명시한 것이다. 점유자에게는 통지한 뒤 보상금을 지급하고, 불복할 경우 조선총독에게 裁定을 청구하도록 했다.[40] 측량시간도 정했다.[41]

---

35) 『매일신보』 1911. 5. 21. 토지조사와 주의. ; 1911. 6. 12.
36) 조선총독부 임시토지조사국,『국보』15, 1911. 10. 5. 1911년 7월 6일 부총재가 헌병대장 경무부장 회의에서 한 연설. 이 문제는 시종일관 제기되었고 그 이후에도 계속 강조되었다(임시토지조사국,『국보』53, 1914. 11. 5. 국장훈시).
37) 조선총독부 임시토지조사국,『국보』1, 1910. 11. 25.
38) 토지조사령에서 이렇게 정했지만, 국유지는 1915년 고등법원판례로 1907년 임시제실 유급 국유재산조사국에서 정할 때 이미 확정되었다고 해도 과언이 아니다.
39) 『매일신보』 1912. 8. 13, 토지조사령의 내용 ; 1912. 8. 15. 토지조사령.
40) 토지조사령 제8조.
41) 토지조사령시행세칙 제2조.

구분	항목	토지조사법	토지조사령
법령	지목	17(전답 단일 지목)	18(전답 분리)
	도량형	도량형법	坪과 步
	신고인	지주	지주
	통지인	무	관청
	입회인	지주 또는 대리인	지주와 대리인
	사정항목	지주와 경계	지주와 경계
	사정기관	토지조사국 총재	임시토지조사국장
	사정자문기관	지방토지조사위원회	지방토지조사위원회
	재결기관	고등토지조사위원회	고등토지조사위원회
	사정공시기간	무	30일
	재결신고기간	공시일후 90일	공시일후 60일이내
	사정 재결 소송	불가	확정
	제조서류의 종류	토지대장 지도 지권	토지대장 지도(지권 삭제)
	입회하지 않은 자	사정불복 불가	사정불복 불가
	신고와 입회를 하지 않은 자	20圓 이하 벌금	30圓 벌금
	허위 신고 처벌	100圓 이하 벌금	100圓 벌금
시행 세칙	표항 설치	시행세칙	조사령
	지주총대	시행세칙	조사령
	이해관계인 신고	시행세칙	시행세칙
	이동 신고기간	시행세칙	시행세칙
	재결서류	시행세칙	시행세칙
	이동 신고방법	시행세칙	시행세칙
	사정공시 방법		공시(도보, 관보)

신설항목 * 재심 조항
          * 측량표와 장해물 제거규정과 보상, 측량시간(시행세칙)

셋째, 소유권 판정 절차와 기구를 강화했다. 토지조사법에서 공시기간과 재결 신청기간을 구분하지 않고 90일로 정했는데, 여기서는 30일과 60일로 각각 분리하는 등 사정공시 방법을 구체화했다. 재심 기능도 추가했다.[42]

넷째, 토지조사령은 토지조사법의 지권제도를 삭제하고 장차 등기제도 시행을 목표로 제정한 법제였다는 점이다. 토지조사법에서 지권제도를 설치한 이유는 매매문기의 교환을 통해 소유권을 이전하는 구래의 거래방식을

---

42) 1914년에 재심절차를 다시 규정했다(『조선총독부관보』 제679호, 1914. 11. 6).

유지하면서 토지거래에서 발생하는 사기 등을 해결하기 위해 마련한 것이었다.[43] 토지소유자에게 지권을 발행하고, 토지를 거래할 때 지권을 교부함으로써 사기가 발생하지 않도록 하는 한편, 전당권자나 금융자본이 지권을 담보로 투자활동을 할 수 있도록 한 조치였다.[44] 그리고 지권 발행수입은 토지조사 비용에 충당할 재원 마련의 방편으로 계획한 것이었다.[45] 그런데 지권제도는 과도기적 제도라는 점 이외에, 매득자가 지권을 새로 발부받지 않고 구 지권을 그대로 소지하더라도 제3자 대항권을 갖기 때문에, 명의이전 절차를 지체하면 토지대장과 실소유자가 다른 결과를 초래한다는 문제점이 지적되면서 그해 10월 등기제도를 시행하기로 결정했다. 1912년 조선부동산증명령과 조선부동산등기령을 각각 공포하고 토지조사를 시행하기 전에는 증명제도를, 그 이후에는 등기제도를 실시하기로 결정했다.

다섯째, 신고규정을 강화하였다. 지주의 신고의무 불이행에 대한 처벌을 강화하고, 신고내용이 변동될 때 발생할 문제를 해결하기 위해 이동 신고절차를 시행세칙에 정했다.[46] 이동 신고기간을 토지조사법에서는 신고일에서 지권 발행일까지로 정했으나, 토지조사령에서는 공시일까지로 정했다. 신고 항목도 소유자나 관리인의 이동, 주소와 씨명 명칭 등의 변경, 분필, 합필, 지목 변경, 국유→ 민유 혹은 민유→ 국유로 소유가 바뀔 경우 등 구체적으로 정했다. 그리고 신고절차에서 전에는 신고만을 정하고 절차규정이 없었으나, 이번에 동장이나 이장의 인증제도를 도입했다. 이동 신고를 임의로 하여 실소유자와 토지대장이 다른 경우가 발생하지 않도록 한 것이다.[47]

---

43) 『매일신보』 1912. 8. 25. 토지소유권에 대하여.

44) 川上常郎, 『土地調査綱要』, 1909, 33~37쪽.

45) 이것은 대한제국의 관계발급 사업과 맥이 통하며, 일본도 지조개정시 지권을 발행했다. 이후 등기제도로 이행했다. 이때 계획은 바로 이 같은 수순을 염두에 둔 것으로 보인다. 福島正夫, 「財産法」 『日本近代法發達史(鷄飼信成編)』(1), 1958. 참조.

46) 토지조사령시행세칙. 제5조.

47) 이 부분은 결수연명부에서 인증을 면장이 하도록 한 것과 차이를 보인다. 사실조사주의 원칙을 채택한 증명규칙과 궤를 같이 한 것이다. 1913년 5월 30일 토지조사령을

신고에서 사정공시까지는 2~4년이라는 짧지 않은 시간이 걸렸다.[48] 따라서 이 기간 변동의 사항을 정리하여 추후 토지대장이나 등기부를 작성할 때 차질이 없도록 해야 했다. 그러나 이동정리가 제대로 이루어지지 않아 사실과 부합하지 않는 경우가 적지 않게 발생하자,[49] 1915년 시행세칙을 개정하였다. 소유권을 이동할 때는 결수연명부나 증명부와 차이가 없도록 결수연명부 부본이나 증명제증을 제출하여 이전 사실을 확인할 수 있을 경우에만 면장이 인증하고, 전소유자도 연서하도록 했다. 이 밖의 경우는 해당 사유와 서면을 제출하도록 했다.[50] 이에 따라 신고일로부터 사정 확정일까지 소유권 변동을 정리하여 별도의 확인절차 없이 토지대장에 등록하도록 했다. 결수연명부와 토지대장, 지세명기장이 일치하도록 한 것이다.

토지조사령에서는 이와 같이 국유지에 대한 통지절차와 이동신고 절차를 마련하고, 토지소유권 판정기구의 체계화, 등기제도 실시를 전제로 한 토지조사방법의 수립 등 토지조사의 골격을 마련했다. 하지만 이것으로 토지조사의 모든 절차가 완비된 것은 아니었다. 이에 부합하는 구체적이고 세세한 시행과정에서의 사무처리 문제는 시행세칙이나 통첩 등을 통해 수정 보완하여 1915년 단계에 이르러 완료되었다. 토지조사는 이후 신속하게 추진되었다.

개정하면서 인증의 주체를 결수연명부와 같이 면장으로 개정했다(임시토지조사국, 『국보』 21, 1913. 6. 20. 부령 제55호).

48) 신고일과 신고기간은 본 책 부록 참조.

49) 최원규, 「일제초기 창원군 토지조사과정과 토지신고서 분석」 『지역과 역사』 24, 2009.

50) 『조선총독부관보』 제779호, 1915. 3. 11. 조선총독부 제11호 토지조사령시행규칙 개정. 토지수용 경매 판결 전소유자의 행방불명이나 사망의 경우에는 신고서 여백에 사유를 명기하도록 했다. 명칭 변경의 경우는 민적 또는 등기의 초본을 첨부하고, 미증명 토지를 수용하는 경우는 이전 사실을 증거할 수 있는 서면을 제출하도록 했다. 임시토지조사국장이 조사 정리했다.

3. 토지신고서의 내용과 성격

1) 토지신고서의 작성원칙과 조사절차

조선총독부는 토지조사령과 시행세칙에서 토지조사의 기본틀을 정하고, 구체적인 사항은 문제가 생길 때마다 임시토지조사국에서 결정하여 하달하는 방식으로 조사원칙을 정했다.[51] 토지조사의 기초서류인 토지신고서 작성과 작업과정에 대한 기본방침은 '토지신고심득'과 '임시토지조사국 조사규정'으로 정했다. 임시토지조사국에서는 신고 기간 내에 지주에게 토지신고서를 제출하도록 하고, 조사원을 파견하여 신고서를 토대로 개별 필지를 조사 측량하고 소유자를 확인하는 작업을 실시했다.

토지신고서 작성방식은 토지신고심득으로 정했다.[52] 초기에는 신고가 지연되는 등 사업이 지지부진했다.[53] 토지소유자들의 비협조와 토지조사 방식이 현실과 차이가 있었기 때문이었다. 이리하여 지주직납제를 겨냥한 지세장부인 결수연명부가 완성되기를 기다려 1913년 1월 토지신고심득을 개정했다.[54] 구심득과 개정심득은 주요내용에서 큰 차이는 없었지만, 구체적인 작성방식에서 차이를 보였다. 첫째, 구심득에서는 동일 소유자의 연속된 토지를 한 구역으로 신고서에 기록하도록 했으나, 개정심득에서는 동일 소유자의 연속된 구역이라 하더라도 결수연명부에 한 구역으로 기록된 것은

---

51) 조선총독부 임시토지조사국, 『국보』 1, 11쪽. 조사사항 1910. 11. 17.

52) 『구한국관보』 제4768호, 1910. 8. 29. 여기에 규정한 토지신고서의 작성원칙은 다음과 같다. 첫째, 신고자 규정으로 개별 토지소유자 이외에 관리인이 신고할 유형을 정할 것. 둘째, 소유권 분쟁 토지와 소송중인 토지는 진술서와 증빙서를 첨부할 것. 셋째, 신고서는 1동리 1통주의로 하고, 연속 토지는 1구역으로 할 것. 넷째, 지목은 지방에서 통용하는 것으로 할 것. 다섯째, 성명은 민적과 일치할 것. 여섯째, 신고서와 표항은 내용 일치할 것. 일곱째, 관리인 또는 이해관계인 신고시에 지주 기입 원칙 등이었다.

53) 최원규, 앞 글, 연세대학교 박사학위논문, 1994. 그리고 본서 부록의 신고기간에서 보듯, 거의 모든 지역에서 신고기간이 재차 고시되고 있었다.

54) 『조선총독부관보』 제137호, 1913. 1. 17. 조선총독부 고시 제5호 토지신고심득.

이에 따라 신고서를 작성하도록 했다. 둘째, 종래의 신고서는 구지번을 기재했으나, 개정심득에서는 결수연명부에 따르도록 하고, 면적 결수도 이에 근거하여 기록하도록 했다. 셋째, 결수연명부에 등록되지 않은 토지는 신고서의 사고란에 개간시일 등 그 사유를, 대지는 가옥에 번호가 있는 것은 번호를 기록하도록 했다. 넷째, 토지신고의 기본 행정단위인 동리도 결수연명부에 따르도록 했다. 이밖에 대리인이 신고할 경우는 대리위임장을 첨부하도록 했다. 그리고 단체가 소유한 토지의 기록방식을 변경했으며, 소송 토지도 기재방법을 구체적으로 정했다.

핵심적인 변화는 토지조사 후 작성할 토지대장과 결수연명부와의 연락관계를 고려하여 토지신고서를 결수연명부에 기초하여 작성하도록 원칙을 정한 점이었다.[55] 결수연명부를 토지조사의 기본장부로 삼은 것이다. 이미 제출된 토지신고서에는 견취도 번호를 기존 자번호 옆에 부기하기도 했다(<그림 1> <표 2>).[56] 창원군은 결수연명부와 과세지견취도가 작성된 이후 신고하여 신고서의 자번호와 두 도부가 일치했다(<그림 3>).

1913년 6월 7일 일제는 토지조사의 순서와 방법을 체계화한 임시토지조사국 조사규정을 공포했다.[57] 전문 5장 37조로 구성되었다. 제1장은 면동의 명칭, 경계의 조사와 토지신고서의 수집·정리에 관한 규정이었다.[58] 면동의 명칭과 경계조사는 면장·동장과 지주총대의 입회 아래 舊慣, 민정, 지세, 기타 상황을 짐작하여 지방청과 협의한 뒤 조사 확정하도록 했다. 조사는 경계의 확정과 표항 설치, 부·군·면·동의 약도, 면·동의 명칭 조사표 등을 작성하여 지방청에 통지하는 것으로 완료했다. 토지신고서는 동리별로 기간을 정하여 지주총대가 수합하도록 했는데, 그 과정과 토지신고서 기재방식을 구체적으로 예시했다.

---

55) 『매일신보』 1913. 1. 19. 토지신고 개정 ; 1913. 1. 22. 토지신고의 개정.
56) 김해군 각리의 토지신고서에서 그 예를 볼 수 있다.
57) 『조선총독부관보』 제255호, 1913. 6. 7. 총훈 제33호 임시토지조사국조사규정.
58) 임시토지조사국조사규정 제37조. 동은 里·村·町 기타 이에 준하는 지구이며, 동장은 이장 기타 동에 준하는 지구의 장이었다.

〈그림 1〉 김해군 녹산면 녹산리 토지신고서

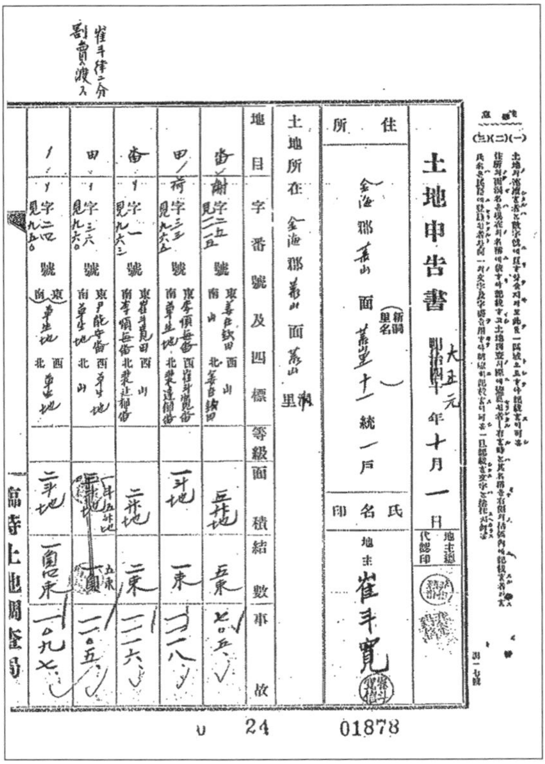

소장처 : 국가기록원

제2장은 지주, 지목, 경계조사에 관한 규정이었다. 입회인의 자격과 조건, 신고서의 정당성 여부조사, 지주가 사망했을 때의 처리방법, 소유권조사 제외지, 지목의 명칭, 일필지 규정, 도로 등 특종 토지의 조사방법, 지번부여 방식 등이었다. 제3장은 분쟁지, 소유권에 의문이 있는 토지, 무신고지의 재조사에 관한 규정이었다. 이 경우 증빙서류를 갖추고 실지를 재조사하여 심사서를 작성하도록 했다.59) 제4장은 지위등급 조사에 관한 규정이었다.

---

59) 임시토지조사국 조사규정. 분쟁지 심사서에는 당사자, 건명, 소유권(경계) 분쟁사건, 분쟁지, 인정문, 당사자 신립요지, 조사관리의 의견, 이유 등을 기록했다.

제5장 잡칙에서는 토지조사 이후의 사무처리 순서를 정하였다. 그 순서는 토지조사부와 지적도를 작성하고,60) 도 지방토지조사위원회에 제출하여 자문을 받은 다음 사정하도록 했다. 사정 결과는 토지대장에 등록했으며, 이를 토대로 토지대장집계부와 지세명기장을 조제하도록 했다. 그 이후 사정 연월일과 도·부군명을 보고예에 따라 조선총독에 보고하고 토지대장과 지적도는 이동사항을 정리한 다음 부군청에 인계하고 사업을 종료하였다.

임시토지조사국 조사규정은 제정 당시까지 토지조사를 하면서 나타난 문제점을 수정 보완한 것이었다. 특히 토지소유권이 배타적으로 확립되었다는 것을 전제로 토지조사를 실시한다는 것을 재확인한 규정이었다. 이를 반영하여 토지신고서로 지주를 확정할 수 없을 경우에 대한 처리방법도 마련했다.61)

〈표 2〉 토지신고서 기재례

申告書記載例		(第五條例)	(但書 第六條例)	(第七條例)	(第八條例)
土地申告書 大正何年月日	所住 何道何郡何面何洞何統何戶	地目 田 / 字 天字五號 / 番號及四標 東何山 南河 西何某田 北何某草坪	田 見取圖番號第何號 東何 西何 南何 北何	畓 人字三號 見取圖番號第何號 東何 西何 南何 北何	垈 何洞何統何戶 見取圖番號第何號
認證印地主代	印名氏	等級 五 / 面積 結數 / 事故 何息耕何負	何斗落何負 新起	何斗落何負	田 地字三號ノ內 見取圖番號第何號 東南何 北何何 四何落何負
			柴草坪 見取圖番號第何號 東何何 西何何 南何何 北何何 六 何負	廁 見取圖番號第何號 東何何 西何何 南何何 北何何 六 何負	

출전:『조선총독부관보』제137호, 1913. 1. 17.

---

60) 토지조사부는 사정 원부로 동마다 구분하여 지번 순으로 조제했다. 자세한 것은 임시토지조사국조사규정과 조선총독부 임시토지조사국, 「제7장 장부조제」『조선토지조사사업보고서』, 1918 참조.

61) 토지신고서의 기본장부인 결수연명부가 이 무렵 증명부의 토지대장으로서의 역할을 수행하고 있었다. 이 문제는 ① 宮嶋博史, 앞 책, 東京大學 東洋文化研究所, 1991, ② 최원규, 「일제초기 조선부동산증명령의 시행과 역사성」『한국사의 구조와 전개』, 혜안, 2000 등이 참고된다.

〈그림 2〉 토지신고서철 표지   〈그림 3〉 토지신고서

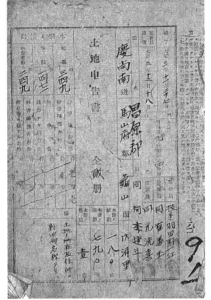 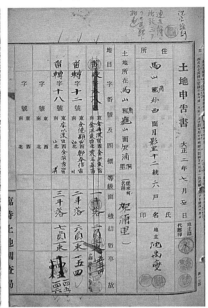

비고 : 창원군토지조사사업자료는 창원시 각 구청에 분산 소장되어 있다.

토지신고서는 실지조사가 완결되면 이를 검사하고 책으로 편철했다. 이 책은 표지 2장, 색인, 토지신고서와 증거서류, 국유지통지서, 참고서류 등으로 구성되었다. 토지신고서철의 표지에는 토지신고서라는 제목 옆에 ○○도 ○○군 ○○면 ○○리라는 표기와 함께 책의 내용, 조사원, 조사일정 등을 기록했다(<그림 2>).

제목 밑에 책수를 기록하고 토지신고서의 매수를 기록했다. 좌측에는 토지 신고서철의 통계를 기록했다. 신고자수, 필지수, 필지수, 紙數, 신고만으로 소유권을 확정할 수 없는 토지(분쟁사건 분쟁지 가운데 화해조서 작성, 무신고, 통지 없는 국유지, 이해관계인 신고, 소유권에 의심이 있는 것)의 건수와 필수를 기록했다. 우측에는 감사원의 감사일정과 토지조사 담당자들의 소속 관명과 성명을 기록했다. 이들은 측지 제○반(군 담당) 세부 제○분반(면담당)

소속이고, 세부분반의 구성원은 감사원, 검사원, 측도원 등이었다. 직위는 기수가 대부분이었다. 뒷면에는 검사와 처리사항, 담당자의 날인 등의 난이 마련되었다.

여기서 주목할 것은 결수연명부·과세지견취도와 대조하고, 실지조사부와 조합하는 작업을 한 일자와 횟수가 기록되었다는 점이다. 토지신고서의 작업은 검사원의 검사와 함께 종료되었다.[62] 실지조사 작업도 이와 함께 종결되었으며, 그 결과물로 실지조사부와 원도가 작성되었다. 세 도부는 같은 시점에 장부작성이 종결되도록 방침을 정했다.

2) 신고대상 토지와 신고내용

일제는 토지조사와 함께 지방경제와 관습조사, 지방행정구역 개편, 지도의 완성 등 사회전반에 걸친 통치 자료를 마련하는 작업도 동시에 추진하였다.[63] 일제의 토지조사는 준비조사 → 실지조사 → 일필지측량 → 사정의 순서로 진행되었으나, 준비조사 단계에 대부분 확정되었다. 이후에는 기능적인 측량 작업, 장부조제, 분쟁지 심사 등이었다. 준비조사가 사업의 시작이며, 사업의 성패는 그 진척여부에 좌우되었다.[64]

토지조사의 지역별 우선순위는 식민통치를 고려하여 정했다. 처음에는 중부에서 남부·북부, 그 중에서도 철도 연변부터 시작하기로 했으나, 1912년 일본인들의 거점인 시가지부터 실시하여 1913년에 마쳤다.[65] 지역별로는

---

62) 최원규, 앞 글, 『지역과 역사』 24, 2009, 309~316쪽.

63) 조선총독부 임시토지조사국, 『국보』 2, 1910. 12. 15. 훈령 제6호 지방경제와 관습조사규정 1910. 11. 5. 토지조사사업의 결과는 조선총독부 임시토지조사국, 『조선토지조사사업보고서』, 1918과 『매일신보』 1918. 11. 2. 토지조사 종료호에 정리되어 있다.

64) 조선총독부 임시토지조사국, 앞 책, 1918, 57~59쪽.

65) 『매일신보』 1910. 3. 21. 경성부토지조사 ; 1912. 5. 18. 시가지의 조사 ; 1912. 9. 27. 시가지 조사에 대하여.

경기·경상·충청·전라·북부지역 순으로 진행되었다. 경기와 일본인 집중 거주
지부터 시작하여 전국으로 확산되어 갔다.[66]

　조사대상 토지는 임야를 제외한 모든 토지였으며, 경제적 가치와 행정의
편부 등에 따라 다음과 같이 조사대상 토지를 구분하였다.[67] 첫째, 수익이
있는 토지로 과세 중이거나 장차 과세할 토지(전·답·대·池沼·임야·잡종지),[68]
둘째, 수익이 없는 공공용지로서 지세를 면제한 토지(社寺地·분묘지·공원지·
철도용지·수도용지), 셋째, 사유지로 인정할 성질이 아니고, 또 과세의 목적도
갖지 않은 토지(도로·하천·구거·제방·城堞·철도선로·수도선로) 등 세 종류로
모두 18종이었다.[69] 그리고 임야조사는 뒤로 미루었지만, 작업의 편의를
고려하여 조사지 안에 있는 임야는 조사대상에 포함시켰다.

　지목 분류는 구래의 양안과 달랐다. 양전에서는 기본적으로 거주지나 경작
지로 전·답·대·잡 등이 조사 대상이었지만, 사용상황에 따라 垈田·乾田 등으로,
작물의 종류에 따라 竹田 등으로 분류하기도 했다. 측량단위는 생산량 단위인
결부제였다. '사업'에서는 조사 대상지를 전 토지로 확대하기 위해 위와
같이 지목을 분류했다. 셋째 항목의 지목은 측량은 했지만 소유권은 조사하지
않았다. 민유지라도 사유지로서의 실제 이익이 없는 토지·도로·하천·구거·제
방 등은 가능한 민유지에 포함하지 않는다는 규정도 제정했다.[70] 지목 분류에

---

66) 본 책 부록의 각 군 신고일 참조.
67) 조선총독부 임시토지조사국, 앞 책, 1918, 83쪽.
68) 토지조사법에는 전답이 한 지목으로 되어있으나, 실지조사에서는 전답을 종전대로
　　별도로 조사하고, 여기에 규정한 이외의 지목은 모두 잡종지로 할 것을 지시했다.
　　조선총독부 임시토지조사국, 『국보』 2, 1910. 8. 26. 토조발 제33호 토지조사에 관한
　　건.
69) 종래의 지목 분류는 경작지는 전답으로 분류하고, 전은 다시 '대'로 세분했다. 화전은
　　별도로 설치했다. 영년작물 재배지는 작물의 종류에 따라 구분했다. 이것은 조세제도의
　　차이에서 기인한 것이다. 최원규, 「대한제국기의 양전과 관계발급사업」 『대한제국의
　　토지조사사업』, 민음사, 1995.
70) 조선총독부 임시토지조사국, 『국보』 2, 1910. 12. 15, 토조발 제33호 1910. 8. 26.
　　토지조사에 관한 통지의 건.

서 국유지의 대폭 확대를 짐작할 수 있다.

지목은 원칙적으로 위 기준을 적용하였지만, 실제는 신고서에 기재한 것을 참고하면서 실지조사할 때의 현상에 따라 적합한 것을 선택하도록 했다.[71] 이같이 조사대상 토지를 정하되 현지의 상황에 따라 조사여부를 결정하기도 했다.[72]

필지는 기본적으로는 토지신고심득에서 정한 지침에 따라 구획하면서 다음 사항을 추가했다. 첫째, 하나의 지목에 孕在 또는 접속한 다른 지목의 토지가 있는 경우 면적이 협소한 것은 지주가 같을 때는 본지에 합쳤다. 둘째, 도로·하천·구거에 접한 적은 면적의 竹木·초생지 등은 실지 상황을 조사하여 접속한 토지에 합했다. 셋째, 다른 지목에 합칠 토지의 면적 크기는 대상지목에 따라 달랐으나, 전답은 300평을 기준으로 했다. 이밖에 분필 여부는 소유권의 소속에 따라 결정했는데 가능한 한 대면적주의를 채택했다.[73] 측량의 편리성을 고려한 조치였지만, 소토지소유자들의 토지가 누락되거나 이웃 필지에 포함되어 측량될 가능성이 많았다.[74]

---

71) 지력 회복을 위해 일시 휴경한 곳, 건물이 있던 곳, 분묘 주변의 임야, 孕在 또는 접속한 경우, 삼림령 또는 국유미간지이용법에 의거 대여 받았으나 대여면적을 전부 개간하지 못한 경우는 원래의 지목이나 주 토지의 지목에 따르도록 했다. 화전은 경작조건이나 조사조건을 고려하여 조사여부를 결정했다. 화전은 여러 조건을 첨가했는데, 임야 중 혹은 접속한 경사 30도 이상의 화전, 토지조사 대상지에 접근하지 않은 3천평 미만의 화전, 조사지에서 500칸 거리 이상의 1만평 이내의 화전으로 임야에 접할 때는 제외했다. 조선총독부 임시토지조사국, 앞 책, 1918. 95~97쪽.

72) 산간부의 화전으로 경작법이 일반전과 같은 경우, 서북지방에서는 윤경지로서 격년 경작하는 경우, 경작 연수가 휴경 연수보다 많거나 휴경 연수가 3년 이하인 것은 전으로 처리했다. 철도선로·도로·수도선로·주변 부속지와 제방 성첩 등도 현재 용도에 따라 지목을 정했으며, 조사 당시 아직 그 용도로 쓰지 못하는 상태라면 조사대상에서 제외했다.

73) 인접 토지를 병합할 때는 주 토지를 기준으로 면적의 크기, 지방의 관습에 따라 병합과 별필 여부를 결정했다. 조선총독부 임시토지조사국, 앞 책, 1918. 93~95쪽.

74) 필지는 '사업'에서 다시 재조정했다. 창원군의 경우 결수연명부와 토지조사부를 대조 작성한 토지조사부등본을 검토하면 분필과 합필이 적지 않지만, 합필이 더 많아 필지 수가 감소되었다.

토지신고서는 임시토지조사국에서 각 군에 배부하고, 면과 지주총대(동리)를 거쳐 지주에게 배포되었다. 지주는 토지신고심득과 준비조사규정에 따라 신고서를 작성하여 지주총대를 통해 면에 제출했다. 면에 보관된 신고서는 다시 출장원에게 인계되어 실지조사의 근거로 삼았다.[75] 신고서의 배부와 수집은 면장이 책임을 졌으며, 실무는 각 동리의 지주총대가 담당했다.[76]

지주총대는 지주와 대면하며 실무를 담당한 자로 면장이 임명하고, 군에서 적합 여부를 조사했다.[77] 시가지 등 일본인 집단 거주지에서는 일본인 지주총대를 선발했다.[78] 지주총대심득에 정한 지주총대의 임무는 다음과 같다.[79] ① 동리의 경계와 실지조사에 인도, ② 신고서의 수집, ③ 경계표의 건설과 보존, ④ 지주 기타 관계자의 실지입회와 소환, ⑤ 토지의 이동, ⑥ 조사 관리의 지시나 신고서의 확인 날인 등이었다. 지주총대는 초기에는 선발규정이 없었다. 빈부를 가리지 않고 주로 古老나 지사인 등 그 지방의 토지사정에 익숙한 자 중에서 선발했다. 이들 중에는 하루라도 가업을 게을리 하면 가정경제에 심한 타격을 받는 자도 적지 않았다.[80] 이들은 몰래 보수를 요구하기도 했으며,[81] 출장원의 명령을 준수하지 않거나 직무수행에 적극적이지 않았

---

75) 토지신고서 수집자는 1915년에 토지조사국 출장원으로 일원화되었으나, 이전에는 면장 토지조사국 출장원 등 다양했다. 조선총독부 임시토지조사국, 『국보』 74, 1915. 7. 25. 관통첩 제227호, 1915. 7. 15. 토지신고서 취전에 관한 건. 『조선총독부관보』 제885호, 1915. 7. 15.

76) 지주총대는 ① 신용하, 앞 책, 지식산업사, 1982, ② 배영순, 「조선토지조사사업에 있어서의 토지신고와 소유권사정」, 앞 책, 영남대학교 출판부, 2002, ③ 조석곤, 「조선토지조사사업에 있어서 소유권 조사과정에 관한 연구」, 『한국근대농촌사회와 농민운동』, 1988 등이 참고된다.

77) 조선총독부 임시토지조사국, 『국보』 52, 1914. 8. 5. 지주총대 보수금 급여에 관한 건.

78) 『매일신보』 1912. 3. 24. 경성시가 토지조사에 관한 주의(3).

79) 『구한국관보』 제4768호, 1910. 8. 24. 고시 제3호 지주총대심득.

80) 배영순, 앞 책, 영남대 출판부, 2002 ; 최원규, 「일제초기 창원군 토지조사과정과 토지신고서 분석」 『지역과 역사』 24, 2009.

81) 조선총독부 임시토지조사국, 『국보』 9, 1911. 6. 25. 부평군 남부면 제출.

다.[82] 조선총독부는 지주총대가 업무를 원활히 수행할 수 있도록 '지주총대 보수금 지급규정'을 만들고, 지주에게 비용을 부담시켰다.[83] 지주총대가 지주를 대리하여 실지에 입회하거나 신고서를 수집하는 등 지주의 편의를 도모한다는 이유에서였다. 사실 지주총대가 토지신고서를 대리로 일괄 작성하는 경우도 비일비재하였다.[84] 지주총대는 토지신고서의 작성과 수집에 관한 전반적인 일을 담당한 실무책임자였다. 신고서 기록사항에 대한 적절성 여부를 조사하여 책임지도록 토지신고서에 날인하는 칸도 두었다.[85] 지주총대의 날인이 없는 토지신고서는 재조사해야 했다. 지주총대는 사정의 기초사항을 조사 확인하는 대단히 중요한 역할을 수행했다.

지주는 토지신고서를 제출하는 것 외에 표항 설치와 입회 의무도 이행해야 했다. 이 일은 지주총대의 책임 아래 실시된 것으로 보인다. 표항에는 토지소재·자호지번·지목·배미수(夜味數)·두락수·결수·소유자·관리자·소작인 등의 주소 성명을 기록하여 토지신고서와 대조할 수 있도록 했다. 그러나 초기에는 사업에 대한 반감으로 표항을 훼손하는 일이 비일비재하여 처벌규정을 마련했다.[86] 지주의 입회규정은 소유지의 경계를 확정하고 타인 명의로 조사되는 것을 방지하기 위해 마련한 것이었다. 토지조사령에 담당 관리가 필요하다고 인정할 경우 입회를 요구할 수 있도록 정하였다. 정당한 사유 없이 입회하지 않으면 벌금을 물리고, 불복신청도 할 수 없도록 했다.

---

82) 조선총독부 임시토지조사국, 『국보』 9, 부평군 북부면 1910년 9월 12일 제출. 이들은 경제력에서 상층에 속한 자는 아니었다(배영순, 「조선토지조사사업에 있어서의 토지신고와 소유권사정」, 앞 책, 영남대학교 출판부, 2002).

83) 조선총독부 임시토지조사국, 『국보』 5, 1911. 2. 25. 토조발 제105호 지주총대 보수의 취체의 건.

84) 경상남도 김해군과 창원군의 토지신고서를 보면 필체가 거의 모두 동일했다.

85) 임시토지조사국조사규정 제10조. 각 지주총대가 확인 날인할 수 없는 어쩔 수 없는 사정이 있는 경우에는 총대 중 1명에 그칠 수밖에 없다고 하고, 지주총대가 확인 날인을 거부할 경우는 토지신고서의 상당란에 '不肯認印'이라 기재했다.

86) 토지조사국 외에 각도에서도 이를 우려하여 훈령을 발하기도 했다. 조선총독부 임시토지조사국, 『국보』 9, 1911. 6. 25. 전라북도령 제3호 토지 표시에 관한 건.

그러나 문제는 간단하지 않았다. 당시 일반적으로 민전에서는 소유권이 성립되어 있었기 때문에 지주가 토지신고를 하는 일에 별 어려움이 없었다. 하지만 소유권을 가름하기가 쉽지 않은 토지도 적지 않게 존재하고 있었다. 현지에 거주하지 않는 '마름 의존적' 부재지주는 토지의 소재를 정확히 알지 못한 경우가 상당하였다. 토지신고를 하는 일이 쉽지 않았다. 현장에서 사실상 소유권적 권리를 행사하던 마름이나 경작인이 신고한 경우도 적지 않았다. 사패지의 경우는 더 심했다.[87] 이들 토지에는 물권적 경작권(사실상의 소유권)이 존재한 경우도 적지 않았다. 이때 명목상의 소유자(지주)와의 갈등이 수면 위로 떠오른 것이다. 이를 해결하기 위해 조선총독부에서는 지주에게 '주의사항'을 계속 광고하는 한편, 면장·동장·지주총대 등을 입회시켜 조사하는 것을 원칙으로 삼았다. 토지의 소재나 경계가 판명되지 않을 경우에 지주나 대리인이 직접 입회하도록 요구하는 내부규정도 두었다.[88] 대지주와 원격지 지주에 대한 배려라 할 수 있을 것이다.

토지신고서는 토지조사부의 기초서류이기 때문에 이상과 같이 작성에 주의와 정확성을 요구했다. 토지신고서는 동리를 단위로 구획했다. 토지소재지와 소유자의 주소는 행정구역 개편에서 정한 경계와 명칭에 따라 기록했다.[89] 신고 당시 동리명이 확정되지 않아 구 명칭으로 기록했을 때는 감사원이 신 동리명을 토지소재란 하부 빈칸에 기입했다.[90] 지목·면적 등 지적에 대한 사항은 개정 토지신고심득 제정 이후에는 결수연명부에 근거하여 작성하도록

87) 최원규, 「창원군 토지조사사업에서 소유권 분쟁의 유형과 성격」 『일제의 창원군 토지조사사업』, 선인, 2013, 413~419쪽.
88) 임시토지조사국조사규정 제14조에 입회인은 지주·관리인·이해관계인·그 대리인과 지주총대로 규정했으나 단서에 지주총대 이외의 자는 입회하기 어려운 경우 조사에 지장이 없다고 인정되는 한 지주총대만 입회하여 조사할 수 있다고 규정했다.
89) 1912년 3월 이래 과세지견취도를 참조하고, 다시 1913년 3월 이래는 군청에서 동리의 정리안을 구하였다. 그리고 면장·동장·리장과 지주총대의 입회아래 실지를 답사하고 준칙에 따라 이를 조사하고 지방청에 협의하도록 했다. 동리 정리의 원칙 참조.
90) 조선총독부 임시토지조사국, 『국보』 86, 1915. 11. 25. 훈령 제47호 준비조사규정 중 개정 외 1건, 준비조사규정 제30조.

했다.91)

신고기간은 군·면 단위로 관보에 고시했으며, 측량의 구획단위인 동·리의 신고기간은 경계를 조사한 뒤 별도로 정했다. 토지신고서는 지주총대가 수집하여 면장이 보관했다가 출장원에 인계했다. 토지조사령에서 기간 내에 신고하지 않으면 벌금을 물리고, 사정에 대해 불복신청을 못하게 정했지만, 실제 적용할 때는 매우 느슨했던 것으로 보인다. 임시토지조사국 조사규정 제11조에 기간 내 신고하지 않은 자가 뒤늦게 신고하더라도 합당한 이유가 인정되면 토지신고서에 준하여 처리하도록 규정하였다.92) 사정 직전까지 토지신고서 제출이 가능했던 것으로 보인다.

공시한 신고기간은 변경하지 않는 것이 원칙이었다. 그렇지만 사업 초기에는 신고서 제출을 지연하는 사례가 대단히 많아 사업이 지지부진하였다. 신고기간을 연장해달라고 품신하는 일도 적지 않았다.93) 이를 연장한다는 것은 사업이 제대로 진척되지 않는다는 것을 의미했다. 토지신고서를 제출하지 않으면 불이익을 받을 것이라고 경고도 했지만, 사정이 여의치 않았다. 미신고에 대한 처벌을 규정대로 실시할 경우 부재지주와 일본인들의 피해가 가장 클 것이기 때문이다. 경성부 시가지 조사에서 신고기간을 다시 조정한

---

91) 거류지는 별도로 규정했다. 구이사청의 토지대장, 그리고 외국인 지주는 해당 국가 영사관의 토지등록부 등본을 제출하여 신고서로 대체했다. 이 경우 신고서 용지에 그 사항을 기입하고 등본을 첨부하도록 했다. 외국인 지주가 영사관 등록부에 등록되어 있음을 증명하는 구문기를 제출할 때는 해당 문기를 영사관 토지등록의 등본으로 간주하고 처리했으며 문기는 본인에게 반송했다. 조선총독부 임시토지조사국,『국보』 6, 1911. 4. 25. 토조발 제155호 외국인 소유토지신고취급의 건.

92) 제29조에는 사정할 때까지 신고가 없는 토지는 재조사하여 지주의 성명과 주소가 분명하지 않은 토지와 소유권이 불분명한 토지는 무주지로 간주하도록 규정했다. 『조선총독부관보』 제255호, 1913. 6. 7. 조선총독부 훈령 제33호.

93) 조선총독부 임시토지조사국,『국보』 28, 1913. 10. 5, 토측 제208호 신고기간에 관한 건. 신고기간을 연장할 경우에는 ① 군명과 면수, ② 기정의 신고기간, ③ 신고기간 만료의 후에 조사를 요하는 면과 측량외업 결료 예정기일, ④ 연장을 요하는 기일과 이유를 기록하고, 연장기일은 군 전부의 종료 기일부터 적어도 1개월 이전에 품신하도록 했다.

커다란 이유 중의 하나는 일본인 지주들의 신고가 부진했기 때문이었다.[94] 이러한 점을 고려하여 부재지주는 대리인에 위임할 수 있도록 위임계(委任屆)를 제출하여 신고하는 것을 허용했다. 그리고 벌금 강화, 신고규정 합리화, 결수연명부 완성 등의 조치가 강구됨에 따라 1914년 이후에는 신고기간을 연기하는 일은 특정한 사정이 없는 한 금지하도록 했다. 신고기간 종료 후 신고서를 제출하는 자는 별도로 처리했다.[95] 그럼에도 불구하고 신고는 계속 부진했다.[96] 신고서의 미제출이나 입회 부실 등의 문제가 계속 발생했다. 1915년 무렵에도 주의사항을 강력히 시달할 정도였다.[97] 그것은 사정 불복사태를 증가시켜 고등토지조사위원회의 업무를 가중시키는 결과를 초래했다.[98] 이 점을 고려하여 신고는 현장조사주의를 병행하여 처리해갔다.

그리고 무신고나 무통지의 경우는 통지서 또는 신고서 양식에 준하여 조사서류를 작성했다.[99] 무신고지는 관계관청이나 기타 관계자들로부터 사실을 조사하여 무신고 조서를 작성했다.[100] 후일 소재가 판명되었을 때는

---

94) 『매일신보』 1913. 2. 16. 시가지 소유자의 주의 ; 1927. 3. 27. 경성시가 토지조사의 건(4).

95) 조선총독부 임시토지조사국, 『국보』 50, 1914. 9. 20. 토측 제401호 토지신고기간 연기에 관한 건. 신고기간 후 신고서를 제출하는 자가 있을 때는 세부측도 실시규정 제10조 제3항에 의하여 취급하도록 했다.

96) 조선총독부 임시토지조사국, 『국보』 54, 1914. 11. 20. 관통첩 403호 토지조사에 관한 건. 『조선총독부관보』 제681호, 1914. 11.

97) 구체적인 지시사항은 다음과 같다. ① 신고시간을 고시할 때 지주는 빠짐없이 토지신고서를 제출할 것, ② 일필지 조사와 측량을 할 때는 조사 관리의 지시에 따라 지주 본인 또는 경계에 정통한 상당 대리인을 정하여 입회할 것, ③ 토지소유자와 경계의 사정공시 있을 때는 지주는 토지소재의 군청에서 토지조사부와 지도를 열람하여 권리를 상실하지 않게 할 것, ④ 신고후 이동을 낳을 때는 즉시 이동신고서를 제출할 것 등이다.

98) 『조선총독부관보』에 공시한 재결서를 보면 대부분 신고와 입회를 하지 않은 토지였다.

99) 임시토지조사국 조사규정 제28조.

100) 토지신고서에는 ① 토지의 소재 가지번 지목, ② 지주의 연혁, ③ 최근 지주의 주소 성명, ④ 점유자의 유무나 주소 성명, ⑤ 점유의 유래와 최근 지주와의 관계, ⑥ 결수연명부 등록의 유무, ⑦ 지세납입의 사적, ⑧ 면장·동리장 기타 지사인 참고인 등의 진술, ⑨ 그 외 참고로 할 사항 등을 기재했다. 조선총독부 임시토지조사국,

즉시 신고서를 제출하도록 면장·동리장·지주총대와 관계자에 지시하여 권리를 보전하게 했다. 무신고지 가운데 장래 과세 문제를 염려하여 소유권을 포기할 의사를 표명한 경우는 그 의사를 명시한 서면을 제출하여 증빙자료로 삼도록 하고 국유로 처리했다.[101]

통지 없는 국유지는 가능한 한 보관 관청에서 통지하도록 했다. 관의 장부에 등록되지 않아 통지하기 어려운 것은 사실을 취조하도록 했다.[102] 역둔토대장에 등록되지 않은 국유지는 국유지통지서를 '편의작성'하여 보관책임이 있는 관청에 통지했다. 국유지를 민유라 주장하는 자가 있을 때는 분쟁 또는 소유권에 의심 있는 것으로 취급했다. 토지신고서와 국유지통지서가 중복되고 국유지대장에 기재된 경우는 분쟁지로 처리했다.[103]

수집한 토지신고서는 조사원이 한국인·일본인·회사·학교·교회·동·면·부·군·도 등으로 분류 정리하는 한편,[104] 조서도 작성했다.[105] 조사원은 외업사무처리규정에 따라 무신고지와 통지 없는 국유지, 이해관계인 신고지, 소유권에 의심 가는 토지 등에 대한 조서를 작성하였다. 이때 국유가 아닌 무신고지 또는 무주지는 실지조사에서 사실조서를 작성했으며, 즉시 국유로 처리하지 않고 사정과정을 거쳐 처리했다.[106]

신고는 지주의 의무사항이고 소유권을 인정받기 위한 필수조건이었다. 신고서를 제출하지 않았을 경우는 곧 국유지로 편입한 것이 아니라, 재조사

앞 책, 1918, 92~93쪽.

101) 토지조사외업사무처리규정 제14조.

102) ① 토지 소재 가지번 지목, ② 점유자가 있으며 주소씨명, ③ 면장 동리장 혹은 지사인 참고인 등의 진술, ④ 기타 참고사항 등을 기재한 조서를 작성하도록 했다. 조선총독부 임시토지조사국, 앞 책, 1918, 93쪽.

103) 조선총독부 임시토지조사국,『국보』43, 1914. 6. 5. 준비조사와 세부측도시행에 관한 문답 중 추가 제60문.

104) 조선총독부 임시토지조사국,『국보』18, 1911. 11. 20. 신고서편찬과 정리.

105) 조선총독부 임시토지조사국,『국보』1, 1910. 11. 2. 조사사항. 국의 결정 제45문.

106) 조선총독부 임시토지조사국,『국보』20, 1913. 6. 5. 유언에 의한 토지소유자 인정의 건.

과정을 거쳐 소유권을 판정할 수 없는 경우에만 국유로 처리했다. 민유지로 과세대상인 경우는 결수연명부를 작성하면서 소유권자로 대부분 파악된 것으로 보인다. 결수연명부에 증명부의 토지대장으로서의 자격을 부여하고 이를 기초자료로 토지신고서를 작성하도록 한 점도 이와 관련이 있었다.[107] 이때 조사대상에서 도지권 같은 다른 물권이 제외된 점, 이와 관련하여 국유지에서도 분쟁이 심각하게 제기되었다는 점, 그리고 경작지 이외의 토지, 개간중인 토지 등에서는 토지신고자를 확정하는 작업이 쉽지 않아 신고기간이 길어졌다는 점 등을 유념할 필요가 있을 것이다.

3) 토지신고자의 자격과 의미

토지신고서에 기재한 지주명이 사정을 거쳐 소유권자로 확정된다는 점에서 지주명 기재의 원칙은 일본제국주의의 토지소유권 운영원리를 보여준다고 할 수 있을 것이다. 토지신고자는 1910년 토지신고심득에서 지주와 사단·재단·공공단체 또는 묘사(廟祠)·단·사원 등으로 정했다.[108] 일본민법에 따라 자연인과 법인을 사정대상으로 정하고, 토지조사의 편의, 한국의 사정 등을 고려한 특수 예를 제시했다.[109] 자연인은 민적부의 명, 즉 법으로 인정한 성명을 기재하는 것을 원칙으로 했다. 다만 지주가 신고할 수 없어 관리인에 위임한 경우,[110] 지주가 사망하여 상속인이 정해지지 않은 경우,[111] 여자[112] 등은

---

107)『매일신보』1913. 6. 12. 토지소유자의 주의. "지주가 소정한 기간 내에 조사국 혹은 조사국의 출장소원에게 신고서 제출을 게을리 하거나 제출하지 않을 때는 당국에서 토지에 지주의 유무, 소유권의 확실 등을 심사하지만, 이때 만약 소유지를 인정하지 못하는 경우에는 해당 토지는 지주가 없는 것으로 간주하고 당연히 국유지로 편입하는 수단을 쓰기 때문에 일반 토지소유자는 신고의 고시에 주의를 게을리 하면 혹 이 때문에 불리한 일이 있으리라."

108) '토지신고심득'에는 부인명 기재법, 외국인 기재법, 이해관계인과 관리인의 경우 기재법, 소송중인 토지기입법 등을 제시했다.

109) 조선총독부 임시토지조사국, 앞 책, 1918, 86, 90쪽.

110) 토지신고심득 제12, 13조. 지주가 직접 신고하지 못할 경우는 위임장을 제출하여

별도로 처리방법을 정했다. 이것은 토지조사의 신속성·편리성 등을 고려한 조치일 뿐 소유권의 변동을 초래하는 것은 아니었다.

토지신고인의 기재명이 문제가 된 경우는 법인을 비롯한 단체가 소유한 토지에서 발생했다. 토지신고심득에서 토지신고자의 자격을 관리인으로 한정했기 때문에 법인이 아니거나 무능력자는 법적 책임소재가 분명하지 않았다. 이에 1911년 11월 토지조사국에서 일본민법을 준용하여 <표 3>과 같이 신고자 자격을 정했다.113)

〈표 3〉 토지신고서 지주명 기재원칙

구분	토지소유자	신고서 지주 기입명
①	주식회사	취체역(총재, 두취, 사장)
	합자회사	합명, 주식, 합자회사 사원
	공익법인	이사
②	도부 군 면 동 민단	장관, 부윤, 군수, 면장, 동장, 민단장 도, 부, 군, 면, 동, 민단
③	사원	신도총대
	종중	대표자, 위임관리인, 사무관리인
	무능력자	친권자 혹은 후견인 보좌인
④	부인	면내 동일한 성의 부인이 없을 때는 '亡何某妻'를 쓰지 말 것

1913년 개정 토지신고심득에서는 단체소유의 성격을 가진 소유자는 조선민사령 기타 법령으로 법인 자격을 구비했는지를 조사하여 법인 자격이 있는

관리자 이해관계인도 신고할 수 있도록 했다. 이때는 증거서류와 사유서를 제출하거나 신고서 여백에 사유를 기재하는 방식을 취했다.

111) 조선총독부 임시토지조사국,『국보』3, 1910. 12. 28. 사무처리방법. 亡何某가 소유한 토지로 현재 상속인이 없는 재산은 토지조사부 적요란에 상속미정으로 朱記하라고 했다.

112) 토지신고심득 제11조, 조선총독부 임시토지조사국,『국보』1, 1910. 11. 25. 조사사항. 국의 결정 제40문. 여자는 관습상 본명이 없기 때문에 민적 기재의 원칙을 준수할 수 없었다. 때문에 幼名으로 하거나, 그도 없으면 미혼자는 「何氏」, 기혼자는 「何某妻 何氏」, 과부는 「亡何某氏 何召史」로 정했다.

113) 조선총독부 임시토지조사국,『국보』19, 1911. 12. 5. 토조 발 464호 토지신고자 자격에 관한 건.

단체, 公共단체, 특별단체로 분류한 뒤 그 성격에 따라 개인 또는 共有 명의로 기록하도록 했다.[114] 그 해 6월 임시토지조사국 조사규정에서 단체소유에 대한 기재방식을 구체적으로 정했다. 법인에 한하여 단체명의를 인정했고, 그밖에는 共有명의로 하도록 했다. 단체원이 상당한 명의인을 내세웠을 때를 제외하고, 법인이 아닌 단체명의는 금지했다.[115] 신사·사원·사우·불당·외국교회 등 종교단체는 법인으로 인정하지 않는 경우라도 자기 명의로 토지를 소유하는 관행이 있을 때는 법인에 준하여 처리하도록 했다.[116] 구래의 소유주체였던 종중·계·사립학교·서원 등은 여기서 제외했다.[117] 이 점은 구래의 자치조직을 일본민법 체계에 흡수하기 위한 조치였다.

일제는 조선을 흡수 동화시키는 방향에서 토지조사의 원칙을 정하되, 구래의 소유 관습을 마음대로 변경할 때 생기는 마찰을 최소화하는 방향에서 조사원칙을 정했다. 일본민법과 한국의 관습법을 절충하여 임시로 마련한 타협안으로 한정적 조치였다. 일본민법에서는 공동으로 연명하는 방식이었지만, '사업'에서는 상당한 명의인을 대표로 내세우고 단체명을 부기하는 방식이었다.[118] 그러나 이것은 공동체의 소유를 개인이나 공동명의로 신고하게 한 것으로 공동체 소유로서의 의미는 퇴색될 수밖에 없었다.[119] 이들은 각각

---

114) 개정 토지신고심득은 일제의 통치방침에 따라 共有단체를 公共단체로 변경하여 범위를 축소시켰지만, 구체적인 범위는 결정하지 않았다.

115) 임시토지조사국조사규정 제8조.

116) 임시토지조사국조사규정 제9조.

117) 중추원, 『양안에서 자연인 이외의 소유자(각종 양안 발췌)』(국사편찬위원회 소장본).

118) 조선총독부 임시토지조사국, 『국보』 59, 1915. 2. 10. 준비조사주의사항 추가의 건 제193호. 조선총독부 임시토지조사국, 『국보』 100, 1916. 4. 25. 단체명에 의한 신고서 처리의 건 토측 364호. 조선총독부 임시토지조사국, 『국보』 33, 1913. 12. 20. 종중 기타 단체가 신고한 토지에 대하여 장부 서류 정리 방의 건. 실지조사부·토지조사부·토지대장·지세명기장 등에 등기와 달리 소유자의 성명에 대표자나 관리인을 기재하고 적요란에 宗中재산 또는 상업회의소 재산이라 부기하는 방식이었다. 면유는 ○○부군 ○○면, 동리유는 ○부군 ○면 ○○동리, 사찰은 사찰명, 사립학교는 법인의 경우는 학교명, 아닌 것은 개인명의, 향교재산은 ○부군 향교라 기재했다. 조선총독부 임시토지조사국, 『국보』 29, 1913. 10. 14. 전세 제8927호 결수연명부기명자에 관한 건.

토지의 공유자로 개별적으로 지분을 소유한 것에 불과했다.

구래의 소유자 가운데 가장 주목할 만한 변화는 면·동·리 소유에서 볼 수 있었다. 당시 일제는 구래의 군·면·동·리의 행정구역과 기구를 전면 개편한 것이다.[120] 이것은 1911년 가을에 착수하여 1913년 12월 29일 완료한 부·군·면·동리 통폐합 작업이었다. 군은 317군을 220군으로, 면은 4,336개 면에서 2,522개 면으로, 동리는 61,473개 동리에서 58,467개 동리로 정리했다. 행정구역 개편 원칙은 면적 호수·자력·교통·민정 등을 감안한 행정편의주의 원칙아래 최하 세포단위인 자연 마을이외의 군·면·동리 등 모든 행정구역을 전면 재조정했다. 행정단위의 크기는 전보다 큰 대구획으로 하였으며, 구획은 종래 '속인주의'에서 경계를 확정하여 '속지주의'로 개편했다. 행정 기구도 종전의 동리 중심에서 면 중심 체제로 전면 재편했다.[121]

재편 목적은 조선사회를 중앙집권적 식민 통치구조로 재편하되 최하 행정단위를 면으로 구조화시키는 데 있었다.[122] 이는 토지조사의 사업단위를 확정하는 작업이었지만, 이에 앞서 각 지방의 실태를 파악할 수 있었기 때문에 가능한 작업이기도 했다.[123] 신 면동리의 명칭은 준비조사 때 조사한 명칭으로

119) 조선등기령에 따라 작성된 등기부에는 부기를 허용하지 않았다.
120) 일제초기 지방제도개혁에 대하여는 염인호, 「일제하 지방통치에 관한 연구-'조선면제'의 형성과 운영을 중심으로-」(연세대학교 석사학위논문, 1983)이, 한말이래의 변화 추이는 이상찬, 「1906~1910년의 지방행정제도 변화와 지방자치론」, 『한국학보』 42, 1986 ; 김익한, 「植民地期朝鮮における地方支配體制の構築過程と農村社會變動」, 東京大學 大學院, 1996 등이 참고된다.
121) 1911, 2년의 시기는 지방행정제도를 어떻게 개편할 것인가를 논의하던 시기였다. 조선총독부는 각지의 지방관에게 그 지방의 실정과 개편방향에 대한 의견을 수집하도록 했다(조선총독부, 『내무부장 회동 자문사항답신서』, 1911).
122) 『매일신보』 1913. 12. 29. 부군폐합발표 ; 1914. 1. 3. 부군폐합. 군 행정 구역의 확대로 일본인 3명 이상을 배치했다.
123) 조선총독부 임시토지조사국, 『국보』 70, 1915. 6. 15. 동리폐합에 관한 건. 동리폐합은 토지조사의 진행에 따라 정리를 기하고 또 표준은 면적·호구·자력 등에 말미암은 것인데, 지형·교통·민정·취락 등의 관계상 커다란 지장이 없는 한 종래의 구역을 유지하도록 원칙을 정했다. 그러나 전면적인 구역조정 작업을 수반하여 이들 스스로도 이것이 오히려 실익이 없을 뿐 아니라 각종 장부류의 정리도 용이하지 않은 결과를

하고,124) 구 면동리에서 소유한 토지는 신 면동리로 이속하기로 결정했다.125) 그 원칙은 다음과 같다.

① 면동리 전부를 다른 동리에 합칠 때는 새 동리 또는 새 동리에 속하는 면의 소유로 할 것.

② 동리를 둘 이상의 동리로 나눌 때는 관계가 가장 많은 새 동리 혹은 새 동리에 속하는 면의 소유로 하든지 또는 분할하여 각 새 동리에 속하는 각 면의 소유로 할 것.

③ 전호로 할 수 없을 때는 관계 새 동리 또는 관계 새 동리가 속하는 각 면의 공유로 할 것.

④ 전기 각 호에 어려운 사정이 있을 때는 적당한 처분 방법을 정할 것.

⑤ 면을 폐합 분합할 경우 면유재산의 처분도 전 각 항에 준할 것. 단 동리의 경계정리를 위하여 면경계를 변경할 때는 면유재산은 처분하지 않을 것.

⑥ 동리내 소부락 소유의 토지에 대하여는 지난 해 5월 관 통첩 제 142호 정무총감 통첩의 취지에 따라 가능한 차제 동리유 또는 면유에 편입할 것 등이다.

토지신고서는 새 면동리를 단위로 수합 정리했다. 이때 합당한 관리자나 재산관리규정이 없는 경우는 구관에 정한 관리자가 신고하도록 했다. 행정구역 통폐합으로 소속이 변경된 경우는 토지신고서를 고치도록 했다.126) 이때

초래했다고 언급하기도 했다. 이 실태는 越智唯七編, 『新舊對照 朝鮮全道 府郡面里洞名稱 一覽』, 草風館, 1917을 보면 알 수 있다.

124) 조선총독부 임시토지조사국, 『국보』 22, 1913. 7. 5, 면동명칭의 건 토측 제92호.

125) 조선총독부 임시토지조사국, 『국보』 7, 1911. 4. 25. 구면동리유토지취급의 건 토조발 316호 ; 조선총독부 임시토지조사국, 『국보』 43, 1913. 6. 5. 면동리폐합의 경우 구면동리유 토지 정리에 관한 건. 면동리폐합의 경우는 구면동리유지정리에 관한 건, 지1 제612호, 면동리폐합의 경우는 지발 제519호 통첩.

126) 조선총독부 임시토지조사국, 『국보』 69, 1915. 6. 5. 면동리유에 속하는 토지신고에

재산권 관할 문제가 제기되자,[127] 조선총독부는 1912년 '면동리유 재산관리에 관한 건'을 공포하여 원칙을 정했다. 그 내용은 다음과 같다.[128]

① 면동리유 재산은 면장이 관리할 것. 단 특별한 사정이 있을 때는 면장이 부윤 군수의 인가를 얻어 특정 관리인을 두고 관리할 수 있다. 전항의 단서의 경우 면장은 사무를 감독할 것.

② 부동산은 기간을 정하여 임대할 것. 단 공공의 쓰임에 제공한 것은 여기에 있지 않다.

⑦ 면동리 소유재산을 처분할 때는 부윤 군수의 인가를 받아야 하며, 부윤 군수가 전항의 인가를 할 때는 도장관의 승인을 얻을 것.

⑧ 면소유 재산에서 생긴 수입은 면의 경비에 충당하거나 적립할 것. 동리 소유의 재산에서 생긴 수입은 부윤 군수의 허가를 얻어 동리민 공동의 이익에 충당하거나 적립할 것.

⑨ 면동리 소유재산은 부윤 군수와 면장이 대장을 설치하여 이를 정리할 것.

⑩ 면동리 소유재산의 수익 기타 금품의 출납은 면장이 장부를 설치하여 이를 정리할 것.

관한 건.

127) 동리는 조선후기 이래 독자적으로 토지를 갖는 소유의 주체였다. 이들은 전·답·대·산야·제언 등 적지 않은 재산을 소유했다. 이 재산은 향촌민이 공동으로 사용 수익하였는데, 향촌민이 공동으로 부담하는 비용에 충당했다. 토지를 마련하는 방법은 촌락민이 공동으로 기간한 경우, 후사가 없는 촌락민의 유산, 병역 기타 연호잡역을 피하여 도망간 촌락민의 유산, 동리에서 매수한 전토 등 다양했다. 재산관리는 동리장이 담당하고 계약 기타 법률행위는 동리장이 대표로 하되 두민 등이 연서했다. 처분은 동리민의 협의를 거쳐 처리했다. 처리절차는 지방마다 자기 관행에 따랐다. 조선총독부 임시토지조사국, 앞 책, 1918, 170~173쪽.

128) 『조선총독부관보』 제71호, 1912. 10. 25. 관통첩 제106호 면동리유재산관리에 관한 건. 그리고 각 군에서는 이에 따라 별도의 세부규칙을 제정하여 관리하도록 했다. 吉村傳, 『面行政指針』, 1916, 223, 237쪽. 경남도훈령 제11호 면동리유재산관리규정. 면동리유재산 관리규정 시행세칙.

일제는 전과 달리 면을 재산의 관리주체로 정하고, 여러 제한도 두었다. 조선총독부는 공동묘지 설치처럼 면 행정상 필요한 경우를 제외하고는 면동리의 민이 공동재산을 형성하는 일을 금지했다. 뿐만 아니라 동리의 하부단위인 마을재산도 면동리에 편입시키면서도 부득이 한 경우는 마을소유가 아니라 공동소유로 등록하게 했다.[129] 그리고 면재산의 관리 처분은 부윤·군수의 인가와 도장관의 승인을 받도록 했다.

<표 4>와 <표 5>는 연도별 면과 동리의 토지소유실태와 수입액에 대한 변동실태이다. 면동리 재산은 부동산·현금·증권·곡류 등 다양했다. 부동산이 주였으며, 면적은 임야가 다수를 차지했다. 수입에서 면은 건물과 답, 동은 전과 답 수입이 주류를 이루었다. 연도별 수입액 변동을 보면, 면의 수입은 5년간 10여 배 증가했다. 동도 증가했지만 감소하는 추세였다. 그것은 곡가변동, 소작료 개정 등 보다는 기본재산의 증감이 주원인이었다.

〈표 4〉 면동리 소유재산 면적과 수입액(단위 : 평, 圓)

종별		답	전	대	임야	잡종지	건물	기타	계
면적	면	2,871,543	10,421,481	759,383	176,552,596	776,777	47,513		
	동	3,476,686	6,731,340	676,197	231,597,527	1,564,028	31,378		1921년
	동	3,476,686	5,601,722	548,990	472,924,766	952,596	36,352		1919년
수입	면	34,551	27,645	6,382	4,926	860	52,059	68,734	195,157
	동	40,827	18,746	1,500	4,184	765	2,786	21,045	89,853

비고 : 재산있는 면수 67,313,402,452, 재산이 있는 동리수 7,794.
자료 :『조선총독부관보』제2779호, 1921. 11. 16 ; 제2317호, 1920. 5. 4.

〈표 5〉 연도별 면동리 재산수입액(단위 : 圓)

년도	1914	1915	1916	1917	1918	1919	1920	1921
면	15,780	13,729	26,108	336,666	82,364	129,044	175,883	195,157
동	92,019	90,929	105,791	94,251	82,948	100,125	134,727	89,853

자료 : <표 4>와 같다.

---

129)『조선총독부관보』제235호, 1913. 5. 15. 관통첩 제141호 면동리유재산 조성을 위하여 사업경영에 관한 건 ;『조선총독부관보』제235호, 1913. 5. 15. 관통첩 제142호 부락유재산정리에 관한 건. 반면에 임시은사금 또는 지방비에 속하는 토지의 지주명은 하부군 임시은사금 또는 ○○도 지방비라 기재하고, 도장관의 판단에 따라 내력 및 참고사항을 조사하도록 했다.

면은 동리재산이 면으로 이전되거나 기본재산이 축적되어 수입이 증가해
간 반면, 동은 면이나 학교에 재산을 기부하여 수입이 축소되는 경향을 보였
다.[130] 면은 국유재산의 관리자인 동시에, 결수연명부를 관장하며 지세수납의
말단 중심기구가 되었다. 반면 동리는 이제 행정의 주체가 아니라 면의 하부기
관으로 조선총독부의 통치체제에 편입되었으며, 향촌공동체로서의 독자적
영역은 배제되었다.[131] 그리고 구래의 공동체적 성격의 단체인 契와 宗中도
법적 단체로 인정받지 못했다. 이들이 소유한 토지는 개별 소유화되어 점차
해체되어가는 모습을 보였다.[132]

임시토지조사국은 이러한 원칙에 아래 토지신고서에 지주명을 기입하도록
하고, 이를 근거로 토지소유권 사정작업을 했다. 관습적으로 사실상의 소유권
을 행사하던 자를 일부 인정하기도 했지만, 기본적으로 일본민법을 기준으로
구래의 소유권을 배타적 소유권으로 법인하여 조선의 토지를 관리하는 식민지
자본주의적 통치체계를 확립했다.

---

130) 『조선총독부관보』 제2779호, 1921. 11. 16.
131) 『조선총독부관보』 제45호, 1912. 9. 24, 강원도령 제4호 면동리 재산 ; 1917. 10. 12.
    경상북도령 제8호 동리유재산관리규정. 조선총독부는 면을 통치의 최하부 기관으로
    선정하고 부윤 군수를 통하여 장악하도록 했다. 부윤과 군수는 수시로 면장협의회를
    개최하여 지시사항을 하달했다. 동리장과의 연락관계는 단절했다. (『조선총독부관보』
    제84호, 1912. 11. 9. 총독부령 제14호 면장협의회규정 ; 제1761호, 1918. 6. 20, 면장
    협의회 상황표 ; 『조선총독부관보』 호외, 1913. 3. 6. 조선총독부령 제16호 면경비부담방
    법 ; 조선총독부령 제10호 면재무취급심득. 관통첩 제61호 면사무지도감독규정준칙의
    건. 『면사무지도감독규정준칙』, 제6조 면서기·동리장·면주인·면하인 이외의 면직원은
    가능한 이를 폐지한다. 동리장은 가능한 현금 수입에 간섭해서는 안된다. 『조선총독부관
    보』 제1694호, 1918. 4. 2. 함경남도 훈령 제4호 면사무 지도감독 규정.
132) 일제는 계의 종류를 조합적 성격, 부락규약, 공유관계 등 3부류로 나누고(조선총독부
    임시토지조사국, 앞 책, 1918, 171~173쪽), 어느 부류도 소유주체로 인정하지 않았다.
    당시 조선총독부는 통치 자료에 제공하기 위하여 계의 실태를 조사했다. 조선총독부,
    『관습조사보고서』, 1913과 善生永助, 『朝鮮ノ契』, 1926 등이 그것이다.

4. 맺음말

일본제국주의는 '근대적' 토지관리 제도의 수립을 위해 '사업'을 추진했으며, 여기에 식민지 통치방침을 관철시키고 있었다. '사업'의 핵심은 토지소유권 조사였으며, 일제는 일본민법의 물권과 채권 규정을 도입하여 소유권은 물권으로, 경작권 등 그 이외의 권리는 채권으로 정리했다. 그리고 토지소유권에 일지일주의 배타적 권리를 부여하고 지가에 기초한 지주납세제를 실시하기 위한 작업을 추진했다.

토지조사는 1912년 토지조사법을 대폭 손질한 토지조사령이 공포되면서 본격적으로 추진되었다. 여기서 측량과정의 제도화, 소유권 신고 확정 절차와 기구의 체계화, 지권제도의 삭제와 등기제도의 도입, 이동 신고절차의 제도화 등이 강구되었다. 사무 처리절차는 토지신고서, 결수연명부, 증명부 및 등기부의 연락관계를 중점적으로 보완하여 1915년 완성되었다.

토지조사 방법의 기본틀은 1913년 개정 토지신고심득과 임시토지조사국 조사규정에 마련되었다. 토지조사과정을 체계화한 후자의 규정은 행정구역 개편 작업을 토대로 소유권자를 조사하는 것인데, 거기에는 배타적 소유권이 확립되어 있다는 것을 전제로 한 조사규정이었다. 소유권 이외의 물권은 조사대상에서 제외하였다. 그리고 여기에는 신고서로 지주를 확정할 수 없을 경우에 대한 처리방법도 마련되어 있었다. '사업'은 이 규정이 마련된 뒤 체계적으로 추진할 수 있었다.

전자에서는 토지조사부·토지대장·등기부의 기초서류로 대단히 중요한 역할을 하는 토지신고서의 작성원칙을 정했다. 토지신고서는 토지대장과 결수연명부와의 연락관계를 고려하여 작성하도록 했다. 토지신고서를 작성할 때 결수연명부를 기본장부로 삼도록 한 것이다. 이 방침은 지주의 의무사항이며, 소유자로 인정받기 위한 필수조건인 신고를 게을리 하거나 지연되는 일이 비일비재하게 발생하는 사태를 해결하기 위해 마련한 것이기도 했다.

일제는 민유지는 결수연명부의 완성도를 높여 이를 기초로 신고서를 작성하도록 방침을 정하여 '사업' 지연사태를 최소해 갔다. 하지만 경작지 이외의 토지에서 미신고가 속출되고, 개간중인 토지와 역둔토에서 분쟁이 대량 발생하여 신고작업이 예상대로 진행되지는 않았다.

토지신고서의 지주명 기재원칙은 일제의 소유권 운영방침을 보여주는 것이었다. 지주 자격은 원칙적으로 일본민법에 정한 자연인과 법인이었지만, '사업'에서는 토지조사의 편리성, 한국의 사정을 고려하여 예외적인 특수례를 제시했다. 법인에 한하여 단체명의를 인정했고, 그밖에는 共有명의로 하도록 했다. 종교단체 같이 법인으로 인정하지 않는 경우라도 자기 명의로 토지를 소유하는 관행이 있는 경우는 법인에 준하여 처리하도록 했지만, 종중·계·사립학교·서원 등 구래의 공동체는 여기서 제외했다.

면·동·리가 소유한 토지에서도 주목할 만한 사태가 전개되었다. 일제는 토지조사사업 초기 행정편의주의와 대면적주의의 원칙아래 기존 군·면·동·리의 행정구역과 역할을 전면 재조정했다. 舊면·동·리의 소유토지를 新면·동·리로 옮기고 면을 재산의 관리주체로 삼는 한편, 면·동·리의 민이 공동재산을 형성하는 일을 금지하였다. 그리고 부윤·군수·도장관의 감독을 받도록 했다. 일제는 사업을 통해 구래의 향촌질서를 해체시키는 동시에 하부단위의 자치적 결속을 저지하는 방향으로 통치구조를 재편했다. 토지소유자 규정은 일본민법을 기축으로 삼고 한국의 관습법을 일부 도입하는 방식이었다. 그러나 통치체제가 확립 강화되면서 관습법을 일본민법 틀 내로 흡수하였다.

마지막으로 기존 장부의 처리문제였다. '사업'은 일본민법에 근거하여 소유권을 사정하고, 여기에 '원시취득'이라는 효력을 부여하여 토지소유권을 운영하고자 한 것이었다. 이는 일제가 조선 구래의 장부와 증명장부를 법적 형식으로 부정하고 이 시점부터 소유권의 역사가 새로 출발한다는 것을 의미하였다. 구래의 분쟁을 일소한 것이다. 그리고 '사업'은 기존장부와 질서에 근거하여 조사할 수밖에 없었지만, 장부의 활용과 권리의 인정수준은 일제의 토지소유권 사정 방침과 법적 규정을 활용하여 취사선택하는 방식이었다.

일제는 구래의 장부 가운데 광무양안은 증거장부로 채택하지 않았다. 대한제국의 양전사업이 완결되지 못한 점도 있지만, 소유권자인 시주와 경작권자인 시작의 조사, 외국인의 토지소유금지 등 조사 원칙에서 차이가 있었기 때문이라고 판단된다. 반면 국유지는 광무사검의 공토확장정책의 성과를 가능한 한 수용했다. 국유지 확보에 유리하게 작용하리라 예상하며 공토장부를 적극 활용한 것이다. 그리고 증명장부는 '사업'의 장부에 계승하도록 기본원칙을 세웠다. 증명부의 토지대장의 역할을 한 결수연명부는 토지신고서를 작성할 때 기초장부로 활용되었으며, 증명부 상의 소유권과 전당권을 토지신고서에 반영하도록 하는 등 증명장부의 연락관계와 기존 권리를 인정하는 가운데 토지조사를 진행했다.

결과적으로 일제는 신고주의와 현장조사주의의 원칙을 세우고 통감부 이래 만들어 사용해온 장부를 활용하여 사업을 추진하였다. 조선 구래의 문서는 기본적으로 공문서는 국유지 확보에 적극 활용했지만, 사문서는 소유권 증빙이 한계가 있다는 인식 아래 필요에 따라 참고하는 정도였다. 최종 소유권 판정은 지주의 신고와 지주총대 등의 입회로 결정하고 여기서 확정되지 않아 발생한 분쟁은 분쟁지심사위원회에서 심사 결정하였다. 이 과정은 일제가 마련한 기준에 따라 식민지 통치라는 강권을 동원하여 확정하는 방식이었다.

제2장 무토·유토의 구분과 국·민유 분쟁

1. 머리말

일본제국주의는 조선의 토지소유권을 조사하여 여기에 일본민법에 따라 一地一主의 배타적 소유권과 '원시취득'의 법적 효력을 부여하는 토지조사사업(이하 '사업'이라 약칭함)을 실시했다. 여기서 확정된 소유권이 현재까지 한국 토지제도의 근간이 되었다. 이러한 '사업'의 성과는 19세기 이래 줄기차게 전개되어온 토지권 분쟁을 일소하는 강압 과정을 거쳤기 때문에 가능했다. 분쟁지 정리 작업은 국유지 실지조사(이하 '실지조사'로 약칭함)를 거쳐 '사업'에 이르는 전기간에 걸쳐 실시되었다. 그 일차 작업이 사정이다. 사정은 토지조사부와 지적도를 기반으로 토지소유권과 강계를 확정하는 '행정처분'으로, '사업'을 마무리하는 일이었다. 사정의 기초자료는 민유지에서는 지주가 제출한 토지신고서, 국유지에서는 해당 관청이 제출한 국유지통지서였다. 임시토지조사국 조사원은 그 기재사항을 실지와 대조하여 이상이 없으면 신고대로 소유권을 '법인'하고 지주로 확정했다. 이것은 일본민법에 근거하여 소유권에 절대적 지위를 갖는 법적 효력을 부여하는 작업이었다.

이 과정에서 발생한 분쟁건수는 총 33,937건 12만 6천 필로 전체 조사필수의 0.66%정도였다. 분쟁은 소유권 분쟁이 9할이 넘었으며, 그중 국유지 분쟁이

65%를 차지했다.[1] 그 원인은 일본제국주의가 종래부터 권리관계가 복잡한 국유지를 소유권 중심으로 정리를 시도했기 때문이다. 분쟁지 처리문제는 그간 주요한 관심과 연구대상이 되어 왔다. 연구는 두 견해로 대별되었다. 하나는 전통적 견해로 소유권 분쟁은 일제가 국유지를 창출하는 과정에서 발생했으며, 이 과정에서 많은 민유지가 박탈당했다는 견해이다.[2] 다른 하나는 이를 근거 없는 수탈론이라 비판하고, 오히려 국유지의 민유화가 진행되었다고 주장하는 견해이다.[3] 후자는 '사업'에서 생산한 자료를 동원하여 신고주의의 수탈성을 실증적으로 비판하는 한편, 소유권 분쟁에서 국유지가 민유지로 환급된 여러 사례를 보여주었다.[4]

그런데 이들 연구는 대부분 국유 또는 민유라는 소유권에만 제한된 접근방식을 택하고 있었다. 소유권 이외의 물권적 성격을 갖는 경작권과 같은 다양한 토지권을 찾아내고 그것이 사업의 소유권 확정과정에서 어떠한 방식으로 정리되었는가 하는 점까지 연구시각을 확대할 필요성이 제기되었다.[5] 특히 그간 국·민유 분쟁 연구의 초점은 국유지의 민유로의 환급 등을 근거로 국유지창출론을 부정하는 데 중점을 두었다. 그 성과로 무조건적인 국유지 창출론은 일부 부정되기에 이르렀지만, 국유지의 민유지로의 환급설도 위와 같은 방법론으로 재검토할 필요성이 제기되었다. 일제의 '사업'은 토지소유권을 '법인'하는 조치였지만 이 개념을 그 이전시기까지 소급시켜 사용하는데는 문제가 있었다.

'사업' 이전에는 배타적 소유권이 전토지에 걸쳐 확립되지 않았다. 특히

---

1) 조선총독부 임시토지조사국, 『조선토지조사사업보고서』, 1918, 123쪽. 이에 대한 자세한 내용은 제2부 제2장 참조.
2) 신용하, 『조선 토지조사사업 연구』, 지식산업사, 1982.
3) 조석곤, 『한국근대토지제도의 형성』, 해남, 2003.
4) 조석곤, 「토지조사사업 국유지분쟁의 유형화를 위한 시론」, 『대동문화연구』 50, 2005.
5) 여기에 주목하여 국유지의 도장권, 중답주, 경작권, 민유지의 도지권 등을 분석한 연구로는 신용하, 앞 책, 지식산업사, 1982와 배영순, 『한말일제초기의 토지조사와 지세개정』, 영남대학교 출판부, 2002 등의 연구가 있다.

역토·둔토·궁방전 등에는 중답주 등의 소유권이외의 물권이 존재했을 뿐 아니라 소유권의 실천 강도를 보여주는 지대수취방식도 다양했다. 민유지에 도 도지권 같은 물권적 경작권이 적지 않게 존재하였다. 이러한 권리를 가진 자들은 독립적 경영권을 행사하였으며, 국가는 이들에게 단순한 민간관행을 넘어 법률적으로 지세 담당자로서의 지위를 부여하기도 했다.[6]

　분쟁지 문제는 '사업' 이전시기의 다양한 토지권의 존재와 그것이 정리되어 가는 전 과정을 확인해야 그 성격을 보다 명확히 부여할 수 있을 것으로 판단된다. 따라서 본 장에서는 국가가 '근대적'인 토지정책을 본격적으로 추진하기 시작한 갑오개혁부터 일제초기까지, 갑오정권·광무정권, 그리고 일제 식민지 권력이 각각 구래의 토지권을 어떠한 방식으로 정리해갔으며, 이것이 '사업'에서 어떻게 정리되고 변모되어 갔는지, 국유지정책과 이에 따른 국·민유 분쟁의 전모를 시계열적으로 살펴보면서 그 역사적 성격을 구명하고자 한다. 특히 '사업'을 실무적 측면에서 주도적으로 이끌어간 和田一郎의 국유지 인식, 그리고 분쟁발생의 주류였던 제2종 유토＝절수사여지를 중심으로 앞에서 제기한 문제를 풀어보고자 한다.

　다음은 김해군과 창원군의 국유지 분쟁사례를 검토하려 한다. 분쟁제기자 의 실체를 김해군의 국유지도, 국유지통지서, 실지조사부 등 사업에서 생산한 자료를 주 검토 대상으로 삼아 분석할 예정이다.[7] 국·민유 분쟁의 실상과 결과, 동양척식주식회사의 정부출자지를 둘러싼 분쟁 등을 분석하여 국·민유 분쟁의 통계와 판정기준 등을 검토할 것이다. 그리고 이러한 사례 검토 결과를 토대로 '사업'에서 취한 소유권 판정기준과 처리방식을 검토하려고 한다.

---

6) 최원규, 「한말 일제초기 일제의 토지권 인식과 그 정리방향」 『한국 근현대의 민족문제와 신국가건설』, 지식산업사, 1997.

7) 신용하, 『조선토지조사사업연구』, 지식산업사, 1982.

제2장 무토·유토의 구분과 국·민유 분쟁 263

2. 무토·유토의 법적 규정과 和田一郎의 인식

1) 무토·유토의 법적 규정

토지조사사업에서 분쟁은 국·민유 사이에 벌어진 소유권 분쟁이 압도적이었다. 和田一郎은 "국유지 분규는 조선에서 특이한 현상으로 가장 주목할 만한 것 중의 하나이다. … 토지제도와 토지소유권에 관한 중심 문제일 뿐 아니라, 한편 한국정부 시대의 나쁜 정치 잘못된 정치를 반영하고, 다른 한편 국초 이래의 제도 관습을 상징한다."[8]라고 언급하며, 분쟁의 원인을 분석하고 있다. 그만큼 국유지 문제는 이해관계가 복잡하고 민감한 문제였다.

논자에 따라 견해 차이는 있지만, 본 장은 일제가 역토·둔토·궁방전 등 구래의 권리관계가 중층적으로 복잡하게 존재한 공토를 소유권 절대성의 원칙 아래 국유지로 정리하려고 했으며, 이 때문에 국·민유 분쟁이 발생하였다는 인식 아래 국유지 문제를 정리하려고 한다. 당시 정책담당자들은 둔전과 사궁장토에 존재하던 다양한 권리관계를 어떠한 기준으로 정리할 것인가를 둘러싸고 고민이 많았던 것으로 보인다.

구래에는 일반적으로 공토를 간단하게 유토와 무토로 구분 정리하였지만,[9] 양자를 구분하는 일이 쉽지 않았다. 무토와 달리 유토 내에는 여러 관습물권이 존재하고 있었다. 물권적 권리를 공정하게 평가하여 보상을 한 다음, 배타적 소유권으로 정리했으면 분쟁은 최소화되었을 것이다. 그러나 일제는 구래의 토지권을 일지일주의 배타적 소유권으로 정리한다는 원칙을 세우고 그 이외의

---

8) 和田一郎, 『朝鮮土地地稅制度調査報告書』, 1920(宗高書房 영인본, 1967), 571쪽.
9) 『순조실록』 권4, 순조 2년 12월 임자(1802년) : (호조판서 이서구) 속대전에 왕자 옹주의 전결은 新宮 800결 舊宮 200결로 정해졌다. 속대전 이후 신설 옹주방에는 모두 원결 200결을 지급했다. 이것이 무토면세이다. 나머지는 600결을 매득이나 절수는 물론하고 본 방에서 토지를 준비한 다음 내수사에 올려 면세를 허락받은 것이다. 이것이 유토면세이다.

권리는 모두 부정하였다. 이때 분쟁이 격발한 것이다.

국·민유 분쟁은 일제가 갑오승총 이후 특히 대한제국이 구래의 권리관계를 인정한 가운데 시행한 공토화 정책과 달리 배타적 소유권을 기준으로 국·민유를 확정하려고 한 데서 발생하였으며, 발생한 분쟁도 그 기준에 따라 마무리한 것이다. 일제는 사정으로 확정된 소유권에 '원시취득'과 '절대성'이라는 법적 자격을 부여하고, 이후에는 이에 대한 이의 제기를 일체 허용하지 않았다.

분쟁처리의 실상을 알기 위해서는 당시 분쟁지심사위원장을 지낸 和田一郎의 견해를 살펴볼 필요가 있을 것이다. 이를 검토하기 위해 국유지 확정의 기준으로 삼은 유토와 무토의 구분방식과 내용을 종합적으로 살펴보기로 하자.10) 유토와 무토를 구별하는 기준은 <표 1>에서 보듯 다양했다. 무토=민유라는 견해는 모두 동의했지만, 유토를 보는 견해는 다양했다. 갑오개혁 때 마련한 결호화법세칙에서는 유토를 제1종 유토와 제2종 유토로 나누고,

〈표 1〉 유토와 무토의 구분

균역청 사목	탁지지	萬機要覽	經世遺表	和田一郎		수조액	구분
영작궁둔 1부 2두 유토면세	조가절수 매득 유토면세 1결 조200 두	永作宮屯=買得地 1負 2斗 수취 (창원용동궁) 有土免税 輪定되지 않는 토지	永作宮田 =宮屯(開荒築堰) 有土免税 原帳의田	토지설정 유토면세 지 영작궁둔	한광지의 개간, 적몰전, 후손없는 노비토지, 영아문둔토 및 공전의 이속 민유지의 매수	병작 반수 조 200 두형	국유지 유토
민결면세	민결면세	無土免税	無土免税 原田의 税	무토면세 원결면세		米23두	민유지 무토

『量田使節目』,『萬機要覽』,『經世遺表』,『結戶貨法細則』. 和田一郎, 앞 책, 宗高書房, 1920 ; 도진순, 「19세기 궁장토에서의 중답주와 항조」『한국사론』13, 1986 ; 宮嶋博史, 앞 책, 東京大學 東洋文化研究所, 1991 ; 이영호, 앞 글, 『역사와 현실』77, 2010.

---

10) 이에 대한 연구로는 ① 안병태,『朝鮮近代經濟史硏究』, 日本評論社, 1975, ② 박준성, 「17.18세기 궁방전의 확대와 소유형태의 변화」『한국사론』11, 1984, ③ 이영훈,『조선후기 사회경제사』, 한길사, 1988, ④ 이영호, 「조선후기 간척지의 소유와 경영 - 경기도 안산 인천 석장둔 사례」『한국문화』48, 2009, ⑤ 이영호, 「한말 일제초기 근대적 소유권의 확정과 국유 민유의 분기 - 경기도 안산 석장둔 사례」『역사와 현실』77, 2010, ⑥ 이영호, 「근대전환기 궁장토 소유권의 경상도 창원용동궁전답 영작궁둔=조 200두형의 사례」『한국학연구』24, 2011 등이 있다.

제1종 유토는 매득지=국유지, 제2종 유토=민유지로 정리하고 있다. 제1종 유토에 대하여는 대부분 세칙과 견해를 같이한 것으로 보이지만, 제2종 유토와 무토를 포함한 사궁장토의 분류방식은 다양하였다.

『속대전』에서 사궁장토는 민결면세로 결당 미 23두를 납부하는 토지와 영작궁토의 매부 조 2두를 납부하는 토지로 구분했다.[11] 균역청사목에서는 민결면세와 유토면세·영작궁둔으로 구분하였다. 이들 가운데 후자의 두 토지는 아문과 궁방의 전토로 보고 토지의 비척도에 따라 세를 정하여 받는 것이 사전과 다르지 않다고 했다.[12] 영작궁둔은 속대전에서 매부 조 2두를 받는다고 하였다. 즉 사전과 다를 바 없는 토지와 조 2두를 받는 토지로 구분하고 있다. 그리고 탁지지에서는 '朝家折受'와 매득하여 면세받은 유토면세, 무토면세로 구분하였다.[13] 절수지와 매득지를 유토면세로 분류하였다. 다산은 유토면세, 무토면세, 영작궁전의 궁둔으로 구분하고 있다.[14] 이같이 개인이나 법전마다 분류기준에서 차이를 보이고 있다. 이를 종합 정리한 것으로 보이는 『萬機要覽』 財用編2, 免稅條(1808년)의 내용을 보기로 하자.

---

11) 『續大典』(1746년) : ◎ 민결면세에서 1결당 수세는 미 23두를 넘지 못한다. 영작궁토처는 **每負**에 조 2두를 수세하며 船馬價 잡비는 모두 이 가운데서 지급한다.

12) 『均役廳 事目』 結米條(1752년) : 여러 궁가와 각 아문의 민결면세에서 함부로 받는 것이 심하니 해당 읍 수령이 직접 징수하여 도장에게 내주도록 할 것. 米는 1결에 23두씩 받고, 전(錢)으로 받을 때는 3두에 1냥씩 계산하여 받을 것(23두는 7냥 6전 7분에 해당된다). 각 아문과 궁방의 유토면세와 영작궁둔은 비록 면세라고 하지만 해당 아문과 궁방의 전토이기 때문에 토지의 비옥함과 척박함에 따라 세를 정하여 받는 것이 사전과 다르지 않다. 이를 民結免稅와 비교하여 같다고 할 수 없다. 속대전에서 이미 영작궁둔은 매부에 조 2두씩 받고 선마가 잡비는 2두에 포함된다고 하였다.

13) 『度支志』 外篇, 宮結條(1788년) : "朝家折受와 해궁에서 매득하여 호조에 올려 면세 받은 것을 유토면세라 부른다. 비록 진폐되어도 다른 곳으로 옮겨 줄 수 없다. **每結 免租**는 200두이고 船馬잡비는 그 가운데서 지급한다. 호조에서 해 궁에 실결을 획급하여 년한에 준하여 輪回移定하는 것을 무토면세라 한다. 1결에 전으로는 7냥 6전 7분 미로는 23두씩 받아들인다."

14) 정약용, 『經世遺表』 8, 地官修制, 井田議 4(1817년) : 정약용은 原帳의 田 幾結을 사여한 유토면세, 原田의 稅 幾結을 사여한 無土免稅, 開墾築堰하여 永作宮田한 소위 宮屯세 종류로 구분하기도 했다.

① 궁방전은 면부세인데 유토 무토의 구별이 있다. 무릇 전결(면세결)을 절수하는 것에는 해궁에서 토지를 매득하여 호조에 보고하여 영작궁둔으로 하고 진폐되더라도 移換할 수 없는 것을 **유토면세**라 하고, 호조에서 실결을 획급하여 3년을 기준으로 도내 각 읍에 輪定하는 것을 **무토면세**라 한다. 3년 윤정하는 규칙은 정조 때 다시 10년을 정하으로 하였다. 유토는 해궁에서 도장을 파견하여 收稅한다. **매부에 조 2두**를 수세하고 선마가는 그 중에서 지급한다. 무토는 해당 읍에서 호조에 직납하고 호조에서 궁방에 지급한다. 1776년(정조 즉위)에 특교에 의하여 도장을 보내는 것을 혁파하고 **每結당 미로는 23두**, 전으로는 7량 6전 7분씩을 호조에서 해당 궁에 지급한다.

② 元結免稅 續典前 折受와 모든 절수는 일절 허가하지 말라. 宮家免稅 元結로 정하여 획급하고 四標를 분명히 정하여 다른 전이 혼입되는 것을 엄히 금하라.

③ 영아문둔전과 折受는 반드시 궁방예에 따라 호조에 내려서 覆啓하여 아뢰어 처리하라.

『만기요람』에서는 궁방전과 영·아문둔전을 유토와 무토로 분류하고, 이들을 다시 매득한 영작궁둔의 유토면세와 윤회이정하는 무토면세, 그리고 『속대전』 이전에 획급한 원결면세 절수전, 즉 궁가면세로 구분하였다. 여기서 유토는 매득한 토지와 절수전으로 나뉘며 다른 곳으로 바꿀 수 없는 토지이며, 도장을 파견하여 매부에 조 2두를 직접 수세하는 토지라고 정리하였다. 무토는 호조에서 획급한 실결의 면세로 민결면세지라고 부르는 민전으로 수세액이 결당 미 23두였으며, 윤회이정되는 토지라고 하였다. 해당 읍에서 수세하여 호조에 직납하고 호조에서 궁방에 지급하는 방식이었다. 종전에는 궁방에서 직접 수세하였는데, '관수관급'으로 수세 방식을 바꾼 토지였다. 이때 수세담당자인 도장은 혁파하거나 수세과정에 개입하지 않도록 했다.

그리고 유토에서 급가매득한 토지는 궁방의 전토로 사토와 다를 바 없이 취급되었다. 이 가운데 문제가 된 토지는 절수사여지였다. 이는 아문이나 궁방에서 전적으로 개간한 토지와 민이 노자를 투자하여 개간한 토지로 구분된다. 이 양자는 수세액에 관계없이 모두 유토라 불렀다. 국가는 법적 차원에서 이들을 궁방이나 아문의 토지라고 이해한 반면, 농민은 특히 후자의 토지를 자기 토지라고 이해하고 정해진 수납액을 결세로 인식한 것으로 보인다.15) 양자의 주장은 늘 엇갈렸다.

이와 관련하여 주목되는 법이 갑오개혁 당시에 제정된 것으로 보이는 『결호화법세칙』(1895년)이다. 그 견해를 검토해 보자.16) 여기서는 유토와 무토를 토지의 고정 여부로 구분하였다. 유토를 다시 제1종 유토와 제2종 유토로 구분하였다. 제1종 유토는 급가매득지로 소작인으로부터 수확의 반을 징수한 토지이고, 제2종 유토는 민유지로 본 것이다. 앞의 예에서 매득지를 유토면세로 조 200두라고 본 반면, 여기서는 매득과 병작반수라는 두 조건을 갖춘 토지를 제1종 유토로 규정하였다. 조 200두 등 실질 수조액에 대해서는 언급하지 않았다.

제1종 유토는 궁방과 아문이 매득하거나 주체적으로 개간하여 성립한 것으로 양자는 지주↔작인의 형태로, 제2종 유토는 절수와 사여, 그리고 작인의 개간에 의해 성립한 것으로 궁방·아문-지주-작인의 형태로 보는 견해가 있다.17) 이때 지주의 몫이 얼마일까. 법전에는 결당 조 200두의 토지만 존재하는데, 일반적으로 조 100두형과 조 200두형의 두 형태가 존재한 것으로 파악하고 있다. 결호화법세칙의 분류를 글자그대로 해석하면 두 유형 모두 제2종 유토에 속한다고 볼 수 있을 것이다. 그런데 보통 결당 조 200두는

---

15) 이영훈, 『조선후기 사회경제사』, 한길사, 1988, 506쪽. 일반적으로 제2종 유토는 결당 조 100두의 토지로 용동궁에서는 영작궁둔으로 부르지만 농민의 사실상의 토지소유권을 부정할 수 없다. 사실 장민들은 장토가 그들의 소유라고 굳게 믿고 있었다.
16) 본서 제1부 제1장 2, 1) 갑오정권의 공토정책과 작입납세제 참조.
17) 이영훈, 『조선후기 사회경제사』, 한길사, 1988, 503쪽.

국유지, 조 100두는 민유지로 해석하는 경향을 보였다.[18]

결당 수확량을 조 800두로 보면, 조 100두~200두는 민전으로 보아도 이상할 것이 없어 보인다. 이러한 유형의 토지에는 중답주나 그와 비슷한 수준의 도지권이 중층적으로 존재하여 민이 자기 소유로 주장하기도 하였다. 하지만 법률적으로 유토에서는 수조액이 아무리 낮은 수준이라 하더라도 지대(賭)였으며, 궁방의 법률적(국가적) 토지소유의 경제적 실현으로 보기도 하였다.[19] 궁방과 민이 서로 견해가 달라 분쟁의 씨앗을 배태하고 있었다. 특히 조 100두의 경우는 조 100두=민결면세=미 23두와 같은 유형으로 이해하는 견해도 있었다. 현실적으로 입장에 따라 심한 견해차를 보였다. 결호화법세칙에서는 제2종 유토=민유지로 정리했지만, 和田의 견해는 이와 달랐다.

2) 和田一郎의 국유지 인식과 분쟁사례

和田一郎은 그의 저서 『朝鮮土地地稅制度調査報告書』에서 유토와 무토를 다음과 같이 서술하고 있다.

> 司宮의 장토는 … 이를 대별하면 토지의 설정과 徵租權의 설정 등 둘로 나눌 수 있다. ① 한광지의 개간, ② 죄인으로부터 몰수한 토지, ③ 후손이 없는 노비의 토지, ④ 각 영아문의 둔토 및 기타 공전의 이속, ⑤ 민유지의 매수 등이다. 이를 유토면세지 또는 영작궁둔이라고 부른다.
> 징조권의 설정에는 두 가지가 있다. ① 일정한 구획을 정해 그 구역 내의 민유지의 租를 거두는 것, 예를 들면 속대전 호전 궁방전의 부에 "궁가의 면세전은

---

18) 宮嶋博史, 『朝鮮土地調査事業史の研究』, 東京大學 東洋文化研究所, 1991 ; 이영호, 앞 글, 『역사와 현실』 77, 2010.

19) 이영훈, 『조선후기 사회경제사』, 한길사, 1988, 139쪽.

제2장 무토·유토의 구분과 국·민유 분쟁 269

원결로 정급하고 사표를 명확히 정하여 다른 전의 혼입을 엄금한다"라는 것과, ②
수조지를 輪廻移定한 것 … 이를 無土免稅 또는 원결면세라 한다. 유토면세지
는 토지자체를 사궁에 지급한 것이고, 무토면세지는 단지 민유지의 징조권을
지급하는데 그친 것이다. …

　유토면세지와 무토면세지 賜與의 형식에 2종이 있다. 賜牌와 折受이다.
… 당초에는 王牌立案의 기재에 전토 전결 등의 구별이 있었는데, 그후
賜牌折受가 남발됨에 따라 그 형식도 차제에 난잡하게 되고 王牌立案같은
것은 문맥이 애매하여 사여의 목적물이 田土인지 田結인지, 혹은 사여가
영세적인지 아닌지 등의 구별이 명확하지 않았다. **유토면세지와 무토면세지의**
구분이 명확하지 않은 것은 주로 이것에서 歸한 것이고 오래도록 토지의 국유민
유 분쟁을 야기한 하나의 원인이라고 할 것이다.

　나아가 1894년 제도혁신의 때 사궁장토에 주어진 면세의 특전을 폐지하고
사궁장토도 일반 민유지와 동률의 결세를 징수하기에 이르고, 소위 무토면세
는 자연 소멸되었다. 종래 유토무토의 구별이 명확하지 않았기 때문에 유토로
서 민유로 돌아간 것이 있고 무토로서 의연 사궁장토의 관리에 남은 것이
있다. 사태 더욱 분규가 일어났다. 따라서 이들 유토 무토의 구별은 여하한
방법에 의하여 이를 판별할 것인가는 극히 곤란한 문제라도 그 세액의
多寡, 취급 상황 등은 그 구별에 관한 중요한 사항이다.

　속대전에 永作宮屯地는 1결의 수세를 조 200두, 무토면세지는 미 23두라
정하였다. 탁지지에 유토면세지는 해당 궁이 전토를 매득하고 호조에 신청하
여 세를 면제한다. 순조실록에 호조판서 이서구가 "유토면세지는 단 전세
4두만을 면하여도 무토는 모든 전세 대동을 면한다."라고 계한 것 같이
그 구별 부과의 상황을 알기에 족하다.[20]

---

20) 和田一郎, 앞 책, 宗高書房, 1920, 125~129쪽. 그리고 宮嶋博史, 앞 책, 東京大學 東洋文化硏
　　究所, 1991, 473~482쪽 ; 조석곤, 앞 책, 해남, 2003, 135~138쪽에 이에 관한 각자의
　　해석이 실려 있다.

和田의 주장을 다시 정리하면 다음과 같다. 첫째 매득지 ⑤를 포함한 ①, ②, ③, ④는 유토면세지 또는 영작궁둔의 국유지이며, 무토면세지는 민유지로 사궁에 징조권을 지급한 것이라고 했다. 和田은 무토면세지는 구역을 정하여 조를 거두는 것과 윤회이정하여 수조하는 두 경우로 구분하여 설명하였다. 결호화법세칙에서는 토지의 고정여부에 따라 유·무토로 구분하고 소유의 측면에서 무토와 제2종 유토를 민유지로 보고 있지만, 和田의 기준은 토지의 고정여부가 아니라 소유권의 소재로 유·무토를 구분하였다. 즉 토지 설정과 징조권으로 구분하여 전자를 유토, 후자를 무토로 보고 있다는 점에서 결호화 법세칙과 차이를 보였다.

그리고 절수와 사패를 지급할 때 그 목적물은 田土와 田結 두 종류인데, 후대에 이르러 구분이 점점 명확하지 않게 되었다는 것이다. 이리하여 갑오승 총에서 면세의 특전을 폐지했을 때도 유토와 무토의 구별이 명확하지 않고, 양자가 뒤섞여 처리되어 국유·민유 분쟁이 일어났다고 했다. 그렇지만 和田은 세액의 다과와 취급상황 등을 구별하면 국유와 민유를 가려낼 수 있다고 보았다. 이 점은 和田이 둔전에서의 소유권 분쟁의 원인을 분석한 다음의 글에 자세히 정리되어 있다.

① 각 영아문 둔전 중 단지 민결을 훈련도감 또는 양향청에서 수조하도록 했다. 토지소유권은 의연 민유에 속함에도 불구하고 이들 토지와 기타 국유 둔전을 구별하지 않고 모두 수세라 칭하여, 단지 수세의 사실만으로 양자의 귀속을 판정할 수 없다. 또 개국 503년 이래 내장원 기타 관청 궁방에서 수세한 것은 모두 이를 賭租라 칭함에도 불구하고 근시 도조를 국유지의 소작료와 동일한 의의로 誤用하는 자가 있었다. 또

② 둔전 명칭도 그 토지가 국유 또는 민유 여하에 관계없이 일반으로 何屯田 이라 칭한다. 여러 문서에 기재되어 있는 것도 거의 동일하다.

③ 조선인 사이에 주고 받는 토지소유권의 매매증서는 소작권의 매매증서와

거의 다를 바 없는 것이 많다. 증서의 文面 가운데 이를 구별하기 어려운
것이 적지 않다.

④ 국유지 조사에서 정밀한 국·민유의 구분 조사를 하지 않고 만연 잘못
조사된 것이 있다.

⑤ 기타 선의 또는 악의로 침략 量入하거나 모칭하는 것이 매년 끊이지
않았다. 마침내 현재 많은 분쟁을 보기에 이르렀다.

이들 토지에 대하여 소유권 귀속을 결정하는 것은 극히 곤란한 사항에
속하지만, 자세히 사실을 조사하면 수조액에서 양자가 현저한 차이가 있다.
그 지방과 그 시대에서 징수한 일정한 세율에 대비하여 민유지에 대한
결세인지, 소작료를 인정해야할 액인지, 기타 각 당사자로부터 제출한 문서,
관청보관의 공부, 기타 토지내력에 관한 知事人 증인 등의 진술, 최근 십
수 년 이래의 점유사용의 상황, 실지의 상황 등의 사실에 수집하면 그 해결이
용이하지 않은 것은 아니다.[21]

라고 하듯, 수조의 내용, 둔전의 명칭, 매매증서, 국유지 조사의 미비, 量入이나
모칭 등의 원인으로 국·민유를 구분하기 어려워 분쟁이 발생하였다는 것이다.
그렇지만 和田은 수조액의 차이, 장부, 진술, 실지상황 등을 고려하여 판단하면
이를 해결할 수 있다고 보았다. 그는 기본적으로 유토=국유지, 무토=민유지
라는 인식아래 국·민유 분쟁을 처리하였다.

그런데 유토 가운데 특히 절수사여지는 내부에 중층적 권리관계가 존재하여
국·민유 분쟁이 발생할 여지가 많았다. '사업'은 소유권 이외의 모든 관습물권을
부정하고 소유권에 일지일주의 배타적 소유권을 부여하는 방식으로 추진되었
다. 이때 권리를 박탈당한 관습물권의 소지자가 분쟁을 제기한 것으로 보인다.
앞의 ②, ③, ④의 토지도 종전의 권리관계가 중층적이었을 경우에는 그 관계가
이후에도 계속 이어져 서로 이해관계가 충돌하여 분쟁이 발생할 개연성이

---

21) 和田一郎, 앞 책, 宗高書房, 1920, 608~609쪽.

충분히 존재한다. 분쟁은 무엇보다 한광지를 개간한 ①의 토지에서 가장 심각하게 나타났다.[22]

절수사여지에는 사궁과 민 등의 중층적 권리관계가 존재했는데, '사업'은 어느 한쪽에 모든 권리를 몰아주는 방식이었다. 절수사여지는 민결면세의 무토와 유토로 분화되어 갔으며, 다시 후자는 사실상의 민전인 무주지 명목의 절수지와 절수한 무주지를 개간한 '起耕者爲主'의 토지가 고정된 경우로 구분하였다.[23] 여기에는 중층적 토지소유가 존재하였으며 이것이 국·민유 분쟁이 탄생한 본질이다. 이 토지의 소유권자를 확정한 기준이 무엇인지를 밝히는 일이 '사업'의 성격을 부여하는 주요한 관건이 될 것이다.

둔전과 궁방전은 대체로 민결면세지인 무토, 급가매득지와 절수사여지로 구성된 유토로 분류할 수 있을 것이다. 이것을 1908년 토지조사회 위원 유흥세가 구분한 유형에 따라 그 성격을 검토해 보기로 하자.[24]

갑. 병작이니 토지수확을 연례 반분하여 일반은 작인에게 주고 일반은 궁사의 수입으로 하되 그 수입 가운데 種租와 결세를 담당함.

을. 집속이니 토지수확을 연례 간평 작량하야 일반은 작인에게 주고 나머지 일반 내에서 種租 결세를 공제하여 또 작인에게 주고 零額을 수입으로 정함.

병. 도지니 토지의 품질을 따라 수입액을 일정함.

정. 永稅指定이니 토지수확에 대하여 4분의 1을 수입으로 永定함이니, 가령 그 4분의 2는 작인에게 주고 1분은 중답주의 명칭을 가진 자가 종래로 居中取食함(중답주는 당초 궁토의 소작권을 私相賣收한 자이라).

---

22) ④의 토지도 해당될 수 있지만 다른 여러 유형도 혼재되어 그대로 포함시킬 수는 없었다.

23) 박준성, 앞 글, 『한국사론』 11, 1984, 255쪽.

24) 임시재산정리국, 「제6류 잡부 舊各宮司等 소속토지와 도세조사」『임시제실재산정리국 집무제요』, 1908, 41~43쪽.

일반적으로 민결면세지는 무토의 민전으로 사궁에 미 23두의 징조권을 부여한 토지였으며, 급가매득지는 사궁이 민전을 매득한 토지로 사궁의 배타적 소유권이 작동되는 토지였다.[25] 여기에는 사궁(지주)↔작인의 관계가 민전지주제와 바를 바 없어 병작반수제가 시행되었다. 유흥세가 분류한 국유지의 도세 유형 가운데 갑과 을이 여기에 해당되었다.

병과 정은 분쟁지의 대다수를 점한 절수사여지라고 판단된다. 이는 양안상의 무주진전, 양안외 무주가경처 등을 사궁이 절수 또는 사여 받고, 민이 노동과 자본을 투자 개간하여 성립한 토지였다. 이 토지의 수조액은 국가권력을 매개로 한 사궁의 명목적 소유권(수조권)과 민인이 노자를 투자한 대가로 주어진 사실상의 소유권(경작권)이 서로 타협하여 정했다. 수조액은 민전지주제의 병작반수보다 저렴한 수준에서 결정되었으며, 일반적으로 조 200두형과 조 100두형으로 분류하였다.[26] 병이나 정과 같은 도지권이 시행된 토지가 여기에 해당된다고 할 수 있을 것이다.

조 200두형은 '永作宮屯'이라고 부르기도 했다.[27] 조 200두 가운데 100두는 公稅·王稅의 명목이고 100두는 土稅의 명목이라고 인식하기도 했다.[28] 이곳의 수납액은 생산량의 1/3∼1/4로 민전의 병작반수에 비해 부담이 매우 가벼웠다. 1/4 도세는 흔히 永稅指定이라고 하며, 여기에는 중답주와 같은 중층적 토지권이 존재하여 사궁(1/4)−중답주(1/4)−작인(2/4)이라는 생산구조가 성립했다. 이 권리는 사궁이 인정한 관습물권이며, 매매·상속·전당 등으로 자유롭게

---

25) 궁장토의 유형에 대하여는 ① 안병태, 앞 책, 日本評論社, 1975, 64∼70쪽, ② 이영훈, 「궁방전과 아문둔전의 전개과정과 소유구조」, 앞 책, 한길사, 1988, ③ 박준성, 앞 글,『한국사론』11, 1984, ④ 宮嶋博史, 앞 책, 東京大學 東洋文化硏究所, 1991, ⑤ 이영호, 앞 글,『역사와 현실』77, 2010 등이 참고된다.

26) 이영호는 앞 글(2009과 2010)에서 석장둔을 100두형과 200두형으로 분류하고, 그 성립과 성격을 분석하고 있어 참고된다. 후자의 글에서 급가매득지, 조 200두형, 조 100두형, 민결면세로 분류하고 있다.

27)『續大典』戶典 諸田.

28)『忠勳府謄錄』29책, "凡田畓有王稅土稅 王稅納於公家 土稅納於畓主也."

이전되었다.29) 하지만 和田은 이 토지를 국유, 즉 궁(지주)↔경작자(작인)의 구조로 인식하고 사업을 수행했다.

사궁과 중답주(또는 물권적 경작권자)는 서로의 권리를 인정하면서 장토를 운영해갔지만, 늘 대립 갈등하는 관계였다. 이러한 유형의 토지에서 수진궁은 장민을 '반타작 상납자'로 인식한 반면, 장민은 이 토지를 '민결면세지'로 언급하면서 갈등하는 등 서로 정반대로 인식하는 모습을 보이기도 했다.30) 용동궁의 둔민들은 "結은 宮結이지만 땅은 민의 사토"라고 인식했다.31) 흔히 조 100두형과 조 200두형을 분류할 때 전자는 민유지, 후자는 국유지로 인식하기도 했지만, 양자 어느 경우든 사토와 궁토라는 서로 다른 권리인식이 존재하였으며, 이들은 지속적으로 갈등관계를 표출시키고 있었다. 그런데 토지조사위원인 유병세는 중답주는 소작권을 사사로이 매매한 것이라고 언급하며, 그의 물권적 성격을 부정하는 인식을 드러내기도 하였다. 구래의 관습을 인정하지 않는 듯한 토지조사회의 분위기를 짐작할 수 있을 것이다.

반면, 和田은 절수사여지를 유토=국유지로 취급하면서도, 이 가운데 전결에 징조권만 부여한 무토=민전도 혼재한다고 보았다. 이것이 분쟁발생의 한 원인이라고 했다. 사실 1905년 이전에는 유토와 무토를 배타적 소유권을 기준으로 구분하지 않았다. 절수사여지의 수조액은 장토가 성립할 때의 기여도에 따라 궁과 민이 타협하여 그 수준을 결정하였으며, 그 수준에 따라 다양한 물권적 권리가 발생했다. 수조액은 결세와 도세를 포함한 총액 개념이며, 사궁과 민의 지분을 엄밀히 구분하는 것이 쉽지 않았다. 和田은 유토를 영작궁둔의 국유지로 처리했지만, 결호화법세칙에서는 유토 가운데 급가매득지=제1종 유토를 제외한 유토를 제2종 유토=민유지로 분류했다. 절수사여지를 민전으로 본 것이다. 양자는 일지일주의 배타적 소유권의 원칙 아래 소유권

---

29) 도진순, 앞 글, 『한국사론』 13, 1986.

30) 『壽進宮謄錄』 地 건륭 26년(1762) 11월.

31) 『前整理所指令諸案』.

의 귀속을 결정하였지만, 서로 인식의 차이를 보였다.

일반적으로 조 200두형 토지는 창원군의 용동궁둔의 예에 따라 영작궁둔으로 보고 국유로 처리했다.[32] 결당 조 100두의 토지는 경우에 따라 판단이 달랐다. 안산군 석장둔의 조 100두형은 민유로 처리하였지만, 김해군의 경우는 결당 조 100두인데도 국유지로 처리했다. 전자는 조를 결세로 보았고, 후자는 지대로 보았기 때문일 것이다.[33] 같은 공토라도 수조액의 수준이나 조의 성격 판단에 따라 소유권의 귀속을 달리 처리한 것으로 보인다.[34]

和田은 토지제도가 불비하고 관리가 불완전하여 그 처리가 달랐으며, 이 때문에 국·민유 분쟁이 발생했다고 했다.[35] 그리고 예전에는 "토지소유권의 관념이 낮고 인민은 단지 그 부담해야 할 둔세의 납부만 생각하고, 토지의 권리를 주장하는 자"가 없었는데, "근래 시운이 변천함에 따라 점차 토지분쟁이 생겼으며, 인민의 勞資로 개간한 것과 전결의 절수에 그치는 것은 민유로서 의심할 바가 없다"라고 토지소유권을 둘러싼 인식 변화를 지적하고 있다.[36] 이 같은 和田의 인식은 일본민법의 배타적 소유권 관점에서 조선의 토지권을 판단하는 데서 온 오해라고 생각된다. 민과 국가의 관계는 수조액의 수준으로 결정한 수조권적 관계였으며, 그 안에 존재한 민의 권리는 관습적으로 매매·상속이 가능한 물권인 경우도 상당수 존재하였다. 이것은 사궁도 인정한 관행이었다. '사업'에서의 분쟁은 수조권(명목적 소유권)과 물권적 경작권(사실상의 소유권)이 서로 배타적 소유권을 확보하기 위해 갈등 대립한 것이라고 이해해야 할 것이다.

'사업'에서 관이 국유라고 통지할 때 사용한 기본 도부는 '실지조사'의

---

32) 이영호, 앞 글,『한국학연구』24, 2011.
33) 이영호, 앞 글,『역사와 현실』77, 2010. 석장둔은 일토양세가 아니라고 하지만, 후술한 바와 같이 조 100두형에는 2종류가 있다. 결세 포함형과 결세 별도형이 있다.
34) 수조액은 매우 다양하여 더 많은 사례분석이 요구된다.
35) 和田一郎, 앞 책, 宗高書房, 1920, 608쪽.
36) 和田一郎, 앞 책, 宗高書房, 1920, 298쪽.

결과물인 국유지도 또는 국유지(역둔토)대장이었다.[37] 임시토지조사국에서는 여기에 등록된 토지 가운데 이의를 제기하지 않은 토지는 국가의 소유로 확정된 국유지라고 정리하고 토지조사를 시행하였다. 하지만 이 도부는 역둔토대장의 공토를 국유지로 조사 정리한 것으로 여러 문제를 안고 있었다. 이를 작성할 때 결호화법세칙의 분류에 따라 제1종 유토인 급가매득지만 국유지로 등록했다면 논란은 없었을 것이다. 그런데 제2종 유토에 속한 토지도 국유지대장에 조사 등록하였다. 여기서 분쟁이 발생한 것이다. 이 도부에 등록된 것은 국유로 확정되었다는 의미이지만, 이들 이외에 이에 반발한 토지와 미확정된 분쟁지가 존재하였다. '사업'에서 시행해야 할 과제 중의 하나가 분쟁지 문제를 해결하는 일이었다. 이미 국유로 확정 등록된 전자의 토지도 사정과 재결 과정에서 이의제기 대상은 될 수 있었다. 그러나 행정관청이 인정하지 않는 한, 그리고 특별한 경우를 제외하고는 임시토지조사국이 '실지조사'에서 이미 확정한 판정을 번복하지는 않았던 것으로 보인다. 그것은 '실지조사'를 전면 부정하는 일이기 때문이다.[38]

　국유지대장에 국유로 확정 등록된 토지에 대해 이해관계자가 다시 이의를 제기했을 때 임시토지조사국에서 이를 쉽게 받아들이지 않았다. <표 2>의 분쟁사례에서, 국유지대장에 분쟁지로 등록된 9, 10의 토지는 심사를 거쳐 민유로 환급되었지만, 분쟁지가 아닌 국유로 확정 등록된 토지를 민유로 환급한 경우는 보이지 않았다. 그것은 '실지조사'에서 당사자들의 입회아래 소유권 확인과정을 거쳐서 확정하여 국유로 등록했다는 이유에서였다.[39]

　절수사여지에서 민의 권리는 소유권에 준할 정도의 물권이기 때문에 원칙적

---

37) 『조선총독부관보』 제157호, 1913. 2. 10. 역둔토통지 방법에 관한 건.
38) 국유지 실지조사는 ① 신용하, 앞 책, 지식산업사, 1982, ② 宮嶋博史, 앞 책, 東京大學 東洋文化研究所, 1991, ③ 박진태, 「일제 통감부시기의 역둔토 실지조사」 『대동문화연구』 32, 1997 등이 참고된다.
39) 최원규, 「창원군 토지조사사업에서 소유권 분쟁의 유형과 성격」 『한국학연구』 24, 2011, 99~118쪽.

〈표 2〉 분쟁지 납부사례

순번	장소		역둔토대장 (등록유무)	국유지대장 (등록유무)	사정	불복	재결
1	황해도 신천군				민유	황해도장관	민
2	전남		57건(아래)		민유	전남도장관	국
2-1			48건(토지소유자명의인 정정허락서첨부)		민유	전남도장관	국
2-2			등록(3건)		민유	전남도장관	국
2-3			등록(황무지 1건)		민유	전남도장관	국
2-4			등록(영친왕궁 2건)	매득이나 부당취득	國武 僣名	전남도장관	국
3	황해도	평산 금천	등록(분쟁지)무토	정무총감 통첩	민유		
4		재령	등록(국유황진지)		민유	모경불복	국
5		신천 안악 재령	투탁지 1908년 환급, 1910년 국유		국유	염종수	국
6		황주 청수면		등록	조선 흥업	황해도장관	국
7		황주 청룡면	1917년 등록후 삭제	통지서 편의작성	국	이희섭	국
8	평북	용천	등록	명의정정허락서	민유	평북도장관	국
9	전북	정읍 기로소둔	등록(분쟁지)無土	광무사검 내장원	국유	농민	민
10	경기	파주 낙하도둔	등록(분쟁지)	(개간지)	국유	농민	민
11		파주 임진둔	등록(분쟁지)		민유		

출전 : 조석곤,『한국근대 토지제도의 형성』, 해남, 2003, 131~148쪽 ; 同,「토지조사사업 국유지 분쟁의 유형화를 위한 시론」『대동문화연구』50, 2005, 432~445쪽.

으로 도장권처럼 그 대가를 지불하거나 민유로 환급했어야 했을 것이다. 하지만 미 23두형은 민유로, 조 200두형은 국유로, 조 100두형은 케이스별로 판정하여 국·민유를 확정한 것으로 보인다. 수조액의 다과도 중요하지만, 결세 이외에 賭의 납부여부를 더 중시하여 국·민유를 판정한 경우도 적지 않았던 것으로 보인다. 여기서 국유지 확정의 역사적 성격을 부여하기 위해 국유지 통지의 기본장부로 활용한 국유지대장(또는 국유지도)의 성립과정을 더 분명히 이해할 필요가 있다.

한말·일제초기 토지제도의 일반적 연구경향은 국·민유 분쟁의 근원을 광무사검의 공토강화책에서 찾고 있다. 광무정권은 국가에서 결도(조)를 수취하는 토지를 유토로 보고 公土로 포괄 정리하여 장부에 등록하였는데, 일제는

이 장부를 역둔토대장과 국유지대장 작성의 기본장부로 삼았다. 광무사검→
'실지조사'를 연속과정으로 본 반면, 일제의 '사업'은 갑오승총을 계승하는
방향에서 토지조사를 수행하였으며, 이때 분쟁이 대거 발생하자 많은 분쟁지
를 민유로 환급하는 방향에서 분쟁을 해결하였다고 평가했다.[40)]

그러나 광무사검과 일제의 토지조사는 조사원칙이 달랐다. 이 양자를 동일
한 기준을 적용하여 평가해서는 곤란한 점이 산견된다. 광무사검의 公土에는
수조권과 함께 중답주권, 도지권 등의 물권이 공존하는 중층성을 띠고 있었다.
광무사검은 이러한 관습을 전제로 추진한 반면, 일제가 만든 국유지대장은
공토를 일지일주의 배타적 소유권이 부여된 국유지라 전제하고 작성하였으
며, '사업'은 이를 계승하였다는 근본적 차이를 보였다. 물론 분쟁의 일차적
요인은 무토와 유토를 구별하는 기준이 명확하지 않았는데, 이를 '국가적
입장'에서 기준을 설정한 점에 있다고 보아야 할 것이다.

3. 국·민유 분쟁과 매매의 의미

일제는 1905년 이래의 모든 토지조사에서 조선의 토지소유권에 일본민법의
배타적 소유권을 적용했다. 일본민법은 소유권에 사용권, 수익권, 처분권을
보장한 배타적 소유권으로 정리하고, 이외의 권리는 임차권으로 규정했다.[41)]
토지조사를 하면서 공토 내에 존재한 중답주 등의 물권적 경작권은 물론
구래의 관습물권인 도지권도 제거대상으로 취급한 것이다.[42)] 조선민사령
제12조에 "물권의 종류와 효력은 일본민법에 준거하되 조선의 특수한 관습이

---

40) 宮嶋博史, 앞 책, 東京大學 東洋文化硏究所, 1991, 470~471쪽.

41) 鄭鍾休, 『韓國民法典の比較法的 硏究』, 創文社, 1989.

42) 조선총독부에서는 법전조사국과 취조국이 조사 수집한 『관습조사보고서』(1913), 『소
작농민에 관한 조사』(1912)가 참고된다.

제2장 무토·유토의 구분과 국·민유 분쟁 279

있는 것은 여기에 따른다."고 규정하면서,[43] 도지권을 물권으로 인정하는 모습을 보인 적도 있었다.[44] 당시 도지권은 관행적으로 소유권과 분리되어 별도로 존재하는 권리로 인정된 배타적 재산권이었다. 지주가 인정한 존재였으며, 제3자 대항권도 있었다.[45] 이 제도가 19세기 조선의 농촌관행으로 자리 잡고 있었지만,[46] 일제는 '사업'을 추진하면서 이를 부정하기 시작했다.[47] 소유권에 절대성을 부여한 일본의 법체계 아래 당연한 귀결이었다. 결국 도지권은 1930년 무렵 겨우 흔적만 남아있는 정도에 불과하였다.[48]

민유지에서 권리분쟁이 생겼을 때 법원에서는 일본민법에 따라 소유권 이외의 다른 물권은 인정하지 않았다. 물론 평소에는 민간관행으로 물권적 경작권이 존재해도 방관적 자세로 개입하지 않았다. 조선총독부는 오로지 재정과 관련된 지세수입에만 관심이 있었기 때문이다. 그러나 국유지는 상황이 달랐다. 지세가 아닌 지대를 받을 경우 재정수입의 증대로 연결되기 때문이다. 일제의 토지조사는 소유권자를 조사 확정하고 다른 물권은 해체시키는 방식이었다. 이 작업은 1907년 국유지 조사 때부터 본격 추진되었지만, 그 실마리를 제공한 것은 갑오승총이었다. 갑오승총으로 유토·무토가 구별되고, 각 토지의 법적 위치가 결정되면 그에 따라 경제적 부담도 달라졌다. 무토가 되면 결세만 납부하면 되고, 유토가 되면 結賭를 납부해야 했기 때문이다.

'순수한' 무토와 급가매득한 유토는 민 또는 국가가 소유권자의 지위에

---

43) 조선총독부, 『조선총독부관보』 호외, 1912. 3. 18.

44) 조선총독부, 『조선의 소작관행(하)』, 1932, 367쪽 ; 조선총독부, 『조선법령집람』(하1) 제15집 제1관, 1940, 13~14쪽. 영소작 ; 조선총독부, 『조선의 소작관행(상)』, 703~704 쪽.

45) 조선총독부, 『조선의 소작관행(상)』, 1932, 733~734쪽.

46) 조선총독부, 앞 책(하), 참고편, 종래 조선의 소작관행 자료 참고. 조선총독부, 앞 책(하), 참고편, 1932, 403~404쪽 ; 조선총독부, 앞 책(상), 1932, 800~806쪽.

47) 조선총독부, 앞 책(하), 참고편, 1932, 435쪽.

48) 조선총독부, 앞 책(상), 1932, 764쪽 ; 최원규, 「한말 일제초기 일제의 토지권 인식과 그 정리방향」『한국 근현대의 민족문제와 신국가건설』, 지식산업사, 1997, 337쪽.

있었고 이들을 제약할 다른 권리자가 존재하지 않기 때문에 공토가 사토로, 사토가 공토로 새삼 전환되는 일은 있을 수 없었다. 하지만 절수사여지는 국가의 정책적 입장에 따라 무토와 유토를 넘나드는 전환적 조치를 강요당하였으며, 그때마다 국가의 재정수입은 달라졌다. 사토는 결세만 납부하면 되지만, 공토가 되면 結+賭를 부담해야 했기 때문이다. 이에 정부의 담당기관은 공토를 확보하기 위해 공토에서 사토로 된 것을 조사하여 다시 공토로 돌려놓기 위한 각종 규정을 공포했다.

A. 농상공부 역토사판규례 : 田畓의 公用을 憑하고 成給完文하야 永賣及權賣와 擅賣하야 冒入川反과 劣薄民田으로 品土幻弄을 査錄詳錄함

B. 지계감리응행사목 : 各公土中에 年久未賣ᄒᆞ야 仍作私土者난 這這査覈ᄒᆞ야 從實懸錄홀 事

C. 驛屯土等徵稅方 內訓의 件 : 문) 屯土를 洞舍音이 私賣하야 그 전답은 輾轉하여 三省四省에 移하며 … 답) 매매를 不認하고 現에 소작하는 자에게 納租케함이 可하며 …49)

D. 舊各宮司等 소속 토지와 賭稅조사 : 永稅지정은 그 4분 1분은 중답주의 명칭을 有한 자가 종래로 居中取食함(중답자는 당초 小作權을 私相買收한 자이라)50)

E. 탁지부소관 국유지실지조사절차 : 私賣地는 私賣國有地事務處理順序에 따라 재무감독국에 보고하도록 하라.

위의 규정에서 A의 永賣, 權賣, 擅賣, B의 公土, 私土, C의 私賣 등이 구체적으로

---

49) 임시재산정리국, 「제4류 수입」『임시재산정리국 집무제요』, 1908, 17쪽.

50) 임시재산정리국, 「제6류 잡부」『임시재산정리국 집무제요』, 1908, 41~42쪽. 탁지부 사세국 내에 토지조사위원회를 두고 토지제와 연혁 등을 조사하기 위한 단체였다. 그 일환으로 조사한 내용으로 보인다. 임시재산정리국, 「제2류 토지」『임시재산정리국 집무제요』, 1908, 87쪽.

토지의 어떤 권리가 매매 등으로 변동된 것인지를 이것만으로는 알기 어렵다. 공토가 사토로 된 것을 조사하여 다시 공토로 환원시키라고 명한 것은 종전 환급한 것을 다시 회복시키는 경우도 있지만, 이미 다른 곳으로 매매된 토지도 환급대상으로 삼았다. 이같이 사토를 공토로 권리를 변동할 경우 아무런 대가도 지불하지 않고 다시 공토로 환원시키도록 한 당시의 법질서, 거래질서를 어떻게 이해해야할까. 국가가 '無所不爲'의 권력을 행사하여 배타적 소유권에 대한 권리변동을 할 수 있었던 것이 당시의 법 질서였는지 의문이 든다. 국가권력의 성격이나 토지권의 내용 등에 대한 검토가 필요하다.

B는 제2종 유토적 성격의 토지가 무토로 되었다가 다시 제2종 유토의 공토로 환원된 것으로 보인다. 국가와 민이 결세를 매개로 한 관계에서 다시 갑오승총 이전의 수조액(결세와 도조)을 매개로 한 관계로 전환된 것으로 보인다. 동일한 토지가 公土→ 私土→ 公土로 지위가 변화하는 모습은 절수사여지가 유토와 무토를 넘나들면서 지위가 달라지는 모습과 별로 다를 바 없는 유사한 것이라고 할 수 있을 것이다.

당시 분쟁사례에서 보듯, 갑오승총 이후 민전으로 환급되었다가 다시 공토로 회수하는 절차가 국가정책만으로 어렵지 않게 이루지는 것이 당시 현실이었다. 창원군 창둔도 갑오승총부터 창둔→ 사토→ 매매→ 공토→ 민유로 판정되는 과정을 차례로 거친 경우였다.[51] 이때 사토로 환급된 토지가 타인에게 매매된 것을 다시 공토로 회수할 때 그 변동의 힘은 정부의 지침에서 나왔다. 환급과 회수과정에서 국가가 대가를 지불한 흔적은 없었다. 그리고 이 과정에서 분쟁이 발생하였지만, 그것은 소유권 변동이 아니라 수조액의 수준을 둘러싼 분쟁이었다. 그리고 그 분쟁은 힘의 역학관계 속에서 수조액의 수준이 다시 조정되면서 종결되기도 하고 다시 재발하기도 하였을 것으로 보인다.[52] 당시 분쟁 가운데 소유권적 차원에서 다투는 일이 없었던 것은

---

51) 최원규, 「창원군의 토지소유권 분쟁과 처리」『일제의 창원군 토지조사와 장부』, 선인, 2011.

아니지만, 절수사여지를 둘러싼 분쟁은 대체로 소유권 다툼이라기보다 수조액의 수준을 둘러싼 분쟁이었다고 판단된다. 배타적 소유권이 성립되었다면 유토와 무토의 상호전환이 가능하였을까. 아마 거래질서의 전면적 혼란을 초래하게 되었을 것이다. 공토로 환원되었을 때 매매 당사자간에 매매대금 반환청구 등 사법재판이라는 새로운 차원의 분쟁이 전개되었을 것이다.

C는 숨숨이 私賣한 토지가 전전하여 그 권리가 제3자에 옮겨간 경우이다. 이 권리는 중답주권일 가능성이 크다. 사궁이 인정하지 않은 것은 소유권이 아니라 바로 이 중답주권이었을 것이다. 사궁이 수조권 차원에서 현 소작자에게 조를 납부하라고 지시한 것으로 보인다. 절수사여지가 무토=사토로 결정되어, 도조가 면제되었다가 공토로 다시 복귀시켜 도조를 납부하도록 하는 관계로 전환시킨 것으로 생각된다. 조 100두형과 같은 유형의 토지가 이같이 자유롭게 전환될 가능성이 높아 보였다.

D에서는 중답주가 소작권을 사적으로 매수한 것이라고 정리하고 있다. 이 경우 궁의 입장에서는 소작권 매매로 보았지만, 중답주의 입장에서는 일종의 소유권적 권리를 매매한 것으로 인식하고 있었다. 私賣한 것을 공토화하는 조치는 현실적으로는 C에서 보듯, 수조(액)의 문제일 수 있다. 국가와 私土主와의 관계는 수조액을 둘러싼 관계이고, 수조액의 양은 타협과 조종의 대상이었다. 私土主의 권리는 수조권과 늘 타협과 대립의 관계에 있었지만, 수조권이라는 틀 내에서 사토주의 소유권적 권리는 인정되었으며, 당해 농촌 경제 생활권 안에서는 제3자 대항권을 갖고 그 권리를 배타적으로 행사할 수 있었다. 중답주의 권리도 마찬가지였다. 답주가 누구인지 국가는 별로 문제 삼지 않았다. 도조만 받으면 그만이었다.

그러나 이 문제가 통감부의 국유지 조사에서는 소유권 문제로 비화되었다. 상황이 바뀐 것이다. 이때 국유지는 배타적 소유권을 부여하는 것이고, 이를

---

52) 최원규, 앞 글,『지역과 역사』21, 2007. 10.

위하여 국가는 소유권 이외의 다른 물권은 인정하지 않았다. 중답주와 같은 물권적 경작권을 해체시키고 그 몫은 재정수입으로 확보한다는 방침을 택했다. 따라서 이때의 분쟁은 전과 다른 차원에서 전개되었다. 공토가 국유지로 확정되면서 발생한 분쟁은 단순한 수조액을 둘러싼 분쟁이 아니라 배타적 소유권을 둘러싼 양자의 대결이었다. 즉 소유권 확보 투쟁이고, 수확물 전체의 처분권을 둘러싼 대립이었다. 따라서 이러한 분쟁은 다음 사례에서 보듯, 절수사여지에서 주로 제기되었으리라 예상된다. 국유와 민유의 극한 분쟁이었다. 다음은 和田一郎의 『朝鮮土地地稅制度調査報告書』에 소개된 사례이다.

> 사례 ① 선희궁장토 : 민유론의 주장한 바는 世傳相續 賣買 혹은 流典當에 의하여 이를 취득한 것으로 구정부시대에는 확실히 민유를 인정하는데 하등 고장없이 점유 수익하고 납세하여 왔다. 융희 3년(1909) 국유지 조사 때 선희궁 시장을 이유로 국유로 편입되었다. 국유론은 본래는 원래 선희궁 소속의 蘆田 혹은 柴場으로 … 융희 3년 임시재산정리국에서 國有蘆田圖 중에 답과 草場으로 분명히 그 위치와 면적을 표출하였다.[53]

> 사례 ② 용동궁장토 : 민유론자 둔토라 칭하여도 그 관계자도 스스로 둔민이라 칭하는 것이 사실이다. 토지 그것은 본디 민유로 을유년 진폐 후 인민이 이를 개간하고 … 고래 輾轉賣買하여 보통 민유지라고 해도 상위 없음에도 불구하고, 명치 44년(1911) 국유지 조사이후 소작료를 강징하였다. … 국유 주장자는 원 용동궁 소속 둔토로 … 갑오이전에는 … 賭錢 … 을 납부하고, 동년이래는 1결에 대하여 엽전 80량의 외 벼100두의 도조를 증징한 것.[54]

> 사례 ③ 양향둔 : 민유론을 주장하는 자는 고래 輾轉賣買하던 민전으로 …

---

53) 和田一郎, 앞 책, 宗高書房, 1920, 586~587쪽.
54) 和田一郎, 앞 책, 宗高書房, 1920, 589~590쪽.

선조대왕의 시대에 … 훈련도감을 설치하고 … 징세권을 동청에 부여한 것에 지나지 않는다. … 광무 4년(1900) 내장원이 불법으로 훈둔이라는 이유로 결부에 소액의 도조를 부가 징수하였다. 그 후 융희 3년(1909) 국유지 조사를 할 때 개성부 재무서는 토지의 조사측량은 행정상 보통의 사례로서 결코 本地를 국유에 편입할 의도가 아니라는 懇諭를 하였음에도 불구하고, 명치 44년(1911) 이를 국유로 하여 지주나 소작인임을 묻지 않고 각지의 경작자에 대하여 돌연 국유지소작인허증을 교부함으로 극력 이에 대하여 항의하였다. 국유론은 지금부터 322년전 훈련도감을 설치하고 … 한광지를 절수하여 이를 훈둔이라 하였다. 강희 원년 작성한 양안에는 훈둔이다. 또 옛날 賭錢 부과율은 불명이어도 광무 5년(1901) 이래 1결당 지세 8원 도전 15원을 부과하여 하등 이의가 없었던 것이다. 고래 賣買輾轉한 것은 본디 사실이나 이는 소작권의 매매에 불과한 것이라 주장했다.[55]

사례 ④ 수어둔 : 광주 수어둔 민유를 주장하는 자는 본지는 수어둔에 편입한 이래 매년 1부에 대하여 벼 8두 결세만을 둔에 이납하는 데 그치고 수어둔이라 칭하는 데 불과하다. 고래 순연한 민유지로서 輾轉하여 왔다. 국유론자는 본 둔전 설정이래 22년 전까지는 1결에 대하여 소작료 벼 100두를 부과하고 매년 해 수어영에서 출장 징수하였다. 동영 폐지 후 내장원의 관리에 속하다 융희 2년 역둔토대장에 등록된 국유지이다.[56]

사례 ⑤ 목장 : 고양군 소재의 사건에 대하여 국유를 주장하는 자는 본지는 이조 건국의 당초 군마 양성을 목적으로 두모면 소재의 초평으로 목장을 설치하였다. 그 후 황폐하여 소관청을 갱신하여도 목장용지는 수백 년간

---

55) 和田一郎, 앞 책, 宗高書房, 1920, 610~611쪽.
56) 和田一郎, 앞 책, 宗高書房, 1920, 614~615쪽.

국유로서 관리한 것은 하등의 의심할 것 없다. 민유 주장자는 본지는 원 양주군에 속하고 輾轉賣買하여 온 민유지이다. 그런데 정조조 본지에 목장을 설치할 때 경성부에 귀속하고 결세를 목장에 납부하였다. 개국 503년 다시 종목국에 이속하고 답에 대한 結錢은 조로 대납하였다. 본디 민유라는 것 방해할 것 없다.[57]

사례 ⑥ 종친부둔 : 둔토 설치는 왕실로부터 하사받은 것 … 그 관리와 수세는 매년 둔감을 보내 賭錢을 정하여 징수하고 융희 원년 … 궁내부 소속으로 옮기고 다음 국유로 결정하는 것으로 했다. 민유를 주장하는 자는 [강희양안 起主 하모 종친부 면세]이다. … 종친부의 소유가 아닌 것이 분명하다. 屯結과 보통 민유지의 결세액을 비교하건대, 갑오년 이후는 양자 동일 액이고 이전에는 민결보다 저렴한 상황이다. … 토지의 처분에 관하여도 옛날부터 매매하여 왔고 매득가격은 보통 민유지보다도 고가이고 매수자는 자유로 소작인을 두었으므로 민유인 것이다.[58]

위 사료는 국유론과 민유론이 서로 소유권을 주장하며 분쟁하는 사례들이다. 주요 쟁점 중의 하나가 매매행위에 대한 견해차였다. 민유론자의 공통적인 주장은 예로부터 계속하여 매매되어 온 민전으로 궁이나 둔에 결세를 납부하던 토지, 즉 개간으로 성립한 민전이 어느 시점에 절수사여되어 결세를 납부했다는 것이다.

반면 국유론자는 ① 선희궁의 柴場, ② 용동궁의 둔토로 결세와 도조를 납부하던 토지, ③ 한광지를 절수하여 형성된 훈둔, ④ 수어영의 둔전을 1결 소작료 벼 100두를 납부하던 토지, ⑤ 국유의 초장=목장, ⑥ 왕이 종친부에 하사한 사패전 등은 절수사여지로 궁에서 도조를 받던 국유지라고 주장하였

---

57) 和田一郎, 앞 책, 宗高書房, 1920, 623~625쪽.
58) 和田一郎, 앞 책, 宗高書房, 1920, 619쪽.

다. 이들은 급가매토한 토지가 아니라 절수사여지에서 발생한 분쟁으로 보이는데, 동일한 사실에 대해 견해가 엇갈리고 있다.

사궁에 납부한 조가 결세인지, 도조까지 포함하여 납부한 結賭인지 이 사료만으로는 불명확하다. ② ④는 조가 100두인데, 이를 결세로 보는 견해와 소작료로 보는 견해 등 서로 주장을 달리하고 있다. ④는 조 100두형 토지인데 역둔토대장에 등록된 경우이다. 조 100두를 結賭로 보고 국유라 주장한 것으로 보인다. 하지만 민유론자는 스스로 대대로 매매해 온 민전이라고 주장하고 있다. 주장의 내용이 무엇일까. 여기서 궁(둔)과 둔민의 관계는 수조액 이외에는 아무런 언급이 없었지만, 둔민은 자유롭게 매매하는 등 물권적 권리를 행사하고 있다는 점이 주목된다. 사실상의 소유권자인 민과 수조권자인 국가가 서로 배타적 소유권을 획득하기 위해 상대방의 권리를 부정하면서 분쟁하는 모습이다. 분쟁지 심사에서 민유로 사정될 가능성이 없지 않지만, 역둔토대장에 등록된 것으로 보아 그럴 가능성은 별로 없어 보인다.

和田은 국·민유 분쟁의 원인을 분석하면서 매매행위를 다음과 같이 서술하고 있다. "조선인 사이에 수수한 토지소유권 매매증서는 소작권 매매증서와 거의 다를 바 없는 것이 많다. 증서문면 중 이를 구별하기 어려운 것이 적지 않다."[59]라고 언급하고 있다. 사례 ③ 양향둔=절수사여지의 분쟁에서도 국유론자들은 매매를 소작권매매로 간주하고, 매매한 대상물을 물권이 아니라 임차권의 매매로 본 것이다. 수조권(국가적=명목적 소유권) 내부에서 물권적 경작권이 배타적 권리를 매매한 것인데, 여기서는 국유지 내부의 소작권 매매라 간주했다. 이러한 법 인식이라면 소유와 관련된 다른 증거가 없을 경우 국유지로 판정되었을 가능성이 매우 높아 보인다.

절수사여지는 내부에 물권적 경작권(사실상 소유권)이 존재하고 그것은 관행적으로 매매 상속되어 온 그러한 유형의 토지였다. 사업에서는 이들을

---

59) 和田一郎, 앞 책, 宗高書房, 1920, 608~609쪽.

소작권 매매로 판정하는 경우가 일반적이었던 것으로 보인다. 여기서 시행된 수조의 성격을 결세로 판정하면 환급되겠지만, 결세에 도조를 더하여 납부한 토지라고 판단하면 액수에 관계없이 국유로 판정했을 것으로 보인다. 일본민법이 경작권의 물권적 성격을 부정하고 임차권으로 정한 상태에서, 그리고 사패지 같이 형해화된 수조권적 성격의 소유권에 배타적 소유권을 부여했다면 조 100두형 토지는 양측의 경계선에 존재하면서도 국유지로 판정될 가능성이 높아 보인다. 물론 수조액을 결세로 평가하여 민유로 판정할 가능성도 없는 것은 아니다.[60)]

4. 김해군의 국·민유 분쟁

토지소유권 분쟁에서 매매문기에 표현된 매매의 실질적 내용, 매매의 대상이 된 권리의 내용을 어떻게 해석할 것인가가 분쟁의 승패를 결정하는 데 주요한 역할을 했다. 매매대상이 배타적 소유권인지 관습물권인지, 또 매매방식이 합법적 매매인지 불법적 매매인지 해석이 다양하였다. 그 실상을 보기로 하자. 국·민유 분쟁의 결과는 어떻게 나타났을까? 김해군과 창원군의 경우 민유로 결정된 대표적인 사례가 大池忠助의 소유로 판정된 창둔이었다. 이 토지는 갑오승총이래 창둔이란 표기가 빌미가 되어 국·민유 분쟁을 거듭하다 '사업'에서 최종적으로 민유로 확정된 사례였다.[61)]

외형적 표현과 함께 和田이 중요한 기준으로 삼은 소유권 판정 기준은 결세 부담액(수조액)과 御覽量案이었던 것으로 보인다.[62)] 먼저 결세 수준을

---

60) 사패권자가 사실상의 소유자를 물리치고 소유권자로 판결된 사례는 최원규, 「창원군 토지조사사업에서 소유권 분쟁의 유형과 성격」『한국학연구』 24, 2011. 5가 참고된다.

61) 최원규, 「창원군의 토지소유권 분쟁과 처리」『일제의 창원군 토지조사와 장부』, 선인, 2011.

62) 宮嶋博史, 앞 책, 東京大學 東洋文化硏究所, 1991, 479쪽.

초과하여 조를 납부한 토지,[63] 급가매득은 물론 절수사여지가 여기에 해당하는데 대부분 국유로 판정되었을 것으로 보인다. 창원군과 김해군의 국·민유 분쟁에서 민유로 판정된 경우는 현재 창둔 사례 이외에는 보이지 않았다. 이외의 분쟁지는 대부분 국유로 결정된 것으로 보면 절수사여지＝국유지의 가능성이 매우 높다고 할 수 있다. 일제가 '실지조사'를 시행한 목적은 역둔토를 국가의 배타적 소유로 확정하여 민전지주제와 같은 방식으로 경영하는 데 있었다. 이 목적을 달성하기 위한 가장 중요한 조건은 국가의 수조권적 지배 아래 존재한 도지권, 중답주권, 도장권 등을 제거해야 했으며, 이것이 분쟁의 주 원인으로 등장하였다.

다음의 김해군 국·민유 분쟁지에서 그 실상을 볼 수 있다. 김해군의 실지조사부에는 적지 않은 국·민유 분쟁지가 기록되어 있는데 이를 통해서 그 실상을 보기로 하자. 실지조사부의 비고란에는 분쟁 당사자인 국과 민이 기록되어 있었으며, 소유자란에는 소유자로 인정받은 자를 기록했다. 분쟁을 제기한 자는 누구일까. <표 4>에서 실지조사부에 기록된 분쟁당사자를 국유지도의 소작인과 비교하면, 소작인으로 조사된 자와 소작인이 아닌 제3자가 있었다. '실지조사'가 실 소작인을 조사하여 이들과 소작계약을 체결하여 지주경영을 하는 것이 목적이었다는 점을 전제하면, 분쟁을 제기한 제3자는 물권적 권리를 박탈당한 자일 가능성이 높다. 일제가 중답주를 비롯한 여러 물권을 강제로 소멸시키고, 실소작인을 단순 임차권자로 확정하여 역둔토지주제를 운영하는 과정에서 나타난 분쟁이었다.[64] 김해군 녹산면 녹산리 소재 사복둔 분쟁과 김해·창원군의 전체 분쟁사례를 검토해 보기로 하자.

---

63) 이영호, 「한말 일제초기 근대적 소유권의 확정과 국유 민유의 분기−경기도 안산 석장둔 사례」『역사와 현실』77, 2010. 이 글에서 조 100두를 결세수준으로 보고, 이러한 수준이 국·민유 분기점이라고 했다.

64) 김해군과 창원군의 국·민유 분쟁에서 민의 소유로 판정된 경우는 대부분 大池忠助가 국과 분쟁한 경우이고, 나머지는 대부분 국유로 확정되었다. 이는 후에 다시 검토할 예정이다.

1) 사복둔 분쟁

김해군 사복둔에서 발생한 분쟁은 조선총독부 임시토지조사국의『조선토지조사사업보고서』와 和田一郞의『朝鮮土地地稅制度調査報告書』에 거의 같은 수준의 내용으로 소개된 바 있다. 그 내용은 다음과 같다.

> 사복시는 고려조 시대에 이미 설치한 것이다. 조선에서도 태조즉위 원년(1392) 興馬廐牧 등의 사무를 담당하기 위해 이를 설치했다. 목장은 감목관이 이를 감리하고 오직 감독을 했다. 본시는 별도로 토지를 下賜 또는 매득하여 그 경비를 지출했다. 본둔에 관한 분쟁은 8건 37필이고 김해군에 소재한다. 국유를 주장하는 자는 본지는 건륭 55년(1750)의 김해부 改量田案에 의하면 蒝山面 的字 金丹串員 제24호 이하 제112호의 사이에 있는 제45호를 제외하고 모두 사복시둔으로 등재했다고 했다. 민유를 주장하는 자는 본지는 동치 10년(1871)부터 융희 원년(1907)에 걸쳐 매매로 취득하고 융희 4년까지 自作 또는 다른 자에 小作시켜 매년 추수하고 또 결세를 사복시에 납부한 민유지였다고 했다.[65]

사복둔 분쟁에서 국유론자와 민유론자는 서로 견해가 달랐다. 국유론자는 양안에 기록되었다는 점을, 민유론자는 자작 또는 지주경영을 하면서 결세만 사복시에 납부했다는 점을 강조했다. 이 토지는 1895년에는 결당 100두를 납부한 조 100두형 토지인데, 광무사검에서 공토로 조사되어 김해군 공토성책에 등록되었다.[66] '실지조사'에서도 국유지로 확정하면서 실소작인도 조사하여 국유지대장에 등록한 바 있다.[67] '사업'을 할 때 김해군청은 국유지대장에

---

65) 조선총독부 임시토지조사국,『조선토지조사사업보고서』, 1918, 154쪽 ; 조석곤,「조선 토지조사사업에 있어서 소유권 조사과정에 관한 연구」『경제사학』10, 1986, 36쪽 ; 宮嶋 博史, 앞 책, 東京大學 東洋文化硏究所, 1991, 485~486쪽.

66) 조석곤, 위 글,『경제사학』10, 1986. 이후 도조가 대폭 상승되었다고 하는데, 이것이 국유지 확정과정과 어떤 연관이 있는지는 검토가 필요하다.

〈그림 1〉 국유지통지서(김해군 녹산면 녹산리)

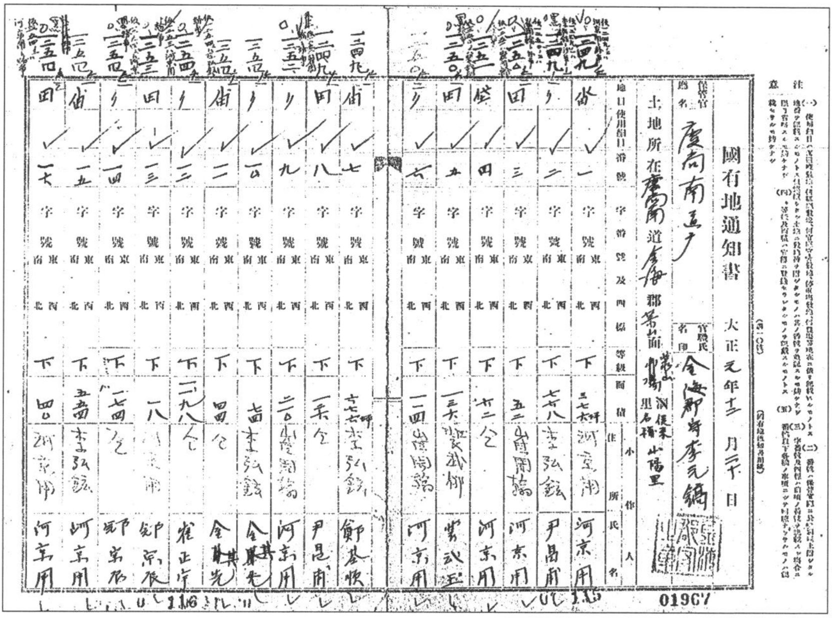

소장처 : 국가기록원

근거하여 국유지통지서(<그림 1>)를 작성하여 임시토지조사국에 제출했으며, 녹산리 토지신고서철에 편철하였다. 분쟁은 토지신고자들이 이 토지가 '실지조사'에서 국유로 판정되었음에도 불구하고 자기 소유라 주장하며 토지신고서를 제출하면서 시작되었다. 통지와 신고가 동시에 이루어져 국·민유 분쟁지가 되었지만 최종적으로 국유지로 확정되었다.

민유론자는 이 토지에서 자작 또는 지주경영을 하고, 사복시에 결세를 납부한 무토라고 진술하고 있다. 이러한 점을 고려하면 이 토지는 조 100두를 둘러싸고 국·민유 분쟁이 제기된 절수사여지라고 판단된다.[68] 당시 조 100두

---

67) 김해군 녹산면 녹산리의 토지신고서와 국유지통지서 실지조사부에서 분쟁당사자와 분쟁이 국유로 확정된 사실을 확인할 수 있었다.

68) 조석곤, 앞 글, 『경제사학』 10, 1986.

의 내용이 무엇이며, 이후 어떻게 변동되었는지 우리는 그 추이를 알 수 없었다. 다만 작인납세제가 시행되는 가운데 민유론자가 결세를 사복시에 납부했다면, 사복시는 결세 상당액을 다시 탁지부에 납부했을 것이다. 조 100두가 결세라면, 면세조치가 철폐되었을 경우 사복시는 실익이 하나도 없이 단순 결세납부 대행자에 불과했을 텐데, 그럼에도 불구하고 이 토지를 그대로 유지 관리만 하고 있었을까. 조 100두는 그후 대폭 상승되어 간 모습을 보였다. 이를 결세와 도조를 포함한 액수라고 판단한 것으로 보인다.

그리고 위의 진술만으로 전모는 알 수 없지만 '실지조사' 당시에 양안에 등록된 토지이면서 민유측이 이의를 제기하지 않아 국유로 확정 등록되었다면, 군에서 소유권을 포기하지 않는 한 국유로 판정하는 것이 일반적이었다. 이 토지는 혼탈입된 민전 면세결이 아니라 결세와 도조를 함께 받은 절수사여지라고 판정하여 국유로 확정했던 것으로 보인다.

분쟁을 제기한 자는 소작인으로 조사된 자와 소작인이 아닌 두 부류가 있었다. 국유지통지서의 소작인의 주소와 성명 란에는 소작인을 기록했는데, 성명란에는 '실지조사'의 결과로 확정된 소작인을, 주소란에는 분쟁 제기자를 기록했다. 이때 분쟁을 제기한 자는 누구일까. 이들은 혼탈입지의 지주라기보다 소작인으로 조사된 자가 분쟁을 일으켰다는 점으로 판단하면 도지권적 성격의 물권을 가진 작인이었을 것으로 보인다.[69] 다음 <표 3>에서 살펴보자.

녹산면의 국·민유 분쟁지는 96필지였으며, 지목 별로 보면 답이 68필지, 전이 24필지, 荒陳이 3필지, 대가 1필지였다. '실지조사'에서는 토지의 등급을 상·중·하로 분류했는데, 이곳은 상은 없고 중이 12필지이고 나머지는 하등급이었다. 분쟁 제기자는 총 8명이었다. 이들 가운데 작인이 아닌 '순수' 중답주로 보이는 자는 이홍현, 정가견, 김두어, 배태욱 등 4명이고, 다른 4명은 작인이면서 중답주적 성격을 동시에 지닌 자였을 것으로 판단된다.

---

69) 김해군 녹산면 녹산리 토지신고서 철에 소재한 국유지통지서(1913. 12. 20).

<표 3> 김해군 녹산면 국유지의 소작인과 분쟁인

분쟁인	필지수	1	2	4	9	17	60	합
	인수	2	2	1	1	1	1	8명
	필지합	2	4	4	9	17	60	96필
	비소작인	김두어	배태욱	정가견	하경용	최주환	이홍현	
소작인	필지수	1	2	3	4	21		합
	인수	22	12	6	2	1		44
	필지합	22	24	18	8	21(하경용)		93필

비고 : 녹산리는 국유지 실지조사 당시의 필지이다. 이 필지와 '사업'에서 정한 필지는 기준이
달라 필지수가 차이가 많았다.

이들 가운데 가장 많은 면적을 가진 중답주는 이홍현으로 60필 21,793평
약 7정보 가량 되었다. 다음이 최주한으로 17필 2,017평이었다. 그는 필지에
따라 중답주로 존재하거나 관습물권을 지닌 작인으로 존재하기도 했다. 하경
용이란 자는 중답주이면서, 도지권적 성격의 작인, 타인 중답주의 작인 등
다양한 형태로 토지를 경영하고 있었다. 대체로 국유지통지서의 소작인은
국유지 실지조사 당시에 사복시-중답주-작인, 사복시-도지권적 성격의
작인, 그리고 중답주이면서 타인 중답주의 작인인 경우 등 다양했다.

하경용은 국유지통지서에 21필의 소작인으로 기록되었는데, 본래 21필의
실소작인으로 '실지조사'에서 이미 소작인으로 조사되었는지 새로 소작인이
되었는지는 불명이지만, 가장 많은 면적을 소작하고 있었다. 소작지의 규모는
하경용이 6,119평, 6명이 1,100평 내외이고, 대부분 500평 미만이었다. 경작면
적은 대단히 소규모였다.

사복둔의 분쟁심사자는 절수사여지적 성격의 토지로 보고, 수조권을 소유
권으로 법인하기 위해 관습물권은 제거하고 국유지로 확정한 것으로 보인다.
和田의 견해도 그러했다. 그는 갑오승총(1894년)으로 수조권이 소멸된 이후,
사궁장토를 결세와 소작료를 납부하는 토지로 파악하고 이를 국유지라고
정리한 것이다.[70] 결국 외형적으로 수조액은 결세와 소작료를 합한 것이며,

---

70) 和田一郎, 앞 책, 宗高書房, 1920, 588~610쪽.

결세를 제외하고 남는 수조액이 있다면 그 양적 수준에 관계없이 소작료를 지불한 것으로 인정하여 국유지로 판정한 것으로 생각된다. 그리고 당시 판정에서 근대와 달리 공·사토를 막론하고 작인납세제가 시행되었기 때문에 결세 납부여부로 소유권 여부를 판정하는 기준으로 삼을 수는 없었다. 결세액의 수준, 그리고 결세인지 결도인지 등의 판단은 조사원의 '자의적' 판단이 개입될 개연성이 높았다. 따라서 절수사여지는 대부분 공토, 나아가 국유지로 처리될 가능성이 높았을 것으로 판단된다.

2) 실지조사부의 국·민유 분쟁

일제는 국·민유 분쟁에서 혼탈입지나 투탁지가 아닌 토지는 모두 국유로 판정하기로 원칙을 세웠다. 기준은 일차적으로 양안에 등재되었는지의 여부이고, 다음은 결세 수준이었다. 결세로 미 23두 이상 납부하던 토지는 국유로 판정할 가능성이 높았던 것으로 보인다. 김해군과 창원군의 실지조사부, 토지신고서를 분석하여 그 실체를 살펴보기로 하자.

토지신고서와 실지조사부에는 분쟁 당사자가 모두 기록되어 있었다. 전자는 구래의 양전 방식, 후자는 일제가 '사업'에서 정한 원칙에 따라 필지를 구획하고 기록했다는 점에서 차이를 보였다. 실지조사부는 토지신고서를 근거로 실지를 조사하되 당시 정한 기준에 따라 구획한 필지별로 정리한 장부이며, 이를 지번순으로 정리한 사정장부가 토지조사부였다. 토지조사부와 실지조사부는 필지는 일치하였지만 분쟁지를 기록하는 방식에서 차이를 보였다. 전자는 분쟁지 심사를 마친 사정장부라서 패소한 상대방은 기록하지 않고 사정권자와 '분쟁지 제○○호'라는 분쟁지 표시만 했다. 반면 실지조사부는 적요란에 분쟁 관계자를 기록하고, 성명란에 소유권을 인정받은 자를 기록하여 분쟁 관계자를 모두 알 수 있었다. 김해군에는 분쟁지조서가 남아 있지 않아 구체적인 내용은 알 수 없지만, 실지조사부를 통해 분쟁의 전반적

실태를 살필 수 있었다. 본 장에서도 이 점에 유의하여 김해군과 창원군에서 발생한 분쟁의 성격을 살펴보려 한다.

국·민유 분쟁과 관련하여 '실지조사'와 '사업'과의 관계를 보자. 후자는 전자를 계승한 사업이라고 할 수 있다. '실지조사'의 결과가 '사업'에 그대로 반영되었기 때문이다. 이러한 모습은 국유지도와 '사업'에서 작성한 원도, 국유지통지서 등에 잘 드러나 있다. 창원군 국유지통지서는 국유지대장을 반영하도록 양식이 마련되었으며, 그 내용을 그대로 이기한 점도 확인할 수 있었다. 국유지도에 기록된 번호와 등급, 소작인 등을 국유지통지서에 이기했다. 사표는 국유지도에 필지의 위치가 표기되었기 때문에 제외했다. 국유지도에 등록되지 않은 토지는 사표를 기록했다.[71] 원도에는 사업의 지번과 국유지도의 번호를 함께 기록하여 누락과 오류가 없이 작성되었는지를 확인했다. 다만 국유지도와 원도는 필지를 구획하는 기준에 차이가 있었다. 전자는 필지를 소작인별로 구획했으며, 후자는 지목과 지주가 같을 경우는 합필했으며, 한 필지를 여러 소작인이 나누어 경작하더라도 분필하지 않았다. 분쟁지는 분필하는 것이 원칙이었다.

다음은 김해군 실지조사부에서 분쟁지를 뽑아 그 성격을 검토해보기로 하자.[72] <표 4>에서 분석대상 필지로 12개 면내 58개 리의 총 5만 7천여 필을 선정했다. 이곳의 국유지는 2,418필로 4%이고, 민유지가 96%로 압도적 비중을 점했다. 국유지 가운데 1,667필이 국·민유 분쟁지였다. 무신고로 국유로 확정된 것이 144필이었다. 동양척식주식회사의 분쟁지는 109필이고, 107필이 동척소유, 2필이 민유로 판정되었다. 민유 분쟁지는 228필에 불과했다.

국유지에서 분쟁 발생률은 69%이고, 31%가 미분쟁지였다. 7할이 분쟁에 휘말렸다. 무신고지를 포함하면 75%가 되었다. 국·민유 분쟁의 특징은 일부 면과 리에 집중적으로 발생했다는 점이다. 가락면의 식만리와 죽동리, 하동면

---

71) 창원군 각리의 토지신고서철에 편철된 국유지통지서 참조.

72) 이 지역 분쟁은 같은 자료로 조석곤, 앞 글,『경제사학』10, 1986에서 검토한 바 있다.

면	리	총 필수	국유지			분쟁률	판정결과		동척	민유분쟁
			국유필수	분쟁필수	미분쟁지		국승	민승		
가락	봉림	766	24	1	23	4.2%	1			
가락	식만	939	187	130	57	69.5%	130			
가락	죽동	696	161	138	23	85.7%	138			
가락	죽림	1,093	54	29	25	53.7%	29			
녹산	녹산	1,283	40	37	3	92.5%	37			2(화전)
녹산	미음	1,410	20		20					14
녹산	범방	1,410	6		6					14
녹산	생곡	1,094	8		8					
녹산	송정	1,376	4		4					
녹산	지사	1,076	3		3					
대동	초정	1,454	1	1	0	100.0%		1	1	
상동	우계	1,374	1		1				1	75(감로)
생림	금곡	1,008	13	8	5	61.5%		8		3
생림	마사	1,411	2		2					
생림	봉림	1,261	3		3					
생림	사촌	610	3		3					
생림	생림	904	3		3					
생림	안양	894	1		1					1
우부	내동	1,036	29		29					6(흥동)
우부	삼산	976	24		24					
우부	이동	765	3		3					
우부	전하	695	5		5					11
우부	풍류	806	2		2					1
우부	화목	1,544	13	2	11	15.4%		2		1
이북	명동	1,294	2		2					1(가동)
이북	병동	1,108	3		3					
이북	가산	765	1		1					
이북	신천	906	2		2					
이북	안곡	731	11		11					
이북	장방	1,249	5		5				1	
장유	부곡	936	1		1					1
장유	수가	무	2		2					1(삼문)
장유	우계	425	2		2					
장유	유하	869	3		3					1
장유	율하	1,163	3		3					
장유	장유	765	2		2					1
좌부	남역	562	4	3	1	75.0%	2	1	1(강창)	21

좌부	동상	1,055	53	2	51	3.8%	0	2	2(20)	9(강창)
좌부	마마	712	5	2	3	40.0%	2		1	20
좌부	부원	943	49		49		0		1(15)	18
좌부	불암	530	33	12	21	36.4%	12		98(98)	3
좌부	삼방	1,333	15		15		0		1(북내)	
좌부	어방	997	27		27		0			10
주촌	내삼	1,333	3		3		0			
주촌	덕암	965	1		1		0			
주촌	양동	824	1		1		0			
주촌	원지	1,206	2		2		0			
주촌	천곡	1,299	2		2		0			
하계	방동	334	22	22	0	100.0%	0	22		3
하계	하계	711	5	5	0	100.0%	0	5		2
하동	괴정	699	350	295	55	84.3%	295		11	
하동	대감	1,199	50	29	21	58.0%	29			
하동	덕산	1,138	65	42	23	64.6%	41	1		
하동	예안	1,293	14	4	10	28.6%	4			1
하동	월촌	1,215	404	344	60	85.1%	344			7
하동	조눌	607	504	429	75	85.1%	429			
하동	주동	997	1		1					
하동	초정	1,070	166	137	29	82.5%	137			
합계		57,114	2,423	1,672	751	0.690	1,630	42	107	227
비율			4.2%	69%	31%	16.3%	97%			

출전 : 김해군 각 면리의 실지조사부(국가기록원 소장)

의 괴정리·월촌리·조눌리·초정리 등에서는 100필 이상에서 분쟁이 발생했다. 특히 조눌리는 607필지 가운데 504필지가 분쟁지였다. 괴정리는 절반이 국유지이고, 이중 84%가 분쟁지였다. 녹산면, 우부면, 하계면 등에도 적지 않은 필지에서 분쟁이 발생했다. 분쟁이 발생하지 않은 지역이 다수였지만, 리 전체, 혹은 리 전체 필지의 절반이상이 분쟁에 휩싸인 리도 있었다.

김해군 국·민유 분쟁(<표 5>)에서 조선총독부는 1,630필, 민은 37필에서 각각 승리했다. 민이 분쟁을 제기했음에도 불구하고, 승률은 조선총독부가 98%이고, 민은 2%에 불과했다. 조선총독부의 일방적 승리였다. 분쟁지 심사는 조선총독부의 주장대로 소유를 재확인하는 과정이라 할 정도였다.

민은 총 8명이 37필지에서 승리했다(<표 7>). 이 가운데 大池忠助가 23필지

<table>
<tr><td colspan="9"> 〈표 5〉 김해군 국유지의 분쟁결과 </td></tr>
<tr><th>총필수</th><th>미분쟁</th><th>분쟁필지</th><th>국가승</th><th>민승</th><th>분쟁률</th><th>총독부승률</th><th>민간승률</th></tr>
<tr><td>2418</td><td>751</td><td>1,667</td><td>1,630</td><td>37</td><td>68.9%</td><td>97.8%</td><td>2.2%</td></tr>
<tr><td>무신고</td><td>144</td><td>1,811</td><td colspan="2">분쟁+무신고</td><td>74.9%</td><td></td><td></td></tr>
</table>

비고 : 미분쟁지는 607필지였다.
출전 : 김해군 실지조사부

〈표 6〉 김해군 소재 동양척식주식회사와 민의 분쟁

구분	동척분쟁지	동척 승소 필지%		민간승필지와 %		비고
필수	109	107	98.2%	2	1.8%	조선농사㈜ 장지완
동척	김재영	유석구	김영대허발	1-5	일인	
39명	18필지	11	8*2	34	1	

출전 : 김해군 실지조사부

〈표 7〉 국·민유 분쟁에서 승리한 민의 필지분포

민승리	민의 구성	大池忠助	滿武龜一	김한용	1-2필지
인원	8	1	1	1	5
필지수	37	23	1	7	6

출전 : 김해군 실지조사부

로 대부분을 점했다. 조선인은 6명인데, 김한용 7필지, 나머지 5명이 6필지였다. 그런데 민유로 된 토지는 역둔토에 속했던 토지가 아니라 자여역리가 관할하던 '창둔'으로 불리던 토지였다. 창원군과 김해군 일대에 소재하고 있었다. 1894년 이래 국가와 주민이 10여 년 분쟁하다가 민이 일본인 大池忠助로부터 토지를 담보로 분쟁비용에 쓸 자금을 빌렸다가 이때 소유권 분쟁으로 비화된 토지였다. 和田一郞의『朝鮮土地地稅制度調査報告書』에도 소개된 분쟁지이다. 양자의 주장을 보자.

국유론자는 본지의 창설과 기원은 명백하지 않지만 지금으로부터 100년 전 自如驛 찰방이나 청원이 이식을 목적으로 각자 사금을 갹출하여 계모임을 조직하고 토지를 담보로 대부해 주고 그 이자로 해당 토지로부터 생기는 수확물을 받은 토지라고 하지만, 그 자금이 과연 사금인가 아닌가는 명확하지 않다고 했다. 뿐만 아니라 매년 일정한 수확물을 징수하여 이로써 청의 경비에 충당한 사실 등으로 보아 당시는 '屯土'였다고 주장했다.

1894년 폐청할 때 채무자가 그 의무를 이행하고 토지를 반환받아 순연한 민유지 상태를 회복했는데, 다음해 궁내부 사판관이 본 분쟁지로부터 賭錢을 징수하자 민유 측에서 궁내부와 군부에 청원하여 토지와 이미 납부한 도전을 돌려받았는데, 광무사검에서 다시 '국유지'로 편입되었다고 했다.

반면 민유를 주장하는 근거는 다음과 같다. 구 창원부윤의 전령에는 "이는 분명히 계답임에 따라 속히 출급하여 보고할 것"이라고 하였다는 점, 그리고 『自如倉及驛稅租區別成冊』에 "지금 각 창답은 전 자여역 吏廳 私契의 물건으로 역 폐지 후 청의 관리가 사유물로 해당 관청에 호소하여 환급의 훈령이 있어 전전매매한 것이다. 1901년 경파원이 조사와 징세를 담당하였는데, 정밀히 조사하지 않고 혼동하여 세를 받았다."고 하였다. 기타 참고인도 자여역리 등이 조직한 廳契로, 하나의 私契모임의 소유지라는 취지로 진술했다. 일단 국유로 편입되었지만 사유를 인정하여 환부된 사실이 명료하므로 민유지가 확실하다고 했다.[73]

이 토지는 일종의 계답, 민전이었는데, 창둔이란 명칭 때문에 갑오승총 이래 민전이 되었다가 다시 공토로 편입시키는 등이 반복된 혼탈입지였다. 김해군과 창원군에 걸쳐 존재한 대규모 국·민유 분쟁지였는데, 1909년 '실지조사'에서 민이 반발하여 조사를 완결하지 못한 채 분쟁지인 채 '사업'으로 이관되었다. 결국 민유로 판정되기는 했지만, 소유권을 인정받은 자는 원주민이 아니라 일본인 大池忠助였다. 원주민이 분쟁비용 때문에 大池忠助로부터 자금을 빌렸는데, 이 자금을 둘러싸고 大池忠助는 매매, 원주민은 전당이라고 주장하면서 소유권 분쟁이 벌어진 것이다. 임시토지조사국에서는 大池忠助의 소유로 판정했다. 광무양안에는 '시주 창둔'으로 기록되었고, 광무사검에서는 공토성책에 편입되었다. '사업'에서 조선총독부는 국유지통지서를, 주민과

---

73) 조선총독부 임시토지조사국, 앞 책, 1918, 155쪽.

〈표 8〉 국·민유 분쟁에서 패배한 조선인의 필지분포

국유 승리	43필	17필	10~14필	5~9필	2~4필	1필	총인원
조선인 패	서진환	1	21	60	217	215	515명

출전 : 김해군 실지조사부

大池忠助가 각각 토지신고서를 제출하면서 3자 또는 양자 사이의 분쟁지가 되었다. 분쟁지심사위원회에서는 혼탈입지로 인정하여 민유로 확정하였다.[74]

조선총독부가 이긴 토지에서 분쟁을 제기한 조선인은 총 515명이었다 (〈표 8〉). 이 가운데 최고 많이 잃은 자는 서진환이었으며, 하동면 괴정리 소재 토지 43필에서 패했다. 17필이 1명이고, 5~9필은 60명으로 12%, 432명이 4필 이하로 전체의 84%를 차지했다. 두 부분의 합계가 96%였다. 조선인은 대부분 조선총독부와 영세한 토지를 둘러싸고 분쟁을 벌였지만, 〈표 8〉에서 보듯 거의 전 계층이 분쟁에 휘말렸다.

일본인은 22명이 패소했다. 이중 薦田唯二郎, 栗塚省五 2명이 각각 20필, 滿武龜一이 6필이었다. 나머지 19명이 4필 이하인데 그중 11명이 1필에 불과했다. 일본인은 소수이고, 필지수도 얼마 안 되었다. 대부분 1~4필지 정도에서 분쟁했다. 특이한 현상은 일본인 회사지주가 일반 일본인 보다 더 많은 필지에서 분쟁을 제기했다는 점이다. 일한공동(주)이 31필, 조선토지(주)와 조선농사(주)가 각각 9필, 8필이었다. 패한 경우도 개인보다 회사와 지주(2)가 비교적 많은 필지에서 패했다(〈표 9〉). 일본인 대지주들이 잠매로 토지를 확대하는 과정에서 분쟁에 휘말린 것으로 보인다. 승률은 50%로 조선인에 비해 손해

〈표 9〉 국·민유 분쟁에서 패배한 일본인의 필지분포

일본인 패						회사 패		
필지수	1	2~4	6	20	합	일한공동	조선토지	조선농지
인원수	11	8	1(滿武龜一)	2(薦田唯二郎 栗塚省五)	22	31	9	8

출전 : 김해군 실지조사부

74) 최원규, 앞 글, 『일제의 창원군 토지조사와 장부』, 선인, 2011.

본 편은 아니었다.

또 하나는 <표 6>의 동양척식주식회사에서 관할한 토지이다. 이 토지는 조선정부가 출자한 출자지와 임대지로 구성되었다는 점에서 국유지와 별 차이가 없었다. 분포지역은 국유지와 비슷하게 좌부면 불암리, 동상리 등에 집중되어 있었다. 동척 토지는 국·민유 분쟁지보다 분쟁 필지가 적었지만, 동척의 승률은 국유지보다 더 높았다. 분쟁지는 총 109필지였으며, 이중 2필만 민전이 되었다. 분쟁 제기자는 총 39명이었다. 이중 김재형이 18필, 유석구가 11필, 김영대·허발이 8필이고, 나머지는 5필 미만이었다. 동척과 분쟁한 조선인은 대부분 필지가 적었다. 일본인은 都築三郎이라는 자가 7필에서 동척과 분쟁했지만 졌다(<표 6>).

김해군의 국·민유 분쟁은 조선인 1,494필, 일본인 89필, 그리고 은하사, 흥업회사 등이 관련되어 있다. 분쟁에서 일본인과 회사 등도 패했지만 대부분 조선인의 토지 상실로 나타났다. 조선인은 전 계층에서 몰락했으며, 이것이 국유지의 증가로 나타났다. 조선인은 13필, 일본인은 29필에서 승리했을 뿐이다.

이상에서 보듯, 국·민유 분쟁에서 조선총독부가 대부분 승리했다. 민이 이긴다는 것은 기대하기 어려웠다. 김해군에서는 본래 민전이 공토에 잘못 포함되었다가 민유로 돌려준 경우는 있어도 국유지대장에 기록된 국유지가 민전으로 환급된 예는 보기 어려웠다. 그리고 분쟁이 발생하지 않은 국유지는 지목이 묘인 무신고지가 많았다는 점이 주목된다. 이들은 집중적으로 몰려 나타났다는 점에서 공동묘지였을 것으로 추론된다.

김해군에서 민유 분쟁은 총228필에서 발생했다. 국·민유 분쟁에 비하면 대단히 적었다. 좌부면, 상동면, 녹산면에서 주로 발생했다. 특히 상동면의 감로리에서는 75필지나 발생했다. 분쟁관계자는 조선인의 경우 86명이 패하고, 38명이 소유권을 확보했다. 반면 일본인은 57필지를 잃고 125필지를 획득했다. 일본인 회사는 19필지에서 패했다. 일본인은 주로 조선인과 분쟁을 했으며, 패한 경우도 있지만 더 높은 승률을 보였다.

일본인은 주로 소토지소유자로부터 승리했다. 50명이 3필지 이하였다. 滿武龜一은 최대 수익자였다. 9필을 잃고 68필을 획득했다. 다음 藤原元太郎은 10필을 잃고 27필을 얻었다. 특이한 현상은 일본인 농업회사인 흥업회사(주)는 10필지를 상실한 반면, 상산양행(합명)은 1필지를 상실하고 7필지를 얻었다. 회사지주는 주로 일본인과의 소유권 다툼을 벌였다. 조선인도 지주적 토지소유의 증대를 보였다. 김규성 24필지, 정택하 8필지, 김병호 6필지를 얻었다. 송씨문중(7필지), 안양리(1), 김해향교(2)도 분쟁에서 토지를 확보했다. 일본인은 주로 조선인과 소유권분쟁을 했지만, 大池忠助는 국가, 국가와 조선인, 조선인 등과 분쟁하는 등 다양한 분쟁의 모습을 보였다. 그는 국·민유 분쟁에서는 모두 이겼지만, 민유지 분쟁에서는 31필지를 잃고, 13필지를 얻었다.

결론적으로 국유지창출론에 이의를 제기한 민유지환급설은 일정하게 수정할 필요가 있었다. 국·민유 분쟁지의 처리결과 98%가 국유지로 결정되었다. 大池忠助의 소유로 판정된 토지는 본래 민유지였다. 김해군 국·민유 분쟁에서 '실지조사'에서 국유지로 조사된 토지가 민유로 다시 환급된 토지는 찾기 어려웠다. 이러한 모습은 창원군에서도 볼 수 있었지만, 이를 더 확실히 하려면 더 많은 사례연구가 필요할 것이다.

5. 국유지의 유형과 분쟁지 판정 기준

1) 창원군의 국유지 유형과 분쟁

국·민유 분쟁은 혼탈입지나 투탁지, 그리고 절수사여지에서 발생했다. 전자는 결세, 후자는 결세와 도조를 합친 정도의 수조액을 납부하는 경우라 할 수 있을 것이다. 물론 이를 보는 시각이나 입장, 과세 면적의 계산법에 따라 다를 수 있었다. 그리고 양안의 등재 방식에 따라 국·민유 분쟁지 처리가 달라졌지만, 절수사여지에는 관습물권이 성립할 가능성이 늘 존재하였다.[75] 이들은 사실상 소유권과 별반 다를 바 없는 권리를 행사하고 있었다. 이들이 '실지조사'에서 지위를 박탈당하자 분쟁을 제기한 것이다.

<표 10>은 현존하는 창원군 토지신고서에 나타난 국유지 14,771필의 관할 관청별 통계이다. 이중 14,113필이 '실지조사'의 결과에 근거하여 국유지 통지서를 작성한 토지이다. 전체의 95.5%였다(<표 10>의 1). 이들은 탁지부 소관 국유지로 1913년 11월 일괄 통지한 토지로 보관 관청명은 마산부윤이었다. 이 이외의 토지는 탁지부 소관이 아닌 국유지인데, 근거서류가 있는 경우와 없는 경우가 있다. 후자는 실지조사를 할 때 새로 발견한 토지를

〈표 10〉 창원군 국유지의 유형과 통지방식

연번	구분	관할청	제출서류	필지수	
1	국유지 실지조사지	마산부청	국유지통지서	14,113(95.5%)	
2		농상공부	편의작성	110(잡1 묘2 임107)	
3		경남도청	편의작성 통지없는 국유지조사	답 41, 전 43, 대 6, 지 3 社1, 합 104필	
4		창원군수			
5		농상공부	대여지(초생지)	16	
6		소유권 의심토지	도로 학교	17	
7	토지조사사업 조사지	분쟁지	大池忠助	145	270(합)
			大池忠助+조선인	135	
			일본인	1	
			조선인	1+4	
8		창원군(64) 축성본부(3) 조선주차군(8) 철도국(2) 경무총감(3)	국유통지서	75	
9		합계		657	합 14,771필

출전 : 창원군 각리 토지신고서철

75) 도진순, 앞 글,『한국사론』13, 1985 ; 김용섭,「한말에 있어서의 중답주와 역둔토지주제」『한국근대농업사연구(증보판)』(하), 일조각, 1988.

대상으로 국유지통지서를 작성하는 경우였다. 이들은 지목별로 전, 답, 대 등의 경지와 임야, 묘, 잡 등 비경작지로 구분되며, 양자는 관할관이 서로 달랐다. 경작지는 경남도청과 창원군청이 관할한 토지로 총 104필이었다. 국유지통지서를 '편의작성'하면서 '통지 없는 국유지조서'에 국유로 조사한 이유를 기록했다. 비경작지는 농상공부에서 관할했다. 임야 110필지(110필 중 107필)와 초생지를 대여 받아 개간 중인 토지였다. 국유지통지서의 소작인 란에는 대부허가를 받은 자와 대부기간을 기록했다. 이 중에는 대부기간이 만료되어 대부가 취소된 필지도 있었다.

탁지부가 아닌 다른 관청이 관할하던 토지는 국유지통지서를 보면, '실지조 사'를 거친 토지가 아니었다(<표 10>의 8). 이중 창원군청이 관리하던 토지가 64필로 다수를 차지했다. 각 관공서가 사용하는 부지가 많았다. 용도는 웅읍면 의 경우 객사부지, 웅읍면사무소, 사립開通학교, 웅천사립심상소학교, 시장 등이었다. 그리고 축성본부는 천가면의 육군용지와 면사무소 대여지, 조선주 차군은 가포리에 8필지, 철도국은 부내면 동정리의 정차장 부지 2필지, 경무총 감은 주재소 3필지를 관리하고 있었다.

창원군의 국·민유 분쟁은 두 건이었다. 하나는 국유지통지서를 발행하여 민과 권리가 충돌한 경우이고, 다른 하나는 민이 자기소유로 신고한 토지 가운데, 실지조사과정에서 관청의 통지없이 분쟁지가 된 경우였다. 도로, 시장, 학교 등이 사용하던 구래의 공유지를 침범했다는 이유로 조사원이 국유로 소유권이 의심되는 분쟁지로 처리한 것이다. 이러한 유형의 토지는 사유로 그대로 인정된 경우도 있지만, 국유로 확정된 필지가 더 많았다. 부내면 부동리와 중동리에서 주로 발생했다.

'실지조사'에서 발생한 국·민유 분쟁지 가운데 1건 1필지는 국유로 확정되 고, 또 한 건은 분쟁지로 남아있다가 사업에서도 계속 분쟁이 된 토지였다. 이 분쟁은 1건에 불과했지만, 필수는 270필 이상 되었다. 앞에서 소개한 창둔 사례이다. 이 분쟁은 국가 대 大池忠助와 민, 국가와 大池忠助가 대립한 두 경우이며, 창원군 동면 대산면과 김해군 진영면 등의 지역에 대부분 존재했다. 이 토지는 혼탈입지로 민유, 즉 大池忠助의 소유로 확정되었다. 창원군의 소유권 분쟁은 건수로는 <표 10>에서 보듯, 민유지 분쟁이 다수였다.

한편 창원군에는 다른 군과 달리 일본 해군기지인 진해면이 있었다. 이곳은 총 4,530필이 토지신고서에 기록되었다. 이중 국유지 실지조사를 거친 토지가 4,124필지로 91%를 차지했다. 창원군의 다른 면보다 비율이 높았다. 실지조사부에는 총 8,094필로 기록되었는데, 이중 94%가 국유지이고 민유지는 6%에 불과했다. 군사기지라는 특징을 잘 보여주고 있다. 실제 해군기지는 해군성에서 토지조사를 거부하여 실시하지 못했다.[76] 진해면 소재한 기지 이외의 국유지를 관할하던 관청은 경무총감부 1필, 육군성 3필, 경무총감 1필, 조선총독부 476필, 조선총독부 내무부토목국 150필, 조선총독부 탁지부 1,915필, 진해학교조합 194필, 해군성 1,782필 등이었다.

진해면 시가지인 大手通外 29町은 조선총독부와 진해 학교조합의 소유였으며, 대부분 일본인에게 대여했다. 그 이외의 진해면 각리는 조선인이 소작인으로 기록되었다. 특별히 부산부 본정에 소재한 조선해수산조합이 진해면 복산리와 안곡리의 토지를 대거 대여 받았다. 진해면이 어떠한 절차를 거쳐 국유의 군사기지가 되었는지 알 수 없지만, 시가지 등 대부분이 일본인에게 대여되었다.[77]

<표 11>에서 보듯, 실지조사부에서 파악된 창원군 필지는 10만 필 가량되었다. 이중 국유 9%, 동척이 1.6%를 차지했다. 국·민유 분쟁은 大池忠助와 민, 국 3자 간의 분쟁과 소유권 의심의 두 경우였다. 전자는 전술한 바처럼 大池忠助의 소유로 확정되었다. 후자는 인정과 취하 2경우가 있었는데, 인정은 12필지로 일본인 難波悅藏의 토지에서 발생했다. 도로와 시장부지는 신고인의

---

76) 창원군 실지조사부. 통계상의 차이는 토지신고서와 실지조사부가 지역이 달랐기 때문이다.

77) 조선인의 소유권이 어떻게 이들에게 넘어갔는지, 조선농민이 어떻게 대응했는지는 분석과제이다.

<表 11> 창원군 토지의 소유 유형과 분쟁(단위 : 필)

구분	총필수	국유	동척	민유지
필수	99,433	8,931	1,606	90,342
%	100	9	1.6	89.4
분쟁지	大池忠助	石樽乘光	조선인	
필지	103	380	27(오형근 21)	
	8(미분쟁)			
소유권 의심	인정	취하	무신고	무통지
필지	12	36	2	4

출전 : 창원군 실지조사부

취하로 국유로 결정되었다. 창원군은 김해군과 달리 국·민유 분쟁, 동척과 민의 분쟁이 거의 없었다. '실지조사'를 거친 토지 가운데 분쟁지는 1건이 있었는데, 국유로 확정되었다. 그리고 무신고지와 무통지 토지는 국유로 되었다.

창원군의 국유지는 '사업'의 결과, 종전 역둔토대장에 포함되었던 大池忠助의 분쟁지를 국유지에 포함했다가 민전으로 환급된 것으로 간주하고 계산하면 국유지는 감소한 것으로 나타난다. 반면 '실지조사'에서 국유지대장에 등록되지 않은 토지라고 보면, 실제 통계에서 국유지는 변동이 없게 된다. 탁지부 소관 국유지와 더불어 국유지통지서를 '편의작성'한 토지와 탁지부외 관청이 소유한 토지 등을 합하면 창원군의 국유지는 '사업' 이전보다 오히려 증가한 편이 된다.

창원군의 소유권 분쟁은 다른 지역과 달리 민유 분쟁이 국·민유 분쟁보다 오히려 더 많았다. 북면의 石樽乘光과 주민, 동면 대산면에서 村井吉兵衛와 주민, 동척과 주민 사이의 분쟁이 대표적인 민유 분쟁이다. 이 분쟁에서 주민인 조선인이 승리한 경우는 없었다. 임시토지조사국에서는 이들이 주민의 개간지를 매득하거나 개간했다는 이유로 모두 일본인과 동척의 손을 들어주었다.

창원군의 '실지조사'에서 국유로 결정된 토지가 '사업'에서 분쟁이 제기된 경우는 김해군과 달리 1건밖에 없었다. 이 경우는 조사원들이 민유라고 조서를 작성하기도 했지만, 임시토지조사국에서는 창원군수의 요구를 받아들여 국유로 확정했다.[78] 여기서 '실지조사'에서 국유로 확정된 토지소유권이 갖는 법적 성격이 주목된다.

임시토지조사국에서 국유로 판정한 근거는 '실지조사'에서 소작인을 비롯한 관계자들이 입회하도록 한 규정이었다. 당시 국유로 결정한 것은 조사원이 일방적으로 결정한 것이 아니라 이해관계자들의 입회와 실소작인의 신고에 근거하여 내렸으며, 이의제기도 하지 않았다는 이유를 들어 '실지조사'의 결정을 번복하지 않았다. '실지조사'에서 결정한 소유권에는 사정이라는 법적 의미를 부여한 것으로 보인다. 물론 사정도 불복신청의 대상이 되듯 사업에서 다시 이의를 제기하는 것은 허용했다.

김해군의 경우는 '실지조사'에서 국유로 결정된 토지가 분쟁지로 된 경우가 적지 않았지만, 98% 이상 국가가 승소했다. 민이 승리한 토지는 大池忠助와의 분쟁지가 대부분이었던 점을 감안하면 '실지조사'의 결정을 번복한 경우는 실제로는 보지 못했다. 국유지 실지조사를 계승한다는 원칙이 무너지면 사업 자체가 분란에 휩싸일 우려가 있었기 때문이다. 또 조선정부가 출자하고 대여한 동척 토지도 문제가 될 것이다. 출자지가 민유지로 환급될 경우 동척도 경영에 위기가 올 수 있기 때문이다. 김해군에서 일어난 동척과 민의 분쟁지 98%가 동척 소유로 확정되었던 것이 그 반증일 것이다. 창원군에도 동척 소유지가 대단히 많았으나 분쟁사례는 찾지 못했다. 분쟁 사례는 있었지만 출자지가 아니라 개간지였다. 그리고 승자도 동척이었다.[79] 그런데 창원군에서는 동척의 불복신청이 적지 않았다. 동척은 민에게 사정되어 불복신청한 모든 토지에 대하여 자기 명의로 재결을 받았다. 국유지와 동척토지에서 민유지로의 환급은 거의 볼 수 없었다.[80]

---

78) 최원규, 앞 글,『한국학연구』24, 2011.
79) 최원규, 앞 글,『한국학연구』24, 2011.

2) 소유권 판정기준과 처리방식

소유권 판정의 원칙은 광무사검 이래 계속 분쟁 중에 있었던 토지 가운데 투탁지나 혼탈입지는 민유로 결정했지만, 그 이외의 토지는 국유라고 결정하고 여기에 배타적 권리를 부여한 것으로 판단된다. 이 권리를 제약한 관습물권은 모두 폭력적으로 제거되었다. 이 과정에서 도장권은 대가를 주고 회수했는데, 이것은 물권적 성격의 토지에 대한 보상이라기보다 結賭 수납권의 회수에 따른 보상으로 보인다.[81]

일제는 조선에 배타적 소유권이 성립되어 있다는 것을 전제로 사업을 추진했다. 소유권만 조사하고 다른 물권은 조사대상으로 삼지 않았다. 조선민사령에서 관습물권을 잠시 인정하는 듯 했지만, 곧 소멸시키는 방향으로 정책적 입장을 변경했다. 그리고 수조권적 권리를 배타적 소유권으로 인정하는 방향에서 국유지 정책을 취했다. 이에 짝하여 정부출자지인 동척 관할토지에서 발생한 분쟁에서도 동척이 패한 경우는 거의 없었다. 개간과 관련하여 성립한 절수사여지는 대부분 국유로 확정했다. <표 4>의 김해군 국·민유 분쟁지가 대부분 국유로 확정된 것이 그 반증이다.

'사업'을 주도한 和田의 인식도 당연히 그러했다.[82] 그는 조선의 토지소유권이 일본처럼 배타적 소유권으로 성장해 있다는 것을 전제로 사업을 추진했다. 이러한 관점에서 역둔토를 유토와 무토로 분류하고, 유토는 국유, 무토는 민유라는 기준을 세우고 국유지 문제를 처리하였다. 급가매득지와 절수사여지는 유토에 포함시켰다. 현재 대부분의 연구성과에서 절수사여지는 일반적으로 민의 권리가 궁방의 권리보다 강하게 작동하는 토지였다고 언급하고

---

80) 이 부분은 최원규, 「일제초기 고등토지조사위원회의 재결통계와 사례분석」 『한국민족문화』 65, 2017. 11, 266~271쪽에 자세히 서술되어 있다.

81) 배영순, 앞 책, 영남대학교출판부, 2002.

82) 和田一郎, 앞 책, 宗高書房, 1920.

있다.[83] 和田의 인식은 이와 달랐다. 그는 광무정권이 광무사검에서 장부에 등록한 공토를 배타적 소유권을 가진 국유지라 파악하고, 이러한 관점에서 국유지 실지조사를 실시하고 국·민유 분쟁사건을 처리했다. 그리고 국·민유 분쟁은 광무사검에서 민전을 무리하게 공토로 편입하면서 발생했으며, '실지조사'와 '사업'에서 이때 강압적으로 국유로 편입된 민유지를 찾아내 환급해 주기도 했다는 것이다.

그러나 광무사검의 공토정책과 '실지조사'에서의 국유지 내용은 성격상 차이가 있었다. 갑오승총에서 원칙적으로 무토와 제2종 유토=민유지에 대한 면세조치를 철회하고 민에게 환급하도록 하고 탁지부에 결세를 납부하도록 했다. 제1종 유토는 결세는 작인이 탁지부에 납부하고, 도조는 관할청에 납부하도록 했다. 이때 유토면세지는 기존에 납부하던 수조액에서 탁지부에 납부할 결세를 제외한 도조만 관할기관에 납부해야 했지만, 기존의 수조액을 그대로 납부하도록 하고 작인에게 별도로 결세를 부담시키는 일이 발생했다. 이른바 일토양세 문제가 발생한 것이다. 갑오승총의 면세철회 조치 때문에 발생한 수입 감소분을 농민에게 전가하기도 하였다. 불법적으로 '일토양세(수조액+결세)'를 강요하여 부담이 증가하자 분쟁이 발생한 것이다. 이 분쟁은 조세액의 부담을 둘러싼 갈등이라고 할 것이다.

갑오승총에서 무토는 철회하고 제2종 유토는 돌려주면 되었지만, 이를 명확히 구분하는 일은 담당관청인 탁지부에서도 쉽지 않은 일이라 고백할 정도였다. 속공과 환급 조치가 반복되는 일이 빈발했다. 광무사검은 유토를 모두 조사하여 공토로 편입시켜 결도를 부담하도록 한 조치였다. 국가의 입장이 강하게 반영된 기준 아래 실시했기 때문에 분쟁이 빈발했다.[84] 이 가운데 절수사여지에는 중답주·도지권자 등 다양한 권리가 존재하여 광무정

---

83) 이영훈, 『조선후기 사회경제사』, 한길사, 1988 ; 宮嶋博史, 앞 책, 東京大學 東洋文化硏究所, 1991 ; 조석곤, 『한국근대토지제도의 형성』, 해남, 2003.

84) 최원규, 앞 글, 『한국민족문화』 45, 2012. 이때 환급해준 토지를 다시 공토로 편입시켜 물의를 일으키기도 했다.

권은 이를 제거할 방침을 세우기도 했다. 그러나 실제 조사는 장부를 확인하는 수준에 머물고 그들의 지위는 그대로 유지되었다. 수조액도 양자가 타협 조정해가는 수준이었다. 이 조정이 순조롭지 않을 때 분쟁이 발생했다. 광무사검은 公土에서 기존의 권리관계를 변동시킨 사업이 아니라 기존의 권리관계를 조사 확인하고, 수조액을 조정하는 수준의 사업이었다.

반면 일제의 국유지 정책은 公土를 배타적 소유권을 가진 국유지로 간주하고 이를 조사 정리하는 것이었다. 먼저 장부를 조사하여 역둔토대장을 작성한 다음, '실지조사'를 실시하여 이를 국유로 확정하였다. 和田의 인식도 이와 동일했으며, '사업'도 그렇게 진행되었다. 대규모로 발생한 국·민유 분쟁은 여기서 연원한 것이라 판단된다. 이외에 국유지이면서도 특수하게 처리한 예도 있었다. 먼저 대한제국 정부가 동양척식주식회사에 출자한 임대지의 예를 들 수가 있다.[85] 이 토지는 추후 동척 소유가 된다는 점을 고려하여 동척이 직접 신고하도록 했다.[86] 이 경우 편의상 회사에서 임대 국유지신고서를 작성하여 군수의 인증을 받아 제출하도록 했다. 임시토지조사국에서는 이를 국유지통지서로 간주하고 토지조사를 실시했다. 이 토지는 동척 소유로 된 후 민유지로 이동신고서를 제출해야 했으나, 조선총독부에서는 '사업'의 편의성을 고려하여 생략하도록 했다. 동척 토지도 그 기원이 정부의 출자지라는 점에서 여기서 발생하는 분쟁은 국·민유 분쟁이라고 보아도 무리는 없을 것이다. 따라서 국·민유 분쟁의 성격을 판단할 수 있는 사례로 보아도 무방할 것이다.

또 하나는 미간지이다.[87] 일제는 이를 국유미간지이용법에 근거하여 처리

---

85) 동양척식주식회사, 『동척 10년사』, 1918 ; 『동양척식주식회사 삼십년지』, 1939. 1908년 12월 제1회 불입분 4분의 1을 회사에 인계하고 나머지 4분의 3은 출자예정지로 회사에 임대한 뒤 1913년 4월까지 순차적으로 넘겨줄 토지였다.

86) 조선총독부 임시토지조사국, 『국보』 7, 1911. 4. 25. 임시토지조사국에서는 척식회사 임대국유지신고에 관한 건, 동척회사에 임대한 국유지 통지에 관한 건, 임대 국유지의 민유지성 정리방법의 건 등으로 그 처리를 정하고 있다.

87) 조선총독부 임시토지조사국, 『국보』 5, 1911. 2. 25, 주의사항. 국유미간지는 민유가

했다.[88] 법 시행 이전의 미간지는 개간·매매·기타 권리이전 사실, 소유권 행사 그리고 납세 여부나 과세 누락 등을 조사하여 민유로 인정할 것인지 여부를 조사했다. 그런데 법 시행 후에는 제14조에 근거하여 3정보 이하는 大典會通을 적용했으며, 3정보 이상은 이 법에 의거하여 대부를 받아 불하받은 경우로 한정했다. 증빙할 문기가 없을 경우는 현장을 조사하여 결정하도록 했다. 국유인 미간지, 삼림, 산야는 조선총독부가 통지했으나, 1914년부터는 보관관청인 각도장관이 통지하도록 했다.[89]

미간지의 소유권 판별원칙은 관습법과 국유미간지이용법·조선부동산증 명령·결수연명부규칙에 의거하여 등록한 경우는 국유임이 분명할 때를 제외 하고는 사유로 인정했다. 그러나 일제는 1911년 앞의 3정보 규정을 삭제하여 모든 미간지는 총독부의 대부허가를 받아 불하받은 경우만 소유권을 인정했 다. 3정보 미만의 기간지 때문에 대규모 미간지를 개간할 수 없는 경우가 발생하는 등 지주적 농정에 저해요인이 되었기 때문이다.

'사업'에서 조사원칙은 법률 제일주의였다.[90] 일본민법을 기본토대로 하고

아닌 원야·황무지·초생지·소택지와 간사 등 이용하지 않은 곳을 지칭한다. 한광처도 같은 의미이기 때문에 제방·제언 등과 같이 어떤 목적으로 공용하는 것은 국유미간지 또는 한광지가 아니라고 판정했다.

88) 미간지 처리원칙은 다음과 같다. 민유는 ① 증명을 받은 토지, 단 국유가 분명하나 잘못하여 증명을 준 토지는 제외한다. ② 지세를 납부하고 있는 토지, ③ 결수연명부에 등록하고 현재 전 답 대로 이용하고 있는 토지, ④ 증명을 받거나 지세를 납부하지 않았으나 영년 계속하여 전 답 대로 이용하여 민유라 하는 것이 온당하다고 인정되는 토지, ⑤ 전 답 대의 부속지라 인정되는 토지, ⑥ 경지에 연속하거나 개재한 것으로 민유라 하는 것이 온당하다고 인정되는 토지 등이었다. 민유는 구지주가 이의가 없는 것을 확인하기 위하여 지주가 연서한 사유서를 신고서에 첨부하도록 했다. 조선총독부 임시토지조사국, 『국보』34, 1914. 1. 20. 초평 조사방법에 관한 건. 이 건은 부여군외 2군에 걸친 九寧坪의 경우였으나, 원칙적으로 다른 군도 마찬가지였으리 라 짐작된다.

89) 조선총독부 임시토지조사국, 『국보』42, 1914. 5. 20. 국유지통지 방법에 관한 건.

90) 조선총독부 임시토지조사국, 『국보』11, 1911. 8. 5. 국원 졸업식의 건. 국원양성소 졸업식에서 부총재는 "사업은 일정한 완성 년한이 있고, 사업의 성질상 가장 법률적으로 행동하지 않으면 안 된다. 제자는 극히 규율을 엄수하고 상관의 명령에 복종하고

한국의 관습법을 일부 도입하는 방향이었다. 그러나 관습법은 통치에 필요한 최소한의 범위로 제한했다. 통치체제가 자리 잡히면서 면동리의 토지 및 국유미간지 처리, 도지권 처리에서 보듯, 예외로 인정했던 부분들을 일본민법 틀 내로 차차 흡수해갔다.[91]

    끝으로 분쟁과 관련하여 임시토지조사국이 사업을 결산하면서 직접 언급한 『조선토지조사사업보고서』의 내용을 정리해 보기로 하자. 일제는 이상과 같이 소유권의 절대성을 기본원칙으로 삼고, 다른 물권은 부정하는 방향에서 토지정책을 추진했다. 이것이 사업의 기본입장이었다. 여기서 조사대상으로 삼은 유일한 물권은 국·민유를 막론하고 소유권이었다. 민유지에서의 관습물권은 조사대상에서 제외했지만, 해체대상으로 명시하지는 않았다. 일부 연구자들은 권리의 발달정도로 보아 권리관계를 둘러싼 분쟁의 소지가 그리 많지 않았다고 했지만, 초기에는 도지권 등 관습물권을 판례로 인정하기도 했던 상황이었다. 사업 당시 민유지에서 도지권 등은 박탈당할 정도의 위협을 느낄 정도로 심각한 것은 아니었던 것으로 판단된다.

    국유지에서는 사정이 달랐는데, 문제는 국유지대장(또는 역둔토대장)에 있었다. 여기에 등재되었다는 것은 임시제실유급국유재산조사국 관제에 따른 '행정처분'으로 소유권이 국가에 있다고 확정한 것이었다. 하지만 미조사지와 분쟁지 등에는 사실상 민유지라고 주장하는 토지가 존재했다. '사업'에서 이를 조사하여 민유지는 환급하고, 대장에 등재되지 않은 국유지는 찾아내어 국·민유지를 확실히 구분 정리해야 했다. 임시토지조사국에서는 이를 명확히 구분할만한 증거가 부실했음에도 불구하고, 일단 유토는 국유지, 무토는 민유지라는 원칙 아래 국유지 판별작업을 추진했다.[92] 이때 문제는 어떠한

태만해서도 안 된다."라고 했다.
91) 조선총독부 임시토지조사국, 『국보』 4, 1911. 1. 25. 토지소유권에 관한 건.
92) 이럴 경우 제2종 유토가 문제가 될 수 있으니 和田一郞은 이를 무토로 보고 있다. ① 宮嶋博史, 앞 책, 東京大學 東洋文化硏究所, 1991, 478쪽, ② 조석곤, 「토지조사사업에서의 분쟁지 처리」 『조선토지조사사업사의 연구』, 민음사, 1997, 342~344쪽.

기준과 증거물로 이를 판정 구분할 것인가에 있었으며, 논란도 많았다. '사업' 최대의 문제인 국유지 분쟁은 여기서 비롯되었다.

『조선토지조사사업보고서』에서는 분쟁의 원인을 '사업'의 추진과정에서 찾은 것이 아니라 조선내부의 문제, 토지제도가 준비되지 않고 관리도 부실할 뿐 아니라 조선정부의 잘못된 정치에서 연유한다고 보았다. 여기서 국·민유의 구분이 명확하지 않았을 뿐만 아니라, 개간문제 등에서 보는 것처럼 정부의 정책도 일관성이 결여되어 소유권을 판별하기가 쉽지 않았다는 것이다.

구체적으로 보면, 첫째, 수세 여부만으로 소유권의 귀속을 판단할 수 없다는 것이다. 지주납세제와 작인납세제가 병행 시행되어 납세자=소유권자가 아니라는 점, 수세·결세·도조 등의 용어가 지세와 지대에 구분 없이 쓰이고 있다는 점, 세액이 다양하여 그 액수만으로는 지세와 지대를 가름하기가 어렵다는 점 등을 그 이유로 들고 있다. 둘째, 소유권매매증서와 경작권매매증서는 형식이 비슷하여 문서만으로는 구별이 불가능하다는 것이다. 셋째, 투탁지·혼탈입지의 경우나 세월이 오래되어 문서가 부실한 경우는 사실 여부를 분간하기 어렵다는 것이다. 넷째, 문서에 표기된 사표와 면적(두락·결부)이 과장되거나 모호하게 기록되어 분쟁 가능성이 매우 크다는 것이다. 다섯째, 미간지와 모경 등과 같은 국유지에서의 정책 혼선, 즉 때에 따라 인정해주기도 하고 인정하지 않기도 하는 등 소유권의 귀속을 판정하기가 쉽지 않다는 것이다.[93]

임시토지조사국에서는 이러한 난점을 스스로 지적하면서도, 지방과 시대에 따른 수조액의 차이, 각종 문서, 증인, 최근의 점유, 사용상황 등을 종합적으로 조사하면 결세인지, 소작료인지 등을 판별하여 국·민유를 구별하는 것이 용이하지 않은 것은 아니라고 언급하면서 소유권 판정 작업을 단행했다.[94]

그러나 여기에는 몇 가지 문제점이 있었다. 첫째, 소유권 판정의 기준시점을 현 시점이 아니라 가능한 한 소급 적용했다는 점이다. 경자양안, 궁방전

93) 조선총독부 임시토지조사국, 앞 책, 1918, 124~128쪽, 147쪽.
94) 조선총독부 임시토지조사국, 앞 책, 1918, 147쪽.

창설 등 200~300년 전 혹은 그 이상의 시점에까지 증거능력을 구하고 있다. 시간의 흐름과 이에 따른 성격 변화를 반영하지 않은 것이다. 사적 소유를 인정하면서도 조선후기 변화를 문란의 관점에서 파악하여 가능한 한 소급 적용한 것이다.[95]

둘째, 소유권 입증 책임을 '국가'가 아닌 민인이 지도록 하고, 증거능력의 적절성 여부는 임시토지조사국에서 판정하였다. 즉 국유지 조사과정에서 발견한 은토를 일단 국유지로 처리하고, 여기에 이의를 제기할 경우에 사안별로 '국가'가 판정 처리하겠다는 방침을 세웠다. 조선총독부가 국유지의 지주이면서 동시에 심판자의 입장에서 소유권을 판정한 것이다.

셋째, 소유권 획득과정에서 행위의 강제성이 있었다 하더라도 문제 삼지 않고, 그 결과만을 가지고 판정했다. 광무사검 과정에서 대한제국이 공토확보를 위해 행사한 수조액의 증정이나 속공 과정의 강제성 등은 전혀 문제 삼지 않았다. 공토=국유지라는 관점에서 판정했다. 분쟁은 왕실이나 국가에서 급가매득한 것이나 모든 비용을 제공하여 개간한 토지보다도, 민인이 투탁한 토지, 왕실이나 국가가 민인과 합작하여 개간한 토지, 그리고 민의 증거능력이 부족한 토지를 공토화하면서 주로 발생했다.[96] 분쟁심사 과정에서 민유로 환급해 주기도 했지만,[97] 이들은 대체로 국유로 편입되어 양적으로 증가된 것으로 추정된다.

'사업'의 결과 분쟁이 많이 발생하고, 대부분 국유지 분쟁이었다는 점과 관련하여, '사업' 관계자들은 이것은 다른 데서 볼 수 없는 조선 특유의

---

95) 조선총독부 임시토지조사국, 앞 책, 1918, 6~7쪽. 사업을 주관한 和田一郎은 그의 저서『朝鮮土地税制度調査報告書』, 宗高書房, 1920, 113쪽에서 "職田의 制가 폐지되고 각 영·아문의 둔전·궁방전 등을 설치하기에 이르러 전제문란이 극에 달했다. 이들 官宮에 종사하는 역원은 권력을 이용하여 공전을 도식하고 혹은 공전의 이름을 빙자하여 민전을 약탈하는 자이다. 나아가 전제에 관한 법령은 대부분 空文에 돌아가 실행되는 것이 없다"라고 언급하고 있다.

96) 조선총독부 임시토지조사국, 앞 책, 1918, 129~165쪽.

97) 조석곤, 「토지조사사업에서의 분쟁지 처리」, 앞 책, 민음사, 1997, 345~358쪽.

현상이라고 언급하고 있다.[98] 토지조사는 가능한 분쟁이 발생하지 않도록 추진해야 하는데, 이를 양산하는 결과를 초래했다. 이 문제는 우선 국가관할지의 확대라는 입장에서 마련한 공토를 국유지대장에 등록하여 국유지통지의 기본장부로 활용한 데 일차적으로 문제가 있었다. 이 대장은 收租田의 확대라는 방침 아래 강압적으로 시행된 광무사검에서 기본 골격이 마련되었으며, 사검 초부터 분쟁을 야기한 바 있었다. 그렇지만 분쟁은 '사업'에서 더 확대된 모습으로 나타났다. 그 원인은 대한제국과 일제의 조사기준이 다른 데서 기인한 것으로 보인다. 일제는 소유권만을 대상으로 사업을 수행했으며, 광무사검과는 달리 경작권 등 다른 물권은 완전히 제거했던 것이다. 특히 국가의 토지권(수조권)과 대항관계를 가지면서 성장 발전해온 사적 토지권(중답주나 물권적 경작권)을 인정하지 않는 방향에서 사업을 추진했는데, 국유지 분쟁은 여기서 말미암은 바가 컸다.

일제는 1912년 조선민사령을 제정하여 '사업'에서 사정한 소유권을 일본 민법에 의한 것이라고 법적 연원을 분명히 했다.[99] 이와 동시에 조선부동산등기령을 제정하여 일본민법에서 정한 물권을 장부에 등록하여 권리의 안정성을 보장해주는 등기제도도 도입했다.[100] 등기대상 물권은 조선민사령에서 일본민법에 정한 물권으로 정했는데,[101] 소유권을 필두로 저당권과 질권·지상권·영소작권·지역권·선취특권·임차권 등이었다.[102] 대한제국이 입안했던 '부동산권소관법'에 포함된 임조권은 제외했다. 조선민사령에

---

98) 조선총독부 임시토지조사국, 앞 책, 1918, 123쪽.
99) 『조선총독부관보』 1912. 3. 18. 호외, 제령 제9호 조선부동산등기령.
100) 등기제도는 거류지에서 처음 시행되었다(최원규, 「19세기 후반 지계제도와 가계제도」 『지역과 역사』 8, 2001). 이후 대한제국에서는 관계제도를 도입하여 이를 실시하려 했다.
101) 조선민사령 13조. "부동산에 관한 물권의 得喪과 變更에 관하여 등기 또는 증명을 받지 않으면 이로써 제3자에 대항할 수 없다." 『조선총독부관보』 1912년 3월 18일자 호외.
102) 일본 부동산등기법 제1조.

서 관습물권은 보호한다고 정하였으나, 등기대상에서 제외함으로써 도지권 등 물권적 경작권도 점차 부정당하게 되었다. 등기제도는 토지조사가 완료되어 토지대장이 작성된 1914년 5월 1일부터 일본민법에 맞도록 그 시행이 본격화되었다.[103]

6. 맺음말

한말 일제초기는 토지조사의 시대였다. 조선국가가 주도한 갑오승총부터 광무사검, 광무 양전·관계발급사업, 그리고 일제가 주도한 국유지 실지조사부터 토지조사사업으로 구분되며, 이 양자는 조사기준도 서로 달랐다. 이로 말미암아 발생한 국·민유 분쟁이 토지조사의 최대 이슈로 등장했다. 분쟁지처리는 和田一郎이 주도했다. 그는 무토=민유, 유토=국유라는 인식 아래 분쟁을 처리하면서도 양자의 구분이 쉽지 않다고 했다. 특히 절수사여지가 문제였다.

和田은 절수사여지를 유토로, 결호화법세칙은 민유로 보았다. 조 200두형과 조 100두형이 절수사여지의 대표적인 형태였다. 여기에는 국가의 토지권(수조권 또는 법적 소유권)과 민의 토지권(물권적 경작권 또는 사실상의 소유권)이라는 중층적 권리가 배타적으로 존재하고 있다. 양자의 권리는 수조액으로 나뉘어졌다. 和田은 그중 한 쪽을 택하여 일본민법에서 정한 일지일주의 배타적 소유권을 부여하려고 했으며, 여기서 분쟁이 발생했다.

분쟁의 출발점은 갑오승총이었다. 이는 공토에서 작인납세제를 채택하여 전국 토지의 징세권을 국가가 장악한 조치였다. 작인이 결세는 탁지부에, 도조는 공토 관리기관에 납부하도록 한 것이다. 이때 경작권의 물권화가

---

103) 등기는 토지조사를 전제로 하지만 이를 하지 않은 것도 등기할 수 있었다.『조선총독부 관보』제54호, 1914. 5. 1.「제령 제15호 조선부동산등기령 개정」제2조의 3.

그 시행의 전제조건이었다. 작인과 도조액을 명확하게 규정하는 것을 기본원칙으로 한 것이다. 반면 무토에서는 탁지부에 결세만 부담했다. 따라서 유토와 무토의 구분은 대단히 중요했다.

조 100두형 토지가 이를 구별하기 어렵게 했다. 조 100두는 미 23두라는 결세와 차이가 크지 않은 수준이었기 때문에 이 토지는 국가의 정책방향에 따라 공토와 사토를 넘나들기도 하였다. 양자의 차이는 수조액의 수준이었다. 따라서 분쟁은 소유권 문제라기보다 수조액의 수준을 둘러싸고 전개되었다. 대체로 양자는 수조액의 수준을 타협하는 방식으로 문제를 해결하였다. 궁과 둔민은 공토 내부에 존재하는 중층적 권리를 서로 인정했으며, 양자의 의무관계는 수조액의 납부만으로 종결되었다. 둔민의 경작권은 관습적으로 사실상의 소유권 또는 물권적 존재로 매매·상속·전대 등이 가능하였다. 둔민은 이 토지를 자기 토지라고 인식하며 그 권리를 행사하였다.

국·민유 분쟁지는 주로 절수사여지에서 발생하였다. 이 토지는 1905년 이전에는 공토와 사토로 불리며, 유토와 무토를 넘나들었는데, 주로 조 100두형 토지가 그럴 가능성이 높았다. 사궁과 둔민의 관계는 바로 수조액의 수준으로 결정되었다. 둔민은 물권적 경작권(사실상의 소유권)을 궁의 간섭없이 자유롭게 처분할 수 있었다. 광무사검과 그 이전 분쟁은 중층적 권리를 인정하는 가운데 수조액의 수준으로 분쟁을 처리했다면, '실지조사' 이후에는 배타적 소유권의 입장에서 분쟁을 다루었다. 이리하여 국유 민유의 입장에 따라 여러 방면에서 해석도 달랐다.

첫째, 매매의 성격이다. 둔민은 매매를 소유권 매매로, 궁둔은 소작권 매매로 해석했다. 둘째, 수조의 성격도 둔민은 결세, 궁둔은 도조로 인식했다. 셋째, 갑오승총 이후의 일토양세도 둔민은 민전에 강제로 시행한 것이라고 이해하고, 궁둔에서는 결세와 도조를 납부하던 국유지로 해석했다. 중층적 권리를 인정하던 시절에는 이러한 것이 크게 문제가 되지는 않았다. 타협적 조정이 가능했기 때문이다.

그런데 국유지대장에 조사 등록한 토지를 배타적 소유권을 부여한 국유지로 정리하면서 분쟁이 급증했다. 그 모습은 전과 크게 달랐다. 결호화법세칙에서 민유지라고 언급했던 절수사여지인 제2종 유토의 입장에서는 자기 권리를 배타적 소유권으로 인정받지 못하면, 그 즉시 무권리한 상태로 전락하기 때문이다. 타협적 조정은 일제가 원하는 바가 아니었다. 전부냐 전무냐의 갈림길에 선 것이다. 중답주나 도지권 같은 소유권적 물권을 완전히 배제해간 일제의 정책적 의도로 미루어 추론하면, 국·민유 분쟁에서는 수조권적 권리가 배타적 소유권을 획득해 간 것으로 보인다. 현재 연구수준에서 판정의 일반성을 아직 확정할 수는 없지만, 조 100두형은 민유로, 조 200두형은 국유로 판정한 사례도 수조권의 소유권화 강도를 뒷받침해주는 예라고 할 수 있을 것이다. 이와 관련하여 신고와 입회여부, 국·민유를 판정하는 법의 폭력성도 현재 실증적으로 검토되고 있지만, 일반성 획득을 위한 사례연구가 더 필요하다.

김해군의 국·민유 분쟁은 권리를 박탈당한 중답주와 같은 관습물권의 소유자들이 제기했다. 국유지로 확정되는 것은 곧 이들의 권리를 박탈하는 일이기 때문이다. '사업'에서의 국유지 조사는 '실지조사'의 결정사항을 확인하는 절차 이상은 아닌 것으로 보였다. 절수사여지에 존재한 수조권을 배타적 소유권으로 폭력적으로 정착시키는 과정이라고도 할 수 있을 정도였다. 이밖에 역둔토 이외의 관청 관할 토지, 공공용지, 무주지, 진전, 임야는 물론 미간지를 국유로 편입시키는 작업도 동시에 추진했다. 창원군의 국유지는 '사업'으로 전보다 더 늘어난 것으로 보였다. 이와 관련하여 환급된 민유지의 실체가 무엇인지 실증적으로 더 검토할 필요성이 제기되었다.

마지막으로 '사업'의 실무책임자인 和田一郎은 일본민법의 배타적 소유권을 전제로 갑오승총 이래의 토지제도를 정리했다. 사궁장토·둔전 등의 공토를 유토=국유지(토지지급), 무토=민유지(징세권)라고 정리했다. 개간지=절수사여지에서 유·무토 구별이 어려운 경우가 많았는데, 그는 결세만을 납부하는 토지는 민유지로, 결세와 도조를 납부하는 토지를 국유지로 정리했다. 도지권 등은 임대차의 소작권으로 보고 인정하지 않았다. 그는 갑오승총 이래 결세와 도조가 분리되어 수조권이 사라졌다고 했지만, 실제로는 분리되지 않고 관리기관에서 종래대로 납부하는 경우도 적지 않았다. 수조액이 결세를 초과하면 대체로 국유로 판정한 것으로 보인다. 일제의 국유지 조사는 구래의 수조권(국가적 소유권)을 배타적 소유권으로 확정해가는 과정이었다고도 할 수 있을 것이다.

제3장 토지소유권의 사정과 재결

1. 머리말

　일제가 토지조사사업에서 조사대상으로 삼은 물권은 소유권이었으며, 소유권을 확정하는 사정작업이 핵심이었다. 이러한 점 때문에 기존의 토지조사사업(이하 '사업'으로 약칭함) 연구에서는 다음의 문제를 검토대상으로 삼고 있다. 첫째, 여러 토지권 가운데 소유권만 유일한 조사대상으로 정하고 조사 사정한 이유는 무엇인가. 둘째, 소유권을 확정하는 과정은 별 문제없이 순조롭게 진행되었는가. 그렇지 않다면 여기서 제기된 문제는 무엇이며 일제는 어떠한 방식으로 이를 해결해갔는가. 이러한 문제를 해명하는 일은 사업의 성격을 밝히는 일인 동시에 한국의 토지권 발전과정을 체계화하는 작업과정이기도 했다.

　먼저 첫 번째 문제와 관련하여 '사업'에서 일지일주의 배타적 소유권이라는 일본민법적 '소유권'으로 완전히 확정되었다는 데는 대부분 연구자들이 동의하는 것으로 보인다. 수탈론이든 식민지근대화론이든 관점에서는 차이가 있지만, 소유권을 조사하여 '追認' 혹은 '法認'하였다는 점에는 별 이의가 없는 것 같다. 그렇지만 다른 한편 당시 소유권 이외에 물권적 성질을 갖는, 매매·상속·轉貸 등이 가능한 도지권과 같은 관습물권이 존재하고 있다는 사실도 인정하고 있다.[1] 다만 한쪽에서는 일제가 이를 부정 압살했다고 이해하고, 다른 한쪽에서는 '사업'에서 조사대상이 아니었으며 강제적으로 소멸된 것이 아니라 경제 원리에 따라 지주권에 흡수되었다고 이해한다. 이들은 모두 사실이기는 하지만 역사적 현상의 한 측면만을 반영한 설명이었다.

일제는 조선민사령에서 조선의 관습을 인정하는 듯했지만, 일본민법과 충돌하자 서서히 부정하다 결국 인정하지 않았다.[2] 대부분 연구자들은 이러한 물권적 존재를 특수한 또는 부분적인 현상으로 보았으며, 일반 경작권은 물권이 아닌 채권적 존재로 간주했다. '사업'은 그 연장선에서 소유권만을 조사 대상으로 삼고 이를 조사하여 '법인'하였다는 것이다.

그렇다면 사업 당시 한국의 토지권은 소유권, 그리고 특수한 현상으로서의 물권밖에 존재하지 않았을까. 결과적으로는 이것이 사실처럼 되어버렸지만 이러한 역사이해를 그 이전의 역사 전반에 소급 적용할 때 그렇게 미미한 존재는 아닌 듯싶다. 경작권의 범위와 강도는 지역에 따라 시기에 따라 지주경영 방식에 따라 다양하게 존재했으며, 그중에는 지주권에서 벗어나 물권적 수준까지 도달한 경우도 적지 않았다. 그러한 사례는 국유지에 많았으며, 민유지에도 적지 않았던 것으로 보인다.[3] 관점에 따라 해석의 차이는 있겠지만, 갑오·광무정권은 이러한 관습물권을 일정하게 인정하는 수준에서 토지정

1) 도지권에 대하여는 ① 허종호, 『조선 봉건말기의 소작제 연구』, 1965, ② 신용하, 「이조말기의 도지권과 일제하의 영소작의 관계」 『경제논총』 6-1, 1967, ③ 김용섭, 「한말에 있어서의 중답주와 역둔토지주제」 『한국근대농업사연구(증보판)』(하), 일조각, 1984, ④ 이영훈, 「토지조사사업의 수탈성 재검토」 『역사비평』 22, 1993, ⑤ 최원규, 「한말 일제초기 일제의 토지권 인식과 그 정리방향」 『한국근현대의 민족문제와 신국가건설』, 지식산업사, 1997 등이 참고된다.
2) 최원규, 앞 글, 『한국 근현대의 민족문제와 신국가건설』, 지식산업사, 1997, 320~334쪽.
3) 여기에도 이해방식에 차이가 있다. ① 김용섭, 『조선후기농업사연구(증보판)』(Ⅰ), 지식산업사, 1995, ② 김용섭, 『조선후기농업사연구(증보판)』(Ⅱ), 일조각, 1990, ③ 배영순, 앞 글, 서울대학교 박사학위논문, 1988, ④ 이영훈, 『조선후기사회경제사』, 한길사, 1988, ⑤ 허종호, 앞 책, 1965 등이 참고된다.

책을 편 것으로 이해해도 무방하지 않을까 생각한다.

'사업'에 대한 평가는 '사업' 자체에 대한 분석이 일차적이겠지만, 이와 동시에 그 이전 한국사회의 토지권 발전 수준을 점검하는 일이 전제되어야 한다. 특히 근대화 개혁을 추진해가면서 갑오·광무정권이 추진한 토지정책이 중요하다. 구체적으로 이 시기 소유권을 포함한 모든 토지권이 어떻게 존재했으며, 각 정권은 이를 어떻게 이해하고 처리하려고 했는가를 해명하는 작업이 필요하다. 이 문제는 우선 국유지정책을 통해 그 일단에 접근할 수 있을 것이다. 일제의 국유지 정책을 둘러싼 수탈성 논쟁은 '사업'에 대한 이해의 차이도 있지만, 앞 시기의 역사상에 대한 견해차에서 오는 것이기도 하다. 따라서 '사업'을 바로 이해하기 위해서는 이를 파악하는 것이 일차적 과제가 될 것이다. 물론 국유지정책은 민간에서 시행한 하나의 관행을 염두에 두고 입안하였으며, 실천과정에서 민유지에도 이러한 원칙을 일원적으로 적용하려고 시도했다. 그중 핵심과제가 토지권과 지세제도의 문제였으며, 이 문제는 제1장에서 다룬 바 있다.

이같이 시주·시작을 둘러싼 토지권과 관련한 견해차도 있지만, 이와 아울러 여기서는 '사업' 과정에서 종전 보다 분쟁이 더 확대되었다는 객관적 사실에 주목하려고 한다. '사업'이 구래의 토지소유권을 조사하여 추인하는 방식으로 시행되었다고 하는데, 왜 분쟁과 재결이 적지 않게, 지역에 따라서는 '조사가 분쟁'일 정도로 발생했을까. 그 중에서도 국유지에서, 그것도 소유권분쟁이 왜 집중적으로 발생했을까. 이것은 '사업' 전체와 관련된 문제지만, 국유지가 민유지와는 다른 모습이 존재하거나 접근방식에 문제가 있었기 때문일 것이다. 국·민유 분쟁처럼 심하지는 않았지만 민유지 분쟁에서도 권리관계에 따른 이해관계의 다양한 특질이 존재했을 것이다.

본장에서는 이 점에 주목하여 먼저 '사업' 이전 대한제국 단계의 토지권 수준을 전망하며 '사업'을 분석 평가하는 기준을 마련하고, 이를 전제로 '사업'에서 확정하려한 소유권의 특질과 이해관계를 살펴보려 한다. 이를 위해 '사업'

과정에서 제기된 분쟁과 처리, 공시열람 제도, 사정과 재결 등을 분석하려한다. 자료는 현존하는 통계자료를 주로 사용하되, 분석에는 '사업'이 추진된시기와 지역의 차이, 국·민유지 문제, 민족 간의 이해관계 등에 주안점을두고자 한다.

2. 토지소유권 분쟁과 사정

1) 소유권 분쟁률과 지역별 분포

'사업'의 중심과제는 토지소유권을 확정하는 사정 작업이었다. 이 절차는토지조사법을 거쳐 토지조사령에서 제도적으로 완비되었다. 사정은 토지조사를 통하여 작성한 토지조사부와 지적도를 기반으로,[4] 토지소유권과 경계를확정하는 일이다. 지목과 면적은 사정대상이 아니었다. 사정의 기초자료는민유지에서는 지주가 제출한 토지신고서, 국유지에서는 해당 관청이 제출한국유지통지서였다. 조사원은 실지와 대조하여 기재사항에 이상이 없으면신고지주를 소유자로 확정하는 절차를 밟았다.[5] 그 이외에 이해관계인의신고, 소유권에 의문이 있는 경우, 신고나 통지를 하지 않은 경우, 분쟁지등은 다시 조사하여 확정하는 절차를 밟았다. 적지 않은 필지가 여기에 해당하였다.[6] 이들을 통칭 분쟁지라고 하였다.

소유권 분쟁은 민유지의 경우 한 필지당 토지신고서를 2명 이상이 제출하여소유권을 확정하기 어려운 경우였다. 조사원이 먼저 화해를 시도하고 서로

---

4) 토지조사부와 지적도는 조선총독부 임시토지조사국,『조선토지조사사업보고서』,
   1918, 286~287, 391~392쪽이 참고된다.
5) 신고주의의 문제와 의미에 대하여는 주1의 논고가 참고된다.
6) <표 2> <표 3>.

의견이 일치하면 화해서를 작성하여 토지신고서에 첨부했다.[7] 화해가 안되면 증거서류·약도 및 진술서를 제출하게 하고, 군청 기타에서 증거를 수집하여 전말서를 작성하여 분쟁지 심사에 착수했다.[8] 국·민유 분쟁지는 토지신고서와 국유지통지서를 동시에 제출한 경우로 관계 관청에서 국유지의 근거를 조사하여 가능한 한 설명서를 교부하도록 했다.[9]

임시토지조사국에서는 분쟁지조사규정을 만들고, 총무과 내에 계쟁지계를 두고 분쟁사무를 담당하도록 했다. 초기에는 각 과장이 합의 심사했으나, 1913년 이후에는 5인의 고등관으로 구성된 분쟁지심사위원회(위원장 총무과장)에서 심사 검열한 다음, 임시토지조사국장이 최종 확정했다. 조사사항은 관계서류의 대조, 소유권원 및 점유, 실지의 상황, 양안, 기타 참고부서, 납세사실, 참고인의 진술, 법규 또는 관습 조사 등이었다.[10]

'사업'에서 제기된 분쟁은 <표 1>에서 총 33,937건 99,445필로 전체 조사필수의 0.52%였다. 200필당 1필로 분쟁이 제기되었다. 그 중 26.6%는 화해 취하되었으며, 실제 분쟁은 이 중 73.4%로 전체의 0.38%가량이었다. 여기에 계산되지 않은 재판에 계류 중인 것이 6,976건이었으며, 이 가운데 2,582건이

〈표 1〉 조사필수와 분쟁필수

조사필수ⓐ	분쟁			소유권 분쟁			경계 분쟁		
	총필수ⓑ	화해취하ⓒ	분쟁ⓓ	국유지	민유지	합	국유지	민유지	합
19,107,520	99,445	26,423	73,022	64,449	34,689	99,138	121	186	307
%	0.52 ⓑ/ⓐ	26.6 ⓒ/ⓑ	73.4 ⓓ/ⓑ	65	35	100	39	61	100
분쟁 건수	33,937								

비고 : 재판건수 총 6,976건, 판결과 화해 2,582건, 취하 1,054건, 임야 등 조사 외 915건.
출처 : 조선총독부 임시토지조사국, 『조선토지조사사업보고서』, 1918, 123~124, 190~191쪽.

---

7) 조선총독부 임시토지조사국, 앞 책, 1918, 188~190쪽. "재판의 판결과 사정이 서로 저촉할 것을 우려하여 소송 중인 토지는 법원과의 연락관계를 중시했다. 소송중인 토지는 취하를 원칙으로 하되, 취하하지 않는 경우는 그 이유를 부기하도록 했다."
8) 조선총독부 임시토지조사국, 앞 책, 1918, 85쪽.
9) 조선총독부 임시토지조사국, 앞 책, 1918, 26~28쪽.

판결이나 화해로 종결되었다.

전체적으로 볼 때 분쟁은 비중이 매우 낮은 것처럼 보이지만, 구체적으로 살펴보면 지역에 따라 사정이 달랐다. <표 1>은 사정하기 전에 발생한 분쟁지 통계이다. 사정에 불복하여 고등토지조사위원회에 재결을 신청한 것은 여기에 포함되지 않았다. 통계에 포함된 분쟁도 상당히 제한적인 것이었다. 일본인 조사자들은 한국인들이 소유권 욕심으로 무조건 분쟁을 일으킨다는 인식을 갖고, 분쟁을 제한하는 모습을 보였다.[11]

소유권 취득과정에서 강제 행위가 있다 하더라도 계약서나 증명과 같은 증거서류가 있을 때는 화해나 조서의 대상에서 원천적으로 제외한 경우가 상당히 많았다. 그리고 민전 내에서 소유권과 관습물권이 서로 대립할 경우는 분쟁대상으로 삼지 않았다. 전자만 신고대상이고 그를 배타적 소유권자로 확정하였으며, 관습물권은 신고나 조사대상에서 제외하였다. 물론 일제초기에는 양자가 분쟁이 제기되었을 경우 법원 판결에서 관습물권의 권리를 인정하는 모습을 보이기도 했지만, '사업'에서 신고대상은 아니었다. 그리고 '사업'이후에는 이들의 법적 지위를 임차권으로 확정해 갔다.

분쟁의 특징을 지역적으로 살펴보면, 분쟁은 평균적으로 볼 때 거의 모든 군에서 발생했다고 할 정도였다. 물론 분쟁이 발생하지 않은 동리도 많았지만 지역적 편중성이 심했다. 한 건이 한 동리 내지 여러 동리의 대부분을 포괄하고, 대상자가 수백 명인 경우도 있었다.[12] 이같이 전국 각지에서 분쟁이 일어났으나 발생 빈도에서 지역별로 상당한 편차를 보였다. 분쟁이 발생하지 않은 지역도 있었지만, 심한 지역은 토지조사가 분쟁지 심사 그 자체라고 할 수

---

10) 조선총독부 임시토지조사국, 앞 책, 1918, 180~187쪽.

11) 조선총독부 임시토지조사국, 『측지과 업무전말서』, 1917, 162쪽. "당사자에 대하여 조정을 시도하고 가급적 화해하는 방침을 채택해도 유래 소송을 일으키는 폐단이 있다. 조선인 중에는 간간 그 권원이 명료함에도 불구하고 또 완강히 이를 다투는 자가 있다."

12) 조선총독부 임시토지조사국, 앞 책, 1918, 123쪽 ; 『국보』 84, 1915. 11. 2. 황해도 지역의 국유지에서 그러한 예를 볼 수 있다.

있을 정도였다.

<표 2>에서 분쟁의 도별 실태를 보면,13) 양적으로는 전남·경기·황해·경남에서 많이 발생했으며, 강원·충북과 북쪽 지방 등 한전지대는 발생 빈도가 낮았다. 관서·관북은 분쟁이 매우 적었으나 그중에서 평북은 비교적 높은 분쟁률을 보였다. 분쟁 다발 지역의 특질은 일본인이 농장을 건설하기 위해 집중적으로 투자한 수전지대이면서 국유지가 많이 분포한 지역이었다. 이러한 특징은 부·군·도별로 세분해서 살펴보면 더욱 두드러지게 나타난다.

〈표 2〉 측지과 도별업무 사적

구분		경기	충북	충남	전북	전남	경북	경남
부군		42	20	42	16	27	46	29
면		385	178	251	189	275	372	289
정동리		2,699	1,508	2,271	1772	3,057	3,219	2,615
확정필지		608,022	85,801	1,241,936	1,374,168	2,750,028	2,689,907	2,343,622
신고자		370,704	211,481	352,060	340,180	661,278	650,699	543,461
무신고필지		1,377	355	163	105	5,906	1,293	1,293
무통지국유지		67	119	37	489	117	324	895
이해관계인 신고지	건수	47	94	85	185	52	158	268
	필수	104	169	124	779	116	250	53
분쟁지 화해	건수	278	35	220	644	820	425	369
	필수	384	57	386	2,342	1,685	643	613
분쟁지 조서	건수	5,678	114	480	4,617	6,408	385	2,635
	필수	38,201	678	2,259	531	15,182	1,267	6,256
소유권의문토지	건수	74	88	379	839	919	16	88
	필수	106	118	631		1,364	20	183
분쟁지(합)	필수	38,585	735	2,645	2,873	16,867	1,910	6,869

13) 여기서 이용한 자료는 조선총독부 임시토지조사국 측지과에서 사업을 종료하면서 작성한 『측지과 업무전말서』이다. 측지과는 1913년 9월 10일 사무분장규정을 개정하여 신설된 것이고 개정이전에는 측량課 측지科였다. 1917년 7월 6일 종료했다. 본 글에서 작성 제시한 표는 이 책의 도별 사적표와 군별 사적표를 이용한 것이다. 측지과에서는 구제도(구)와 신제도(신)로 나누어 표를 작성했는데, 구제도는 1913년 10월까지의 상황이었다. 이 표는 신구제도의 통계를 합한 것이다. 그리고 『조선토지조사사업보고서』와 이 통계는 차이를 보이고 있는데, 행정구역 변동과 통계 시점의 차이에서 말미암은 것으로 보인다. 그러나 전반적인 추세를 살펴보는 데는 별 무리가 없을 것이다.

사업보고서	필수	24,939	711	4,810	5,442	29,830	2,204	10,465
황해	평남	평북	강원	함남	함북	합(구)	합(신)	신구합
17	20	21	21	18	15	94	240	334
227	195	196	178	144	83	723	2,239	2,962
2,054	1,931	1,475	1971	2,932	709	5,725	22,487	28,212
1,499,391	1,060,893	950,901	1,255,705	1,010,200	464,651	3,510,528	15,596,987	19,107,515
352,308	285,468	210,815	263,822	307,422	103,700	905,926	3,747,474	4,653,400
106	80	13	96	26	21	3,204	7,232	10,436
44	91	6	21	17	9		1,606	1,606
96	160	92	171	189	217	15	1,445	1,460
340	311	190	342	403	496	24	3,059	3,083
536	228	261	149	149	93		3,955	3,955
757	362	495	224	229	127		6,606	6,606
2,509	146	740	1,064	767	52	3,373	19,947	23,320
6,843	381	4,237	2,840	1,435	85	31,447	51,834	83,281
366	14	37	108	32	1	8	2,645	2,653
849	100	51	210	82	1	12	4,542	4,554
7,600	743	4,732	3,064	1,664	212	31,447	58,440	89,887
10,979	808	4,473	3,016	1,639	129			99,445

<표 3>에서 경기도의 경우를 보면, 발생건수는 경성부가, 필지수는 강화군이 압도적이었다. 다음으로 음죽군·포천군·연천군·양주군·광주군·용인군·수원군·남양군·시흥군 등 서울을 중심으로 남북으로 펼쳐진 평야지대에

〈표 3〉 측지과 경기도 업무사적

구분		경성부		거류지	인천
		구	신	구	구
면수		6	7	24	10
정동리수		186	99	315	62
확정필지수		33,390	35,821	1,596	26,372
신고자수		20,137	153,34	19	5,133
무신고필수		23	21		6
무통지필수			7		
이해관계인 신고	건수				
	필수				
분쟁지 화해	건수		36		
	필수		53		
분쟁지 조서	건수	164	2,328	9	21
	필수	194	3,841	19	79
소유권 의문토지	건수		8		
	필수		11		

고양	광주	양주	여주	연천	이천	적성	음죽	용인
신	신구	신	구	신	구	신	구	구
7	18	17	15	12	8	3	5	10
51	192	153	159	82	97	29	35	71
35,799	98,807	98,976	79,766	62,499	52,973	13,572	4,566	49,560
7,712	24,956	21,798	18,624	12,292	1,495	3,226	656	1,008
5	163	15	120	10				18
150				25				
		5				2		
		7		20		3		
		51		15		2		
		63		25		3		
1	80	353	2	418	1	51	390	153
1	165	454	4	952	2	94	2,046	464
		56				5	1	
		81				5	1	

부평	김포	양천	통진	강화	교동	개성	교하	장단
신구	구	구	구	신구	구	신구	구	구
22	8	5	10	16		9	8	10
106	20	15	53	81	4	58	34	67
56,478	14,891	7,784	31,514	77,885	15	48,193	18,717	65,085
10,392	2,897	1,810	5,846	16,015	15,592	17,864	3,685	13,234
54	21	5	26	67	2,870	34	5	37
	3				5	5	27	
			1				5	2
		2				9	3	45
		1				11	21	32
		1				26	31	38
4	4		48	206	1	15	1	7
7	12		130	24,673	1	27	4	42

파주	양지	포천	죽산	안성	가평	양평	진위	수원
신	구	신	구	구	신	신	구	신구
7	6	12	8	9	6	12	14	39
50	31	88	50	91	47	112	54	202
30,475	20,910	64,343	40,446	40,220	32,038	87,489	32,824	114,614
6,651	4,325	13,285	9,742	10,820	5,355	15,315	6,894	25,348
3	94	22	87	63		4		
		5				3		
		8				7		
18		11			6	39		
29		17			10	52		
147		561	2		326	1		119
243		1,571	2		875	2		201
		3			1			
		6			2			

남양	시흥	과천	안산	풍덕	양성	합	합	합
구	신구	구	구	신구	구	구	신	신구
18	7	7	9	8	13	131	254	385
98	23	49	49	46	42	944	1,755	2,699
75307	15,739	30,584	30,584	36,837	20,457	658,941	949,081	1,608,022
12844	3,728	6,337	6,337	7,888	4,629	142,571	228,133	370,704
102	44	121	54	17	23	155	1,222	1,377
					67	67		67
				19		47		47
						104		104
				35		278		278
				36		383		383
117	125	4	4	16		4,221	1,497	5,718
205	336	231	231	217		8,318	2,983	11,301
						69	5	74
						101	5	106

분쟁지가 폭넓게 분포되어 있다.

시기별로 보면, 초기에 토지조사를 실시한 지역에는 '무신고' 필지가 적지 않았다. 신고가 제대로 이루어지지 않아 발생한 것으로 보인다. 그렇지만 이해관계인 신고지가 없었다는 점을 고려해 보면, 아직 신고제도가 본격적으로 가동될 만큼 제도적 완결성을 갖추지 못했기 때문으로 보인다. 분쟁지 처리에서 화해한 필지가 한 건도 없고 모두 조서를 작성했다는 점이 특징적이다. 소유권에 의심이 있는 토지는 이천군에 5필지가 보일 뿐이었다. 경기도에서 특히 주목되는 것은 '통지 없는 국유지'가 없었다는 점이다.[14]

구제도에서 실시한 신고실태도 마찬가지였다. 총 3,510,528필지 가운데 무신고 필지가 3,204필이었으며, 분쟁지에서 화해건수는 없고, 3,373건 31,447 필 모두 조서를 작성한 경우였다. 그리고 소유권에 의심이 있는 건수는 8건 12필에 불과했다. 신구제도를 종합하여 비교하면, 구제도에서는 분쟁률이 0.89%이고, 신제도에서는 0.33%인데 화해를 포함해도 0.37% 정도였다. 분쟁이 많았던 경성과 부산이 구제도로 실시되었기 때문이기도 하지만, 신제도에

---

14) 국유지 실지조사가 그대로 반영되었기 때문인지, 아니면 민유지만 조사대상으로 삼은 것 때문인지 실증적 검토가 필요하다.

서는 신고를 더 적극적으로 유도하였으며, 화해조정도 더 적극적으로 시행하는 모습을 보였다고 생각된다. 구제도에서 '통지 없는 국유지'가 없는 것은 국유지 실지조사의 성과를 그대로 활용한 결과로 보인다.

전라남도는 다른 지역과 비교하여 분쟁이 제일 많았으며, 두 가지 특징을 보여주었다.[15) 하나는 다른 도에 비해 섬이 많았으며, 이곳에서 분쟁도 많이 발생했다는 점이다. 완도군·제주도(제주군·대정군·정의군)·진도군을 비롯한 섬지역과 섬을 많이 포함하고 있는 여수군·순천군·무안군 등이 그러한 지역이었다. 다른 하나는 무안군·나주군·함평군·장성군 등 영산강 하류 평야지대와, 경남 하동군과 인접한 섬진강 평야지대인 구례군이 분쟁률이 높았다는 점이다. 궁방전·둔전 등 국유지가 집중적으로 소재한 지역으로 보인다. 그중에서도 강 하류의 수전지대가 분쟁률이 높았다. 개간지가 많아 관습물권이 존재할 가능성이 비교적 높고, 지가가 비교적 헐한 곳이다. 일본인이 토지를 집중 매입하여 농장을 설치하는 과정에서 분쟁이 많이 발생한 것으로 보인다. 그리고 분쟁이 많이 발생한 지역에서는 화해건수도 많았다. 특히 함평군과 무안군이 많았다. 무안군의 섬 지역은 1건당 20필 정도로 규모도 컸다. 무신고지는 이유는 알 수 없지만 해남군과 제주도에 많았다.

경남과 전북에서도 이와 비슷한 모습을 확인할 수 있었다. 전체적으로 위 지역보다 분쟁률은 낮았지만 군별로 보면 확연한 차이가 보였다. 경남의 경우 첫째, 부산의 분쟁률이 대단히 높았다. 시가지에서 일본인 상호간의 이권 쟁탈에서 기인하는 것으로 보인다.[16) 둘째, 김해군·창원군·밀양군·양산군·창녕군 등 낙동강 유역지역이 분쟁이 많았다. 이 지역은 일본이 청일전쟁에서 승리한 직후부터 부산 거류지를 거점으로 일본인이 농장을 건설하기

---

15) 각 군에 대한 통계자료는 지면 관계상 구체적 제시는 생략했다. 각 군에 대한 언급은 조선총독부 임시토지조사국, 『측지과 업무전말서』를 참조했다.

16) 『매일신보』 1914. 7. 1. 토지계쟁의 조사. "민간 계쟁중 가장 현저한 곳은 부산 부근으로 서부, 즉 정차장 후면에 약 1리에 걸쳐 거의 전부가 1필에 대하여 소유권을 주장하는 자가 3인 내지 6인으로 건수가 오백 십여건이오."

위해 적극 진출한 곳이다.[17] 대체로 낙동강 하류지대로 궁방전 등이 많이 존재한 지역이었다. 셋째, 통영군의 분쟁률이 높은 점이 특이했다. 이 지역은 한려수도의 섬이 많고 삼도수군통제영이 있던 곳이다. 분쟁은 국유지와 관계된 것으로 보인다. 그리고 진주군을 비롯한 함안군·의령군·함양군 등 남강 일대의 평야지역도 비교적 분쟁률이 높았다.

전북은 전체적으로는 분쟁률이 비교적 낮은 편이었지만, 동진강·만경강 일대의 평야지대는 높은 편이었다. 이곳은 한말 이래 '균전수도' 지역으로 왕실과 농민 사이의 토지분쟁이 십 수 년간 계속되는 등 많은 문제를 안고 있었다.[18] 분쟁이 가장 빈번하게 일어났던 지역은 김제군이었으며, 인근 익산군을 비롯하여 옥구군도 적지 않았다. 대체로 일본인 농장 집중지역이었다. 그리고 정읍군은 고창군·부안군과 더불어 분쟁이 많았는데, '통지 없는 국유지'의 건수가 상당한 것으로 보아 국유지 문제가 분쟁의 주원인이었을 것으로 보인다. 여기에 일본인 농장 문제도 첨가되었을 것이다.

국유지 문제가 가장 두드러진 지역은 황해도 지역으로 추정된다. 이곳은 궁방전이 집중적으로 설치되었던 곳으로 동양척식주식회사가 설립되면서 소유권이 이전된 토지가 적지 않았다. 재령군이 대표적인 지역이라 할 수 있다. 754건 3,069필지에서 분쟁이 발생하여 다른 지역에 비해 압도적이었다. 황주군은 재령보다 약간 낮은 편이었지만 화해건수는 296건, 375필로 적지 않았다. 옹진군·봉산군·연백군·해주군 등이 그 뒤를 따랐다. 내륙의 한전지대에서는 분쟁이 거의 없다.

관서·관북·관동·호서 지방은 분쟁이 그다지 많지 않았다. 평북이 두드러졌으며, 특히 청천강 일대의 정주군·용천군·박천군 등이 대표적인 지역이었다.

---

17) 일본인 농장의 성립과 분포에 대하여는 淺田喬二, 『日本帝國主義と舊植民地地主制』, 御茶の水書房, 1967, 그리고 경남지역은 최원규, 「19세기 후반 20세기 초 경남지역 일본인 지주의 형성과정과 투자사례」 『한국민족문화』 14, 1999가 참고된다.
18) 김용섭, 「고종조 왕실의 균전수도문제」 『한국근대농업사연구(신정 증보판)』 2, 지식산업사, 2004.

평남에서는 대동군, 강원도에서는 춘천군과 원주군, 함남에서는 정평군·함흥군·북청군, 함북에서는 경성군과 성진군이 대표적이었다. 하지만 다른 지역에 비해 분쟁률이 낮은 편이었다. 그 중에서 수전 지역이 높은 편이었다.

충남에서는 보령군의 섬 지역이 분쟁률이 가장 높고, 공주군·부여군·임천군·비인군 등이 그 뒤를 따랐다. 충북에서는 옥천군과 제천군의 분쟁률이 높았다. 옥천군은 '통지 없는 국유지'의 비중이 높은 것으로 보아 국유지 실지조사가 부실했던 것으로 보인다.

시가지는 경기의 경성부·수원면·인천부·송도면, 충북의 청주면, 충남의 공주면·대전면·강경면, 전북의 군산부·전주면, 전남의 광주면·나주면·목포부, 경북의 김천면·대구부, 경남의 부산부·마산부·진주면, 황해도의 해주면, 평남의 평양부·진남포부, 평북의 의주면·신의주부, 함남의 원산부·함흥면, 함북의 청진부·경성(오촌면)·나남면·회령면 등 29개 지역인데, 다른 지역보다 토지조사가 일찍 시행되었으며 분쟁도 특이한 모습을 보였다. 시가지는 거류지가 설치되었던 지역과 그렇지 않은 지역으로 구분할 수 있다. 먼저 거류지에는 분쟁이 거의 없거나 낮았을 것으로 판단된다. 거류지는 설치 당시부터 구획을 정하여 토지대장과 지적도를 만들고 경매방식으로 불하하는 동시에, 등기제도와 지계제도를 시행하였기 때문이다.[19] 진남포·군산·인천·목포·부산·마산·원산 등 각 부의 일부 지역이 여기에 해당한다.[20] 반면 거류지의 주변지역은 일본인들이 불법적으로 잠매를 극심하게 전개하여 상대적으로 분쟁률이 높았다. 옥구군, 무안군, 나주면, 김해군, 강경면 등이 그러한 지역이다.[21]

---

19) 거류지에 실시된 지계제도는 최원규, 「19세기 후반 지계제도와 가계제도」『지역과 역사』8, 2001.
20) 통계에서 분쟁은 인천만 기록되었는데 9건 19필지였다. 그리고 다른 지역은 거류지가 속한 부의 조사 실태로 볼 때 짐작컨대 분쟁이 거의 없었다고 판단된다. 조선총독부 임시토지조사국, 『측지과 업무전말서』, 1917 참조.
21) 최원규, 「1900년대 일제의 토지권 침탈과 그 관리기구」『부대사학』19, 1995.

다음은 일제가 토지조사를 우선적으로 실시한 대도시 지역을 보기로 하자. 경성부·부산부 등 일본인이 대거 진출한 대도시 지역은 분쟁률이 대단히 높았다. 대도시라도 조선인들이 주로 거주하며 상권을 유지하던 곳은 위의 지역보다는 낮았지만 다른 곳에 비해서는 높은 편이었다. 영남지역의 거점 도시인 대구와 진주를 비롯하여 평양·수원 등이 여기에 속한다. 일률적으로 평가하기는 어렵지만, 도시화의 진전, 일본인의 침투 시기와 정도에 따라 분쟁률에서 차이를 보인 것으로 판단된다. 인천·수원 등도 이러한 범주에 포함된다. 이들 이외에 청주·공주·대전·광주·김천·전주를 비롯하여 평북과 함남북의 시가지는 면 단위라는 점도 있지만 분쟁이 거의 없었다.[22]

도서지역은 지역 형편에 따라 보통반과 특별반으로 나누어 조사를 했다. 보통반 조사지역은 육지와 같은 방식으로 실시했으며, 특별반 조사지역은 면적의 광협, 육지와의 거리나 교통, 토지매매나 양여, 기타 경제관계 등을 짐작하여 조사의 필요여부를 결정하고 그 표준을 구체적으로 정한 다음 특별반을 조직하여 조사를 실시했다.[23]

---

22) 마산은 1건, 전주면은 2건이 발생했다.

23) 『측지과 업무전말서』 통계에서 도서라 표기된 지역은 「도서 조사표준」(훈령17, 1915년 6월 4일) 「도서 특별조사 외업처무규정」(1915년 6월 23일)을 제정하고 도서 특별반을 조직하여 준비조사·도근측량·세부측량·지위등급의 조사 등을 병행 실시한 지역을 말한다. 예를 들면 경상남도 통영군은 사정을 3번 실시했는데, 첫 번째는 거제면(사달도 이외의 도서를 제외한다)·동부면·둔덕면(화도 이외의 도서를 제외한다)·사달면·일련면(지심도·조라도 이외의 도서를 제외한다)·한산면(한산도·봉암도·비진도·용초도·서좌도 이외의 도서를 제외한다)·원량면(상도·하도 이외의 도서를 제외한다)·장목면(이수도 이외의 도서를 제외한다)·하서면(칠전도 이외의 도서를 제외한다)·연초면·이운면·통영면(지도·가조도 이외의 도서를 제외한다)·광도면·도서면·산양면(곤리도·미륵도 이외의 도서를 제외한다)이고, 두 번째는 한산면의 내매죽리·죽도·매물도·가오도·어유도·소매물도·유호리·비산도, 원량면의 내두미리 등이고, 세 번째는 산양면 등이다. 분명하지는 않지만 첫 번째 지역은 보통반, 뒤의 두 지역은 도서특별반에서 시행한 것으로 보인다. 『측지과 업무전말서』의 통영군 도서 통계는 이 두 지역을 지칭하는 것으로 생각된다. 조선총독부 임시토지조사국, 『조선토지조사사업보고서』, 422·424~425·432쪽. 토지사정지역과 공시기간의 표를 보면 대부분의 육지 인근의

도서지역으로 대표적인 곳은 경남의 김해·통영·고성·하동·사천·남해, 전남의 무안·영암·영광·해남·장흥·고흥·진도·완도·제주·여수·광양, 충남의 보령·서산, 전북의 옥구·부안, 경기의 수원·부평·시흥·강화, 황해의 연백·해주·옹진, 평북의 정주·선천·의주·용천 등이다.24) 이 중에서『측지과 업무전말서』의 표에 도서라 표기된 지역은 부천·강화·보령·서산·당진·옥구·무안·완도·통영·사천·남해·철산·용천 등이다. 이 가운데 무안과 보령은 분쟁이 많고, 완도·부천이 약간 있을 뿐이다. 나머지 지역은 분쟁이 없었다. 특별반이 편성된 지역은 대체로 규모가 작은 섬으로 분쟁이 별로 없었던 지역으로 판단된다.

그러나 보통반이 측량한 도서를 많이 포함한 군은 사정이 달랐다. 전남의 경우 고흥 같이 분쟁이 낮은 지역도 있지만, 무안·완도·제주·진도 등은 대단히 심각한 수준이었다. 여수·영암·해남 등도 적지 않았다. 경남은 남해를 제외하고는 대체로 분쟁률이 높았다. 경기도와 황해도는 대부분 분쟁이 많았다. 평북은 선천을 제외하고는 분쟁률이 높았다. 대부분의 도서지역은 분쟁률이 높았음을 보여주었다. 국유지 분쟁과 맞물린 문제로 보인다. 대체로 분쟁은 도시화의 정도, 국유지의 비율, 일본인의 투자정도, 개간지 비중 등에 따라 차이를 보였다.

마지막으로 국·민유 분쟁이다. 이 분쟁은 소유권과 경계 분쟁 가운데 전자가 90%가 넘는 비중을 차지했다.25) 이 중 국유지 분쟁이 65%로 민유지 분쟁에 비하여 높았다. 민유지에서 분쟁이 적고 분쟁건수도 적었던 것은 그만큼 소유권이 배타적으로 발전해 있었다는 것, 그리고 도지권 등과 같은 관습물권을 조사대상에 포함하지 않았다는 토지조사의 원칙이 반영된 것이라고 판단된다. 반면 궁방전·역토·둔토·능원전·목장둔·삼림·산야·미간지 등의 국유지는 권리관

도서는 보통반에서 측량한 것으로 보인다.

24) 조선총독부 임시토지조사국, 앞 책, 1918, 415~437쪽.

25) 조선총독부 임시토지조사국, 앞 책, 1918, 123쪽.

계가 복잡했으며, 소유권의 기준이 대한제국과 일제는 차이가 있었다. 광무사검에서는 국가와 민인이 가진 기존의 물권적 권리관계를 그대로 인정하는 가운데 소유권을 운영하는 방식이었다. 그러나 일제는 모든 경작권을 채권으로 처리하고, 수조권적 권리(국가적 소유권)만을 조사하여 배타적 소유권으로 확정하는 절차를 밟았다. 그 첫 작업이 조사국의 구분조사였으며, 측량작업이 국유지 실지조사였다. 그 결과에 기초하여 그것을 다시 조사 확정한 조치가 '사업'이었다. 민유지와 달리 국유지에서는 소유권(수조권)의 강도가 상대적으로 낮았으며, 소유권 이외의 다른 물권도 존재했다. 그러나 일제는 국가권력으로 관습물권을 일소하고, 국유지를 배타적 소유권으로 확정하였다. 종전 공토 가운데 민유로 판정한 경우도 있었지만,[26] 판정과정에서 적지 않은 국·민유 분쟁이 발생하였다.[27]

분쟁지 심사가 끝나면, 토지조사부와 지도를 작성하여 지방토지조사위원회의 자문을 거쳐 사정작업을 시행했다. 자문은 사정의 요건이었지만, 사정에 구속력을 갖는 것은 아니었다. 자문과 답신이 일치하지 않을 때는 다시 조사하여 채택 여부를 결정했다. 사정과 반대되는 답신은 2,209건 가운데 겨우 12건이었으며 재조사의 결과 10건을 원안대로 확정했다.[28]

---

26) 역둔토 면적은 통계상으로 감소하는 추세였다. 감소의 주 요인은 "다년 국유 민유의 구별 명확하지 않아 계쟁지 중 민유로 환부한 것은 전남·황해·경기 등에서 약 2만 2,000정보이다"라고 언급한 바와 같이(조선총독부, 『조선총독부시정년보』, 1913, 85쪽) 이것은 '사업'에서 분쟁이 처음 제기되어 환부한 것이 아니라 국유지 실지조사 단계부터 분쟁지였던 것을 탁지부가 다시 판정하여 돌려준 것으로 보인다 (이영훈, 「토지조사사업의 수탈성 재검토」『역사비평』 1993 가을, 315~322쪽). 1910년 당시의 통계와는 무관하고, 분쟁이 이미 제기되었던 토지를 그대로 민유지로 정리하고 통계 처리한 것이 아닌가 한다. '사업'기간 동안 국·민유지는 서로 이동이 심했지만 1910년 수준 이상을 1918년까지 유지하고 있었다. 사업은 소유권 행사가 불안정했던 국유지를 사정으로 배타적 소유권을 확보했다는 데 의미가 있을 것이다.

27) '사업'에서 국유지분쟁이 심했던 이유는 국유론과 민유론의 논거가 달랐기 때문이었다 (조선총독부 임시토지조사국, 앞 책, 1918, 129~165쪽).

28) 조선총독부 임시토지조사국, 앞 책, 1918, 409쪽.

2) 토지소유권 사정과 열람 상황

사정작업은 1913년 11월 12일 충청북도 청주 시가지 사정을 시작으로 5개년에 걸쳐 남부에서 중부 서북부의 순으로 진행되었으며, 1917년 12월 28일 평안북도 자성군 외 2도 10군의 사정을 끝으로 전부 완료했다. 연도별 사정 성과는 <표 4>와 같다.

〈표 4〉 토지조사사업 사정작업의 성과

년도	회수	도수		부군도수		면수		동리수		필수	면적(평)	%
1913	9	*12		12	*17	14	* 3	705	*-	112,720	29,767,355	0.2
1914	10	* 9		12	* 9	139	* 0	1,737	*19	1,132,955	675,991,022	4.6
1915	19	* 7		56	* 2	696	* 3	8,139	* 6	5,977,095	3,892,327,751	26.7
1916	6	*10	6	65	* 7	822	*15	8,165	* 7	6,369,403	4,044,161,106	27.7
1917	6	* 9	7	87	* 6	844	*19	9,465	*21	5,515,347	5,970,966,794	40.9
계	50	47	13	232	*41	2,515	*40	28,209	*53	19,107,520	14,613,214,028	100

자료 : 조선총독부임시토지조사국, 앞 책, 1918, 414~415쪽.
비고 : *는 일부만 사정한 곳

1914년도까지의 사정성과는 전체 면적의 5%에 불과했으며, 주로 시가지와 경기도 등지에서 시행된 것이었다. 이러한 성과는 신고율이 저조한 것과 표리관계에 있었다. 사정은 1915년도부터 본격적으로 시행되었다. 사정은 토지조사부와 지도를 공시하는 절차를 거쳤는데, 토지가 소재한 부·군청에 30일간 비치하여 종람하도록 했다.[29] 이의가 없으면 그대로 확정하고, 이의가 있으면 공시기간 만료 후 60일 내에 고등토지조사위원회에 불복신청을 하도록 했다.[30] 국유지는 보관관청에서 불복신청을 하고 관계서류를 첨부하여 조선총독에게 보고하도록 했다.[31]

---

29) 토지조사령 제9조. 조선총독부 임시토지조사국, 앞 책, 1918, 438~440쪽.
30) 토지조사령시행규칙 제3조.
31) 『조선총독부관보』 1915. 2. 18. 관통첩 제50호 임시토지조사국의 사정공시에 관하여 관유지 보관상의 주의의 건.

〈표 5〉 사정 원인별 필수

사정원인		필수	%	비고
①	지주신고	19,009,054	99.5	분쟁지의 다른 통계에서는 99,445필지였다.
②	기타 계쟁지	70,866	0.4	
③	이해관계인신고	3,766	0.02	
④	상속미정 필수	14,479	0.08	
⑤	무통지를 국유로 인정한 것	8,944	0.05	
⑥	무신고지를 민유로 인정한 것	411	0.004	
	합계	19,107,520	100	

자료 : 조선총독부 임시토지조사국, 앞 책, 1918, 414쪽.

<표 5>에서 사정 원인을 보면, 지주가 신고한 대로 사정된 경우가 전체 토지의 99.5%를 차지했다. 여기에 이해관계인 신고, 상속미정 필수까지 더하면 신고에 따른 사정률은 더 올라간다. '신고에 따른 사정'이란 원칙 아래 신고서나 통지서를 제출하지 않은 토지에 대해 실지조사나 측량과정에서 이를 독려하여 신고율과 이에 따른 사정률은 더 높아졌다.32)

여기서 주목되는 점은 비록 무신고·무통지한 토지가 전체에서 차지하는 비중이 얼마 안 되지만, 무신고·무통지한 토지의 측지과 통계와 이것을 민유지와 국유지로 그대로 인정한 통계가 서로 부합하지 않았다. 측지과 조사에서 무신고지는 8,000필지 정도였으나 민유로 사정된 것은 411필지에 불과했다. 무통지 국유지는 1,600필지 정도였으나 국유로 사정된 것은 8,944필지나 되었다. 이렇게 앞뒤가 모순되게 나타난 이유는 알 수 없으나, 무신고지가 무통지로 다시 변환된 것은 아닌지 의문이 든다. 무신고는 신고자가 없거나 소유권을 포기한 경우로 대체로 국유로 사정한 것으로 보인다.33) 결과적으로

---

32) 신고는 신고기간에 종결된 것이 아니라 사정할 때까지 계속되었다. 조선총독부 임시토지조사국, 『측지과 업무전말서』, 107쪽. "무신고지의 토지에 대하여 지방토지조사위원회 자문 전에 신고서를 제출한 자가 있을 때는 증거서류와 신고지연 이유서를 제출한 것은 이를 심사하여 그 신고가 이유 있다고 인정한 것은 그를 지주로 인정한다."고 했다.

33) 『조선총독부관보』 제1088호, 1916. 3. 23. 고위 제484호, "실지조사를 할 때 불복신청인이 토지신고, 기타 하등의 신고가 없어 지주총대 등이 입회한 뒤 안석윤의 토지신고서에 기초하여 이를 무주의 토지라 인정하고 국유라 조사 사정했다."는 바와 같이, 재결서의

국유지가 대폭 증가한 것으로 보인다.

신고율과 사정률이 높다 하더라도 실소유자를 사정에 제대로 반영했다고 단정할 수는 없다. 사정공시에 대한 열람과 후속조치에 문제가 있었기 때문이다. 사정 공시제도는 사정 사항을 소유자가 최종적으로 열람 확인하여 이의가 있으면 불복신청을 하여 소유권을 다시 회복할 수 있도록 한 장치였다. 따라서 사정에서 잘못 처리된 것을 확인하는 열람과정은 대단히 중요한 일이다. 조선총독부에서도 토지소유권이 잘못 사정되어 '사업'이 효과를 거두지 못하고 사회문제로 비화될 것을 우려하여 열람을 독려하는 등 특별지시를 내리기도 했다.[34]

〈표 6〉 도별 공시도부 열람인원

도별	지주수	열람자	%	재판 건수	분쟁건수	분쟁 필수
경기	153,898	54,122	35.2		9,412	24,939
충북	71,163	28,675	40.3		352	711
충남	112,630	46,747	41.5		1,564	4,810
전북	131,917	104,731	79.4		2,622	5,442
전남	287,235	56,346	19.6	최고 경북	8,610	29,830
경북	225,954	110,138	48.7	1,695	1,095	2,204
경남	224,162	47,010	21	1,158	4,063	10,465
황해	120,810	57,056	47.2		3,318	10,979
평남	110,629	45,224	40.9		228	808
평북	109,321	142,951	130.8		736	4,473
강원	140,226	81,974	58.5		1,197	3,016
함남	131,061	127,766	97.5	최하 함북	651	1,639
함북	52,630	101,612	193.1	50	89	129
계	1,871,636	1,004,352	53.7	6,976	33,937	99,445

자료 : 조선총독부 임시토지조사국, 앞 책, 1918, 190~191쪽.

열람률은 그다지 높지 않았다. <표 6>에서 도별 열람 실태를 보면,[35]

대부분이 소유주가 신고하지 않은 경우였으며, 이때 타인 신고에 의하여 국유로 했다.

34) 『국보』 107, 1916. 7. 5. 도장관 회동에 제하여 본국 업무에 관한 지시사항.

35) 사정에 관한 도부 공시순서는 조선총독부 임시토지조사국, 앞 책, 1918, 438~440쪽.

초기부터 토지조사를 실시한 경기·경남은 20% 수준, 경북은 50% 미만을 기록하고 중기에 해당하는 충남·북이 40%이고, 전남이 19.6%로 최저치를 보였다. 후반부에 조사한 황해·평남도 50%에 이르지 못했다. 이렇게 저조한 가운데 전북은 80%, 함남·북, 평북은 100% 이상을 보였다. 전체로는 50% 정도였다. 경기·전남·경남 등은 분쟁률은 높았지만, 열람률은 낮았다. 전북은 분쟁이 많은 편은 아니었지만 열람률은 높았다. 대체로 분쟁률이 낮았던 지역에서 열람률이 높았다. 전북은 전반적으로 열람률이 낮았다. 일본인은 열람률이 높았지만 한국인의 참여율이 낮았기 때문이었다고 판단된다.

일본인은 일본의 근대법에 익숙하여 토지조사에 적극 대응해 간 반면, 한국인은 관행적 권리의식에 익숙하여 적극 대응하지 않은 결과라 할 수 있을 것이다. 물론 후기로 갈수록 한국인도 적극 대응하여 열람률이 높아졌다. 평북이나 함북처럼 열람자가 지주수의 100%이상이 되기도 했다. 이것은 동리장이 대표로 확인하거나 분쟁에 관련된 자들이 재확인하는 등으로 중복되었기 때문에 이러한 결과가 나타났을 것이다.

공시열람 후 사정으로 확정된 토지소유권은 제도적으로 사법재판소의 판결과는 계통을 달리하는 독립된 '국가'기관의 '행정처분'이었다. 사법재판소의 판결로도 부정할 수 없는 절대성과 '원시취득'한 권리가 부여되었다.[36] 그리고 소유권을 부여받은 사정일은 사정이 확정된 날이 아니라 토지조사령에서 정한 신고일 또는 통지일이었다. 이 날부터 토지대장의 토지소유자는 지적도에 구획된 경계 내의 토지에 대해 일지일주의 배타적 소유권을 행사할 수 있게 된 것이다. 신고나 통지를 하지 않아 재조사한 토지는 조사일, 법원의

---

36) 조선총독부 임시토지조사국, 앞 책, 1918, 411~412쪽. "조선에서 토지소유권은 본디 사법재판에 의한 판결의 확정을 拒避하는 것은 아니지만, 토지조사령이 정하는 바에 따라 행정처분으로 최후의 확정을 보고 사정의 확정 또는 재결에 대하여는 그 사유를 묻지 않고 다시 사법재판에 부칠 수 없도록 했다. 토지조사 이전에서의 모든 사유는 사정에 의하여 일절 단절하는 것으로 했다"(조선총독부 임시토지조사국, 앞 책, 1918, 412쪽).

판결확정에 따른 토지는 소송 제기일을 사정일로 했다.[37]

그리고 사정 이전에 한 등기나 증명이 사정과 다를 경우 전자를 부정할 수 있도록 1914년 제령 제16호를 제정하였다.[38] 이 법령에서 사정한 소유권에 '원시취득'의 자격을 부여하면서 사정 전의 권리관계는 완전히 단절시켰다.[39] 일제의 토지조사는 지금까지 제기된 모든 분쟁을 일소하고 조사대상 토지에 배타적 소유권을 부여하고 관리하는 시스템을 확립하려는 것이었다. 따라서 사정을 확정한 원인이 허위 신고나 통지의 착오 또는 잘못된 것에 기초했더라도 함부로 변경할 수 없도록 했다. 다만 열람 후 사정에 이의가 있을 때는 불복신청을 제기하여 재결이나 재심을 통해 적절성 여부를 다시 판정받을 수 있도록 했다. 그리고 소송이 제기된 경우는 사법재판소의 판결을 기다려 재결하는 모습을 보였다.

3. 재결과 전국통계 검토

1) 재결의 법적 효력

고등토지조사위원회는 재결과 재심을 담당하는 토지소유권 확정의 최고 심리기관이었다. 위원회의 구성은 탁지부대신이 위원장으로 하고 위원은 내부·탁지부·농상공부와 토지조사국 칙·주임관 중 각 2명으로 하되 위원은 통감부 사법청 고등관과 통감부 재판소 판사 검사 3명을 위원으로 촉탁할

---

37) 조선총독부 임시토지조사국, 『국보』 51, 1914. 10. 5. 「판결 확정에 따라 소유권의 귀속을 정한 토지사정에 관한 건」.
38) 『조선총독부관보』 제524호, 1914. 5. 1. 「제령16호 토지조사령에 의하여 사정 또는 재결을 거친 토지의 등기 또는 증명에 관한 건」.
39) '原始取得'은 이전 소유권을 소멸시키고 새로 취득했다는 의미이다. 早川保次, 앞 책, 大成印刷出版部, 1921, 412쪽.

수 있다고 정했다.[40) 처음에는 한국이 주도하였지만, 일제는 이를 개정하여
정무총감을 위원장, 위원은 모두 일본인으로 한다고 정하였다. 이 기구가
존속기간 동안 한국인은 한 사람도 참여하지 못했다.[41) 일본인이 완전히
주도권을 장악하고 불복신청을 처리하였다.

위원회는 재결신청자와 이해관계자 및 감정인에 대한 소환권, 재결에 필요
한 서류제출 명령권 등의 권한이 있고,[42) 재결 결과를 불복신청자, 임시토지조
사국, 지방관청에 각각 통지하고 공시할 의무가 있었다.[43) 재결에 따라 토지소
유자 또는 경계가 변경되었을 경우 법률적 효력은 사정일로 소급하여 적용했
다.[44) 조사결과는 토지대장에 사정으로 종결된 것은 '사정', 재결을 거친
것은 '재결'로 기록했다.

재결은 특정한 법률사실이나 법률관계를 확인 결정하는 '행정처분'을 말한
다.[45) 토지조사령에서는 소유권이나 경계에 대한 사정에 불복할 경우 공시기
간 만료 후 60일 이내에 고등토지조사위원회에 불복신청하도록 정하였다.
이에 따라 다시 확인하고 심의 결정한 처분을 재결이라 했다.[46) 재심은 고등토
지조사위원회에 이의를 신청하는 또 다른 통로였다. 재심 신청은 사정의
확정 또는 재결이 있는 날로부터 3년 이내에 하도록 했지만, 신청요건이
대단히 까다로웠다. 그것도 처벌을 받을 행위에 기초하여 사정 또는 재결이
되었을 때나, 사정 또는 재결의 증거가 되는 문서가 위조 또는 변조되었을

---

40) 『관보(구한국관보)』 제4765호, 1910. 8. 24.
41) 고등토지조사위원회 위원명단은 고등토지조사위원회, 『고등토지조사위원회사무보
  고서』, 1920, 13~21쪽. "불복신청 사건은 차제에 예상 이상으로 많았고 종류도 복잡하여
  위원과 간사의 일부가 전문적으로 종사하지 않고서는 용이하게 일을 진척시킬 수
  없다"고 하면서 사무분장규정과 기구를 계속 확대 변경시켜 갔다(조선총독부 임시토지
  조사국, 앞 책, 1918, 444쪽).
42) 토지조사령 제12조.
43) 토지조사령 제13조, 제14조.
44) 토지조사령 제10조.
45) 早川保次, 앞 책, 大成印刷出版部, 1921, 61쪽.
46) 토지조사령 제11조, 제15조.

때에만 신청하도록 허용했다.[47]

이리하여 일본의 한 법조인은 "유죄판결이 확정되지 않으면 재심을 신청할 수 없었고, 허위로 신고했을 경우라도 범죄를 저지를 의사를 증명하여 확정판결을 구하기가 대단히 어려웠다. 더욱이 벌금형의 경우 형사소송법상 공소시효는 범죄일로부터 3년인데, 사정은 보통 신고일로부터 2~4년 지나야 비로소 공시가 되기 때문에 사정이 확정될 때 이미 공소시효가 지나버렸거나, 시효기간 내라도 유죄판결을 구하기가 어려웠다. 유죄판결이 확정되지 않으면 재심을 신청할 수 없기 때문에 정당한 권리자라도 소유권을 상실하게 된다."[48]고 언급하였다.

그리고 소유권이 정당한 권리자 이외의 자에게 사정되었을 경우 그 토지 위에 설정한 전당권 증명이나 등기도 무효로 돌아갔다. 사정에서 확정된 소유권은 '원시취득'한 것이기 때문에 소유권이 없는 토지에 권리를 설정한 꼴이 되는 것이다.[49] 따라서 종람 후 재결과정에서 이를 밝히지 못할 경우 책임은 소유자가 지도록 했다.

지주의 신고와 입회는 의무사항으로 정했지만, 사업 초기에는 지주가 신고서를 제출하지 않거나 타인이 신고하는 경우가 많았다. 그럼에도 불구하고 사정공시할 때 토지조사부와 지도를 열람하는 자가 매우 적었다. 그 결과 소유자가 불복신청 기간을 넘겨 신청할 기회를 잃는 경우가 적지 않았을 것으로 보인다. 토지조사 당국은 이에 대해 "지주의 법규에 대한 이해가 미비하여 토지조사에 대한 시행을 소홀히 한 결과"라고[50] 지적하면서도

47) 토지조사령 제16조.

48) "공소시효는 범죄일로부터 시작됨에도 불구하고 고등토지조사위원회에 신청 시기를 사정의 확정 또는 재결일로부터 기산하고 유죄의 판결확정을 조건으로 하는 것은 실제 권리주장의 길을 폐쇄한 것이다."(早川保次, 앞 책, 大成印刷出版部, 1921, 57~58쪽).

49) 早川保次, 앞 책, 大成印刷出版部, 1921, 60~61쪽.

50) 『조선총독부관보』제681호, 1914. 11. 19. 관통첩 제403호 토지조사에 관한 건. "실지조사할 때 지주가 입회하는 경우가 매우 적기 때문에 토지소유자와 경계에 대하여 오류를 초래하는 일이 없지 않다. 기타 임시토지조사국장의 사정공시에 계한 토지조사

그 책임은 지주가 지도록 했다.

토지조사의 원칙은 신고에 기초한 현장조사주의였으며, 모든 책임은 법에 정한 바에 따라 신고의무자인 지주가 지도록 한 지주책임제였다.[51] 그러나 일제는 법적 강제력만으로 사업을 강행하면 성과를 제대로 거두지 못하고 오히려 반일 감정만을 조장할 우려가 있었다고 판단하였다. 이러한 역작용을 줄이기 위해 토지신고서 제출, 지주의 입회, 지주의 사정공시 열람, 이동신고서 제출 등에 유연하게 대처하는 모습을 보이기도 했다. 무엇보다 관리들이 적극 독려하는 방식으로 사업을 추진하였다.[52]

그럼에도 불구하고 정당한 권리자가 소유권을 상실하거나, 나쁜 의도나 고의성이 없이 우연히 소유권을 취득한 사례도 적지 않았다.[53] 허위로 신고한 경우라도 사정으로 확정되면 소유권을 취득할 수 있었다. 반면에 정당한 권리자라도 '사업'에 참여하지 않으면 피해를 입을 수도 있다는 것이 토지조사의 원칙이었다.[54] 이 같은 피해 문제가 자주 발생하자 정무총감은 토지조사에 관한 범칙자 고발에 관한 통첩을 발했다.[55] 소유권 회복 기회가 사실상 재결 과정에서 끝이 난다는 점을 고려하여 사전에 대비하도록 방책을 강구한 것이다. 토지소유자들은 초기에는 토지소유권에 대한 관행적 사고방식, 토지조사에 대한 저항의식 등에

부와 지도를 열람하는 자가 극소하여 불복신청기간이 지나고서야 비로소 不慮의 相違있음을 要旨하는 자가 있다. 이 같은 것은 지주가 법규의 初旨를 충분히 이해하지 못하고 토지조사의 시행을 소홀히 한 결과이며 권리보장의 목적을 달성할 수 없다. … 특기한 좌기 사항을 관계 인민에 유달하여 不慮의 손실을 입지 않도록 유의하도록 통첩한다."고 했으며, 『조선총독부관보』 제1190호, 1916. 7. 21. 관통첩 제122호 토지조사 외업검사에 관한 건에서도 재삼 강조하고 있다.

51) 토지조사령 제11조 단서. 『조선총독부관보』 1915. 6. 10. 관통첩 제187호 토지조사령에 의한 재결의 결과 토지소유자 또는 경계 이동한 것의 정리에 관한 건.

52) 『조선총독부관보』 제681호, 1914. 11. 9. 관통첩 제403호 토지조사에 관한 건.

53) 이 경우 토지신고시 결수연명부와 대조의 건도 문제가 되었는데, 실제로 결수연명부의 결함 때문에 발생하기도 했다.

54) 早川保次, 앞 책, 大成印刷出版部, 1921, 59쪽.

55) 『조선총독부관보』 제927호, 1915. 9. 4. 관통첩 제256호 토지조사에 관한 범칙자 고발의 건.

연유하여 '사업' 참여를 심각하게 고민하지 않았다.[56] 그러나 분쟁과 재결 건수로
보아 '사업'의 진전에 따라 일본민법 테두리 안에서 소유권을 확보하기 위해
갈수록 적극 대응해 가는 모습을 보였다.

2) 불복신청 건수와 그 처리

<표 7>에 분쟁과 불복신청 건수를 보면, 분쟁은 33,937건 99,445필, 불복신
청은 20,148건 102,282필로 총 54,085건 201,727필이었다. 100필당 1필 꼴로
이의가 제기되었다. 적지 않은 비율이었다. 여기에 재판 중인 소송관계가
6,976건(추정 20,442필)까지 포함하면,[57] 소유권을 확정하는 것이 불가능에
가까울 정도로 분쟁이 발생한 지역도 있었으리라 생각된다.

〈표 7〉 불복신청사건 처리 (건수)

년도	처리누계	재결	취하	반환	계	미제건수
1913	691					691
1914	416	150	393	40	583	524
1915	4,735	317	614	205	1,136	4,123
1916	6,921	912	4,264	582	5,758	5,286
1917	7,035	2,908	1,843	428	5,179	7,142
1918	275	2,868	2,004	179	5,051	2,366
1919	63	1,394	188	5	1,587	842
1920	12	839	9	5	853	1
합	20,148	9,388	9,315	1,444	20,147	1

자료 : 고등토지조사위원회, 앞 책, 28~31쪽.

<표 7>에서 불복신청 실태를 보면, 불복신청 건수는 사정작업의 진행속도

---

56) "조세 주구의 수단으로 하기 때문에 본 사업 개시 때, 인민이 이에 대한 감상이
좋지 않았다. 민심의 동향은 의심과 두려움으로 기울고 유언비어가 전해지는 것
적지 않아 … 경무부장에게 본국 출장원의 신변보호를 의뢰하고 경찰 관헌을 항시
대동했으며, 종사원의 숙사 설치에 관하여도 이들에 의뢰했다"(조선총독부 임시토지조
사국, 앞 책, 1918, 57쪽).
57) 소송관계 필수는 분쟁지의 건당 3.9필을 대입 계산하면 20,442필이 된다.

와 보조를 같이하여 1915년 이후 급격히 증가하고 1916년 이후 본격화되었다. 처리실태를 보면, 1,444건은 재결사항이 아니라 반환하고, 9,315건 46%는 취하했다. 실제 처리건수는 전체의 47%인 9,388건이었다. 그런데 불복신청이 발생한 원인을 재결서에서 보면, 토지소유주가 신고 또는 입회를 하지 않아 잘못 사정된 경우가 적지 않았다.[58] 불복신청은 토지조사 과정에서 분쟁이 제기된 것도 있지만, 대부분 사정 장부를 열람하면서 오류를 발견한 경우였다.

불복신청 건수를 도별로 보면, 전남, 경기, 경남 순이었다.(<표 10>) 이 지역은 열람신청률이 다른 곳보다 낮았지만 불복신청률은 높았다. 전체적으로 일본인 지주들이 불복신청을 주도했으며, 다른 지역보다 높은 비중을 점했다. 토지조사 전과정을 일본인 지주들이 주도했음을 보여주는 하나의 증거라 하겠다. 이때도 국·민유 분쟁이 가장 큰 문제였지만, 민유지에서 일본인이 조선인에 제기한 분쟁도 적지 않았다.

도별 불복신청 필수는 사정 필수의 0.5%로 분쟁의 경우와 비슷한 정도였다. 그런데 이를 부로 한정하면 정도가 매우 심했다. 도(<표 8>)와 부의 실태(<표 9>)를 비교하면, 백분비가 인원에서는 2.5배, 필수에서는 10배가량 더 많이 불복신청이 제기되었다. 시가지에서 토지소유권 분쟁이 훨씬 빈발했음을 보여주었다. 도에서는 일본인 21%, 조선인 79%로 불복신청 비율을 보이고 있는 데 반해, 부에서는 일본인 58%, 조선인 42%로 일본인의 비율이 더

〈표 8〉 불복신청한 민족별 인원과 필수의 비율(도별)

도별	사정		불복신청					비중(%)	
	인원 ①	필수 ②	인원 ③	일인	%	조선인	필수 ④	인원(③/①)	필수(④/②)
강원	224,795	1,255,947	682	42	6	639	3471	0.3	0.3
경기	255,682	1,577,915	2,190	577	26	1,604	16,970	0.9	1.1
경남	392,936	2,319,380	4,000	848	21	3,129	12,307	1	0.5
경북	497,275	2,688,380	1,162	543	47	619	3,039	0.2	0.1
전남	457,862	2,748,325	8,518	1,149	13	7,363	34,929	1.9	1.3
전북	268,062	1,371,395	2,294	1,171	51	1,123	5,428	0.9	0.4

---

58) 다음의 재결서 사례분석 참조.

충남	215,084	1,236,803	520	213	41	307	2,129	0.2	0.2
충북	149,026	858,533	458	36	8	422	914	0.3	0.1
평남	205,239	1,052,965	1,412	338	24	1,073	3,337	0.7	0.3
평북	190,568	950,417	1,233	87	7	2,143	6,046	0.6	0.6
함남	225,853	1,006,957	1,675	36	2	1,639	2,745	0.7	0.3
함북	93,515	463,515	1,013	21	2	992	1,826	1.1	0.4
황해	278,540	1,499,149	1,181	513	43	668	5,321	0.4	0.4
도합	3,454,437	19,029,681	26,338	5,574	21	21,721	98,462	0.7	0.5
전체합	3,499,555	19,107,520	28,143				102,282	0.8	0.5

자료 : 고등토지조사위원회, 『고등토지조사위원회사무보고서』, 1920, 37~39쪽.

〈표 9〉 사정에 대한 불복신청 인원과 필수비율(부)

부	사정		불복신청				비중(%)	
	인원	필수	인원	일인	조선인	필수	인원	필수
경성	24,989	33,390	288	120	159	442	1.2	1.3
인천	1,568	3,453	54	41	6	282	3.4	8.2
부산	4,057	13,706	212	122	64	2,569	5.2	18.7
대구	4,368	7,297	18	10	8	34	0.4	0.5
목포	710	1,703	40	29	11	61	5.6	3.6
마산	1,595	4,190	6	5	1	8	0.4	0.2
군산	457	1,295	22	20	2	38	4.8	2.9
신의주	192	486	5	4	1	12	2.6	2.5
원산	1,713	3,254	57	29	27	58	3.3	1.8
진남포	542	1,696	26	19	6	64	4.8	3.8
청진	320	1,138	7	6	1	16	2.2	1.4
평양	4607	6,232	70	37	31	238	1.5	3.8
합계	45,118	77,840	805	442	317	3,822	1.8	4.9

자료 : 고등토지조사위원회, 앞 책, 1920, 37~39쪽.

높았다. 단순대비로는 조선인의 불복신청이 높았지만, 소유필지와 인구대비로는 일본인이 압도적이었다. 이러한 현상은 일본인이 토지투자의 불안성을 해소하기 위해 '사업'을 적극 활용하였다는 것을 의미한다. 시가지에서 일본인의 비중이 더 큰 것은 도시화가 진전된 지역일수록 일본인들의 토지투자가 더 활발했으며, 이와 함께 분쟁이 빈발하고 불복신청도 많았던 것으로 보인다. 특히 부산이 주목된다.

불복신청의 종별 비율도 비슷한 양상을 보였다. 그 대상은 소유권과 경계의 두 종류인데, 전자가 압도적이었으며 지역별로 편차를 보였다. 전남, 경기, 경남지역이 불복신청 필수가 많았으며, 소유권 불복률도 높았다. 특히 전북·전남·경남은 일본인의 불복신청이 왕성한 지역이었다.[59] 대체로 분쟁이 많았던 지역이 불복신청도 많았다. 다만 황해도가 낮고 전남·북이 높다는 점에서 볼 때 사정할 때보다 불복신청할 때 민유지 분쟁이 더 많았던 것으로 보인다. 경계 불복신청은 소유권 불복률처럼 전북·경남이 높았지만, 함북·평북 등 국경지역이 더 높았다는 점이 주목된다. 이는 이 지역민들의 소유권 의식이 점차 높아져가는 것을 의미한다. 소유권 분쟁의 차원을 넘은 경계분쟁이 많다는 점은 사표로 경계를 표시할 때 보다 線으로 경계를 측량함에 따라 그만큼 소유권 의식이 더 강하게 표출된 것이라고 할 수 있을 것이다.[60]

〈표 10〉 불복신청의 유형별 건수와 비율(도별)

도별	수리건수	소유권			경계	기타
		전체	일부	%		
경기	2,058	1718	132	90	180	28
충북	141	86	19	74	6	30
충남	438	241	85	74	84	28
전북	1,815	1,370	166	85	260	19
전남	5,126	3,393	1,539	96	140	54
경북	816	650	58	87	45	63
경남	3,467	2,851	222	89	212	182
황해	1,085	829	89	85	161	6
평남	857	459	206	78	148	44
평북	1,310	826	194	78	264	26
강원	705	523	66	84	94	22
함남	1,409	806	123	66	160	320
함북	921	287	68	39	301	265
합	20,148	14,039	2,967	84	2,055	1,087

자료 : 고등토지조사위원회, 앞 책, 1920, 33~35쪽.

59) 淺田喬二, 『日本帝國主義と舊植民地地主制』, 御茶の水書房, 1968.
60) 최원규, 「일제초기 창원군 과세지견취도의 내용과 성격」 『한국민족문화』 40, 2011.

4. 맺음말

일제의 '사업'을 이해하기 위해서는 '사업' 자체에 대한 규명과 더불어 역사적 전제 조건도 규명해야 한다. 이런 의미에서 광무정권의 토지정책이 주목된다. 이들은 소유권을 국가가 법인하는 한편, 작인납세제(또는 지주·작인 공동납세제)를 전제로 시주·시작을 조사하고 시주에게 관계를 발급하였다. 그리고 작인납세제를 시행하기 위해서는 경작권의 물권화 작업이 뒤따라야 했지만, 아직 관습법의 수준에 머물고 성문법으로 제정하기 전에 사업이 중단되었다. 다만 임조권의 등기화를 겨냥한 '부동산권소관법'을 기안하였지만, 시행하지는 못했다.

반면 일제는 통감부를 설치하면서 대한제국의 토지정책을 식민정책에 맞추어 일본민법에 규정한 소유권 체제로 구조변동을 시도했다. 증명제도의 실시, 무주지의 국유화와 독점적 이용 선언, 역둔토내에 존재하는 도장권이나 중답주 등 소유권 이외의 모든 물권의 해체, 지주납세제의 채택, 국유지 실지조사 등이 그것이다. '사업'은 이 성과를 계승하는 가운데 추진되었으며, 이때 소유권 분쟁, 그중에서도 국·민유 분쟁이 심각하게 발생했다. 이것은 전과 달리 소유권을 유일한 물권으로 정하는 순간 예정된 것이었다고 할 수 있었다.

일제는 소유권 기준설정과 판정에서 '국가' 주도성을 확보하는 한편, 소유권의 입증은 지주가 책임지도록 하였다. 기준은 유토=국유지, 무토=민유지 원칙아래 소유권 증거의 始原주의, 문서증거 제일주의 등을 채택하여 이를 처리해갔다. 토지조사의 핵심작업인 소유권 사정의 결과를 보면, 먼저 높은 신고율을 확보하고 이에 기초하여 거의 신고한 대로 추인했다. 무통지 국유지와 무신고지는 대체로 국유로 사정했다. 사정과정에서 제기된 분쟁은 200필당 1필 정도였지만, 신고 자격자=소유권자로 정한 가운데 발생한 것이었다. 도지권 같은 관습물권은 신고대상에서 제외하여 분쟁제기 대상도 될 수 없었다. 분쟁은 지역 편중성이 심하였다. 분쟁이 발생하지 않은 지역도 있었지만, 한 건이 여러 동리를 포괄하거나 대상자가 수백 명인 경우도 있었다.

분쟁지 처리과정에서 주목되는 특질은 다음과 같았다. 첫째, '사업'초기에는 모두 조서를 작성하는 방식으로 처리했지만 분쟁이 증가함에 따라 신고를 적극 독려하는 한편, 화해를 적극 유도하여 상당한 성과를 거둔 것으로 보인다. 둘째, 분쟁은 대부분 소유권 분쟁이며 그중 65%가 국·민유 분쟁이었다. 셋째, 경기·전남이 압도적이며 황해·경남 등이 뒤를 이었다. 이 중에도 강하류의 수전지대가 높았다. 국유지 이외에 일본인 농장 집중건설지대라는 점도 작용한 것으로 보인다. 넷째, 섬 지역의 분쟁률이 높았다. 특히 제주·진도·완도·통영·강화 등이 대표적이다. 국유지 분쟁과 관련이 있는 것으로 보인다. 다섯째, 거류지에서는 분쟁이 없었으나 주변 지역은 높았다. 일본인의 잠매활동과 관련된 것으로 보인다. 여섯째, 경성과 부산을 비롯하여 대구·진주·평양 등의 시가지에서 비교적 분쟁이 많이 제기되었다. 일본인의 투자활동에 따른 도시의 발달과 더불어 분쟁도 심해졌다.

열람률은 사업 초기에는 낮았지만 점차 증가하는 모습을 보였다. 경기·전남·경남·황해 등 분쟁이 많았던 지역이 예상외로 열람률이 낮았다. 이러한 가운데 전반적으로 일본인의 참여율이 높았다. 일본인이 더 일본의 '근대적' 법률제도에 익숙한 점도 있었지만, 자기들이 소유한 토지의 불안성을 극복하기 위해 적극 참여한 결과로 보인다. 반면 한국인들은 관행적 소유의식에 익숙하여 여기에 제대로 대응하지 않았던 것으로 보인다. 하지만 조선인도 점차 일본의 근대법에 적극 대응해가는 모습을 보였다.

열람률이 낮았음에도 불구하고 불복신청한 건수는 분쟁건수보다 적지 않았다. 불복신청은 전남·경남·경기 등에 많았으며, 전북·함남·평북이 뒤를 이었다. 불복신청자는 조선인이 80%로 전북을 제외한 모든 지역에서 조선인이 많았다. 전남·황해 등에서는 일본인이, 전남·경남·평북에는 조선인의 비중이 높았다. 시가지에서는 부산·경성이 많았다. 경성을 제외하고는 일본인의 비중이 더 높았다. 시가지에서는 垈에서 불복신청이 많이 제기되었다.

분쟁과 불복신청은 지역적으로 많은 차이를 보였다. 각각 별도의 사건으로 보인다. 불복신청은 신고와 입회를 하지 않아 사정이 잘못되어 발생한 경우가 대부분이었다. 열람률이 낮은 점과 관련하여 볼 때 불복신청을 못해 소유권을 잃은 예도 적지 않았으리라 예상된다. 분쟁과 달리 재결은 민유지에서 더 많이 제기되었다. 인원수로는 조선인이 절반이상이었으며, 나머지는 조선총독부와 일본인이었다. 불복신청은 조선인, 일본인, 조선총독부 등이 모두 조선인을 주 대상으로 했다. 이리하여 재결은 조선총독부와 일본인의 토지소유를 안정화시키는 데 기여를 했다.

분쟁과 불복신청은 결과적으로 조선인 토지소유의 감소를 가져왔다. '사업'은 조선의 관습법 질서를 일본의 민법적 질서로 체계화시켜 식민통치를 원활하게 하기 위한 것이었다. 이 과정에서 분쟁은 통계상으로 100필 당 1필이 넘었으며, 사업이 분쟁일 정도로 다발한 지역도 있었다. 이러한 우여곡절 끝에 사정과 재결로 확정된 소유권에는 절대성이 부여되었으며, '원시취득'의 자격이 주어졌다. '사업'에서 제기된 분쟁은 일본의 민법적 질서를 동원하여 강권적으로 판정하는 방식으로 종결을 선언하였다. 해방 후 농지개혁 등의 변동이 있기는 했지만, 대한민국 토지소유권의 법적 기원과 내용은 기본적으로 여기서 출발한 것이다.

제4장 고등토지조사위원회의 재결서 통계와 사례

1. 머리말

일제는 토지조사사업(이하 '사업'이라 약칭함)에서 임시토지조사국이 조사 측량한 사항을 사정과정을 거쳐 확정하였다. 사정장부는 토지조사부와 지적도였으며, 그에 따른 후속조처는 토지조사령 제9조와 11조를 근거로 이루어졌다.[1] 사정에 불복하는 자는 사정공시 기간 만료 후 60일 내에 고등토지조사위원회에 불복신청을 하도록 했다. 불복대상은 소유권과 경계 사항이었다. 이 기간에 불복신청을 하지 않으면 사정사항이 확정되고, 여기에 '원시취득'이라는 자격을 부여하였다. 사정에 불복할 경우는 재결이나 재심을 청구하도록 했다.[2] 그런데 재심은 불법행위로 처벌을 받는 경우에 한정하였기 때문에 일반적으로 재결로 최종 확정되었다.[3] 불복신청에 대한 재결이 이루어지는 순간 사실상 '사업'은 종료되었다고 할 수 있을 것이다.

---

1) 『조선총독부관보』 제13호, 1912. 8. 14. 제령 제2호.
2) 사정과 재결에 대하여는 ① 최원규, 「일제 토지조사사업에서의 소유권 사정과정과 재결」『한국근현대사연구』 25, 2003, ② 조석곤, 『한국근대토지제도의 형성』, 해남, 2003 등이 있다.
3) 사정과 재결, 재심의 법률적 성격에 대하여는 早川保次, 『朝鮮不動産登記ノ沿革』, 大成印刷出版部, 1921이 참고된다.

사정공시 후에 제기된 불복신청은 사정과정에서 발생한 분쟁건수에 비해 비중이 적지 않았다.[4] 분쟁이 33,937건, 99,445필이었는데, 불복신청은 20,148 건 102,282필 총 54,085건 201,727필이었다. 이 중 불복신청의 비중은 건수에서 는 37%, 필지에서는 50.7%를 차지하였다.[5] 양자를 합하면 100필당 1필의 비중으로 분쟁이 제기되었다. 그중 재결이 전체의 절반을 차지할 정도로 비중이 높았다. 분쟁지 가운데 다시 불복신청한 필지의 비중은 10% 정도였다. 분쟁과 불복신청한 필지가 대부분 달랐다고 판단된다. 따라서 표면적으로는 분쟁지심사위원회에서 심사 결정하고 사정한 것에 대하여는 대부분 승복하였 다고 말할 수도 있을 것이다. 하지만 이는 식민지 국가권력의 결정에 대항하기 에는 힘이 역부족인 상황에서 뒤바뀔 가능성이 전혀 없다고 판단하고, 어쩔 수 없이 승복할 수밖에 없었던 사정도 있었을 것이다. 불만이 잠재될 수밖에 없었다. 심한 경우 불복신청하기도 하였는데, 이때 재결과정이 어떻게 진행되 었는지, 그리고 사정과 재결의 심사기준과 그 상관성 등을 검토하는 일은 토지조사사업의 모습을 살펴보는 데 중요한 일이다.

그리고 재결서에는 불복신청한 원인을 자세히 설명하고 있지는 않았지만, 신고나 통지를 하지 않아 사정에서 제외되었기 때문이라고 그 이유를 설명한 경우가 압도적 비중을 차지했다. 물론 신고나 통지를 했어도 임시토지조사국 에서 다른 사람으로 사정한 경우도 존재하였다.[6] 토지신고서는 민유지의 경우 결수연명부에 근거하여 작성되었다. 결수연명부는 일반 민유지는 지주 의 신고, 동척 토지는 정부출자지를 등록한 장부를 근거로 작성되었다. 그리고 국유지는 역둔토대장과 지도에 근거하여 국유지통지서를 작성 제출하는

---

4) 이 글에서 분쟁은 사정하기 전에 발생하여 분쟁지심사위원회에서 심사하여 토지소유 권자를 사정하여 토지조사부에 등록하여 공시한 것을 말한다. 불복신청은 이때 사정한 것에 대하여 이의가 있을 경우에 고등토지조사위원회에 재결해줄 것을 요청하는 것이다.
5) 고등토지조사위원회, 『고등토지조사위원회 사무보고서』, 1920. 3, 37쪽.
6) 최원규, 앞 글, 『한국근현대사연구』 25, 2003, 291쪽.

것이 일반적이었다. 이같이 근거장부가 존재함에도 불구하고 신고나 통지를 제대로 하지 않은 점, 실지조사 과정에서 입회한 지주총대 등이 이를 인지하지 못한 점 등은 쉽게 이해하기 어렵다. 더구나 이 경우도 재결서에는 "불복신청자가 사정명의인과 합의하여 재결하였다."는 언급이외에 다른 증거나 해명이 없었다. 단지 명의정정 승낙서만 제출하고 재결을 받는 경우가 비일비재하게 보였다. 재결서에 보인 이 같은 실태로, 일제의 '사업'을 말한다면, 부실과 오류가 점철된 조사라고 할 수밖에 없을 것이다. 만일 그렇지 않다면 그 이유가 무엇인지 상세히 검토할 필요가 있을 것이다.

사정에 불복신청한 경우는 조선총독부와 일본인이 조선인 토지를 대상으로 제기한 경우가 압도적 다수를 차지하였다. 재결서에 나타난 사유만 보면, 사정 작업이 마치 조선인을 위한 것으로 여겨질 정도였다. 불복신청은 사정과정에서 피해를 보았다고 판단한 조선총독부와 일본인들이 권리회복을 위해 제기한 것이고, 이들이 불복신청하여 재결로 정당하게 토지를 확보한 것처럼 기술되어 있다. 이 같은 재결서 서술은 '사업'이 국유지창출이라는 연구경향과 대립각을 이루고 있다고 할 수 있지만,[7] 반대로 불복신청에 따른 재결 결과를 볼 때 재결은 국유지의 확대재생산 과정으로 해석할 수도 있을 것이다. 그 속 내용이 무엇인지 더욱 더 궁금증을 유발하고 있다. 진실규명이 향후 과제이다.

이제까지의 재결에 대한 연구동향은 견해가 둘로 갈렸다. 하나는 분쟁지심사위원회의 결정과 고등토지조사위원회의 결정에 관한 것으로, 양자가 동일한 기준으로 추진하였다는 견해와 달랐을 것으로 보는 견해로 나뉘어졌다. 또 하나는 재결이 '국가적' 입장에서 추진되었다는 견해와 국유로 된 것보다 민유로 인정된 것이 더 많았으며 국가에 일방적이지 않았다는 견해이다.[8]

---

7) 국유지창출론의 대표적 연구는 신용하,『조선토지조사사업연구』, 지식산업사, 1982이며, 이에 대한 비판으로는 김홍식 외,『조선토지조사사업의 연구』, 민음사, 1997이 참고된다.

8) 최원규,「일제 토지조사사업에서의 소유권 사정과정과 재결」『한국근현대사연구』25, 2003과 조석곤,「토지조사사업에 있어서 분쟁지 처리」『조선 토지조사사업의

이같이 입장이 다른 두 견해는 일면 타당하면서도 한쪽에 치우쳐 해석한 결과로 보인다. 양자를 종합적으로 검토하여 그 실상에 접근할 필요가 있다고 생각된다.

본 글에서는 이러한 문제점을 염두에 두면서, 구체적인 재결과정을 검토하여 그 본질에 다가가려 한다. 여기서 중점 과제는 일제가 불복신청 대상으로 삼은 소유권과 경계 중에서 소유권 재결이 가져온 의미를 추적하여 밝히는 일이지만, 이에 앞서 다음 두 문제를 먼저 살펴볼 예정이다. 우선 일제가 도로 등과 같은 유형의 지목을 불복신청 대상에서 제외한 이유와 이에 따른 이해관계를 살펴보려고 한다. 그리고 경계에 대한 불복신청이 갖는 의미와 원인 분석이다. 이것은 표면적으로는 단순한 경계측량의 오류에서 기인하는 문제로 볼 수도 있겠지만, 사표를 선으로 표시하는 측량방식의 변화, 필지구획의 대면적주의 원칙 등과 어떠한 상관관계를 갖고 있는지를 살펴볼 것이다.

가장 주요한 핵심 관심사인 소유권 문제는 세 가지 점에 초점을 두고 분석할 예정이다. 첫째, 불복신청에 따른 재결로 사정명의자의 구성변화, 즉 소유권 변동과 그 의미 등을 분석하는 일이다. 현재까지 연구동향에서 주 관심사로 취급한 국유지 변화뿐 아니라 일본인과 조선인의 소유변화도 함께 살펴볼 것이다.[9] 둘째, 불복신청자와 그 원인 분석이다. '사업' 시행과정의 문제점, 사정과 재결에서 소유권을 확정하는 기준, 사정→ 재판 판결→ 재결에서 판정기준의 차이, 그리고 여기에 일관하는 계급성과 식민성 등을 살펴볼 것이다. 마지막으로 분쟁과 재결에 따른 불만을 해소하기 위해 일제가 취한 대응책과 재결과 관련하여 보여준 정치성향 등을 고찰하려고 한다.

연구』, 민음사, 1997 등이 참고된다.

9) 국유와 민족별 불복상황에 대한 경기도 통계분석은 최원규, 앞 글,『한국 근현대사연구』 25, 2003가 참고된다.

2. 재결대상과 경계 불복신청

1) 재결대상과 불복신청의 원인

일제의 토지조사사업에서 재결과정은 사정공시 후 불복신청자가 사정결과에 승복하지 않고 고등토지조사위원회에 불복신립신청서를 제출하는 것으로부터 시작되었다. 일제가 '사업'을 진행하면서 가장 관심을 갖고 애써 추진한 일은 분쟁의 해결이었다. 분쟁은 소유권과 경계 두 부분에서 제기되었는데, 이를 확정하는 기준과 방식이 구래의 제도와 여러 면에서 달라 필연적으로 발생할 수밖에 없었다.

구래의 조선에서는 토지소유권을 증명해 줄 공문서나 이를 관리하고 확인해 줄 국가의 상설기구와 제도가 존재하지 않았다.[10] 토지거래는 관습에 따라 매매문기를 작성 교환하는 절차로 이루어졌으며, 양안이나 매매문기가 토지소유권을 증명해 주는 절대적 요소는 아니었다.[11] 이같이 국가의 공적인 소유권 장부가 없는 현실을 고려하여 일제는 '사업'에서 토지신고제를 채택하였다. 신고과정에서 분쟁이 제기되면 관련 문서와 증거자료, 증언 등을 수집하여 소유권을 판정하는 방식을 택하였다. 이때 소유권 판정을 어렵게 한 것은 종래 관습으로 존재하던 다양한 물권 가운데 소유권만 일본민법의 배타적소유권으로 정리한다는 원칙을 정했기 때문이다. 이를 둘러싸고 분쟁이 격렬하게 전개되었다.

그런데 임시토지조사국에서 사정을 할 때나 고등토지조사위원회에서 재결

---

10) 조선국가의 양안은 양전 당시의 상황만을 보여주었다. 양안과 그 법적 성격에 대하여는 ① 김용섭, 『조선후기 농업사연구(증보판)』(1)과 (2), 지식산업사, 1995, ② 박병호, 『한국법제사고』, 법문사, 1974, ③ 이영훈, 『조선후기 사회경제사』, 한길사, 1988 등이 참고된다.

11) 和田一郎, 『朝鮮地稅土地制度調査報告書』, 1920(宗高書房 영인본, 1967), 201~213쪽 ; 박병호, 위 책, 법문사, 1974, 44~45쪽.

<표 1> 각하 유형과 건수

지목	도로	구거	임야	하천	해	합
건수	22	2	7	13	2	46

비고 : 도별 현황은 경성 9, 인천 3, 다음이 충남 부여 논산이었다.

을 할 때, <표 1>의 도로, 임야, 구거, 하천, 제방, 海 등과 같이 공공적 용도와 관련된 지목은 소유권에 대한 이의신청을 할 수 없도록 정하였다. 이들 지목의 소유권은 조사대상에서 제외했다. 토지신고자가 사정 대상이 아닌 도로 등을 자기 '임의로' 사정대상 지목으로 변경하여 토지신고서를 제출하였다 하더라도 실지조사 과정에서 조사원들은 신고에 관계없이 '실제 현상'에 따라 지목을 표기했다.[12]

매득이나 상속으로 취득한 도로 부지를 자기 소유라고 생각한 자들 가운데 일부가 이 부지를 자기소유로 확정하기 위해 불복신청을 하기도 했다. 임시토지조사국과 고등토지조사위원회에서는 도로가 사유지 안에 주민의 통행과정에서 자연스럽게 만들어진 것이라고 해도 도로라 인정하고 소유권자를 조사대상으로 삼지 않았다. 도로는 그 모습을 측량하여 원도에 표기하였지만, 소유권자는 조사 기록하지 않았으며, 불복신청도 받아들이지 않았다.[13] 일제는 공공적 성격의 토지는 사유를 원천적으로 배제하였다. 식민지 지배체제를 구축하여 일제가 이를 통제 관리하겠다는 의지의 반영이었다. 도로는 철도와 함께 통치를 위한 혈맥이었다.

불복신청에 대해 각하한 지목 가운데 도로의 건수가 가장 많았다. 도로는 매우 엄격하게 원칙을 지킨 것으로 보인다. 도로에서 각하한 유형은 두 경우였

---

12) 도로의 경계측량도 실제 상황을 중시했지만 조사원이 실제 도로의 경계가 침해받았다고 판단되면 건설 당시의 모습을 복원하여 측량하였다. 최원규, 「창원군 토지조사사업에서 소유권 분쟁의 유형과 성격」, 『일제의 창원군 토지조사사업』, 선인, 2013.

13) 불복신청한 지목에서 임야는 주로 경기와 경성에서, 하천은 충남의 부여와 논산에서 제기되었다. 임야는 사업 대상인 경우와 대상이 아닌 경우로 구분되었다. 각하는 후자의 경우이며, 훗날 조선임야조사사업에서 조사하였다.

다. 하나는 실지조사 당시의 현상에 따라 도로로 결정된 것에 대하여 불복신청한 경우로 고등토지조사위원회에서 모두 각하하였다. 다른 하나는 실제 도로인데, 실지조사에서 다른 지목으로 조사되어 개인 소유로 사정된 경우이다. 이때 이해관계인이 도로로 재결해 달라고 불복신청하고, 고등토지조사위원회에서는 도로라 결정하고 사정권자의 소유가 아니라고 재결하였다.[14] 이러한 경우가 3건 조사되었는데, 부산지역의 일본인 2명이 여기에 해당되었다.[15]

재결서에서 도로에 대한 불복신청은 경성이 9건, 인천이 3건으로 주로 대도시의 시가지에서 발생했다. 나머지도 지방의 시가지에서 발생하였다. 이 중 조선인이 12건인데, 6건은 경성이고 6건은 지방이었다. 불복신청인을 국적별로 보면, 조선인이 12건, 일본인이 33건으로 일본인이 더 많았다. 그리고 일본인이 설립한 회사와 조합이 각각 4건, 3건이 있었다. 이같이 도시에서 경제활동이 활발한 일본인이 도로와 직접 이해관계를 갖고 불복신청한 경우가 대부분이었다.

고등토지조사위원회는 불복신청을 받았을 때 제일 먼저 착수한 일은 재결대상인지 여부를 확정하는 일이었다. 이때 가장 먼저 해야 할 일은 제출된 문서의 진위를 가려내는 작업이었다. 매매문기는 늘 문서의 진위, 이중매매로 인한 매매문서의 중복 등의 문제가 제기된 바 있었으며, 개항이래 더욱 확대되었다. 더구나 관에서 발급한 증명이나 지계조차 신빙성에 의혹이 제기되기도 했다. 그 실례를 살펴보자.

첫째, 부산부 수정동 829번 전의 사례이다. 이경백이 1878년 매수하여 공과를 부담하고 점유 경작해온 토지가 국유로 사정되자 불복신청한 경우이다. 그는 고등토지조사위원회에 불복신청서와 함께 매매문기와 부산면장의 증명서를 제출하였다. 이것은 그가 공과를 부담하면서 계속 토지를 경작해

---

14) 『조선총독부관보』 제603호, 1914. 8. 5. 경성에 서부 적선방에 거주한 秀島巖彦이 불복신청한 경우이다. 경성부 적선동 15번 대 내의 통로를 도로라 정정을 구한 사례이다.
15) 『조선총독부관보』 제780호, 1915. 3. 12.

왔다는 것을 증명하는 것이지만, 위원회에서는 불복신청자가 제출한 매매문기가 종이의 질이나 색깔 등으로 보아 믿을 수 없다고 판단하고 불복신청을 각하했다. 하지만, 재결과정에도 문제가 있었다. 재결서를 보면, 위원회에서는 불복신청인의 소유가 아니라고 판단하면서도 국유라는 증빙은 제시하지 않은 채 그대로 국유로 재결하였다. 사유가 아니면 국유라는 인식태도로 소유권을 결정한 것으로 보인다. 이때 불복신청인이 경작하고 공과를 부담했다는 점유권은 고려하지 않았다.[16]

둘째, 부산부 수정동 820번 전의 사례이다. 김두신이라는 자가 아버지 김학구가 1904년 매수하여 공과를 부담하고 점유 경작하여 온 토지를 상속받았다고 주장하며 신고한 경우이다. 임시토지조사국장은 이에 대해 이 토지는 김학구가 상속받은 것이 아니라 국유라고 판정하고 사정한 것이다. 김학구가 매매문기 사본을 제출하면서 불복신청을 하자 위원회에서는 원본 제출을 요구했지만, 이에 응하지 못했기 때문이다.[17] 이리하여 위원회에서는 매매문기는 물론 상속도 의문이라고 판단하고 불복신청을 각하했다.

셋째, 부산의 130은행과 관련된 3건의 불복신청 사례이다. ① 北村敬介가 불하받은 절영도 목장에 부속된 목토와 관련된 분쟁이다. 北村의 주장은 1905년 불하로 소유권을 취득하고 동래감리로부터 지계를 발급받고 1908년 58은행에 매도했는데, 그 후 130은행이 58은행을 합병하면서 그 권리가 130은행으로 계승되었다고 주장했다. 그런데 임시토지조사국장은 이를 인정하지 않고 토지신고서를 제출한 부산 부평정 주민들을 소유권자로 사정했다.

北村이 소유를 인정받지 못한 이유는 소유권을 불하받은 대가로 이곳 거주민에게 가옥을 이축할 대지와 비용을 제공하겠다고 약속했는데, 이를 이행하지 않았기 때문이었다. 이리하여 임시토지조사국장이 이곳을 주민들의 소유로 인정하였다. 이에 대한 반발로 北村이 법원에 소송을 제기했지만, 법원도

---

16) 『조선총독부관보』 제1377호, 1917. 3. 9.
17) 『조선총독부관보』 제1377호, 1917. 3. 9.

사정명의인의 소유로 인정하는 판결을 내렸다. 사정과 판결이 일치하여 고등토지조사위원회도 불복신청을 각하했다.[18]

② 부산부 부평정 3정목 28번 대의 사례도 위와 비슷한 예이다. 1905년 北村敬介가 궁내부 소관 절영도 목장 부속의 목토를 불하받고 동래감리로부터 지계를 발급받았다는 것이다. 그후 1908년 58은행이 이를 매수했으며, 130은행이 이 은행을 합병하여 그 권리를 승계했다고 하였다. 그런데 임시토지조사국장은 이를 받아들이지 않고 福本春芳의 소유로 사정하였다. 문제는 福本도 동래감리로부터 지계를 발급받아 당시 두 장의 지계가 존재하여 이에 대한 진실을 파악하는 일이었다. 이에 北村이 불복신청을 하자 고등토지조사위원회에서는 두 지계를 실지와 비교하여 진위를 파악하였다. 위원회는 福本의 지계가 부산민단이 실측 제작한 '신시가 정리도'와 부합하여 北村의 불복신청을 각하했다.[19]

③ 幾野貞義가 부산부 부평정 4정목 9의 대지를 두고 사정명의인인 130은행을 상대로 불복신청한 사례이다. 그는 1905년 배소사로부터 이를 매수했다고 주장하고 가계와 도면을 근거로 불복신청했는데, 고등토지조사위원회는 '신시가 정리도'와 부합하지 않는다는 이유로 이를 각하했다.[20] 이같이 지방관청에서 발급한 가계나 지계도 신빙성이 문제가 되어 재결 받지 못하는 일이 속출하였다. 관청에서 발급한 증빙서도 믿기 어려울 만큼 소유권이 불분명하였다. 분쟁발생은 필연적이었으며, 해결 역시 쉬운 일은 아닌 것으로 보였다. 증빙서류의 신빙성을 증명하는 과정이 분쟁에서 가장 선행하여 해결해야할 과제로 대두되었다.

다음에는 불복신청 사유를 유형별로 살펴보자. 첫째, 가장 많은 비중을 차지한 것은 불복신청자가 토지신고서나 국유지통지서를 제출하지 않아

---

18) 『조선총독부관보』 제1427호, 1917. 5. 9.

19) 『조선총독부관보』 제1427호, 1917. 5. 9.

20) 『조선총독부관보』 제1427호, 1917. 5. 9.

사정에서 제외되자 자기 소유라고 불복신청한 경우이다. 이들이 신고서를 제출하지 않은 것이 토지조사령 제11조에서 말하는 '정당한' 사유가 있었기 때문인지는 재결서만으로는 알 수 없었다. 재결서 상에서 볼 때 고등토지조사위원회에서는 불복신청하면 사유를 따지지 않고 이를 받아들여 심사 결정한 것으로 보인다.

원칙적으로 사정은 국유지에서는 국유지통지서를, 민유지에서는 신고서를 제출한 자를 대상으로 소유주를 사정했다. 실소유자라도 이를 제출하지 않았을 경우는 사정대상에서 제외하였다. 국유지의 경우 국유지통지서를 제출하지 않아 토지신고서를 근거로 민유로 사정한 경우가 많았다.[21] 양쪽이 모두 제출한 경우는 분쟁지로 취급하여 분쟁지심사위원회에서 심사한 다음 사정하였다. 이같이 신고와 통지 여부를 전제로 사정하는 것이 '사업'의 일반적 원칙이었기 때문에 실제와 달리 잘못 사정된 일이 자주 발생한 것으로 생각된다.

둘째, 토지신고서나 국유지통지서를 제출했음에도 불구하고 사정할 때 소유자가 바뀐 경우도 적지 않았다. 하나는 서로 이웃한 필지끼리 소유자를 바꾸어 사정한 경우인데 불복신청을 받아들여 실 소유자로 환원하여 재결하였다. 행정상의 착오로 보인다. 또 하나는 量入 사정한 경우이다. 이웃한 필지의 일부 또는 전부를 타인 소유의 필지에 포함시켜 조사 사정한 경우이다. 예를 들면 동양척식(주)의 경우, 동척토지에 민유지를 양입 사정한 경우와[22] 민유지에 동척 토지를 양입 사정한 경우가 있다.[23] 재결서의 통계상 전자보다 후자가 압도적으로 많았다. 민유지에서도 토지신고서를 제출하지 않아 이웃 필지를 양입 사정한 경우가 적지 않았다.[24]

---

21) 『조선총독부관보』 제1155호, 1916. 6. 10 ; 제1159호, 1916. 6. 15. 이 재결서뿐만 아니라 많은 재결서에서 미제출로 사정되지 않았다고 기술하고 있다.
22) 『조선총독부관보』 제1234호, 1916. 9. 12. 김완의 소유지가 동척토지에 양입 사정된 경우이다.
23) 『조선총독부관보』 제1155호, 1916. 6. 10. 동척의 토지가 박경오의 토지에 양입 사정된 경우이다.

그리고 결수연명부에 등록하고 토지신고서도 제출하였음에도 불구하고 '실지의 상황'이란 이유로 사업과정에서 다른 사람의 토지에 양입 사정한 경우가 있다.[24] 즉 실지조사 당시 조사원이 토지의 생김새를 보고 토지신고서를 무시한 채 이웃 토지에 속한 것으로 인정하고 양입 사정한 것이다. 이같은 조사원의 자의적 판단에 따라 사정에 오류가 발생하여 불복신청으로 토지신고서대로 재결한 경우도 적지 않았다.

셋째, 신고일 당시의 소유자①와 사정권자②, 사정공시 당시의 소유자③가 각각 달랐으며, 이때 실소유자인 ③이 불복신청한 사례이다. 원래 신고해야 할 소유자 ①이 신고를 하지 않고 사정공시일 이전에 ③에게 이전하는 상황에서 ①과 ③이 아닌 제3자인 ②가 토지신고서를 제출하여 사정을 받은 경우이다.[26] 이에 사정공시일 당시의 소유자인 ③이 불복신청한 것이다. 이때 자기 명의가 아니라 신고일 당시의 소유자인 ①의 명의로 재결해 줄 것을 요청한 것이다. 사정명의자는 신고일 당시의 소유자로 한다는 규정에 근거한 것이다. 재결 후 토지대장에 재결권자인 ①의 명의로 등록한 다음, 이동지 신고절차를 거쳐 자기명의인 ③으로 토지대장에 등록하면 소유권을 확보할 수 있었기 때문이다.[27] 이밖에 신고일=사정일로 정한 토지조사의 행정절차에 대한 이해부족에서 사정공시일 당시의 소유자가 자기명의로 재결을 요청하는

---

24) 『조선총독부관보』 제1178호, 1916. 7. 7. 稻葉의 답이 동척에 양입 사정된 경우이다. 동 제1161호 1916. 6. 17에는 이규철의 토지가 김응선의 토지에 양입 사정된 경우이다.

25) 『조선총독부관보』 제1149호 1916. 6. 3. 충남 공주군 사곡면 가교리 269번 답의 경우인데, 결수연명부에 등록하고 신고를 하였음에도 불구하고 타인 소유로 양입 사정한 경우이다. 실지의 상황에 의하여 임시토지조사국장이 백원기의 소유라 인정하고 사정했는데, 신고인 조병덕이 불복신청하여 자기 소유로 재결 받은 것이다.

26) 『조선총독부관보』 제1161호, 1916. 6. 17. 경기도 수원군 태장면 인계리의 동척토지가 김승현의 소유로 양입사정된 경우이다. 이 토지의 정부출자일은 1912년 6월 5일이고, 사정일은 1911년 3월 20일이었다. 동척이 불복신립하여 자기명의가 아니라 국유로 재결을 요청한 경우이다.

27) 『조선총독부관보』 제1017호, 1915. 12. 23. 경기도 진위군 서면 송화리에서 향교재산으로 사정된 경우로 매득자인 石田作太郎이 사정권자를 대리하여 불복한 경우이다.

경우도 있었다.

넷째, 국유지에서 불복신청자가 국유지관리자가 아니라 사정명의자인 경우이다. 불복신청은 일반적으로 사정에 불복한 자가 자기명의로 재결받기 위해 신청하였다. 그런데 국유지에서 국유지관리인이 아니라 사정명의인이 자기명의로 사정된 것이 잘못된 것이라고 스스로 인정하고 불복신청인이 되어 재결을 요구하는 일도 적지 않았다.[28] 행정상의 착오인지 실제 사정은 알 수 없지만, 이해하기가 쉽지 않다. 역둔토관리규정에서 국유로 신고한 소작인에게 소작권을 준다는 규정에서 보듯, 사정권자가 소작권이라도 확보하기 위해 스스로 불복신청한 것이 아닌가 생각된다.[29]

다섯째, 소작인, 토지관리인, 차가인, 정부출자지의 경작인 등과 같은 이해관계인이 자기 명의로 신고하여 사정받은 사례이다.[30] 소작인이 사정받은 사례는 국유지에서는 도지권이나 중답주 같은 물권이 존재한 곳에서 발생할 확률이 높았다. 국유지관리자가 국유지통지서를 제출하지 않고 소작인이 신고서를 제출하여 사정을 받은 경우, 국유측이 불복신청을 하여 재결을 받은 일이 많았다.[31] 민유지에서도 소유자가 여행가거나 나이가 어려 관리하기가 어려워 소작인이나 마름, 친척, 면동리, 차가인 등 제3자에게 관리를 맡긴 경우가 있다. 이때 위탁받은 자가 자기명의로 신고서를 제출하여 사정받은 경우가 적지 않았다.[32] 소유자가 불복신청하여 재결을 받았다.

마지막으로 국유미간지이용법이나 삼림법과 관련된 대부지에서 발생한

---

28) 『조선총독부관보』 제1162호, 1916. 6. 19. 경북 성주군 성주면 대황동의 성문환은 소유가 불명인 분묘를 양입 사정하였다가 스스로 국유로 재결신청했다. 『조선총독부관보』 제949호, 1915. 10. 2. 충남 아산 도고면의 성준경은 불복신립인=사정명의인으로 불복신청했다.

29) 조선총독부, 『역둔토실지조사개요』, 1911.

30) 『조선총독부관보』 제1020호, 1915. 12. 27.

31) 최원규, 앞 글, 『한국근현대사연구』 25, 2003, 298~302쪽.

32) 『조선총독부관보』 제601호, 1914. 8. 3 ; 제988호, 1915. 11. 19 ; 同, 제1233호, 1916. 9. 11.

불복신청이다. 국유 임야나 미간지를 국가가 개인에 대부해 주었을 경우 대부받은 자나 제3자가 토지신고서를 제출하여 사정을 받은 경우이다. 국유대부의 경우 토지소유자인 '국'으로 사정되지 않고 제3자가 사정받은 것이다. 이때 대부받은 자가 국유지관리자를 대신하여 불복신청을 하는 경우가 많았다. 대부 목적을 달성하여 불하받을 때를 대비한 것이다.[33]

2) 경계 불복신청

경계는 필지와 필지 사이의 경계를 말하며, 일필지 측량과정에서 경계선에 오류가 발생하였음을 인지하지 못하고 그대로 사정했을 경우 불복신청을 하게 된다. 일필지 측량은 지주총대 등 관계자의 입회아래 토지신고서에 기록한 四標를 근거로 현장에서 필지를 측량하는 일이다. 토지신고서를 비롯한 구래의 문서에는 경계가 사표로 표기되었기 때문에 오류가 발생할 가능성이 상존한다고 할 수 있다. 사표는 필지의 경계를 토지의 동서남북에 접한 지형지물로 표시한 것인데, '사업'에서는 이를 線으로 표시해야 했기 때문이다. 지형지물의 어떤 부분을 기준으로 이웃 필지와의 경계선으로 할 것인가를 둘러싸고 이해관계가 충돌할 가능성이 높다. 과세지견취도를 작성할 때 이미 선으로 표기한 경험은 있지만, 이것도 구래의 사표를 도면으로 단순 견취한 수준이기 때문에 사표의 한계를 근본적으로 벗어나기는 어려웠다.[34]

경계의 오류는 단순한 측량의 오류에 그치는 것이 아니라 필지의 일부를 타인에게 무상으로 넘겨주는 결과를 초래하기 때문에 불복신청이 제기되리라는 것은 쉽게 예상할 수 있다. 고등토지조사위원회에서는 이해관계자가 경계에 대하여 불복신청을 하면 정당성 여부를 검토한 다음, 다시 측량하여 도면을

---

33) 『조선총독부관보』 제1012호, 1915. 12. 17 ; 同, 제1017호, 1915. 12. 23.

34) 사표와 선이 갖는 의미에 대하여는 최원규, 「일제초기 창원군 과세지견취도의 내용과 성격」『한국민족문화』 40, 2011, 324~337쪽이 참고된다.

수정하여 재결하였다.

고등토지조사위원회에 제출된 경계에 대한 불복신청 건수는 함북, 평북이 가장 많았다.[35] 이는 산간지방인 북쪽의 높은 경사도, 조선총독부의 개척사업과 이에 따른 일본인의 진출과 밀접하게 관련되어 있었을 것이다. 다음은 전북, 경남, 경기도의 순인데, 일본인이 농장설립을 활발히 추진한 지역이었다고 할 수 있을 것이다. 경제관념이 높은 일본인들이 경계측량에 관심이 높아 불복신청에 적극적이었다.

『조선총독부관보』의 재결서 통계와는 다소 차이를 보이지만, 경향성에서는 유사하였다. 경계에 대한 불복신청 상황은 <표 2>와 같다. 국유 측이 불복신청한 건수는 48건인데, 그중 경기지역이 24건, 조선인을 대상으로 한 불복신청이 32건을 차지했다. 조선인이 제기한 건수는 일본인에 조금 미치지 못하는 수준이지만, 일본인과 회사의 건수를 합하면 조선인 건수의 2배가 넘었다. 국유 측과 일본인이 불복신청한 토지에 접한 토지는 대부분 조선인 소유였다.

<표 2> 불복신청자별 경계의 건수

구분	합	국	조선인	일본인	회사	공유	기타
상대방 표기가 없는 경우	173	13	47	47	58	2	6
타인 필지 측량	154	48	36	39	27	4	
합	327	61	83	86	85	6	6

비고 : 상대방 표기가 없는 경우는 재결서에 불복신청한 필지의 상대편 소유자가 표기되지 않은 경우이다.

또 하나의 특징은 일본인이 불복신청한 건수는 39건인데, 그중 19건이 일본인 토지를 대상으로 제기한 것이었다. 경계 불복신청은 소유권에 비해 일본인과 일본인 사이의 분쟁률이 높은 편이었다. 일본인의 불복신청은 시가지에서 발생한 경우가 적지 않았다. 특히 경성과 부산에서 많이 발생했다. 일본인은 경작지보다 소유권 의식이 더 강한 시가지나 대지에서 더 적극적으

---

35) 고등토지조사위원회, 『고등토지조사위원회 사무보고서』, 1920. 3, 34~35쪽.

로 경계분쟁을 제기한 것으로 보인다.

전체적으로 볼 때 조선총독부와 일본인, 회사 등이 조선인 토지를 대상으로 경계분쟁을 제기하여 소유지를 확대해 간 것으로 판단된다. 동척의 토지는 정부출자지라는 점에서 대부분 조선인을 상대로 불복신청을 제기했으며, 비중도 적지 않았다.[36] 경계분쟁의 지역적 발생빈도는 경기지역이 45건으로 압도적이었으며, 충남 31건, 경남 20건의 순이었다. 이 지역이 그만큼 토지소유권 의식이 강했다는 점을 보여준 것이라 생각한다. 경계에 대한 재결건수는 2,055건으로 전체 재결건수의 9.8%를 점하였다.[37]

3. 재결서의 통계분석

고등토지조사위원회는 사정에 대해 이해관계자가 불복신청하면 이를 심사하여 재결서를 작성했다. 조선총독부에서는 재결상황을 조선총독부관보에 실었는데,[38] 그 중『조선총독부관보』제600호(1914. 8. 1)부터 제1442호(1917. 5. 26)까지는 재결서가 실려 있었다.[39] 재결 상황은 그 이후에도 조선총독부관보(이하 '관보'라 함)에 계속 실었으나 내용이 달랐다. 이때부터는 구체적 내용은 실지 않고 간단하게 불복신청과 재결 사실만 알리는 수준이었다. 그 실내용을 알 수 없어 본 분석 대상에서 제외했다.[40] 다음 통계표는 관보에

---

36) 경계는 경계를 측량할 때 오류를 보인 경우이고, 양입사정은 측량의 오류라기보다 필지나 필지의 일부분을 타인 소유지에 포함시켜 사정한 경우이다.

37) 고등토지조사위원회, 앞 책, 1920. 3, 35쪽.

38) 여기에는 공시 제○○호라는 제목으로 재결한다는 공식 문장과 공시일을 기록하고, 다음에 '고위 제○○호 재결서'라는 제목으로 그 내용을 싣고 있다. 재결서의 내용구성은 불복신립인의 주소 성명, 주문, 사실과 이유, 재결일, 여기에 참여한 고등토지조사위원회 위원장과 위원 명단으로 되어 있다.

39) 조선총독부관보에 실린 재결서의 통계분석에 주의할 점에 대한 해석에 대하여는 조석곤, 앞 글,『조선 토지조사사업의 연구』, 민음사, 1997이 참고가 된다.

40) 이때는 고위번호, 토지의 소재, 지번, 지목, 불복신립인의 주소, 성명만 실었다. 재결서는

실린 재결서 내용을 통계 처리한 것이다.[41] 각하와 경계는 제외하고, 소유권 관련 재결서만 대상으로 하였다. 통계표는 불복신청에 따른 사정과 재결 건수의 변화를 보기 위해 불복신청자와 사정인, 재결인 등을 대상으로 표를 작성하였다.[42] 재결서의 대상지역은 주로 중·남부지역과 시가지 지역이었다. 남부지역 일부와 북부지역이 빠졌지만 재결의 전반적 성격을 살피는 데는 별 무리가 없을 것으로 판단된다. 통계는 전국과 각 도별, 시가지 등으로 나누어 작성했다.

<표 3>과 <표 4>는 전국 상황을 대상으로 작성한 것으로 그 특징은 다음과 같다. 첫째, 불복신청은 조선인이 가장 많이 제기하였으며(38%), 조선 총독부(21%), 일본인(18%), 회사(9%) 등의 순이었다. 하지만 각 소유자 전체의 인구수와 불복신청자의 비중으로 보면, 조선인 불복신청자의 비중이 가장 적었을 것으로 판단된다. 회사는 대부분 일본인이 설립한 회사였다. 이를 감안하여 회사를 일본인 소유라고 간주하면, 일본인도 조선인에 필적할 정도로 불복신청을 하고 있다. 다음으로 사정명의인의 비중을 보면, 조선인이 1,139건 중 873건으로 77%라는 압도적 비중을 점하였다. 일본인, 조선총독부, 회사 등의 비중은 23%밖에 안 되었다. 불복신청은 대부분 조선인의 토지를 대상으로 제기한 것이라 하겠다.

둘째, 재결의 결과 소유권에 많은 변화를 가져왔다. <표 3>에서 조선인의 토지는 사정에서는 비중이 77%였는데, 재결 결과 40%로 대폭 감소하였다. 반면 조선총독부의 건수는 6%에서 22%로 급증하였다. 일본인과 회사도 이를 합하면 10%에서 31%로 급증하였다. 회사는 동척이 압도적으로 많은

고등토지조사위원회나 군청에서 열람하도록 했다.

41) 전체통계와 재결서의 통계는 지역별로 편차가 심했다. 1917년 중반이후 재결서는 반영하지 않았기 때문이다.

42) 통계표에서 소유권자는 국유·조선인·일본인·회사·공유로 구분하였다. 회사는 동척이나 불이흥업과 같이 일본인이 설립한 회사였으며, 조선인 회사는 1건밖에 없었다. 공유는 학교·향교·조합·계 등이다. 기타는 불복신청인이 위 소유자별 분류에서 한 필지에 둘 이상이 속한 경우이다.

<표 3> 전국의 재결건수와 국적별 비중

전국	불복신청①	사정②	%	재결③	%	재결에 따른 사정건수의 변화								
						국		조선인		일본인		회사	공유	기타
						건수④	%	건수⑤	%	건수⑥	%	건수⑦	건수⑧	건수⑨
국	244	70	6	255	22			228	26	5	5	2	18	2
조선인	436	873	77	454	40	40	57	374	43	12	13	12	18	3
일본인	194	94	8	175	15	10	14	90	10	60	64	7	5	3
회사	212	18	2	184	16	14	20	140	16	16	17	1		13
공유	51	56	5	65	6	6	9	41	5	1	1	1	15	1
기타	2	28	3	6	0.5									6
합	1,139	1,139	100	1,139	100	70	100	873	100	94	100	18	56	28

비고 * ②의 사정은 불복신청 대상이 된 것이고, 재결에 따른 사정건수의 변화에서 각 숫자는 불복신청에 따라 사정명의자를 취소하고 재결로 변화된 각 소유자별 합이다. ③=④+⑤+⑥ +⑦+⑧+⑨
   * 아래의 표도 위와 동일한 원칙 아래 작성한 것이다.

<표 4> 전국의 재결 필지수와 국적별 비중

전국	불복신청	사정	재결	재결에 따른 사정건수의 변화								
				국		조선인		일본인		회사	공유	기타
				필수	%	필수	%	필수	%	필수	필수	필수
국	639	93	712			650	37	25	14	2	30	5
조선인	835	1,766	866	54	58	741	42	26	14	9	30	6
일본인	269	180	244	11	12	118	7	98	54	8	5	4
회사	356	21	223	15	16	153	9	30	17	1		24
공유	112	83	151	13	14	104	6	1	1	1	18	14
기타	2	70	17									17
합	2,213	2,213	2,213	93	100	1,766	100	180	100	21	83	70

비중을 차지했다. 동척은 <표 11>에서 보듯 138건으로, 회사로 분류한 건수 가운데 75%를 차지했다. 동척의 토지는 대체로 정부출자지였다는 점에서 이 토지의 증가는 조선총독부 소유토지의 증가라는 해석도 가능하다. 동척 건수의 증가는 조선인의 이름으로 사정된 토지가 대폭 감소한 결과였다. 조선인의 사정 건수 가운데 26%(228건)가 국유로, 또 26%가 일본인(90건)과 회사(140건)로 옮겨간 것이다. 재결의 결과 조선인의 토지는 77%에서 40%의 비중으로 감소하였다. 40%(454건)는 사정명의자가 불복신청하였음에도 불구

하고 각하되어 남은 토지가 아니라, 다른 조선인이 불복신청하여 그의 소유로 재결된 토지였다. 조선인 명의의 사정토지에 대하여 다른 조선인이 불복신청하여 그의 명으로 재결되어 소유자가 바뀐 경우이다.

셋째, 재결은 국유지의 증가를 위해 취해진 조처라고 해도 과언이 아닐 정도였다. 사정에서 국유가 70건(6%)인데, 재결로 확보한 255건(22%)이었다. 이 가운데 조선인 지분은 228건, 공유지분은 18건으로 도합 246건이었다. 국유는 대부분 조선인의 토지가 재결을 거쳐 옮겨간 것이라 할 수 있다. 사정된 토지가 재결로 소유권이 바뀐 것이다.

국유지는 사정건수 70건을 대상으로 불복신청이 제기되어 그 가운데 40건이 조선인, 일본인과 회사로 각각 10건, 14건으로 각각 재결되어 소유자가 바뀌었다. 그리고 국에서 불복신청한 건수는 244건(21%)이었으며, 이중 조선인은 228건, 일본인 5건, 회사 2건, 공유 18건이었다. 조선인의 토지가 거의 90% 가량을 차지하였다. 조선인의 토지가 국유로 대거 이동하여 국유지가 급증한 것이다. 국유지가 민유로 바뀐 경우가 70건인데 비해, 조선인 토지가 압도적으로 불복신청 대상이 되어 국유지로 변경된 것이 255건이나 되었다. 국유지가 민유로 전환된 것도 약간 있지만, 조선인 토지가 훨씬 더 많이 국유로 전환된 것이다. 조선인 43%가 조선인끼리 불복신청하여 재결로 사정명의인이 바뀌었으며, 26%가 국유로, 26%가 일본인(회사 포함)으로 바뀌었다. 조선인 토지가 크게 감소한 것이다.

일본인과 회사의 건수는 양자를 합하면 사정이 112건인데, 재결은 359건으로 3배이상 증가하였다. 이 가운데 조선인의 건수가 230건을 차지했다. 조선인은 사정 당시에 불복신청 토지의 80%를 차지했는데, 재결 후에는 40%로 줄었다. 반면 국은 건수로는 6%에서 22%로, 회사는 1%에서 10%로 증가했다. 건수 대신 필지수로 비교하면, <표 3>과 <표 4>에서 보듯, 국유지는 4%에서 32%로 증가하였다. 반면 조선인은 건수에서 26%, 필지수에서 37%가 국유로 옮겨갔다. 결과적으로 사정하기 전의 분쟁에서는 국·민유 분쟁이 압도적 비중을 차지했지만, 재결에서는 민유지에서의 불복신청이 더 많았다. 하지만 건수나 비중에서 국유지로 재결된 비중이 많았다. 재결의 결과 국유지가 크게 증가한 것으로 나타났다. 그리고 조선인 소유지가 일본인 소유지로 전환된 비중도 압도적이었다.

사정과 재결에서 보인 전국적 변화모습은 각도별 통계에서도 비슷한 모습을 보였지만, 구체적 항목에서는 도별로 차이가 있었다. 도별로 그 특징을 차례로 살펴보자. 먼저 <표 5>에서 경기지역은 전국 불복신청 건수 가운데 18%를 차지하였다. 조선인 토지의 감소와 국·일본인회사 토지의 증가라는 점은 유사하지만, 변화의 폭은 적은 편이었다. 통계상으로 일제의 토지조사가 다른 지역에 비해 비교적 별 무리 없이 시행된 결과라고 설명된다. 다만 조선인의 불복신청 건수는 전체 210건 가운데 사정명의인은 180명으로 86%를 차지하여 다른 지역에 비해 높은 편이었다. 재결은 126건 60%로 사정에 비해 26%로 감소하였다. 재결 후 조선인 토지의 감소율은 다른 지역에 비해 낮은 편이었다. 다른 지역의 조선인에 비해 더 적극적으로 토지조사에 임한 결과로 볼 수 있지만, 경성이 식민통치의 중심지역에 속하여 일제가 식민지 경영의 안정성을 겨냥하여 비교적 이른 시기부터 토지지배를 강화해온 결과 상대적으로 불복신청이 적었던 것으로 추론해 본다.

<표 6>에서 경남의 불복신청 건수는 전체의 25%를 차지하였다. 조선인의 건수가 사정에서는 217건 76%였는데, 재결은 132건 46%로 대폭 감소하고

〈표 5〉 경기의 재결건수와 국적별 비중

경기	불복신청	사정		재결		재결에 따른 사정건수의 변화					
		건수	%	건수	%	국	조선인	일본인	회사	공유	기타
국	42	10	5	46	22		39	2	2	3	
조선인	123	180	86	126	60	7	110	2		7	
일본인	10	6	3	7	3	1	4	2			
회사	24	2	1	19	9		19				
공유	11	11	5	11	5	2	8			1	
기타		1		1							1
	210	210	100	210	100	10	180	6	2	11	1

〈표 6〉 경남의 재결건수와 국적별 비중

경남	불복신청	사정		재결		재결에 따른 사정건수의 변화					
		건	%	건	%	국	조선인	일본인	회사	공유	기타
국	17	26	9	18	6		13			3	2
조선인	122	217	76	132	46	11	111	2	2	3	3
일본인	30	9	3	24	8	2	14	4	3	1	
회사	90	6	2	81	28	12	57	3	1		8
공유	25	12	4	29	10	1	22			5	1
기타	1	15	5	1	0.4						1
합	285	285	100	285	100	26	217	9	6	12	15

있다는 점은 전체 경향과 유사하지만, 국유지는 사정 당시보다 재결 후에 오히려 비중이 감소하고 있다는 점이 특징적이다. 조선인으로부터 13건을 재결로 찾아왔지만, 조선인에게 11건, 일본인 회사에 12건을 빼앗긴 결과이다. 가장 큰 변동은 일본인 회사였다. 사정이 6건이었는데, 재결로 81건이 되었다. 회사의 비중은 2%에서 28%로 급증했는데, 동척의 건수가 두드러지게 증가한 결과였다.

사정 당시 김해지역에서는 국유지를 비롯한 동척토지에서 분쟁이 대거 발생하여 분쟁지심사위원회에서 해결하고 사정 공시한 바 있었다.[43] 이 때문인지 국유 측의 불복신청은 비교적 적은 편이었다. 하지만 동척은 이와 달리 조선인을 대상으로 대거 불복신청을 제기하였다. 창원지역을 비롯한 경남의 다른 지역에서도 동척의 불복신청이 적지 않았으며 이에 맞추어 재결도 증가하였다. 이 점이 경남지역의 또 하나의 특징이라 하겠다.

일본인은 사정 9건으로 얼마 안 되었지만, 재결건수는 24건으로 증가하고 있다는 점도 유의할 만하다. 전체적으로 조선인의 건수가 217건에서 132건으로 감소하여 이 같은 변동을 초래한 것이다. 조선인끼리의 변동이 111건이고, 13건이 국유로, 14건이 일본인으로, 57건이 회사로 변동되었다.

---

43) 김해지역의 소유권분쟁은 조석곤, 「조선 토지조사사업에 있어서 소유권 조사과정에 관한 연구」,『경제사학』10, 1986 ; 최원규, 앞 글,『역사문화연구』49, 2014 등이 참고가 된다.

경북	불복신청	사정		재결		재결에 따른 사정건수의 변화					
		건수	%	건수	%	국	조선인	일본인	회사	공유	기타
국	77	9	6	78	55		72			6	
조선인	49	111	78	44	31	7	34		1	2	
일본인	6	1	1	6	4	2	1		1	2	
회사	3	2	1	2	1		1				1
공유	8	18	13	12	8		3	1		8	
기타		2	1	1	1						1
합	143	143	100	143	100	9	111	1	2	18	1

<표 7>에서 경북지역은 전체의 13% 정도로 비교적 재결이 적은 편이었다. 조선인 토지의 감소와 국유지의 증가라는 특징이 여기서도 그대로 나타났다. 국유지의 건수가 9건(6%)에서 78건(55%)으로 비약적 증가를 보였다. 후술하듯 池沼의 증가가 크게 기여하였다. 경남과 달리 일본인과 회사의 비중은 매우 적었다. 경북도 조선인이 주 불복신청 대상인데, 그들 토지의 65%가 국유로 옮겨가고, 31%만이 조선인끼리의 변동이었다. 일본인의 활동은 극히 적었다는 것도 이 지역의 특징이었다.

전북지역은 경북과 정반대의 특질을 보여주었다(<표 8>). 국유지는 사정이 3건밖에 안 되었는데, 재결 후에는 그나마 1건으로 줄었다. 국유 측의 불복신청은 거의 없었다고 해도 과언이 아니다. 그럼에도 불구하고 조선인의 건수는 사정에서는 73%였지만, 재결에서는 20%로 두드러지게 감소하였다. 이것은 다른 지역과 달리 국유로의 변동은 1건뿐이었으며, 일본인(21%에서

전북	불복신청	사정		재결		재결에 따른 사정건수의 변화					
		건수	%	건수	%	국	조선인	일본인	회사	공유	기타
국		3	2	1	1		1				
조선인	30	132	73	36	20	1	29	5	1		
일본인	82	38	21	77	43		50	24	2		1
회사	62	4	2	57	32	1	47	9			
공유	6	1	1	8	4	1	5		1	1	
기타		2	1	1	1						1
합	180	180	100	180	100	3	132	38	4	1	2

43%)과 불이흥업 등 일본인 회사의 건수(2%에서 32%)가 대폭 증가한 결과였다. 특히 33건이나 불복신청한 불이흥업이 큰 영향을 주었다. 전북에서는 일본인 농장이 대거 자리 잡았기 때문인지 일본인과 일본인 회사가 조선인을 대상으로 불복신청한 건수가 특히 많았다.

충남은 전국적 경향과 유사한 모습이었다(<표 9>). 조선인 건수가 대폭 감소한 반면, 일본인 건수와 국유건수가 대폭 증가하였다. 그리고 국유건수의 증가는 다른 도와 달리 후술하듯, 도장관이 민유로 사정된 관아터를 국유로 재결받기 위해 불복신청을 곳곳에서 제기한 결과였다.

<표 9> 충남의 재결건수와 국적별 비중

충남	불복	사정		재결		재결에 따른 사정건수의 변화					
		건수	%	건수	%	국	조선인	일본인	회사	공유	기타
국	81	10	6	81	51		77			4	
조선인	35	120	76	34	22	6	24		1	3	
일본인	28	13	8	27	17	2	11	11	1	2	
회사	14	2	1	13	8		8	2			3
공유		9	6	2	1	2					
기타		4	3	1	1						1
합	158	158	100	158	100	10	120	13	2	9	4

<표 10>에서 평남지역은 일본인이 보이지 않는 점이 특징이다. 전남과 평남은 토지조사가 아직 진행 중이라 전체 통계가 반영되지 않아 재결의 비중이 적었다. 시가지에서는 일반적인 재결의 특징과 다른 모습을 보여주었

<표 10> 전남·평남 시가지의 재결건수와 국적별 비중

전남·평남 시가지	전남			평남			시가지		
	불복	재결	사정	불복	재결	사정	불복	재결	사정
국	16	16	3	6	6	2	3	7	6
조선인	14	17	31	23	24	32	22	24	31
일본인	4	2	1			1	34	31	23
회사	4	3		8	5	1	6	2	1
공유	1	1	3		2	1		1	1
기타			1						3
합	39	39	39	37	37	37	65	65	65

<표 11> 국유와 동척 등 주요 법인의 재결 건수와 비중

구분	국유		동척		불이흥업		향교재산	
	건수	필수	건수	필수	건수	필수	건수	필수
국유			12	12			2	
조선인	228	650	109	116	25	31	10	
일본인	5	25	3	3	8	21	1	향교
동척	2	2	1(조선권업)	1				
공유	18	30						
기타	4	15	13	24			9	22
합	257		138	156	33	51	22	22

비고 : 여러 관계인이 집단으로 불복신립한 건수는 56건이다. 그리고 동척에서 기타는 동척과
조선인의 필지교체이고, 향교재산에서 기타는 공립보통학교에서 온 것이다

다. 사정과 재결에서 다른 지역처럼 큰 변화를 보이지 않았지만, 내부변동을
살펴보자. 국유지는 건수도 적고 증감도 거의 없었다. 조선인의 건수는 감소하
고 이와 비례하여 일본인의 건수는 증가하였다. 비중으로 보면 조선인보다
일본인의 소유권 확보 노력이 더 강했다. 특히 시가지에서 훨씬 적극적이었으
며, 일본인 사이의 불복신청도 많았다.

결과적으로 재결은 조선인 사정지를 주 대상으로 불복신청이 이루어졌으
며, 재결의 결과 국유와 일본인 소유의 확대로 나타났다. 특히 대부분의
지역에서 국유가 민유로 재결되어 환급이 보편적으로 일어난 것처럼 보이지
만, 민유가 국유로 전환되는 경우가 압도적으로 많았다. 그리고 조선인이나
일본인의 경우는 자기들 사이에 불복하고 재결되는 일이 적지 않았지만,
일본인끼리 불복신청하고 재결되는 비중이 더 높았다는 특징이 있다.

4. 국·민유지에서의 불복신청 사례

1) 국유지에서의 불복신청 사례

재결서에서 국유를 확정하는 데 가장 주요한 근거장부는 역둔토대장(국유지대장)과 지도(국유지도)였다고 할 수 있다. 이 도부는 국유지 실지조사(이하 '실지조사'로 약칭함)의 결과물로 국유지통지서 작성의 기본 자료로 활용되었다. 여기에 등록된 국유지는 탁지부 소관의 국유지였다. 그런데 조사 미비와 분쟁 등으로 미완의 장부라는 한계를 지니고 있었다. 이리하여 그후 일제는 '사업'을 수행하면서 역둔토대장을 보완해 가는 작업도 동시에 추진했다.[44] 그리고 탁지부 소관이 아닌 농상공부나 각 군에 속한 국유지도 적지 않았다.[45] 이들 가운데 장부에 등록되지 않은 국유지는 임시토지조사국에서 실지조사를 하면서 국유지통지서를 편의작성하였다.[46]

국유지는 재결서를 보면, 역둔토대장과 지도에 등록된 토지와 그렇지 않은 토지로 구분된다. 대체로 앞의 어떤 경우든 국유지통지서를 작성하여 국유로 사정 받았겠지만, 민이 신고하여 민유로 사정된 경우도 적지 않았다. 재결서에는 후자의 경우, 조선총독부가 불복신청하여 국유로 재결되는 것이 일반적이었다. 반대로 국유 측이 민의 동의 없이 일방적으로 역둔토대장에 등록하여 사정받은 토지의 경우 건수는 매우 적지만 민이 불복신청하여 민유로 재결되기도 하였다.

다음은 역둔토대장에 등록이 안 된 토지라 추정되는 경우이다. 재결서에

---

44) 이영훈, 「토지조사사업의 수탈성 재검토」 『조선 토지조사사업의 연구』, 민음사, 1997.

45) 최원규, 「일제의 토지조사사업에서 국유지통지와 국·민유분쟁-창원군과 김해군 사례」 『역사문화연구』 49, 2014. 2, 140~143쪽.

46) 조선총독부, 「토지사정 불복신립에 관하여 토지소유권명의 정정승낙서 제출방의 건」 『토지사정불복신립사건 재결관계』, 1919, 280~283쪽. 황해도 황주군의 이희섭은 역둔토대장에 등록되고 국유로 사정되었지만, 국유라는 증거가 없다고 불복신청하고 민유를 증명하는 각종 문서를 제출하여 민유로 재결 받았다.

역둔토 또는 국유지라고 언급하고 "그럼에도 불구하고" 국유지통지를 하지 않아 토지신고서에 근거하여 민유로 사정한 경우가 있었다. 이때 도장관이 불복신청하여 국유로 재결 처리된 경우 재결서에는 토지사정명의정정신청서를 제출한 것 이외에 다른 아무런 설명이 없었다. 이같이 국유지 통지를 하지 않아 민유로 사정된 것이 국유지관리자의 행정적 실수로 인한 단순 누락인지, 아니면 민의 소유권으로 인정하였다가 처리기준이 바뀌어 불복신청을 한 것인지 재결서만으로는 짐작하기 어려웠다. 실지조사가 지주총대가 입회한 가운데 진행된 상황, 그리고 '의심있는 토지'는 국유지통지서를 편의 작성하도록 하라는 상황, 국·민유간에 분쟁이 치열하게 전개되는 상황 등을 고려할 때 누락이나 사무착오 등의 가능성도 있지만, 토지신고자를 사정명의 자로 하거나 이를 다시 재결로 뒤엎을 때는 그럴 만한 근거가 있다고 보아야 할 것이다.

다음은 국유측이 불복신청하여 국유로 재결된 토지의 사정명의인은 누구인지, 각 소유자별 비중은 어떠했는지 살펴보자. 전체 재결건수 가운데 국유는 총 257건으로 전체의 22%를 차지하였다. 이들은 대부분 조선인의 토지를 대상으로 불복신청하여 얻은 결과이다. 각 도장관이 불복신청을 할 때 한 건에 여러 필지나 여러 군을 합하여 한꺼번에 불복신청하는 경우가 적지 않았다.[47] 『토지사정불복신립사건 재결관계』 서류철을 보면,[48] 전라남도는 대략 55건이었으며, 한 건당 20필이 넘었다. 조선인의 토지가 재결과정을 통해 국유로 되는 비중을 필지로 환산하면 그만큼 더 컸다고 할 수 있다. 다음에서 국유측이 불복신청한 주요 사례를 지목별로 살펴보자.

47) 조선총독부, 「토지사정 불복신립의 건 신보(전라남도장관)」 『토지사정불복 신립사건 재결관계』, 1919.
48) 국가기록원에 소장된 서류철이다. 탁지부 세무과에서 1919년에 마감한 서류철로 『토지사정불복 신립사건 재결관계』로 기록되어 있지만, 국가기록원에서는 이를 『토지 사정에 관한 서류』로 제목을 다시 붙였다. 내용은 각도와 탁지부 사이에 오고 간 서류이다.

(1) 일반 지목에서의 불복신청 사례

재결서를 볼 때, 국유지통지서를 제출하지 않아 민유로 사정되는 경우가 적지 않았다. 국유로 재결 받기 위해 불복신청할 경우 일반적으로 도장관이 하였지만, 사정명의인이 하는 경우도 있었다.[49] 『조선총독부관보』와 『토지사정불복신립사건 재결관계』철에 제시된 사례를 차례로 살펴보자.

먼저 『조선총독부관보』의 사례를 보기로 하자. 국유지는 '실지조사'를 거쳐 '사업'단계에는 다음과 같은 유형으로 분류할 수 있다. 첫째, '실지조사'에서 국유로 확정된 곳, 둘째, '실지조사'에서 누락된 곳, 셋째, '실지조사'에서 미처리된 분쟁지, 넷째, 탁지부 소관이 아닌 국유지 등이다. 일제는 '사업'에서 '실지조사'를 이어받아 분쟁지를 포함하여 조사를 완결하고 사정을 했지만, 사정공시 후에 다시 적지 않게 불복신청을 제기하였다. 이때 조선총독부는 양안이나 읍지 등 모든 자료를 동원하여 공토의 국유지화 작업에 총력을 기울인 것으로 보인다. 이 과정에서 수조권의 소유권화 등 사적 토지소유제도의 발전에 따른 변화에 역행하는 모습도 보였다. 물론 국유와 민유로 사정된 토지가 불복신청으로 서로 반대로 재결되는 모습도 보였다. 먼저 경남 진주군의 다음 사례를 보기로 하자.

국유지임에도 불구하고 임시토지조사국장은 中安洞의 소유로 사정했다. 이는 고대의 분묘로 동민은 이를 造山이라 부르고 종래 기우제의 제단으로 사용했는데, 195년 전 조제한 양안(일명 철권대장)에 완전히 무주지인 것이 명백하다. 이후 동유로 이급한 문적 없이 한광지임에 불구하고 1907년에 조제한 면 장부에 강일복이라는 자가 소유지같이 기재하고 다음해 8월

---

49) 조선총독부, 「토지사정 불복신립 신청서(전남 세제435호의 1)」 『토지사정불복 신립사건 재결관계』, 1919. 도장관은 고등토지조사위원회에 불복신청을 하는 서류의 내용은 "전남 稅제○○○○호 토지사정 불복신립서"라는 제목아래 ① 불복신립인 ② 신청지의 표시 ③ 신청의 사유 ④ 증빙서류 등을 첨부하는 방식이었다.

사실에 반한 지목 명칭으로 결수 신고를 한데 기초하여 이래 동유로 오인했어도 완전히 국유임이 틀림없음으로 정정을 구한다.[50)

이 사례는 동민이 오랫동안 유지 관리하여 왔는데 이때 결수연명부에 등록되고 동유로 사정된 경우이다. 그런데 도장관이 195년 전 양안(필자 : 경자양안)에 '無主'라 기재된 토지이고 동유로 이급한 文籍이 없다는 이유로 불복신청하여 국유로 재결되었다. 지세를 납부하며 동민이 이용하던 토지였음에도 불구하고 양안을 근거로 사적 토지소유를 부정하고 국유로 재결한 것이다.

다음의 예는 이와 반대로 국유라는 증거와 민의 동의 없이 국유로 사정했다가 민이 불복신청하여 민유로 재결된 경우였다.[51)

불복신청인(김수회 공주군 공주면)이 1908년 가을 전 소유자 안계홍으로부터 매득한 공주군 남부면 고상위 우자전 10두락에 해당하고 1909년 국유지 조사반이 본 지를 국유로 편입하려고 하였다. 당시 불복신청인이 없었기 때문에 實弟 김창회가 사유라고 주장했다. 그 후 공주 재무감독국에서 조사에 필요하다고 김창회로부터 매매 문권을 징수해갔다. 이후 여러 차례 문권을 반환해줄 것을 청구했으나 반환하지 않고 1911년에 이르러 돌연 공주군군청에서 국유지소작인허증을 불복신청인에 교부했다. 그런데 토지조사의 때 불복신청인은 먼 지방에 있어 시기가 늦어 마침내 신고를 못하게 됨에 따라 이 토지를 국유라 사정했지만, 불복신청인의 소유인 것이 확실하여 명의정정

50) 『조선총독부관보』 제720호, 1914. 12. 25. 경상남도 진주군 진주면 비봉동 사례.
51) 통계를 근거로 전국의 국유지는 감소현상을 보인다고 주장하는 견해가 있지만, 토지조사가 완결되지 않은 단계의 통계자료는 근거와 기준이 불명확하여 믿기 어렵다. 다만 1918년은 토지조사가 완결된 시기로 통계에서 보인 국유지 증가는 어느 정도 신빙성은 인정할 수도 있겠다. 이영훈, 앞 글, 『조선 토지조사사업의 연구』, 민음사, 518~519쪽.

을 구하고, **도장관은 본 건 토지가 국유가 아니라 김수회의 소유라는 것을 인정한다.**[52]

이 사례는 '실지조사'에서 분쟁지였는데 매매문권을 징수한 다음 강제로 국유로 등록하고 토지조사할 때 임시토지조사국에 통지하여 국유로 사정된 경우였다. 문제는 국유지 조사반이 분쟁이 미결된 상태에서 강제로 국유지로 등록하고 공주군청에서 토지소유자에게 국유지소작인허증을 교부한 것이다. 불복신청인이 신고시기를 잃고 신고도 하지 못해 국유로 사정되자 불복신청하였다. 고등토지조사위원회에서는 사정의 오류를 인정하고 매매문권을 근거로 그의 소유라 재결한 것이다. 도장관이 증거 없이 불법적으로 국유화시켰다는 것을 스스로 인정하고 '행정처분'을 스스로 취소한 경우이다.

이같이 재결은 문서증거 제일주의에 근거하여 판정했다. 국·민유 분쟁에서는 확실한 문서증거를 위주로 소유권을 판정하는 모습을 보였다. 사문기보다는 관문서, 특히 구양안을 중시하였다. 관습물권이나 국가의 인증 없는 문기 등은 인정받기 어려웠다. 민이 사정 과정에서 불리한 처분을 받을 수밖에 없었다. 대체로 국유 측에 유리하게 판정하는 경우가 많았다.

다음은 개간을 근거로 성립한 물권이 국가의 명목적 소유권과 분쟁하여 그 권리를 박탈당한 사례이다. 일제는 국가의 명목적 소유권과 민의 개간권 가운데 하나를 택하여 배타적 소유권을 부여해야 했기 때문에 분쟁이 발생한 경우이다. 첫째, 영릉 소속의 토지분쟁 사례이다. 이규헌이 영릉 토지를 모경하여 결수연명부에 등록하였지만 은토로 발견되어 결수연명부에서 삭제했음에도 불구하고 민유로 사정한 경우이다. 도장관이 불복신청하여 국유로 재결된 경우이다.[53] 토지신고서는 결수연명부에 근거하여 작성하는 것이 원칙이었지만, '사업' 초기는 결수연명부를 토지신고서 작성의 근거자료로 삼지 않았기 때문에 이러한 일이 발생한 것으로 보인다. 모경하기 이전의 토지 성격은

---

52) 『조선총독부관보』 제1038호, 1916. 1. 22.
53) 『조선총독부관보』 제995호, 1915. 11. 27.

알 수 없지만, 여기서 모경은 개간이 전제된 것이었다. 개간권을 근거로 신고하여 소유권으로 사정되었지만, 재결로 부정당한 것이다. 사정과 재결의 결과가 서로 달랐다.

둘째, 1916년 6월 2일 '실지조사'에서 누락되어 민유로 사정된 포둔 사례이다. 재결서에는 국유지보관자가 근거가 없어 국유지통지를 하지 않았으며, 박화자라는 경작자가 신고하여 사정을 받았다고 기술되어 있다. 이에 도장관이 불복신청하여 국유로 재결된 사례이다.[54] 포둔의 관리자인 국가와 경작자(개간자)의 권리를 어떻게 평가하느냐에 따라 결과가 달라진 것으로 보인다.

셋째, 경기도 이천군 5개면의 역둔토 8건 11필지에 대한 불복신청 사례이다. 이 토지는 역둔토로 소작료를 징수했거나 징수하지 않았어도 국유가 확실하다고 주장하면서 불복신청하였다. 토지조사 당시의 오류로 통지를 하지 않고 각 사정명의인이 신고를 하여 사정을 받았다는 것이다. 불복신청의 결과 1필지만 국유에서 민유로 되고, 모두 민유에서 국유로 재결된 경우이다.[55]

위 사례는 국유 측이 통지를 하지 않고 경작자가 신고를 하여 사정받은 경우이다. 양자는 수조권(수조액)을 매개로 관계가 형성된 것으로 보인다. 국유 측이 명목적 소유권(또는 입안권)을, 민이 개간으로 실질적 소유권(물권적 경작권)을 획득한 경우였다. 수조액의 수준이나, 순수 개간지인지 진전 개간지인지의 여부에 따라 사정명의자가 달라졌지만, 여기서는 개간권자인 민의 소유로 사정했다가 불복신청한 후에는 양자의 관계를 단순 소작관계로 보고 국유로 재결한 것으로 보인다. 위 사례는 절수사여지처럼 수조권(입안권)과 개간권 가운데 어느 것을 기준으로 소유권으로 확정할 것인가의 문제였다.

다음은 『토지사정불복신립사건 재결관계』 서류의 사례이다. 전남도장관이 고등토지조사위원회에 제출한 장흥군(39건), 무안군, 함평군, 강진군의 16건

---

54) 『조선총독부관보』 제1149호, 1916. 6. 3. 충남공주군 목동면 조봉리 234의 전이다.
55) 『조선총독부관보』 제1020호, 1915. 12. 27. 김해지역의 국·민유 분쟁지에서 분쟁 제기자가 소작인인 경우와 아닌 경우가 있었다. 사정명의인도 이같이 소작인이 아닌 물권적 경작권을 가진 자도 있었을 것이다.

등 4군 총 55건의 토지사정 불복신청서를 검토하기로 하자.56) 도장관이 불복신청한 대상은 일본인 1건, 조선흥업 1건을 제외하고 모두 조선인이 대상이었다. 불복신청서는 두 종류였다. 하나는 전후 사정을 자세히 기록한 것이고, 다른 하나는 매우 간단하게 사정명의인이 "이의 없이 동의한다."고 기록하거나 여기에 '역둔토에 속한 국유지'라는 표현을 덧붙인 경우였다.57) 다음은 전자의 사례이다.

① 전항 기재의 토지는 원래 그 인접 국유지 898번 전의 일부에 해당하는 것임에도 불구하고 토지조사의 때 馬萬里라는 자가 민유로 토지신고를 하고 임시토지조사국장은 이를 마만리의 소유로 사정한 것이다. … **역둔토 대장과 등 실측도**의 기재에 의하여 국유인 것 분명함으로 …58)

② 장흥군 대덕면 연지리 1050번 전으로 1910년 제적한 **역둔토대장과 동 실측도**에 등재되고 고래 국유지로서 관리되어 온 것이다. (토지소재지) 거주 최일선이 이를 자기 소유같이 장식하고 표목을 세운 결과 결수연명부에 신규 개간으로서 등록하기에 이르렀다. 토지조사의 때 관계자로부터 민유로서 토지신고를 한 것에 따라 토지조사국장은 우 신고를 시인하고 민유로 사정하였다. 단지 결수연명부에 등록된 사실로 소유권을 인정한다는 것은 온당하지 않을 뿐 아니라 결수연명부의 등록원인에서도 이미 착오인 사실 분명함으로 민유를 시인할 수 없는 것으로 한다.59)

③ 원래 기로소 둔토라 칭하는 국유지임에도 불구하고 … 김덕근이라는 자가 토지신고를 하고 토지조사국장이 이를 김덕근의 소유로 사정하였

56) 조선총독부, 「토지사정 불복신립 신청서 전남 세제435호의 1」『토지사정 불복신립사건 재결관계』, 1919.
57) 조선총독부, 위 책, 1919. 국유로 재결된 후에는 후속조치로 "역둔토대장에서 삭제해야 하는 건"을 도장관이 탁지부장관에게 보냈다.
58) 조선총독부, 「토지사정 불복신립 신청서 전남 세제435호의 1」, 위 책, 1919, 43쪽.
59) 조선총독부, 「토지사정 불복신립 신청서 전남 세제435호의 2」, 위 책, 1919, 44~45쪽.

다. 사정명의인이 소재불명이고 … **역둔토대장과 실측도**에 의하여 국유라는 것이 분명하여 임시토지조사국장의 사정은 부당한 것이다.[60]

④ 원래 영친왕궁토로서 1910년 '실지조사'를 하여 **역둔토대장과 실측도**에 등재된 이래 국유로서 관리 되어 왔음에도 불구하고 … 국무합명회사가 민유로 신고한 결과 임시토지조사국장은 이를 국무합명회사의 소유로 사정하였다. 사정명의인은 본 건 토지는 원래 大內暢三이 해변(간사지)을 매축하고 창고부지로 사용하다 목포로 이전하고 대지로 관리하여 온 것을 매득한 것이라고 주장하였다. 반면 국유측에서는 첫째 역둔토대장에 등록한 국유 황진지로 해변을 매축하지 않은 것이다. 둘째 해변을 매축한 것이라는 주장을 받아들인다 하더라도 국유 간사지를 수속없이 매축한 것이기 때문에 당연 국유로 귀속되어야 한다는 것이다.[61]

⑤ 전기 기재의 토지는 인접 국유지인 553번 답의 일부에 해당하는 것임에도 불구하고 토지조사의 때 정병조라는 자가 민유로서 신고를 하여 임시토지조사국장은 정병조의 소유로 사정한 것이다. 이리하여 **역둔토대장과 동 실측도** 기재에 의하여 국유인 것 분명하여 …[62]

⑥ 1910년 '실지조사'의 당시 452번과 455답은 황진지를 그 후 각자 개간한 것으로 원 소유지를 개간한 것이라 주장하여도 본 건 토지의 개간 이전의 경계에 대하여는 하등 이를 입증하는 것이 아님에 따라 그 주장은 이를 인정할 수 없을 뿐만 아니라 **역둔토실측도**에 분명히 우 토지의 경계는 별지 도면 朱線같이 있다고 보면 국유지 조사후 452번 답이 사정명의인 김만옥이 개간의 때 완전히 국유지 455번의 일부를 모경하고 452번지로 합병한 것 …[63]

---

60) 조선총독부, 「토지사정 불복신립 신청서 전남 세제435호의 3」, 위 책, 1919, 46쪽.
61) 조선총독부, 「토지사정 불복신립 신청서 전남 세제435호의 4」, 위 책, 1919, 47~48쪽.
62) 조선총독부, 「토지사정 불복신립 신청서 전남 세제435호의 5」, 위 책, 1919, 49쪽.
63) 조선총독부, 「토지사정 불복신립 신청서 전남 세제435호의 6」, 위 책, 1919, 50쪽.

위 사례의 공통점은 국유로 재결할 때 역둔토대장과 실측도에 등록되어 있다고 주장한 점이다. 토지조사에서는 토지신고서나 결수연명부를 근거로 민유로 사정했지만, 재결과정에서는 이보다 앞서 작성된 역둔토대장을 근거로 국유로 재결하였다. 그런데 위 사례에서 개간자나 소작인 등이 토지신고서를 제출할 때, 국유지관리자는 해당 토지가 역둔토대장에 등록되어 있고, 지주총대 등이 입회했음에도 불구하고 국유지통지서를 제출하지 않아 신고서대로 민유로 사정했다고 기록한 재결서의 내용을 문자 그대로 이해하면, '사업'이 부실하게 진행되었다는 것으로 해석할 수밖에 없다. 그렇지 않으면 사정 당시에는 국유지보다 민의 신고를 신뢰하여 민유로 사정했다가 재결과정에서는 국유지 조사장부를 신뢰하여 민의 권리를 인정하지 않고 국유로 재결한 것으로 이해해야 할 것이다.

그런데 대부분의 재결서의 토지사정불복신립서에는 '사업'이 부실하다고 느낄 정도로 다음과 같이 매우 간단하게 사유를 언급하는 정도였다.

> 전항 기재의 토지에 대하여 임시토지조사국장이 李元七의 소유로 사정하였어도 이는 오류이고 국유에 상위없는 것은 사정명의인 李元七도 異議 없는 바이다. 따라서 정정을 요청한다.[64]

라고 하듯, 양자는 아무런 증거도 제시하지 않고 "국유로 하는데 이의가 없다."고 합의한 것이다. 증빙서류도 '토지소유권 명의정정 승낙서'나, 경계분쟁의 경우는 도면을 함께 제출한 정도였다. 불복신청서를 보면 토지의 내용과 사정인 명의만 다르고 그 이외의 것은 모두 동일하였다. 동일한 양식에 동일한 내용을 '인쇄한 것처럼' 작성한 모습이었다. 전남도장관 宮木又七이 이같이 간단하게 획일적 내용으로 불복신청서를 작성 제출했음에도 불구하고

---

64) 조선총독부, 「토지사정 불복신립 신청서 전남 세제435호의 8」, 위 책, 1919, 56쪽.

고등토지조사위원회에서는 다른 아무런 증빙없이 양자의 합의 내용을 그대로 받아들여 국유로 재결하였다. 다른 도도 모두 동일한 방식으로 재결서를 작성 제출하여 이 같은 성과를 거두었다.[65]

다음은 매우 드문 경우인데, 국유 측이 불복신청한 것을 각하한 사례도 있다. 사정명의인이 매수하여 점유 수익 납세해온 토지로 결수연명부에도 등록하고 민유로 사정된 경우였다. 그런데 국유 측에서는 이곳은 본래 국유지인데, '실지조사'에서 역둔토대장에 등록할 때 면장이 자기소유로 확보하기 위하여 직위를 이용하여 국유에서 제외되게 하였으니, 국유로 재결해 달라고 신청한 것이다.[66]

고등토지조사위원회는 국유 측의 주장에도 불구하고 역둔토대장에 등록이 되지 않았다는 이유로 이를 각하하였다. 고등토지조사위원회에서는 재결과정에서 역둔토대장과 지도의 증거력을 중시한 것이다. 일제는 이들 장부를 절대성을 인정하였지만, 분쟁이나 이의를 제기하였을 경우, 소유가 뒤바뀐 경우는 거의 없었다. 역둔토대장과 국유지도에 등록된 토지는 별일 없는 한 국유로 사정되고, 불복신청하였을 경우 재결되었다는 것을 짐작할 수 있을 것이다.

(2) 관아터와 창고부지의 국유화

토지조사 과정에서 국유지통지서를 제출하지 않아 국유지가 사정명의인의 신고를 받아 민유로 사정된 경우가 의외로 많이 발생하였다.[67] 이러한 토지는 도장관이 불복신청하여 사정명의인의 동의를 받아 신청한 대로 국유로 재결

65) 도장관은 고등토지조사위원회와의 연락관계 등 불복신청의 전과정을 탁지부장관에게 보고했다. 조선총독부, 『토지사정불복 신립사건 재결관계』, 1919, 34~41쪽.

66) 조선총독부, 『토지사정불복신립사건 재결관계』, 1919, 1917. 8. 14. 제출서류, 1918년 8월 10일 탁지부장관전 토지조사불복신립재결에 관한 건 보고(신립 각하의 재결).

67) 『조선총독부관보』 제1017호, 1915. 12. 23.

받는 것이 일반적이었다.[68) 국유로 재결된 토지는 모든 지목에서 발생했지만,
충청도에서는 다른 곳에서 보기 드물었던 관아터나 창고부지를 대상으로
불복신청한 경우가 많았다.

<표 12>는 도장관이 불복신청한 충청지역의 관아터와 창고부지에 대한
구체적 내용이다. 이 토지는 대부분 국유지로 분류할 수 있는 성격의 토지이지

〈표 12〉 국유로 재결된 토지의 유형

지역(도군)	지목	건수	토지의 종별
충남 공주	전	2	역둔토
충남 논산	전대	2	노성군청, 사환미 창고
충남 당진	임야 전, 대	3	북창, 남창, 사창기지
충남 대전	대	1	객사부지
충남 보령	전	1	역둔토, 동사창, 사창, 청산성(2)
충남 부여	대3 임야1	4	
충남 서산	전3대(6) 답	10	사창(3), 성벽부지, 대동창(2), 집사청, 산진둔(역둔토), 옥사, 해창, 대빈정
충남 아산	전2, 대6	8	동사창(2), 남사창, 구포창, 북사창(2,) 원모산창(2), 북사창
충남 연기	대2 전1 답	4	구동사창, 북사창, 향청, 옥사
충남 예산	대2	2	덕산해창, 수양세미창고
충남 천안	대2 전2 답	5	구향청, 구사직단, 금융조합창고, 수선정
충남 청양	전	1	역둔토
충남 홍성	전3 대2 임야	6	新垈倉庫, 역둔토, 옥사, 大釜倉庫基地, 下松倉庫기지, 司倉直舍
충북 괴산	답	1	양입사정
충북 보은	답 전2 지소 대	3	관둔토, 국유지 국의승둔 함림역토
충북 청주	전3	2	관둔토, 고마둔(황진지 개간)
합	전 20 대28 답5 임야3 지소1	55	

출전 : 『조선총독부관보』 제949호, 1915.10. 2 ; 同, 제1013호, 1915.12. 18 ; 同, 제1014호, 1915.
12. 20 ; 同, 제1016호, 1915. 12. 22 ; 제1018호, 1915. 12. 24 ; 同, 제1019호, 1915. 12. 25 ; 제
1021호, 1915.12. 28 ; 同, 제839호, 1915. 5. 22. ; 同, 제1038호, 1916. 1. 22 ; 제1276호,1916.
11. 4 ; 同, 제1057호, 1916. 2. 15 ; 제1057호, 1916. 3. 14 ; 제1081호, 1916. 3. 23 ; 제1088호,
1916. 4. 11 ; 제1103호, 1916. 5. 12 ; 제1130호, 1916. 6. 15 ; 제1159호, 1916. 6. 23 ; 제1166호,
1916. 6. 3 ; 제1149호, 1916. 7. 17 ; 제1186호, 1916. 7. 18 ; 제187호, 1916. 8. 11 ; 제1208호,
1916. 8. 22 ; 제1217호, 1916. 9. 7 ; 제1230호, 1917. 3. 5.

---

68) 『조선총독부관보』 제1167호, 1916. 6. 24. 경북 군위군 효령면 장기동 1번지의 경우
증거서류로 결수연명부와 군위군수의 국유지로서 취급하지 않는다는 뜻의 증명서를
제출하였다.

만, 고마둔이나 사창, 금융조합 창고부지 등과 같이 마을이나 법인적 성격의 토지도 포함되어 있었다. 이들 토지가 민유로 사정되었다가 국유로 재결되었다. 그런데 여기서 또 하나 유의할 점은 개간자의 권리를 인정하지 않았다는 점 등이다. 이들은 갑오개혁 이후 관아가 훼철되면서 황진지로 변하자 농민들이 개간 또는 가대로 이용되면서 공토성책 등록여부는 알 수 없으나 재결서로 보아 등록되었을 가능성은 높아 보인다. 공토성책은 결세를 납부하는 경작지나 가대 등의 공토를 등록한 장부였다. 이 토지는 후에 역둔토, 나아가 국유지로 정리되었다. 이러한 개간지에서는 명목적 소유권자인 陳主(국가)와 현실의 점유권 또는 이용권 등을 가진 개간권자 사이에 타협적 이해관계아래 서로의 권리를 인정하는 관습물권이 성립했었는데, '사업'에서 이를 국가의 배타적 소유권으로 정리하면서 불복신청이 제기된 것으로 보인다.[69]

그런데 위의 경우는 모두 국유지관리자가 국유지통지서를 제출하지 않아 점유권자의 신고대로 민유나 면유로 사정되자 불복신청한 경우였다. 재결서에 "국유지임에도 불구하고 임시토지조사국장은 ○○○의 소유로 사정"하였다고 불복신청하여 국유로 재결을 받은 것이다.[70] 이러한 토지가 '사업'에서 어떻게 민유지로 사정될 수 있었을까. 관아터가 역둔토대장과 지도에 등록되었음에도 불구하고 왜 국유지통지서를 제출하지 않았을까. 조사국원이 지주총대 등의 입회아래 조사하였음에도 불구하고 소작인(점유권자)의 소유로 사정된 이유가 무엇일까. 종전 국·민유 분쟁지, 특히 절수사여지에서 분쟁이 제기되었을 때 개간권자를 소유권자로 사정한 사례와 같은 경우일까 등이 의문으로 남는다.[71]

일제는 국가의 수조권적 권리와 농민의 경작권을 근거로 성립한 관습물권을

---

69) 재결서에는 이들을 아예 채권적 관계인 소작인으로 기록하였다.
70) 『조선총독부관보』제1014호, 1915. 12. 20. 구덕산 해창부지 사례.
71) 절수사여지는 ① 이영호, 「한말 일제초기 근대적 소유권의 확정과 국유 민유의 분기」 『역사와 현실』77, 2010, ② 최원규, 「한말 일제초기 공토정책과 국유민유 분쟁」 『한국민족문화』45, 2012가 참고된다.

둘러싸고 서로 분쟁할 경우 '사업' 초기에는 후자를 소유권자로 사정하기도 했지만, 후기로 갈수록 일본민법의 소유권 개념을 적극 적용하여 후자를 배제하고 전자를 소유권자로 재결한 것으로 보인다. 다음 사례가 그러한 예의 하나이다.

> 본 지는 원 군량소 창고대였는데 갑오년(1894년) 군량소 폐지와 동시에 창고가 붕괴되었고, 다음 해 전으로 개간하고 **역둔토대장과 지도**에 등록하였다. 1912년 12월 지종순이라는 자와 소작계약을 체결한 것으로 국유지가 명료하고 임시토지조사국장은 이를 임병익의 소유라 사정하여 정정을 구한다. 국유지통지서 기타 하등 신출이 없고 지주총대 등 입회한 위에 임병익의 토지신고서에 기초하여 동인 소유라 인정하고 조사 사정하였다. … 불복신립인의 주장이 정당하다고 인정하고 임시토지조사국장의 사정은 이를 취소하고 주문과 같이 재결한다.[72]

여기서 지종순은 소작인이고, 사정명의인인 임병익은 개간으로 물권적 권리를 확보한 자라고 생각되지만, 탁지부는 임병익의 권리를 부정하고 지종순과 소작계약을 체결하였다고 한다. 그런데 역둔토대장과 지도에 등록되었음에도 불구하고 왜 국유지통지서를 제출하지 않았을까. 실지조사를 할 때 지주총대나 조사원들이 국유라고 파악하지 못하고 간과할 수 있는 성질의 토지는 아니었을 텐데, 임시토지조사국에서는 왜 임병익 명의로 사정했을까. 이 지역에서는 관아터의 경우 민의 개간점유권을 인정하여 민의 소유로 사정한 것으로 보인다.[73]

사정 단계에는 지역별로 국·민유지를 확정하는 기준이 명확했던 것은

---

72) 『조선총독부관보』 제1015호, 1915. 12. 21.
73) 다른 지역에서도 민유로 사정되었는데 불복신청을 제기하지 않았는지, 처음부터 국유로 사정했는지는 알 수 없지만 충청지역에서는 민유에서 국유로 재결하는 모습을 보였다.

아니었던 것으로 보인다. 관아터나 창고터가 충남북의 일부 지방에서, 지소의 경우는 경북과 경남의 일부 지역에서 통지를 하지 않아 불복신청이 제기된 것으로 보아 지역별로 처리 과정에서 차이가 있었으며, 재결은 판정 기준을 통일시키는 과정이라고 할 수도 있을 것이다.[74] 사정 단계에서는 사궁장토의 분쟁지에서 때로는 개간권 같은 관습물권을 소유권으로 사정한 경우도 있었지만, 재결단계에서는 공·사토를 막론하고 소유권(수조권)이외의 모든 관습물권을 채권으로 규정하고 전자만을 조사하여 소유권으로 확정하기로 입장을 정리한 것으로 보인다.[75]

(3) 池沼의 불복신청 사례

일제는 '사업'에서 원칙적으로 제언은 국유로 처리하였다. 제언의 지목은 지소였는데, <표 13>에서 보듯, 경북을 비롯한 몇몇 지역에서 상당수의 지소가 개인이나 동리명의로 사정되었다가 불복신청을 거쳐 국유로 재결되었다.[76] 총 5도 11개 군에서 128필지 417명이 여기에 관련되어 있다. 그런데 경기, 경남, 충남의 서산과 부여에서는 이와 반대로 각각 1곳이 국유에서

〈표 13〉 재결서에 등장한 지소의 지역 분포

도	군	필지	사정인수	도	군	필지	사정인수
경기	시흥	1	1		청송	39	98
경남	함안	1	1	경북	달서	1	5
경북	문경	2	4		경산	11	21
	선산	59	255	충남	서산	1	1
	영천	2	1		부여	1	1
	청도	21	30	합		138	417

---

74) 『조선총독부관보』 제1015호, 1915. 12. 21. 경기도 광주군 중도면 산성리 사례.

75) 『조선총독부관보』 제1015호, 1915. 12. 21. 이와 비슷한 일이 왕가의 소유지에서도 발생했다.

76) 『조선총독부관보』 제1162호 1916. 6. 19. 경북 청송군의 경우 청송면 4, 진보면 5, 현동면 2, 현서면 2, 부동면 1, 파천면 1=14곳이다.

민유로 재결되기도 하였다. 불복신청인이 1명이라는 점에서 개인소유로 보고 재결한 것으로 보인다. 경북에서는 사정인이 여러 명이었다는 점에서 이들 지역의 지소와 차이를 보였다. 공용으로 관개를 위해 설립한 지소는 국유로 재결되는 모습을 보였다. 그 예를 보기로 하자.

일제가 지소를 국유로 처리한 것은 수리문제를 조선총독부가 주도적으로 처리하기 위한 것으로 보인다. 이러한 의도를 경남 창원군 상남면 토월리의 사례에서 볼 수 있다. 여기서는 답이 각 개인 명의로 사정되었다가 국유로 재결된 경우였다. 사정 당시 이곳의 지목은 지소가 아니었다. 종래 池였던 곳을 모경하여 답으로 변환된 상태였다. 경남 도장관은 이곳 池가 모경지로 민유로 사정되었지만, 민유라고 인정할 확증도 없을 뿐만 아니라 지방비의 보조를 받아 수축작업을 시행하기 위해 국유로 재결신청한다고 하였다.[77]

민유 측과 국유 측은 서로 다른 입장에서 변명서를 제출했는데, 먼저 전자의 의견을 보자. 이 토지는 민유로 증명관리의 증명을 거쳐 등기한 것이고, 계속 소유자가 변경되어 왔다고 했다. 그리고 소작료를 받아 지세를 납부한 영수증을 증거로 제시하며 이 토지의 소유자라고 주장하였다.[78] 반면 국유 측의 입장은 사정명의인 가운데 한 사람인 이춘만이 작성한 불복신청이유서에 잘 나타나 있다. 이 토지는 국유 지소의 일부인데, 관리 부실로 점차 황폐화되어 저수가 불충분하여 수면 위로 땅이 노출되어 모경한 제언부지라는 것이다. 그리고 사정명의인이 오래전부터 소유한 경지라고 주장했지만, 상남면장도 지금부터 약 10년 전 개간한 것으로 결수연명부에 등록하기 전에는 소유권을 인정할 문기가 존재하지 않았다고 하였다. 사정명의인도 "수축의 결과 동 지소의 일부라는 것은 부근 인민도 일반으로 인정하였다."고 주장하였다.[79]

77) 고등토지조사위원회, 『경상남도 창원군 불복신립사건 심사서류(3책의2)』.
78) 고등토지조사위원회, 「변명서(우정식) 1916. 9. 9, 변병서(신상문 1916. 8. 30)」『경상남도 창원군 불복신립사건 심사서류(3책의 2)』, 1918. 11. 28.
79) 고등토지조사위원회, 「불복신립이유서(이춘만)」『경상남도 창원군 불복신립사건 심사서류(3책의 2)』, 1918. 11. 28.

불복신청인은 경남 도장관이었지만, 이춘만과 임봉술은 사정명의인이었음에도 불구하고 국유로 재결하는 데 동의하고 제언부지 수축을 위해 다른 사정명의인도 함께 '소유권명의 정정승낙서'를 제출하였다. 이들이 국유로 동의한 이유는 이곳이 제언 부지라고 주장하기도 했지만, 조선총독부의 지방비 보조를 받아 수축사업을 시행하기 위해서도 국유로 할 필요가 있었던 것으로 보인다.[80]

그러나 이들 토지 가운데 창원군 웅읍면 서중리에 소재한 신상문과 曾里壽三이 소유한 2필지는 불복신청을 취하하였다. 토지거래에서 증명관리의 증명을 받고, 인민이 매수하여 소유자로 점유하였다는 점과 소작료를 납부하지 않고 지세를 납부하였다는 점은 위의 변명서와 같았다. 다른 점은 이들은 앞의 토지보다 훨씬 전인 1848년경이래의 소유자변동 내력을 기록하여 그때부터 민유지였으며, 국유지로서 소작료를 납부한 일도 없다고 주장한 것이다.[81] 상남면장도 위 토지와 달리 민유라고 인정하여 曾里壽三에게 민유지 증명원을 발급하였다.[82]

고등토지조사위원회에서는 국유측의 주장을 받아들여 국유로 재결하였지만, 임시토지조사국에서는 개간지로 오래 전부터 거래되었다는 점을 고려하여 개인소유로 사정했던 것으로 보인다. 이때의 재결은 명목적 소유권이 점유권을 제압하고 토지소유권의 절대성이 반영된 배타적 소유권으로 확정하는 과정이라고 할 수 있을 것이다. 경북의 지소도 이러한 범주에 속하여 국유로 재결 처리된 것으로 보인다.

---

80) 고등토지조사위원회, 「고위 제 5691호 재결서」『경상남도 창원군 불복신립사건 심사서류』, 1918. 11. 28.
81) 고등토지조사위원회, 「변명서(우정식 1916. 9. 9.」『경상남도 창원군 불복신립사건 심사서류』.
82) 고등토지조사위원회, 「민유지증명원(증명자 창원군 웅읍면장 주기환 소유자 曾里壽三) 1916. 9. 11」『경상남도 창원군 불복신립사건 심사서류』.

2) 민유지에서의 불복신청 사례

(1) 조선인과 일본인 사이의 불복신청 사례

민유지에서 불복신청을 제기한 사유는 국유지에서 불복신청한 사례지에서처럼 토지소유자가 토지신고서를 제출하지 않아 타인에 사정된 경우가 많았다. 조선인의 경우 불복신청 건수는 대부분 1인 1건 정도였다. 개인이 여러 건을 불복신청한 경우는 드물었다. 조선인은 경남 하동의 최인희가 10건으로 가장 많이 불복신청한 것으로 나타났다.

일본인은 조선인보다 더 적극적으로 불복신청하였으며, 여러 건을 불복신청한 자도 적지 않았다. 물론 大池忠助나 村井吉兵衛처럼 일본인 대지주들도 1, 2건이 일반적이었지만, <표 14>에서 보듯 大倉喜八郎이나 大橋與市, 山本愛之助 등은 여러 차례 불복신청하였으며, 大倉喜八郎은 11건이나 되었다.[83] 전북의 대표적인 지주들은 농장 설립초기에 토지를 잠매할 때 생긴 문제나 개간지에서 발생한 분쟁을 '사업'에서 해결하려고 하였다. 藤井寬太郎은 투자지가 주로 개간지였다는 점에서 분쟁에 휩쓸릴 여지가 더 많았다.[84] 이는 藤井이 대표로 있던 不二興業이 불복신청 건수가 33건이나 된다는 점이 이를

〈표 14〉 일본인 지주와 재결건수

불복신립인	합	조선인	일본인	기타
大橋與市	4	2		양입 사정한 것 2건
大倉喜八郎	11	10	1	
山本愛之助	9	4	4	不二興業
阿部彦太郎	5	5		
右近義太郎	9	7	1	한국인 토지와 교체 1건
增田幸七	5	3		한국인 토지와 교체 1건

---

83) 홍성찬 외,『일제하 만경강 유역의 사회사』, 혜안, 2006에서 홍성찬과 최원규의 글이 참고된다.
84) 최원규,「1920.30년대 일제의 한국농업 식민책과 일본의 자작농촌 건설사업-불이농촌 사례」『동방학지』82, 1993.

말해준다. 이 중 25건은 조선인, 8건은 일본인으로부터 확보한 것이었다.[85]

일본인 지주와 회사는 불복신청으로 조선인의 토지를 자기 소유로 확보하는 데 적극적이었다. 이 과정에서 분쟁도 발생하였다. '사업'은 토지소유권을 법률로 확정하여 일본인 지주경영의 체제적 안정화를 꾀한 것이라고 할 수 있다. 전반적으로 조선인 지주가 일본인 지주에 비해 덜 적극적이었다. 그 이유는 조선인은 일본민법 질서에 미숙하여 일본인에 비해 승산이 별로 없다고 판단하고 포기하는 경우가 많았기 때문이었을 것이다.

다음은 조선인 지주가 일본인 지주에 불복신청한 사례로 창원군 동면 석산리에 거주하는 김상정이 경남 김해군 최대의 지주였던 村井吉兵衛에 불복신청한 건을 검토하기로 하자.[86] <표 15>의 토지가 여기에 해당한다. 김상정은 이 토지가 조상 대대로 상속하여 온 토지라고 주장하였지만, 임시토지조사국장은 村井의 소유로 사정하였다. 이에 김상정이 불복신청하였지만, 고등토지조사위원회에서는 다시 각하하였다.[87]

김상정이 불복신청한 토지는 김성윤이 김상정으로부터 매수하여 國枝仁三郎에게 매도하자 村井吉兵衛이 이를 사들여 사정받았다고 주장한 토지였다. 村井은 1908년 마산이사청에 증명을 받고 농장경영에 착수하였다고 주장하였다. 분쟁은 이때부터 시작하여 총 4차례의 심사와 재판을 거쳤다.

첫 번째는 1909년 김상정이 곽사옥에게 임대해 준 200두락의 토지에서 발생했다. 村井이 자기 토지라 주장하며 수확물을 요구하자, 김상정은 지불을 거절하고 마산재판소에 소송을 제기하여 자기 소유로 확인받고 배상받도록 판결을 받은 것이다.[88]

---

85) 그중 6차례는 藤井寬太郎이 자기 이름으로 사정된 토지를 회사이름으로 바꾸기 위해 불복신청한 것이었다.

86) 이영학, 「한말일제하 창원군 식민지주의 형성과 그 특질—村井진영 농장을 중심으로」 『일제의 창원군 토지조사와 장부』, 한국역사연구회 토지대장연구반 편, 선인, 2011.

87) 고등토지조사위원회, 「토지사정 불복신립」『경상남도 창원군 불복신립산건심사서류』 (3책중 2), 1917.

<표 15> 김상정이 村井에 불복신청한 토지

군면	사정전			평수	사정후	
	리	자번호	지목		지목	주소
창원군 동면	봉곡리	蓼6	草田	44,056	답	봉곡리5
	석산리	秉13	草田	20,248	잡	석산리143
	석산리	직6	草田	75,470		
	도잠리	치8	전	8,726	전	월잠리 308,309
	도잠리	치8	전	339	전	월잠리 85
	산남리	園17	蘆田	15,098	답	죽동리 508,509,503,499
	산남리	園17	蘆田	15,960	대	죽동리 507
창원군 대산면	가술리	髮6	草田	154,445	답	가술리 547, 542, 485, 484,
	가술리	髮6	전	2,423	답	가술리 483, 482, 479, 549
	가술리	髮6	전	4,226	잡	가술리 548
	가술리	髮6	전	1,534	답	가술리 559, 561, 553, 550. 523
	가술리	髮6	전	1,597	전	가술리 571
합			전	344,122	전답대	

출전 : 고등토지조사위원회, 「토지사정 불복신립」 『경상남도 창원군 불복신립산건심사서류』 (3책중 2), 1917.

두 번째는 1912년에 마산지방법원에 토지소유권 확인과 인도 손해배상 청구사건으로 소송을 제기하여 판결 받은 일이다.[89] 김상정은 김성윤이 자기 토지를 불법으로 모인하여 國枝仁三郎에게 매도하고 村井吉兵衛가 인수한 것이기 때문에 村井이 권원이 없이 점유하고 있다고 주장하였다. 그런데 판결에서는 김상정의 소유라고 인정할만한 증거가 없다고 하였다. 계쟁토지 는 村井과 國枝仁三郎과의 사이에 매매 증명수속이 이미 완료되어 公簿에 村井명의로 등록되었으며, 이는 村井이 계쟁지를 현실 점유하고 있다는 것을 인정하는 것이기 때문에 村井이 정당하게 소유한 것이라고 추정할 수 있다고 하였다. 이어서 원고가 주장한 사실은 이를 시인할 근거가 없음으로 청구는 정당하지 않다고 판결하였다.

---

88) 고등토지조사위원회, 「판결(대구복심법원 민사부 1914. 민공 제585호)」 『경상남도 창원군 불복신립산건심사서류』(3책중 2), 1917.

89) 고등토지조사위원회, 「판결(부산지방법원 마산지청 1912. 민제360호)」 『경상남도 창원군 불복신립산건심사서류』(3책중 2), 1917.

세 번째는 1913년 대구복심법원에 판결을 구한 일이다.[90] 법원에서는 먼저 판결에 앞서 村井의 점유권을 인정하고 있었다. 계쟁토지는 피공소인(村井)이 소유의사로 이를 점유하고 있으며, 점유권의 효력으로 점유자가 점유물에 행사하는 권리는 이를 적법하다고 추정할 수 있다는 것이다. 그리고 이에 대한 반증이 없는 한 村井이 그 토지의 소유자라고 추정해야 한다고 했다. 이어서 김상정의 주장은 인정하기 어렵다고 하고 다음과 같이 판결하였다.

공소인(김상정)이 소유권 취득의 원인으로 백여 년 전 조부가 매수하여 소유하여 왔다고 주장했지만, 문기는 22~70년 전의 문기라 양자가 일치하지 않았으며, 문기의 토지와 계쟁토지가 같은 것인지 인정할 수 없다는 것이다. 그리고 김상정이 곽사옥을 대상으로 승소한 마산재판소의 판결도 제3자인 피공소인을 구속하지 못한다고 하였으며, 집강이 군수에 보고한 문기나 여러 신문조서를 보아도 계쟁토지가 공소인의 토지라고 확인할 수 없다고 하였다. 납세영수증과 지세대장에 등록한 것은 인정하여도 과세토지와 계쟁토지가 일치하는지, 그리고 결세 납부의 사실만으로 소유권을 확증할 수 없다는 이유를 들어 김상정에게 패소판결을 내렸다.

네 번째는 김상정이 일심과 복심 판결에서 이기지 못하자 고등토지조사위원회에 불복신청을 제기한 일이다. 그는 불복신청 사유를 "村井이 자기 농장 구내에 존재하는 것이라면 이는 자기가 매수한 토지라고 무리하게 주장하며 강탈 점령하고, 본인이 알지 못하는 사이에 악의로 자기 소유라 주장하였다." 라고 언급하였다. 그럼에도 불구하고, 임시토지조사국장이 이 주장을 받아들여 村井 소유로 사정하자, 김상정이 불복신청을 하였다는 것이다.[91]

고등토지조사위원회에서는 1917년 9월 6일 김상정의 불복신청을 각하하였다. 위의 판결내용을 근거로 김상정을 소유자라고 판단하기에는 부족하며,

---

90) 고등토지조사위원회, 「판결(대구복심법원 민사부 1914. 민공 제585호)」 『경상남도 창원군 불복신립산건심사서류』(3책중 2), 1917.

91) 고등토지조사위원회, 「토지사정 불복신립」 『경상남도 창원군 불복신립산건심사서류』 (3책중2), 1917.

村井의 행위가 적법하다는 의견을 제시하였다. 村井은 매득이래 개간에 막대한 자금을 투여하고 적법하게 점유 지배하였으며, 증인의 신문조서에 비추어 村井의 소유라고 확정하고 김상정의 불복신청을 각하하였다.[92] 이 판정의 문제점은 토지소유자인 김상정이 매매대금을 한 푼도 받지 않았으며, 매매 이전도 그가 모르게 이루어졌다고 주장했음에도 불구하고 판결에서는 이 점을 고려하지 않았다는 사실이다. 매매문기도 김성윤의 계약서만 채택하고 증언도 村井에 유리한 것만 채택한 것으로 보인다.

김성윤은 國枝仁三郎의 하수인이고 國枝는 村井농장의 관리인이었다. 김성 윤이 주민들로부터 적법하게 땅을 구입한 것인지에 대한 관계기관의 검토가 보이지 않았다. 매매문기의 토지와 계쟁토지, 그리고 지세영수증의 토지가 같은 토지인지 검증은 없고 인정하기 어렵다는 의견만 판결서나 재결서에 보였다. 마산재판소에서 김상정의 소유로 판결을 했던 사실도 본 판결에서는 제외했다. 그리고 김상정의 주장을 받아들여 村井의 점유권을 부정하고 김상정 의 소유라고 반증할 수 없다고 했다. 본래 점유권자는 김상정이었는데, 村井이 강제로 점령하였음에도 불구하고 법원에서는 村井의 점유권을 인정하였다. 고등토지조사위원회에서는 村井이 '적법하게 막대한 자금을 투자하여' 개간 한 점을 중시하여 村井의 소유로 재결하였다.

다음 사례는 위와 반대의 경우이다. 일본인 지주가 동리의 초생지를 대거 매입하고 토지신고서를 제출하였지만, 임시토지조사국장은 그 중 일부 토지 는 인정하지 않고 동리민의 소유로 사정했다. 이에 일본인 지주가 불복신청했 지만 고등토지조사위원회에서 다시 각하한 경우이다.

경기도 진위군 西炭面 금암리 815, 816번 마무리 340,341필지 4필지의 잡종지 가 대상이었다. 불복신청인(升本喜兵衛 : 동경 거주)이 1911년 6월중 진위군 수의 증명을 거쳐 전소유자 河野修造로부터 매수한 초생지의 일부분이다.

---

92) 고등토지조사위원회, 「재결서(1916년 고위 제5706호)」, 위 책(3책중 2), 1917.

河野修造의 전소유자인 金東赫이 초생지를 현지의 동리민으로부터 매집하였
는데 금일 분쟁 부분이 종전 누구의 소유인지는 알 수 없다고 했다. 본
건 분쟁지는 김동혁이 부근의 초생지를 동리민들로부터 매수하고 이를
河野修造에 매도하고 河野는 다시 불복신청인에 매각하였다. 김동혁 이하
불복신청인까지의 권리계승에 어떠한 이의를 제기할 여지가 없지만, 김동혁
이 과연 소유권을 갖은 것인지 아닌지를 정하는 것이 문제의 골자라고
했다. 김동혁과 증인 김동완이 동리민 중 누구로부터 분쟁지를 매수했는지
불복신청인이 이를 명백히 주장할 수 없다는데 문제가 있었다. 이 매매는
1907년경 진위군수의 원조에 거하여 동리민을 군청에 소집하여 계약을
체결한 뒤 실지측량을 하고 관의 증명을 얻었는데, 동리민 중에 소유지를
매각하지 않는 旨의 異議를 부르짖는 자가 있었다는 것을 인정할 수 있다는
것이다. 당시 김동혁이 매수했다고 칭하는 지역 중에는 실제 매매하지 않은
토지가 혼입되었다는 것을 추측하기 어렵지 않다는 것이다. 그리고 河野修造
와 불복신청인이 선의로 그 소유권을 얻었다 믿고 이를 관리 점유하여왔다
해도 원래 김동혁이 갖지 않은 권리를 동인으로부터 계승할 수 있는 이유가
없음으로 본 건 불복신청은 부당하다고 인정하며 주문같이 재결한다.[93]

위의 사례에서 다음의 점들을 확인할 수 있다. 문제가 된 초생지는 김동혁이
진위군수의 힘을 빌려 강제 매입한 후 河野에게 매도하고, 그는 다시 불복신청
인 升本에게 매도한 것이었다. 그는 동리민을 총대로 두고 토지를 사용·수익하
였는데, 임시토지조사국장은 이 토지 가운데 매입한 증거가 없다고 판단되는
토지를 동리민의 소유로 인정하고 사정한 것이다. 이에 升本이 불복신청하자
고등토지조사위원회에서는 이를 각하하면서 그 이유를 제시했다. 여기서
사정의 한 원칙을 확인할 수 있었다.

---

93) 『조선총독부관보』 제1240호, 1916. 9. 19. 고위 제518·519호 재결서는 불복신청이
   각하당한 경우이다.

일제는 관권을 동원하여 강압적으로 매매계약을 체결했더라도 일단 계약이 성립된 것은 그대로 유효한 것으로 인정했다. 여기서 문제가 된 토지는 계약 자체가 성립되지 않았기 때문에 불복신청인의 신청을 각하하고 동리민유로 사정된 것을 그대로 인정한 것이었다.[94] 토지소유권을 획득하는 과정에서 행한 '강압'이나 '불법적' 방법에 의한 것이든, 일제는 '행위의 불법성'은 문제 삼지 않고 문서계약 위주로 소유권을 판정했다. 村井의 사례에서는 여기에 더하여 불복신청인이 소지한 문기나 증인에는 의문을 제기하고, 村井이 제시한 문기나 증인은 받아들였다는 점이 주목되었다. 점유권이나 개간권 등에 대한 법 적용도 村井의 입장에서 처리한 것이다. 그리고 일본인이 토지확보를 위해 취한 방식은 한국인 거간(동리장 두민)등에게 토지매입을 의뢰하고 이들이 주민들로부터 합법 또는 강압으로 토지를 매입하여 일본인 관리인이 매수한 다음, 다시 원래 의뢰한 물주의 이름으로 바꾸어가는 방식이었다.

(2) 동양척식주식회사의 불복신청 사례

민유 측에서는 동양척식주식회사가 가장 적극적으로 불복신청을 하였다. 동척 토지는 정부출자지로 대부분 동척 소유로 사정되었지만,[95] 동척이 토지 신고를 하지 않아 개인소유나 국유로 사정된 경우도 적지 않았다. 전자는 민이 토지신고를 제출하여 민유로 사정한 경우이고, 후자는 군수가 국유지통지서를 제출하여 국유로 사정된 경우이다. 사정공시 후 동척이 불복신청하고 재결을 받았다. 그리고 동척이 민과 분쟁하여 민으로 사정된 것도 동척이

---

94) 일본인이 한국을 침탈하면서 물리적 강제를 동원하는 등 비정상적인 형태로 거래하는 일이 많았다는 점은 초기 진출과정을 서술한 글에서 쉽게 찾아 볼 수 있다. 동리마다 구전되어 전하는 사례도 비일비재하다. 전북 옥구군 서수면의 대지주인 川崎藤太郎도 조선인 토지소유자를 잡아가두는 등의 수법으로 토지를 매입했다고 한다(전라북도 옥구군 서수면 서수리 이동기翁의 증언, 1991년 7월 22일 서수면사무소).

95) 동양척식주식회사, 『동척 10년사』, 1918.

다시 불복신청하여 재결 받은 경우도 있다.

동척이 정부출자지임에도 불구하고 왜 일부 토지에서 토지신고서를 제출하지 않았을까. 불복신립신고서에서 그 이유를 보면 이해하기 어려운 측면이 적지 않다. "정부출자지로 인도를 받은 이래 확실히 이를 점유하였음에도 불구하고 임시토지조사국장은 ○○○의 소유로 사정하여 불복신립인의 소유로 재결을 구한다."는 것이었다.[96] 더구나 "정부출자지라는 인증을 얻어 소유권 보존증명을 받고 … 과세지견취도와 결수연명부에 비추어도 ○○○의 소유라고 할 만한 증거가 조금도 없음에 따라 불복신립인의 소유라 정정하고 재결을 구한" 경우도 있다.[97] 고등토지조사위원회에 제출한 불복신청 서류를 보면 동척이 토지신고서를 제출하지 않은 가운데, 사정명의인만 제출하여 사정을 받은 경우였다.

왜 그런 일이 발생했을까. 국유지에서와 같이 경계오류나 양입사정, 교체사정 등과 같이 행정적 오류로 볼 수 있는 경우도 있었겠지만, 절수사여지나 투탁지 또는 혼탈입지와 같이 민의 실질적 지배권이 강하여 동척이 소유권자라고 주장하기가 쉽지 않았던 토지도 있었을 것으로도 생각된다. 그렇지 않고 행정적 오류로 신고가 누락된 것이라고 하면, '사업'자체가 부실한 것이었다고 할 수밖에 없을 것이다. 그런데 동척이 정부출자지에 대한 확인 작업을 완료한 상태에서 '사업'에 임하였음에도 불구하고, 신고를 하지 않아 사정에서 제외된 필지가 적지 않았다는 점을 고려하면 새로운 증거확보나 판정 기준 등과 관련된 것으로 해석하는 것도 의미가 있을 것으로 생각된다.

동척의 분쟁도 사정과정에서 제기된 분쟁과 사정 후의 불복신청 두 경우로 구분된다. 전자의 대표적 사례는 경남 김해지역의 사례를 들 수 있다.[98]

---

96) 고등토지조사위원회, 「토지사정불복신립서」,『경상남도 불복신립사건 심사서류』제16호.
97) 고등토지조사위원회, 「토지사정불복신립서」,『경상남도 불복신립사건 심사서류』제13호.
98) 최원규, 앞 글,『역사문화연구』49, 2014.

실지조사 당시 김해지역의 동척 토지에서 분쟁이 많이 발생하였다. 동척이 대체로 승리했다. 불복신청은 전국적 현상이었지만, 여기서는 경남 김해와 창원지역 사례를 보기로 하자. 김해지역의 동척분쟁은 두 차례 제기되었다. 첫 번째는 사정 전에 동척토지에 분쟁을 제기한 경우이다. 분쟁지심사위원회에서는 대부분 심사 후 동척소유로 사정하였다. 두 번째는 사정공시 후 동척이 조선인 필지를 대상으로 주도적으로 불복신청한 경우이다. 고등토지조사위원회에서 심사하여 재결로 확보하였다. 창원지역에서는 사정과정에서는 분쟁이 제기되지 않았지만, 사정 후 동척이 수십 건 불복신청하여 자기 소유로 재결받았다. 두 번의 분쟁에서 공통점은 동척이 거의 승리했다는 점이다.

동척이 불복신청한 토지는 정부출자지이지만, 역둔토대장에서 제외되고 '실지조사'를 하지 않은 토지이기 때문에 분쟁률이 높은 편이었다고 생각된다. 동척은 불복신청할 때 군수로부터 "전기의 토지는 1910년 8월 정부가 출자한 것"이라는 것을 인증한다는 내용의 출자지인증원을 받아 제출하였다. 그리고 토지사정불복신립서에 동척은 정부출자지라는 점을 공통적으로 언급하였으며, 여기에 과세지견취도나 결수연명부를 증거로 재결을 신청한다고 강조하기도 하였다.[99]

동척이 자기 소유로 판정받을 만큼 거의 완벽한 증거를 갖고 있으면서 왜 토지신고서를 제출하지 않았을까. 현존하는 경남 창원군의 불복신청 서류를 근거로 파악해 보자. 여기에 실린 동척의 재결 건수는 34건이었다. 명의정정이 15건, 양입사정이 9건, 교체 필지 4건, 경계 5건 등이다. 먼저 명의정정은 양자의 합의로 토지소유권 사정명의정정승낙서를 제출하여 명의를 정정한 것이다. 이때 빠지지 않고 제출한 것은 '정부출자지'라는 증거였다. 하지만 정부출자지가 곧 동척소유라는 등식이 성립하는 것이 아니었다. 이리하여 때로는 민이 분쟁을 제기하였으며, 상황이 여의치 않을 경우 동척이 신고조차

---

99) 고등토지조사위원회, 『경상남도 불복신립사건 심사서류』 제13호.

하지 않은 경우도 있었다. 동척이 불복신청할 때 제출한 토지등록부를 볼 때,[100] 신고를 단순 누락할 가능성은 별로 없어 보인다. 그렇다고 동척이 신고하지 않은 사유를 언급한 적도 없었다. 정황증거를 통해 신고를 하지 않은 원인을 살펴보기로 하자.

<표 11>에서 보듯 경남 창원군의 불복신청 서류에는 동척이 민유지를 대상으로 불복신청하여 재결 받은 경우가 적지 않았다. 그중에는 동척이 매득한 토지였음에도 불구하고 타인에 사정되자 불복신청하여 재결 받은 경우도 있었다.[101] 동척 토지가 실지조사 과정에서 다른 사람 토지로 잘못 사정된 경우가 발생했는데 다음의 세 경우였다. 동척 토지의 일부가 이웃한 다른 소유자의 필지에 양입 사정된 경우, 측량과정에서 필지의 경계를 잘못 측량하여 발생한 경우, 그리고 대면적주의라는 필지의 구획원칙을 적용하기 위해 분합필하는 과정에서 발생한 경우 등이다.

양입사정과 경계측량의 오류는 실지조사과정에서 발생한 단순 오류도 있었지만, 구래에 필지의 경계를 四標로 표기한 본질적 한계 때문에 발생하였을 것으로 판단된다. 사표라는 경계 표기방식의 모호성이 동척의 소유지 확대에 일조한 것으로 보인다. 사표에 표기한 지형지물 대신 線으로 경계를 확정할 때, 힘이 강한 쪽에 유리한 방향으로 경계선이 결정될 가능성이 높았다. 이러한 성질 때문인지 동척은 경계에 대한 불복신청을 곳곳에서 제기했을 뿐만 아니라 재결도 대체로 동척의 요구대로 이루어졌다. 사표 문제는 대면적주의라는 필지구획 과정에서도 분쟁발생의 여지가 많았다. 필지 사이의 사표 부분에 존재한, 겉으로는 無主地로 보이나 실질적으로는 점유자가 존재한 초생지나 진전 등에서 소유권 분쟁이 제기될 수 있었다. 양자는 동시에 나타나

---

100) 고등토지조사위원회,『경상남도 불복신립사건 심사서류』제9호 첨부서류. 동양척식주식회사의 토지등록부 서류철도 첨부했는데, 등록부의 구성은 소재지 견취도番, 자번호, 지목, 夜味, 면적(두락, 反別) 결수, 가격, 社定番 그리고 맨 아래 빈칸으로 구성되었다. 등록부의 작성시점은 서류에는 표기되어 있지 않다.

101)『조선총독부관보』제1167호, 1916. 6. 24.

기도 하였다.102)

다음은 개간문제와 관련하여 소유권 확정을 둘러싸고 불복신청이 제기된 경우이다. 사궁장토에서 절수사여지 중의 일부가 민유로 인정되었던 것처럼, 동척도 민유로 인정했다가 재결과정에서 불복신청하여 소유권을 확보하기도 했다. 후자의 경우를 고등토지조사위원회에서 생산한『경상남도 불복신립사건 심사서류』철에 실린 경남 창원군의 사례를 검토하여 보자.

첫째, 경남 창원군 웅남면 적현리 익자 49번 답이 두 필지로 분필되어 동척과 신재수에게 각각 사정된 사례이다. 이때 동척은 점유지역과 사정도(지적도)로 볼 때 위의 토지는 모두 자기 소유인데, 그중 한 필지를 소작인인 신재수의 소유로 사정한 것을 오류라고 주장하며 불복신청하여 재결 받았다.103) 사정 전 실지조사에서 임시토지조사국에서는 각자 제출한 토지신고서를 근거로 두 필지가 소유자가 다른 별개의 필지로 판단하고 지주총대의 입회아래 측량을 하고 사정한 것이다. 하지만 동척은 원래 이들은 정부출자지로 한 필지였다고 주장하며 불복신청하고 재결을 받은 것이다. 이 가운데 신재수가 사정받은 필지는 그가 스스로 개간 경작하던 토지라는 점에서 동척소유로 사정된 이웃 필지와 차이가 있었던 것으로 보인다.

둘째, 경상남도 창원군 진전면 봉곡리 세 필지에서 벌어진 사례이다. 과세지견취도에는 네 필지로 표기되었는데, 사정에서는 동척 한 필지와 소작인 이학래의 두 필지 등 3필지로 구획하였다. 동척은 과세지견취도를 증거로 이들이 모두 자기 소유라고 주장하며 불복신청하였다. 이때 창원군수의 인증을 받은 출자지인증원도 제출하였다. 이학래는 토지신고서에 개간지라는 의미로 '新'이라 기록하였으며, 임시토지조사국에서 이를 받아들여 그의 소유로 사정하였다. 두 토지신고서가 다 진실이라고 가정하면, 임시토지조사국에서는 개간권을 소유권으로 인정했지만, 고등토지조사위원회에서는 이를 인정

---

102) 과세지견취도에서 그러한 예를 확인할 수 있었다.
103) 고등토지조사위원회,『경상남도 불복신립사건 심사서류』제44호(1916. 6. 12).

하지 않고 명목상의 소유권자인 동척의 소유로 재결하였다고 판단된다.[104]

　셋째, 동척이 정부출자지로 인도받은 11필의 토지인데, 임시토지조사국장이 이를 두 필지로 합필하고 그 중 한 필지를 최현갑의 소유로 사정한 사례이다. 최현갑이 제출한 토지신고서에는 그 필지가 '新起'라 표기되었으며, 임시토지조사국에서 그의 소유로 사정한 것이다. 하지만 동척은 소작인 최현갑이 동척 소유의 전을 답으로 전환하고 토지신고서를 제출하여 사정 받은 것이라는 내용으로 불복신청을 하여 재결을 받았다.[105]

　동척은 이곳이 자기 소유의 일부인데 3년 전 최현갑이 답으로 바꾸었다고 주장하였다. 과세지견취도에는 이곳이 동척 소유로 표기되어 있었지만, 동척은 '실지조사'를 할 때 이를 문제 삼지 않았다. 이때 동척은 최현갑이 자기 토지의 일부인 전을 답으로 바꾸고 자기 소유로 신고했다는 사실을 몰랐을까. 그리고 임시토지조사국은 이러한 사실을 알면서 최현갑의 소유로 사정한 것은 아닐까. 자세한 사정은 알 수 없지만, 과세지견취도와 원도를 비교할 때 기본적으로 이곳은 진전이나 초생지가 곳곳에 산재한 지역이었다.[106] 초생지(진지)라고 표현된 곳이 그대로 산으로 편입되어 측량대상에서 제외되거나 때로는 다른 필지에 포함되기도 하였다. 이곳의 경작지는 陳起의 변동이 비교적 잦은 곳이었다. 이때 최현갑도 진전 상태의 전을 답으로 개간한 것으로 생각된다. 이리하여 실질적 점유권을 행사하던 최현갑을 소유권자로 사정하였는데, 재결에서 명목적 소유자였던 동척이 본래 자기 소유지라고 주장하고 불복신청한 것으로 판단된다.[107]

　이상의 사례는 양쪽 다 토지신고서를 제출한 경우인데, 그 내용이 서로

---

104) 고등토지조사위원회, 『경상남도 불복신립사건 심사서류』 제13호(1916. 6. 8).
105) 고등토지조사위원회, 『경상남도 불복신립사건 심사서류』 제16호(1916. 8. 29).
106) 창원시 합포구청 소장의 「창원군 과세지견취도」와 국가기록원 소장의 「창원군 지적원도」를 대조하여 얻은 결과이다.
107) 고등토지조사위원회, 『경상남도 불복신립사건 심사서류』 제16호. 사정 전에는 전이었는데, 사정할 때 답으로 되어 소작인의 소유로 사정된 경우이다.

모순되지 않아 임시토지조사국장이 별도의 필지로 사정한 사례였다. 사정공시 후 동척이 두 필지는 별개가 아니라 모두 동척토지라고 불복신청한 것이다. 필지의 한 부분을 개간하고 신고서를 제출하여 분쟁이 발생한 경우라고 생각된다. 그리고 또 한편으로는 그 필지는 대면적주의의 구획에 따라 대지주가 주위의 토지를 자기 소유지라고 주장하며 개간지를 여기에 포함시켜 발생할 가능성도 있었다. 이때 개간지의 소유권을 판정할 때 개간권과 입안권 가운데 무엇을 선택할 것인지가 문제였던 것으로 보인다. 대체로 사정과정에서는 이용자, 즉 현실의 점유자를 배려하는 모습도 보였지만, 재결과정에서는 명목적 소유권자인 국가나 동척의 입장에서 처리한 것으로 보인다. 이때 동척이 제출한 정부출자지라는 서면이 재결 받는데 결정적 증거로 활용된 것으로 보인다.

동척이 불복신청으로 소유지를 확대해 간 것은 관보의 재결서에는 대략 138건 정도였다. 이 가운데 조선인을 대상으로 불복신청하여 재결받은 건수는 109건이었다. 동척의 불복신청은 전국 각도에서 제기되었는데, 경남이 제일 많았다. 138건 중 77건이었다. 다음이 전북, 경기, 충남 순이었다. 경남은 창원, 김해, 사천, 밀양, 동래, 함안, 산청, 진주 등에서 발생했는데, 창원이 제일 많았다. 전북에서는 전주와 익산이, 경기에서는 서울에 인접한 고양군에서 주로 발생했다.[108] 기본적으로 동척을 둘러싼 불복신청은 조선인이 동척을 대상으로 한 경우는 매우 드물었으며, 대부분 동척이 조선인을 대상으로 불복신청하고 그대로 재결되는 것이 일반적이었다. 그 결과는 동척 소유지의 확대로 나타났다.

---

108) 각 지역의 동척 재결지 실태는 다음과 같다.

경기	경남	경북	전남	전북	충남	충북	평남	합
19	77	2	1	20	11	3	5	138

5. 분쟁지에 대한 불복신청 사례

1) 『조선총독부관보』의 재결서 사례

불복신청은 사정공시 후 이해관계자가 소유권과 경계에 이의가 있을 경우 하도록 정했다. 그런데 사정은 분쟁지와 분쟁지가 아닌 경우로 구분할 수 있다. 전자는 분쟁지심사위원회에서 심사하여 사정한 경우인데, 후자와 함께 재결과 재심이 허용되었다. 다시 불복신청하는 사례는 보기 드물었다. 다음은 분쟁지 심사를 거쳐 사정한 결과에 대해 불복신청을 제기한 몇몇 사례이다. 분쟁지 심사와 재결은 심사기준에서 차이를 보이지 않았겠지만, 그 결과가 서로 다른 경우도 있었다. 다음 <표 16>의 사례를 검토하여보자.

〈표 16〉 『조선총독부관보』의 분쟁지 재결사례

순번	불복신청	토지소재	지목	재결인	사정인
1	佐佐木勇助	경성 원동	대	佐佐木勇助	황소사
2	윤상건	경기 강화 내 관청	전	윤상건	사립 진명여학교
	경기도장관	경기 강화 길상 초지	대	국유	사립 진명여학교
3	김삼규	경남 밀양 하남 수산	전	김삼규	국유(동척)
4	도장관	경기 개상 중서	전 대	국유	왕세창 왕재중 왕수정
5	김병수 외 5인1	부산 초량동	전	김병수 외 6인 공유	김정복, 김성진

첫째, 경성 원동 소재의 대지를 둘러싸고 佐佐木勇助와 황소사가 분쟁한 사례이다.[109] 임시토지조사국장이 황소사의 소유로 사정하였지만, 佐佐木勇助는 이 사이에 토지가옥소유권 확인과 가옥명도청구소송을 경성지방법원과 복심법원에 제기하여 승소 판결을 얻었다. 그는 이 판결서 사본을 고등토지조사위원회에 제출하여 재결로 소유를 인정받았다. 이 사례는 사정결과를 법원 판결로 뒤엎었다는 점에서 특징적이다. 성격이 다른 두 기관이 서로 결론은

---

109) 『조선총독부관보』 제832호, 1915. 5. 14.

달랐는데, 고등토지조사위원회는 법원판결을 존중하여 佐佐木의 소유로 재결하였다.

둘째, 사립진명여학교와 윤상건 사이에 일어난 소유권 분쟁이다.[110] 사정하기 전에 양자가 윤상건의 소유로 화해하였음에도 불구하고 윤상건이 토지신고서를 제출하지 않아 사정에서 제외되었다. 이리하여 진명여학교가 토지신고서를 제출하여 사정권자가 되었다. 이에 윤상건이 결수연명부 등본과 토지소유권 명의정정 승낙서를 증거서류로 불복신청하여 재결을 얻어냈다. 결수연명부에는 윤상건의 소유로 기록되었지만, 토지신고서를 제출하지 않아 이같은 일이 발생했다고 하였다. 또 다른 하나는 국유 측과 사립진명여학교가 국유지통지서와 토지신고서를 각각 제출한 사례였다.[111] 심사결과 사립진명여학교 소유로 사정되었지만, 경기도장관이 불복신청하여 국유로 재결받았다. 국유 측은 이 토지가 역둔토대장과 역둔토지도에 등록되었으며, 소작인이 경작하고 있는 국유지라고 주장하였다.

셋째, 동척과 국유, 민인 등 셋이 분쟁한 경우이다. 동척과 국유가 분쟁하여 국유로 사정되었지만, 제3자인 김삼규가 토지신고서를 제출하지 못하여 국유로 사정되었다고 불복신청하여 재결받은 사례이다.[112] 분쟁토지는 20여 년 전 김삼규가 매득하여 납세 경작하던 토지였다. 그가 토지신고서를 제출하지 않아 사정 대상에서 제외된 가운데 국유 측과 동척이 분쟁하여 국유로 사정되었다. 이때 김삼규가 불복신청하여 재결 받은 것이다. 국과 동척이 분쟁한 이유는 기록되지 않아 알 수 없지만 수조권, 소유권(민전) 정부출자지의 관계, 즉 매득 대상을 소유권 또는 도지권같은 경작권의 매매로 볼 것인지의 문제로 추론된다. 후자에서 전자로 기준이 바뀌면서 사정과 재결이 달라진 것으로 보인다. 분쟁 당사자가 아닌 제3자가 불복신청하여 재결 받은 특이한 사례이다.

---

110) 『조선총독부관보』 제838호, 1915. 5. 21.
111) 『조선총독부관보』 제1185호, 1916. 7. 15.
112) 『조선총독부관보』 제1019호, 1915. 12. 25.

넷째, 국유와 공유자가 국유지통지서와 공유신고서를 각각 제출한 분쟁 사례이다.[113] 심사결과 왕세창 등 공유자가 사정명의인으로 확정되었다. 아예 도장관이 불복신청하여 고등토지조사위원회에서 사정 결과를 뒤엎고 공유가 아니라 국유로 재결한 것이다. 이때 사정명의인인 이 소유권 명의 정정승낙서를 연서하여 제출하였다. 별 다른 증거를 제시하지 않고 결과가 달라진 것이다.

다섯째, 문중 대표 2명이 사정명의인이 되자 그 외의 문중 관계자 김병수 외 5명이 불복신청한 사례이다. 김씨 일문이 초량학교에 토지를 기부한 대가로 두 필지의 토지를 받았는데, 대표 2사람만 사정명의인이 되자 위의 6명이 불복신청을 하여 재결을 받은 건이다. 이때 부산지방법원에 제기한 결과물인 토지공유권 확인인도와 가옥 취제 청구사건에 대한 확정 판결문을 제출하였다. 재판에서 승소한 불복신청인이 판결정본 확정증명서와 진술서 등을 고등토지조사위원회에 제출한 것이다. 사정명의인에게 증여했다는 사실을 입증하지 못하여 고등토지조사위원회에서 6명 전원 공유로 재결한 것이다.[114] 판결이 사정을 뒤엎은 경우이다.[115]

임시토지조사국은 소유권 사정의 최고 결정기관이지만, 고등토지조사위원회가 상위기관으로 사정결과를 뒤엎고 재결할 수 있는 지위를 부여받았다. 법원 판결이 있을 때는 이를 존중하는 방향에서 재결 처분을 하였다.

2) 『토지사정 불복신립사건 재결관계』 서류철의 사례

일제의 '사업'에서 가장 큰 문제는 국·민유 분쟁이었으며, 그중에서 사궁장

---

113) 『조선총독부관보』 제1154호, 1916. 6. 9.

114) 『조선총독부관보』 제1377호, 1917. 3. 9.

115) 경기도 광주군 경안면 쌍령리의 신씨가가 수원지청의 판결을 근거로 최원보로 사정한 것에 불복하여 재결에서 승리한 경우도 있다(『조선총독부관보』 제1015호, 1915. 12. 21).

토 분쟁이 주였다. 이 분쟁지를 고등토지조사위원회에 계속 불복신청한 사례는 보기 드물었다. <표 17>은 국가기록원 소장의 『토지사정 불복신립사건 재결관계』 서류철에 실린, 민과 於義宮이 계속 분쟁한 국·민유 분쟁사례이다.[116] 국유로 사정되자 염한용 등이 불복신청했는데, 그 내용은 다음과 같다.

〈표 17〉 황해도 於義宮土의 불복신청 사례

번호	불복신청자	토지소재지	필수	면적
1	조선총독부 염한용	황해도 안악	답38, 대2 전1답1	165,730평
2	조선총독부 염한용 박시준외 5인	황해도 신천군 노월면월음리 굴산리 구창리 만초리 정예리 덕성리	답98 전대임야 지소 잡종지	
3	조선총독부 염한용	황해 재령군 남율면 신서리		145,020평

여기서 불복신청은 황해도 신천군에 거주한 염한용이 주인공이고 그 외 주민 6명이 관계가 되어 있었다. 이들은 신천군, 안악군, 재령군 3개 군에 걸친 구래의 어의궁 소속의 수십만 평의 토지에 대해 재결을 신청하였다. 이곳 토지는 연혁이 모두 동일하였으며 그 내용은 다음과 같다.

① 안악 신천 재령의 3군에 소재한 장토 300석 11두 6승락은 본인(염한용)의 조부 종수가 황지를 기간하고 매득하여 전 어의궁에 투탁한 것이다 (1830~1840경). 신유년(1861) 조부 종수가 범죄로 동 장토와 다른 소유 토지를 몰수당하였다. 그런데 갑자년(동치 3) 죄명을 蕩滌하고 을미년 (1895) 심상훈이 탁지부 대신일 때 풍기군 소재지 55두락은 돌려받고 어의궁 소속 장토의 분은 아직 받지 못했다.

② 풍기군 소재지를 환급 받은 것은 탁지부 보관 서류에 의하여 인정된 것이고, 전 어의궁 소속 장토는 관계사실에서 증거 불완전하여 실지조사

---

116) 조선총독부, 「토지사정불복신립의 건 변명」 「신천군외 2군 소재 토지사정불복 신립의 건」, 『토지사정 불복신립사건 재결관계』, 1919. 두 건 모두 도장관이 1918년 2월 15일 고등토지조사위원회에 보낸 서류이다.

를 하였다.

③ 출장원의 보고서대로 투탁사실은 인정되지 않아도 331석 1두 4승 2합락 내 240석 10두 5승 2합락은 어의궁 소속 황폐지를 종수와 혈연인 종유가 동궁의 도장이 되어 축동 기간한 것이고, 85석 10두 9승락은 그 근방 소재의 민유지를 종수가 사금으로 투자하여 매집한 것이라 인정된다고 하였다.

④ 출장원의 인정은 주로 면·리장, 기타 소재지 인민의 진술을 기초로 한 것이고 다른 확증이 있는 것은 아니다. 또 재무서의 양안에 노명을 기록한 점에서 종수의 사유지가 된다고 인정되어도 이 또한 근거가 박약하여 이를 승인할 수 없다고 하였다.

⑤ 85석 10두 9승락은 사유지를 적몰한 것과 관계된 것이라 하여도 1895년에 55두락의 환급처분을 받을 때 본 관계지에 대하여 하등 기록한 바 없다. 청원인도 본 관개지에 관한 어떠한 서류도 소지하지 않았기 때문에 죄명을 蕩滌하여도 특히 이를 환급해야할 이유가 없다고 하였다.

염종수와 국유 측의 주장을 차례로 정리해 보자. 먼저 전자의 주장은 다음과 같다. 이곳 토지는 염종수가 개간하고 매득한 토지라는 것은 면장과 주민이 모두 인정하고 있는데, 염종수 집안은 염종수가 처형되고 재산이 적몰되었다가 죄가 풀리자 이에 대한 반환운동을 벌였다는 것이다. 풍기군 소재의 토지는 1895년 돌려받았지만, 어의궁 소속은 돌려받지 못했다. 1907년 임시제실유급국유재산조사국에 환급을 출원하여 1908년 돌려받아 지세를 납부하고 소작료는 돌려받았는데, 1909년 이 조치가 잘못된 것이라고 하며 다시 국유로 처리하여 임시재산정리국에 환급을 출원하였지만 거부당하였다고 하였다. 1910년 '실지조사'에서 소작인과 인접지주 등의 입회아래 실측하고 국유 역둔토로 취급하였으며, '사업'에서 국유로 사정되어 불복신청한 것이다.

염씨가에 동조하는 다른 분쟁 관계자들은 이곳은 80년이래 蘆를 심고 전전매매되어 온 곳이고, 대부분 1910년대 초에 매득하여 점유 수익하여 왔다는 것이다. 그리고 증명을 받거나 결수연명부에 등록하고 지세를 납부하여 왔다고 했다. 그런데 '실지조사'에서 국유지로 조사하자 이를 오류라고 공통적으로 주장한 것이다.

그러나 국유 측은 이에 반대되는 입장에서 해석하였다. 이곳은 풍기군 토지처럼 투탁한 문서증거가 없을 뿐만 아니라 위의 증빙으로는 투탁 사실을 인정할 수 없다고 하였다.[117] 그리고 죄가 풀렸다고 적몰재산을 돌려주어야 한다는 것도 인정할 수 없다고 하였다.[118] 증거도 옛날의 것은 인정할 만한 것이 없고, 최근 결수연명부와 참고인 등의 진술로 보아 점유 수익 납세한 사실은 인정되지만 대부분 분쟁이 제기된 후의 일이라고 했다. 그리고 어의궁 토는 당시부터 국유지로 관리자를 두고 대부료를 징수하여 왔으며, '실지조사'에서 국유지로 등록을 완료했다고 했다. 따라서 민유 측 주장은 채용하기 부족하다고 주장하였다.

그러나 분명한 사실은 이 지역은 개간지이고 그 권리를 전전매매했던 사유지였다고 했다. 그리고 투탁은 인정하지 않았지만, 염씨가에서 개간한 것을 인정한 것으로 보아 절수사여지적 성격을 갖는 토지라고 할 수 있을 것이다. 이에 대한 어의궁의 권리는 수조권적 권리(명목적 소유권)이고 개간자의 개간권은 사실상의 소유권적 권리라고 할 수 있는데, 일제는 후자를 부정하고 전자로 사정 재결하였다. 더 중요한 것은 국유 측은 국유지라는 확실한 증거를 제시하지 않고, 그간 국가기관이 국유지로 계속 관리해왔다는 점만 언급하고 있다. 그리고 과세지견취도와 결수연명부에 등록된 것을 증거로

---

117) 불복신립인은 이같이 광대한 토지를 소유하면 타인에게 탈취될 우려가 있음으로 57년 전에 어의궁에 투탁하였다고 주장하였다(조선총독부, 「불복신립서 부속서류」 『토지사정불복 신립사건 재결관계』, 1919).

118) "국유측에서는 주장의 근거가 되는 소유권 취득의 사실과 투탁관계와 적몰 또는 무죄된 사적 등을 인정할 수 없다. … 그리고 소재 동민은 당사자의 주장 사실을 시인하였지만 이들은 단지 口碑에 기인한 것으로 믿기 어렵다."고 하였다(조선총독부, 「불복신립서 부속서류」 『토지사정 불복신립사건 재결관계』, 1919).

민유는 자기소유라고 주장하였지만, 국유는 이를 오류로 취급하고 그들을 소작인으로 분류하였다. 더구나 민유지는 국유지 사이에 존재할 수 없고, 그 매매도 위장매매이기 때문에 임시재산정리국에서 환급하지 않았다는 것이다.

이렇게 보면 어의궁장토는 민에서는 투탁지, 국유 측은 절수사여지로 취급한 것으로 보인다. 결수연명부와 과세지견취도의 작성도 관계자의 입회아래 관이 주도한 사업인데, 스스로 장부내용의 정당성을 부인하고 있다. 나아가 양안에 奴名으로 기록되었음에도 불구하고 민유로 인정하지 않았다. 그리고 민이 소유권을 행사한 시기는 분쟁 이후라고 하지만, 이미 오랫동안 매매되어 왔던 토지였다는 점은 부인할 수 없다.

임시토지조사국에서는 개간의 물권적 성질을 부정하고 국유지로 사정하였으며, 이에 염종수 등이 불복하여 자기들 소유로 재결해 줄 것을 요청하자, 황해도와 탁지부에서는 앞의 주장대로 각하해 줄 것을 요청하는 회답을 고등토지조사위원회에 보냈다.[119) 결국 국유로 처리된 것이다.

6. 역토의 국·민유 처리기준과 국유지 처리방안

1) 역토의 국·민유 처리기준 — 長位와 公須位전답의 민유지화

'사업'에서 국·민유 분쟁은 빈번히 발생하였으며, 이때 국·민유를 구분하는 기준은 원칙적으로 유토=국유지, 무토=민유지였다. 분쟁이 제기되면 분쟁지심사위원회에서 이를 심사하여 판정하는 방식이었다. 위원장이었던 和田—

---

119) 조선총독부, 「토지사정 불복신립지에 관한 서류 송부의 건 회답」『토지사정불복 신립사건 재결관계』, 1919. 탁지부장관이 고등토지조사위원회에 보낸 서류이다. 이 서류에는 재결서가 첨부되어 있지 않아 결과는 알 수 없으나 관이 인정하지 않는 것으로 보아 각하되었을 것으로 추론된다.

郎은 그의 저서에서 조선국가의 토지를 유형별로 사전과 공전으로 분류한 바 있었다. 여기서 그는 1918년 황해도 재결과정에서 분쟁이 된 장위와 공수위 전답을 사전, 마전을 공전으로 분류하였다.[120] 그런데 이 기준은 탁지부에서 이미 1913년 3월 12일 세제328호로 각도에 '장위와 공수위전답에 관한 건 통첩'으로 하달한 적이 있었다.[121] 현지에서 분쟁이 다발하자 다음과 같이 기준을 정하여 통첩한 것이다.

① 長位와 公須位田畓 등은 모두 민유로 인정하고 국유지대장에서 삭제할 것.
② 우 토지의 결수는 상당하지 않은 것으로 인정하고 국유지 조사의 때 실측한 면적에 의하여 토지의 등급을 살펴 상당한 결수로 수정하고 실측이 아직 끝나지 않은 토지에 대하여는 수정이 된 類地와 비교하여 상당한 결수로 수정하고 1913년분부터 수정 결수에 의하여 지세를 징수할 것.
③ 본 건 처분의 결과는 이를 보고할 것.

탁지부에서 장위전과 공수위전을 모두 민유로 인정하도록 지시하였다. 경국대전에서 수조권을 지급한, '各自收稅'하도록 한 토지였다. 후속조치로 국유지대장에서 이를 삭제하고 결수를 정하여 지세를 징수하도록 하였다. 하지만 이러한 조치에도 불구하고 실제 현장에서 시행할 때 누락된 경우도 적지 않았던 것으로 보인다. 대표적인 사례가 황해도 평산군과 금천군 소재 장위와 공수위 전답이었다. 임시토지조사국에서 민유 아닌 국유로 사정하여 불복신청이 제기된 것이다.

---

120) 和田一郎, 앞 책, 宗高書房, 1920, 118쪽.
121) 조선총독부, 「장위와 공수위전답에 관한 통첩(정무총감)」『토지사정불복 신립사건 재결관계』, 1919.

본 건 평산군 금암면 한포리 소재 383번지의 2 전(역둔토대장 면10번 전 2,148평)은 長位土라 칭하던 토지로 결세는 금교역에 부속하였지만 토지는 민유였다. 그런데 융희 2년 국유지 조사의 때 평산군 내의 장위토를 전부 국유로 측량하였다. 이에 인민이 환급을 청원하고 도장관의 신청에 따라 본부에서 조사한 결과 1913년 이 땅을 제외한 다른 장위토는 전부 민유를 인정하고 환급하였다. 그런데 이 땅은 당시 청원에서 누락되어 역둔토대장에서 삭제되지 않고 대부의 수속을 하는 등 역둔토로 취급하였다. 동리의 박연수가 자기 소유라고 주장하고 그 이래 두세 차례 평산군청에 환급을 청원하였지만 이미 일단 해결된 사건으로 금일까지 수리하지 않았다. 금번 동군 토지조사의 때 임시토지조사국장이 국유로 사정하였다. 이에 고등토지 조사위원회에 불복신청을 하여 조사를 하였다. 이 땅은 永年 매매하여 온 것, 同治 양안에 장위라 등재되어 있고, 그 부근 토지도 장위토라고 되어 있는 것에 비추어 보면, 지난번 환급한 장위토 … 와 동일한 성질의 토지인 것이 명료하여 도장관의 의견을 담아 본안대로 처리하도록 하라.[122]

탁지부의 통첩에도 불구하고 환급되지 않은 주요인은 국유지대장에 장위를 토지를 지급한 '自耕無稅'의 馬位로 군에서 마음대로 정정했기 때문이었다. 평산군에서는 다른 곳의 장위토는 전부 환급했는데, 이곳은 환급하지 않았기 때문에 마위로 정정했다고 변명하고 있다. 장위토를 환급대상이 아닌 마위로 정정한 것이다. 그리고 평산군 개량안 사본에는 '起主 金郊馬長位'로 모호하게 표기하기도 했다고 했다.

분쟁은 1909년의 '실지조사'부터 본격화되었다. 이때 국유지로 조사하고 1911년분부터 개정 소작료를 징수하려고 하자 인민이 반발하며 민유지라는 것을 조사 확인해 달라고 청원한 것이다. 조사보고서의 내용은 다음과 같다.

---

122) 조선총독부, 「토지사정불복신립에 관한 토지소유권 명의정정승낙서 제출방의 건 (1918. 11. 7)」『토지사정불복 신립사건 재결관계』, 1919.

122) 조선총독부, 「토지사정불복신립에 관한 토지소유권 명의정정승낙서 제출방의 건 (1918. 11. 7)」『토지사정불복 신립사건 재결관계』, 1919.

첫째, 양안에 근거한 판단이다. 평산군청에 보관된 구양안(1872년)에는 금교공위 또는 금교 장위라고 기록되어 일반 민유지와 구별되어 국유지라고 했는데, 금천군에 보관된 구양안(1749년)에 금교 장위라 부기한 경우는 소유주와 작인의 성명이 표기되었고, 역토(마위토)는 소유주를 靑丹馬位 또는 금교마위로 하고 作人만 기록하는 등 양자의 기재방식이 달랐다고 했다. 이리하여 역토는 국유지이고, 튽位는 민유지로 역에 부속된 것이라고 인정한 것이다.

둘째, 1896년(건양 원년) 궁내부의 사찰위원 현제강이 작성한 '馬位田畓査定成冊'은 갑오승총을 반영하여 역토의 총합을 표기하였는데, 공수위 전답결과 장위 전답결은 별도로 구별하여 기록하였다는 것이다. 이곳은 민유지로 지세를 면제하는 대신 이를 역에 획부한 것이라고 확인하였다고 했다. 그리고 이곳에는 경성과 개성의 부호인 대지주가 존재하였으며, 자작 민영휘가 가장 많다고 했다. 이들은 마름을 두고 소작인으로부터 타작으로 소작료를 수취하였으며, 지세는 지주가 부담하였다고 하였다.

셋째, 1896년 이래 지세상당액을 납부하고 도전이나 도조를 더 받은 것은 없다고 하였다. 그런데 1908년 평산재무서에서 장위 또는 공수위를 민전과 구별하여 국유라 판단하고 역둔토대장에 등록한 다음, 도전을 종래와 같이 결세상당액을 징수하였다는 것이다. 그 결과 역둔토수입은 증가한 반면, 지세는 감소하였다고 하였다. 그리고 역둔토대장에 등록하였기 때문에 국유지 실지조사의 때 국유지로 등록되었다는 것이다. 결도를 징수해야 했는데, 여기서는 결을 도로 형태만 바꾸고 국유지로 등록한 것이다. 일관성 없는 처리방식이었다.

넷째, 평산군 이외의 다른 군에서는 장위전과 공수위전을 민유지로 취급하였는데, 여기서는 동일한 역토를 국유로 취급한 이유가 무엇인지 조사하였다. 그런데 이곳에서는 다음과 같은 이유로 민유지라 인정하였다는 것이다. 백여 년 전부터 자유로 매매하였으며 문기가 있었다. 그리고 경의선 부설 때 수용지 가운데 마위전·포료전·둔전 등은 국유라 대금을 지불하지 않았지만, 장위와 공수위전답은 대금을 지불하였다는 것 등이다. 이리하여 이 토지를 민유로 정리하고 지세를 징수하라고 처리방침을 제시하였다는 것이다.[123)]

평산군에서는 이와 달리 처리되어 민인이 환급을 요구하면서 분쟁이 본격화되자, 도장관의 요구에 따라 탁지부에서 조사를 실시하였다. 1913년 다른 장위토는 전부 민유로 인정 환급하고 이곳만 누락되어 역둔토대장에서 삭제되지 않고 대부 수속을 하는 등 역둔토로 취급하였다는 것이다. 박연수가 평산군청에 환급을 청원하였지만 수리하지 않았으며, '사업'에서 국유로 사정하자 불복신청한 것이다. 이에 탁지부에서 이곳은 이미 환급한 장위토와 동일한 성질의 토지가 명백하니 도장관의 의견대로 처리하라고 지시하였다.[124)]

일제의 분쟁처리 방식은 민전으로 확인되면 환급했지만 분쟁을 제기하지 않으면 그대로 국유로 처리하는 식이었다. 즉 사유라는 것이 명백하지 않으면 일단 국유로 처리하고, 분쟁이 제기되면 그때 처리하는 방식이었다. 그런데 전반적인 불복신청의 결과는 민전의 국유화가 재결로 더 진전되는 결과를 초래하였다. 사정과 재결은 결국 '행정처분'으로 결정되고 이의를 제기하지 않으면 그것으로 종결되고 재결로 확정되면 회복은 불가능하다는 점이다.

2) 국유지 처리방안

일제가 줄곧 견지한 국유지 정리방침은 무토=민유지이고 유토=공토=국유지였다. 여기서 문제는 유토와 무토를 구분하는 기준이 분명하지 않아 분쟁이 빈번히 발생했다는 점이다. 여기 덧붙인 또 하나의 문제는 일제가 사정한 토지소유권에 배타성·절대성을 부여했다는 점이다. 소유권적 물권(혹

---

123) 조선총독부, 「장위와 공수위전답에 관한 통첩 별지조사서」『토지사정불복 신립사건 재결관계』, 1919.
124) 조선총독부 국유지 통계에서 이 시기 국유지가 축소된 것으로 나타난 것은 이 조치와 무관하지 않다고 생각된다.

은 경작권적 물권)을 지닌 도지권자나 중답주들의 권리를 완전히 배제하여 이들이 반발하는 등 분쟁이 더욱 심화되었다. 이 물권은 사기 등 불법행위가 아니라 노력을 제공한 대가로 획득한 것으로 지주도 인정한 권리였지만, 일제는 법적으로 이를 인정하지 않아 결과적으로 박탈로 귀결된 것이다. 반식민지적 움직임을 초래할 수밖에 없었다.

경상남도장관은 1917년 이래 평온하게 지나갔다고 했지만, 1919년 3.1운동이 일어나면서 인심의 동요가 더욱 심각해졌다고 1919년 6월 18일 다음과 같이 김해군의 사례를 정무총감에 보고하였다. "독립소요 후 인심 변동을 타고 이때 운동을 하면 총독부가 인민에 유리하게 해결해줄 것이다."라는 기대 속에 불복신청인들이 조직적으로 대처하기 시작했다고 했다.

김해군 김해면 불암리의 유봉래, 하동면의 金炯敎, 金炯洙, 張敬文 등이 경성에서 木尾 변호사와 함께 맹렬히 운동을 하는 한편, 계쟁자에게 운동비용을 지불하거나 계쟁지의 전매를 종용하였다는 것이다. 이에 일제 당국은 "무지한 농민을 유혹하여 운동비를 징수하여 경성방면에서 여러 가지 획책하고 있다."고 하면서 이들을 조사하는 중이라고 했다. 경상남도에서는 이들이 '만세소요'에 따라 인심을 선동하리라 예상하였지만, 이를 조장한 것은 1916년 1월 불복신청기간 만료 전에 수리하지 않을 방침으로 각하한 불복신립서를 고등토지조사위원회에 丕山 사무관 일행이 제출한 일이라는 것이다.

이 계쟁지는 역둔토대장에 등록해서 여러 해 동안 평온하게 소작료를 징수하던 국유지였다고 했다. 계쟁지에 대하여 관용 처분하는 모습을 암시하고 인심을 선동하여 쉽게 사실을 인증하거나 마음대로 하여 다른 곳에 파급되면, 결국 소작료를 징수하는 데 지장을 초래하는 원인이 될 우려가 있다는 것이다. 그리고 고등토지조사위원회의 재결이 경상남도의 보고방침과 큰 차이를 보일 경우 조선총독부의 위신이 점차 땅에 떨어져 불만을 품은 무리들이 더 발호할 뿐만 아니라 양민도 배반하고 유식계급의 빈축도 사게 될 것이라고 했다. 따라서 관대하면서도 엄격하고 절도 있게 하여 편중된 조치가 없도록 배려해달라고 주문한 것이다.

경상남도는 역둔토를 국유로 계속 유지하겠다는 의지를 표현하였지만, 조선총독부에서는 역둔토에 제기된 불안성을 해소하기 위한 대책을 마련했다. 조선총독부가 1912년 10월 29일 칙령 제39호로 공포한 '역둔토특별처분령'이 첫 번째 대책이었다. 이 법은 역둔토의 관리와 처분에 관한 것이었다. 일제가 소작문제의 심각성을 의식하고 대부 이외에 자작농육성책의 일환으로 역둔토를 불하하되, 그 자격자를 동척과 역둔토의 소작인으로 정했다. 역둔토 소작인에게만 불하자격을 부여했다는 점이 주목된다. 즉 국·민유 분쟁을 제기한 물권적 경작권자들은 소유권을 포기하게 하고 소작인이 될 때만 자격을 부여한다는 것이다. 당시는 국·민유 분쟁을 적극적으로 해결할 생각은 없었던 것으로 보인다. 물론 역둔토 불하는 규정뿐이고, 1920년까지 역둔토가 갖는 재정적 비중 때문에 대부제도만 시행했다.

국·민유 분쟁이 격화되고 해결될 기미가 보이지 않자 조선총독부와 각도에서는 이를 위한 대책마련에 나섰다. 경상남도장관은 탁지부에 경남 稅秘 제108호로 1919년 6월 18일 '김해군 소재 국·민유 계쟁지에 관한 건'[125]을, 정무총감에는 '김해군 기타에서의 국·민유계쟁지 처분에 관한 건'[126]을 제출하여 검토 대상으로 삼도록 했다. 이는 3.1운동 이후 이에 대한 대책으로 제출한 것이기도 했다.

1919년 4월 30일에 제출한 후자의 건에는 '私賣地 紛爭地 해결의견'이 실려 있다. 국유지를 사적으로 매입하거나 분쟁이 된 토지에 대한 처리방안이었다. 사매지나 분쟁지가 사정이나 재결로 국유가 되었을 경우, 관계자의 청원에 따라 이를 불하할 때 처리방식에 대한 의견을 제출한 것이다. 여기서 전제가 된 것은 "사매지와 분쟁지 또는 조선인과 일본인 등을 묻지 않고 동일한

---

125) 조선총독부, 「김해군 소재 국·민유계쟁지에 관한 건(1919. 6. 18)」 『토지사정불복 신립사건 재결관계』, 1919.

126) 조선총독부, 「김해군 기타에서 국·민유계쟁지처분에 관한 건(1919. 4. 30)」 『토지사정불복 신립사건 재결관계』, 1919.

방법으로 처분"하라는 것이었다. 일본제국안에서 민족별 구분 없이 동일하게 취급해야 한다는 것이 전제조건이었다. 구체적인 내용을 보기로 하자.

첫째, 불하를 청원할 수 있는 자는 사매 또는 분쟁의 당사자로서 그 토지를 경작하거나 가옥을 건축하여 거주하는 자 또는 소작하는 등 현재 그 토지를 이용하고 거주하는 자에 한한다. 그런데 소작권을 매매한 것이라고 문기, 매매 가격 등에 의해 명확히 확인할 수 있는 것은 이를 허가하지 않는다.

둘째, 증명 또는 査証을 거친 것으로 국유로 사정하여 계쟁자가 이의신청을 한 토지는 민유로 사정을 변경하여도 이의 없을 것.

셋째, 증명 또는 사정을 거친 것으로 국유로 사정되어 계쟁자가 이의신청을 하여도 이를 취하 또는 이의를 신청하지 않은 토지로 증명 또는 사증을 받은 자가 출원할 때는 무상으로 교부할 것.

넷째, 1909년 3월 이전 매매에 의해 점유의 상태에 있고, 자기의 토지로서 개량 관리하여도 증명 또는 사증을 거치지 않은 토지의 경우 이해관계인이 이의신청을 한 것에 대하여는 국유를 주장할 것.

다섯째, 전항의 토지로서 국유로 사정을 확정하고, 이해관계인이 불하신청을 한 때는 편의상 지세상당액을 환원하여 불하가격으로 하는 방법에 의하여 수의계약에 따라 사매자에게 양도할 것.

여섯째, 넷째의 토지로 이의의 신청을 했다가 이를 취하하거나 이의신청을 하지 않아 국유로 확정된 토지에 대하여 이해관계인이 불하를 신청할 때는 제6항에 준하여 처리할 것.

국·민유 분쟁에서 사매지와 분쟁지 문제를 해결하기 위한 방안으로 일정한 자격을 갖춘 자에게 이를 불하한다는 내용이었다. 불하자격자는 사매 또는 분쟁의 당사자로 이를 경작하거나 거주하는 자로 하였다. 단 소작권을 매매한 것이 확실한 자는 대상에서 제외하였다. 기본적으로 일제는 국유=배타적 소유권이라는 전제아래 불하를 추진하였다.

사매지나 분쟁지가 국유로 확정된 다음 불하할 때는 증명이나 사증을 거친 경우와 그렇지 않은 경우는 처리방법을 달리했다. 전자는 무상으로 민유로 전환해주고, 후자는 지세 상당액을 환원하여 불하가격을 정하고 수의계약에 따라 양도하도록 하였다. 이 토지에서 발생한 분쟁을 처리하는 과정에서 자기 권리를 빼앗긴 자들의 불만을 해소하려는 방안이었다. 조선총독부가 증명이나 사증을 발급한 당사자로 그 책임도 지겠다는 의사도 내포한 것이다. 물론 사유지 안에서 발생한 분쟁은 대상이 아니었다. 그리고 이 처리가 가능하도록 마지막 항목에 역둔토특별처분령을 개정하거나 특별법령을 발포하여 이를 처분할 수 있는 길을 열도록 하자는 제안을 하였다.

조선총독부는 이러한 제안의 연장선에서 1920년 8월 13일 역둔토특별처분령시행규칙을 개정하고 '역둔토특별처분에 관한 건'을 공포하여 역둔토불하의 기본법령을 마련하였다. 유료 대부지를 대상으로 연고소작인에게 불하하도록 하고 이들이 불하받을 의사가 없을 때는 경쟁입찰방식을 택하였다. 이러한 소작농민 안정책에도 불구하고 불하조건이 좋은 편은 아니었다. 그리고 불하비용을 마련하기도 쉽지 않아 포기하는 경우도 발생하였다. 이러한 이유 때문인지 소작농민의 비중은 갈수록 더 증가하였다. 오히려 지주들의 토지증가에 기여한 측면도 적지 않았던 것으로 보인다.[127]

7. 맺음말

일제는 고등토지조사위원회의 재결을 소유권과 경계에서 발생한 오류를

---

[127] 역둔토불하에 관해서는 다음의 글이 참고된다. ① 배영순, 「일제하 역둔토불하와 그 귀결」『사회과학연구』 2-2, 1982, ② 김양식, 『근대권력과 토지』, 해남, 2000, ③ 조석곤, 「일제하 역둔토불하에 관한 연구」『경제사학』 31, 2001, ④ 최원규, 「역둔토불하」『한국토지용어사전』, 혜안, 2016, 657~658쪽.

바로 잡는 최종 단계로 설정하였다. 도로, 제방, 구거, 임야, 海 등의 소유권은 재결대상에서 제외하였다. 일본제국이 공동이용지에 대한 관리 처분권을 확립하기 위한 일환이었다. 먼저 경계에 대한 불복신청은 측량의 오류와 지형지물로 경계를 표기한 구래의 사표를 선으로 표기하는 과정에서 생긴 이해관계의 충돌에서 기인하였다. 일본인 지주와 동척을 비롯한 일본인 회사가 주로 조선인 토지를 대상으로 불복신청했다. 일본인 사이의 충돌도 적지 않았는데, 특히 대지와 시가지에서 빈도가 높았다. 양입사정도 주로 조선인을 대상으로 한 것이었다. 불복신청은 신청자의 의도대로 재결되어 조선인 토지의 감소와 일본인 토지의 증가로 귀결되었다.

소유권에 대한 불복신청은 다양한 원인으로 발생하였다. 구문기의 진위여부, 사표의 해석과 적용문제, 관습물권을 일본민법의 배타적 소유권으로 정리하는 기준과 그 적용과정, '사업'의 시행과정에서도 적지 않게 발생했다. 토지신고서와 국유지통지서의 미제출로 인한 사정오류, 양입사정과 경계측량의 문제, 신고자와 신고일의 불일치, 소작인 등 이해관계자의 자기명의 신고, 대부와 개간의 법적용 오류 등 다양하였다.

소유권을 둘러싼 불복신청은 조선인이 전체의 40%로 제일 많이 제기했다. 60%는 조선총독부와 일본인이 제기한 것이었다. 그리고 불복신청 대상이 된 자는 조선인이 전체의 80%가량 되었다. 이중 조선인 사정명의인 건수의 절반가량은 다른 조선인에게 재결되었으며, 나머지 절반은 조선총독부나 일본인의 소유로 재결되었다. 재결 후 조선인의 소유권은 사정당시에 비해 절반으로 감소하였으며, 일본인 지주와 회사는 3배, 조선총독부는 4배 정도로 소유가 증가하였다. 국유지는 6%가 민유로 환급되었지만 재결 후 국유지의 비중은 22%로 크게 증가하였다. 그리고 일본인은 일본인에 대한 불복신청 비중이 높았지만, 조선인에 대한 불복신청 건수가 훨씬 많아 일본인의 소유지가 크게 증가하였다. 분쟁에서는 국·민유 분쟁이 압도적이었지만, 재결에서는 국유지의 확대와 더불어 일본인 소유지의 확대(10%에서 32%)라는 결과를 낳았다. 사정 전 분쟁과 달리 재결에서는 국·민유 분쟁보다 민유지 불복신청의 비중이 더 많았다.

재결은 도별로 차이를 보였는데, 모든 도에서 조선인의 토지가 대폭 감소한 점은 공통적이었다. 경기도의 특징은 변동이 가장 적었다는 점이다. 경남과 전북은 불복대상 국유지의 비중이 매우 적었을 뿐만 아니라 재결 후 건수가 오히려 감소하였다. 반면 경남과 전북은 일본인 지주의 활동이 매우 적극적이었다. 일본인 지주나 회사의 불복신청 건수는 대폭 증가하였다. 그리고 동척의 불복신청은 거의 모든 지역에서 제기되었는데, 특히 경남이 두드러졌다. 전북에서는 불이흥업이 주도했다. 이와 반대로 경북에서는 일본인 지주와 회사의 활동은 미미했지만, 국유 측의 불복신청 건수는 크게 증가하였다. 충남은 전국적 경향성과 거의 일치한 지역인데, 이곳도 국유지의 증가가 두드러졌다. 시가지에서의 불복신청은 일본인이 주도했다.

다음은 구체적인 재결사례의 검토이다. 먼저 국유지에서는 역둔토대장과 지도가 국유지통지서 작성과 재결에서 일차적 증거서류였다. 국유 측의 불복신청은 국유지통지를 하지 않아 발생한 건이 매우 많았다. 불복신청은 도장관 명의로 했지만, 국유지는 특이하게 사정명의인이 스스로 한 경우도 적지 않았다. 그리고 사정명의인이 국유 측의 불복신청에 이의 없이 동의하는 가운데 재결이 이루어졌다는 점도 특징적이었다. 경계의 오류, 양입사정, 소작인의 신고 등도 많았지만, 재결서대로 판단하면 사업 시행 자체가 부실하여 신고나 통지가 누락된 경우도 적지 않았다고 보인다. 누락이 부실에서 연유한 것이 아니라면 새로운 증거나 소유권 판정기준과 관련된 문제로 생각된다. 대부분 개간이나 소작인 등 이해관계인의 신고와 관련된 문제였다. 재결에서는 사정과 달리 개간과 관련된 물권을 소유권으로 인정하지 않고 수조권의 자격을 가진 명목적 소유권자에게 '원시취득'의 배타적 소유권의 자격을 부여하였다.

그리고 관청부지와 관아터, 지소에도 이 기준을 적용한 것으로 보인다.

갑오개혁이후 충청지역에서는 관가가 황폐화되자 민이 개간하여 공토로 등록하였는데, 여기에는 수조권적 권리와 경작권을 근거로 한 물권적 권리가 공존하고 있었다. 사정 단계에서는 실제 점유자인 후자를 소유권자로 사정하기도 했지만, 재결과정에서는 일본민법의 소유권 개념을 적극 적용하여 전자를 소유자로 재결한 것으로 보인다. 경북지역의 지소도 민유로 사정되었다가 국유 측이 불복신청하여 국유로 재결되었다. 그 내용은 국가의 명목적 소유권이 주민의 실질적 소유권을 제압하고 배타적 소유권의 지위를 확보한 것이다. 충청지역의 관아터와 경북지역의 지소가 다른 지역과 달리 민유로 사정되었다가 국유로 재결되었듯이, 사정 과정에서는 소유권 판정기준이나 조사방식이 지역적으로 차이가 있었던 것으로 보였다. 하지만 재결과정에서 전국적으로 통일시킨 기준을 마련하여 일률적으로 적용하였다고 생각된다. 결론적으로 국유지에서의 재결과정은 국유지가 민유지로 환급되는 경우도 일부 있었지만 어떤 경우든 예외 없이 조선인 토지는 감소하고 국유지는 확대되는 결과를 보여주었다.

민유지에서 불복신청은 조선인이 제일 많이 제기했지만, 대부분 조선인 상호간의 문제였다. 조선인의 소유권이 일본인에 비해 상대적으로 안정되어 있어 활동성은 현저히 낮았다. 대체로 1인이 한 두건 제기한 정도였다. 이와 달리 일본인 지주는 상호간의 불복신청도 있었지만, 대체로 조선인을 대상으로 한 것이었다. 이들의 토지소유 확대는 강압적이고 무리하게 조선인과 충돌한 결과였기에 소유권의 불안정성이 심하였다. 이리하여 관권이나 법원 판결로 유리한 해석과 증거를 마련하여 사업으로 소유권을 안정화시켜갔다. 일제 관료들은 구래의 문기보다 증명을 신뢰하였으며, 취득과정에서 행사한 '불법성'은 문제 삼지 않고 문서증거 위주로 판정하였다. 점유권이나 개간권도 일본 지주의 입장에서 해석하고 판결하여 조선인의 토지를 차지해 갔다. 村井吉兵衛의 경우가 대표적이다.

동척 토지에서 분쟁은 대부분 정부출자지에서 발생했다. 동척의 불복신청은 대부분 토지신고서를 제출하지 않아 발생한 것이라고 재결서에 기술되어 있다. 내부적으로는 토지신고서의 미제출과 아울러 양입사정, 경계의 오류, 소유권을 둘러싼 법적용의 문제 등이 불복신청의 원인이었지만, 동척은 정부 출자지라는 것을 절대적 증거로 삼아 재결을 받아 토지를 확대해 갔다. 동척 토지에서도 개간과 관련한 분쟁이 주목된다. 새로 필지 구획을 할 때 개간으로 지목이 달라졌을 경우 필지를 각각 별도로 구획하면서 분쟁이 발생하기도 했다. 동척과 개간자가 별도로 제출한 토지신고서를 임시토지조사국에서는 모두 인정하여 사정명의인을 달리했다. 하지만 동척은 두 필지가 동일 필지이고, 개간지는 그의 일부라고 주장하였다. 명목적 소유권과 개간권 중에서 사정에서는 후자를, 재결에서는 전자를 소유자로 인정했던 것으로 보인다. 이때 구래의 사표를 선으로 표기할 때 대지주가 행사한 영향력과 필지구획이 무관하지 않았다. 동척도 불복신청과정을 통해 토지를 확대하면서 소유권도 안정시켜갔다.

재결과정은 조선인의 토지상실과 이를 기반으로 하여 국유지와 일본인 지주와 회사의 토지 확대로 나타났다. 식민지 국가의 속성과 민족적 이해관계가 그대로 표현된 것이라고 하겠다. 이러한 재결과정은 결국 조선인의 反식민지적 행동을 초래하게 된다는 것은 의심할 여지가 없다. 일제는 단계적으로 대책 마련에 나섰다. 그중의 하나가 장위와 공수위전 등을 민전으로 확정한 조치였다. 그럼에도 불구하고 시행과정에서 누락된 것이 적지 않아 분쟁이 해소되지 않았다. 조선총독부가 적극 나서 행정적으로 일괄 처리한 것이 아니라, 이해관계자가 분쟁을 제기할 때마다 심사 결정하는 사후 처리방식을 채택하였다. 평산군의 사례는 사건 발생이후 8년이란 시간이 지나 비로소 해결하라고 지시할 정도였다. 민유가 국유로 사정되었을 경우는 불복신청하여 재결 받는 이외에는 되찾을 수 있는 방법은 없었다. 그러나 불복신청은 오히려 민유지를 국유화하는 방향으로 전개된 측면이 강했다.

마지막으로 주목되는 것은 일제가 1919년 3.1운동이 발발하면서 국·민유 분쟁지 처리에 더 고심하는 모습을 보여준 것이다. 경상남도장관은 고등토지조사위원회에 민심이 동요하지 않도록 처리방안을 마련하여 주의를 요망하는 한편, 국·민유 분쟁에서 야기된 이해관계자들의 불만 해소방안을 강구하여 탁지부에 건의하였다. 이때 경상남도에서 제출한 방안이 사매지와 분쟁지의 처리였다. 사적으로 국유지를 매입한 토지나 국·민유 분쟁지가 사정 또는 재결로 국유가 되었을 경우, 관계자의 청원에 따라 역둔토를 불하할 때 처리에 관한 방침이었다. 불하 자격자는 일본인과 조선인을 구별하지 않고 동일하게 취급하도록 하였으며, 토지경작자나 거주자로 한정하였다. 소작권 매매자에게는 허가하지 않고, 증명이나 사증을 거친 자는 무상으로 불하하도록 제안한 점이 주목된다. 국가의 배타적 소유권을 전제로 한 대책이었다. 나아가 역둔토 불하가 가능하도록 역둔토특별처분령을 개정하는 등의 조치를 취하도록 건의하였다. 이것은 사매지나 분쟁지로 불하대상을 한정한 것이 아니라 전 역둔토를 연고소작인에게 불하하는 방안이었다. 그렇지만 이 조치로 역둔토 농민이 자작농으로 전환되기보다는 갈수록 소작농이 더 증가했다. 반면 지주의 토지는 더 확대되어 갔다.

제3부
—

和田一郎과 토지조사사업

제1장 和田一郎의 이력과 저술

　조선토지조사사업(이하 '사업'으로 약칭함)을 주도한 和田一郎(1881~1966)은 일본 曹洞宗의 승려로 극우단체인 흑룡회의 회원이며 일진회의 고문을 지낸 武田範之, 대한제국의 탁지부 차관과 조선총독부의 탁지부 장관을 지낸 후 일본에 돌아가 농상무대신 추밀원 부의장 등을 지낸 荒井賢太郎, 동경제국대학 건축학과 교수로 고적조사를 주도한 關野貞 등과 함께 식민 통치의 기초를 세우는 데 커다란 공헌을 한 인물로 평가받기도 했다.[1]

　和田은 탁지부 차관 荒井의 추천으로 1909년 통감부 서기관으로 한국에 건너와, 조선총독부 임시토지조사국 총무과장, 분쟁지심사위원장 등으로 '사업'을 주도하고, 고등토지조사위원회의 간사로 의안을 조정 정리하는 역할을 담당했다. 그 후 재무국 이사과장을 거쳐 1919년 철도부장, 1922년 재무국장을 지낸 경제관료로 식민통치의 재정적 기초를 세우는데 주요한 역할을 했으며, 조선총독, 정무총감과 함께 조선위원에 임명되기도 했다. 1925년 6월 조선상업은행 두취로 취임했고, 1932년 2월 일본으로 돌아갔다.

---

1)　和田一郎의 활동과 저술은 西山篤郎,「和田一郎 博士の事蹟」「和田一郎 博士の事蹟 追記」, 1967과『조선총독부관보』,『조선총독부직원록』등을 참고했다.

和田은 관료생활을 하면서 적지 않은 저술을 남겼다. 그의 저술은 크게 세 부류로 구분할 수 있다. 하나는 그의 전공과 관련된 재정과 법률관계 저서이다. 그는 동경제국대학 법학부를 졸업하고 재무관료를 지내면서『대일본 조세지』,『형법, 특히 재무형법 강의』,『회계법론』등을 저술하였다. 그는 대장성 근무시절에 法政대학에서 회계법 강사를 지내기도 했다. 다음은 토지제도와 지세제도 관련 논저이다. 和田一郎은 '사업'의 실무책임자로 근무하면서 조선의 토지제도 및 지세제도에 관련된 문서와 책들을 섭렵하는 한편, '사업' 실무를 바탕으로『朝鮮彙報』,[2]『朝鮮』,[3]『朝鮮及滿洲』[4] 등 조선총독부 기관지에 여러 글을 발표하였다. 이 가운데 토지와 지세관련 논문을 종합하여『朝鮮土地地稅制度調査報告書』를 저술하였다. 이 책은 조선총독부 철도부장으로 자리를 옮긴 和田이 1920년 1월 조선총독부 임시토지조사국의 잔무정리를 한 결과를 조선총독 齋藤實에게 보고하는 형식으로 작성했으며, 이 저서로 1923년 동경제국대학에서 법학 박사학위를 받았다.[5]

마지막은 문화활동과 관련된 글이다. 그는 조선미술전람회 개설에 진력하는 한편, 한시에 취미를 가지고 있었으며,『行餘詩草』와『조선의 향기(朝鮮の匂ひ)』등을 저술하였다. 그리고 일본으로 돌아갈 때 지인들이 칭송하며 쓴 글을 모은『天民先生東歸錄』등이 있다.『조선의 향기』(1920, 경성 발행)는

---

2) 『朝鮮彙報』에는 朝鮮地價調査綱要(1918. 2), 市街地の地籍調査(1918. 4) 能率增進施設 (1918. 5), 國有地の紛糾(1918. 6), 土地及地稅の制度(1918. 11), 陵園墓に就て(1919. 3), 驛土に就て(1919. 5), 文記其の他の證書(1919. 10), 文記其の他の證書(1919. 12), 廟殿宮祠及壇(1920. 1) 등이 실려 있다.

3) 여기에는 朝鮮私設鐵道令の制定(1920. 7), 産業金融に就て(1922. 10 ; 91호), 大正十二年度の豫算に就て(1923. 2 ; 95호), 第四十六議會の朝鮮問題(1923. 5 ; 98호), 朝鮮の財政(1923. 6 ; 99호), 進步と追懷(1923. 8 ; 100호), 注意すべき一・二(1935. 10 ; 245호) 등이 있다.

4) 『朝鮮及滿洲』에는 朝鮮經濟界と豫算案(1922. 9 ; 178호), 土地調査事業を回顧して(1927. 4 ; 233호), 美術思想の普及と鮮展進步の跡(1927. 6 ; 235호), 事變中の年頭所感・冬期の生活(1938. 1 ; 362호) 등을 게재했다.

5) 和田一郎,『朝鮮土地地稅制度調査報告書』, 1920, 893쪽(宗高書房 영인본, 1967. 이하 이 책에 의거함).

『금융과 경제(金融と經濟)』라는 잡지에 '忙中閑題'라는 제목으로 연재한 만필로 조선에 관한 사실과 경험에 기초하여 쓴 것이다. 목차를 보면 '日本刀를 사랑한다.'와 같은 글도 있지만, 대부분 조선을 대상으로 한 것으로 자기 경험과 조사에 기초하여 작성한 것이다. 주요 제목을 보면 조선인의 기량, 묘지와 화장장, 삼성혈, 거류지제도의 철폐, 조선시대의 중앙관청과 법전, 일한합병, 을지문덕, 조선의 正歌, 진기한 소송과 범죄, 사미인곡과 단가별조, 제주도 해녀, 강화도, 신라와의 맹서, 천도교, 백두산, 벽제관행, 조선의 결혼연령, 고려의 고도, 이순신 전집을 읽고, 伊藤公과 조선 등이다. 『行餘詩草』는 和田의 한문시집으로 1925년 4월 5일 발행했다. 여기에는 和田의 박사학위 취득을 축하하는 이완용, 박영효, 이재곤, 박기양, 정만조, 원응상, 권중현, 윤덕영, 민영휘 등의 글도 실려 있다. 그리고 그가 일본으로 돌아갈 때 지인들이 쓴 글을 모아 간행한 『天民先生東歸錄』에는 박영효, 齋藤實, 이보상, 정무정, 이용식, 정만조, 민병석, 이재곤, 이완용 등이 글을 실었다. 그의 한국인식과 사교범위, 친일인사들과 교분이 두터웠음을 알려주는 책들이다.

　본 장은 그가 조선의 토지제도와 지세제도에 관련된 논문 등을 모은 『朝鮮土地地稅制度調査報告書』를 분석대상으로 삼은 것이다. 이 책에서 그는 한국토지제도의 문제점을 "지적도, 토지대장, 지세명기장이 없을 뿐만 아니라 면적이 부정확하고 지가 임대가액에 대한 기재가 없다. 그리고 지권이나 등기제도가 없는데 한국정부가 어떻게 지조를 거두었는지 불가사의한 일이다."라고 지적하면서, 이를 해결하기 위해 추진한 '사업'에서 겪은 경험과 고전자료를 통해 얻은 지식, 학자들의 연구성과를 종합하여 이 책을 저술하였다고 하였다. 이 책은 조선총독부 임시토지조사국에서 간행한 『朝鮮土地調査事業報告書』 (1918)와 함께 '사업'에 관한 주요한 저술이며, 총 제15편으로 구성되었다. 제1편에는 조선토지제도요론이라는 제목으로 조선의 토지제도사를 정리하였으며, 이어서 국유지의 종류와 내용, 토지문기 국유지분쟁 등을 다루었다. 본 글의 주 분석대상이다. 그 다음에는 '지세와 부가세', '역대의 결수세액과 면적의 연구' '지가조사', 마지막에는 '시가지의 지적조사'를 논술했지만, 분석대상에서는 제외하였다.

和田은 '사업'을 통치의 기초사업으로 규정하고, 그 효과로 토지소유제도의 완성, 재정기초의 수립, 조선지세제도의 완성 등 세 가지를 들고, 다음과 같이 조선의 역사적 실상과 성과를 정리하였다. 첫째, 고려는 公田제도, 조선은 公田·私田의 혼돈시대였는데, 이때 사람들이 보유한 토지가 공전인지 사전인지, 또는 점유권인지 소유권인지 등이 법률적으로 확정되지 않았다는 것이다. 종전에도 법원판결이나 등기, 증명제도는 있었지만, 이것은 당사자 간의 분쟁이나 作爲 판정, 그리고 등록한 것에 불과하였다는 것이다. 둘째, "토지제도로 본 당시의 실상을 극단적으로 말하면 유감이나, 공법과 사법의 혼합시대 여파를 완전히 탈피하지 못하여" 일본의 維新 전은 고사하고 왕조시대 이전의 상태에 가까웠다는 것이다. 셋째, 토지조사는 민법으로 인정된 소위 토지소유권을 비로소 일반적, 실재적 제도로 세상에 확인하게 한 법치의 혁신기를 이루었다는 것이다.6)

和田은 이러한 목적의식 아래 '사업'을 수행한 뒤 이 책을 저술하였다. 이에 대한 평가는 크게 둘로 갈렸다. 하나는 비판적 견해이다. 1967년 이 책의 복각본을 내면서 旗田巍가 쓴 해설이 그 출발이었다. 旗田은 和田이 공전론=토지국유론자이고, 그의 국유지 이해가 '사업'에서 '강권적'인 국유지 창출=농민으로부터 토지박탈의 근거가 되었다고 하면서 和田의 조선토지제도론을 다음과 같이 언급했다.

첫째, 고대 종족의 共産制 사회→ 신라 삼국통일 후 公田제도로 개편되고, 그 공전제=토지국유제가 고려·조선말기까지 조선토지제도의 근간이었다. 둘째, 이때 사적 토지소유가 일어나고 광대한 토지를 가진 자가 존재했지만, 이것은 불법적인 교란적 현상이고 공전제도라는 일반적 원칙 아래 존재한

---

6) 『매일신보』 1918. 11. 2. 조선토지조사종료기념호.

예외적 현상이다. 셋째, 공전제의 입장에서 '사업'을 실시하여 농민의 토지 박탈이 불가피했다. 넷째, 일제시기 일본인 관학자들은 기본적으로 그와 같은 입장에서 입론을 전개하였으며, 한국인 학자들도 차이는 있지만 이 범주에서 벗어난 것은 아니라고 정리했다.[7]

旗田은 당시 한국과 일본학계에서 토지사유제론의 입장에서 추진한 토지제 도사 연구의 성과를 바탕으로 이 같은 견해를 표명한 것이다. 한국학계에서도 和田을 비롯한 일제 관학자들은 물론, 동 시대 한국인 학자들의 공전론(국유론), 나아가 식민사학 전반에 대한 비판이 본격화되었다. 이들도 旗田처럼 토지사유 제론의 입장에서 和田을 토지국유론=공전론으로 보고,[8] 토지소유권자인 국가가 귀족 관료층에게는 수조권(직전), 농민에게는 경작권(정전)을 분급했 다고 했다. 그리고 이 같은 그의 토지국유론은 '사업'의 '국유지창출'과 관련된 것이라는 견해를 표명하였다. 그리고 和田은 법적·제도사적인 사료의 이해수 준에서, 그리고 전근대 한국의 역사발전을 무시한 정체론과 식민정책 미화론 의 입장에서 '사업'을 근대적 토지소유제도 확립으로 보고 있다고 정리했다.[9]

宮嶋博史도 『新朝鮮史入門』(1981년)에서 이러한 견해에 동의하였다. 그는 和田의 저술목적이 국유·민유를 둘러싼 소유권 분쟁의 처리행위(강권적 국유 지설정)를 합리화시킴과 동시에 이조말기 토지소유관계의 문란성을 보여줌 으로써 '사업'의 획기적 의의를 강조하려는 정치적 동기에 의한 것이라고 했다. 특히 사적 토지소유의 존재를 발전으로 파악하지 않고 단순히 교란적 요소로 보고 이조말기의 혼란을 묘사하고 있다고 했다.[10]

---

7) 旗田巍, 「解說」 『朝鮮土地地稅制度調査報告書(和田一郎)』, 宗古書房, 1967(리진호, 『한국 지적백년사 자료편 2』, 2005에 번역되어 있다).

8) 이성무, 「고려 조선초기의 토지소유권에 대한 제설의 검토」 『성곡논총』 9, 1978 ; 有井智 德, 「土地所有關係 公田論批判」 『朝鮮史入門』, 朝鮮史硏究會編, 1966.

9) 이영호, 「조선시기 토지소유관계 연구 현황」 『한국중세사회 해체기의 제문제』(하), 근대사연구회, 한울, 1987. 11.

10) 宮嶋博史, 「근대의 사회경제사」 『새로운 한국사입문(新朝鮮史入門 번역본)』, 돌베개, 1983.

이상과 같은 和田에 대한 견해는 식민지근대화론의 입장에서 당시를 조망하던 일련의 학자들의 연구가 진척되면서 재해석되기 시작했다. 이들은 일본민법의 배타적 소유권을 근대적 토지소유권이라고 정리하고, 한국에서는 이것이 일제의 '사업'으로 확립되었다고 했다. 그리고 '순' 경제적 입장에서 실증적 근거를 제시하면서 이 사업이 조선후기 이래 한국사의 발전과정에 조응한 결과물이라고 논증했다. 나아가 이를 바탕으로 종전 견해를 식민지수탈론으로 정리하고 정면으로 비판하기 시작했으며, 비판점 중의 하나인 국유지창출론을 강력하게 부정하고 민유지 환급을 주장하였다.[11]

宮嶋博史도 종전의 자기견해와 달리 위의 견해에 동의하면서, 和田을 재인식하는 견해를 제출하였다. 宮嶋는 旗田이 "和田이 사적 토지소유의 발전의 역사에 눈을 감고 공전론(국유론)의 입장에서 사업을 추진했다"고 했지만, 이는 和田의 公田論을 근대적 토지국유론으로 비약하여 해석하면서 국유지창출 이론을 도출한 것이라고 했다. 이어서 和田을 토지국유론자가 아니라고 하면서 和田이 주장한 사유의 기원을 다음과 같이 정리했다.

첫째, 和田이 민유지의 기준으로서 국가가 특정개인이나 기관에 수조권만 준 것을 들고 있지만, 이러한 입장에 서면 국가가 수조권을 갖고 있는 일반 민전도 민유지에 속한다고 취급해야 한다고 했다. 무토면세의 궁방전을 민유지라고 보고 있다는 점을 보면 더 분명하다고 하였다. 즉 토지사유를 불법적인 것으로 보고 있지 않다는 것이다. 둘째, 『경국대전』, 『대전주해』 단계에 토지사유가 법적으로 공인되었다고 보았으며, 이것이 당시 식민지관료들의 일반적 인식과도 공통된다고 했다. 셋째, 和田은 유토면세지=국유지, 무토면세지=민유지인데, 후자에는 절수에 의해 토지를 준 것과 수조권만 준 경우가 있다고 하고, 전자를 제2종 유토, 즉 사실상의 민유지로서 분류하고 있다. 넷째,

---

11) 이러한 입장의 연구로는 ① 宮嶋博史, 『朝鮮土地調査事業史の研究』, 東京大學 東洋文化研究所, 1991, ② 김홍식 외, 『조선토지조사사업의 연구』, 민음사, 1997, ③ 조석곤, 『한국근대토지제도의 형성』, 해남, 2003 등이 있다.

국·민유 분쟁이 다발한 최대 원인은 현실적으로 유토와 무토의 구별이 불명확하기 때문이지만, 지조액과 양안 등에 주목하여 이를 구분한 결과 많은 국유지가 민유지로 환급되었다는 것이다.[12]

본 장에서는 和田에 대한 이같이 상반된 논쟁에 주목하면서『朝鮮土地地稅制度調査報告書』를 분석하려 한다. 이를 통해 和田의 입장을 분명히 파악하여 조선토지조사사업의 실체에 한걸음 더 가까이 접근하려고 한다. 여기서 다룬 주요항목은 和田의 한국토지제도사, 역둔토의 내용과 분쟁,[13] 각종 문기에 대한 그의 견해 등이다. 특히 여기서는 그간 연구에서 문제가 된 사전의 역사적 실체에 주목하여 분석하고자 한다. 사전＝민전의 역사적 추이와 국유지 분쟁에서 국유 민유의 판단의 근거가 된 수조액과 양안 등이 주 분석대상이다.

---

12) 宮嶋博史, 앞 책, 東京大學 東洋文化硏究所, 1991, 472~479쪽.

13) 역둔토는 역토 둔토 또는 국유지 등 그때그때 의미를 달리하였지만, 여기서는 토지조사 사업 이전의 국가 관할 토지를 역둔토라 하고, 그 이후는 국유지라고 통칭했다. 역둔토를 관장하는 기구도 궁방, 아문 각청 등을 총칭하여 국가기관이라고 하였다.

제2장 和田一郎의 조선토지제도론과 국·민유지 구분

1. 「조선토지제도요론」 분석

1) 共産제도와 公田제도

　和田은 한국토지제도의 흐름을 공산제도→ 공전제도→ 공전·사전 혼돈시대로 정리하였다. 단군시대는 전설이고 황당무계하다고 정리하고, 조선역사의 출발을 기자로부터 보고 箕子井田의 실체를 논하였다. 당시 조선의 위치가 요동반도와 부근 일대이고, 기자조선은 여기에 있어야 한다는 전제아래 평양의 井田을 논하였다. 종래 기자정전은 한백겸, 서명응, 이익 등이 논한 바 있지만, 그는 정약용의 설, 關野의 도로구획설, 조선총독부 기사의 실측, 그리고 중국의 정전법과 일본의 班田제도로 보아 조선의 토지제도와는 관계없다고 하였다. 그리고 "『歷代紀要』와 『輿地勝覽』에서 李世勣이 평양을 안동도독부라고 하여 둔전을 만들어 머물고"라고 언급한 것에서 보듯, 평양과 남원의 '정전' 그리고 고려조 이래 성했던 둔전도 그의 둔전에서 비롯된 것이라고 이해하였다.[1] 공전론적 입장에서 기자정전을 둔전론과 연계하여 설명하였다.[2]

---

　1) 和田一郎, 앞 책, 宗高書房, 1920, 1~11쪽.
　2) 기자 정전은 박시형, 「기전론시말」『이조사회경제사』, 1946과 김용섭, 「주자의 토지론

그리고 삼한에서 삼국시기까지의 제도를 공산제도로 보고 다음과 같이 정리했다.[3] 첫째, 삼한은 다수의 소국이 마치 연방을 형성하고 있는 것 같지만, 국가라고 인정할 만한 것이 아닌 종족의 부락이다.[4] 그리고 부락은 종족의 단체이며 그 정치조직은 족제조직이고, 삼한, 부여 등은 끊임없는 투쟁으로 영역이 일정하지 못하여 통일적인 제도도 만들지 못했다고 했다.[5] 둘째, 삼국의 족제는 部이고, 部의 거족이 정치를 하였으며, 토지제도는 족제조직에 의한 共産制度가 행해졌다.[6] 셋째, 공산제도는 삼국시기까지 존속하였으며, 후세의 宗中재산과 같이, 친족과 조상숭배 관념에서 비롯된 것이라고 했다. 넷째, 국가 성립 이전 단계로 혈연적 속성이 이 사회의 기본토대인 가부장적 농업공동체 내지 농촌공동체 단계로 보았다.[7]

그러면서도 和田은 고구려는 당의 제도를 받아들여 경무법을 썼으며, 유리왕 때는 유공자에게 전토도 하사하였는데, 이 賜田이 功陰田 또는 功臣田의 효시라고 했다.[8] 사적 토지소유제 아래 시행될 수 있는 제도로 보인다. 그런데 그는 공산제도 시대에 사전제도가 모순된다고 할 수 있으나, 족제조직에 의한 공산주의는 점차 권력이 족장에 집중되는 한편, 족제의 파괴와 함께 근세적인 가족이 이루어지면서 개인 재산이 싹텄다는 것이다. 賜田과 적몰 같은 재산처분은 당사자 지분에 그치고 공유제도에 저촉되지 않았다고 했다.[9]

　　과 조선후기 유자」『조선후기농업사연구(증보판)』 2, 일조각, 1990 등이 참고된다.
3) 和田一郎, 앞 책, 宗高書房, 1920, 12~19쪽.
4) 『三國志』, 魏志, 東夷傳에 邑落이라는 용어가 나오지만, 和田은 이를 일본의 천민집단 마을을 지칭하는 부락이라는 용어를 대체하고 있다.
5) 和田一郎, 앞 책, 宗高書房, 1920, 14쪽.
6) 和田一郎, 앞 책, 宗高書房, 1920, 12·15쪽.
7) 이러한 시대상은 신석기 청동기 철기 등의 고고학적 발굴성과를 근거로 고조선이나 진국을 읍락이나 소국을 기반으로 성립된 邑制국가 연맹국가로 보는 근래의 연구성과와 차이를 보였다. ① 김용섭, 『한국중세농업사연구』, 지식산업사, 2000, ② 이경식, 『한국고대중세초기 토지제도사』, 서울대학교 출판부, 2005.
8) 和田一郎, 앞 책, 宗高書房, 1920, 17쪽.
9) 和田一郎, 앞 책, 宗高書房, 1920, 18쪽.

이같이 정부가 재산처분권을 갖게 되면서 국가조직의 발달과 함께 公田제도가 발흥했다고 주장했다.[10]

和田은 공산제도 다음 시대를 公田制度 단계로 파악했다. 이것은 신라가 삼국을 통일한 후 당의 문화와 종래의 제도를 참작하여 실시하였으며, 고려에 계승되었다고 이해하였다.[11] 그 내용은 첫째, 신라는 종전의 共有制度를 公田제도로 고쳐 모든 토지를 公有(=국유)로 하였다. 둘째, 국가는 정책적 필요에 따라 관료전(職田), 丁田 등을 설정하였으며, 이 제도가 고려 중엽까지 이르렀다. 셋째, 이 토지를 받은 자는 조(賭租의 성질을 띤 조세)를 받아먹도록 하고, 일반 민인에게는 정년에 달할 때까지 丁田을 지급하여 경작하게 하고 租庸調를 납부하도록 했다는 것이다. 국가가 소유권자로서 문무관료에는 수조권(職田, 賜田, 口分田, 祿田)을, 민인에는 경작할 토지, 즉 경작권(丁田)을 지급하고 이들이 국가나 수조권자에 지대를 바치는 방식이라는 것이다.[12] 그런데 和田은 삼국통일 후 신라의 제도를 공전제=국유제로 보고 소유권만 관철되는 단일체계로 토지제도를 설명하고 있다. 수조권과 경작권은 여기에 완전히 종속된 것으로 본 것이다. 旗田은 이를 토지국유론으로 이해했다.[13]

和田은 고려의 田制도 신라의 정신과 당제의 형식을 취하였다고 하였다. 이 제도는 전국의 토지를 모두 公田으로 하고 科田, 口分田, 祿科田 등을 지급했는

10) 고구려는 집권관료제가 시행된 왕조국가로 조세제도와 사적 토지소유제가 시행되었다는 현재의 연구성과와는 상당히 거리가 있는 해석이었다. 이경식, 앞 책, 서울대학교 출판부, 2005가 참고된다.

11) 和田一郎, 앞 책, 宗高書房, 1920, 19~22쪽.

12) 중세 토지제도의 특질은 사적 토지소유관계가 발전하는 가운데 지주전호제와 자영농민의 토지소유가 일반화되고, 그 위에 국가와 지배층이 신분직역 관계를 중심으로 수조권을 수수 관장함으로써 자영농민과의 사이에 성립한 전주전객제와 서로 보완 대립하는 관계, 즉 전자의 소유권과 후자의 수조권이 서로 대립하는 가운데 변동되어 갔다고 보는 현 학계의 이해방식과 차이를 보였다(김용섭, 「토지제도의 사적추이」 『한국중세농업사연구』, 지식산업사, 2000).

13) 宮嶋는 旗田이 和田의 공전론을 '근대적 토지국유론'으로 비약하여 해석하고 있다고 비판하고 있다. 和田이 말한 바 공전론을 旗田은 일본민법의 관점에서 당시 국가가 토지에 대해 배타적 소유권을 갖고 있는 것으로 해석한 것으로 보인다.

데,[14] 이것은 일본의 '班田制'에서의 職田과 동일한 성질이라고 정리하였다.[15] 즉 科田은 국가가 토지소유권을 양도한 것이 아니라, 수조권을 지급하여 피지급자가 사망할 때까지 수익, 조=지대를 먹는 것에 불과하다고 했다.[16]

和田은 이같이 공전제의 입장을 취했지만, 사전에도 주목하며 논리를 전개하였다. 과전과 달리, 府兵에게 준 군전과 공음전은 세습을 인정하여 고려 말엽 사전의 기원이 되었으며,[17] 특히 경기도의 공음전은 영업전 또는 조업전으로 세습되었다고 했다.[18] 그는 이들을 사적 토지소유권에 입각한 사전으로 분류하였다. 더구나 고려 중엽이후 토지겸병, 사패남수, 공유재산매점, 과전 등을 숨겨서 사유지처럼 몰래 상속하거나 양도하는 자들이 늘어났으며, 공신의 사전이 산천을 경계로 할 정도였음에도 불구하고, 세금도 납부하지 않았다는 것이다. 이러한 사전의 폐해를 방지하기 위해 여러 시정 조치를 강구했지만,[19] 공유제도는 점점 더 유린되고 토지사유의 기세가 생김에 따라 전제의 혼란이 극에 달했다고 했다.[20]

공양왕은 사전의 폐해를 일소하고 公有제도의 부활을 목표로 전제개혁을 시도했는데, 그 내용과 의미를 다음과 같이 정리하였다. 전제개혁의 내용은 과전 분급과 상속방식, 경기 사전의 원칙, 사전의 공전화 불허, 공사전 내 황한지 개간허용, 전주의 소경전 탈취금지, 전객의 소경전 매매와 증여 금지, 수조액의 정액화 등이었다.[21] 이에 대해 和田은 다음과 같이 해석하였다.

---

14) 和田一郎, 앞 책, 宗高書房, 1920, 23쪽.
15) 和田一郎, 앞 책, 宗高書房, 1920, 31쪽. 이를 당의 균전제, 일본의 반전제, 발해의 정전제와 같은 맥락에서 보고 있다(김용섭, 「결부제의 전개과정」『한국중세농업사연구』, 지식산업사, 2000, 197쪽).
16) 和田一郎, 앞 책, 宗高書房, 1920, 43~44쪽.
17) 和田一郎, 앞 책, 宗高書房, 1920, 34쪽.
18) 和田一郎, 앞 책, 宗高書房, 1920, 40쪽.
19) 和田一郎, 앞 책, 宗高書房, 1920, 43~45쪽.
20) 和田一郎, 앞 책, 宗高書房, 1920, 45쪽.
21) 전제개혁의 내용은 김태영, 「토지제도」『한국사24－조선초기의 경제구조』, 1994.

고려조의 사전은 오늘날의 사유지를 뜻하는 것은 아니다. … 단순히 공전의 수조권을 사인에게 떼 준 토지를 사전이라고 칭하였는데, 이는 사실상 공전으로 전주와 전객 모두 이 토지를 임의로 처분할 수 없었다.

그리고 당시 이미 사전의 매매가 행해지고, 정부도 사실상 이를 승인해왔으나 신령에서는 이를 금지하고 사전의 폐해를 청소하여 고려초기의 공전제도의 정신을 부흥시킨 것이라고 하였다.[22]

2) 공전·사전의 혼돈과 일제의 정리 작업

和田은 과전법을 기본적으로 공전제라고 이해하면서도 사전을 공인한 것이라는 견해를 보였다. 그는 당시 私占의 관념은 타파할 수 없었으며 형법에서도 私田의 존재를 인정하여 단지 冒認·盜賣·盜耕의 부정행위만 금지하고, 그 외의 처분은 인정했다고 했다.[23] 그런데 이때의 사점은 수조권자가 소유권을 침탈한 것이고, 형법에서의 사전은 민전으로 성격이 서로 다른 것인데, 和田은 이를 혼동하여 동일시하고 있었다. 하지만 和田이 소유권적 사전의 존재를 공식화하면서 공전제가 전과 달리 변화하고 있다고 지적한 점은 주목된다.

"무릇 사전이라고 칭하는 것은 전주가 비록 범죄를 저질렀어도 이를 몰수하여 공전으로 삼는 것을 허용하지 않는다"라고 한 과전법 규정을 이것이 "오히려 사전을 공인 또는 보호하는 형태가 되어 班田의 主義에 따라 성립한 新令의 정신이 도리어 그 골자를 잃는 기이한 모습을 나타나게 되었다."라고 해석하였다.[24]

---

22) 和田一郎, 앞 책, 宗高書房, 1920, 58~59쪽.
23) 和田一郎, 앞 책, 宗高書房, 1920, 51~52쪽.
24) 和田一郎, 앞 책, 宗高書房, 1920, 59쪽. 원문 해석은 김태영, 「토지제도」『한국사24—조선 초기의 경제구조』, 1994, 55쪽.

和田은 공전제도의 입장에서 국가의 소유권, 전주의 수조권, 전객의 경작권으로 토지권을 분류하면서도,[25] 위의 사전을 소유권적 사전으로 해석하는 오류를 범했다. 이 규정의 의미는 수조권제를 총량제의 원칙아래 운영하겠다는 정책적 표현이고, 당시 매매, 전당, 상속 등이 자유롭게 시행되는 민전이 광범히 존재하는 가운데 과전법이 시행되었다는 것은 주지하는 바이다.[26] 그런데 和田은 수조권적 사전을 소유권적 사전으로 이해하고 조선정부가 이때 비로소 후자를 공인한 것으로 해석하였다.

과전법은 중앙집권적 관료체제를 수립하기 위해 사전을 혁파하고 수조권 분급제를 실현한 것이지만, 조선국가는 향후 집권체제를 강화하기 위해 수조권제를 약화 소멸시켜야하는 과제를 안고 있었다. 이것은 和田이 몰각했던 소유권제가 점차 강화되어 가는 것을 의미했다.[27] 과전법은 祖業田化한 수조권적 사전을 혁파하여 과전으로 재분급한 조치였으며, 이는 사적 소유권의 성장, 곧 전객권의 안정과 성장을 반영하고 지주전호제의 발달을 더 촉진시켰다는 것이 현재의 연구성과이다.

和田은 이와 현저한 관점 차이를 보였다.[28] 그는 전시과→ 과전법→ 직전법은 공전제도이고, 여기서 사전은 공전의 수조권을 사인에게 분급한 토지로 이해하면서도 수조권자가 국가의 소유권적 권리를 사여 받거나 잠식하여 민전(사유지)이 탄생되었다고 이해하였다. 이것은 제도 문란의 결과물로 처음에는 금지 대상이었지만, 점차 공인해 갔다고 보았다.

이러한 신령은 고려조 최후의 개혁임과 동시에 조선 전제의 기초를 이룬 것으로 자못 중요한 의의가 있다. 조선은 이를 답습하여 과전, 직전, 공신전,

---

25) 和田一郎, 앞 책, 宗高書房, 1920, 59~60쪽.
26) 이경식, 『조선중세 토지제도사(조선전기)』, 2012. 12~18쪽. 김태영, 「토지제도」『한국사 24 - 조선초기의 경제구조』, 1994, 54쪽.
27) 김용섭, 「토지제도의 사적추이」『한국중세농업사연구』, 지식산업사, 2000, 32~33쪽.
28) 이경식, 『조선중세 토지제도사(조선전기)』, 2012, 13~15쪽.

늠전, 둔전, 적전 등에 따른 공전제도를 만듦과 동시에 한편으로는 사전을 공인하고 그 매매와 전당을 자유롭게 했다.[29]

여기서 보듯 和田은 과전법을 공전제도의 틀 내에서 사전을 공인하는 전환기의 제도로 보고, 조선시기를 공전·사전의 혼돈단계라고 규정하였다. 직전법에서도 공신전과 賜田의 민전화, 그리고 과전이 세습으로 민전화되어 가는 모습을 지적하면서도 이것이 불법이라고 지적은 하지 않았다. 그는 과전, 공신전, 별사전 등을 피지급자에 사여함으로써 사패처럼 세습재산이 되었다고 하였다. 이것은 수조권을 사여한 것이고 토지를 준 것이 아닌데, 피지급자가 자유롭게 이를 매매 전당하는 등 수조지(사전)가 민전으로 간주되었다고 설명하고 있다.

16세기 『經國大典註解』 단계에는 私田과 民田을 同義로 해석하였다고 하면서 "조선의 사전은 고려의 사전과 달리 점차 토지사유의 실태를 드러내어 갔다."고 하였다.[30] 大典(『經國大典』, 『續大典』, 『大典通編』 등)에 따라 토지제도를 살펴보면 고려시대의 제도를 답습하여 공전제를 택하였으며, 이에 따라 적전·녹전·직전·공신전·늠전·둔전·제전·학전·궁방전 등을 설치했다고 하였다. 그런데 시대의 추이에 따라 사유제도를 인정하고 그 권리를 공인한 것이라고 부연 설명하였다.[31]

和田은 이같이 수조권적 사전(공전)이 시대의 추이에 따라 소유권적 사전(민전)으로 변해 간 것으로 이해하였다. 소유권제를 기반으로 성립한 민전의 조를 국가에서 수조하면 공전, 수조권을 사인에 분급한 것을 사전이라고 하는 근래의 견해와 해석을 달리한 것이다. 그리고 그는 수조권제의 변화를 소유권의 성장을 반영한 국가의 정책적 표현으로 본 것이 아니라, 국가권력의

---

29) 和田一郎, 앞 책, 宗高書房, 1920, 59~60쪽.
30) 和田一郎, 앞 책, 宗高書房, 1920, 65쪽.
31) 和田一郎, 앞 책, 宗高書房, 1920, 76쪽.

약화에 따라 토지제도가 문란해지는 가운데, 수조권자가 국가의 소유권을 흡수하여 민전이 되었으며 이를 국가가 공인한 것으로 이해하였다. 和田은 이같이 사유제도의 공인과정을 설명한 다음, 그 이후 토지사유제도의 형성과정을 기술하고 있다.

그는 먼저 세종 때의 민전 매매에 관한 법령, 즉 '稅契過割'제도에 주목했다. 이는 일종의 토지증명제도로 토지매매를 공인하여 관의 인가를 거친 매매에 대하여 그 권리를 보호하도록 한 장치라고 설명하고,[32] 『경국대전』에 立案제도로 성문화되었다고 했다. 그러나 이 제도의 근원적 목적은 토지소유권의 국가 관리였다. 단순히 이중매매나 도매 등을 방지하기 위한 것이라기보다 오히려 토지매매를 억제하는 한편, 전객권의 이동을 쉽게 파악하여 전제 문란을 방지하는 데 주 목적이 있었다.[33] 이리하여 조선중기에는 매매 등이 더 활성화되면서 오히려 입안제도가 유명무실해지고, 수조권 분급제의 소멸과 함께 운명을 같이 한 것으로 보인다.

다음은 『경국대전』이후의 전제에 대한 견해이다. 和田은 조선이 고려의 공전제도를 택했지만, 시대의 추이에 따라 사유제를 인정하고 그 권리를 공인해갔다는 전제 아래 각 토지의 내용을 종류별로 설명하였다. 여기서 언급한 전토는 『경국대전』(권2, 戶典, 諸田)에 열거한 ① 自耕無稅田, ② 並無稅田, ③ 各自收稅田과 여기에 藉田·祿科·職田·祭田·學田·功臣田·賜田·宮房田·竹田·楮田·漆田·菀田 등을 추가하였다. 그리고 『경국대전주해』諸田에서 ① ②는 공전, ③은 민전으로 구분하였는데, 和田은 이들을 공전과 수조권을 준 사전으로 설명하고 있다.[34] 이 사전이 다음과 같은 과정을 거쳐 민전이 되었다는 것이다.

첫째, 공신전과 賜田은 본래 수조권만 준 것인데, 세습재산으로 자손에게

32) 和田一郎, 앞 책, 宗高書房, 1920, 72~73쪽.
33) 입안제도는 박병호, 『한국법제사』, 법문사, 1974, 44~45쪽이 참고된다.
34) 和田一郎, 앞 책, 宗高書房, 1920, 79~103쪽.

물려주면서 자기 소유지처럼 자유롭게 매매·증여·전당한 결과 대부분 민전으로 되었다고 해석했다. 그리고 조선 정부는 양안에 지주의 이름을 기입하고, 법령을 만들어 민전의 권리를 공인하기에 이르렀다고 하였다.[35] 수조권이 소유권으로 되고 민전으로 공인했다는 것이다.

둘째, 職田도 이같이 해석하였다. 그는 직전은 원래의 취지와 달리 한번 급여하면 그대로 자식에게 전수되어 점차 감소되었다는 것이다. 이리하여 후대의 왕족·관리 등이 이를 받을 수 없게 되어 임진왜란 무렵에는 유명무실화되었다고 했다. 和田은 이때 전주가 빼앗을 수 없도록 정한 전객권(=소유권)에 대한 설명 없이 전주의 수조권이 소유권으로 전화되었다고 해석하였다.[36]

마지막으로 和田은 궁방전을 대상으로 사전을 설명하였다. 그는 직전제가 해체되면서 역대 왕들이 왕족에게 경제적 기반으로 궁방전을 설치해 주었으며, 여기서 사유제가 본격적으로 전개되고 토지분쟁도 시작되었다고 보았다. 그는 궁방전은 면세전으로, 元結免稅와 永作宮屯으로 구분되며, 적몰 전토를 흡수하거나 절수·사패 등을 구실로 민전을 冒占하거나 공토의 이속, 투탁 등으로 그 수가 늘어간 반면, 공전과 과세지는 나날이 감축되었다고 하였다. 이리하여 속대전과 대전통편에서 궁방전의 결수를 제한하고 수세의 한계를 정하는 조치를 취했다고 하였다. 이 원결면세나 민전모점, 투탁지 등이 민전의 예였다.

和田은 목장토에서 보듯, 공전의 민전화, 민전의 공전화 등이 반복적으로 일어났으며, 이것이 조선후기 토지분쟁의 핵심이었다고 설명하였다. 문제는 和田처럼 이것을 불법 또는 문란으로 이해해야 할 것인가이다. 조선초기의

---

35) 和田一郎, 앞 책, 宗高書房, 1920, 79쪽.
36) 이 같은 和田의 시각은, 조선국가가 관답험이나 수조액의 감소 등 수조권을 제약하는 정책을 취하면서 전주전객제는 과전법, 직전법, 관수관급제를 거쳐 약화 소멸되어갔으며, 그만큼 소유권(전객권)이 강화되면서 이에 기초한 자영농제와 地主佃戶制가 지배적인 경제제도로 발전해갔다고 보는 연구시각과 커다란 차이를 보였다. 김용섭, 앞 책, 지식산업사, 2000 ; 이경식, 앞 책, 서울대학교 출판부, 2012.

공전제적 사고로 보면 사전은 불법인데 조선국가는 다른 한편으로 불법을 공인한 것이다. 불법과 공인이 동시에 존재할 때 무엇을 판정기준으로 정했을 까. 분쟁지 심사에서 심사자의 자의적 판단이 작용할 개연성이 커 보인다.[37]

和田이 諸田을 설명하면서 보여준 주요 관심사항은 국유지와 민유지의 구분이었다. 공전을 오늘날의 소위 국유지, 수조권을 준 사전을 소위 민유지에 속한 것으로 구분하였다. 고려의 제도와 달리, 조선의 경우 무세지를 공전, 유세지를 사전이라 하고 이를 민전으로 인정하기에 이르렀다는 것이다.[38] 이렇게 하여 <표 1>과 같이 토지를 공전(無稅地)과 사전(收稅地), 그리고 한광지로 구분하고 해당 전토를 분류하였다. 그리고 "사유의 起因에 대하여"라는 항목을 설정하여 민전을 공인한 법령을 소개하였다.

<표 1> 和田의 국·민유구분과 소속 전토

공사전	국·민유	전토의 종류
公田 (무세지)	국유지	藉田 國屯田 官屯田 馬田 院田 津夫田 氷夫田 祭享供上菜田 惠民署種藥田 內需司田 國行水陸田 守陵軍田(陵圓墓位田) 牧場田 (牧子位田을 포함) 永作宮屯(궁방전의 일부, 各宮房田) 各營衙門屯田 進上靑竹田 官竹田 楮田 漆田 荒田
私田 (수세지)	민유지	職田 功臣田 寺田 衙祿田 長修田(公須田) 長田 副長田 急走田 崇義殿田 水夫田 渡田 無土免稅의 宮房田 寺田 學田 數外官屯田
閒曠地	무주지	

출전 : 和田一郎, 앞 책, 宗高書房, 1920, 103, 118쪽.

和田은 사유를 공인한 법령을 다음과 같이 정리하였다. 『경국대전』 호전조에서는 토지의 매매를 공인하고 입안하도록 한 입안제도를 도입하였다고 했다. 다음은 민전이 공인되면서 여기서 발생한 분쟁을 취급하는 소송방식을 소개하였다. 『續大典』 戶典, 量田에서 소송지는 승소자를 지주로 양안에 등록하되 판결 전에는 양안 명의인에 관계없이 현 점유자를 양안에 등록하고 판결 후 정정하도록 했으며, 전택 소송에서 특수한 경우를 제외하고는 5년이라는

---

37) 和田一郎, 앞 책, 宗高書房, 1920, 102쪽.
38) 和田一郎, 앞 책, 宗高書房, 1920, 103쪽.

시효를 정하여 결정하도록 했다. 그리고 진전·해택·무주전·한광지에서의 사유지를 취득하는 규정과, 진전과 무주지 등에서 소유자를 확정하는 방법을 정했다. 특별히 경성 내 家地의 소유권 확정 방식과 외국인에 영대차지권을 부여하는 규정도 마련하였다.

이들은 조선정부가 사유를 공인하고 운영하기 위해 마련한 법제인데, 여기서 주목해야 할 것은 앞 시기와 달리 무주한광지가 개간을 거쳐 사유지 즉 민전이 되는 길을 소개하고 있다는 점이다. 전에는 입안권 위주였지만, 이제 개간으로 소유권을 획득한 민전, 즉 田結免稅의 無土를 예시하고 있다는 점이 주목된다. 그러나 和田은 이같이 사유제도가 공인되고 확대됨에도 불구하고 이것이 근대적 토지제도로 성립하기에는 법적 제도적 장치가 미비했다고 하였다.[39]

이어서 和田은 조선토지제도요론의 마지막 장에 "근대적 토지제도의 성립과정에 대하여"라는 항목을 설정하여 조선후기 토지제도의 문란상과 이에 대한 조선정부의 대책, 그리고 이것이 어떻게 수습되어 근대적 토지제도로 성립되었는지를 간략하게 정리하고 있다.

> 조선의 토지제도는 … 중엽이래 職田의 제도를 폐하여 각 영아문이 둔전 궁방전을 설치하였으며, 이것으로 전제의 문란이 극심해졌다. 官宦에 종사하는 관리는 권력을 이용하여 공전을 盜食하고 혹은 공전의 이름을 빙자해서 民田을 약탈하는 자가 생겨났다. 더욱이 전제에 관한 법령은 대부분 空文이 되어 실행되는 일이 없었고, 量田도 20년마다 시행하여 지적이동을 정리해야 한다고 경국대전에 규정하였음에도 불구하고, 조금도 그 취지에 철저하지 못했다. 수십년 혹은 수백년 전에 조사해서 만든 양안이 그대로 답습되어 토지의 현재 상황을 알 방법이 없게 되었다. 이와 같이 지적은 더욱더 착종되고 관료의 부패와 아울러 공전이면서 민전이 되는 것이 있고, 또 민전이면서도

---

39) 和田一郎, 앞 책, 宗高書房, 1920, 103~113쪽.

공전이 되는 것이 있었다. 이것이 토지분쟁의 원인이 되어 재정의 기초를 무너뜨리고 파괴하였다.[40]

라고 하듯이 조선의 토지제도는 직전제 폐지 이후 전제가 극심하게 문란해졌으며, 이를 해결하기 위해 갑오개혁, 광무개혁 등을 시도하였음에도 불구하고 단지 미봉적이고 응급적 시행에 그쳤다고 했다. 그 후 일제가 통감부를 설치하여 지적조사와 세제정리 사업을 실시했지만 완결하지 못했으며, 뒤를 이어 일제가 '사업'을 실행하여 완성하였다는 것이다.[41] 和田은 '사업'의 완결, 즉 토지소유권의 사정과 토지 등기제도의 개시, 지세제도의 쇄신, 지형측량의 완결을 통해 조선의 근대적 토지제도를 완성함으로써 조선통치에 커다란 획을 그었다고 하였다.[42]

2. 국유지의 유형과 분쟁

1) 국유지의 유형과 성격

和田은 庄土가 마구 설치되어 토지제도가 문란하게 되고 경제와 재정의 붕괴를 가져왔으며, 문란의 내용은 국·민유의 문란이라고 하였다. '사업'은 이를 가려내고 소유권을 확정하여 이를 근본적으로 정리하는 작업이라는 견해를 표명하였다. '합병' 이전 조선의 경제는 일본의 중세와 같았으며 庄土가 천하의 반 가까이 되어 백성은 그 안에서 안주하지 못하고, 나라는 자산을 얻을 수가 없었으며 토지제도는 아예 기강을 잃었다고 하였다.[43]

---

40) 和田一郎, 앞 책, 宗高書房, 1920, 113쪽.
41) 和田一郎, 앞 책, 宗高書房, 1920, 114~116쪽.
42) 和田一郎, 앞 책, 宗高書房, 1920, 117쪽.

이러한 특질을 가장 잘 보여주는 것이 궁방전과 각종 역토·둔전이라고 언급하면서 국유지 문제를 다루었다.[44]

그는 사궁장토와 영문전, 아문전, 그리고 역토 등을 종류별로 분류하고, 그 기원과 특징을 약술하였다.[45] 먼저 역둔토는 시대에 따라 설정방법이 일정하지 않다고 하면서 다음과 같이 분류하였다.[46]

A. 이것(사궁장토)을 크게 나누면, 토지의 설정과 徵租權 설정이라는 두 종류로 나눌 수 있다. 토지의 설정에는 다시 다섯 종류가 있다. ① 한광지의 개간, ② 죄인으로부터 몰수한 토지, ③ 후사가 없는 노비의 전답, ④ 각 영아문의 둔전과 그밖에 공전으로부터 옮긴 것, ⑤ 민전의 매수가 이것이다. 이것을 '유토 면세지' 또는 '永作宮屯'이라고 한다. 징조권의 설정에는 두 종류가 있다. ① 일정한 구역을 정해서 그 구역 내에 있는 민전의 租를 받아먹게 하는 것이다. 예를 들면, 『속대전』호전 궁방전에 "궁가의 면세전은 원결로서 정하는데 사표를 명확하게 정하여 다른 밭의 混入을 엄금한다."라고 되어 있는 것이다. ② 수조지를 돌려가며 정하는 것이다. 예를 들면 3년 혹은 10년의 기한을 정해서 3년간은 갑군의 밭의 조세를, 10년간은 을군의 조세를 받아먹게 함으로써 度支志에 무릇 호조가 實結을 劃給할 때, 해당하는 궁은 그 연한에 준해서 돌려가며 정한다고 되어있다는 것이다. 이것을 '無土면세' 또는 '元結면세'라고 한다. 유토면세지라는 것은 토지 그 자체를 사궁에게 주는 것을 말하며, 무토면세지라는 것은 민간이 소유한 땅의 징조권만을 주는 데 그치는 것을 말한다.[47]

43) 和田一郎, 앞 책, 宗高書房, 1920, 120쪽.
44) 和田一郎, 앞 책, 宗高書房, 1920, 123쪽.
45) 和田一郎, 앞 책, 宗高書房, 1920, 119~184, 278~414쪽.
46) 和田一郎, 앞 책, 宗高書房, 1920, 150~184쪽.
47) 和田一郎, 앞 책, 宗高書房, 1920, 125~126쪽.

B. 전토를 준다는 것은 곧 토지 그 자체를 주는 것이며, 전결을 준다는 것은 바로 징조권을 내려주는 것이다. 유토면세지와 무토면세지의 명칭은 처음에 이렇게 해서 창설되었다. 면세지라고 말하는 것은 사궁장토가 면세의 특전이 있기 때문이다. 유토면세지와 무토면세지의 賜與 형식에는 두 가지가 있다. 賜牌와 折受가 그것이다.[48]

和田은 둔전도 위와 거의 같은 방식으로 성립되었다고 정리하고,[49] 여기에 공유지적 성격을 갖는 다음과 같은 유형의 토지도 국유지에 포함시켰다.

C. ① 관찰사 기타의 지방관리가 그 지방의 폐해를 구제하기 위하여 자기 봉급을 털어 매수한 것, ② 인민이 공과를 납부하기 위하여 자기 재산을 관에 납부한 것, ③ 상속자가 없거나 도망자의 재산을 속공한 것 등을 포함시켰다. 田結의 折受를 민전의 징수권만을 부여한 無土屯이라 동일하게 정리했다.

역둔토의 성립과정과 관련하여 볼 때 분쟁의 초점이 된 토지는 절수사여로 개간된 무주한광지였다. 和田은 절수사여지를 토지 설정의 유토면세지와 징조권 설정의 무토면세지(민전의 전결을 절수한 것) 등 두 종류로 구분하였다. 그런데 국유지 분쟁은 절수사여의 목적물이 전토인지 전결인지, 유토면세지인지 무토면세지인지 등의 구분이 명료하지 않아 주로 발생하였다고 했다. 특히 토지 설정으로 분류한 개간지의 형성과정과 그 내부의 권리관계가 다양한 것에 그 원인이 있다고 했다.

이러한 토지가 형성된 원인을 유형별로 보면 다음과 같다. ① 국가가 개간을 전담한 경우인데, 매우 드물었다. ② 인민이 황지를 발견하여 자기 비용과

---

48) 和田一郎, 앞 책, 宗高書房, 1920, 126~127쪽.
49) 和田一郎, 앞 책, 宗高書房, 1920, 296~297쪽.

노력으로 개간하고, 수확물의 일부를 국가기관에서 징수한 경우로 대부분 여기에 속하였다. ③ 민이 개간한 민전을 절수나 사패 등의 명목으로 침탈하거나, 징세권만을 준 無土屯 가운데 有無土의 구분이 명료하지 않아 관리가 오인하여 공전같이 취급한 혼탈입지,[50] 그리고 ④ 인민 스스로 궁방에 투탁한 경우 등이 있었다.[51] 혼탈입지와 투탁지는 민유로 환급할 대상이라고 했지만, 근거를 확보하는 일은 쉽지 않았다. 문서가 없는, 상호 신뢰나 강박에 기초한 비문서 계약일 가능성이 높았으며, 유·무토의 기준도 불명확했기 때문이다.[52]

절수사여한 개간지는 내부 권리관계가 다양하였다. 개간지는 입안권과 개간권을 동시에 확보할 때 배타적 수준의 소유권을 확보할 수 있었지만, 개간권은 민인이, 입안권은 국가기관이나 지배층이 갖는 경우가 대부분이었다. 이때 양자가 맺은 계약상의 권리관계에 따라 수조율이 결정되었으며, 그 수준은 일반 민전의 租 보다 더 높게 정해졌을 것이다. 매득지나 다른 관청으로부터의 이속지도 내부의 권리관계는 개간지와 속성이 유사했으리라 판단된다. 일부 토지는 배타적 소유권이 존재했겠지만, 대부분은 내부의 권리관계를 그대로 인정한 상태에서 권리이전 작업이 이루어졌을 것이다. 역둔토의 권리관계는 매우 다양하여 유·무토라는 이분법으로 구분하기는 쉽지 않았지만, 당시 그것이 문제가 되지는 않았다. 기존의 권리관계를 그대로 인정한 가운데 권리이전이나 收租하면 그만이었기 때문이다.

그러나 '사업'을 시행하는 일제나 이를 추진한 和田의 입장은 이와 달랐다. 이들은 일본민법에 근거한 일지일주의 배타적 소유권으로 국유와 민유 가운데 어느 하나로 소유권을 확정해야 했다. 이를 가르는 기준으로 채택한 것이 유토와 무토였다. 그런데 양자는 이분법적 분류라는 점에서는 동일하였지만 '사업'은 내부의 권리관계를 무시하고 배타적 소유권을 부여한다는 점에서

---

50) 和田一郎, 앞 책, 宗高書房, 1920, 297~298쪽.
51) 和田一郎, 앞 책, 宗高書房, 1920, 130~134쪽.
52) 『結戶貨法細則』에서도 유·무토에서 그러한 견해를 표명하였다.

차이가 있었다. 이때 무토=민유지는 문제가 없었지만, 유토는 내부에 존재하는 물권을 무시하고 국유로 확정하는 것이기 때문에 분쟁이 발생할 우려가 높았다.

이때 더욱 문제가 된 것은 和田이 국유지를 보는 관점이었다. 그는 A의 ① 토지를 토지 설정의 유토, 즉 국유지로 본 것이다. 그는 16세기 민전의 성립을 수조권 분급지 가운데 소유권화된 것을 공인한 것에서 찾았듯이, 개간지에서도 개간권보다는 수조권적 성격을 갖는 입안권을 근거로 유토를 확정하고 국유지로 판정했을 가능성이 높았다. 구양안에 표기된 역둔토의 起主가 그들이었다. 그리고 그가 내부 권리관계에 대한 아무런 언급 없이 매득지나 이속지를 영작궁둔이나 순수둔전으로 취급한 점에서도 충분히 예상할 수 있겠다.

和田은 국·민유를 구분하는 기준으로 유·무토 이외에 다른 기준을 제시한 적이 없었다. 제시하기도 어려웠을 것이다. 이리하여 분쟁지를 심사할 때 상당한 '자의성'이 작동되었을 것이라 추측된다. 그리고 이들이 양안(또는 御覽量案)의 기주란에 등재되었을 경우는 이를 뒤엎을 만한 증거력을 확보하지 못할 경우 그대로 국유로 판정했다.[53] 和田이 구양안, 다음으로 유·무토를 구별하는 기준으로 삼은 것은 수조율이었던 것으로 보인다. 그는 세액의 다과, 취급상황 등이 분쟁을 해결할 수 있는 중요사항이라고 이해하고 있지만, 현실적으로 수조한 세가 결세인지, 소작료인지를 판정하는 기준은 분명하지 않았으며, 이를 심사할 때 분쟁심사자의 자의적 기준이 작동될 여지가 컸다.

먼저 법적으로는 『속대전』에 "영작궁둔지는 1결의 수세를 조 200두, 무토면세지는 미 23두로 정한다."고 한 것, 『탁지지』에 "유토면세지는 해당하는 궁이 전토를 매입해서 호조에 신청해서 세를 면함"이라고 한 것, 그리고 순조실록에 "유토 면세지는 단지 전세 4두만을 면하지만 무토는 모두 전세

---

53) 和田一郎, 앞 책, 宗高書房, 1920, 145~147쪽.

대동을 면한다."라고 한 것 등을 제시하였지만,[54] 실제로는 그렇게 단순하지 않았다.

조 200두의 경우도 민은 "結은 궁결이지만 土는 민의 私土이다."라고 사유지라 주장하기도 한 것이다. 반면 궁방에서는 "每負 土稅條一斗 免稅條一斗式 合二斗租"라고 하여 궁방의 소유로 취급했다. 이렇게 주장이 상반되는 가운데, 전라도 무안의 충훈부 둔토에서는 分半打作이 민의 저항으로 每結 조 200두→150두를 거쳐 급기야 100두의 수취를 요구하기도 하였다.[55] 이같이 궁방전이나 둔토에서 민의 저항에 따라 수납액이 현저히 저감되어 갔다. 같은 토지라도 시기마다 수조율이 변해갔다. 그런데 '사업'에서는 이러한 경향성을 다시 뒤엎을 것을 겨냥한 것인지 그 반대의 시도도 나타났다. 사궁장토에서 국유론자들이 결수와 소작료를 합하여 1결 50두~150두 정도를 국유라 주장하기도 한 것이다. 이때 속대전에 규정한 무토의 결세인 미 23두 규정을 적용한 것으로 보인다. 하지만 그 이외의 경우는 액수가 낮더라도 이를 결세로 납부한 흔적이 없으면 납부액수에 관계없이 국유라고 주장한 사례도 있었다.[56]

다음은 和田이 둔전의 각 토지별로 예시한 세율과 권리관계를 살펴보기로 하자. 둔세는 분쟁의 단초이며 해결의 열쇠라고 할 수 있겠지만 매우 다양하게 나타났다. 和田은 糧餉廳屯의 예에서 "둔세의 율은 순연한 공전의 경우 전 10부에 조 15두, 답 1두락에 벼 10두로 하였다. 전결의 절수 즉, 민전의 징세권만을 사여한 토지는 전답을 통하여 10負에 租 10斗 또는 米 2斗 3升으로 하였다. 바꾸어 말하면 전자는 오늘날의 소위 지세와 소작료를 합친 것이고, 후자는 지세만 상응하는 취지가 있는 것이다."[57]라고 언급하였다. 세가 조

---

54) 和田一郎, 앞 책, 宗高書房, 1920, 129쪽.
55) 『圖書文績類』(내수사 건륭 50년(1785) 8월), 『前整理所指令諸案』(경상도 창원군거민 소장), 『忠勳府謄錄』 제20책 1749년 5월 일. 박준성, 「17·18세기 궁방전의 확대와 소유형태의 변화」 『한국사론』 11, 1984, 230~231, 235쪽에서 재인용.
56) 和田一郎, 앞 책, 宗高書房, 1920, 29쪽.
57) 和田一郎, 앞 책, 宗高書房, 1920, 299쪽.

150두인 경우는 공전, 미 23두와 조100두의 경우는 징세권만 사여한 토지라고 하였다. 전자는 유토, 후자는 무토의 수세액이다. 다음 표는 둔전 사례에서 언급한 세율을 표로 작성한 것이다.

〈표 2〉 각 둔전의 수세액

수조액	미23두	조60~70두	조100두	조150두	조200두	소작료
영문둔전	징세권 사여지(민전)		징세권 사여지(민전)	공전		
훈련둔	징세권 모입민전		순연한 둔전			진황지
양향청				적몰지		
총융청 경리영			개간지 투탁지		매수지 적몰지 속 공전	
장용영						수확 고의 1/3
관리영			폐목장 개간지 (진명여학교 사여지)			
속대전	무토				유토	
만기요람	무토면세				영작궁둔 매득	
결호화법 세칙	무토		제2종유토		제1종유토(매득)	
경세유표	①무토면세(原田의 稅를 사여) ② 유토면세(原帳之田의 사여) ③ 永作宮田＝宮屯(開荒築堰)					

출전 : 和田一郎, 앞 책, 宗高書房, 1920, 『續大典』『萬機要覽』『結戶貨法細則』『經世遺表』

<표 2>에 기재된 수조액 가운데 미 23두와 조 60~70두의 부담 정도를 비교해보자. 통제영둔에서 미와 조의 비율을 1 대 3(또는 2.5)으로 처리하였는데,[58] 이를 여기에 대입하면 이들은 부담 정도가 거의 같은 토지로 무토면세지로 해석된다. 그리고 영작궁둔지인 200두는 물론이고, 조 150두 이상을 부담한 매수지, 적몰지, 속공전 등은 유토＝ 국유지로 처리한 것으로 보인다.[59] 문제는 무토와 영작궁둔지의 중간에 해당하는 조 100두 내외의 토지였다. 이들도

---

58) 和田一郎, 앞 책, 宗高書房, 1920, 376쪽.

59) 이영호, 「근대전환기 궁장토 소유권의 향방 : 경상도 창원 龍洞宮田畓 '永作宮屯＝租200斗型'의 사례」 『한국학연구』 24, 2011. 5.

대체로 개간지로 보이는데, 수조액의 폭이 조 100두(총융청)에서 수확고의 1/3(장용영)까지 매우 넓었다. 이 가운데 하나의 기준선을 정하여 유토나 무토로 구분하고 어느 한쪽으로 소유권을 정리하기가 쉽지 않았다.[60] <표 2>에서도 조 100두가 민전과 유토로 주장이 서로 갈리고 있으며, 和田도 그 기준을 분명히 표명하지 않았다.

역둔토에서 분쟁은 민이 스스로 소유자 또는 중답주(또는 도지권자)라고 주장할 때 발생하였다.[61] 이들은 역둔토를 개간할 때 출자한 대가로 수확의 1/3~1/4 수준에서 수조액을 계약한 다음, 작인을 동원하거나 스스로 경작하는 자였다. 이들은 지대수입에서 수조액을 납부한 나머지를 수익으로 하였다. 수조액은 국가기관이 절목으로 정했다. 중답주권은 도지권과 더불어 관행적으로 매매와 상속이 허용된 물권적 성격을 갖는 존재였다.[62] 개항 후 관이나 궁방에서 이를 제거하려는 모습을 보였으나, 광무사검 시기까지는 서로 타협하며 인정한 상태에서 양전이 이루어진 것으로 보인다. 중답주는 작인의 일정한 성장과 지주권의 일정한 후퇴가 전제가 되는 것이었지만, 이 시기 일제와 지주측의 공세로 점차 소멸되어갔다.[63]

중답주는 두 경우가 존재했다. 중답주가 勞資를 투자하여 물권을 획득한 경우와 갑오개혁 이후 역리 등이 강권적으로 중답주권을 획득한 경우이다. 후자는 순수한 공토로 국유지로 판정할 수 있었지만, 전자는 개간권으로 성립한 민전으로 간주하여 중답주를 소유자로 사정해야 했을 텐데, 일제는

---

60) 이영호, 「한말 일제초기 근대적 소유권의 확정과 국유 민유의 분기－경기도 안산 석장둔 사례」 『역사와 현실』 77, 2010 ; 최원규, 「한말일제초기 공토정책과 국유민유분 쟁」 『한국민족문화』 45, 2012.

61) 역둔토에서 분쟁은 최원규, 「일제의 토지조사사업에서 국유지통지와 국·민유 분쟁 : 창원군과 김해군 사례」 『역사문화연구』 49, 2014, 152~175쪽의 사례에서 보듯, 대체로 이 같은 경우 발생한 것으로 보인다. 和田一郎의 분쟁사례도 이러한 경우로 보인다.

62) 도진순, 「19세기 궁장토에서의 중답주와 항조－재령 여물평장토를 중심으로－」 『한국 사론』 13, 1985.

63) 김용섭, 「한말에 있어서의 중답주와 역둔토지주제」 『한국근대농업사연구(증보판)』 (하), 1993.

법적 폭력을 동원하여 이를 인정하지 않고 국유화했다.

갑오승총에서 연유한 일토양세의 납부여부도 주요한 문제였다. 갑오승총은 무토는 민전으로 돌려주고 남은 유토를 공토로 보고, 結稅는 탁지부에, 賭稅는 해당 관방에 납부하도록 한 조치였다.[64] 이는 공전에서 작인납세를 법제화한 조치였으며, 대한제국은 양전사업을 하면서 민전에도 확대 시행할 예정이었다.[65] 이때 국가기관은 결세는 제외하고 賭稅만 징수해야 했지만, 종전의 조를 그대로 받고 작인은 탁지부에 결세를 더 납부하는 첩징현상이 나타났다. 和田은 여기에는 여전히 혼입된 민유지가 존재하는 등 유무토를 정확히 구분하기 어려웠기 때문에, 무토에는 일토양세, 유토에는 一土三稅가 부과되는 등 불합리한 경우가 발생했다는 것이다.[66]

和田은 이 경우 무조건 국유로 판정하지는 않고 전에 결세를 납부했는지의 여부를 조사하여 결정해야 한다고 했다. 1894년 이전에 결세만 납부하다가 도세까지 납부하게 된 민유지는 가려내어 환급해 주어야 한다는 견해를 보였지만, 이를 구분해 내기는 쉽지 않았다고 했다. 환급대상으로 심사대상이 된 토지는 일토양세를 부과 받은 이래 여기에 이의를 제기하며 계속 분쟁을 제기한 토지로 한정한 것으로 보인다.[67]

마지막으로 和田이 조선의 관습을 철저히 일제의 입장에서 해석하고 그에 맞추어 실행에 옮겼다는 점이다. 그는 1894년 갑오승총으로 사궁장토에서 수조권이 자연 소멸되어 유토면세지, 투탁지와 혼탈입지만 잔존시키는 결과를 가져왔다고 언급하였다.[68] 그는 이 조치로 법제상 근대적 소유권, 즉 배타적 소유권이 제도적으로 성립되었다고 보았지만, 조선민인의 소유권 인식 수준은 매우 낮았다고 평가하였다. 和田의 이 같은 평가는 조선인이

---

64) 배영순,『한말 일제초기의 토지조사와 지세 개정』, 영남대학교 출판부, 2002, 83~102쪽.
65) 한국역사연구회 토지대장반,『대한제국의 토지조사사업』, 민음사, 1995, 203~214쪽.
66) 和田一郎, 앞 책, 宗高書房, 1920, 570~571쪽.
67) 최원규, 앞 글,『한국민족문화』45, 2012. 11.
68) 和田一郎, 앞 책, 宗高書房, 1920, 148쪽.

제2장 和田一郎의 조선토지제도론과 국·민유지 구분 451

조선의 토지권을 보는 시각과 서로 달랐다는 것을 보여주는 것이며, 국유지 분쟁을 보는 시각도 큰 차이를 보였다.

和田은 당시 분쟁을 소유권 분쟁, 즉 소유권의 확보를 둘러싼 분쟁으로 본 반면, 조선국가와 조선민인은 공토 안에 존재하는 구래의 관습물권을 인정하는 가운데 결정된 수조액의 수준을 둘러싼 분쟁으로 파악하였다. 갑오 승총의 결과, 유토에서 結賭 납부는 당연한 것이었지만, 일토양세나 일토삼세로 말미암아 조세 부담이 종전보다 더 가중될 경우, 해당 민인이 거납투쟁을 일으켰던 것이다.[69] 이는 수조액의 다과로 나타났으며 소유권 차원이 아니라 수조액을 조절하는 수준에서 통상 마무리 되었다. 당시 유토는 공토라 불리웠으며, 일제는 공토를 국유지로 정리하여 역둔토대장에 기록하고 '실지조사'를 통해 국유지로 확정하였다. 이때 관습물권을 배제하고 배타적 소유권을 확립하는 방향으로 정책을 확정하고 경작자에게 국유지소작인허증을 발급하자 경작권자는 종전의 거납투쟁을 소유권 확보투쟁으로 전환시켰다. 이에 일제는 '사업'에서 법적 강제력, 즉 판례를 통해 국유지로 확정하고 이들을 공권력으로 무력화시켜 갔다.[70]

和田이 주목한 또 하나의 장토는 경선궁과 영친왕궁의 장토였다. 이 장토의 경영방식과 토지의 처리방식에는 특별한 점이 있었다. 이 장토는 다른 궁장토처럼 도장을 두지 않고 궁이 직접 장토를 관리하고, 소작료를 징수했다고 한다. 永作宮屯의 전형이라고 할 수 있다. 일제는 다른 궁방전과 달리 이 토지만 조선왕실의 사유지, 즉 민전으로 결정하였다. 물론 여기에도 물권적 성격을 갖는 관습물권이 존재하여 양자 간에 분쟁이 제기되었다. 이때도 일제는 사여 내용을 배타적 소유권으로 간주하고 궁의 소유로 확정했다. 동척의 정부출자지도 이러한 유형에 속하였다.[71] 역둔토(=공토)의 경우 입안

---

69) 최원규, 앞 글, 『한국민족문화』 45, 2012. 11.

70) 和田一郎, 앞 책, 宗高書房, 1920, 149쪽. 본서 제1부 제2장 임시제실유급국유재산조사국 관제 당시 국유지로 확정되었다.

권에서 연유한 수조권적 권리를 배타적 소유권으로 확정하여 국유지로 확정하고 이를 추인하는 방향에서 '사업'이 추진되었다.

2) 분쟁지 처리와 국유지의 범주

(1) 국·민유 분쟁지의 처리방식

和田이 어떠한 기준을 마련하여 국·민유 분쟁지를 처리했는지, 이 책에 실린 분쟁사례를 통해 검토하기로 하자. 먼저 和田은 분쟁발생의 원인을 역둔토 내에 존재한 유토와 무토(和田은 이를 국유와 민유라 칭하였다.)에 관계없이 용어가 동일하다는 점을 들고 있다. '收稅' 또는 '賭租', 그리고 '○○둔전'이라는 용어 등이 국유지 일반에 모두 동일하게 사용되었다는 것이다. 그리고 토지소유권 매매증서와 소작권 매매증서가 구별하기가 어려웠다는 점, '실지조사'의 오류, 혼탈입지 등 때문이라고 설명하였다.[72] 즉 겉으로 드러난 형식으로는 구별이 불가능하였다는 것이다.

和田은 국·민유 분쟁이 역둔토에 민전이 포함되어 있음에도 불구하고 구별하기가 쉽지 않아 발생한 것이라고 인식하고, 이를 구분하여 국·민유를 확정하기 위한 작업을 추진하였다. 역둔토에서 구래의 유토와 무토를 확인하여 이를 기준으로 국·민유로 확정하려고 한 일제의 방침은 통감부 때부터 일관된 것이었다. 반면 갑오·광무년간의 토지조사에서는 토지소유권의 내용이 일지일주의 배타적 소유권이 아니라 관습물권을 전제한 것이고, 이들 상호간의 이해관계는 수조액으로 표현되었다. 따라서 양자의 갈등은 대체로 수조액을 둘러싸고 전개된 것으로 보인다. 반면, 일제의 토지조사는 양안이나 수조율 등을 근거로 국유·민유 중 어느 한편을 배타적 소유권자로 확정한 것이다.

---

71) 和田一郎, 앞 책, 宗高書房, 1920, 573쪽.
72) 和田一郎, 앞 책, 宗高書房, 1920, 608~609쪽.

和田은 국·민유라는 이분법적 관점에서 장토의 권리관계를 구분하려고 시도하였으며, 유토와 무토가 그것이다. 하지만 양자를 구분하는 기준이 애매모호하고 불분명하여 무엇을 기준으로 삼을 것인가가 문제였다. 그 기준을 국유지 위주로 설정하면 국유지창출론이고 민전지 위주로 설정하면 민전환급론이라고 할 수 있을 것이다. 결국 기준을 어떻게 설정할 것인가의 문제였다. 이러한 관점에 유의하여 분쟁사례에서 국유론자와 민유론자의 주장을 살펴보기로 하자. 和田은 국유지 분쟁은 토지제도의 불비와 관리의 불완전에서 기인하였다고 하였다. 이러한 원인 때문에 역둔토를 대상으로 소유권을 결정하기는 대단히 어려운 일이기는 하지만, 사실을 자세히 조사하면 뚜렷하게 차이가 있다고 하면서 분쟁사례를 제시하였다.

양자가 주장한 차이점은 다음과 같다. 사궁장토로 등록될 당시에 이미 개간이 완료된 민전인지 아닌지, 개간 허가권인 입안을 받았는지 여부 등이었다. 예를 들면, 香炭地에서는 궁방에 등록할 당시 토지소유권자가 누구였는지, 그리고 경우궁 장토에서는 장토라는 주장과 투탁이라는 주장이 서로 엇갈렸다.[73] 明禮宮 장토에서는 정부가 許民墾拓을 허가해 준 증명의 존재 여부로 분쟁하였다. 민유론자는 황무지를 기간한 후 투탁한 것이라고 주장하고, 국유론자는 이를 인정할 만한 증거가 없고 본래 국유지로 於義宮 소속이었으며, 오랫동안 소작료를 징수하였다고 주장하였다.

和田은 국유지 분쟁 사례를 소개하면서 양측이 제시한 증거자료와 그 내용을 다음과 같이 소개하였다.[74] 첫째, 국·민유 분쟁에서 가장 주요한 판단근거로 삼은 것은 강희양안이었다. 이는 경자양안 혹은 구양안으로 부르기도 했다. 분쟁에서 제시된 강희양안에 대한 양측의 주장을 보기로 하자. 먼저 "起主 舊忠勳屯 ① 今內需司屯 ② 時何某"의 예에서 국유론자는 ①을, 민유론자는 ②를 소유자로 보았다. 양산군의 사례는 120년 전 화산동중에서 민유지를

---

73) 和田一郎, 앞 책, 宗高書房, 1920, 587쪽.
74) 和田一郎, 앞 책, 宗高書房, 1920, 589쪽.

매입하여 둑을 쌓고 죽목을 심고 관리하여 오다가 1893년 서당에 기부한 민유토지인데, 국유지 실지조사에서 국유로 편입하면서 분쟁이 발생하였다는 것이다. 강희양안에 ① 陳防築 ② 陳無主라고 기록되었는데, 양자의 해석은 차이를 보였다. 국유론자는 이를 근거로 국유로 파악한 반면, 민유론자는 현재의 이용실태를 근거로 민유를 주장했다. '기간자 위주'라는 규정을 적용한 민과 양안을 근거로 국유라고 주장하는 견해가 갈리고 있다.

둔전에서는 ① 양향둔의 경우는 훈둔으로,[75] ② 수어둔의 경우는 경기우도 영평현 양전정안책 '기주 수어둔'으로,[76] ③ 종친부둔의 경우 '기주 何某 종친부 면세'와 '기주 내수사 작 何某'로,[77] 그리고 강희양안은 아니지만 김해군의 사복둔의 경우 1790년 작성한 김해군 개량 전안에 녹산면 的字 金丹串員 제24호 이하 제112호에 이르는 사이의 필지(제45호 제외)는 司僕寺屯 으로 등재되었다.[78] 대체로 '기주 ○○둔'으로 등록된 자를 소유주로 판단한 것으로 보인다. 반면 광무양안은 근거자료로 채택하지 않았다. 김해군 창둔의 경우 시주가 창둔으로 기록되었지만, 민유지로 사정한 바 있다.

일제는 광무양안을 소유권 근거자료로 채택하지 않은 이유로 "책상에서 만들어진 虛簿"라는 이유를 들었지만, 이것은 표면적 이유이고 속내는 다른 데 있었다. 광무양전사업은 구래의 양전사업과 달리 시주 이외에 시작도 조사하여 양안에 등록하였다. 대한제국이 작인납세제를 실시하기 위해 시작을 조사하였으며, 이는 경작권에 물권적 권리가 어느 정도 존재한다고 인정할 때 실현 가능한 것이었다.[79] 그중에서도 중답주는 가장 강력한 물권적 권리를

---

75) 和田一郎, 앞 책, 宗高書房, 1920, 610~611쪽.

76) 和田一郎, 앞 책, 宗高書房, 1920, 614~615쪽.

77) 和田一郎, 앞 책, 宗高書房, 1920, 620~621쪽.

78) 和田一郎, 앞 책, 宗高書房, 1920, 621쪽. 조석곤, 「조선토지조사사업에 있어서 소유권 조사과정에 관한 연구」『경제사학』10, 1986에서 국유로 판정되었다고 지적하고 있다.

79) 이영호, 「대한제국시기의 토지제도와 농민층분화의 양상」『한국사연구』69, 1990. 6.

보유하였으며, 권리의 강도만큼 시주의 권리를 제약하였다.[80] 하지만 일제는 배타적 소유권자를 확정할 목적 아래 토지조사를 실시했으며, 이때 중답주 제거는 필수조건이었다.[81] 이리하여 그들의 사업목적과 다른 의도아래 작성된 광무양안은 당연히 제외하게 된 것으로 보인다.

둘째, 절수사여지는 입안권 위주로 소유권을 결정한 것으로 보인다. 소유권은 입안권과 개간권의 두 권리를 확보했을 경우 완전한 소유권을 획득했지만, 대개 분리되어 존재하였다. 전자는 국가기관이나 지배층이, 후자는 농민이 갖는 경우가 많았다. 경자양안 이전에는 입안권이 우선이었으며, 그 이후는 개간권을 중시하는 경향을 보였다. 하지만 이때도 민이 소유권을 확보하기가 쉽지는 않았던 것으로 보인다.[82] 일반적으로는 입안권자와 개간권자는 투자 정도를 감안하여 계약으로 권리의 내용을 정한 것으로 보인다. 여기서 소유권 (수조권)·경작권·중도지권 등 다양한 물권이 발생했지만, 일제는 이 가운데 소유권(수조권)을 배타적 소유권으로 확정하고 그 이외의 권리는 강제로 배제하는 방식으로 사업을 추진하였다.[83]

和田은 이같이 수조액을 기준으로 둔결(도조)인지 결세액(공과부담률)인지를 판정하여 소유권을 확정하려 한 것으로 보인다.[84] 일제가 일본민법에 근거하여 조선의 토지소유권을 확정한다는 것은 기존의 권리관계를 하나의 기준으로 명확하게 나누어 한쪽에 절대적 권리를 주고, 다른 한쪽의 권리는 완전히 박탈한다는 의미이다. 그런데 일본제국은 '법적' 폭력을 무기로 국가와 지주적 입장에서 수조액의 기준을 경우마다 달리하여 판정한 것으로 보인다.

셋째, '사업'은 그 이전 국유지 조사에서 확정된 국유지를 거의 그대로

---

80) 최원규, 「한말 일제초기 일제의 토지권 인식과 그 정리방향」, 『한국근현대의 민족문제와 신국가건설』, 지식산업사, 1997.

81) 조선총독부, 『역둔토실지조사개요 보고』, 1911.

82) 박병호, 앞 책, 법문사, 1974.

83) 和田一郎, 앞 책, 宗高書房, 1920, 585쪽.

84) 和田一郎, 앞 책, 宗高書房, 1920, 608~609쪽.

추인한 것으로 판단된다.[85] 투탁지나 혼탈입지는 돌려주고 국유로 판정한 토지는 다시 번복하지는 않은 것 같다.[86] 돌려준 예는 아직 보지 못했으며 전술한 바와 같이 임시제실유급국유재산조사국 관제에 근거하여 국유지를 법으로 확정한 바 있다. 和田은 '실지조사'의 문제점을 지적했지만, '사업'에서는 당시 미결 처리되었거나 당시 이의 제기한 것만을 대상으로 조사 결정한 것으로 보인다.

다음에서 그 실례를 살펴보자. 糧餉屯처럼, '일토양세'를 납부했거나 소작료 수준의 도조를 납부한 경우는 국유로 결정했을 것이다. 김해군 龍洞宮 장토는 둔민이 개간 경작하고 궁감을 파견하여 둔세를 징수하는 방식으로 경영하였는데, 이때 둔민은 물권적 경작자로 존재한 것으로 추정된다. 궁은 둔세를 소작료로, 민은 결세로 판단하면서 분쟁이 발생한 것이다.

둔민은 오랫동안 輾轉매매하던 관행과 관련하여 자기 소유지로 판단하였지만, 일제가 중답주 제거라는 원칙 아래 국유지로 판정하고 소작료를 징수하자 분쟁을 제기한 사례이다. 和田은 사정결과를 언급하지는 않았지만, 국유로 처리한 것으로 보인다.[87]

壽進宮 장토(구례군)의 경우, 민유론자는 본래 민유지이고 결세를 납부하던 둔결이라고 주장하며 환급을 청원한 반면, 국유론자는 수진궁 장토로 구양안에 소작인과 함께 기록되어 있으며 계속 소작료를 징수했다고 하였다. 1911년 이후도 소작계약을 하고 소작료를 징수한 국유지로 의문의 여지가 없다고 하였다. 강희양안에 '起主'로 기록되었을 경우 그대로 소유권이 판정된 것으로 보인다.[88]

그리고 위의 예에서 보듯, 和田은 世傳·상속·매수·전당 등으로 취득하여

---

85) 和田一郎, 앞 책, 宗高書房, 1920, 616쪽.
86) 최원규, 「창원군 토지조사사업에서 소유권 분쟁의 유형과 성격」, 『일제의 창원군 토지조사사업』, 선인, 2013.
87) 和田一郎, 앞 책, 宗高書房, 1920, 574~578쪽, 589~590쪽.
88) 和田一郎, 앞 책, 宗高書房, 1920, 590~591쪽.

점유 수익하고 납세한 토지라도 민유라고 즉시 소유권을 확정하지는 않았다. 그 권리가 소유권이 아니라 소작권일 가능성도 있기 때문에 국유 여부를 확인하는 절차를 밟아야 한다는 것이다. 국·민유 판정에서 납세액도 중요하였지만, 양안과 같은 관의 장부를 추적하여 결정한 것으로 보인다.[89] 특히 전전매매해 온 매득지로 자작 또는 소작경영을 한 토지라도 구양안에 屯으로 등재되었다면 국유지로 판정할 가능성이 컸다. 이때의 매매를 소작권 매매로 본 것이다.

　넷째, 유토와 무토의 기준이 속대전·탁지지·만기요람 등에 제시된 것처럼, 조 200두=유토, 미 23두=무토로 구분할 수 있으면 문제가 없었겠지만, 전술한 바처럼 그 중간에 다양한 수조율이 존재하였다. 조 100두 전후의 액수를 납부하던 토지는 대체로 절수사여지였다. 이곳에는 중답주 같은 관습물권이 존재한 경우가 많았으며, 분쟁이 심했다. 중답주권은 국가기관으로부터 개간을 대가로 획득한 물권인데, 개간자가 지주경영을 하고 지대 중 일부를 국가기관에 납부하는 방식으로 운영하였다. 이때 개간자가 직접 경작하는 경우도 있었지만, 두 경우 모두 조=지대로 보고 국유로 판정하였다(司僕寺屯). 그 수준은 대체로 조 100두 정도로 보이는데, 경우에 따라 국유 또는 민유로 달리 판정하였다.[90] 조 80두의 경우 강희양안에 '기주 守禦屯'이라고 기록되어 있는 점으로 판단하면, 조 100두 미만인 경우라도 수조액 이외에 더 확실한 증거를 수집하여 국·민유를 판정한 것으로 보인다. 도조액의 수준도 문제였지만, 중답주나 일토양세로 結賭를 납부한 경우 국유로 판정했을 개연성이 높다.[91]

　수조액이 무토와 영작궁둔의 사이에 있는 중간적 존재는 경우에 따라

89) 和田一郎, 앞 책, 宗高書房, 1920, 586~587쪽.
90) 이영호, 앞 글, 『역사와 현실』 77, 2010.
91) 이영호, 앞 글, 『역사와 현실』 77, 2010 ; 최원규, 「일제의 토지조사사업에서 국유지 통지와 국·민유분쟁－창원군과 김해군 사례」 『역사문화연구』 49, 2014.

판정이 달랐던 것으로 보인다. 이러한 이유로 국·민유 분쟁에서 일제가 채택한 판정원칙은 '사안별 처리방식'이라고 언급한 연구도 있다.[92] 그만큼 심사자의 주관적 판단이 개입될 여지가 컸다고 할 수 있을 것이다. 和田도 국·민유 분쟁의 심각성을 인식한 때문인지 사정기준을 명확히 제시한 바가 없었다. 분쟁사례를 예시하면서도 국유론자와 민유론자의 주장을 소개하였을 뿐이다. 분쟁의 판정원칙이 이같을 경우 일본민법에 대한 이해수준이 높을수록 소유권 확보 가능성도 높았을 것으로 보인다. 창둔의 경우에서 보듯, '사업'은 구래의 여러 관습 가운데 식민지통치에 적합한 것을 택하여 일본민법에 일체화시키는 과정이었으며, 和田이 이를 주도한 것이다.

(2) 국유지 범주의 확대

분쟁지 처리도 문제였지만, 일제는 국유지의 범주를 새로 정하였다. 일제는 토지조사를 하면서 토지소유를 민유지와 국유지로 구분하고 구래의 토지소유 관계를 여기에 맞추어 정리하였다. 이때 일제는 국유지의 범위를 가능한 넓게 설정했는데, 그 과정과 내용은 다음과 같다. 이때 정한 국유지에 대한 타당성도 검토해 보기로 하자.

대한제국에서는 민유지 이외의 토지를 공토(역토·둔토·목장토)라 했으며, 1908년 토지조사위원회에서는 이를 국유토지, 제실유토지, 공유토지, 민유지로 구분하였다. 여기서 국유토지는 역토·둔토·목장토 등을 말하며, 궁장토는 제실유지에 포함되었다. 그런데 일제는 그 해 6월 궁내부 소관과 경선궁 소속의 부동산을 비롯하여 궁내부에서 종래 징수한 魚磯, 洑稅 기타의 제세도 국유로 이관하는 조치를 취했다. 이에 따라 제실유지의 대부분을 국유지로 확정했으며, 경선궁 장토와 영친왕궁 장토 등 일부만 사유재산으로 처리하였

---

92) 조석곤의 『한국근대토지제도의 형성』, 해남, 2003과 「토지조사사업 국유지분쟁의 유형화를 위한 시론」, 『대동문화연구』 50, 2005 등이 참고된다.

다.93) 이때 국유지로 처리된 것을 소위 역둔토라 불렀다.94)

일제는 제실유지의 대부분을 역둔토(=국유지)로 포함시키는 한편, 다음과 같은 유형의 토지를 국유로 설정하는 작업도 계속해 갔다. 첫째, 사원, 村里社 등에 속한 공중이 관리 사용한 토지, 즉 公有地 성격의 토지를 대부분 국유로 처리하였다.95) 지방민이 마련한 둔전 가운데, 공유지적 성격을 갖는 토지를 국유로 편입한 것이다. 和田이 앞의 둔전의 성립기원에서 예시한 C의 ②, ③이 그것인데, 향촌민이 총액제적 납세제 아래 공동납을 위하여 공유로 마련한 재산이었다. 민의 공유지로 분류해야 할 대상이었다.

그리고 감영둔 가운데 ① 관찰사 또는 富民의 원납지, ② 絶家의 전답을 속공한 것, ③ 단체의 인민이 부역을 면제받을 욕심으로 그 공유재산으로 토지를 매수하여 감영에 납부한 것, ④ 지방비의 임시지출 등을 구실로 임의로 둔전을 매도 또는 양여하여 민유가 된 것 등도 국유로 분류하였다. 문제가 적지 않았다.96) ④는 관이 방매한 토지인데, 민유로 인정하지 않고 분쟁지로 삼았다가 국유지로 처리했다. 和田은 국가나 관공리가 처분한 토지라도 불법행위라고 판정되면 원상태로 되돌리도록 法典에 규정되어 있다고 주장하면서, 본래 위치로 환원시킨 것으로 보인다. ③과 같은 토지도 국유로 분류했는데, 軍役田이 대표적인 것이다.97) 군포 부담자가 납세수속의 번잡함을 피하기 위하여 전토를 里洞에 납부하고 리동이 영구히 부담하도록 한 것이다. 이러한 유형의 토지는 전국적으로 적지 않게 분포하고 있었다. 군포계의 이식으로 매수한 軍役田·軍根田·軍田·役根田 등이 그것이다. 이들은 촌민이 마련한 촌락

---

93) 和田一郎, 앞 책, 宗高書房, 1920, 182쪽.
94) 이영호, 앞 글, 『역사와 현실』 77, 2010, 306~309쪽.
95) 『大韓自强會月報』 3, 1906. 9.
96) 和田一郎, 앞 책, 宗高書房, 1920, 364~365쪽.
97) 和田은 군전에 속한 토지의 예로 軍布田, 軍根田, 軍糧田, 兵役田, 軍屯 등을 고려조이래 창설된 군전으로 분류하고 있지만, 이 軍田과 군포부담을 위해 吏民이 마련한 토지는 계통이 다르다. 여기서는 후자를 다룬다. 김용섭, 「한말에 있어서의 중답주와 역둔토지 주제」 『한국근대농업사연구(증보판)』, 일조각, 1988, 409쪽의 주27.

의 공유지로 관리관청의 감독 아래 리·동에서 관리한 토지였다. 民庫畓이나 雇馬畓, 雇畓, 민계답, 향약답, 민답 등도 이러한 유형에 속하였다.

吏廳畓은 관비로 마련한 것과 각종 이속들이 사적으로 마련한 것 등 두 종류가 있었는데, 양자의 처리가 달랐다. 전자는 국유로 했지만 후자가 문제였다. 이들은 이속들의 공동소유지인데 이들을 국유지로 분류하면서 분쟁에 휘말린 것이다. 갑오개혁 이후 둔토 정리과정에서 초기에는 공유지로 인정했지만, 이후 내장원에서 이를 취소하고 공토로 분류하면서 분쟁이 시작되었다. 공유지 시절에는 방매조치를 인정하기도 하였지만, 이를 인계받은 내장원에서는 이를 인정하지 않고 환퇴시키고 收賭를 강행하였다. 이리하여 그 토지를 매득한 자는 소유권을 상실하고 중답주로 밀리게 된 것이다. 일제는 이를 역둔토로 편입시킨 다음 국유지로 처리하고 '사업'에서 국유로 확정한 것이다.[98]

물론 이와 다른 후자의 예로 和田이 국유지 분쟁사례로 든 김해군 창둔이 있다. 역리가 관리하던 자여역 소속의 廳屯으로 공유지적 성격의 토지인데 갑오승총 이래 10여 년간 분쟁이 계속되다가 '사업'에서 민유로 확정되었다. 분쟁의 쟁점은 그 자금이 私金인지 아닌지, 토지가 廳屯인지 廳契라는 私契會의 소유지인지, 수확물이 소작료인지 이자인지 등이었다. 1894년 청을 폐지할 때 무토로 환급했다가 다시 유토로 전환하여 도조를 징수하는 등 유무토로 처지가 바뀌면서 분쟁이 제기된 것이다. 더구나 환급 훈령을 받고 전전매매한 것인데도 불구하고 내장원에서는 1901년 광무사검에서 이를 공토로 간주하고 광무양안에 시주를 창둔으로 등재하였다.[99]

분쟁은 창둔민들이 일본인 大池忠助로부터 분쟁에 필요한 자금을 빌리면서 더욱 복잡하게 전개되었다. 창둔민은 토지를 담보로 자금을 빌린 것이라 주장하고, 大池忠助는 토지를 매득하여 소작료를 징수한 것이라고 주장하며

---

98) 김용섭, 앞 글, 『한국근대농업사연구(증보판)』, 일조각, 1988, 409~414쪽.

99) 和田一郎, 앞 책, 宗高書房, 1920, 621~622쪽.

3자간의 분쟁으로 비화되었다. 和田은 조선인과 국가 사이의 국·민유 분쟁으로 축소하여 여기에 실었다. 분쟁의 성격이 광무년간의 도조액을 둘러싼 분쟁이 '사업'에서는 소유권 문제로 비화되었다. 그리고 분쟁관계는 창둔－경작자의 관계에서 창둔민(또는 매득자)－경작자의 관계로 변동되었다가 내장원－창둔민(중답주 또는 경작자)→ 大池忠助(소유자)－창둔민(경작자)의 관계로 변하였다. '사업'에서 大池忠助가 매득한 것을 인정하여 그를 소유자로 사정하고, 창둔민은 경작자로 전락하게 된 것이다. '사업'에서 광무양안을 근거자료로 동원하지는 않았다는 점이 주목된다.[100]

둘째, 경지가 아닌 삼림, 미간지, 제언 등의 지목이다. 이들은 먼저 민유가 아닌 것을 가려내어 국유로 처리하는 방향으로 정책을 추진하였다. 和田은 삼림의 공동이용과 관련하여 그 권리를 주장하는 자가 있지만, 한계가 명확하지 않고 극히 착잡하다고 하고 이를 가려내는 작업에 착수하였다고 하였다.[101] 1908년 발포한 삼림법에서 도입한 신고제가 그것이다. 삼림 산야의 소유자는 본법 시행일로부터 3개년 이내는 삼림 산야의 지적과 면적의 민유임야 약도를 첨부하여 농상공부 대신에게 계출하라고 하고, 기한 내에 계출이 없는 것은 국유로 간주한다고 규정하였다. 이것이 삼림소유권 정책의 출발점이다. '無主空山'을 '無主公山'으로 인식하고 국유림을 확정하였다. 일제는 삼림이용권을 전면 장악하고 허가제를 도입 운영하였다.[102]

다음은 국유미간지이용법의 제정이다. 조선에서는 원시적 황무지를 한광지라 하고 그 개간은 大典에 규정하는 바에 따른다고 하였다. 대개 한광지는 기간자를 主로 하고, 미리 입안을 받고도 기간하지 않고 있다가 타인이 기경한 것을 冒奪한 자와 입안을 사사로이 매매한 자는 '侵占田宅律'로 논죄한다고

---

100) 최원규, 「창원군의 토지소유권 분쟁과 처리」『일제의 창원군 토지조사와 장부』, 선인, 2011.
101) 和田一郎, 앞 책, 宗高書房, 1920, 631~632쪽.
102) 강정원, 「일제의 산림법과 임야조사연구」, 부산대학교 박사학위논문, 2014.

하였다. 그럼에도 불구하고 일제는 폐해가 심하다는 이유를 들어 개간허가를 금지했다가 1908년 국유미간지이용법을 공포하였다. 민유 이외의 원야, 황무지, 초생지, 소택과 간석지 등 모든 국유미간지는 이 법의 적용을 받아야 한다고 정한 것이다. 국유미간지의 대부, 불하, 무상대여, 이용의 방법, 허가의 취소와 부여받은 토지의 세율 등을 규정하고 이에 의하지 않고 국유미간지를 이용한 자의 벌칙과 3정보 이내의 소면적 지역의 구관에 의한 개간은 본법 규정에 의하지 않을 수 있다는 등 예외를 정하였다.[103] 삼림법과 국유미간지이용법에 따라 경지 이외의 토지는 대부분 국유로 처리하고, 그 이용을 위한 허가제를 도입한 것이다. 和田은 폐단방지와 개간자의 보호 장려차원에서 법을 제정하였다고 하였지만, 허가권은 농민의 개간권을 박탈하여 국가의 입안권에 통합시켜 일원화한 것이라고 할 수 있다.[104]

셋째, 토지조사 이전에 민유로 이급되어 국유지는 아니지만, 동척 내 정부출자지와 왕실이 민에 사여한 사패지도 문제였다. 일제의 이러한 이전조치는 토지조사에 앞서 역둔토를 배타적 소유권으로 인정하고 출자 사여한 것이라고 할 수 있을 것이다.[105] 역둔토에서 관습물권이 존재할 경우, 국가기관이 가진 권리를 소유권으로 볼 수도 있지만 그 실질은 입안권으로 획득한 수조권적 권리였으며, 이 권리는 개간권, 즉 관습물권의 제한을 받는 존재였다. 하지만, 일제는 '사업'에서 법적 강제력을 동원하여 여기에 배타적 소유권을 부여한 것이다. 和田은 민전의 성립과정을 두 경우로 보고 있다. 하나는 민인이 무주한광지를 개간하여 획득한 경우이고, 다른 하나는 전주권이나 입안권을 획득한 수조권자가 이를 기반으로 소유권을 확보한 경우인데, 和田이 사궁장토 가운데 토지 설정으로 분류한 절수사여지도 여기에 해당하였다. 和田은 후자를 대상으로 민전의 공인을 언급했으며, 전자는 전결 절수의 민전으로 언급했지

---

103) 和田一郎, 앞 책, 宗高書房, 1920, 630~631쪽.
104) 이영호, 「일제의 식민토지정책과 미간지문제」 『역사와 현실』 37, 2000.
105) 和田一郎, 앞 책, 宗高書房, 1920, 373쪽.

만 입안권에 제약을 받은 불안전한 존재로 취급했다.

3. 和田一郎의 토지문서 이해

1) 매매문기의 유형별 내용과 성격

和田은 '사업'에서 각종 문기를 조사하여 판정의 근거로 활용하였다. 문기의 종류는 작성 시기에 따라 구문기와 신문기로, 작성자에 따라 관문기 또는 사문기로 구분하였다. 그는 사문기 가운데 ① 매매문기, ② 買戾 특약이 있는 문기, ③ 牌旨, ④ 증여문기, ⑤ 전세문기, ⑥ 국유지 私賣文記, ⑦ 不忘記, ⑧ 背頉文記, ⑨ 저당문기, ⑩ 도지권에 관한 문기, ⑪ 소작권에 관한 문기 등 11종류를 다루었는데, 그중 소유권과 경작권 관계 문서인 ① ⑥ ⑩ ⑪을 주 분석대상으로 삼았다.

和田은 매매문기의 중요성을 인식하고 그 내용과 법적 효력을 다루면서, 먼저 그 특징을 다음과 같이 정리하였다. 첫째, 매매문기는 공전을 사점하고 마음대로 매매·양여·상속한 고려 말엽에 발생하였다. 둘째, 조선초기 私田을 공인하고 매매·증여·상속·전당 등을 허용하면서 본격화되었다. 셋째, 토지가옥의 매매 증여는 관의 증명을 받는 것을 조건으로 그 권리를 보장하기로 하였으며, 私人간의 문서는 효력이 없는 것으로 하였다. 넷째, 조선중엽 이후 관의 증명을 받지 않은 것도 허용하여 문기는 사문서가 되고, 토지가옥의 권리는 당사자의 의사에 따라 자유롭게 이전하는 것을 인정하였다.[106] 다섯째, 매매문기는 신문기에 구문기를 첨부하여 매득인에게 인도하는 것이 원칙이었지만, 조선중엽 이전의 문기에서는 보기가 극히 드물었다. 그 원인은 당시

---

106) 和田一郎, 앞 책, 宗高書房, 1920, 185~186쪽.

토지소유권 관념이 아직 발달하지 않아 문기를 중시하지 않았기 때문이라고 했다. 여섯째, 관 증명제도가 중도하차하면서 문기 작성에 대한 규제가 없어지고 양식도 조루해졌으며, 토지소유권 매매문기와 소작권 매매문기도 기재사항에 차이가 없게 되고 내용도 모호해졌다고 하였다.[107]

그리고 和田은 문기는 기재사항에 따라 효력이 다르고, 시기와 지방에 따라 형식과 내용이 다소 차이가 있다고 하면서 항목별로 일일이 설명하였다. 기재항목은 ① 연월일, ② 轉得者의 성명, ③ 토지의 소재, ④ 자번호 또는 사표, ⑤ 지목, ⑥ 두락, ⑦ 필수와 결수, ⑧ 매매가격, ⑨ 전소유자 성명과 도장, ⑩ 증인 성명과 도장, ⑪ 筆執의 성명과 도장 등으로 구성되었으며, 19세기경부터는 기재하지 않는 항목이 증가하였다고 했다. 이 중 ①, ②는 생략하여도 효력에 아무런 영향이 없었으며, ④, ⑦, ⑩, ⑪ 등도 기재가 없을 경우 효력은 박약하지만 완전히 무효가 되지는 않는다고 하였다. 그러나 이 이외의 사항은 하나만 결여되어도 문기의 효력이 없는 것으로 보았다고 했다.

和田은 내용변화의 특징으로 성명 기재는 간소화되었지만, 토지 표시는 도리어 진보되어 목적물을 더 정확하게 표시하였다고 하였다.[108] 성명란에는 노비명을 기재하거나 아예 매수인의 성명을 기재하지 않고 문기만 점유하거나, 증인과 집필자가 없는 문기도 등장하였다고 하였다. 그리고 외국인에 부동산을 매도하는 것은 법으로 허용하지 않았지만, 매도한 경우도 적지 않았다고 하였다.[109] 이리하여 문기의 가치는 갈수록 감소되어 갔다고 했다.

和田은 국유지 私賣文記와 도지권 매매문기에도 주목하였다. 경국대전이나 속대전에 數內屯田이나 馬位田 등은 私賣를 허용하지 않는다고 했음에도 불구하고 이런 일이 비일비재하게 일어났으며, 문기만으로는 구별하기 어렵다고

---

107) 和田一郎, 앞 책, 宗高書房, 1920, 194~198쪽.
108) 宮嶋博史, 앞 책, 東京大學 東洋文化硏究所, 1991.
109) 최원규, 「1900년대 일제의 토지권 침탈과 그 관리기구」『부대사학』19, 1995.

했다. 토지제도가 문란하여 국·민유 구분이 확실하지 않아 역둔토나 그 안에 있는 순전한 민유지를 매매하기도 하였다는 것이다. 和田은 문기에 역둔토라고 기재한 것을 보면 국유지나 국유지 소작권의 매매에 관한 문기인 것처럼 보이지만, 그것이 국유지인지 민유지인지는 문기만으로는 곧바로 인정할 수 없다고 했다.110)

和田은 국유지에 관련된 예로, 훈둔에 관한 것(訓屯稅廳), 역위토에 관한 것(역위결 2부, 민결 1부), 면세지에 관한 것이라고 기록된 문기를 소개하고 있다. 하지만, 結이나 稅라는 표현으로 보아 국유지라기보다 결세를 납부하거나 면세되던 민전(무토)으로 보인다. 和田은 이 책 곳곳에서 국유지의 매매 등을 언급하며 토지제도의 문란을 지적하고 있지만 구체적인 사례를 제시하지는 않았다.111)

도지권 매매문기는 '사업'의 성격과 관련하여 和田의 인식이 주목된다. 그는 도지를 토지소유자가 차지인으로부터 차지료로 예상수확고의 5, 6할을 받았으며, 계약기간 1년인 임차권으로 해석하였다. 도지권에는 관습물권의 성격을 갖는 것이 적지 않게 존재했음에도 불구하고 和田은 이에 대한 언급 없이 전자만을 예로 들고 있다.112) 그는 중도지 매매도 같은 성격으로 취급했다. 중도지는 지주와 소작인 사이에 존재하는 중도지자(또는 중답주)의 권리인데, 지주에게는 차지인이며, 동시에 소작인에게는 임대인의 지위에 있는 임대차의 채권관계로 언급하였다.113) 일제 당국도 '실지조사'와 '사업'에서 이를 전혀 인정하지 않았다. 하지만 중답주권은 사궁에서 절목으로 정한

---

110) 和田一郎, 앞 책, 宗高書房, 1920, 169~173쪽.

111) 和田一郎, 앞 책, 宗高書房, 1920, 233~235쪽. 문기에 "만약 잡담을 하는 폐단이 있으면 이 문기를 갖고 관가에 신고하여 변증해서 바르게 할 일이다."라는 문구는 통상적인 문구라고도 할 수 있으나 국유지의 매매를 관에 신고하여 판정하도록 했다고 생각하기 어렵다.

112) 최원규, 앞 글, 『한국근현대의 민족문제와 신국가건설』, 지식산업사, 1997.

113) 和田一郎, 앞 책, 宗高書房, 1920, 232~233쪽.

물권적 권리로 중도지 매매문기를 작성하여 거래가 이루어졌다.114) 광무정권
도 양전사업에서 이를 인정하여 양안에 시주로 표기했다.115)

　和田은 매매문기의 효력을 다음과 같이 정리하였다. 이는 조선전기에는
부동산상의 권리의 소재를 증명하고 분쟁발생시 증빙문서일 뿐만 아니라
제3자 대항권이 있는 것으로 취급되었다.116) 하지만 입지제도가 유명무실해
진 이래 양식이 조잡화되고, 다음과 같이 효력상 문제가 발생하였다는 것이다.
첫째, 구문기는 무용지물이 되고, 거래는 신문기만으로 이루어지는 경향을
보였으며, 구문기의 보관이나 입지 발급 등은 드문 예에 속한다. 둘째, 문기에
매득인의 이름을 기입하지 않는 관습이 생기면서 문기 소지자가 토지 소유자
가 되는 경향을 보였다. 이리하여 문기를 빼앗아 소유권을 약탈하는 사태도
발생하였다. 셋째, 이러한 여파로 신용으로 매매하고 문기를 작성하지 않는
경우도 발생하였다.117) 심지어 사찰이나 宗中에서는 도매를 방지하기 위하여
관계자의 협의 아래 왕왕 이를 태워버리는 예도 없지 않았다.118) 그리고
선점자를 주로 하는 관습이나 문기를 분실하여도 이를 만들지 않거나 不耕地처
럼 없는 경우도 적지 않았다는 것이다.

　和田은 이러한 예를 근거로 문기는 형식에 불과하고, 효력도 의문이며,119)
거래행위만을 증명할 뿐 제3자 대항권을 갖는 것도 아니라고 했다. 소유권
사정에서 증거능력을 제한적으로 인정하였다. 이어서 완문·절목·입안·입지·
지계·가계 등의 관문기도 다루었다.120) 和田은 광무양전사업에서 발급한

---

114) 도진순, 「19세기 궁장토에서의 중답주와 항조－재령 여물평장토를 중심으로－」『한국
　　 사론』 13. 1985.
115) 박진태, 「한말 역둔토 조사의 역사적 성격」, 성균관 대학교 박사학위논문, 1996 ; 최원
　　 규, 「일제의 토지조사사업에서 국유지통지와 국·민유지분쟁」『역사문화연구』 49, 2014.
116) 和田一郎, 앞 책, 宗高書房, 1920, 235쪽.
117) 和田一郎, 앞 책, 宗高書房, 1920, 235~236쪽.
118) 和田一郎, 앞 책, 宗高書房, 1920, 238~240쪽.
119) 和田一郎, 앞 책, 宗高書房, 1920, 238쪽. 240~241쪽.
120) 和田一郎, 앞 책, 宗高書房, 1920, 241~277쪽.

'대한제국 전답관계'를 전혀 인정하지 않았다는 점이 주목된다. 이것은 외국인의 토지소유를 인정하지 않은 점과 직결된 문제이지만, 관계의 근거장부인 신양안을 증거장부로 채택하지 않은 것과도 밀접한 관련을 갖는 조치였다.[121]

그리고 和田은 일제가 통감부 설치이후부터 등기제도 마련 전까지 시행한 증명제도가 근거가 박약한 매매거래 또는 증명의 진상을 양해하지 못하는 자에게 악용되었으며, 오히려 토지거래를 복잡하게 하는 결과만 가져왔다고 하였다. 이 규칙이 일본인들의 불법적 토지침탈이나 토지거래를 합법화한 조치라는 언급 없이 제도상의 한계점만 지적했다.[122] 이러한 제도가 안고 있는 문제점을 해결하기 위해 '사업'을 실시하여 토지대장을 마련하고 조선등기령을 실시하였다는 것이다. 和田은 토지 확보과정의 불법성보다는 제도상의 문제점만을 지적하면서 '사업'과 등기제도의 정당성 당위성을 강조하였다.[123]

2) 양안의 내용과 성격

조선국가는 경국대전에 20년마다 양전을 하고 양안을 작성하도록 정하였다. 양안은 양전 순서에 따라 필지별로 지적과 소유주를 기록한 장부인데, 和田은 양안의 제조연대에 따라 강희양안(경자양안)을 구양안, 광무양안을 신양안이라 불렀다. 그리고 궁방전의 경우 국왕의 열람을 위해 어람양안을 마련하였다. 和田은 이 가운데 신양안은 사정장부로 채택하지 않았으며 강희양안을 비롯한 어람양안을 주요한 근거 서류로 삼았다.

和田은 양안의 성격과 한계를 지적하기 위해 양안내 필지별 표기항목인 ① 천자문의 자호, ② 지번, ③ 지목, ④ 전(지)품, ⑤ 지형(전답도형), ⑥

---

121) 최원규, 「대한제국기 양전과 관계발급사업」『대한제국의 토지조사사업』, 민음사, 1995.
122) 최원규, 「일제의 토지침탈」『한국사』, 국사편찬위원회, 2000.
123) 최원규, 앞 글, 『부대사학』 19, 1995.

토지의 광협(장광척수), ⑦ 결부, ⑧ 사표, ⑨ 기진, 주(유, 무), ⑩ 전답도형도, ⑪ 마을의 토지 일람도. ⑫ 양전 방향(犯入) 등을 설명하고 있다.[124] 이중 특별히 언급한 사항만을 보면 다음과 같다.

첫째, 결부이다. 이는 1필마다 그 지형에 따라 장단, 광협을 측량하여 면적을 산정하고, 면적과 전품등제(等第)와의 관계에 의거하여 과세표준을 정한 것을 말한다고 정의하였다. 그는 결부의 역사를 신라부터라고 하고, 중국의 제나라로부터 수입된 것으로 보고 있다. 주나라의 정전법에서 추론하여, 頃畝의 의미를 지칭하는 면적의 호칭이라고 하였다. 이를 요약하면 結字는 周의 田制에서 일어났으며 신라에서는 주로 면적의 호칭, 고려 말엽 이후에는 주로 과세의 표준, 조선에서는 과세의 표준과 동시에 면적의 호칭으로 사용되었다고 하였다. 면적은 결부 이외에 답에는 두락, 전에는 일경이라는 호칭을 사용하였는데, 지역에 따라 면적이 달랐다고 하였다. 이들은 사문서인 매매문기·추수기 등에 사용되었으며, 양안 행심 등과 같은 관공부에는 사용하지 않는 것이 상례였다고 하였다. 和田은 19세기 이후, 특히 대한제국기 결부제의 결가제로의 변동이나 두락제의 절대면적화와 官公簿로의 전면적 도입 등과 같은 변화에 대한 언급은 없었다.

둘째, 지목의 변화모습은 비교적 자세하게 설명하였다. 고려 중엽까지는 수전과 한전을 통틀어 전이라 하고, 平田과 山田으로 구분했다고 하였다. 그 후 조선 중엽까지는 전을 水田·旱田으로 나누었으며, 그 후에는 수전의 水자와 田자를 합하여 畓,[125] 旱田은 旱자를 생략하고 田, 건물 부지는 垈라고 하여 지목은 전·답·대 등 3종이 되었다고 하였다. 그리고 다시 전은 경작 정도와 생산물의 종류에 따라 분류하였다. 답은 元畓과 反畓·芹畓·乾畓·膏畓 등의 명칭을 사용하였다. 특히 산야는 왕실의 관련된 능원묘, 기타를 제외한

---

124) 和田一郞, 앞 책, 宗高書房, 1920, 414~435쪽.
125) 畓이란 용어는 고령의 진흥왕척경비(561년), 개선사지석등기(868년)에 등장한다. 신라 때부터 사용한 것으로 보인다.

것을 無主空山이라 칭하였다. 和田은 이를 국유로 취급했다.

셋째, 田形에 대한 설명이다. 和田은 사료상으로 고려 문종 23년(1069)에 처음 方田을 사용하였으며, 조선 초까지 方田制를 썼다고 했다. 그 후 점차 여러 종류의 전형을 정하고, 면적 계산 방법을 달리하였다고 하였다. 5도형 이외에 토지모양에 따른 여러 도형을 제시하였지만, 이들은 다시 裁作하여 대개 方田, 直田, 兩直田의 형으로 면적을 계산하였다고 하였다. 따라서 실면적 과는 거리가 심하였다고 언급하였다. 그런데 1898년 양지아문의 양전사목에 전답도형은 國朝舊典의 方形, 直形, 梯形, 田形, 句股形 등 5형 이외에 圓形, 楕圓形, 弧矢形, 三角形, 眉形 등을 더하여 10형으로 정하고 여기에 맞지 않는 것은 곧 邊形으로 이름을 정하였다. 等邊, 不等邊, 四邊形부터 다변형까지 형태를 따라 명명하고 그 전형에 따라 면적을 계산하여 더욱 정확을 기하였다고 하였다. 和田은 광무양전사업에서 실시한 전답도형의 다양화를 높이 평가 하였다.

그럼에도 불구하고 "소위 신양안은 실지에 취하여 조사한 것이 아니고, 단지 소유자의 신고 면동장의 지시에 기초하여 구양안을 참고하여 조제한 것에 지나지 않은 것이기 때문에 신고의 오류 또는 소유자의 청탁 등으로 인하여 면적과 결부 등이 현저히 실지와 적응하지 않은 것이다."[126]라고 현재의 연구성과와 완전히 상반된 견해를 표명하였다. 이러한 이유를 들어 일제는 광무양안을 '사업'의 근거장부에서 제외하였다.

넷째, 田品等第와 四標에 관한 설명이다. 전품등제는 고려의 전품 3등의 제도에서 비롯되었다고 하고, 조선 세종 때에 田制詳定所를 설치하고 종래의 3등제를 6등제로 개정하였으며, 이것이 조선말까지 계속 실행되었다고 하였다. 삼정문란에 관해서는 특별한 언급이 없었다. 단지 조선국가는 인민의 부담이 균등하도록 힘쓰는 등 오로지 부담의 권형을 도모하는 데 그쳤다고

---

126) 조선총독부 임시토지조사국, 『조선토지조사사업보고서』, 1918, 184쪽.

하였다. 그리고 사표는 필지의 경계를 밝히기 위하여 동서남북의 사방 둘레의 접속지의 지목, 자번호와 지주의 씨명을 기입한 것인데, 각 필지를 연결하는 도면을 제작하지 않았기 때문에 그 연락을 알 수 있도록 작성한 것이라고 하였다. 따라서 사표는 토지 표시에서 뺄 수 없는 요건이어서 모든 양안에는 반드시 이를 기입했다고 하였다. 하지만 和田은 양안은 한번 작성한 후에는 토지의 이동을 정리하지 않고 오랜 세월이 흘렀기 때문에 토지의 형상을 알 수 없게 된 것이 유감이라고 하였다.

다섯째, 和田이 양안에서 가장 중시한 것으로 기주명, 즉 소유주명에 관한 설명이다. 그는 조선정부가 양안에 지주의 이름을 기입하고, 법령을 만들어 민전의 권리를 공인하였다고 하였다. 특히 공신전과 사전을 설명하면서 이들은 대부분 민전이 되어 양안에 지주로 이름을 기록하여 그 권리를 공인했다고 하였다. 그는 과거에는 지주라는 문자 대신 田夫, 田主, 財主, 本主 혹은 時執이라고 하였으며,[127] 양안에는 경지에는 '起主 하모', 휴경지에는 '陳主 하모'라고 기재하였으며, '지주 ○○'으로 기재한 것은 없었다고 하였다. 그리고 소유권과 소작권의 구별도 명료하지 않았으며, 고려시기의 경작인인 佃夫가 조선초기에는 田夫로, 중엽 이후에는 田主, 財主로 호칭되었다고 하였다. 전자는 공전제의 표현이고 후자는 민전을 공인한 것으로 간주한 것이다. 그리고 양전할 때 소작인에게 경작지에 자번호와 田夫, 田主의 씨명을 기입하는 표항을 세우도록 했으며, 이를 근거로 양전하고 양안을 제조했기 때문에 전주의 성명을 양안에 기입하지 않는 일이 없었다고 했다.

그는 양안의 전주명을 소유자, 곧 지주로 보았으며, 이를 국가가 공인한 것으로 보았다. 물론 양안에 기록된 지주를 '원시취득'의 권리가 부여된 자로 본 것은 아니었다. 소송이 제기되었을 경우 승소자를 양안에 지주로 등재하고, 또 판결 전에는 양안의 명의에 관계없이 점유자를 그대로 인정하도

---

127) 和田一郎, 앞 책, 宗高書房, 1920, 574~578쪽.

록 했다는 속대전의 규정을 제시하며 기주의 법적 한계도 언급하였다. 동시에 『經國大典』에서 소송의 시효를 5년으로 정하여 소유자의 위치를 분명히 하였다. 그리고 병경을 빌미로 영구히 점유하려는 경우는 소송기한을 두지 않는다는 규정도 제시하면서 설명은 하지 않았지만, 경작권을 임대차로 보는 근거로 삼은 것 같다.[128]

한편 사족들은 토지의 매매문기나 양안 등 공사의 장부에 자기의 성명을 쓰는 것을 수치로 여겨 노비명 또는 가명을 쓰는 것이 상례였다고 했다. 순조때(1820년) 그 폐해를 방지하기 위하여 사대부라도 그 품계가 3품 이하에 속하는 자는 성명과 노비명을 병기하도록 하였다고 했다. 이같이 奴婢名 또는 假名을 기입한 실례는 조선 최후까지 존속하였다고 언급했다. 이에 따른 문제점은 지적하지 않았다. 그리고 소송 등과 같은 별도의 이의제기가 없는 한, 구양안에 기록된 기주를 지주로 파악한 것으로 보인다.[129] 和田은 언급하지 않았지만 광무양안에도 이러한 기입방식, 즉 호명이 적지 않게 존재하였다.[130] 그런데 광무양전사업에서는 전과 달리 시주명에서 신분을 제거하고 성명제를 채택하여 시주명을 기록했다. 그리고 양안을 근거로 1인1성명제의 원칙아래 관계를 발급했다.[131]

대한제국은 토지장부의 완성도를 높여갔지만, 일제는 양안의 신빙성에 이의를 제기하고 이들을 근거장부로 채택하지 않았다. 신양안은 구양안과 달리 외국인의 토지소유를 금지하고, 시작을 조사 등록한다는 조사원칙을 택하였다. 따라서 이를 증거장부로 채택할 경우, 일본인이 잠매한 토지가 불법으로 취급될 뿐 아니라, 시주의 소유권을 배타적 소유권으로 확정하는데, 물권적 성격을 갖는 시작이 걸림돌로 작용할 것이다. 결국 일제는 이들을

---

128) 和田一郎, 앞 책, 宗高書房, 1920, 105~106쪽.

129) 和田一郎, 앞 책, 宗高書房, 1920, 433~436쪽

130) 김홍식 외, 『대한제국기의 토지제도』, 민음사, 1990 ; 한국역사연구회 토지대장반, 『대한제국의 토지조사사업』, 민음사, 1995.

131) 최원규, 앞 글, 『대한제국의 토지조사사업』, 민음사, 1995.

인정하지 않고 역둔토를 국유지로 확정하고, '사업'에서 구양안을 근거장부로 사용했다.

구양안과 더불어 御覽量案도 중요하게 취급했다. 어람양안은 표지에 토지소재지명, 궁장토의 기원과 소속, 제조일자, 어람여부 등을 기록하였으며, 그 내부에는 자번호, 범향, 전품등제, 전답도형, 지목, 배미수, 장광척수, 결수, 사표, 작인명 등을 표기하였다. 和田은 어람양안도 토지의 이동과 작인변경을 오랫동안 정리하지 않고, 보관이 부실하여 분실되거나 손상된 것이 적지 않았다고 하였다. 더욱이 "장부기록이 문란함을 틈타 장토의 수입을 盜食하는 한편, 절수 사패 등을 이용해서 공전을 매점하고 또 민전을 침략하여 사궁장토의 확장에 힘쓰고 암암리 私腹을 도모하는 자가 많았다."고 하였다.[132] 그 결과 국가재정이 손실되고 토지제도가 문란하게 되었다는 것이다. 和田은 이러한 문제점을 지적하면서도 어람양안을 주요한 근거로 삼았다. 어람양안은 궁방이 작성한 것이지만, 여기에 기재된 장토를 모두 유토면세지로 간주하였다. 여기에 기록된 작인들 가운데는 궁방보다 수익이 더 큰 물권을 갖고 있었음에도 불구하고, 대체로 국가가 배타적 소유권을 갖는 국유지로 처리되었을 것으로 판단된다.

4. 맺음말

和田一郎은 한국의 토지제도를 공산제→ 공전제→ 공전·사전 혼돈시대로 정리하였다. 공산제사회는 신라통일기 이전 사회로 국가체제가 미발달한 족제조직에 의한 농업공동체 사회라고 했다. 공전제는 신라통일기 이후로 국가가 소유권을 갖고 귀족들에게 수조권을 분급해주고(과전, 직전) 농민들에

---

132) 和田一郎, 앞 책, 宗高書房, 1920, 147쪽.

게는 경작권을 주는 방식(정전)이었다. 사적 소유도 공산제부터 賜田 등의 형태로 발생하였으며, 고려중엽 이후 사점 현상이 두드러졌다고 보았다. 이를 개혁하여 고려초의 공전제를 발흥시킨 것이 고려말의 전제개혁이었다고 했다.

그는 조선의 토지제도도 기본적으로 공전제였지만, 사전도 공인해 준, 공전·사전 혼돈시대라고 규정하였다. 공전제 내부에 사유제가 등장·발전해가고 조선정부가 이를 공인해갔지만, 양자가 법적으로 명확하게 구분되는 것이 아닌 혼돈시대라고 본 것이다. 그리고 和田은 사전을 수조권이 소유권으로 전화되어 나타난 것으로 보았다. 공신전과 사패전은 물론 과전·직전도 수조권을 부여한 것인데 상속·매매·전당 등을 허용하면서 사전이 되어갔다는 것이다. 즉 수조권자인 전주가 국가의 소유권을 흡수하고 민전으로 공인되면서 직전제가 폐지되었다고 하였다. 전객의 소유권이 강화되고 전주의 수조권이 약화되면서 수조권 분급제가 소멸되어갔다는 현재의 시각과 차이를 보였다.

和田은 『經國大典 註解』에서 사전과 민전이 같은 同義로 쓰였다고 하면서 전토를 3종류로 분류하였다. 오늘날 국유지에 해당되는 무세지인 공전, 수조지로서 사유지인 민전, 그리고 무주한광지였다. 여기서 궁방전을 영작궁둔의 공전과 무토면세의 사전으로 소개하고 있다. 이어서 무주한광지가 민전이되는 길과 소송법도 예시하였다. 이같이 사유제도가 공인되고 확대되어 감에도 불구하고, 이를 수용할 제도적 장치가 미비하여 전제의 문란이 극심해졌다고 했다. 갑오개혁, 광무개혁, 통감부의 각종 제도개혁 등으로도 이 문제를 해결하지 못했지만, 일제가 '사업'으로 근대적 토지제도를 완결하여 각종 폐해를 일소했다고 했다.

和田은 이어서 장토 남설이 토지제도의 문란을 가져오고 이것이 '사업'에서 격렬한 국유지 분쟁으로 나타났다고 파악하고, 이 부분에 연구역량을 집중했다. 그는 역둔토를 토지 설정과 징조권 설정으로 나누고, 전자를 유토, 후자를 무토로 분류하였다. 전자로 ① 한광지 개간, ② 적몰지, ③ 후사없는 노비전,

④ 이속지, ⑤ 매득지 등을 예시하였다. 이들을 영작궁둔의 국유지로 파악한 것이다. 그런데 분쟁은 절수사여한 개간지가 전결인지 전토인지, 유토인지, 무토인지의 구분이 명료하지 않아 발생하였다고 하고, 이 현상을 전제문란으로 보았다.

절수사여의 개간지는 성립 당시부터 내부 권리관계가 복잡하고 다양하여 이것이 분쟁 발생의 원인이 되었다고 하였다. 개간지는 통상 국가기관이 입안권을 갖고, 개간권은 민이 행사하였다. 개간자에게는 매매·상속 등이 가능한 물권적 성격의 도지권을 주었으며, 수조액도 대체로 낮은 수준에서 결정되었다. 이리하여 역둔토에는 수조권(국가적 소유권), 도지권이나 중답주권(물권적 경작권) 등 다양한 물권이 존재하였으며, 토지거래와 수조는 이러한 질서를 인정한 가운데 이루어졌다. 갑오개혁이나 광무개혁은 이를 바탕으로 한 수조의 방식이나 관할권의 변동, 작인납세제의 채택 등이지 소유권 변동과 직접 관계된 것은 아니었다. 이때 분쟁도 소유권보다는 주로 수조권의 관할이나 수조액의 수준과 관련하여 발생하였다.

그러나 '사업'을 시행하는 일제나 和田의 입장은 달랐다. 이들은 일본민법의 일지일주의 배타적 소유권을 기준으로 역둔토를 국유지와 민유지로 구분해야 했다. 和田은 유토와 무토라는 기준을 제시했지만, 역둔토 내부의 권리관계가 다양하여 이를 구분하는 기준을 어떻게 정할 것인지가 문제였다. 이 때문에 和田은 일본민법의 소유권적 관점에서 당시 한국의 토지제도가 문란하다고 이해하기도 하였다. 따라서 和田은 유토=국유지, 무토=민유지라는 이분법으로 公土를 구분 확정하기 위해서 나름대로 기준을 마련해야 했으며, 이것이 양자사이의 갈등을 야기하여 분쟁이 발생한 것이다.

이리하여 和田은 조선 토지제도의 역사 속에서 배타적 소유권을 추적하기 위한 연구를 하였다. 그가 조선의 토지제도를 공전제=국유제라고 보는 것도 이와 관련이 있었다. 국가는 수조권을 전주에게 분급하였으며, 전주는 수조권을 근거로 경작권자인 전객을 지배하고 조를 받는 방식으로 운영되었다고 하였다. 그는 토지권을 소유권, 수조권, 경작권으로 분류하였지만, 수조권과 경작권은 국가의 소유권에 종속된 것으로 보았다. 이때 조선정부가 민전으로 공인한 토지는 국가의 소유권을 흡수한 수조권(전주권)이었으며, 전객권(경작권)은 여기에 종속된 것으로 취급했다. 이때 和田은 租를 결세나 지대로 간주하고 소유권 이외의 물권은 인정하지 않았다. 그런데 和田의 생각과 달리, 공토에는 관습물권이 존재하였다. 특히 절수사여의 개간지에서의 권리관계는 입안자와 개간자의 힘의 역학관계로 정해졌는데, 이는 다양한 수조율(액)로 나타났다. 광무사검에서 분쟁은 수조율의 수준을 둘러싸고 일어났다.

그러나 일제가 일지일주의 배타적 소유권의 관점에서 공토를 국유지로 확정하는 국유지 조사를 하면서 상황은 달라졌다. 일제는 공토를 역둔토로 조사 등록하면서 민유로 일부 환급하기도 했지만, 대부분 국유지로 확정하고, '실지조사'를 거쳐 국유지대장을 작성하였다. 그리고 작인에게는 국유지소작 인허증을 발급하였다. 이때 도지권 등 관습물권을 배제하고 소작료를 민간 지주제 수준으로 확대하였다. 이에 민인이 반발하며 소유권 분쟁을 일으켰지만, 일제는 국유지대장을 추인하는 방향에서 토지조사를 시행하였다.

특이한 점은 和田은 일제의 토지조사 관계법, 특히 '사업' 이전 국유지 조사에 대하여는 언급하고 있지 않다는 점이다. 구래 조선국가의 토지제도가 문란하였다고 언급할 뿐 '사업' 이전에 일제가 시행한 토지조사 과정에 대한 오류나 그들이 공포하고 실제 효력을 발휘한 각종 토지법에 대한 언급은 거의 없었다.

和田은 대한제국 시절은 '문란의 시대'라고 인식하고 그 이전으로 소급하여 판정하는 모습을 보였다. 우선 和田은 구양안을 소유권 판정근거로 삼았다. 조선국가가 양안상의 기주를 정하는 기준은 지역과 시기에 따라 차이가 있었지만, 和田은 대체로 입안권 우선의 원칙을 적용한 것으로 보인다. 구양안이 존재하지 않을 때는 수조율로 국·민유지를 판정한 것으로 보인다. 속대전에 정한 수조율은 미 23두와 조 200두의 경우였다. 전자는 민유지로, 후자는 영작궁둔의 국유지로 확정한 것으로 보인다. 그런데 문제는 그 중간에 있는 조 100두 내외의 경우였다. 여기에는 투탁지, 혼탈입지를 비롯하여 절수사여지가 포함되어 있었다. 和田은 판정기준을 하나로 명확히 설정하기 어려웠는지 어디서도 확실하게 자기의견을 표현한 적은 없었다. 그리고 이속지나 매득지도 그 전신이 절수사여의 개간지로 내부 권리관계가 복잡했지만, 和田은 이것도 영작궁둔으로 간주했다. 대체로 입안권이나 수조권 위주로 판정한 것으로 보인다.

국유지의 범위를 어떻게 설정했는지도 문제였다. 첫째, 제실유지 가운데 왕실 소유지를 최소한으로 제한하고 역둔토의 대부분을 국유지로 편입시켰다. 둘째, 군역전 등 향촌민이 스스로 마련한 공유지적 성격의 토지, 특히 조세 납부와 관련된 토지를 국유로 확정했다. 셋째, '사업' 이전에 제실유지를 개인이나 학교 동척 등에 사여하거나 출자했다는 점도 고려대상이다. 일제가 공토=역둔토=유토=국유지로 보고 권리를 이전한 것은 이미 국가의 배타적 소유권을 확정했다는 것을 의미한 것이다. '사업' 당시 역둔토대장에 등록된 토지를 대상으로 제기된 분쟁에서 민이 승소한 사례는 찾아보기가 매우 드물었다는 점이다. 넷째, 미간지나 산림을 법으로 대부분을 국유화하는 조치를 취했다. 전자는 국유미간지이용법, 후자는 삼림법에 근거하여 민이 스스로 민유라고 증명한 것 이외에는 모두 국유라고 선언했다. 그리고 이들 토지의 이용은 허가제를 도입했다. 일제가 구래의 입안권과 개간권을 일원화하여 주도권을 장악한 것이라 할 수 있다.

다음은 '사업'에서 무엇을 증거로 소유권자를 증명할 것인가가 과제였다. 和田의 경우 당시 민간에서 소유권 증거문서로 사용하던 매매문기에 대한 신뢰도가 대단히 낮았다. 광무양전사업에서는 이를 중요한 문서로 채택하여 시주를 결정하였지만, 和田은 이는 사문서이고, 내용도 부실하고 일부 토지에만 존재했을 뿐만 아니라, 거래도 문서 아닌 신용거래가 주였다는 한계점만 주로 강조하였다.

일제는 이러한 한계를 극복하기 위해 결수연명부, 과세지견취도를 작성하고 이를 근거로 한 신고제를 도입하였던 것이다. 민전에서는 소유권 이외의 물권은 조사대상에서 제외하여 별 문제가 없었지만, 역둔토에서는 민의 신고와 국유지의 통지가 서로 충돌하면, 소유권을 판정하여 어느 한편의 손을 들어주어야 했다. 이때 민이 제시한 증거물은 대개 매매문기 정도였는데, 이것을 소작권 매매증서로 간주하고 증거로 채택하지 않았다. 구양안과 수조를 보여주는 관문서에 주로 의존하여 판정한 것으로 보인다.

和田이 광무양안을 배제하고 구양안을 증거장부로 택한 것을 한쪽에서는 국유지 창출, 다른 쪽은 조선후기 이래의 민유지 발전의 수용이라고 서로 반대로 해석하였다. 양자 모두 배타적 소유권의 입장이라는 점에서 공통적이다. 하지만 대한제국기까지 양안상의 기주나 시주는 배타적 소유권이라는 법적 지위를 가진 존재는 아니었다. 국가적 입장에서는 수조권자이며 소유자였지만, 다른 물권의 존재도 인정하는 것이 전제되었다. 그런데 일제는 후자를 제거대상으로 삼고 전자를 소유권자로 확정하였다. 국·민유 분쟁은 이 과정에서 국가의 입안권으로 확보한 소유권(=수조권적 권리)과 민이 개간으로 확보한 물권적 권리가 서로 충돌한 것인데, 점차 힘을 잃어가던 전자가 일제라는 식민지 국가권력에 힘입어 후자를 물리치고 배타적 소유권으로 자리를 확보해가는 과정으로 '사업'이 진행된 것으로 보인다.

和田에 대한 견해는 수탈론과 식민지근대화론과도 관련하여 더 많은 실증적 검토가 필요하다. 和田은 기본적으로 타율성론과 정체성론의 입장에서 조선의 토지제도를 보고 있다. '사업'이 근대적 토지소유제도의 완성이며 통치의 기초사업이라고 그 효과를 내세우고 있었다. 역사를 국가주도에 의한 것으로 보고, 토지제도의 문란이 국가의 멸망으로 이어진 것으로 보고 있다. 그리고 공전제하 사전의 성립을 보면 사전의 발흥=공전의 민전화와 민전의 공전화=토지제도의 문란이고 국유지 분쟁의 격발로 보고 있다. 하지만 문란과 분쟁은 조선국가의 본래 모습이라기보다 배타적 소유권의 제도적 확립이라는 일제의 토지조사방식과 관련하여 탄생한 것이라 할 수 있다. 和田은 기본적으로 식민지국가와 지주의 입장에서 소유권(수조권) 이외의 물권을 강권적으로 배제하면서 분쟁을 처리하고 배타적 소유권을 확정해 갔으며, 이것이 오늘날 한국의 토지소유권제인 것이다. 그리고 和田은 사적 토지소유의 발전에 관심을 보이면서도 그 이면에는 공전이 사전화된 문란상에 주 관심을 보였다.

총 결

한말 일제초기 일제의 토지조사는 국유지 조사(1907~1910)와 토지조사사업(1910~1918)의 두 단계로 시행되었다. 일제는 식민지 토대구축 작업이라는 '국책적' 입장에서 대한제국의 공토를 국유지로 전환시켜 조사 확정한 다음, 민유지를 조사하기 위해 토지조사사업을 계획하고 실천에 옮겼다. 일제의 국유지 조사는 갑오정권의 갑오승총과 광무정권의 광무사검이라는 공토 조사사업과 일정한 관련을 갖고 추진되었다. 일제는 1907년 이래의 국유지 조사에서 구래의 공토를 '근대적' 국유지 범주로 법으로 확정하고 역둔토대장에 등록한 다음 '탁지부 소관 국유지'로 명명하고, 1909년 이를 실지에서 측량하고 확인하는 작업을 추진했다. 1910년 공포한 토지조사법은 이때의 국유지 조사를 전제로 민유지를 조사하기 위해 마련한 법체계였다. 그러나 일제는 격심한 국·민유 분쟁과 조사 거부 등으로 국유지 실지조사가 부진하자 서둘러 종결을 선언하고, 두 작업을 통합 시행하기로 방침을 변경하였다. 일제는 1912년 그 간의 문제점을 수정하여 '사업'의 기본법으로 토지조사령을 제정 공포하고 전면적으로 작업방향을 개편하였다.

갑오·광무정권이 주도한 갑오승총·광무사검과 일제가 주도한 국유지 조사는 일정한 계승성과 차별성을 동시에 갖고 있었다. 두 조사의 장부는 서로 연관성을 가지면서 작성된 것이지만, 토지에 부여한 권리의 내용은 성격이 달랐다. 먼저 '사업'의 실무책임자로 활동한 和田一郎의 견해를 보면, 그는 사궁장토·둔전 등의 공토를 소유권을 기준으로 유토=국유지(토지지급), 무토=민유지(징세권)로 구분하고, 후자는 결세만 납부하는 토지, 전자는 결세와 지대(때로는 一土兩稅)를 납부하는 토지라고 정리했다. 결호화법세칙에서는 이와 달리 토지의 고정유무를 기준으로 유토와 무토로 나누고, 다시 소유권을 기준으로 제1종 유토=국유지, 제2종 유토와 무토를 민유지로 정리했다. 和田은 법전에 따라 조 200두형=유토=국유, 민전은 미 23두=무토라 정리하였다. 그는 언급하지 않았지만 조 100두형 같은 절수사여지가 문제였다. 흔히 절수사여지는 조 100두형과 조 200두형으로 구분하고, 전자는 민전, 후자는 국유지로 정리하고 있다. 결호화법세칙에서는 양자를 모두 민전으로 파악한 것으로 보인다. 반면 和田은 조 200두형은 국유로 보면서도 조 100두형에 대해서는 언급하지 않았다. 그리고 역둔토를 징조권을 지급한 것과 토지를 지급한 것이 있다고 구분하면서 절수사여지도 田土와 田結지급의 두 경우를 모두 상정하고 있다. 그러면서도 절수사여지인 한광지 개간지는 유토면세지(영작궁둔)로 취급하는 경향을 보였다. 이러한 인식 때문인지 그는 분쟁지 심사에서 조 100두의 경우 민유로 판정한 적도 있지만, 법전 규정에 따라 국유지로 판정했을 확률이 더 높았을 것으로 추정된다.

절수사여지는 수조액 수준이 민전 지주지의 지대와 비교하면 상당히 낮았다. 이러한 이유로 이곳에는 중답주권·도지권 등 관습물권이 성립해 있는 경우가 많았다. 그러나 和田을 비롯한 일제 당국자들은 이를 임대차의 소작권(채권)으로 보고 물권으로 인정하지 않았다. 그리고 갑오승총 이래 結賭(결세와 소작료)가 분리되어 수조권이 사라졌다고 했지만, 실제로는 분리되지 않은 경우가 많았다. 아문·궁방에서 종전 방식으로 수납하면서 별도로 결세액을 더 징수하는 경우도 적지 않았다. 수조액만으로 그 성격을 확정하기가 쉽지 않았다. 하지만 법적 측면에서는 수조액이 결세를 초과하면 일단 유토로 판정할 가능성이 더 높아 보였다. 절수사여지에는 수조권(국가적 소유권 또는 법적 소유권)과 민의 물권적 경작권(사실상의 소유권)이 중층적으로 성립해 있었음에도 불구하고 일제는 대한제국 시절 온존했던 후자를 무시하였다. 일제의 국유지 조사는 전자를 배타적 소유권으로 확정하면서 후자를 해체해가는 과정이었으며, 이때 국·민유 분쟁이 발생하였다.

토지분쟁의 출발점은 갑오승총에서 기원을 찾을 수 있다. 갑오승총은 무토는 사토로 정리하여 구래의 관행대로 결세를 탁지부에 납부하도록 하는 한편, 유토는 작인이 결세를 탁지부에, 도조를 해당 기구에 납부하도록 한 정책이었다. 갑오승총은 공토에서 작인납세제를 실현한 것이었다. 근대의 국유지 수세체계는 임차인이 지세를 부담하지 않고 임차료인 지대만 국가에 납부하는 시스템이지만, 당시 유토(=공토)에서는 작인이 賭만이 아니라 결세도 납부하도록 했다는 점에서 차이를 보였다. 유토와 무토의 구분은 결세의 납부여부가 아니라 賭의 납부여부와 관련된 것이었다. 이를 구분할 때 조 200두형도 문제였지만, 조 100두형이 더 문제였다. 후자의 토지는 수조액의 수준과 관련하여 국가의 정책, 해당 관리의 해석에 따라 공토 또는 사토를 오가며 판정이 뒤바뀌었으며, 분쟁이 발생할 가능성이 상존하였다.

그러나 이때 발생한 분쟁은 대체로 수조액의 수준을 둘러싼 분쟁이었다. 사궁이 기존 수조액의 수준을 올려줄 것을 요구하면서 분쟁은 시작되었다. 민은 이 요구에 저항하면서도 힘에 밀려 상향 조정하는 방향에서 수조액을 결정하는 수밖에 없었다. 분쟁은 대체로 이 같은 방식으로 종결되는 것이 일반적 현상이었다. 이는 이후 분쟁의 씨앗을 배태한 결정이었다. 양자 타협액이 결+도로 인정되어 국유지로 판정하게 한 근원으로 작용한 것이다. 그렇지만, 당시 분쟁은 사궁이 자기의 배타적 소유권을 주장하며 저항하는 민을 경작에서 완전히 배제시킬 정도로 힘을 행사한 것은 아니었다는 점에 특징이 있다. 공·사 권력을 동원하여 강요한 수조액을 빼앗아 가는 수준이었지 경작권까지 박탈할 정도는 아니었다. 그 수준은 경제외적 강제의 발현에 머물렀다. 궁과 민은 유토 가운데 절수사여지 내의 중층적 권리는 상호 인정했으며,

양자의 상호 의무관계는 양자가 정한 수조액을 납부하는 것으로 종결되었다. 도지권 같은 중층적 권리는 민에게 의무이행을 전제로 매매·상속·전대할 수 있는 물권을 부여받은 것이다. 때로는 민이 이를 자기 토지로 인식하는 경우도 적지 않았다.

광무정권은 이전에 환급한 일부 무토까지 공토로 흡수하는 등 강력한 공토확보정책(광무사검)을 실시하였다. 분쟁이 대거 발생했다. 이 분쟁은 수조액의 수준을 둘러싸고 일어난 것이며, 소유권 쟁탈전까지 도달한 것은 아니었다. 공토와 사토는 작인의 결도 납부여부로 구분되었으며, 이때 사토에서 공토로 또는 공토에서 사토로 전환이 강제된 토지는 조 100두형 토지일 가능성이 컸다. 기본적으로 광무사검은 농민의 물권적 권리(중층적 권리)를 구래의 관행대로 인정하는 수준에서 전개된 사업이며, '순수한' 무토가 아니면 유토로 판정하여 공토로 조사한 것으로 추정된다. 하지만 그 토지는 다시 무토로 환원될 가능성도 열려 있었다. 광무양전사업도 그렇게 추진되었다.

광무정권은 양전사업을 추진하면서 민전에도 공토조사의 원칙을 적용한 것으로 보인다. 시주·시작을 조사하여 양안에 등록한 것은 공토에서 시행한 작인납세제를 민전에서도 실현하기 위한 시도였다. 공·사토를 막론하고 국가가 작인납세제를 제도화한 것이다. 결총제가 해체되어가는 가운데 작인납세제를 실현하려면 경작권을 물권으로 하는 법적·제도적 장치가 마련되어야 가능한 일이었다. 이때는 아직 실현되지 않았지만, 1906년 '부동산권소관법'에서 임조권을 등기하는 조치를 취한 것에서 그 실마리를 엿볼 수 있었다.

일제의 토지정책은 대한제국의 토지조사 원칙과 성격에서 차이를 보였다. 일제는 통감부 설치 당시부터 일본민법의 배타적 소유권을 전제로 공토를 국유지로 확보하는 방향에서 관습을 조사하였다. 이 조사에서 토지를 민유지와 관유지로 분류하고, 관유지를 다시 제실유와 국유지로 분류하였다. 조사의 초점은 국유지 조사와 함께, 황실의 사적 소유지인 궁방전이나 역둔토 등을 포함한 제실유를 국유지로 확보하는 데 목적이 있었다.

일제는 이 임무를 수행하기 위하여 1907년 임시제실유급국유재산조사국을 설치하고 제실유와 국유지, 이와 관련된 민유지를 구분 조사하였다. 이와 동시에 제실재산정리국을 설치하고 제실유와 황실 사유지를 구분 조사하는 작업을 실시했다. 이때 조사국에서는 조사국 관제에 근거하여 민에게 이의제기를 허용하는 청원제도를 두고 현지조사도 실시하였다. 정한 기한 내에 이의를 제기하지 않거나 조사국에서 다시 조사하여 국유로 판정하면 국유로 그대로 확정되었다. 일제는 이 조사를 토대로 칙령 제39호 '궁내부 소관及경선궁 소속 재산의 移屬과 제실채무의 정리에 관한 건(1908. 6. 25)'을 공포하여 제실유를 국유로 이속하고, 이를 담당할 임시재산정리국을 설치하였다. 이 기구는 구래의 공·사토를 국유지와 민유지라는 '근대적' 토지소유 개념아래 구분하고, 국유지를 조사 등록한 역둔토대장을 작성하였다.

　탁지부는 1909년 이 대장을 근거로 '탁지부 소관 국유지 실지조사'에 착수하였다. 조사의 목적은 역둔토를 '근대적' 방식으로 조사 측량하여 새로운 양식의 장부에 등록하는 작업이었다. 이와 동시에 국유지를 경작하는 실소작인과 소작료를 확정하여 지주경영을 통해 재정수입을 확충하는 데 있었다. 이때 조사 등록된 국유지에 일본민법에 정한 배타적 소유권의 지위를 부여하기 위해 역둔토에 광범히 존재하는 중답주를 비롯한 관습물권을 불법적인 존재로 취급하고 제거한다는 방침을 세웠다. 이를 위해 소작신고제를 도입하여 역둔토와 소작인·소작료액을 조사 확정한 것이다. 그 조사의 결과물이 국유지도와 국유지대장이었다.

　일제는 조사국 이래의 국유지 조사작업을 단순한 장부조사가 아니라 토지조사령 제15조처럼 이때 조사 등록된 국유지에 배타적 소유권과 '원시취득'의 자격을 부여하기 위한 것이라고 정리하였다. 1908년 조사국 관제에 따라 '행정처분'으로 확정한 소유권을 이같이 해석한 것이다. 그런데 문제는 이 관제는 소유권의 법률적 효력에 대하여 명확하게 규정하고 있지 않았다는 점이다. 이 때문에 그 이후에도 이때 확정된 국유지를 대상으로 분쟁이 계속 발생하였다. 사태의 시급성을 인식한 일제는 뒤늦게 1915년 고등법원에서 조사국 관제에 따라 확정한 국유지(제실유 포함)는 토지조사령 제15조처럼 법적 효력을 갖는다고 해석하였다. 조사국 관제에 따라 확정한 국유지를 대상으로 '사업'에서 분쟁이 제기되었을 경우, 이 조치로 이 국유지는 더 이상 분쟁대상이 아니라 그대로 국유로 확정되었다. 따라서 '사업'의 국유지 조사는 조사국의 국유지 조사를 추인하는 것이었다고 할 수 있을 것이다. 조사국의 조사에서 처리하지 못한 토지에서 일어난 국·민유 분쟁이 '사업'에서 주 처리대상이었을 것이다. 이때 역둔토대장(국유지대장)에 등록된 소유권을 번복하는 경우는 관이 스스로 소유권을 포기할 때에 한하였다. 역둔토 이외의 분쟁지에서 민유로 판정되는 경우가 가끔 산견되었지만, 국유로 편입되어 간 토지가 더 자주 확인되었다.

역둔토에는 수조액의 수준에서 볼 때, 절수사여지와 같이 민전적 성격이 강한 토지가 상당수 존재했다. 그러나 일제는 원칙적으로 투탁이나 혼탈입지에 해당하는 결세납세형 토지만 환급대상으로 삼고 나머지는 대부분 국유로 확정했던 것으로 보인다. 공토 내 수조권적 권리로 성립한 절수사여지를 배타적 소유권을 갖는 국유로 확정하고, 그 이외의 물권(사실상의 소유권 포함)은 모두 해체시키려 했다. 그리고 국유지에서 작인납세제를 폐지하면서 결정한 소작료액은 결세와 도조를 합친 것이었다. 이리하여 일제는 結과 結+賭 등을 수조액 만으로 판가름하기 어렵다고 판단하고, 수조액을 소유권 판정의 결정적 근거로 삼지 않았다. 역둔토대장에 등록된 토지는 이 때문인지 수조액에 관계없이 분쟁 등 특별한 경우가 아니면 국유로 확정하여 국유지대장에 등록한 것으로 추정된다.

'사업'에서 국유지 조사는 국유지대장이나 국유지도에 의거하여 작성한 국유지통지서를 근거로 실시했다. 이때의 국·민유 분쟁은 국유지소작인허증을 발급하면서 격렬하게 일어났다. 작인이 소작인으로 확정된 인허증을 받으면서 자기의 지위, 임차권자로서의 지위를 새삼 확인한 것이다. 김해군의 경우 국·민유 분쟁지의 98%가 국유지로 확정되었다. 민유지로는 김해군과 창원군 일대에 국가와 주민 여기에 일본인 大池忠助가 가세하여 분쟁한 '창둔' 정도였다. 갑오승총에서 민유로 결정되었다가 광무양안에 공토로 조사된 창둔은 吏廳의 아전들이 갹출하여 마련한 토지로 여기서 결도를 거두어 운용비용에 사용한 토지였다. 기나긴 국가 ↔ 둔민 ↔ 大池忠助 사이의 권리 분쟁은 법원에서 大池忠助가 민으로부터 매득한 토지로 판결하고, '사업'에서 大池의 소유로 사정하는 것으로 끝이 났다.

　일제는 원칙적으로 국유지 조사로 확정한 토지도 이의 제기를 허용하였다. 그러나 확실한 근거 제시와 군수 등 관리책임자가 이의를 받아들이는 등의 두 조건을 만족시키지 않는 한 기존 결정을 번복하여 민유로 판정하지는 않았다. 국유지 실지조사의 대상에서 제외된 동척의 정부출자지를 둘러싼 분쟁에서도 동척이 거의 완벽한 승률을 보였다. 이들은 조사국에서 국유지로 이미 확정한 토지였다. 김해군의 국·민유 분쟁은 대부분 물권적 권리를 박탈당한 경작권자들이 제기한 것으로 보이는데, 그들 소유로 판정된 것은 거의 없었다. '사업'에서 국유지 조사는 국유지 실지조사의 결정사항을 추인하는 절차 이상은 아니었다. 그리고 절수사여지에 존재한 수조권적 권리를 배타적 소유권으로 법적 폭력을 동원하여 정착시키는 과정이라고도 할 수 있을 것이다. 이밖에 역둔토 이외의 관청 관할 토지, 공공용지, 무주지, 진전, 임야는 물론 미간지를 국유로 편입시키는 작업도 동시에 추진했다.

　和田一郎이 예시한 사례에서 국유론과 민유론은 입장에 따라 권리관계의 해석이 크게 달랐음을 보여주었다. 첫째, 매매의 성격이다. 둔민은 매매를 소유권 매매로, 궁둔은 소작권 매매로 해석했다. 둘째, 수조의 성격도 둔민은 결세로, 궁둔은 도조로 인식했다. 셋째, 갑오승총 이후 문제가 된 '일토양세', '일토삼세'는 탁지부에 세를 부담하는 문제를 둘러싸고 사궁과 민이 당해 토지의 성격에 관한 견해차로 세를 두·세 번 낸다고 인식하면서 표현한 용어이다. 사토는 결세를, 공토는 결세와 도조를 작인이 납부한 토지인데,

여기에 결세를 다시 추가하면서 발생한 해석이다. 어떤 경우든 그 토지에 존재하는 물권적 경작권 등 관습물권을 인정하는것을 전제로 양측이 분쟁한 것으로 보인다. 둔민과 각 기관은 수조액의 크기를 둘러싸고 분쟁했으며, 상호 힘의 역학관계 속에서 그 액수가 결정되었다. 따라서 수조액의 수준만으로 국·민유를 판단하기는 곤란하였을 것이다.

국유지 실지조사 이후 급증한 분쟁은 그 모습이 종전과 크게 달랐다. 배타적 소유권제 아래 절수사여지에 존재한 관습물권의 권리자는 이제 자기 권리를 배타적 소유권으로 인정받지 못하면 무권리한 상태로 전락하게 되었다. 이때 양자는 먹느냐 먹히느냐의 갈림길에 섰지만 일제는 타협을 원하지 않았다. 일제의 정책은 기본적으로 둔민의 물권적 권리를 완전히 해체시키고, 수조권적 권리에 배타적 소유권을 부여해 간 것이라 할 수 있을 것이다. 현재 연구수준에서 일반성이 확립되었다고 주장하기는 어렵지만, 조 200두형은 물론 일부 조 100두형도 국유로 확정해 간 사례로 미루어 판단하면, '사업'은 흔적만 남고 사라져 가던 수조권적 권리를 배타적 소유권으로 복권시키기 위해 추진해간 사업이라고 이해할 수 있는 측면도 적지 않았다.

다음은 토지신고와 이에 따른 토지조사의 전 과정을 살펴보기로 하자. 일제는 '사업'으로 전국의 토지소유권을 일원적으로 관리할 수 있는 장부인 토지대장과 지적도를 완성했다. 이 장부는 절대면적과 절대번지를 토대로 조사된 각 필지의 소유권자를 사정하여 기록한 것이다. 대체로 이 작업은 이미 민유지에 배타적 소유권이 성립되어 가고 있었기 때문에 가능한 것이었다고 해석하기도 하지만, 일제가 일본민법적 입장에서 지속적으로 배타적 소유권 중심적 정책을 펴는 한편, '사업'도 소유권만을 조사대상으로 삼은 결과이기도 하다. 일제는 농촌사회에 존재하는 물권적 경작권의 배제를 공식적으로 표명하지 않고, 조선의 특수한 물권은 관습에 따른다고 조선민사령에 정하였다. 그런데 이것은 일시적 타협적 조치에 불과했다. 일제는 결국 이를 부정하고 소유권 중심적 방향으로 분쟁을 판결하고 각종 정책을 펴갔다.

'사업'에서 배타적 소유권으로 토지제도를 정리하기 위한 방법으로 일제는 결수연명부와 국유지대장을 근거장부로 활용한 신고제도와 통지제도를 도입했다. 신고는 원칙적으로 민이 결세=미 23두를 납부하던 토지가 대상이었다. 이때 일제는 작인납세제를 폐지하고 지주납세제를 도입하면서 이를 위한 지주 중심의 장부 마련에 착수했다. 지주에게 자기 토지를 '강제로' 신고하도록 하고 이를 바탕으로 결수연명부와 과세지견취도를 작성한 것이다. 이는 구래의 결세납부자를 토지소유자로 인정하지 않고 지주의 신고를 바탕으로 각 필지의 소유자를 조사하여 지세납부자로 확정하겠다는 의지의 결과물이었다. 공토에서 소작인 신고제를 도입하여 국유지를 확보한 연장선에서, 민전에서는 위 장부를 토대로 지주의 토지신고제를 도입한 것이다.

토지신고제는 일제 식민지 권력이 신고자의 자격을 갖춘 지주에게 자기 소유토지를 책임지고 신고하도록 하고, 신고내용의 적절성 여부를 심사하여 일지일주의 배타적 소유권을 부여하는 제도였다. 이 작업은 일제가 식민지 지배국가 차원에서 법적·행정적 강제력을 동원한, 근대적 '합리성'이라는 명분 아래 '폭력적'으로 수행한 것이었다. 지주는 토지신고심득에 따라 토지신고서를 작성했으며, 토지소유권은 신고에 이의가 없을 경우 그대로 신고자 명의로 확정되었다. '사업' 초기에는 신고가 지연되는 등 지지부진했다. 토지소유자들의 비협조와 토지조사원칙이 현실과 차이가 있었기 때문이었다.

일제는 1912년 3월 조선부동산증명령, 조선부등산등기령, 조선민사령을, 8월에는 토지조사령 등 토지관계법을 제정하는 한편, 결수연명부와 과세지견취도를 마련하는 등 토지조사 절차를 재정비하였다. 1913년 1월 토지신고심득을 개정했다. 중요한 변화는 토지조사 후 작성할 토지대장과 결수연명부와의 연락관계를 고려하여 결수연명부에 기초하여 토지신고서를 작성하도록 원칙을 정한 것이다. 그 해 6월 토지조사의 순서와 방법을 체계화한 임시토지조사국 조사규정도 공포했다. 이는 개별 토지에 대한 소유권이 배타적으로 확립되었다는 것을 전제로 토지조사를 한다는 것을 재확인한 규정이었다. 그리고 지세명기장과 등기제도, 증명제도 등을 고려하여 토지신고서를 작성하도록 했다. 소유권과 전당권의 연속성을 고려한 조치였다.

신고와 조사대상 토지는 첫째, 수익이 있는 토지로, 과세 중이거나 장차 과세할 토지, 둘째, 수익이 없는 공공용지로서 지세를 면제한 토지, 셋째, 사유지로 인정할 성질이 아니고, 또 과세의 목적도 갖지 않은 도로 등 18종이었다. 임야는 조사대상에서 제외했다. 토지신고 과정에서 실무는 지주총대가 담당했다. 지주에게는 토지신고서 제출 외에 표항 설치와 입회의 의무를 부여하였다. 입회규정은 측량시 소유지의 경계를 확정하고 타인 명의로 조사되는 것을 방지하기 위해 마련한 것이었다. 신고기간은 군·면 단위로 조선총독부에서 정하여 고시했다. 기간 내에 정당한 이유 없이 신고하지 않으면 불복신청을 못하게 정했지만, 사정 직전까지 토지신고서의 제출과 수정이 가능했던 것으로 보인다. 1914년 신고기간을 연기하는 일은 특정한 사정이 없는 한 금지하도록 했다. 그러나 현실은 1915년에도 주의사항을 강력히 시달하지 않으면 안 될 정도였다. 이 과정에서 적지 않은 분쟁과 사정 불복사태가 발생하여 고등토지조사위원회의 업무도 크게 증가하였다. 이 점을 고려하여 신고는 현장 조사주의를 병행하여 처리해갔지만, 신고기간은 2~4년이 소요될 정도였다.

無신고나 無통지의 경우는 통지서 또는 신고서 양식에 준하여 조사서류를 작성하고, 사실조사주의를 기반으로 이를 확인하도록 했다. 역둔토대장에 등록되지 않은 국유지는 국유지통지서를 '편의작성'하여 책임 관청에 통지했다. 국유지를 민유라 주장하는 자가 있을 때는 분쟁 또는 소유권에 의심 있는 것으로 취급했다. 분쟁지는 화해를 원칙으로 처리하도록 했지만, 적지 않은 국·민유 분쟁이 발생했다.

토지신고자는 일본민법에 따라 자연인과 법인을 대상으로 정하고, 토지조사의 편의나 한국의 사정 등을 고려한 특수한 경우는 별도로 제시했다. 자연인은 민적부의 명칭을 기재하는 것을 원칙으로 했다. 신고인 명의의 기재방식을 채택하면서 법인을 비롯한 단체 소유지에서 문제가 발생했다. 임시토지조사국 조사규정에서 첫째, 법인에 한하여 단체명의를 인정했고, 법인이 아닌 단체명의는 금지했다. 그밖에는 공유명의로 하도록 했다. 둘째, 신사·사원·불당·외국교회 등 종교단체 같이 법인이 아니라도, 자기 명의로 토지를 소유하는 관행이 있는 경우는 법인에 준하여 처리했다. 셋째, 구래의 소유 주체였던 종중·계·사립학교·서원 등은 제외했다. 이들 토지는 연명 또는 상당한 명의인을 대표로 하고 단체명을 부기하는 방식을 택했다. 이것은 전통적인 자치조직을 일본민법 체계에 맞추어 흡수하고 해체하는 한편, 조사현장에서 마찰을 최소화하기 위해 실시한 타협방안이었다.

임시토지조사국의 다음 작업은 토지신고서에 근거한 실지조사였다. 토지신고서를 근거로 작성한 실지조사부와 원도는 서로 일치해야 했다. 이를 위해 결수연명부와 실지를 대조하여 오류를 확인 수정하고 분쟁지를 심사 처리하였다. 그리고 토지소유권자를 '법인'하기 위한 전제작업으로 민적과 대조 확인하였으며, 이를 토대로 토지소유권을 사정했다. 이때 일제는 구래의 공동체적 단체를 소유권자로 조사하기도 했다. 그러나 등기부같은 소유권 운용과정에서는 일본민법을 기준으로 삼았다. 여기에 맞지 않는 구래의 공동체적 소유는 해체하고 개별화시켜 지주·자본가가 효율적으로 자본을 투자할 수 있도록 자본 편의적 관리체계를 수립해 갔다.

토지조사의 최종절차는 소유권을 확정하는 일이었다. 여기에는 사정, 재결, 재심 절차가 있었다. 소유권 사정에서 99.6%가 신고서대로 사정되었다. 분쟁지 비중은 대단히 낮았지만, 지역적으로 편차가 대단히 심했다. 전 동리가 분쟁에 휩싸인 곳도 적지 않았다. 높은 신고율과 사정률에도 불구하고 사정공시 열람률은 54%밖에 안 되었다. 이것은 토지신고가 결수연명부를 기반으로 한 조사형식이었기 때문이었다고 판단된다. 분쟁과 열람 건수의 상관관계를 지역적으로 보면, 일본인의 주 거주지역이 열람률이 낮았다. 그럼에도 불구하고 불복신청률이 높았던 것은 그만큼 도시지역에 분쟁이 많았다는 것을 보여주는 것이다. 그리고 역둔토 소재지역이나 도서지역에서 국·민유 분쟁이, 강유역의 개간지에서는 일본인과 조선인 주민 사이에 분쟁이 적지 않게 발생했다. 양적으로 국·민유 분쟁이 압도적 비중을 차지했다. 분쟁은 일본민법에 익숙한 조선총독부와 일본인에게 현저히 유리하게 진행되었다.

일제는 사정으로 확정된 소유권에 '사업' 이전 소유권과 단절된 '원시취득'한 소유라는 법적 효력을 부여하였다. 사정은 '사업' 이전의 모든 소유관계와의 단절, 그리고 이제까지 제기된 모든 분쟁을 종결한다는 선언이었다. 이를 토대로 일제의 식민지적 토지권 관리 체계가 본격적으로 작동하게 되었다. 여기에 일본민법에 준거하여 소유권에 절대성을 부여하였다. 그 결과 불안정했던 일본인의 소유권은 안정의 기틀을 마련했으며, 지주 자본가 계층도 '안심하고' 토지에 투자를 확대할 수 있게 되었다. 금융자본도 이를 담보로 대부활동을 전개할 수 있었다. 이를 가능하게 한 제도가 부동산등기제도였다. 이때 확정된 소유권은 한국 소유권의 시원으로 신고일(=사정일)로부터 오늘날까지 그 역할을 수행해 가고 있다.

사정으로 확정된 소유권에 이의를 제기할 수 있는 기회는 재결과 재심 등 두 경우였다. 그런데 재심 신청의 조건은 상대방이 유죄판결을 받을 경우, 그것도 사건 발생 후 3년으로 한정하였다. 이는 사실상 형식상의 기회에 불과하였다. 재결이 불복신청의 유일한 기회였다. 재결은 사정에 대한 열람을 전제로 하는데, 열람률이 상당히 낮았다는 것은 사정의 강권적 성격 때문에 재결신청 기회를 포기했다는 것을 의미하는 것이기도 했다. 일제의 토지조사는 그들이 정한 일지일주의 배타적 소유권을 법적 기준으로 소유자를 확정하는 것이지만, 그 결과는 신고자가 책임을 지도록 한 지주책임주의였다.

불복신청 건수는 전체 사정필수의 1/200 정도였다. 불복신청률은 일본인이 조선인에 비해 훨씬 높았다. 그만큼 일본민법적 질서에 익숙한 일본인 지주들에게 유리한 토지조사였다는 것을 말해주는 것이다. 이 점은 재결서에 잘 나타나 있었다. 불복신청은 대부분 소유주가 신고나 입회를 하지 않아 발생한

492

경우였으며, 국유지, 조선인, 일본인, 공유지 등 모든 토지에서 제기되었다. 조선인이 건수에서는 가장 많았지만, 비중은 국유지와 일본인이 훨씬 더 높았다. 그리고 조선인은 조선인 상호간의 불복신청이 대부분이었지만, 일본인이나 조선총독부는 주로 조선인을 대상으로 불복신청을 제기하였다. 이들이 조선인의 토지를 기반으로 경제기반을 다져가고 있음을 보여주었다.

조선총독부가 불복신청을 제기한 것은 종전 국유지 조사가 잘못되어 발생한 경우였다. 일제 관료가 불복신청한 토지의 종류는 관아터·제언·역둔토 등 다양하였으며, 증거서면도 구양안·국유지대장·역둔토대장·읍지 등 여러 종류를 포괄하였다. 불복신청대상자는 개간인 등 연고권자들이었다. 재결의 결과 국유지가 민유지로 되는 경우는 매우 적었으며, 민유지, 특히 조선인 소유지가 국유지로 바뀌는 비중이 매우 높았다. 1909년 국유지 실지조사에 반한 재결로 민유로 환급된 경우는 재결서에 한 건 보였다. 관이 민유를 국유로 강제로 포함시킨 토지를 대상으로 불복신청하여 돌려받은 경우였다.

재결은 불복신청자가 사정권자와 합의하여 서류를 작성 제출하고 그대로 재결 받는 경우가 많았다. 재판 결과에 따라 뒤바뀌는 경우도 있었지만, 대체로 신고나 통지가 잘못된 경우라고 재결서에는 언급하고 있다. 이같이 불복신청이 행정 착오로 인한 것이었다면 '사업'이 상당히 부실하게 진행되었다는 것을 의미한다. 조사의 신빙성을 의심하지 않을 수 없을 정도였다. 불복신청의 사유를 보면, 사정과정이 일본인이나 국(조선총독부)에 불리하게 '사업'이 진행되어 재결에서 바로 잡은 것이라고 해석할 수밖에 없을 정도였다. 행정착오가 아니라면 절수사여지나 개간지의 소유권 판정에서 민유로 판정한 것을 재결 단계에서 '국가적' 입장을 강화한 기준을 마련하여 국유로 판정한 것으로 이해해야 할 것이다. 또 하나는 민유 내의 분쟁으로 일본인이 불복신청하여 조선인의 토지가 대폭 감소되었다는 점이다. 토지조사에서 일본인이나 조선총독부에게 불리하게 사정되었던 것을 재결에서 바로 잡았다고 보는 것은 당시 상황으로는 이해하기 매우 어려운 측면이 있다. 이보다는 국·민유 분쟁에서 다양한 물권 가운데 개간 등으로 성립한 물권적 권리를 소유권이 아니라 채권적 성격으로 뒤늦게 간주한 결과로 보는 것이 더 합리적 해석으로 보인다. 그리고 국가가 '행정처분'으로 국유로 결정한 것은 예외 없이 국유로 확정되었으며, 민유로 돌려준 경우는 행정관청에서 잘못 판정했다고 스스로 인정한 경우에 한하였다. 1913년 長位와 公須位田을 민유로 인정하라고 각도에 통첩을 하달한 것도 한 예였다. 기본적으로 소유권 확정은 국가, 즉 조선총독부의 '행정처분'이 결정적이었다. 고등토지조사위원회와 사법재판소의 결정이 서로 모순되는 것을 최대한 방지하기 위하여 재판중인 토지는 그 결과를 기다려 재결하는 것이 일반적이었다.

토지소유권 판정에서 또 하나 간과할 수 없는 것은 토지 획득과정에서 벌어진 불법행위는 그다지 문제 삼지 않았다는 점이다. 판정은 주로 서류라는 외형에 의존했던 것으로 보인다. 거래할 때 무력이든 관권이든 문서형태의 근거만 확보했으면 소유로 인정하였다. 당시 '합법'이란 정당한 거래관계가 아니라 형식을 갖춘 문서의 존재유무를 주로 가리켰다. 사정이나 재결은 구래의 사적 소유가 일본민법적 소유권으로 '법인'받는 것이지만, 이것이 일본인 소유권과 부딪힐 경우 조선인은 일본민법적 근거를 확보하지 못해 소유권을 상실당하는 경우가 많았다. 村井농장의 경우 일제는 개간비용이나 개간 시점을 구실로 구래의 소유권자를 인정하지 않고 개간주체인 村井의 소유로 판정하였는데, 이것이 그러한 한 예였다.

일제의 소유권 중심적 조사방식은 통감부 시절부터 시작되었다. 일제는 한국에서 토지관습조사를 실시할 때 소유권의 존재는 인정하면서도 일본민법적 기준으로 한국의 권리관념과 법제는 미약하다고 지적한 바 있다. 그리고 일본처럼 배타적 소유권을 기본원칙으로 하고 다른 권리를 여기에 종속시켜 정리하는 것을 정책방향으로 정했다. 대한제국기에 물권적 지위를 법적으로 확보하지 못한 경작권은 모두 채권적 차지권으로 분류하고 물권적 권리로 인정하지 않았다. 물권적 성격을 갖는 소작관계는 특별한 예이고 일본의 영소작권 같이 등기부에 등록되었을 때만 인정하는 방식을 채용해야 하고, 이를 해체시켜야 한다는 주장을 하기도 했다. 공토에서는 국유지를 조사할 때 이미 관습물권을 해체시켰다.

민전에 존재하는 도지권같은 물권적 경작권은 '사업'에서 신고대상으로 삼지 않았다. 1910년대에는 조선민사령 제12조에 의거하여 관습물권을 인정하기도 하였지만, 점차 판결로 부정하는 방향으로 정책적 전환을 꾀하였다. 1930년대에는 거의 소멸되어 흔적만 남게 되었다. '사업'에서는 소유권만 신고대상으로 삼고 물권적 경작권은 인정하지 않았다. 힘을 잃어가던 부재지주나 공토 등의 지주권이 이에 힘입어 배타적 소유권자로 회생되었다. 그리고 무주지는 국유지화하고, 농민의 무주지 선점취득권은 소멸시켰다. 일제는 조선의 토지법을 일본민법과 단계적으로 일체화시켜간 것이다. '사업'으로 확정된 지주의 소유권은 배타적 소유권으로 확정되고 절대성을 갖는 불가침의 대상이었다. 그러나 그 속 내용은 '국권'에 복종하고 법률의 제한을 받도록 규정하고 있었다. 나아가 한국은 전통적으로 국가의 토지수용권을 절대시하였으며, 인민은 국권에 대항권이 없었다는 내용의 관습조사 보고로 이를 뒷받침하고 있었다. 일제는 이를 근거로 토지수용령을 공포하여 토지소유권을 크게 제약하였다.

마지막으로 和田의 조선토지제도론과 소유권확정 방식을 보기로 하자. 그는 조선의 토지제도를 공전제로 보고, 그중 조선왕조를 사전도 공인해준 '공전·사전 혼돈시대'로 보았다. 이때 등장한 사전은 수조권이 소유권으로 전화되어 나타난 것으로 보고 있다. 그런데 조선국가는 사유제도를 수용할 제도적 장치가 미비하여 전제가 문란해지고 장토가 남설되었다는 것이다. 결국 이것이 '사업'에서 격렬한 국·민유 분쟁으로 나타났다고 했다. 和田은 역둔토를 토지설정과 징조권의 설정으로 나누고, 전자를 유토=국유지, 후자를 무토=민유지로 파악하였다. 그중 절수사여지에는 국가기관에게 입안권을 근거로 수조권(국가적 소유권)이, 민에게 개간권을 근거로 도지권 같은 다양한 물권이 주어져 중층적 소유관계가 성립되어 있었다. 그러나, 和田은 후자를 무시하고 전자의 입장에서 결수사여지를 대체로 유토=국유지로 정리하는 모습을 보였다.

和田은 소유권을 국가의 수조권이 전화된 존재로 보았다. 토지의 소유권을 입안권이나 수조권 위주로 판정하고 전객권(경작권)은 여기에 종속된 것으로 파악한 것이다. 따라서 공토 안에 존재한 관습물권을 임차권으로 본 것이다. 게다가 和田은 대한제국을 '문란의 시대'로 보고, 구양안을 판정의 근거로 삼고, 신양안은 인정하지 않았다. 관습물권의 매매를 불법적인 것으로 간주하였다. 그리고 和田은 공토=역둔토=유토=국유지라는 관점아래 국가의 배타적 소유권적 지위를 확정하였다. 이와 관련하여 그는 공전제 아래 사전의 성립과정을 추적하였다. 그는 사전의 발흥=공전의 민전화와 민전의 공토화=토지제도의 문란, 즉 국·민유 분쟁의 격발로 보고 있다. 문란과 분쟁을 조선국가의 멸망의 원인의 하나로 파악한 것이다. 그러나 이는 조선 토지제도의 본래의 모습이라기보다 和田이 일본민법의 배타적 소유권으로 조선의 토지제도를 확립시키기 위하여 일제가 추진한 토지조사 방식과 관련하여 탄생시킨 목적 지향적 인식으로 보인다. 和田은 사적 토지소유의 발전에 관심을 보이면서도 또 한편 이를 공전의 사전화=문란이라고 파악하고 私田을 公田으로 되돌리는 방식으로 분쟁을 처리하고 '사업'을 추진해 간 것으로 판단된다.

끝으로 갑오·광무정권의 토지제도 개혁의 방향과 일제의 토지조사의 방향의 특질을 다시 정리하여 보자. 구래의 토지소유권을 조사하여 '근대법'으로 법인하려 한 점, 이를 토대로 지가제에 근거한 '근대적' 지세제도를 전망했다는 점에서 양자는 동일한 측면이 없지 않다. 그러나 소유권의 내용, 소유권과 다른 물권과의 관계, 그리고 운영원리와 성격은 다음과 같은 차이가 있었다.

토지조사의 목적에서 전자는 조선국가의 '근대적' 개혁의 기반이었던 것에 비해, 후자는 제국주의의 자본축적 공간으로 삼으려 했다는 점에 근본적인 차이가 있었다. 구체적 차이는 다음과 같다. 먼저 갑오·광무정권의 토지제도

496

개혁을 다음과 같이 정리할 수 있다. 첫째, 작인납세의 원칙아래 시주·시작을 조사하였다. 공토에서 結賭의 작인납세제를 추진했으며 민전지주지에서도 이 원칙을 관철시키려 했다. 작인이 결세를 탁지부에, 賭稅는 지주에게 납부하도록 법제화한 것이다. 둘째, 대한제국에서는 국가가 시주를 조사하여 그 권리를 법적으로 인정해주는 관계를 발급해 주고, 운영도 담당하도록 했다. 시주의 권리는 중답주나 물권적 경작권을 인정하는 가운데 운영되었다. 그리고 총액제적 조세체계가 해체되는 가운데 실시하려 한 작인납세제는 중답주권이나 도지권 등의 관습물권이나 경작권에 물권이라는 법적 공신력을 부여할 때 비로소 제도적으로 성립이 가능한 것이었다. 물론 당시는 조사단계이고, 법제화까지 진행된 것은 아니었다. 셋째, 공·사토 모두에 결세를 부과했으며, 경작인이 납세 담당자였다는 점이다. 특히 공토도 결세 납부대상이었다는 점에서 결세납부 여부를 소유권 판정의 근거로 삼지 않았다.

광무양전사업은 공·사토의 기준이 명확하지 않은 속성을 그대로 품은 가운데 舊本新參의 입장에서 시주·시작을 조사한 사업이었다. 이 과정에서 공·사토가 양안 상 서로 교체되는 변동을 거친 토지도 적지 않았다. 이때 농민의 주요한 현실적 반발은 소유권 보다는 수조액을 둘러싸고 전개되었다. 후속으로 이어진 관계발급사업은 양안을 근거로 소유주를 재확인하여 최종적으로 관계를 발급해 주는 일이었다. 이때 공토에도 시주의 자격을 부여하고 관계를 발급했다. 그러나 관계발급이 곧 시주에게 '원시취득'한 배타적 소유권을 법적으로 보장해 준 것은 아니었다. 그리고 대한제국기 공토에서의 갈등은 소유권 차원에서 전개된 곳도 있었지만, 아직은 수조액의 수준을 둘러싼 갈등이 지배적이었다.

반면 일제는 일본민법에 정한 일지일주의 배타적 소유권을 한국의 토지에 이식시키는 방향에서 '사업'을 추진하고 토지제도 지세제도를 운영해갔다. 소유권만 조사대상으로 삼았으며, 관습물권은 소멸대상이었다. 지주 중심적 토지제도이고 지세제도였다. 공토에 존재한 중답주나 도지권 등 관습물권은 국유지조사 때 대가없이 박탈했다. 국·민유 분쟁의 주원인이었다. 일제는 수조액의 측면에서 볼 때 민유지적 성격의 절수사여지(수조지)를 국가의 소유로 하고 여기에 배타적 소유권을 부여하는 방향에서 이 문제를 처리했다. 이때 공토를 '근대적' 개념의 국유지로 정리하면서 결세를 도지에 포함하여 소작료를 정했으며, 그 연장에서 결세납부 여부를 소유권 판정의 결정적 근거로 채용하지 않았다. 그리고 일제는 분쟁지 심사에서 분쟁지를 민유지로 환급하기도 했지만, 이것은 국유지의 민유지화라기 보다 본래 민유지적 성격이 강한 토지를 민유로 판정한 것에 다름 아니었다. 분쟁지 심사와 불복신청의 판정결과는 양자 모두 국유지와 일본인 소유지의 증가로 나타났다.

일제가 '사업'에서 원시취득의 자격을 부여하고 '법인'한 소유권은 일본에서와 달리 식민지 권력이 부여해 준 속성 때문에 그 배타성과 절대성이 식민지 지배권력의 정책적 결정에 따라 좌우될 가능성이 상존해 있었다. 이들은 자기 필요에 따라 소유자의 의사에 관계없이 이를 박탈해 갈 수 있도록 토지수용령을 제정하였다. 일제는 수용령 발령대상을 조선 전토로 확대시켜 갔으며, 자기들의 군사적 목적과 독점자본의 이해에 맞추어 이를 발동해 갔다.

부 록

[자료 1] 칙령 제44호 임시제실유及국유재산조사국 관제[1)
[칙령 제2호 임시제실유及국유재산조사국 관제 개정]

제1조 임시제실유와 국유재산조사국은 내각[총리대신의 감독]에 속하고 제실
    유재산과 국유재산을 조사하여 그 소속[을 판정하며 또] 정리에 관한 사무
    를 관장한다.
    [전항의 정리에 관하여 민유재산의 관계가 있을 때는 이를 조사하며 또
    그 처분을 할 수 있다.]
제2조 임시제실유급 국유재산조사국의 사무는 모두 위원회의 심의에 부친다.
제3조 임시제실유급 국유재산조사 위원회는 위원장 1인과 위원 6인[10인]
    이내로 조직한다.
    전항 정원 이외에 필요할 경우에는 임시[로 촉탁]위원을 둘 수 있다.
제4조 위원장은 친임관 혹 칙임관으로 충당하고 위원은 내각과 궁내부와
    관계 각부의 칙임관으로 충당한다.
    [단 임시 촉탁위원은 此限에 在치 아니홈]
제5조 위원장과 위원(과 임시위원)은 내각총리대신의 주청을 의거하여 명한다.
제6조 위원회는 내각총리대신의 지휘를 承하야 관계 관아의 관원에게 출석을
    구하고 그 의견을 徵하며 혹은 서류를 검열함을 득함.
[제6조 위원장은 필요가 있을 때는 각부대신과 서로 知牒한다.]
제7조 위원회의 결의는 내각총리대신에게 보고함이 가함. 내각총리대신은
    전항의 보고를 내각회의의 의사에 부하야 상주 재가를 경함.
[제7조 위원회에서 조사의 필요가 있을 때는 관계 관아의 관원에게 출석을

---

  1) 칙령 제44조의 규정에 1908년 1월 18일 칙령 제2호의 개정령에서 바뀐 것은 [ ]으로
    표기했다. ( )의 부분은 본래 규정에 있었다가 삭제된 부분이다. 국회도서관, 『한말근대
    법령자료집』 V, 1971, 576~577쪽 ; 국회도서관, 『한말근대법령자료집』 VI, 1971,
    229~231쪽.

구하고 그 의견을 요구하며 혹은 서류를 검열할 수 있다.]

제8조 위원회에서 지방에 실지조사할 필요가 있을 때는 지방조사위원과 派員을 정하여 조사하게 한다.

지방조사위원과 파원의 정원과 수당은 위원회의 결의로 정한다.

[제8조 위원회 의사에 관하는 사항은 모다 기밀을 엄수함이 가함]

제9조 위원회의 회의에 과한 사항은 내각총리대신이 정함.

[제9조 위원회의 결의는 내각총리대신에게 보고해야 한다.

내각총리대신은 전항의 보고에 대하여 필요하다고 인정할 때는 내각회의에 부치고 혹 상주하여 재가를 거친다.]

제10조 [제14조] 위원회에 간사 1인과 서기랑[주사] 약간명을 두되 간사는 내각 서기관으로 충당하고 서기랑[서기]는 내각의 판임관으로 충당한다.

[사무상 필요가 있을 때는 임시로 사무원 약간명을 둘 수 있다.]

간사는 위원장의 지휘를 받아 서무를 정리한다.

서기랑[주사와 사무원]은 상관의 지휘를 받아 서무에 종사한다.

[제10조 제1조 제2항의 처분은 내각총리대신의 지휘를 받아 위원회에서 이를 실행한다.]

[제11조 위원회의 처분에 대하여 인민으로부터 청원이 있을 때는 위원회에서 이를 심사 결정한다.]

[제12조 위원회 의사에 관한 사항은 모두 기밀을 엄수해야 한다.]

[제13조 위원회의 회의에 관한 사항(세칙)은 위원장이 정한다.]

제11조 [제15조] 간사와 서기랑[주사와 사무원]에게는 사무의 繁閑을 따라 상당한 수당을 지급할 수 있다.

(부칙)

제12조 [제16조] 본령은 반포일로부터 시행한다.

1907년 7월 4일 봉칙

내각총리대신 훈2등 이 완 용

[융희 2년 1월 18일]

[자료 2] 임시제실유급 국유재산조사국 지방조사위원에 관한 내규[2]

제1조 지방조사위원은 위원장의 명령을 받아 각 지방에 출장하여 궁내부
  소관 각궁 園林 전답과 경리원 각 역둔토의 실지 답사하게 한다.
제2조 지방조사위원은 26명으로 각도에 2명씩 정하되 1명은 재무관에게 촉탁
  한다.
제3조 조사 파원 약간명을 두되 그 원수는 위원장이 정한다.
제4조 조사 파원은 조사위원의 지휘를 따라 각 지방에 출장하여 조사사무를
  행한다.
제5조 지방조사위원의 직무는 다음과 같다.
  1. 소재
  2. 종목과 경계
  3. 두락과 부수
  4. 진폐와 還起
  5. 제언, 洑, 垌의 현상과 연혁
  6. 경작의 병작과 도조(納稅 關係)
  7. 일년 추수 실수
  8. 소유권과 기타부대 권리
  9. 민유로 관유에 혼입 유무
  10. 관유로 장부에 누락 유무
  11. 각궁 전토에 도장의 명의로 있는 자는 도장의 성명과 주소
제6조 지방조사위원은 전조 제항의 실제 형편을 일일 임검하여 조사결과를
  위원장에게 즉시 보고한다. 보고서에는 촉탁위원과 연명을 요한다. 단
  부득이한 경우에는 이곳에 있지 않다.

---

2) 『조사국거래안』, 보고 제33호, 1907년 11월 30일 위원회 결정사항.

제7조 조사사무에 관하여 필요가 있을 때는 그 지방관에게 조회하고 협상하여 처리한다.

제8조 지방조사위원은 6개월 이내로 조사를 완료하고 장부를 상세 갖추어 위원장에게 제정한다.

융희 원년 11월 30일

임시제실유급 국유재산조사국 위원장 송 병 준

[자료 3] [을 제1호증] 決定書

경선궁 사검위원 代人 丁明燮

사실

경선궁 전답에 나주군 지죽 욱곡 상곡 등 삼면에 재한 李正複 등 청원에 대하야
조사한 즉 해 토지는 連 3년 大歉을 당하야 국세를 미납함으로 민생은 離散에
至하고 토지는 陳荒을 成한지라. 지난 경인년(1890)分에 京居 全聖暢이 해당
삼면 민인의 3년 未納 결호전 10여 만량을 替納하고 이 토지를 매수할 때
각 민인에게 領收한 구문기 280장과 去 을미년분에 繕出한 문권책 12권과
동년에 洞頭民 등 牲 관입지 성책 11건과 郡節目 冊이고 去 무술년분에 경선궁에
서 전성창에게 給價 葉십만량하고 매입한 신문기 1장과 광무 2년 10월 일에
궁내부에서만 선급한 절목 1책 등 서류가 昭有可故이고 변명인 李佶魯 등은
삼면 민인의 대표로 정당한 위임장을 첨부하얏스며 해당 도 관찰사와 군수가
궁내부에 조사보고서 네개에 해 토지를 경선궁에서 정당히 매수한 후 于今
10년에 민이 안도하고 李正彩 등은 다른 군에 주거하고 이 토지에 開0毫與한
자로 협잡의 계를 敢生하야 肆然 健訟이리 한 바 이 사실에 대하야 이정채
등이 민인의 총대라 모칭하고 一直 健訟함이 殊屬지라

우는 본국 위원회에서 조사한 결과로 해 삼면 내 우 문기에 소재한 토지는
　　그 소유권이 경선궁에 확보하엿지 이에 결정서를 繕給함

융희 2년 2월 25일

임시제실유급 국유재산조사국 위원장 서리 兪星濬[3]

---

3) 일본 국립공문서관 츠쿠바 분관 소장자료, 『궁삼면 사건 관계』 2(친일반민족행위
진상규명위원회), 29~30쪽. 1912년 6월 17일 조선총독부에서 복사본.

융희 3년 8월 10일

임시재산정리국 장관 荒井賢太郎

慶善宮 監務 嚴柱益 閣下

귀궁 소관으로 件 국유에 移屬한 토지 내에 다음 전답을 경선당 사유지로
　　인정하옵기 이를 還付照亮함을 爲要 다음

소재		답	전
고양	도내동	3석 11두락	4일반경
해주	문정방	56석9두1승락	115일경
금구 하서면	석정평 등지	16석 6두락	
태인	상하동평	148석락	714두 5승락
나주	지죽 상곡 욱곡	722석 15두 7승락	487석14두 4승락
청주 북면	산외 일저 곡리	22석 3두락	15석락
前農圃 田 각처소재 155坂內 훈련원 근처 所在田 43坂入於 軍部 敎鍊場 前 慕宮田 44坂			
원주 대평교 신양리 단구 등지		14석 2두락	4석 1두 3승락

_____

4) 일본 국립공문서관 츠쿠바 분관 소장자료, 『궁삼면 사건 관계』 2 (친일반민족행위
　　진상규명위원회)31~32쪽. 1912년 6월 17일 조선총독부에서 복사본.

[자료 5] 탁지부 훈령 제59호 탁지부 소관 국유지 실지조사 절차

제1장 조사사항

제1조 탁지부 소관 국유지라 함은 역둔토, 각궁장토, 능원묘, 부속 토지 및
　　기타의 국유지를 말함.

제2조 전조의 토지 각필에 취하야 좌의 사항을 조사함이 가함.

　　1. 소재.

　　2. 지번.

　　3. 지목.

　　4. 면적.

　　5. 사표.

　　6. 구명칭.

　　7. (실납 소작료)

　　8. 등급 및 詮定소작료.

　　9. 소작인의 주소성명.

제3조 소재는 부, 군, 면, 동, 리, 원 또는 평명을 조사함이 가함.

제4조 지번은 동리마다 起番함이 가함.

제5조 지목은 좌와 如함.

　　畓, 田, 火田, 垈, 鹽田, 池沼, 山林, 牧場, 蘆田, 草坪, 柴場, 荒陳地, 雜種地

제6조 전조의 지목은 토지의 현상에 의하야 이를 정함이 가함. 尙 蘆田, 草坪
　　및 柴場의 명칭을 附함에는 구래의 稱號를 참작함이 가함.

제7조 지목 또는 소작인의 異한 處마다 別筆로 함이 가함.

---

5) 『度支部公報』 3책, 678~680쪽. 탁훈령 제111호, 융희 3년 10월 25일 ;『度支部公報』
　　2책, 233~254쪽. 탁훈령 제59호, 융희 3년 5월 26일. ( )은 개정령에서 삭제된 부분이고,
　　[ ]은 개정령에서 추가된 부분이다.

단 一筆地中 幾部의 荒陳地는 본지의 外書로 함이 가함.

제8조 답, 전 및 垈에 孕在하야 지목이 상이한 소면적의 토지 및 畦畔類는 본지에 量入함이 가함.

제9조 면적의 계산은 평으로써 단위로 함이 가함.

제10조 사표는 隣地의 명칭을 조사함이 가함.

　　사표 중 垈가 있을 시에는 토지의 명칭을 통호수로써 대할 사를 득함.

제11조 구명칭은 역둔토, 각궁장토, 능원묘 등의 명칭을 조사함이 가하니(例하면 친둔, 명례궁장토 또는 홍릉부속지라 칭함과 如함.)

제12조 실납소작료는 타조 및 정도의 구분, 평년에 在하야 실제 소작인의 납부하던 소작료의 종류 및 수량을 조사함이 가함.

[제12조 元소작인이 유한 토지 또는 은토에 대하야는 실소작인으로 붓터 원소작인 또는 私食者에게 급부한 실소작료를 査覈함이 가함

　　전항의 실소작료는 타조 또는 정조의 구분 소작료의 종류와 평년에 재한 수량을 조사함이 가함.]

제13조 소작인은 실제의 토지경작인을 査覈함이 가함.

제14조 답, 전 이외의 토지에 취하야는 詮定소작료에 대하야 좌기사항을 조사 전정함이 가함.

　　1. 垈에 취하야는 임대료

　　2. 노전, 시장, 초평에 취하야는 그 생물산의 賣下가격

　　3. 기타의 토지에 취하야는 그 수입액

제2장 조사반

제15조 조사에 종사케 하기 위하야 각재무감독국에 조사반을 둠.

제16조 조사반은 좌의 인원으로써 조직함.

　　1. 조사원 2명

　　　　단, 그 중 1명은 일본인 주사로 하야 반장이 되고 1명은 한인주사 또는 雇員으로 하야 통역을 장(掌)함.

　　2. 측량원 1명 기수

제17조 조사원은 좌의 사무에 종사함을 위주하는 자로 함.

　　1. 토지의 조사 및 경계의 사정

2. 소작료 표준지의 선정 및 그 측량

3. 등급 및 소작료의 전정

4. 은토의 조사

5. 소작인의 당부

6. 토지 이외의 권리(沑稅등과 如함)에 관한 조사

7. 기타의 整理

제18조 측량원은 반장의 지시에 의하야 좌의 사무에 종사함을 위주하는 자로
함.

1. 토지의 측량

2. 제도

(3. 면적의 계산)

제19조 조사반의 종사시간은 1일 10시간 이상으로 함.

제20조 재무감독국장은 각 조사반에 담당구역을 지정하야 그 구역 내의 조사에
종사케 함이 가함.

전항의 담당구역 및 담당조사반의 官성명은 사세국에 보고함이 가함. 이를
변경한 때도 또한 동일함.

제21조 조사반은 별지 제1호 서식에 의하야 매 5일 1차식 조사의 공정을
재무감독국장에게 보고함이 가함.

제22조 조사서, 국유지대장 용지 및 지도는 면별로 取纏하야 재무감독국에
송부함이 가함.

제23조 조사반이 조사를 필하고 歸宿한 때에는 당일의 조사사항을 反覆精査하야
違算 또는 탈루됨이 없는가 검정함이 가함.

제3장 조사절차

제1절 준비사무

제24조 재무서에서는 조사반 도착 전에 좌기사항을 준비하야 두는 것이 가함.

1. 장부 등의 수집

2. 舊숨音 기타 토지정통자의 조사

3. 면장 및 소작인 등에 대하야 조사방법 및 심득의 주지방법

4. 소작인으로 하야금 그 소작토지에 標木을 건립케 하는 일

제25조 標木에는 소작인의 주소성명을 기재하고 이를 1척 이상 되게 지하에
埋케 하야 조사 종료 후라도 拔去치 못하도록 명함이 가함.
제26조 조사반은 조사 着手의 기일을 所轄 재무서에 예선 통지하야 置함이
가함.
제27조 조사반이 조사에 착수코자 하는 때에는 소할재무서에 취하야 좌의
사항을 처리함이 가함.
　1. 역둔토대장, 소작신고서 기타 참고될 장부서류의 借入
　2. 조사순서 및 기일의 협정
　3. 면장 등에 대하는 명령 및 周知 방법의 협정
제28조 조사할 제에는 소작인으로 하야금 현장에 입회케 함이 가함.
　소작인이 사고에 인하야 입회하기 불능한 때에는 그 가족 또는 대리인으로
　써 함을 得함.
제29조 조사할 경우에는 舊舍音 등의 정통자로 하야금 지도 기타의 보조를
행케 하며 또 면장 또는 동리장을 입회케 함이 가함.
제30조 조사반이 조사에 임할 시는 좌의 서류 및 물품을 휴대함이 가함.
　1. 역둔토대장 또는 소작신고서
　2. 舊舍音 등으로부터 새로 수집한 장부
　3. 측량기계 및 부속물품
　4. 적색, 남색 및 흑색 연필
　5. 조사용지 및 제도용지
　6. 조사원 된 證票
　7. 수첩
　8. 이외에 필요한 용지 및 물품

제2절 소작료의 詮定
제31조 소작료는 한 해의 풍흉을 불구하고 정액으로 하야 그 금액을 전정함이
가함.
　[소작료는 1필마다 錢位에 止함이 可함.]
제32조 소작료는 민간 표준지의 소작료에 비준하야 상당으로 인하는 액에서
그 10분의 1을 공제한 자에 의하야 전정함이 가함.

제33조 표준지는 각 동리에 있는 토지의 大體를 通觀하야 국유지와 그 지위등급
　　이 동등됨으로 인하는 民有 田 및 畓에 취하야 각 3등으로 별로 이를 선정함이
　　가함. 단 1면 또는 1면 중 數동리의 상황이 동일함으로 인하는 때에는
　　그 면 또는 수동리를 통하야 표준지를 선정함을 得함.
제34조 표준지를 선정한 때에는 이하 각 조에 의하야 매 등의 면적, 수확액,
　　소작료의 종류, 수량 및 가격을 조사하야 그 백평의 소당을 산출함이 가함.
제35조 표준지의 수확액 및 소작료는 평년작에 의함이 가함. 단 표준지의
　　소작료가 타조되는 때에는 그 10분의 1을 공제한 자로써 그 땅의 소작료로
　　간주함이 가함.
제36조 표준지 소작인이 지세를 납부하는 자에 있어서는 그 지세에 상당한
　　액을 소작료에 가산한 자에 의함이 가함.
제37조 표준지의 면적은 三斜法에 의하야 경계선으로부터 측량함이 가함.
제38조 量器는 법정양기에 의함이 가함.
제39조 가격은 수확물 및 소작납품의 종류마다 부근시장에 있는 삼개년 내의
　　가격을 조사하야 이를 평균한 자에게 의함이 가함.
제40조 전 각조에 의하야 표준지를 조사한 때는 편히 每等의 權衡을 감안하되
　　그 당을 부득이한 자로 인하는 때는 재사함이 가함.
제41조 표준지에 취하야 조사한 사항은 별지 제2호 서식의 조사용지에 기재함
　　이 가함. 오히려 각필조사의 事蹟은 수첩에 기재하야 두는 것이 가함.
제42조 국유지소작료를 직접으로 표준지에 비준하기 어려운 자가 있을 때에는
　　그 소작료는 비율로써 표준지 소작료에 증감하야 정함이 가함.
　　　단, 증감비율은 재무감독국장에게 보고함이 가함.
제43조 垈의 임대료전정에 대하야는 본절의 규정에 준함이 가함.

제3절 측량과 지도
제44조 측량은 매필마다 측판측량으로써 하고 축척 1/1200의 圖解法에 의하야
　　시행함이 가함.
제45조 토지의 면적이 廣闊하야 도근점을 設함이 편의한 경우에는 交叉法 또는
　　道線法에 의하야 이를 設함이 가함.
제46조 1필지의 측량은 지형을 從하야 편의상 교차법, 도선법, 射出法 또는

枝距法에 의함이 가함.

제47조 일필지계의 굴곡이 小한 자는 평균하야 측량하고 또는 굴곡 間數를 目測함을 득함.

제48조 지도에는 좌기사항을 기재하며 오히려 그 여백에 조사 연월일 및 측량원의 관성명을 기재하고 날인함이 가함.

　　1. 소재.

　　2. 지번.

　　3. 지목.

　　4. 등급.

　　5. 소작인의 주소 성명.

　　6. 면적.

　　7. 사표.

　　8. 각 구역마다 나침방위.

제49조 국유지에 인접한 토지의 형상은 견취하여 지도상에 기재함이 가함.

제50조 지도 중 도로는 적색, 하천 및 溝渠는 藍色의 연필로써 착색함이 가함.

제51조 면적은 求積器(프라니 메타)를 用하야 산출함을 得함.

(제52조 면적산출의 당부는 조사원이 檢量함이 가함.)

제53조 지도의 着墨 (및 면적계산)은 측량한 당일에 반드시 完了하여 조사원에게 인계함이 가함.

제54조 지도는 동리 및 지번의 순차대로 면별로 편철함이 가함.

제4절 조사

제55조 표준지의 조사를 종료한 때에는 조사원은 지도를 휴대하고 각필에 취하야 지목의 적부소작인의 주소성명에 誤記가 無한 여부를 조사한 후 등급을 전정하야 지도에 기재함이 가함.

　　등급을 전정할 제에 구 명칭 및 실납소작료를 조사하야 수첩에 기재함이 가함.

제56조 전조의 조사를 종료한 때는 [소작료 이외=평수及소작료 이외]의 사항을 국유지대장 용지에 기재함이 가함.

제57조 국유지 중에 사유지라 칭하는 자를 혼입한 때에는 그 증빙을 조사함이

512

가함.

　전항의 토지로 양안 또는 作伕에 기재가 없고, 또 달리 증빙이 없는 자는 국유지로 하야 조사함이 가함.

제58조 토지소유권에 취하야 이의를 신청하는 자가 있을 시에는 조사원은 [그 신립서를 징하야]좌의 사항을 具하야 재무감독국장에 보고함이 가함.

　1. 소재, 지번, 지목 및 면적

　2. 이의신청의 사유

　3. 증빙

　4. 의견

제59조 조사한 결과로 元소작(종래의 도장, 사음, 중답주 등과 如한 자)를 [폐지= 발견]하거나 또는 소작인을 변경할 필요가 있음으로 인한 때에는 그 사유를 갖추어 재무감독국장에 보고함이 가함.

제4장 감독

제60조 재무감독국장은 편의상 數班에 1인의 감독원을 두어 조사사무의 감독 및 각반사무의 통일을 하게함이 가함.

제61조 감독원은 담당구역 내의 조사각반에 취하야 감시하고 간절히 지도함이 가함.

제62조 감독원은 항상 좌의 사항을 주의함이 가함.

　1. 조사반의 勤惰

　2. 조사반은 그 휴대할 서류 및 물품을 휴대한 여부

　3. 조사반은 규정한 시간대로 종사하는 여부

　4. 재무감독국장에게 보고를 지체하는 일이 없는지의 여부 및 그 적부

　5. 표준지의 선정 및 조사는 적실한 여부

　6. 측량, (면적의 산출), 지목 및 등급의 부(附)하는 방법은 적당한 여부

　7. 면장, 소작인 등에 대하는 명령 기타 재무서의 시설은 그 當을 得한 여부

　8. 소작료전정 기타 각반의 조사는 권형을 실(失)한 일이 無한 여부

　9. 은토의 발견에 대한 주의가 무결한 여부

　10. 소작인 및 민간의 의향

11. 기타 조사의 공정

제63조 감독원은 조사반의 공정이 예정에 달치 못한 자가 있을 시에는 그 사유를 조사하야 적당한 주의를 주는 것이 가함.

제64조 감독원은 一調査班의 시찰을 종료한 때마다 그 事蹟을 재무감독국장에게 보고함이 가함.

[제64조의 2 감독원은 각반의 조사한 표준지의 당부를 조사한 후, 그 소작료에 기인하야 국유지소작료의 權衡을 사찰하기 위하야 제2호 양식의 2의 조서를 작성하야 이를 재무감독국장에게 제출함이 가함.]

제5장 임시국유지조사계

제65조 임시국유지조사계는 보고의 정리, 대장의 완성 기타 조사사업을 감독함이 가함.

[제65조 임시계는 보고의 정리 측량도의 求積幷 其 검산, 대장의 완성及 조사사업의 감독에 종사함이 가함.]

제66조 각등급 소작료표는 별지 제3호 서식에 의하야 조제하고 군별로 편성함이 가함

제67조 조사반으로부터 조사서, 국유지대장 및 지도를 송부하야 接到한 때에는 이를 조사하고 오히려 또 (면적의 檢量), 소작료액의 결정, 대장의 기입 및 지도와 대장의 대조 등의 일을 행함이 가함.

제68조 국유지대장을 완성한 때는 집계부를 조제하고 동시에 소작인허증을 작성함이 가함.

제69조 소작인허증은 소할재무서로 하여금 이를 소작인에게 교부케 함이 가함.

제70조 국유지대장, 집계부 및 각 등급소작료액표는 완성의 차제로 이를 소할재무서에 송부함이 가함.

제71조 재무감독국장은 전관을 통하야 조사의 통일을 保하는 일에 주의하고 특히 소작료에 대하야는 각지 權衡을 得하도록 시설함이 가함.

부칙

제72조 재래의 賭租 중 토지에 관련이 없고 일종의 권리를 成한 자에 대하여는

좌의 사항을 조사함이 가함.

1. 권리의 종류, 명칭.
2. 기원 및 연혁.
3. 수납률 및 그 액.
4. 수납구역 및 그 방법.
5. 정부부담에 속한 給付 및 그 액.
6. 존폐에 관한 처분방법.

제73조 국유지에 대하야 정부 또는 민간에서 모종의 공사 등을 施하고 현재 일종의 권리로 認할 자에 있어서는 전조에 준하여 각 사항을 조사함이 가함.

제74조 제방수축 기타 종래 국유지 관리에 반하여 정부의 부담에 속한 자가 있을 시에는 그 부담에 관하여 좌의 사항을 조사함이 가함.

1. 그 종류 및 비용액.
2. 공사 및 감독의 방법.
3. 정부의 부담에 속한 연혁.
4. 존속에 관한 의견.

제75조 융희2년 칙령 제39호에 의하여 국유에 이속한 건물에 대하여는 좌의 사항을 조사하여 국유건물대장에 기재함이 가함.

1. 소재.
2. 명칭.
3. 구조 칸수 및 垈의 면적.
4. 수입의 유무 및 그 액.
5. 관리 또는 처분방법.

제76조 국유건물대장은 재무감독국에서 조제하여 소할 재무서에 인계함이 가함.

[자료 6] 토지조사법 [6]

제1조 토지는 이 법률의 정하는 바에 의하야 이를 조사함

제2조 토지는 지목을 정하야 지반을 측량하고 일 구역마다 지번을 부함. 단 제3조 제3호에 揭한 토지에 대하여는 지번을 부치지 아니함을 득함

제3조 토지의 지목은 좌에 한 바의 의함

　1. 전답, 대, 지소, 임야, 잡종지

　2. 사사지, 분묘지, 공원지, 철도용지, 수도용지

　3. 도로, 하천, 구거, 제방, 성첩, 철도선로, 수도선로

제4조 지반의 측량에 용하는 척도와 지적의 명칭, 名位는 도량형법의 규정에 의함

제5조 지주는 정부의 정하는 기간 내에 그 토지를 정부에 신고함이 가함.

제6조 토지의 조사를 행함에 대하여 필요로 인하는 시는 정부는 지주 또는 그 대리인으로 하야곰 실지에 立會케함을 득함

제7조 지주와 토지의 경계는 지방토지조사위원회에 자문하야 토지조사국 총재가 이를 사정함

전항 사정한 지주와 토지의 경계는 이를 공시함

제8조 토지조사국 총재의 사정에 대하여 불복이 유하는 자는 그 공시의 일로붓터 90일 이내에 고등토지조사위원회에 신립하야 그 재결을 구함을 득함 토지조사국 총재의 사정을 경한 사항에 대하야는 전항에 의하야 재결을 구하는 외 소송을 제기함을 득치 못함

제9조 고등토지조사위원회와 지방토지조사위원회의 조직은 칙령으로써 차를 정함

제10조 정부는 토지대장과 지도를 비하고 토지에 관한 사항을 등록하며 地券을

---

6) 『관보』 제4765호, 1910. 8. 24, 법률 제7호(1910년 8월 23일).

발행함

제11조 정당한 사유업시 제6조의 입회를 아니한 자는 토지조사국 총재의
    사정에 대하여 불복을 신립함을 득지 못함

제12조 정당한 사유업시 제5조의 신고 또는 제6조의 입회를 아니한 자는
    20圜 이하의 벌금에 처함

제13조 허위의 신고를 한 자는 100圜 이하의 벌금에 처함

제14조 이 법률은 임야에 이를 적용치 아니함. 단 다른 조사지 사이에 개재하는
    것은 차한에 在치 아니함

제15조 이 법률 시행에 관하야 필요한 규정은 탁지부대신이 이를 정함.

부칙
본법은 반포일로부터 시행함

부 록

제1조 토지의 조사 및 측량은 이 영에 의한다.

제2조 토지는 종류에 따라 다음의 지목을 정하고 지반을 측량하여 一區域別로
    지번을 부여한다. 다만, 제3호에 게기하는 토지에 대하여는 지번을 부여하
    지 아니할 수 있다.

    1. 전, 답, 대지, 지소, 임야, 잡종지

    2. 社寺地, 분묘지, 공원지, 철도용지, 수도용지

    3. 도로, 하천, 주거, 제방, 성첩, 철도선로, 수도선로

    전항의 규정에 의하여 조사 및 측량하여야 하는 임야는 다른 조사 및
    측량지 간에 개재하는 것에 한한다.

제3조 지반의 측량에 대하여는 평 또는 보를 지적의 단위로 한다.

제4조 토지의 소유자는 조선총독이 정하는 기간 내에 그 주소, 성명·명칭
    및 소유지의 소재, 지목, 자번호, 사표, 등급, 지적, 결수를 임시토지조사국장
    에게 신고하여야 한다. 다만, 국유지는 보관관청에서 임시토지조사국장에
    게 통지하여야 한다.

제5조 토지의 소유자 또는 임차인 기타 관리인은 조선총독이 정하는 기간
    내에 그 토지의 四圍의 경계에 표항을 세우고, 지목 및 자번호와 민유지에는
    소유자의 성명 또는 명칭, 국유지에는 보관 관청명을 기재하여야 한다.

제6조 토지의 조사 및 측량을 행함에 대하여는 그 조사 및 측량지역 내의
    지주 중에서 2인 이상의 대표를 선정하여 조사 및 측량에 관한 사무에
    종사하게 할 수 있다.

제7조 토지의 조사 및 측량을 행함에 있어서 필요한 때에는 당해 관리는
    토지의 소유자, 이해관계인 또는 대리인을 실지에 입회시키거나 토지에

---

7) 『조선총독부관보』 제13호, 1912. 8. 14. 조선총독부 제령 2호(1912. 8. 13).

관한 서류를 소지한 자에 대하여 그 서류의 제출을 명할 수 있다.

제8조 토지의 조사 및 측량을 위하여 필요한 때에는 당해 관리는 토지에 출입하여 측량표를 설치하거나 장애물을 제거할 수 있다.

전항의 경우는 당해 관리는 사전에 토지 또는 장애물의 소유자 또는 점유자에게 통지하여야 한다.

제1항의 경우에 발생하는 손해는 보상하여야 하며, 보상금액에 대하여 불복하는 자는 보상금액의 통지를 받은 날부터 30일 내에 조선총독의 裁定을 청구할 수 있다.

제9조 임시토지조사국장은 지방토지조사위원회에 자문하여 토지소유자 및 그 경계를 사정한다.

임시토지조사국장은 전항의 사정을 하는 때에는 30일간 이를 공시한다.

제10조 전조 제1항의 사정은 제4조의 규정에 의한 신고 또는 통지 당일의 현재에 의하여 행한다. 다만, 신고 또는 통지를 하지 아니한 토지에 대하여는 사정 당일의 현재에 의한다.

제11조 제9조제1항의 사정에 대하여 불복하는 자는 동조 제2항의 공시기간 만료 후 60일 내에 고등토지조사위원회에 제기하여 재결을 받을 수 있다. 다만, 정당한 사유 없이 제7조의 규정에 의한 입회를 하지 아니한 자는 그러하지 아니하다.

제12조 고등토지조사위원회는 당사자, 이해관계인, 증인 또는 감정인을 소환하거나 재결에 필요한 서류를 소지한 자에 대하여 그 서류의 제출을 명할 수 있다.

제13조 고등토지조사위원회의 재결은 이유를 附한 문서로서 하고, 그 등본을 不服을 제기한 자에게 교부하여야 한다.

전항의 재결은 이를 공시한다.

제14조 고등토지조사위원회에서 재결을 하는 때에는 재결서의 등본을 첨부하여 임시토지조사국장 및 지방관청에 통지한다.

제15조 토지 소유자의 권리는 사정의 확정 또는 재결에 의하여 확정한다.

제16조 사정으로써 확정된 사항 또는 재결을 거친 사항에 대하여는 다음의 경우에 사정을 확정하거나 재결한 날부터 3년 내에 고등토지조사위원회에 재심을 제기할 수 있다. 다만, 벌에 처할만한 행위에 대한 판결이 확정

되는 때에 한한다.

1. 벌에 처할만한 행위에 근거하여 사정 또는 재결이 있은 때
2. 사정 또는 재결의 憑據가 되는 문서가 위조 또는 변조된 때

제17조 임시토지조사국은 토지대장 및 지도를 작성하여 토지의 조사 및 측량에 대한 사정으로 확정하는 사항 또는 재결을 거치는 사항을 등록한다.

제18조 제4조의 사항에 대하여 허위신고를 한 자는 100원 이하의 벌금에 처한다.

제19조 정당한 사유 없이 제4조의 신고를 하지 아니하거나 제7조 또는 제12조의 명령을 위반한 자는 30원 이하의 벌금 또는 과료에 처한다.

부칙

본령은 공포일부터 시행한다.

종전의 규정에 의하여 행한 처분, 수속 기타 행위는 본령에 의하여 한 것으로 간주함.

<표 1> 강원도 각군의 신고일과 사정일

江原	개시일	종료	사정일
杆城	150930	160131	170601(도서 제외)
江陵	151105	160531	171001
金化	150817	151215	170601
三陟	150930	160331	170801(부속도서 제외)
楊口	150828	151231	170402
襄陽	150719	160131	170601(도서 제외)
寧越	150312	151130	170402
蔚珍	150521	160210	170601(도서 제외)
原州	150312	151115	170601
伊川	150817	160331	170801
麟蹄	150420	151115	170402
旌善	150701	151215	170601(도서 제외)
鐵原	150715	160315	170601
春川	150312	151115	170201
通川	160120	160630	171001(도서 제외)
平康	151118	160531	170801
平昌	150715	160131	170402
洪川	151118	160531	171001
華川	150828	151231	170402
淮陽	150930	160430	170801
橫城	150916	160331	170601

* 각 표마다 숫자는 앞에서부터 연월일을 표시한 것이다.(예 : 150916은 1915년 9월 16일이다.)

---

8) 출전은 『조선총독부 관보』의 해당일이고, 6자리는 연월일을 표기한 것이다.

<표 2> 황해도 각군의 신고일과 사정일

黃海		개시일	종료	사정일
殷栗		140801	150331	160801(일부 도서 제외)
海州	시가지(해주면)	130215	140415	131212(주내면)
		140701	151031	161201(해주면 및 일부도서 제외)
瑞興		150420	151130	161201
松禾		141013	150731	161201(도서 제외)
延白		140801	150930	161201(일부 도서 제외)
金川		150106	151231	161201
安岳		150203	151031	170201(저도 외의 도서 제외)
長淵		141217	160302	170402(일부 도서 제외)
瓮津		150106	151231	170402(도서 포함 일부지역 제외)
信川		150719	151130	170601
遂安		150828	160331	170601
載寧		151105	160430	170601
新溪		151008	160228	170601
黃州		150201	160131	170801
平山		150120	160430	170801
谷山		151020	160430	170801
鳳山		150828	160430	171001

<표 3> 함경북도 각군의 신고일과 사정일

咸北		개시일	종료	사정
鏡城	시가지(오촌면 내 鏡城,羅南)	120520	120831	131124(오촌면), 140926(오천면 나남본정 등)
	(오촌면 등 제외)	151217	160920	171201(오천면 등 일부 지역 제외)
慶源		151217	160830	171201(도서와 일부지역 제외)
慶興		151217	160830	171201(일부 도서 제외)
吉州		151020	161031	171201(일부 도서 제외)
明川		151020	160930	171228(도서 제외)
茂山		151217	160920	171201
富寧		151217	160920	171201(도서 제외)
城津		150916	160331	171001(도서 제외)
穩城		151217	160920	171228(도서 제외)
鐘城		151217	160920	171228
淸津府	시가지(거류지 제외)	120520	120831	131124(청하면 등)
	포항동, 인곡동			140901(포항동, 인곡동)
	(청하면, 포항동 등)	140301	140531	131124(청하면 등)
會寧	시가지(회녕면 일부)	120520	120831	131124(공북면 등)
	(회녕면 일부 제외)	151217	160920	171201(일부 지역 제외)

<表 4> 함경남도 각군의 신고일과 사정일

咸南		개시일	종료	사정일
元山府	시가지(거류지 제외)	120520	120831	131210(적전면 등)
	거류지	140501	140517	140602(춘일정 등 거류지)
永興		150817	160531	170801(부속도서 제외)
洪原		150817	160228	170801(부속도서 제외)
安邊		150828	160331	171001
定平		160201	160731	171001(일부 도서 제외)
北靑		150817	160715	171201(일부 도서 제외)
咸興	시가지(함흥면)	120520	120831	131210(주남면)
	(함흥면 제외)	150817	160731	171201(함흥면 및 도서 제외)
端川		151008	160630	171201(도서 제외)
德源		150930	160531	171201(일부 도서 제외)
甲山		151217	160920	171201
高原		151020	160731	171201
利原		151105	160630	171201(도서 제외)
豊山		151217	160830	171201
文川		151020	160731	171201(도서 제외)
新興		151217	160731	171201(일부 지역 제외)
三水		151217	160830	171228(일부 지역 제외)
長津		151217	160830	171228

<表 5> 전라북도각군의 신고일과 사정일

全北		개시일	종료일	사정일
全州	(사정이 끝난 시가지 제외)	140125	150331	
	高山, 삼기, 비봉, 운선, 화산, 동상, 운동하	140525	150531	
	시가지(전주면)	120701	121130	131201(부동면 등)
沃溝	群山			161002
群山府	(사정이 끝난 시가지 제외)	140125	141031	
	시가지(거류지 제외)	120701	121130	131201(북면)
	거류지	140501	140510	140530(서빈정 등 거류지)
沃溝	鰲川 群山	140125	150228	
	臨陂	140125	150228	160401(일부 도서 제외)
	米面 내 일부	151016	151031	161002(일부 도서)
	箕篢島 등	150701	150730	
淳昌		140720	150531	160601
茂朱		140211	140930	160601
益山	益山(조사미시행지역 전부)	140501	150131	
	龍安	140211	140930	

	咸悅	140211	141130	
	米 勵山등	140501	150130	160601
長水		141001	150430	160801
金堤	金堤	140211	150331	160801
	萬頃	140211	150331	
	金溝	140211	150331	
高敞		140720	150930	160801(일부 도서 제외)
錦山		140525	150731	160801
扶安		140701	150831	160801(일부 도서 제외)
鎭安	鎭安	140311	141231	160801
	龍潭	140301	141231	
井邑		140605	150630	161002
南原		141217	151002	161201
任實		141013	151130	161201

〈표 6〉 전라남도 각군의 신고일과 사정일

全南		개시일	제1차	제2차	사정일
木浦府	거류지	140501	140517		140601(각국거류지)
	시가지	120701	121130		131226(부내면) 140601(호남정 등)
濟州	濟州	130701	140331	140831 (元제주군 일원)	160104(우도, 가피도, 추자도 이외의 도서 제외)
	旌義	130816	140515	140915	
	大靜	130816	140430	140915	
	동중면 등	130816		140915	
	추자면	140501	141031		
谷城		141201	150831		160801
光州	시가지(광주면)	120701	121130		131226(성내면)
	(광주면 제외)	150106	150630		161002(광주면 등 일부 지역 제외)
麗水		140720	150430		161002(일부 도서 제외)
求禮		140925	150930		161002
光陽		140701	150630		161002(일부 도서 제외)
和順		140911	150731		161002
海南		141106	150831		161201(일부 도서 제외)
靈巖		141201	150630		161201(일부 도서 제외)
長成		150419	151015		161201
靈光		150115	150915		161201(일부 도서 제외)
潭陽		150201	151031		161201
咸平		150120	150930		170201(부속 도서 제외)

524

高興		150106	151031		170201(일부 도서 제외)
務安		150315	151215		170201(일부 도서 제외) 171201(도서지역)
長興		141106	151031		170201(일부 도서 제외)
康津		150212	151130		170201(일부 도서 제외)
順天		150106	160131		170402(일부 도서 제외)
珍島		150305	151130		170402(일부 도서 제외)
羅州	시가지(나주면)	120701	121130		131226(동부면, 서부면)
	(나주면 제외)	150106	160228		170402(나주면 및 도서 제외)
寶城		150212	160131		170601
完島		150515	160131		170801(도서 지역)

<표 7> 경상북도 각군의 신고일과 사정일

慶北		개시일	제1차	제2차	제3차	사정일
大邱府	시가지	100824	101121			131227(대구면)
	大邱	100824	101121	110831 (동상면, 서상면)		
達城	玄風	110202	110731			141201
	達城	110202	110731			
高靈		110202	110731			141201
淸道		110405	111130	121031 (외서면)		141225
慶山	慶山	110516	120331			141225
	河陽	110516	120331			
	慈仁	110516	120331			
	新寧(南面)	111030	120331			
軍威	軍威	120801	130830	131130		150810
	義興	120801	130831	131231		
尙州	尙州	120801	130831	131231		150810
	咸昌	120801	130831	131010		
善山		120801	130831			150810
漆谷	漆谷	120801	130831			150810
	仁洞	120801	130831			
靑松	靑松	121015	130531			150810
	眞寶	121015	130531	131231		
盈德	盈德	121015	130531	131130		151015 (부속도서 제외)
	寧海	121015	130531	130930	131231	
慶州	慶州	120801	130831	131115		151015 (부속도서 제외)
	長鬐	120801	130831	140228		

星州		120801	130831	140228		151015
英陽	英陽	130401	131031	140110		151015
	眞寶(北面, 東面)	121015	130531	131231		
迎日	延日	120801	130831	140430		151015 (부속도서 제외)
	興海	120801	130831	140530		
	長鬐	120801	130831	140228		
	清河	121015	130531			
義城	義城	120801	130731			151015
	龍宮(申下面)	130501	131231	140531		
	比安	120801	130831	131231		
金泉	시가지(김천면)	120701	121130			131227
	開寧1	120801	130831	140331		151127 (김천면 제외)
	開寧2	130501	140531			
	金山(김천 시가지 제외)	120801	130831	140228		
	知禮	120801	130831	131130		
永川	永川	110516	120331			151127
	新寧(新村面)	120210	120331			
	新寧 (남면 제외)	120801	130831	140131		
	興海(北安面)	120210	120331			
安東	安東	120910	130731	140531		151127
	禮安	130501	131130	140210		
醴泉	醴泉	130601	140131			160201
	龍宮	130501	131231	140531		
	比安(縣西面)	120801	130831	131231		
聞慶	聞慶	130501	131231	140531		160201
	龍宮(永順面)	130501	131231	140531		
奉化	奉化	130401	131031	140320		160401
	順興	130501	131130	140610		
榮州	榮川	130501	131130	140530		160401
	豊基	130601	140131			
	順興	130501	131130	140610		

<표 8> 경상남도 각군의 신고일과 사정일

慶南		개시일	제1차	제2차	사정일
固城	(조사미시행지역 전부)	140501	150331		160801(일부 도서 제외)
	固城	131125	140915		
馬山府	시가지	120520	120831		131227(외서면 등) 140601(각국거류지 및 저도 등)
	진해면	121201	130115		
	마산시가 및 진해면 제외	130601	140331		
	거류지	140501	140510		
釜山府	시가지	120221	121220		131227(동평면 등) 140601(일본 전관 거류지 등)
	거류지	140501	140517		
密陽		111211	121031		141225
梁山		120115	121031		150820
蔚山	蔚山	120115	121031		152820(부속도서 제외)
	彦陽	120115	121031		
昌寧	昌寧	111211	121031		150820
	靈山	111211	121031		
東萊	釜山(일부)				150820(일부 도서 제외)
	機張	120221	121220		
金海		120221	121220		151022(일부 도서 제외)
咸安		130701	140331	141020(칠북면 일부 제외)	160201
宜寧		130701	140430	141020(궁류면 일부 제외)	160201
山淸	山淸(生草面 등)	131125	140831	141231	160401
	山淸(都山面 등)	131010		141031	
	丹城	131010	140731	141031	
咸陽		140311	150228		160401
昌原	元 마산부	130601		150131 (웅남면 등)	160401(일부 도서 제외)
晉州	시가지(진주면)	120520	120831		131227(성내면 등)
	晉州	130701	140331	141020(사봉면, 지수면)	160401(진주면 제외)
	晉州(평거면 등)	130701		140930	
泗川	泗川(문선면 등)	130910	140731	141130	160401(일부 도서 제외) 170801(도서지역)
	泗川(유동면)	130701			
	昆陽	140220	141130		
	晉州(축동면)	130701	140331		
	수남면 일대 도서	161021	161105		
陝川	陝川	131201	140710		160601
	草溪	131020	140831		

	三嘉	140228	150131		
統營	(조사미시행지역 전부)	140501	141130		161002(죽도 등 도서지역) 170801(오비도 등 도서지역)
	巨濟	131125	141010		
	산양면 저도 등	151022	151030		
	매물도, 연화도 등	150701	150730		
	산양면 鶴林島 등	150817	150930		
	도산면 취도 등	161021	161105		
居昌		140501	150531		160801
河東	河東	131125	140930		160801(일부 도서 제외)
	昆陽(서면)	140220	141130		
南海	南海	140627	150831		161002(일부 도서 제외) 170801(노도 등 도서 지역)
	이동면, 창선면 내 일부 도서	161021	161105		
鬱島		130620	130930		150810(부속 도서 제외)

<표 9> 평안남도 각군의 신고일과 사정일

平南		신고일	제1차	제2차	사정일
安州	安州1	130101	130831	140228	151018(노안동도, 무골도 이외의 부속도서 제외)
	安州2	131031	131231		
江西	江西	130801	140731		160201
	甑山	130301	130930		
平壤府	시가지	120520	120831		131227(융덕면 등)
	시가지 제외	130801	140831		
平原	平壤府(시가지 제외)	130801	140831		
	永柔	130301	130930	140228	
	甑山	130301	130930	140531	
	順安	130101	130831		
	肅川	130301	130930	140331	
大同		130801	140831		160601
龍岡		131010	141031		160601
鎭南浦府	(시가지)	120520	120831		131227(원당면 등) 140529(거류지)
	(시가지 제외)	130101	141231		
	거류지	140501	140510		
中和		140815	150630		161002
孟山		150721	160115		170201
寧遠		150701	151215		170201
江東		150310	151030		170402

价川		151020	160331		170601
順川		150817	160331		170801
成川		151201	160731		171001
德川		150930	160228		171001
陽德		151201	160731		171001

〈표 10〉 평안북도 각군의 신고일과 사정일

平北		신고일	제1차	사정일
定州		150715	160315	170801(일부 도서 지역 제외)
龜城		151008	160630	170801
泰川		151201	160630	171001
熙川		151217	160731	171001
昌城		151217	160731	171001(도서를 포함한 일부 지역 제외)
宣川		151020	160630	171001(일부 도서 제외)
碧潼		151217	160731	171001(일부 지역 제외)
新義州府	시가지	120520	120831	131128(주내면, 광성면)
義州	시가지(의주면)	120520	120831	131228
	(의주면 제외)	150801	160430	171001(도서를 포함한 일부 지역 제외)
鐵山		151020	160731	171001(일부 도서 제외)
朔州		151217	160630	171201
渭原		151217	160920	171201
楚山		151217	160920	171201
雲山		151217	161030	171228
慈城		151217	161030	171228(도서 제외)
博川		160201	161030	171228
寧邊	寧邊	151105	160430	171001
	博川(덕안면 일부)	130620	130831	
	寧邊(독산면 일부)	130620	130831	
龍川		160201	161030	171228(일부 도서 제외) 180401(薪島)
厚昌		151217	161030	171228
江界		151217	161030	171228(일부 도서 제외)

<表 11> 경기도 각군의 신고일과 사정일

京畿		개시일	제1차	제2차	제3차	사정
仁川府	시가지	101013	110120			131227(부내면 전부), 140601(각국거류지 등 일부지역), 150511(궁정 등)
	거류지	140501	140510			
	월미도, 소월미도, 사도	140501	140510			
	富平 陽川	100824	30일			
始興	始興	100915	101215			141027(도서지역 제외), 161201(군자면 오이도)
	安山	100915	101215			
	果川	100915	101215			
	烏耳島	150815	150920			
金浦	金浦 通津 陽川	100824	90일			141027(도서지역 제외)
江華	江華	101108	110228			141225(부내면 등)
	喬桐	101108	110228			
	삼산면, 서도면 내 도서	160415	160425			
富川	仁川 외곽, 江華, 南陽	141225	150401			141225(소래면 등 도서지역 제외), 170801(도서지역)
	영흥면, 용유면 내 도서	160625	160710			
	덕적면 등 면내 도서	160301	160331			
驪州	驪州	120115	120831			150402
利川	利川	120115	120831			150402
	陰竹	120115	120831			
水原	시가지(수원면)	110202	110731			131227(남부면, 북부면)
	水原	110202	110731	120131		150402(수원면, 도서 제외) 161201(제부도등도서지역)
	南陽	110405	111130			
	송산면 우정면 내 도서	160210	160220			
	濟扶島	150815	150920			
龍仁	龍仁	110516	120331	111231		150412
	陽智	110516	120331			
	竹山	110516	120331	140228		
廣州		110516	120331	140110		150412
振威		110503	111031	120131		150412
安城	安城	110516	120331	140228		150507
	竹山	110516	120331			
	陽城	110503	111031	111231		
坡州	坡州	130101	130831	140228		151127(부속도서 제외)
	交河	130301	130930	140110		
開城	시가지(송도면)	120701	121130			131227(동부면 등)
	(시가지 제외 지역)	130301	130930	140531		151127(송도면 제외)
	豊德	130101	130831			
高陽		130101	130831	140228		160201

長湍		130101	130831	140531		160201
楊州		130801	140731			160201
連川	連川	130801	140731			
	麻田	130801	140630			
	朔寧	130801	140630			160201
	積城	130301	130930	140131		
	嵋山面 등	130801		141031		
加平		140422	150228			160601
楊平		140211	140930			160601
抱川	抱川	140221	150131			160601
	永平	140221	150131			
	이동면 도평리 일대	150915	151015			
京城府	시가지(동부, 서부, 남부, 북부, 중부, 용산면)	120312	120930	121231		131227(동부 등)
	(시가지 제외)	130101	130831			

〈표 12〉 충청북도 각군의 신고일과 사정일

忠北		신고일	제1차	제2차	제3차	사정일
槐山	槐山	120210	120930			
	淸安	120210	120930			160401
	延豊面 등	140627	150228			
丹陽		140725	150228			160601
報恩	報恩	120801	130430			
	懷仁	120801	130831	131130		150608
永同	永同	120801	130430			
	黃澗	120801	130430			150608
沃川	沃川	120801	130430			
	靑山	120801	130430			150608
陰城		120210	120930			160401
提川	提川	140201	150131			160401
	淸風	140201	141130			
鎭川		120210	120930			150608
淸州	시가지(청주면)	120701	121130			131112(동주면 등)
	(시가지 제외)	120801	130831			150818(청주면 제외)
	文義	120801	130831	131130		
忠州		140201	150228			160801

<표 13> 충청남도 각군의 신고일과 사정일

忠南		개시일	제1차	제2차	제3차	사정일
公州	시가지(공주면)	120701	121130			131225(동부면, 남부면)
	시가지제외	121015	130930			150803(공주면 제외)
論山	시가지(江景)	120701	121130			131225
	連山	130301	130930	140430	140531	151127(강경면 제외)
	魯城	130301	130930	140430	140531	
	石城	130301	130930	140430	140531 (논산군 성동면)	
	恩津	130101	130831	140430	140531	
唐津	唐津	120201	120831			150612(송옥면 고대리 이외의 도서 제외), 161201(초락도 등도서지역)
	沔川	120115	120930			
	草落島	150815	150920			
大田	시가지(대전면)	120701	121130			131225(회덕군 산내면, 외남면)
	懷德(시가지 제외)	130101	130831	131220		151009(대전면 제외)
	鎭岑	130101	130831	131220		
保寧	保寧	130501	131130	140620		160201(일부 도서지역 제외), 161201(도서 지역)
	鰲川	130501	131130	140620		
	藍浦	130501	131130	140620		
	鰲川面 내 도서	151020	151110			
扶餘	扶餘	130301	130930			151127
	鴻山	130501	131130	140331		
	林川	130301	130930	131231		
	石城	130101	140531	140430	140531 (부여군 석성면)	
瑞山	瑞山	120201	120831			150612(고화면 등, 각면 동리 부속도서 제외), 161201(도서 지역)
	海美	120201	120831			
	泰安	120201	120831			
	근흥면 일대 도서	151020	151110			
	황도 간월도 등 도서	150815	150920			
舒川	舒川	130301	130930	140430	140831 (서남면 등 일부)	160401(도서 제외)
	韓山	130301	130930	140430	140831	
	庇仁	130501	131130	140630		
牙山	牙山	120201	120930			141226
	溫陽	120115	120930			
	新昌	120115	120930			

532

燕岐	燕岐	120201	120930			150612
	全義	120201	120930			
禮山	禮山	120115	120930			141226
	大興	120115	120930			
	德山	120201	120831			
天安	天安	120201	120930			141226
	木川	120201	120930			
	稷山	120201	120930			
	성환면, 입장면					150524
	수신면					151102
靑陽	靑陽	130301	131131			151009
		130301	130930	131115		
	定山	130301	130930	131115		
경기도 진위군에 편입	平澤	120201	120930			
洪城	洪州	130301	130930	140331		160201
	結城	130501	131130	140620		151127

참고문헌

Ⅰ. 조선시기 자료

『三國志』(魏志, 東夷傳), 『朝鮮王朝實錄』, 『高純宗實錄』, 『均役廳事目』, 『大典會通』,
『忠勳府謄錄』, 『度支志』, 『各道各郡訴狀』, 『續大典』, 『去案』, 『結戶貨法細則』,
『內藏院各牧場驛土各屯土各樣稅額捧稅官章程』, 『壽進宮謄錄』, 『驛土所關文牒去案』,
『完北隨錄』, 『前整理所指令諸案』, 『各司謄錄』, 『圖書文續類』, 『調査局去來案』,
丁若鏞, 『經世遺表』
『漢城旬報』

Ⅱ. 대한제국기 자료

1. 量案과 成册

『온양군 일북면 양안(중초)』『안산군 초산면 양안(중초)』
『용인군 상동촌면 양안』(중초, 지계아문)』
『慶尙南道 東萊郡 公土冊』『慶尙南道 昌原郡 公土成册』(上)(下)

2. 간행물

『舊韓國官報』, 『度支部公報』, 『大韓自强會月報』, 『朝鮮及滿洲』
『財務彙報』, 『財務週報』, 『東京經濟雜誌』
부동산법조사회, 『韓國不動産ニ關スル調査記錄』, 1906.
부동산법조사회, 『調査事項說明書』, 1906.
외사국, 『不動産法調査會案』, 1906.
伊藤博文, 『憲法義解』, 1889.
平木勘太郎, 『韓國不動産ニ關スル慣例 第二綴』, 1907.
平木勘太郎, 『韓國土地所有權ノ沿革ォ論ス』(부동산법조사회 편), 1907.
中山成太郎, 『韓國ニ於ケル土地ニ關スル權利一般』(부동산법조사회 편), 1907.
川上常郎, 『土地調査綱要』, 1909.

법전조사국, 『不動産法調査報告要錄』, 1908.
법전조사국, 『慣習調査報告書』, 1910.
탁지부 사세국, 『小作慣例調査』, 1909.
임시재산정리국, 『臨示財産整理局 執務提要』, 1908.
임시재산정리국, 『臨示財産整理局 事務要綱』, 1911.
탁지부, 『土地調査參考書』, 1909.
김정명 편, 『日韓外交資料集成』, 巖南堂書店, 1964-5.
대한민국 국회도서관, 『韓末近代法令資料集』, 1970-1.
한국법제연구원, 『大典會通研究(2)-호전 예전편-』, 1994.
일본 국립공문서관 츠쿠바 분관 소장자료, 『宮三面 事件 關係』 2(친일반민족행위 진상규명
　　　위원회).

III. 일제시기 자료

1. 연속간행물

『每日新報』, 『朝鮮總督府官報』, 『朝鮮彙報』, 『朝鮮』, 『朝鮮總督府職員錄』,
『金融と經濟)』

2. 토지조사사업 자료

1) 김해군 자료 (국가기록원, 김해시청 소장)
『과세지견취도』『실지조사부』(가락면, 녹산면, 대동면, 상동면, 생림면, 우부면, 이북면,
　　　장유명, 좌부면)『국유지통지서』, 『원도』
『국유지도』(하동면 월촌리(덕산역), 하동면 조눌리 조눌원(광둔))
『토지신고서』(김해군 녹산면 녹산리)

2) 창원군 자료(창원시 각 구청 소장)
『지적원도』, 『창원군 과세지견취도』, 『실지조사부』
『토지신고서』(부내면 봉암리 중동리, 내서면 화성리, 동면 단계리, 진해면)
조선총독부 임시토지조사국, 『昌原郡 紛爭地 審査調書』 16-3, 1916..
고등토지조사위원회, 『慶尙南道 昌原郡 不服申立事件 審査書類』, 1917.

3) 기타
『하동군 청암면 국유지도』(하동군청 소장)
조선총독부 고등법원, 『大正2年 民上 제80호 판결서』(법원도서관 소장)
조선총독부 임시토지조사국, 『局報』, 국학자료원.
조선총독부, 『土地査定不服申立事件裁決關係』, 1919.
조선총독부 임시토지조사국 측지과, 『測地課 業務顚末書』, 1917.

조선총독부 임시토지조사국, 『朝鮮土地調査事業報告書』, 1918.
고등토지조사위원회, 『高等土地調査委員會 事務報告書』, 1920.

3. 간행물
조선총독부, 『驛屯土實地調査槪要』, 1911.
조선총독부, 『慣習調査報告書』, 1913.
中樞院, 『量案ニ於ケル自然人以外ノ所有者』(국사편찬위원회 소장).
조선총독부, 『小作農民ニ關スル調査』, 1912.
조선총독부 고등법원 서기과, 『朝鮮高等法院 民事刑事 判決錄』 3, 1916.
吉村傳, 『面行政指針』, 1916.
越智唯七編, 『新舊對照 朝鮮全道 府郡面里洞 名稱 一覽』, 草風館, 1917.
和田一郎, 『朝鮮土地地稅制度調査報告書』, 宗高書房, 1920.
早川保次, 『朝鮮不動産登記ノ沿革』, 大成印刷出版部, 1921.
善生永助, 『朝鮮ノ契』, 1926.
和田一郎, 『行餘詩草』, 1925
和田一郎, 『朝鮮の匂ひ』, 1920.
和田一郎, 『天民先生東歸錄』.
조선총독부, 『小作に關する慣習調査書』, 1930.
조선총독부, 『朝鮮ノ小作慣行(上)』, 1932.
조선총독부, 『朝鮮ノ小作慣行(下)』, 1932.
조선총독부 중추원, 『民事慣習回答彙集』, 1933.
조선총독부, 『朝鮮法令輯覽』(上1)(上2)(下1), 1940.
花島得二, 『小作權』, 1942.
星野通, 『明治民法編纂史硏究』, 1943.
조선총독부 중추원, 『朝鮮舊慣制度調査事業槪要』, 1938,
동양척식주식회사, 『東拓10年史』, 1918.
동양척식주식회사, 『東洋拓殖株式會社 三十年志』, 1939.

4. 기타
신안군 목포대 임해지역개발연구소, 『하의삼도 농지탈환운동자료집』, 무돌, 1999.
나주시 문화원, 『항일의 역사 궁삼면 토지회수투쟁자료집』, 내일미디어, 2000.
리진호, 『한국지적백년사 자료편 2』, 2005.

IV. 연구논저

1. 저서

김건태, 『대한제국의 양전』, 경인문화사, 2018.

김도형, 『대한제국기의 정치사상연구』, 지식산업사, 1994.

김양식, 『근대권력과 토지-역둔토조사에서 불하까지』, 해남, 1999.

김용섭, 『한국근대농업사연구(상)』, 일조각, 1988.

김용섭, 『한국근대농업사연구(하)』, 일조각, 1988.

김용섭, 『조선후기농업사연구(증보판)』(Ⅰ), 지식산업사, 1995.

김용섭, 『조선후기농업사연구(증보판)』(Ⅱ), 지식산업사, 1995.

김용섭, 『한국근현대농업사연구』, 일조각, 1992.

김용섭, 『한국중세농업사연구』, 지식산업사, 2000.

김홍식 외, 『대한제국기의 토지제도』, 민음사, 1990.

김홍식 외, 『조선 토지조사사업의 연구』, 민음사, 1997.

도면회, 『한국 근대 형사재판제도사』, 푸른역사, 2014.

박병호, 『한국법제사고』, 법문사, 1974.

박이준, 『한국근현대시기 토지탈환운동연구』, 선인, 2007.

배영순, 『한말 일제초기의 토지조사와 지세개정』, 영남대학교출판부, 2002.

서영희, 『대한제국 정치사 연구』, 서울대학교출판부, 2003.

신용하, 『조선 토지조사사업 연구』, 지식산업사, 1982.

안병태, 『朝鮮近代經濟史硏究』, 日本評論社, 1975.

왕현종, 『한국 근대국가의 형성과 갑오개혁』, 역사비평사, 2003.

왕현종, 『대한제국의 토지조사와 토지법제』, 혜안, 2017.

이경식, 『한국고대중세초기 토지제도사』, 서울대학교 출판부, 2005.

이경식, 『조선중세 토지제도사(조선전기)』, 서울대학교 출판문화원, 2012.

이수건 편, 『경북지방고문서집성』, 영남대학교 출판부, 1982.

이세영, 『조선시대 지주제 연구』, 혜안, 2018.

이영호, 『한국근대 지세제도와 농민운동』, 서울대학교출판부, 2001

이영호, 『근대전환기 토지정책과 토지조사』, 서울대학교출판부, 2018.

이영훈, 『조선후기 사회경제사』, 한길사, 1988.

이우연, 『한국의 산림 소유제도와 정책의 역사 1600-1987』, 일조각, 2010.

정연태, 『식민권력과 한국농업-일제 식민농정의 동역학』, 서울대학교 출판문화원, 2014.

정연태, 『한국근대와 식민지근대화 논쟁』, 푸른역사, 2011.

정태헌, 『한국의 식민지적 근대 성찰』, 선인, 2007.

조석곤, 『한국근대 토지제도의 형성』, 해남, 2003.

최병택, 『일제하 조선임야조사사업과 산림 정책』, 푸른역사, 2009.

한국역사연구회 토지대장연구반, 『대한제국의 토지조사사업』, 민음사, 1995.

한국역사연구회 토지대장연구반,『대한제국의 토지제도와 근대』, 혜안, 2010.

한국역사연구회 토지대장연구반,『일제의 창원군 토지조사와 장부』, 선인, 2011.

한국역사연구회 토지대장 연구반,『일제의 창원군 토지조사사업』, 선인, 2013.

허종호,『조선 봉건말기의 소작제연구』, 사회과학출판사, 1965(한마당, 1989 재출간).

홍성찬 외,『일제하 만경강 유역의 사회사』, 혜안, 2006.

이규수,『近代朝鮮における植民地主制と農民運動』, 信山社, 1996.

宮嶋博史,『朝鮮土地調査事業史の硏究』, 東京大學 東洋文化硏究所, 1991.

水本浩,『土地問題と所有權(改訂版)』, 有斐閣, 1980.

淺田喬二,『日本帝國主義と舊植民地主制』, 御茶の水書房, 1968.

鄭鍾休,『韓國民法典の比較法的 硏究』, 創文社, 1989.

2. 연구 논문

김용섭,「수탈을 위한 측량-토지조사」『한국현대사』4, 신구문화사, 1969.

김재호,「'보호국기'(1904-1910)의 황실재정정리-제도적 변화를 중심으로」『경제사학』 16, 1992.

김종선,「서남해 도서지역의 농지분쟁 및 소작쟁의에 관한 연구 하의 삼도 농지분쟁을 중심으로」『목포대학 논문집(인문사회과학편)』7, 1986.

김태영,「토지제도」『한국사 24-조선초기의 경제구조』, 1994.

도진순,「19세기 궁장토에서의 중답주와 항조-재령 여물평장토를 중심으로-」『한국사론』 13, 1985.

박명규,「낡은 논리의 새로운 형태 宮嶋博史의 '朝鮮土地調査事業史の硏究' 비판」『한국사 연구』75, 1991.

박시형,「기전론시말」『이조사회경제사』, 1946.

박준성,「17.18세기 궁방전의 확대와 소유형태의 변화」『한국사론』11, 1984.

박진태,「대한제국 초기의 국유지 조사」『대한제국의 토지조사사업』, 민음사, 1995.

박진태,「일제 통감부시기의 역둔토 실지조사」『대동문화연구』32, 1997.

박진태,「갑오개혁기 국유지조사의 성격」『성대사림』12·13, 1997.

박진태,「한말 역토조사를 둘러싼 분쟁사례-경기도 양주군을 중심으로-」『사림』14, 2000.

박진태,「통감부시기 황실재산의 국유화와 역둔토 정리」『사림』18, 2002.

박찬승,「한말 역토 둔토에서의 지주경영의 강화와 항조」『한국사론』9, 1983.

박찬승,「활빈당의 활동과 그 성격」『한국학보』35, 1984.

박찬승,「하의삼도 농지탈환운동의 전개과정」『하의삼도 농지탈환운동자료집』, 1999.

박찬승,「조선후기 일제하 하의 삼도의 농지탈환운동」『지방사와 지방문화』2, 2002. 2.

배영순,「한말 역둔토조사에 있어서의 소유권 분쟁」『한국사연구』25, 1979.

배영순,「일제하 역둔토불하와 그 귀결」『사회과학연구』2-2, 1982.

송규진,「구한말 일제초(1904-1918) 일제의 미간지정책연구」『사총』39, 1991.

송찬식,「조선후기 농업에 있어서의 광작운동」『이해남박사 화갑기념사학논총』, 1970.

신용하, 「이조말기의 도지권과 일제하의 영소작의 관계」『경제논총』 6-1, 1967.

안병태, 「동양척식주식회사의 토지수탈에 대하여」『조선사회의 구조와 일본제국주의』, 용계서사, 1977.

이규수, 「전남 나주군 궁삼면 토지회수운동」『궁삼면 토지회수투쟁자료집』, 2000.

이상찬, 「1906-1910년의 지방행정제도 변화와 지방자치론」『한국학보』 42, 1986.

이성무, 「고려 조선초기의 토지소유권에 대한 제설의 검토」『성곡논총』 9, 1978.

이세영, 「18·19세기 양반 토호의 지주경영」『한국문화』 6, 1985.

이영학, 「대한제국기 토지조사사업의 의의」『대한제국의 토지조사사업』, 민음사, 1995.

이영학, 「한말 일제하 식민지주의 형성과 그 특질—村井 진영농장을 중심으로」『지역과 역사』 21, 2007.

이영학, 「1910년대 경상남도 김해군 국유지실측도와 과세지견취도 비교」『한국학연구』 24, 2011.

이영학, 「한말 일제하 창원군 식민지주의 형성과 그 특질-村井진영 농장을 중심으로」『일제의 창원군 토지조사와 장부』, 선인, 2011.

이영호, 「18.19세기 지대형태의 변화와 농업경영의 변동」『한국사론』 11, 1984.

이영호, 「조선시기 토지소유관계 연구 현황」『한국중세사회 해체기의 제문제(하)』, 한울, 1987.

이영호, 「대한제국시기의 토지제도와 농민층분화의 양상」『한국사연구』 69, 1990.

이영호, 「일제의 식민지 토지정책과 미간지 문제」『역사와 현실』 37, 2000.

이영호, 「창원군 토지조사사업에서 국유지조사와 활용」『역사와 현실』 65, 2007.

이영호, 「일제의 조선식민지 토지조사의 기원, 부평군 토지시험조사」『한국학연구』 18, 2008.

이영호, 「조선후기 간척지의 소유와 경영-경기도 안산 인천 석장둔 사례」『한국문화』 48, 2009.

이영호, 「한말 일제초 근대적 토지소유권의 확정과 국유 민유 분기-경기도 안산 석장둔의 사례」『역사와 현실』 77, 2010.

이영호, 「대한제국시기 국유지의 소유구조와 중답주」『대한제국의 토지제도와 근대』, 혜안, 2010.

이영호, 「근대전환기 궁장토 소유권의 향방 : 경상도 창원 龍洞宮田畓 '永作宮屯=租200斗型'의 사례」『한국학연구』 24, 2011.

이영훈, 「궁방전과 아문둔전의 전개과정과 소유구조」『조선후기 사회경제사』, 한길사, 1988.

이영훈, 「토지조사사업의 수탈성 재검토」『조선 토지조사사업의 연구』, 민음사, 1997.

이윤갑, 「18세기 말의 균병작론」『한국사론』 9, 1983.

정연태, 「'식민지근대화'논쟁의 비판과 신근대사론의 모색」『창작과 비평』 103, 1999.

정태헌, 「수탈론의 속류화 속에 사라진 식민지」『창작과 비평』 97, 1997.

조석곤, 「조선 토지조사사업에 있어서 소유권 조사과정에 관한 연구」『경제사학』 10, 1986.

조석곤, 「토지조사사업과 식민지 지주제」『한국사』 13, 한길사, 1994.

조석곤, 「수탈론과 근대화론을 넘어서」『창작과 비평』 96, 1997.

조석곤, 「토지조사사업에 있어서 분쟁지 처리」『조선 토지조사사업의 연구』, 민음사, 1997.
조석곤, 「토지조사사업 국유지분쟁의 유형화를 위한 시론」『대동문화연구』50, 2005.
최원규, 「1920.30년대 일제의 한국농업 식민책과 일본의 자작농촌 건설사업-불이농촌 사례」『동방학지』82, 1993.
최원규, 「대한제국기 양전과 관계발급사업」『대한제국의 토지조사사업』, 민음사, 1995.
최원규, 「대한제국과 일제의 토지권법 제정과정과 그 지향」『동방학지』94, 1996.
최원규, 「19세기 양전론의 추이와 성격」『중산정덕기박사화갑기념 한국사학논총』, 경인 문화사, 1996.
최원규, 「한말 일제초기 일제의 토지권 인식과 그 정리방향」『한국 근현대의 민족문제와 신국가건설』, 지식산업사, 1997.
최원규, 「19세기 후반 20세기 초 경남지역 일본인 지주의 형성과정과 투자사례」『한국민족 문화』14, 1999.
최원규, 「한말 일제초기의 토지조사사업 연구와 문제점」『역사와 현실』31, 1999.
최원규, 「일제 토지조사사업에서의 소유권 사정과정과 재결」『한국근현대사연구』25, 2003.
최원규, 「일제의 토지조사사업에서 경남 창원지역의 토지소유권 분쟁-자여역 창둔 사례」『지역과 역사』21, 부경역사연구소, 2007.
최원규, 「일제초기 창원군 토지조사과정과 토지신고서 분석」『지역과 역사』24, 2009.
최원규, 「일제초기 창원군 과세지견취도의 내용과 성격」『한국민족문화』40, 2011.
최원규, 「창원군 토지조사사업에서 소유권 분쟁의 유형과 성격」『한국학연구』24, 2011.
최원규, 「창원군의 토지소유권 분쟁과 처리」『일제의 창원군 토지조사와 장부』, 선인, 2011.
최원규, 「한말 일제초기 공토정책과 국유 민유분쟁」『한국민족문화』45, 2012.
최원규, 「'일제의 창원군 토지조사사업'의 연구 성과와 과제」『일제의 창원군 토지조사사 업』, 선인, 2013.
최원규, 「일제의 토지조사사업에서 국유지 통지와 국·민유분쟁-창원군과 김해군 사례」 『역사문화연구』49, 2014.
최원규, 「일제초기 조선 부동산 등기제도의 시행과 그 성격」『한국민족문화』56, 2015.
최원규, 「일제초기 고등토지조사위원회의 재결통계와 사례분석」『한국민족문화』65, 2017.
최원규, 「융희년간 일제의 국유지조사와 법률적 성격-전남 나주군 궁삼면 고등법원 판결문을 중심으로」『한국민족문화』69, 2018.
함한희, 「조선말 일제 강점기 궁삼면 농민의 사회경제적 지위와 그 변화」『한국학보』 1992 봄호.
홍성찬, 「일제하 금융자본의 농기업지배」『동방학지』65, 1990.

<일본어 논문>
梅謙次郎, 「韓國の法律制度に就て(上)」『東京經濟雜誌』1512, 1909. 10.
多田吉鍾, 「平南中和の賭地權に就て」『朝鮮司法協會雜誌』2-12, 1923.

野村調太郎,「朝鮮における小作の法律關係」『朝鮮司法協會雜誌』8-11, 1929.

軸原壽雄,「所謂 禾利賣買と不法原因 給付について」『司法協會雜誌』20-9, 1941.

李在茂,「朝鮮における'土地調査事業の實體'」『社會科學研究』7-5, 1955.

福島正夫,「財産法」『日本近代法發達史 1』(鷄飼信成編), 1958.

有井智德,「土地所有關係 公田論批判」『朝鮮史入門』(朝鮮史研究會編), 1966.

旗田巍,「解說」『朝鮮土地地稅制度調査報告書(和田一郎)』, 宗古書房, 1967.

西山篤郎,「和田一郎 博士の事蹟」,「和田一郎 博士の事蹟 追記」, 1967.

權寧旭,「朝鮮にける日本帝國主義の植民的山林政策」『歷史學研究』2, 1965.

權寧旭,「東洋拓植株式會社と宮三面 事件」『朝鮮研究』78, 1968.

堀和生,「日本帝國主義の朝鮮における植民地農業政策-1920年代 植民地主制の形成」『日本
史研究』171, 1976.

宮嶋博史,「근대의 사회경제사」『새로운 한국사입문』(新朝鮮史入門 번역본), 돌베개, 1983.

宮嶋博史,「朝鮮史研究と所有論」『人文學報』167, 1984.

4. 학위논문

강정원,「일제의 산림법과 임야조사연구」, 부산대학교 박사학위논문, 2014.

김익한,「植民地期朝鮮における地方支配體制の構築過程と農村社會變動」, 東京大學 大學院,
1996.

김재훈,「한말 일제의 토지점탈에 관한 연구-국유미간지이용법을 중심으로」, 한국정신
문화연구원 석사학위논문, 1983.

남기현,「일제하 토지소유권의 원시취득 연구」, 성균관대학교 박사학위논문, 2019.

박진태,「한말 역둔토조사의 역사적 성격 연구」, 성균관대학교 박사학위논문, 1995.

배영순,「한말 일제초기의 토지조사와 지세개정에 관한 연구」, 서울대학교 박사학위논문,
1988.

염인호,「일제하 지방통치에 관한 연구-'조선 면제'의 형성과 운영을 중심으로-」, 연세대
석사학위논문, 1983.

이기훈,「1912-1926년 일제 농정수행과 지주회」, 서울대학교 석사학위논문, 1993.

조석곤,「조선토지조사사업에 있어서의 근대적 토지소유제도와 지세제도의 확립」, 서울
대학교 박사학위논문, 1995.

주진오,「19세기 후반 개화개혁론의 구조와 전개」, 연세대학교 박사학위논문, 1995.

최원규,「한말 일제초기 토지조사와 토지법 연구」, 연세대학교 박사학위논문, 1994.

5. 사전

연세대학교 국학연구원,『한국토지용어사전』, 혜안, 2016.

Abstract

The Survey Projects of the National Lands and the Lands in the Late Great Han Empire and Early Japanese Colonization

Choe, Won-Kyu

This book dealt with land survey projects conducted by the Gabo and Gwangmu regimes and the Japanese Empire. The two projects were the same in that they tried to survey land ownership from old times and "legally acknowledge" them with the "modern law," and that they tried to establish land tax systems based on land prices. However, the purposes were different because the former planned to use the results as a base for the independent reform of the State of Joseon while the latter planned to use the results as a base for the colonial capital accumulation of imperialism. In addition, the contents were different in that whereas the former intended to survey the owners at that time while acknowledging the right of cultivation as a real right in order to issue official deeds and implement a tenant farmer tax payment system, the latter deprived the tenant farmers of their rights of cultivation, "legally acknowledged" the ownership of land owners as exclusive ownership under Japanese civil law, and employed a system for direct tax payment by land owners.

Although the Gabo comprehensive land register(甲午陞摠) and the Gwangmu survey(光武查檢) had different scopes in the survey of public land, what they had in common was that they acknowledged the real rights of tenant farmers and implemented a tenant farmer tax payment system. The Gwangmu farmland survey project was intended to survey current tenant farmers on private farmland too, in tune with the public land policy to realize the tenant farmer tax payment system. Although the Gwangmu regime had the policy intention to give the nature of real rights to the present rights of cultivation, it did not promote legislation. However, the 1906 Act on the Rights of the Real Estate(不動産權所關法) can be said to have been drafted in accordance with the policy direction as such.

After occupying the Korean Empire by force, the Japanese Empire conducted land surveys in two stages: a national land survey(1907-10) and a land survey project(1910-18). The Japanese Empire first readjusted the public land secured through the Gwangmu survey from their standpoint to determine the land as national land and planned a land survey project as the next stage to survey private land. Although the national land survey by the Japanese Empire was conducted for the public lands surveyed in the Gwangmu survey, it was conducted based on the premise that the rights of cultivation as real rights would not be acknowledged and exclusive ownership would be given. The Japanese Empire installed the Temporary Royal Family-owned and National Property Survey Bureau(臨時帝室有及國有財産調查局) in 1907 and began national land surveys in earnest. This organization surveyed land owned by the state and royal family, confirmed the land with "administrative dispositions," and gave legal effects to the surveys with laws such as Article 15 of the Land Survey Order.

The Japanese Empire also took actions to transfer royal family-owned land to national land. The Temporary Property Organization Bureau prepared a state land register for public land under the "modern" concept of land ownership. The Treasury began the survey of actual state land in 1909 based on the register. The purpose of the survey was to survey and measure state land, thereby preparing national land registers and maps and determining actual tenant farmers and farmrents in order to increase financial incomes with land owner management. At that time, severe disputes occurred because the state's land ownership(the right to receive rents or legal owner ship) and people's land rights(right of cultivation or de facto ownership) were dually established on feuds and granted land(折受·賜與地), in particular. The people's rights had the nature of real rights that could be inherited and subleased. The tenant farmers recognized that the land was owned by them in not a few cases. The royal families and people acknowledged each other's rights and determined the amounts of rent and disputes over the level of rent often occurred. However, as the state regarded the people's rights as illegal and tried to eliminate the rights, the disputes over the amounts of rent from old times changed into disputes over ownership, leading to intense disputes between the state and the people.

The Japanese Empire promulgated the Land Survey Act in 1910. This act was prepared to survey private land based on the premise of national land surveys. However, as the surveys of national land progressed slowly, the Japanese Empire declared the termination of the surveys of national land and changed the policy to conduct the two works in combination. To that end, the Japanese Empire conducted an overall reorganization, such as issuing land survey orders. In the land survey project, the surveys of national land were carried out in the direction of confirming the survey of actual national land. The competent authorities were requested to notify national land to the Temporary Land Survey Bureau based on the national land registers and the notices were confirmed. The Japanese Empire allowed people to raise objections to the relevant decisions but it is hard to see cases where land was returned. Disputes occurred because the holders of the right of cultivation as a real right were not recognized as having their right. The surveys of national land were an action to secure the right to receive rents, which had been exercised by royal families, as exclusive ownership by mobilizing legal violence.

The Japanese Empire introduced a reporting system that used tax collection books as grounds ledgers. In this system, land owners were required to prepare land declarations to report their ownership and exclusive ownership was given after examining the feasibility. According to Japanese civil law, natural persons and corporations were determined as the land claimants. Natural persons were required to write their names in the census register. Among organizations, only corporations were allowed to have titles and organizations other than corporations were prohibited to have titles. It is noteworthy that the families of the same clan(宗中), gye(契), private schools, and seowon(書院) lecture halls that had been land owners from old times were excluded. The Japanese Empire determined land owners in a way so as to dissolve administrative districts(myeon, dong, ri) of the preceding period, and country village communities while establishing the colonial ruling system.

The final procedure of the land surveys was determining land ownership. The Japanese Empire gave a legal effect called "original acquisition" to this ownership. This was a declaration that all the ownership relations prior to the land survey project were cut off, and that all the disputes from old times were terminated. The Japanese Empire established a procedure to reexamine cases where objections were raised against the ownership determined. Objections were mainly raised because owners did not declare or attend and were raised for all land including national and private land. Although the number of objections raised by Koreans was the largest, the proportions of national land and Japanese land were much higher. Most Koreans raised objections against each other, but Japanese and the Japanese Government General of Korea mainly raised objections against Koreans. As a result, the land ownership of the latter was mostly transferred to the former. This seems to be the result of determining that the real rights existed in the feuds and granting land ownership but judging them as credits later. In addition, although not a few objections were raised against the land judged as national land by the state with "administrative dispositions," most of the land was confirmed as national land as it was. Another thing that cannot be overlooked in the land ownership determination is that the Japanese Empire did not raise any question about illegal actions conducted in the land acquisition process. Land ownership was judged based on formal requirements such as documents rather than the legitimacy of the transactions.

With the land survey project, the Japanese Empire completed the land registers and cadastral maps, which are books recorded by dividing land into lots and giving lot numbers, and investigating the areas and owners. Although this work has been said to have been possible because the exclusive land ownership had been established, it was also the outcome of the Japanese Empire's ownership-oriented policies continuously implemented by mobilizing legal compelling power. Furthermore, although the Japanese Empire stated that the special customs of the Joseon dynasty would be acknowledged in the Joseon Civil Affairs Order, it was just a temporary measure. Thereafter, the Japanese Empire acknowledged only exclusive ownership as real rights. The land ownership that was confirmed by the land survey project had the inherent limitation that it was given top-down by the Japanese Empire. The Japanese Empire enacted a land expropriation ordinance so that land ownership could be restricted any time when necessary.

558

최 원 규

연세대학교 사학과를 졸업하고, 동 대학원에서 석사학위와 박사학위를 받았다. 현재 부산대학교 사학과 명예교수로 있다. 『대한제국의 토지조사사업』(1995), 『일제하 만경강 유역의 사회사』(2006), 『Landlords, Peasants & Intellectuals in Modern Korea』(Number128 in the Cornell East Asia Series), 『대한제국의 토지제도와 근대』(2010), 『일제의 창원군 토지조사와 장부』(2011), 『일제의 창원군 토지조사사업』(2013), 『한국토지용어사전』(2016), 『일제의 조선관습조사 자료해제Ⅲ』(2019) 등의 공저가 있다.

한국 근대의 토지와 농민 총서 3

한말 일제초기 국유지 조사와 토지조사사업

최 원 규 지음

초판 1쇄 발행 2019년 11월 28일

펴낸이 오일주
펴낸곳 도서출판 혜안

등록번호 제22-471호
등록일자 1993년 7월 30일

주 소 ⓟ04052 서울시 마포구 와우산로35길3 (서교동) 102호
전 화 3141-3711~2
팩 스 3141-3710
이메일 hyeanpub@hanmail.net

ISBN 978-89-8494-635-4 93910

값 40,000 원